见识城邦

更新知识地图　拓展认知边界

法塑美国

15个标志性国会法案及其影响

THE LAWS THAT SHAPED AMERICA

FIFTEEN ACTS OF CONGRESS AND THEIR LASTING IMPACT

[美] 丹尼斯·W. 约翰逊 著　徐梦洁 译
(Dennis W. Johnson)

中信出版集团 | 北京

图书在版编目（CIP）数据

法塑美国：15 个标志性国会法案及其影响 /（美）丹尼斯 · W. 约翰逊著；徐梦洁译 . -- 北京：中信出版社，2020.8

书名原文：The Laws That Shaped America:Fifteen Acts of Congress and Their Lasting Impact

ISBN 978-7-5217-0028-2

Ⅰ . ①法… Ⅱ . ①丹… ②徐… Ⅲ . ①议会 — 法案 — 研究 — 美国 Ⅳ . ① D771.223

中国版本图书馆 CIP 数据核字（2019）第 025610 号

The Laws That Shaped America: Fifteen Acts of Congress and Their Lasting Impact 1st Edition / by Dennis W. Johnson/ ISBN 978-7-5217-0028-2

法塑美国——15 个标志性国会法案及其影响

著　　者：［美］丹尼斯 · W. 约翰逊
译　　者：徐梦洁
出版发行：中信出版集团股份有限公司
（北京市朝阳区惠新东街甲 4 号富盛大厦 2 座　邮编　100029）
承 印 者：三河市中晟雅豪印务有限公司

开　　本：880mm × 1230mm　1/32　　印　　张：23.25　　字　　数：730 千字
版　　次：2020 年 8 月第 1 版　　印　　次：2020 年 8 月第 1 次印刷
京权图字：01-2019-3200
书　　号：ISBN 978-7-5217-0028-2
定　　价：98.00 元

谨献给我亲爱的妻子

琳达·布坎南·约翰逊

(Linda Buchanan Johnson, 1948—2009)

目 录

引 言

ix 本宪法所规定的立法权，全属合众国的国会，国会由一个参议院和一个众议院组成。

——《美利坚合众国宪法》第一条第一款

在这个国家，我们拥有世界上最大的法律工厂。

——查尔斯·埃文斯·休斯[*]（1924 年）

1964 年 6 月 10 日上午，立法者个个精疲力竭，但又因期待而感到阵阵兴奋。仍在其首届任期内的西弗吉尼亚州民主党人、参议员罗伯特·C. 伯德（Robert C. Byrd）做了长达 14 小时 30 分钟的发言，使得他的同僚们彻夜未眠，这是为了阻止参议院审议待通过的民权立法所做的最后努力。伯德当时只有 46 岁，以参议院的标准来说是相当年轻的了。在这场使用冗长发言阻挠立法投票（filibuster）的协作行动中，他是最后一位

---

* 查尔斯·埃文斯·休斯（Charles Evans Hughes，1862—1948），美国第 44 任国务卿、第 11 任首席大法官。——译者注（本书页下注均为译者注，后不标出，特此说明。）

演讲者；该行动始于 3 月末并已延续了 75 天，发言充斥着对该立法的抗议，对“州权”的支持，还有自命不凡的高谈阔论，占去了《国会议事录》（*Congressional Record*）近 600 万字的空间，其目的就是试图拖延《民权法案》（Civil Rights Act）的通过。南方民主党人在佐治亚州的理查德·B. 罗素（Richard B. Russell）的领导下组成了一个轮班系统，由三位老斗士进行协调，他们分别是路易斯安那州的艾伦·J. 埃伦德（Allen J. Ellender）、密西西比州的约翰·C. 斯坦尼斯（John C. Stennis）和亚拉巴马州的 J. 李斯特·希尔（J. Lister Hill）。这三位都老谋深算且身经百战，他们每人指挥一支由 6 名参议员组成的小队，轮流在参议院做不间断的发言。[1] 但时间到了 6 月 1 日，该是参议院的领导层采取行动的时候了。多数党领袖、蒙大拿州民主党人麦克·曼斯菲尔德（Mike Mansfield）和少数党领袖、伊利诺伊州共和党人埃弗里特·M. 德克森（Everett M. Dirksen）宣布，他们将提出大家期盼已久的提付表决（cloture）请愿书以终止辩论。这一行动的风险很高，因为它需要三分之二的参议员投票赞成，也就是说当全体 100 名参议员在场时，需要 67 名投票赞成，这在民权议案中从未有过成功的先例，在其他议案中成功的次数也寥寥无几。然后在 6 月 10 日，多数党党鞭、明尼苏达州民主党人休伯特·H. 汉弗莱（Hubert H. Humphrey）确认他已拥有足够的票数，可以结束这场参议院史上最长的辩论，并进入最终表决程序。上午 9 时 51 分，伯德终于结束了他持续整夜的、令人精疲力竭的发言。他警告他的参议院同僚：投票终止辩论并通过这部立法将是灾难性的。这一票将“损害所有美国人的民主权利。无论依据任何理由——法律的、经济的、道德的或者宗教的，它都不是正当合理的”。[2]

对于游览华盛顿的许多游客来说，华丽的参议院旁听席只不过是他们一路观光这个绚丽迷人的美国首都的另一站。一群罗马天主教修女、学童，还有身着短裤和 T 恤的游客，坐在旁听席里。但在参议院会议大厅的后方以及旁听席上方，约 150 名众议院议员、前参议员和国会工作人员挤在一起；还有其他数百人在外面排成长长的队伍等待着。一些非裔美国人分散坐在游客的旁听席里，其中有全国有色人种协进会（National Association for the Advancement of Colored People，NAACP）华盛顿分会的主席克拉伦斯·米切尔（Clarence Mitchell），他专心致志地听着。创造历史的时刻就要来了。

上午 11 时整，书记员准时开始点名计票。“艾肯先生。”“赞成。”佛蒙特州共和党人乔治·D. 艾肯（George D. Aiken）大声宣布。“阿洛特先生。”“赞成。”科罗拉多州共和党人戈登·阿洛特（Gordon Allott）答道。当书记员开始点名字母“E”的时候，参议院迎来了一幕短暂的高潮，这在其历史上相当罕见。

52 岁的加利福尼亚州民主党人、参议员克莱尔·恩格尔（Clair Engle），曾经是一名英俊且坚毅的自由主义者，获得过“火球*议员”的绰号，现在却像是他过去强健身体的一缕幽魂。他虚弱、残破的身躯深深地陷在轮椅里，由一名助理缓缓引到参议院。10 个月前，恩格尔经历了一场切除恶性脑瘤的手术，今年 4 月的时候又做了更多的手术；自那以后，他的身体状况已经恶化到不能走路、几乎无法移动手臂也不能说话的地步。克莱尔·恩格尔是到场的第 100 位参议员，他下定决心要投出自己的一票。旁听席的观众恭敬地保持安静，看着恩格尔几次颤巍巍地举起他无力的手臂指向眼睛，张口想要说出“Aye**”这个词。在场有许多杰出、卓越的参议员都热泪盈眶。参议院的表决程序并未要求投票时要大声说出来，因此恩格尔的投票被记录在“赞成”栏里，加上这一票结果总共是 71 票，比终止这场冗长发言所需的票数多了 4 票。

最终，44 位民主党人和 27 位共和党人投票赞成结束辩论；不出所料，所有 18 位南方参议员——17 位民主党人和 1 位共和党人——都投票反对结束辩论，此外还有西弗吉尼亚州的伯德、田纳西州民主党人老艾伯

---

* 火球（Fireball），美国口语中用来形容工作起来劲头十足的人。

** Aye，英语中在表决时表示赞成。这个词的发音与“eye”（眼睛）这个词的发音相同。

特·A. 戈尔（Albert A. Gore，Sr.）和亚利桑那州共和党人巴里·戈德华特（Barry Goldwater）。当时戈德华特正值竞选共和党总统提名的紧要关头，他随后告诉记者，他并不是反对民权改革，而是从原则上来说，他总是投票反对结束辩论的尝试，以保护像亚利桑那州这样的小州的利益。[3] 当书记员继续按字母顺序向下念参议员的名册，特拉华州共和党人约翰·J. 威廉斯（John J. Williams）给出了结束辩论的决定性的第 67 票。当他投出这一票时，多数党领袖麦克·曼斯菲尔德如释重负，大喊道："就是这样！"[4]

还有一次投票等待着克莱尔·恩格尔。为了议案的最终通过，他积攒起全身的力气和勇气投出了他人生中的最后一票，该议案即为日后的《民权法案》。之后不久，在 7 月 30 日，恩格尔就去世了。因其对生命和对自己信念的执着，恩格尔与他的投票一起成为整个立法史的洪流中一段虽小却难忘的插曲。

《民权法案》是联邦政府制定的最重要且影响最为深远的法律之一。为制定该法律所做的斗争是有争议的，充满了言辞激烈的威胁、因不耐烦而暴发的义愤填膺、精心谋划的拖延和立法程序上的诡计。但是，最终，它是一个具有里程碑意义的成就，不仅是对于一位意志坚决的总统来说，也是对于一个因公众舆论和有效草根抗议而变得僵硬的国会来说。《民权法案》与 1965 年的姊妹法案《选举权法案》（Voting Rights Act），去除了种族歧视中一些最有压迫性的污点，从根本上改变了美国人的生活。它们就像本书中的其他法律一样，是塑造了美国的法律。

国会反映了美国人民的渴望、需求和当务之急，不论是好的，还是有时是坏的。它反射出如万花筒般千变万化的特殊利益和为他人所做的服务、寻求的好处和做出的牺牲。在每届国会的两年会期中，提交的立法项目数以千计，其中数百项会予以认真讨论，而最终制定成为法律的却是少之又少。国会可能称不上是首席大法官休斯所揶揄的法律工厂，但纵观其历史，它已炮制出近 4000 项立法。[5] 其中的大多数法律影响力有限，只作用于少数人，在源源不断的立法活动中被静静地遗忘。然而，有一小部分法律却已上升到具有历史意义的重要地位。这些法律正是塑造了美国的法律，也正是本书论述的主题。

在这些法律中，哪些对美国的发展来说是最为重要的？哪些对我们的社会产生过直接的或深远的影响？哪些法律对我们影响如此之大，以至于我们无法想象若没有它们，我们的生活会变成怎样？一些历史学家和社会科学家纵览整个美国历史，寻找伟大的立法提案，并且选出了他们认为最重要的那些。最近，美国国家档案和记录管理局（National Archives and Records Administration，NARA）列举了 100 份最重要的美国公文：法律、条约、宪法修正案、发言和其他书面文件。印第安纳大学国会研究中心（Indiana University Center on Congress）甄选出 1862 年至今的 56 位著名联邦议员以及他们提出的法律。政治学家戴维·R. 梅休（David R. Mayhew）对各个历史学家、政治学家和报纸报道进行了全面调研，选择出 1945 年至 1990 年被认为非常重要的 300 部法律。政治学家保罗·C. 莱特（Paul C. Light）考察了 450 位历史学家和政治学家，从一份包含 540 项立法的清单，整理出第二次世界大战以来 50 类最伟大的立法成就。《国会季刊年鉴》（*Congressional Quarterly Almanac*）和每年的《国会季刊周报》（*Congressional Quarterly Weekly*）的总结版列出了每一年度最重大的立法成就。报纸《点名》（*Roll Call*）为纪念其报道国会山（Capitol Hill）的新闻达 50 周年，聚集了一批研究立法的学者组成小组，评选出 1955 年以来国会通过的 10 部最重要的立法。研究国会问题的学者斯蒂芬·W. 斯塔西斯（Stephen W. Stathis）给出了一份列有具有里程碑意义的立法的全面清单，他逐个分析了 1789 年至 2002 年召开的 107 次国会，汇编出一份包含 1200 部法律和条约的清单，这些法律和条约均被认为是具有里程碑意义的立法。最后，布雷恩·K. 兰兹伯格（Brain K. Landsberg）编撰了一部关于主要国会立法的百科全书，其特色是对 262 部法律做了简要的评论。[6]

相较而言，我的着手点更为集中，没有那么宏大。本书研究的是美国在两个多世纪的民主进程中所制定的15部法律。深入考察其中的每部法律，主要关注：促成该法律通过的力量和环境；在起草该法律文本时，有时卷入的激烈政治斗争；国会议员、总统，以及在该法律的提议和通过阶段起关键作用的其他人物；最后还有该法律的影响及其在美国历史中的地位。

由于本书只集中研究了15部法律，无疑不得不舍弃其他许多同样重要的候选法律。15这个数字并无任何神秘之处，但是本书选择的这些法律跨越了整个美国历史长河，涵盖了美国发展进程中引人注目且举足轻重的事件、形势和政策。你也许能够编制出一份内容不同但同样合理的重大立法的清单，或者想要在这份名册中加入第16或第17部法律。在选择这15部法律时，指导我的始终是对这一简单问题的回答："如果没有这部法律，我们将何去何从？"如果40年前磨难重重的联邦民权法没有通过，今天的美国将变成怎样？如果没有医疗保健和社会保险的保障，美国老年人的境遇将会如何？如果没有州际公路系统作为支柱，我们的地面交通系统将会多么拥堵和危险？如果国会在建国初期驳回了那个世纪性的土地交易案，决定不购买密西西比河另一侧的广袤土地，又将会怎样？这15部法律中的每一部都对美国社会和历史有着持续而深远的影响，它们所产生的影响已远远超越其实施的范围。

从严格意义上来说，本书研究的是"立法行为"（legislative actions），而不单是我们通常所理解的"法律"（law）。本书除法律以外，还包括一部条约批准书、一部宪法修正案的提案和一部在美国宪法制定以前颁布的法令。我选择将它们列入这份清单内，是因为它们对美国的民主和历史至关重要，因此就不过多纠结"法律"这个词的严格意义。本研究所选择的法律按时间先后顺序排列，依次为：《西北法令》（Northwest Ordinance，1787年）；《路易斯安那购地批准书》（Louisiana Purchase Ratification，1803年）；《堪萨斯-内布拉斯加法案》（Kansas-Nebraska Act，1854年）；

《宅地法》(Homestead Act，1862 年)；《莫里尔赠地学院法案》(Morrill Land-Grant College Act，1862 年)；第十九修正案(Nineteenth Amendment，1919 年)；《国家劳动关系法案》(National Labor-Relations Act，1935 年)；《社会保障法案》(Social Security Act，1935 年)；《退伍军人权利法案》(GI Bill，1944 年)；“马歇尔计划”(Marshall Plan，1948 年)；《州际公路法案》(Interstate Highway Act，1956 年)；《民权法案》(Civil Rights Act，1964 年)；《选举权法案》(Voting Rights Act，1965 年)；《医疗保险 / 医疗补助法案》(Medicare/Medicaid，1965 年)；和《国家环境政策法案》(National Environmental Policy Act，1969 年)。本书不再对它们做进一步的排序。

XIII 在写作本书时，我考虑过其他许多法律，其中许多可当之无愧地替代本书所选择的法律或作为增补。在本书的附录中，按时间先后顺序列出了一份包含超过 200 部法律的名单，它们都值得我们进一步关注。那么，最近这些年通过的法律又如何呢？要对过去 20 年内颁布的法律做出公正合理的评价，可能还为时过早。人们或许会认为其中的一两部法律，如《美国爱国者法案》(USA Patriot Act，2001 年)或《紧急经济稳定法案》(Emergency Economic Stabilization Act，2008 年)的重要程度足够入选成为这 15 部法律之一。但眼下，它们必须经历历史的发酵，等待时间、视角和评判将其置于更大的背景下。本书的结论章节第 13 章讨论了最近 30 年内的立法，并探讨了以下问题：我们是否已到达某一阶段，此后将不再会出现重大的立法项目(至少是费用庞大的立法项目)？一个陷入僵局的国会是否已对颁布这样的法律失去了信心？这个国会是否已丧失了实现这样的决策所需的领导力？立法职能是否已完全被特殊利益集团操纵，以至于立法者再没有能力提出具有里程碑意义的议案？最后，我们将设想一下，未来还可能出现什么具有里程碑意义的立法。

致　谢

本书涵盖的美国历史、政治和公共决策范围极广。我要感谢数百位历史学家、政治学家、研究国会问题和公共政策的学者，以及其他那些在我之前探讨过该主题和问题的人。他们均为本研究奠定了坚实的基础，本书超过 1500 条的尾注即可证实这一点。 XIV

在处理如此宏大的历史和对其进行深入解读的过程中，我得到了许多同事和学术圈内外志同道合的伙伴给予的帮助。我要特别感谢 Peter Albert、Richard Baker、Todd Berkoff、Edward Berkowitz、Allida Black、Kate Bouve、John Buchanan、Robert Chartrand、Charles B. Cushman、Robert Dove、Eva DuGoff、Michael Edwards、Julius Hobson Jr.、Matthew Jeanrette、James T. Patterson、Heather Rothman、Richard Weingroff 和 Tom Wolfson。

我要感谢我们大学的工作人员 Melissa Donner 和 David Marshall，以及，特别要感谢乔治・华盛顿大学（George Washington University）格尔曼图书馆（Gelman Library）的 Patricia Southard、Glenn Canner 和他们一流的员工，他们不厌其烦地为我查找了上百本图书和手稿。

感谢许多匿名审稿人的建议和帮助，特别要感谢我的编辑 Michael Kerns，Routledge 出版社的 Felisa Salvago-Keyes，还有其优秀的制作团队，特别是 John Banks、Maggie Lindsey-Jones、Emma Wood、Jo Aston 和 Rictor Norton。

丹尼斯·W. 约翰逊

写于华盛顿特区

第 1 章

西进运动

《西北法令》（1787 年）与《路易斯安那购地批准书》（1803 年）

1 在至少七十年的时间里，《西北法令》都堪称最著名的美国国家文件——仅仅除了美国宪法以外。

——弗朗西斯·S. 菲尔布里克（Francis S. Philbrick），1965 年

在美国的一切历史中，没有任何事件——不论是南北战争，还是《独立宣言》，甚至是宪法的签署——比它更为重要。

——伯纳德·德沃托（Bernard DeVoto）评路易斯安那购地案，1953 年

17 世纪早期，法国的贸易商和传教士探索了圣劳伦斯河河谷，并在魁北克、蒙特利尔和其他地点建立了定居点和商栈。这一系列远征活动带领他们向西到达了圣劳伦斯河的源头“甜海”（Sweet Seas），在当时的法国地图上它被标识为五大湖区（Great Lakes）。欧洲人从一些印第安部落得知，在五大湖区的另一边有一条宏伟的大河流向大海。之后不久，法国就

宣称自己拥有整个这片广袤土地的所有权，尽管这片陌生的土地还未曾被探索过。在 1671 年举行的一场丰富多彩的盛会上，法国殖民当局对 14 个部落的首领宣布：五大湖区连同“一边以北部和西部海洋为界、另一边以南海（South Sea）为界的全部土地，土地上所有其他地区、河流、湖泊……那些已被发现的，还有将要被发现的”统统为路易十四的王国所有。[1]

两年后，殖民政府开始了其探索的航程，它派遣路易斯·乔利埃特（Louis Joliet）和耶稣会神父雅克·马凯特（Jacques Marquette）去寻找并勘查那条被印第安人称作“众水之父”（Father of Waters）的大河——密西西比河。他们虽然并未抵达密西西比河的河口，但已了解到这条河会流入墨西哥湾。在他们的航程结束之时，年仅 29 岁的乔利埃特写信给总督弗隆特纳克伯爵（Comte de Frontenac）：“这条伟大的河流……在 1673 年和 1674 年公之于世……在佛罗里达和墨西哥之间穿过后注入大海，它流经人们从未见过的最美丽的地区。这里的大草原令我惊艳赞叹，我生平从未 2
见过比它更加美丽的地方——甚至是在法国，没有什么能比这里丰富多样的小树林和森林更令人赏心悦目……”[2]

5 年后，罗伯特·卡维莱·德·拉萨尔（Robert Cavelier de La Salle）继续乔利埃特的航程，抵达了这条伟大的密西西比河的河口。1682 年 4 月 9 日，在当地举行的占领仪式上，拉萨尔宣布这片领土归属法国，并将其命名为路易斯安那，以向他的国王致敬。[3]

次年，路易斯·亨尼平（Louis Hennepin）神父在他历时 4 年的探索密西西比河谷上游的航程结束之时，写信给国王道：“陛下，看来上帝于冥冥之中早已指定由您来统治这片领土，因为您那荣耀的名，与印第安人尊称太阳之名路易斯（Louis）居然如此巧妙地重合……尊敬的陛下，您的名常被他们念起，因为他们在承诺任何事情之前，都会以您的名路易斯向太阳表示敬意。”[4]

这片土地是如此广袤，又是如此野性和富饶，它位于那看似不可逾越的阿巴拉契亚山脉的另一侧，从密西西比河的北部源头一直延伸至墨西哥湾。在这片遍布森林和平原的广阔流域上，主要居住着印第安人，他们已在此生活了许多个世纪。船工*、传教士和毛皮贸易商是到此的第一批欧洲移民，紧随其后的是非法占地者、土地投机商和冒险家。到18世纪初，这片领土已遍布法国人建立的要塞和商栈：在底特律的密西西比河畔有3个村庄，在温森斯（Vincennes）的沃巴什河（Wabash River）畔有一个定居点，还有最为重要的新奥尔良村庄。法国对密西西比河河口的占领是至关重要的。拉萨尔的后继者亨利·德·通蒂（Henri de Tonty）注意到这片土地在商业上和军事上的重要性：从新奥尔良的港口，法国能够运送来自内陆的皮毛和铁矿，派遣军队到墨西哥，而且，最为关键的是能够防止英国控制西部。

整个18世纪前期，法国和英国军队都在为争夺加拿大、新法兰西和美国内陆的荒野之地而战斗。年轻的乔治·华盛顿（George Washington）率领他的部队与法国军队在宾夕法尼亚州西部发生了小规模冲突，由此引发了18世纪规模最大的战争——七年战争（Seven Years' War）；而在美国，它被恰当地称为法国—印第安人战争。1759年，英国最终在亚伯拉罕平原上战胜法国，赢得了决定性的魁北克战役的胜利，次年蒙特利尔失陷。1763年签订的《巴黎和约》（Paris Peace Treaty）结束了七年战争，此时法国已丢掉了新法兰西（加拿大）和越过阿巴拉契亚山脉至密西西比河的广袤荒野。勉强与法国结盟的西班牙索要密西西比河以西那片基本上未经探索的领土，最后获得了新奥尔良。英国和西班牙又共同争抢西佛罗里达（West Florida）地区，虽然西班牙将佛罗里达的其余部分割让给了英国。

而对于美洲殖民者来说，当务之急是《1763年公告》（Proclamation of 1763）。这道谕令禁止他们越过阿巴拉契亚山脉的山脊，在那片新由英国

---

* 船工（voyageurs），指早期毛皮交易公司雇用的船工。

控制的殖民地内定居。山脉以西的土地将作为印第安人的保留地。这份公告是英国在评估了印第安人对英属北美（British America）的威胁之后做出的务实决定，而并非基于善意的妥协。1763 年 8 月，法国的前盟友、渥太华印第安人酋长庞蒂亚克（Pontiac）领导反抗，痛击了西方殖民者和他们在底特律的前哨；其他部落则袭击了英国在麦基诺（Michilimackinac）的关键要塞和在格林湾（Green Bay）的较小要塞。英国当局由于人员缺乏，首先希望的是避免与印第安人爆发代价巨大的战争。[5] 但这却令殖民地的许多土地投机商和定居者愤怒不已，他们将这份公告视为英国专横的又一例证，限制了他们移居到这块新准州 * 的自由。事实上，这份公告并未阻挡住殖民者迁入被限制地区的脚步，而仅仅使得他们与母国之间已经累积起来的不信任危机愈演愈烈。

在独立战争期间，又发生了另一个影响西部土地的关键性事件。乔治·罗杰斯·克拉克（George Rogers Clark）少校占领了卡斯卡斯基亚（Kaskaskia）和卡霍基亚（Cahokia，位于现今伊利诺伊州南部的密西西比河畔）的前法国前哨站，接着于 1779 年占领了温森斯（印第安纳州）附近的英国萨克维尔要塞（Fort Sackville）。1783 年举行的巴黎和会正式结束了美国独立战争（Revolutionary War），会议承认美国对西部土地的所有权，这正是上述军事上的胜利奠定的基础。

战后，这个新国家面临着一个非常令人头疼的问题：如何处理西部土地。土地特许状已授予了各个殖民地 **，继而是各州，邦联自己却没有。十三州中，约有一半的州没有对西部土地的所有权，而其他各州则拥有大量的政府特许赠地。“有地”的各州与“无地”的各州之间争执不断，双方的抨击变得如此激烈，使得《邦联条例》（Articles of Confederation）的批准被延迟了 3 年之久。最终，最大的土地所有州弗吉尼亚州将其所有的西

* 准州（territory），指尚未正式成为州但有本地立法机构的地区。

** 此处“殖民地”一词特指英国在美洲最初建立的英属北美十三州殖民地。

部土地都让与了邦联政府；其他拥有大量土地的州也就纷纷照办了。

这一届邦联国会（Confederation Congress）在接近其运作的最后一年，颁布了一项最重大的立法——《西北法令》。该法令处理了西北准州（Northwest Territory），即阿巴拉契亚山脉以西、俄亥俄河以北的土地，此后这片土地上将发展成为俄亥俄州、印第安纳州、密歇根州、伊利诺伊州、威斯康星州以及明尼苏达州的一部分。《西北法令》规定，新的土地最终将成为完整且平等的州，而不是最初十三州的殖民地。这一原则在当时绝非是必须遵守的，但不仅由西北准州划分出的五个州应用了该原则，之后几乎每一个新加入的州也都如此。《西北法令》还公布了首个国家版本的权利法案，其用语主要仿照了英国的《权利法案》（Bill of Rights），以及《马萨诸塞州宪法》（Massachusetts Constitution）。而最值得瞩目的是，《西北法令》确立了在西北准州划分出的各州中不允许蓄奴的原则。这一原则尽管只是一种无法实施的表态，并且在新兴的南方领土中沦为笑柄，但它却是美国在内战以前第一次也是唯一一次由邦联政府明确提出的反奴隶制政策。该法令还确定了一个具有重大意义的原则，即每个 6 英里
4 （1 英里约合 1.609 千米）见方的镇区都要预留出土地用于公共教育。尽管《西北法令》的一些语言难以理解，也缺乏《美利坚合众国宪法》和《美国独立宣言》的优雅和力量，但它仍然可以媲美后两者，成为美国早期最重要的国家文件之一。

18 世纪末叶，美国与其在独立战争期间的盟友法国的关系不断恶化。这两个国家卷入了后来被称为美法准战争（Quasi War）的冲突，面临着公开交战的切实威胁。新任总统托马斯·杰斐逊（Thomas Jefferson），虽然在其政治生涯的大多数时候都对法国的文化和政策抱有好感，并支持与其结盟，但在得知西班牙已秘密地将它于 1763 年获得的密西西比河以西的土地归还法国后，感到非常震惊。相比西班牙或英格兰，现在法国构成了更大的威胁。考虑到拿破仑扩张帝国的野心，美国政府担心一个强大的欧洲国家在其西部边境上虎视眈眈。然而，当时美国西部的土地对拿破仑来说

不再具有重大的战略意义，他正在寻找其他地方以餍足他的帝国野心。由于被派往圣多明各（海地岛）镇压持续不断的奴隶起义的法国军队意外惨败，又预期可能会与英国重新开战，拿破仑于 1803 年决定放弃新奥尔良和西部土地。

美国驻巴黎特使詹姆斯·门罗（James Monroe）和罗伯特·R. 李维顿（Robert R. Livingston）得到指示，从法国购买新奥尔良港和西佛罗里达，或者如果西佛罗里达不为法国所有的话，就怂恿法国说服西班牙出售它（这就是土地所有权含糊不明的地方）。没有想到的是，呈现在美国人面前的是有史以来最大的土地交易，也就是密西西比河以西的整个路易斯安那领土。当时，这片领土的边界并不明确，人们也不清楚这个购地案会产生什么长远的结果。如果美国同意该购地案，它的领土面积将一下子翻倍，并且从其边界移除一个强大的欧洲威胁。大多数美国人和决策者都欢欣鼓舞，但是魔鬼藏在细节中。

该条约于 1803 年 4 月在巴黎签署，条约规定必须从签署之日起 6 个月之内批准，而充满理想主义狂热的拿破仑极有可能会出尔反尔，撕毁条约。杰斐逊总统直到 7 月初才获悉该条约的消息，随后他迅速召集国会在 10 月召开一次特别会议。尽管存在着一些重大的顾虑，国会还是迅速批准了该条约；但之后不久，更大的问题就浮现出来了。这片广阔的新领土将会变成怎样？它确切的边界在哪里？它是否会归属于联邦政府，并遵循《西北法令》规定的步骤成为正式州？奴隶制度是否会被许可？这片新获得的土地会对南方各农业州和北方各商业州之间的势力均衡产生什么影响？上述问题中的一些要等到 1812 年战争*结束，路易斯安那州被批准加入联邦，还有围绕承认密苏里、堪萨斯和内布拉斯加的州地位所爆发的激烈斗争结束之后才有答案。而有些问题的答案则只有经过了美国内战的流

---

* 1812 年战争（War of 1812）：又称第二次独立战争，是美国与英国于 1812 年至 1815 年发生的战争。

血和暴力才能见分晓。

购买路易斯安那领土，对于美国这个新兴国家在成长为西半球大国的进程中，在确定如何开拓西部土地，在处理奴隶制度这一复杂的问题，以及在真正理解联邦的概念和宪法的含义上，都具有无比重大的意义。

《西北法令》

在美国，七年战争的导火索是发生在宾夕法尼亚西部荒野上的一场小规模战斗。当时，虽然法国军队占领了俄亥俄河谷的要塞，弗吉尼亚殖民地却声称这片土地归它所有；英国殖民政府和法国政府遂决定诉诸武力来捍卫它们相互冲突的主张。弗吉尼亚总督罗伯特·丁威迪（Robert Dinwiddie）派遣了一位年轻的军官前往那片西部荒野，他就是乔治·华盛顿。1754 年 5 月 28 日，华盛顿与易洛魁人首领塔纳洽里森（Tanaghrisson）领导的印第安人盟友偶遇约瑟夫·德·朱蒙维拉（Joseph de Jumonville）指挥的法国士兵的营地。当时是谁打响了第一枪，现在已无人知晓，但是塔纳洽里森的印第安战士迅速包围并击败了法国军队，并且屠杀了他们。这场血腥且无谓的小规模战斗不仅标志着七年战争的开始，也标志着法兰西帝国在北美洲的统治开始走向终结。[6]

1763 年 2 月 10 日，西班牙、法国和英国三国的公使在巴黎共同签署和约，正式结束战争。根据《巴黎和约》的条款，法国将其在法属加拿大的北美领土和密西西比河以东的所有领土割让给英国。此前在 1762 年 11 月，根据《枫丹白露条约》（Treaty of Fontainebleau），路易十四将西路易斯安那领土和密西西比河以西的广袤地区割让给了他的盟友兼表兄——西班牙的卡洛斯三世（Carlos III）。这一方面是为了补偿西班牙将佛罗里达割让给英国，另一方面也是为了使路易斯安那领土不至落入英国人手中。由于已经割让了加拿大，对法国来说，路易斯安那也失去了其大部分价值，特别是法国国库在这个遥远的基地上亏了不少钱。但是紧接着就出现了麻烦。新奥尔良港大多数是讲法语的居民，他们无法接受西班牙的统治。当地的反叛者决心建立属于他们自己的独立共和国，1768 年的路易斯安那叛乱（Louisiana Revolt）给西班牙造成了严重的麻烦，直到第二年起义才被镇压。西班牙这个"地主"当得有几分不情不愿，它迟迟才在奥尔良准州（Orleans Territory）上建立行政管理机构，也不太愿意从自己的国库里掏钱，但它也认识到这块土地作为英国和西班牙在美国西部其他准州之间的缓冲地带，是很有价值的。[7]

尽管《1763 年公告》明令禁止殖民地的居民进入新获得的西部边疆，仍然有许多人无视这道皇家谕令翻过山脉。其中大多数人是新近抵达的移民，他们将对美国边疆产生重大影响。自 1760 年至 1775 年，至少 12.5 万信奉新教的爱尔兰人、苏格兰人和英格兰人来到北美；还有 1.2 万讲德语的人也漂洋过海而来。[8] 这些移民中，有许多人就直接前往边疆和西部。另外，在这个时期内，约有 8.4 万名来自非洲或西印度的奴隶流入北美，使得南方种植园主可以增加他们租种的土地量，并将贫困白人赶向边疆寻求更便宜的田地。[9]

独立战争期间，西部地区的情况十分危急。1778 年，根据弗吉尼亚总督帕特里克・亨利（Patrick Henry）的指示，乔治・罗杰斯・克拉克上校被调遣去保护位于肯塔基境内的阿巴拉契亚山脉以西的弗吉尼亚的广阔土地和俄亥俄河以北的土地。克拉克不负使命，7 月即占领了卡斯卡斯基亚和卡霍基亚，又于 1779 年隆冬，在一次大胆的突袭行动中击败了位于温森斯的萨克维尔要塞的英国军队。英国人已没有能力卷土重来控制这片领土，1783 年的《巴黎和约》正式结束了独立战争。根据和约，西部土地包括西北准州都将成为美国的一部分。

大陆会议*现在面临着一个棘手的问题：西部土地的组织和管理。由

* 大陆会议（Continental Congress）是 1774 年至 1789 年英属北美十三个殖民地以及后来美利坚合众国早期的立法机构，共召开了两届。

于有的州拥有西部土地的所有权，有的州却没有，双方存在着地区上和经济上的竞争。四个南方州——佐治亚州、南卡罗来纳州、北卡罗来纳州，特别是弗吉尼亚州，声称它们拥有一直延伸到南海——或者根据 1763 年的和平谈判，至少到密西西比河——的土地。马萨诸塞州、纽约州和康涅狄格州也主张它们对西部土地的所有权。而“无地的”各州——罗得岛州、新泽西州、新罕布什尔州、宾夕法尼亚州、特拉华州，特别是马里兰州，不满弗吉尼亚州和其他各州主张的巨大的土地所有权。历史学家弗朗西斯 · S. 菲尔布里克认为，各州之间的猜忌与竞争交织而成的复杂网络“其潜在后果，不论好坏，都超过了国际关系领域中的任何事物”。[10] 大陆会议不得不设法处理数个引起纷争的问题：应该偏袒移民或投机商吗？应该强制各州将其土地移交给邦联吗？应当约束还是不约束在西部的移民？并且，对于一个急需资金的政府来说最重要的是，应当如何出售这片土地？又应当由谁获得这份收益？

1776 年起草《邦联条例》时，所有试图将西部土地的控制权授予大陆会议的努力都失败了。来自“无地的”宾夕法尼亚州的约翰 · 迪金森（John Dickinson）起草了一项条款，限制各州利用其特许的西部土地所有权扩张其边界。这一提议迅速激起弗吉尼亚州代表的不满：不仅他们反对这项条款，而且这个“老自治州”* 还在新的州宪法中重申了其土地所有权。[11] 历史学家杰克 · N. 拉科夫（Jack N. Rakove）认为：关于西部土地的争执“不仅构成了完成《邦联条例》的唯一且最大的障碍，同时也可以说关系着这个国家的存亡”[12]。

1778 年，大陆会议再次试图在西部土地问题上对州设立限制，但又一次失败了，只有五个州支持这一想法。但到 7 月时，有八个州同意了《邦联条例》；然而，该条例的批准需要所有十三个州的赞成。5 个月
7 后，马里兰州声明，除非西部土地问题得到解决，否则它绝不会加入邦

* 老自治州（Old Dominion）：弗吉尼亚州的别名。

联；1779年5月，康涅狄格州也响应马里兰州，于是《邦联条例》的批准又被拖后了3年。[13]

弗吉尼亚州主张的土地所有权过于广阔，因而成为众矢之的。这个“老自治州”声称其拥有阿巴拉契亚山脉与俄亥俄河之间的土地，还有俄亥俄以北、后被称为西北准州的土地。“无地的”马里兰州坚称：既然所有的州都参加了独立战争，在战斗中流血牺牲，那么西部土地应当被视为大家的共同财产。但是，不管这些爱国论调和国家视野多么冠冕，真正的问题归根结底还是钱。正如历史学家唐·E.费伦巴赫尔（Don E. Fehrenbacher）所评论的，人们对于在政治上处理西部地区是完全没有异议的：大家并不怎么关心东部各州的边界伸向密西西比河。然而，“争论的真正焦点……是多年来从出售西部土地中预期可获得的可观收入”[14]。

许多政客、种植园主和商人在西部土地上做投机买卖，这差不多是赚取暴利的最快方法。[15]政客和投机商从各州那里谋求政府赠地，或者不行的话，就转求印第安部落。来自马里兰州、宾夕法尼亚州和新泽西州的投机商成立了印第安纳公司（Indiana Company），试图得到大致为今天西弗吉尼亚州地区的所有权。但是弗吉尼亚州早在1749年就已将大概同一片土地授权给了一个名为俄亥俄公司（Ohio Company）的团体，并且弗吉尼亚州不会听从其他的所有权主张。这促使印第安纳公司与印第安部落达成协议，于1768年签署了《斯坦威克斯堡条约》（Treaty of Fort Stanwix），从六部落组成的易洛魁联盟（Six Nations of Iroquois Confederacy）手中获得土地。[16]

来自纽约州的代表菲利普·斯凯勒（Philip Schuyler）敦促大陆会议与易洛魁联盟讨论和平问题；有人使他相信，根据与印第安部落的条约，纽约州将会失去其西部土地。随后斯凯勒迅速赶回纽约与州议会商讨，说服本州将其西部土地的所有权让与大陆会议。[17]随着纽约州于1780年年初转让其土地，弗吉尼亚州发觉自己的处境非常尴尬，一边受到北方各州的敌视，另一边与其相邻的马里兰州吵嚷着拒绝批准《邦联条例》。

1781 年 1 月 2 日，弗吉尼亚州议会（Virginia General Assembly）通过法令，转让俄亥俄河西北部的所有土地，但保留其对后来将成为肯塔基州的那片土地的所有权。弗吉尼亚州通过对土地转让设置种种限制条件以阻碍其行动，促使大陆会议将投票表决推迟了 3 年，它最后仅仅以微弱的优势被通过。最终，在弗吉尼亚州表示转让土地两个月之后，即 1781 年 3 月，马里兰州签署了《邦联条例》。至此，距离《邦联条例》最初起草 5 年以后，各州才差不多统一在十三州邦联（the Confederation）之下。

6 个月后，即 1781 年 10 月，随着美军在约克敦（Yorktown）战胜了康沃利斯侯爵（Lord Cornwallis）的军队，独立战争胜利在望。通过 1783 年的《巴黎和约》，其中约翰·亚当斯（John Adams）、本杰明·富兰克林（Benjamin Franklin）和约翰·杰伊（John Jay）为谈判代表，英国承认美国为独立的主权国家，并将西部土地移交给美国统治。同时，英国还将其控制长达 20 年的佛罗里达归还西班牙。

1781 年至 1787 年，西部土地全部移交完成，这片广阔的土地现在全部由大陆会议管辖。移交的领土中主要部分是俄亥俄河以北的土地，即西北准州。现在最困难的部分来了：如何处理这片土地，如何解决相互抵触的所有权主张，还有如何为如此广阔的土地制定合理的政策。

在接收弗吉尼亚州的西部土地后，由托马斯·杰斐逊领导的一个国会委员会开始为阿巴拉契亚山脉另一侧的土地准备一份计划。1784 年 4 月末，杰斐逊和北卡罗来纳州的休·威廉森（Hugh Williamson）提交了一份报告：使用坐标网格，将北纬 31 度至 47 度之间、跨阿巴拉契亚山脉的整个地区划分成至少十四个州，各州大致呈矩形且大小几乎相等。[18]

杰斐逊在制订这个计划时，不希望重蹈实行严厉压迫政策的英国殖民当局的覆辙。[19] 一旦西部各个准州的自由居民人数达到最低限度的 2 万人，他们就能着手依照共和政体的形式起草他们各自州的宪法。在呈交议会的报告中，杰斐逊还添加了若干条款，这份报告就成了《1784 年法令》（Ordinance of 1784）。其中一条规定，新成立的各州将“永远是美利坚合众国邦联的一部分”。另一条为反奴隶制条款:“自公元 1800 年起，所述各州均不得存在奴隶制度或非自愿劳役，但惩罚犯罪不在此例，其当事人必须已被依法判决为有罪。”这是国家立法机构第一次在法案或法令中考虑奴隶制问题[20]，当然这绝不会是最后一次。

这一反奴隶制条款，需要七个州投票赞成才能通过；但它只得到了六个州的支持，而三个南方州，包括杰斐逊的弗吉尼亚州，都投票反对。尽管这次努力失败了，一些历史学家仍然称赞杰斐逊促成了 3 年后《西北法令》中的反奴隶制条款。然而，历史学家加里·威尔斯（Garry Wills）的评论则不那么友善，他认为杰斐逊的计划如果通过，奴隶制将被容许在各个准州上多存在 16 年，变得“无可挽回地扎根于移民者的生活中”。[21]威尔斯进一步评论道，我们应当感谢当时的军需处长（Quartermaster General）蒂莫西·皮克林（Timothy Pickering）为反奴隶制条款所做的一些贡献。皮克林 1783 年四处游说在西北准州建立一个新的州，作为给参加独立战争的老兵的报偿。在这个新的州里，皮克林建议“彻底废除奴隶制”，这将成为该州新宪法中一条“基本的且不可撤销的”条款。《1784 年法令》的反奴隶制条款遭遇失败后，皮克林与马萨诸塞州的埃尔布里奇·格里（Elbridge Gerry）、纽约州的鲁弗斯·金（Rufus King）合作重启该条款，但去除了从 1800 年开始的宽限期。[22]

《1784 年法令》直到 1785 年 5 月 28 日才正式下达给各州，征求它们的批准。[23]但此时，它已被其他重大事件压倒了。大陆会议急需收入，而移民者正源源不断地迁移到肥沃的俄亥俄河谷，一起的还有非法占地者和投机商。立法者担心，如果不制订合理的计划，勘测和出售西部土地，大陆会议将无法偿还急需的资金，或者保卫分布广泛的西部人民免受印第安人或白人掠夺者的侵害。为了解决这些问题，大陆会议于 5 月 20 日颁布了一部新法令，即《1785 年土地法令》（Land Ordinance of 1785）。

该土地法令宣布，一旦完整勘测出 7 排镇区*——每个镇区为 6 英里见方——并登记在册，就将这块土地竞标出售，每英亩（1 英亩约合 4047 平方米）的售价不得低于 1 美元。这就意味着那些不愿出钱购买土地或出不起钱的非法占地者是不受欢迎的，而那些被视为与政府直接竞争的投机商也是如此。为成功实施该政策，政府必须为新土地提供明晰的所有权。[24]

《1785 年土地法令》一个独一无二的特征是，在新的领土上专设小块土地用于教育。这是其区别于杰斐逊起草的《1784 年法令》的地方，后者从未提及教育或公共学校。[25] 根据新法令，各个镇区被划分成 36 块小土地（lots），每块小土地为 1 英里见方（或 640 英亩），其中的第 16 块小土地预留给公共学校。该法令有助于确立普通公立学校（从一年级至八年级）的构想，从而“促进了所有公民的平等，以及真正的民主政府需要受过良好教育的公民这一革命性的观念”。[26] 这也为国家拨赠教育用土地树立了先例，详见第 3 章。

但《1785 年土地法令》仍然有待完善，在接下来的两年里，它被改造成《西北法令》(1787 年)。

制定法律

在托马斯·杰斐逊离开大陆会议前往巴黎担任美国驻法大使后，由他的继任者詹姆斯·门罗（James Monroe）牵头准备一版更加切实可行的土地法令，该版本于 1786 年 5 月完成，可被视为《西北法令》的初稿。[27] 在门罗离开大陆会议之后，马萨诸塞州的内森·戴恩（Nathan Dane）成为起草委员会最突出的人物。1786 年 9 月，由戴恩和其他 5 位成员组成的一个新的议会委员会呈交了一份报告草案，提出为西部各个准州建立临时政府的纲要。尽管这份报告在 1787 年 4 月的听证会上反响良好，却由于

* 镇区：美国公共土地测量中相距 6 英里的两个经线之间为一排镇区。

出席人数未达法定人数而没有通过。随后另一个委员会，有戴恩、纽约州的梅兰克顿·史密斯（Melancton Smith）、弗吉尼亚州的理查德·亨利·李（Richard Henry Lee）和爱德华·卡灵顿（Edward Carrington）、南卡罗来纳州的约翰·基恩（John Kean），使用前几版法令中的一些用语起草出一个新的版本。[28]

立法者（legislators）也获得了一些帮助：早在这个专有名词（指 legislators）被创造出来数年以前，就有一位服务于一家主要土地投机公司的“说客”*协助该议会委员会。在 1785 年和 1786 年之交的那个冬天，来 10
自新英格兰地区**的一群独立战争老兵创建了俄亥俄公司(Ohio Company of Associates)，一个寻求购买西部土地的组织。它的首席代理人是来自马萨诸塞州的玛拿西·卡特勒牧师（Reverend Dr. Manasseh Cutler），许多历史学家赞扬了他在塑造那部最终成为《西北法令》的立法中所做的部分贡献。

1787 年的暮春和整个夏天，大家的注意力都集中在了费城，因为代表们正聚集在此讨论制宪并最终起草出《美利坚合众国宪法》。邦联国会的许多成员都离开纽约前往费城与其他代表会合，只有 18 位代表留下来继续进行大陆会议的立法工作。1787 年夏天，他们继续在纽约默默地履行自己的职务，并最终制作出邦联国会历史上最重要的文件。

1787 年 7 月 11 日，国会收到了《西北法令》看似已经完成的初稿。但在最后的关键时刻，内森·戴恩在议员席上加入了最后一个条款：

> 第六条：在所述准州内不得有奴隶制度或强制劳役，惩罚犯罪不在此例……任何逃入该准州的人，如果对其劳动或服役的所有权在最初十三州的任意一个州里是被依法承认的，这样的逃亡者可以被依法要求追回……

---

* 说客（lobbyist）：专门受雇对政府官员或议员进行游说或疏通的人。

** 新英格兰地区：位于美国本土的东北部，包括美国的六个州：缅因州、佛蒙特州、新罕布什尔州、马萨诸塞州、罗得岛州和康涅狄格州。

这一修改很快获得通过，随后在 1787 年 7 月 13 日，8 位在场的州代表一致投票支持《西北法令》。

在俄亥俄河以北的这片新土地上，将不会存在奴隶制，也没有杰斐逊之前计划中的直到 1800 年的等待期。当时，只有马萨诸塞州完全禁止奴隶制度。这一法令究竟为什么能通过，尤其是，南方各州的代表为什么会同意这项无奴隶制条款？历史学家给出了一些解释。一种解释是南方各州也获得了回报，因为反奴隶制条款也可以说是逃奴条款，它要求归还那些到西北地区寻求自由的奴隶。第二种解释是，各州达成了一种心照不宣的共识，即同意在西北地区禁止奴隶制度，也就默许了在西南地区允许存在奴隶制。第三种解释是，反奴隶制度条款只是 1787 年南北双方诸多妥协中的一部分：西北准州将没有奴隶，而南方将获得五分之三条款*，国际奴隶贸易可以延续 20 年，逃奴条款，以及禁止出口税——这有利于奴隶劳工生产的产品的出口。但是并没有什么证据证明纽约的邦联国会与费城的制宪会议之间存在串通。

总而言之，南方的立法者相信定居西北地区的多半会是南方人，到时
11 候西北地区在态度和政治上都会更倾向于南方。[29] 实际上，占据国会多数席位的南方代表在邦联国会日渐式微的日子里，可能还认为他们利用《西北法令》为自己的地区赢得了胜利。[30]

历史学家保罗·芬克曼（Paul Finkelman）认为这条反奴隶制条款起草得过于匆忙，又是在最后一刻才被加入，更未经任何讨论，这对于如何制定一项重要立法来说，绝对是个坏榜样。假如国会之前对其进行过充分的讨论，可能对于如何执行这个条款、如何解决其内在的重重矛盾这两个问题就会有更好的理解。宾夕法尼亚州、罗得岛州和康涅狄格州，既没有制

* 五分之三条款：也称五分之三妥协（Three-Fifths Compromise），为 1787 年美国南方与东北方在美国制宪会议中达成的协议，妥协将奴隶的实际人口乘以五分之三用作税收分配和美国众议院成员分配。

定过逐步解放奴隶的法律，也没有做此考虑，然而当《西北法令》获得通过时，这三个州没有一位代表在场。[31]

内森·戴恩在《西北法令》颁布 3 天后写的一封信中，向他的同僚鲁弗斯·金（Rufus King）解释了国会当时面临的一些压力：俄亥俄公司有意购买很大一片联邦土地，他推测有六七百万英亩（该公司迅速购买了 150 万英亩），而国会想要废除旧有制度，用更好的制度取代它。戴恩说他们“认为有必要采用我们能够用的最好的制度”。戴恩继续向金说道，他完全“没想到各州会同意第六条禁奴条款”，因为马萨诸塞州是唯一一个在场的东部州，该条款在最终稿中已经被删除了，“但是我发现议会对于这个议题抱有非常肯定的态度，于是在我们完成其他部分后，我动议了这项条款，而它未遭遇任何异议就被接受了”。[32]

虽然戴恩很惊奇他的反奴隶制条款居然获得通过，法律历史学家戴维·柯里（David Currie）却对国会大胆颁布《西北法令》印象深刻。他指出:“在《邦联条例》中，实在没有任何依据能够赋予国会批准这样一个法令的权力。”[33]

根据第五条,《西北法令》确立了平等地位这一重要原则：一旦一块准州拥有 6 万自由居民，即可被纳入联邦，并与最初的十三州处于平等地位。成为正式州会有一系列的中间步骤，各准州建立自己的政府，选出州长和任命法官，挑选准州议会的代表，采纳既有各州的刑法典和民法典。[34]《西北法令》预计将在西北准州中划分出三到五个州，并且摈弃了准州地位的设想——这曾是《1784 年法令》的一个核心原则。[35]

《西北法令》中还有关于权利和特权的拓展条款，主要摘录自 1689 年英国的《权利法案》和《马萨诸塞州宪法》。[36] 这些权利包括：享有信仰自由（任何“举止和平且守纪”的人都不得“因其礼拜方式或宗教信仰而受到侵扰”）；享有人身保护状；由与自己同等地位的公民陪审团审判；确立依照习惯法制定的司法程序；大多数案件均允许保释；罚款不得过重；不得施加残酷或逾常的刑罚。这些条款经过一些修改后，成为《美利坚合众国宪法》的《权利法案》。[37]

《西北法令》的亮点

法令全文共 14 章，取缔了长子继承制，确立了西北准州的政府组织架构、成立永久政府的机制、民法和刑法的实施，以及各个准州能够申请成为正式州的方法。

它包含了最初的十三州与西北准州的人民和各州之间的六条契约。

第一条规定了信仰自由。

第二条规定了基本权利，许多摘录自 1689 年英国的《权利法案》：享有人身保护状，由陪审团审判，议会的比例代表制；罚款不得过重；不得施加残酷或逾常的刑罚；保护私人契约。

第三条鼓励学校和教育（“道德和学识皆为仁政及人类幸福所不可或缺的，因此学校和教育措施应永远受到鼓励”），“对于印第安人当永守忠信；其土地及财产，未经其同意，永不得夺取……”

第四条声明新建立的州将永远是美利坚合众国的一部分，一旦被纳入，即与最初的十三州在一切方面享有平等地位。

第五条确定在西北准州建立三到五个州。

第六条禁止奴隶制，但要求归还逃奴。

余 波

《西北法令》正式批准后过了将近 4 个月，准州的政府官员才被挑选出来。俄亥俄公司的代理人与国会商谈，试图获得土地出售的优惠条件。他们还试图在国会选择准州的新领导人时施加影响。卡特勒牧师推荐当时的邦联国会主席阿瑟·圣克莱尔（Arthur St. Clair）为西北准州的新州长。圣克莱尔是独立战争时期的少将，是当之无愧的选择：不像其他的准州官员，他非常诚实，从未参与过土地投机。[38] 而他的副手却不是如此。温思罗普·萨金特（Winthrop Sargent）是准州官员中的第二把手，被人描述为极其傲慢且自私，然而，他却看到其中有利可图。他曾是美国革命军（Revolutionary Army）的前少将，并担任过土地勘测员。当俄亥俄公司于

1787 年 10 月 26 日以 100 万美元购买下 150 万英亩土地时，卡特勒和萨金特各以 50 万美元购买下 75 万英亩土地，以 3 年为期限付清。[39]

其他人则直接参与土地投机活动。其中最臭名昭著的可能要数约翰·克利夫斯·西姆斯（John Cleves Symmes），他购买了大迈阿密河（Great Miami river）与小迈阿密河（Little Miami river）之间数百万英亩的土地。但他付不出这么多钱，于是他就随心所欲地或者说欺诈性地将实际不属于他的土地卖给他人；然后，西姆斯在那些关于他个人财产的诉讼案中还表现得像法官一样镇定自若。最终，西姆斯破产了，但却是在他成为“西北准 13
州最令人讨厌的人之一”以后。[40]

俄亥俄河谷的第一个永久性定居点是位于俄亥俄河与马斯金格姆河交汇处的玛丽埃塔村（Marietta），始建于 1788 年；同年晚些时候，洛山蒂维尔村（Losantiville，今天的辛辛那提）建成。阿瑟·圣克莱尔向玛丽埃塔的居民发表了他走马上任后的第一次演讲，赞扬他们勤勉刻苦，为这片蛮荒之地带来了文明；他随后劝诫他们要以基督教的仁爱对待印第安人。该镇的发言人回答道，他们一直“像朋友、像兄弟”那样对待印第安人。[41]

1786 年年初，俄亥俄公司在《宾夕法尼亚邮件报》（*Pennsylvania Packet*）上刊登了招募股东的广告。广告吹嘘有“无可置疑的证据”表明西部土地的质量要比新英格兰地区已知的任何土地都好得多，其气候、季节还有产量“无愧于过往发表过的关于它们的最恭维的报道”。随后广告警示读者要小心那些关于“印第安战争的恐怖经历”的耸人听闻的故事，暗示这样的故事或许并非起源于西部乡下，而很可能是“在我们那些文明高雅的城市（也许是纽约）中杜撰出来的”。如此一来，那些无名的投机商就能在这片“拥有世界上最肥沃的土壤”的土地上大发横财。[42]

但这只是种强行推销术，移民的流入量令人失望。许多潜在的移民 14
都已知悉印第安人的暴行，并且心生恐惧。西部的印第安人给新共和国造成了一些极为头疼的问题。[43]《西北法令》简略地提到了美洲原住民：“为了避免犯错，为了维护同他们（印第安人）的和平与友谊，应当时常制定基于正义和人性的法律。”然而，这种友善仁慈的文字，却与西部边境严峻残忍的现实大相径庭。印第安人与俄亥俄河以北的移民者之间爆发了暴力和危险的冲突，使得许多潜在的移民望而却步，不敢迁入这片肥沃的土地。

制定《西北法令》的关键人物

历史学家多年来苦心思索《西北法令》的作者身份应当归谁，但目前仍无定论。一些人提出应当将托马斯·杰斐逊——《1784 年法令》及其反奴隶制条款的作者——视为先驱者；其他人则更倾向于詹姆斯·门罗，是他接替杰斐逊领导委员会；或者鲁弗斯·金，他也起草了一项早期的反奴隶制条款。[44] 或许最强有力的论点是：作者身份应当归属于马萨诸塞州的内森·戴恩，以及来自国会外部的土地投机商说客玛拿西·卡特勒。

内森·戴恩（1752—1835），1785—1788 年担任马萨诸塞州邦联国会议员。作为来自贝弗利（Beverly）的律师，戴恩于 1790—1791 年和 1794—1797 年入选马萨诸塞州州参议院。1795 年，他被任命为修订马萨诸塞州法律的委员，并一直从事该项目直到 1812 年。1814 年，他作为代表参加了哈特福德会议（Hartford Convention），许多人相信该会议是新英格兰联邦党势力为脱离联邦所做的尝试。早前，戴恩曾参与过所谓的艾塞克斯秘密政治集团（Essex Junto），它是新英格兰人密谋脱离联邦的另一次失败的尝试。[45]

玛拿西·卡特勒（1742—1823）出身于新英格兰一个世代为牧师的家庭，他打破传统成为一名律师，而后又成为牧师。在独立战争期间，卡特勒研究机械，后来又成为一名业余植物学家、天文学家和人类学家。1786 年，卡特勒与其他一些老兵创建了俄亥俄公司，他担任首席代理人，代表该组织游说国会。乔治·华盛顿任命他为美国俄亥俄法院（U.S. Court of Ohio）的法官，但是卡特勒谢绝了该职位。他后来作为马萨诸塞州的联邦党人，任职于第 7 届和第 8 届国会（1801—1804）。

1790 年，乔治·华盛顿总统决定镇压印第安人在西部地区的武力袭击。来自肖尼人（Shawnee）、德拉瓦尔人（Delaware）、明戈人（Mingo）、怀恩多特人（Wyandot）、渥太华人（Ottawa）、迈阿密人（Miami）、波塔瓦托米人（Potawatomi）还有齐佩瓦族人（Chippewa）部落的印第安人组成了一个大联盟，团结在酋长小海龟（Little Turtle）麾下。这些印第安战士在初期大败了名誉晋升准将（Brevet Brigadier General）约西亚·哈马（Josiah Harmar）和州长圣克莱尔。1794 年，安东尼·韦恩（Anthony Wayne）将军在 1791 年圣克莱尔战败的地点——接近现今俄亥俄州与印第安纳州边界的中心——重新部署军队，并修建里卡弗里堡（Fort Recovery）。小海龟的部队袭击了该堡垒，但被击退。

1783 年的《巴黎和约》结束了美国独立战争，但其中包含一项条款：允许英国人继续留在西北准州，直到美国与英国的盟友印第安人解决好土地问题。到 1794 年，该问题终于要有定论了。1794 年 8 月 20 日，在现今俄亥俄州的托莱多（Toledo），一场决定性的战役“伐木之战”打响了。英国刚建好迈阿密堡（Fort Miamis），同时约有 100 名英国志愿兵与 1100 名印第安人一起抵抗韦恩的军队，结果韦恩率领其士兵大败印第安军队。[46] 随后英国人抛弃了他们的印第安人盟友，与美国人讲和。

1794 年，美国最高法院首席法官约翰·杰伊被派往英格兰解决一些遗留问题。引起美国人不安的问题有：他们与战争无关的货船被扣押，美国海员被强行征用，以及英国继续占据位于美国境内的西部驻地。此次签订的条约虽然在美国引发了许多争议，但它成功地使英国撤回了其派驻在边界驻地的士兵，并不再为印第安人提供枪支弹药；它建立了一个委员会负责解决美国与加拿大之间悬而未决的边界问题，还有另一个委员会负责解决因英国扣押船只给美国造成的损失，以及在独立战争期间亲英分子（Loyalist）的损失。但是条约没有要求英国不再截留美国船只、强征美国海员的条款。这一疏漏在国会闹得沸沸扬扬：华盛顿和杰伊受到猛烈抨击，但是，对于当时美国这样一个年轻且缺乏强大军事力量和国际政治影响力的国家来说，这大概是能够达成的最好条款了。

约翰·杰伊的谈判促使美国与俄亥俄印第安部落于 1795 年 1 月举行和平会谈。1795 年 8 月 3 日，在俄亥俄东部的格林维尔堡（Fort Greene Ville），十二个印第安部落的首领与韦恩将军会面并签订条约，印第安人放弃对俄亥俄河谷的所有权主张，将关键贸易区域的控制权交给美国，其中包括未来伊利诺伊州的芝加哥的所在地。[47] 根据《格林维尔条约》（Treaty of Greenville）的条款，印第安人被允许在他们已割让的土地上狩猎，但紧张局势依然未得到缓解。白人移民迅速蚕食印第安人的土地，许多印第安人拒绝承认该条约。[48]

15 **与《西北法令》相关的关键事件**

1763 年《巴黎和约》，结束了七年战争，使密西西比河成为英国和西班牙在北美殖民地的分界线。

1780 年　国会号召各州转让他们对部分领土的所有权；并通过决议将移交的西部领土划分成为新的州，新建州与最初各州拥有平等的特权。

1782 年　美国与英国签订初步条约，规定英国人从西北地区撤走他们的防御工事，确定密西西比河为美国的西部边界。

1783 年　美国和英国在法国签订《巴黎和约》，英国正式割让其在佛罗里达以北和阿巴拉契亚山脉以西的属地给美国。

1784 年　国会接收弗吉尼亚州移交的西部土地所有权；《1784 年法令》颁布。

1785 年　国会通过《1785 年土地法令》；纽约州移交其在西部的土地所有权。

1787 年《西北法令》通过；制宪会议在费城举行。

1796 年《1796 年土地法令》（Land Act of 1796）规定勘测西北准州内的所有公共土地，并公开拍卖土地。土地最小销售面积为 640 英亩，每英亩 2 美元；大的土地投机商受益。

1803 年　俄亥俄成为从西北准州中划分出来创建的第一个州，为联邦的第十七个州。法国将整个路易斯安那转让给美国，美国国土面积翻倍。

尽管奴隶制度为《西北法令》所禁止，但它依然存在于各个准州中，特别是印第安纳和伊利诺伊。[49] 确切地说，奴隶主并未违反法律，但他们通过制定长期的契约条款和租赁合同，或者合法地认可那些在 1787 年之前被带入这些准州的奴隶的奴隶身份这样的手段来规避法律。他们还屡次向国会请愿，希望国会许可他们在一段有限的时间内进口奴隶。印第安纳准州采用了一部借自弗吉尼亚州的法律，名为“关于奴隶和仆役的法令”（An Act concerning Slaves and Servants），它被历史学家保罗·芬克曼描述为“完全是印第安人的奴隶法典”。[50] 托马斯·杰斐逊总统尽管起草过 1784 年的反奴隶制条款，却未对威廉·亨利·哈里森（William Henry Harrison）——出生于弗吉尼亚的印第安纳准州的州长——提出任何异议。[51] 直到 1816 年印第安纳成为正式州的时候，奴隶制的反对者才在其州议会中占上风。新的印第安纳州宪法声明“本宪法将永不得做任何改动以在本州内引入奴隶制度或非自愿劳役，但惩罚犯罪不在此例，其当事人必须已被依法判决为有罪”。[52]

伊利诺伊准州在 1813 年下达了绝对禁令：禁止自由黑人移民至其领土内；虽然如此，到 1818 年成为正式州时，伊利诺伊境内生活有超过 1000 名奴隶或契约仆役。该州 1818 年的宪法明确许可在伊利诺伊盐矿使用奴隶，并且，在伊利诺伊这个新自由州于 1819 年颁布的第一批法令中，有一部就规定所有的奴隶都要注册登记，他们的行动要受到限制，违反法律就要遭受鞭刑。到 1848 年，《西北法令》通过 60 年后，伊利诺伊州才颁布其第二个州宪法，最终包括了在其州内废除所有奴隶制。[53]

立法变革

在共和国成立初年，先后有三个新州加入联邦：佛蒙特州（1791 年）、田纳西州（1792 年）和肯塔基州（1796 年）。接下来有待解决的就是西北准州这片地区。《1785 年土地法令》确立了镇区网格这一合理制度，《西北法令》就是以此为基础建立新州的。今天，任何人飞越俄亥俄州、印第安纳州或者老西北准州的其他各州，都会惊叹于地面上笔直的街道和 6 英里见方的镇区网格，它们都是通过两百多年以前的立法确立的。尽管土地出售生意中充满了贪婪、欺诈和投机，《西北法令》还是为土地购买制度带来了秩序和理性。那些为准州有序转型为正式州所制定的法规也是如此。《西北法令》制定的条款，成为其他二十六个州从准州转型为正式州，即成为与联邦中其他州拥有相同地位的州时共同使用的模式。[54]

《西北法令》声明“宗教、道德和学识，皆为仁政及人类幸福所不可或缺者，因此学校及教育措施应永远受到鼓励”。在《1785 年土地法令》的基础上形成的《西北法令》，将地方教育作为国家优先考虑的事项。教育历史学家尤根·赫伯斯特（Jurgen Herbst）评价《西北法令》和《1862 年莫里尔法案》* 为“国家政府影响美国高等教育的历史中两个最重要的文件”。[55] 本书第 3 章将详述《莫里尔法案》及其对教育政策的影响。

代表俄亥俄公司的玛拿西·卡特勒对于推动在新的西北准州中建立教育机构做出了主要贡献。为了吸引勤勉的移民，特别是来自新英格兰地区的移民，仅仅拥有肥沃、富饶的土地是不够的；它还必须存在文明的标
17 志，特别是学校和宗教机构。联邦政府与俄亥俄公司最终签订的合同就包括：按照早前《1785 年土地法令》的声明，每个镇区预留第 16 号土地用于教育；预留第 29 号土地用于宗教；同时预留两个完整的镇区专用于建立一所大学。[56]

在整个 19 世纪三四十年代，反奴隶制条款成为废奴主义者的战斗口号。然后，当南方各准州被纳入联邦时，反奴隶制先例成为一纸空文。1830 年，丹尼尔·韦伯斯特（Daniel Webster）称赞反奴隶制条款，为 19 世纪的历史学家和评论家奠定了哲学基础，他们将道德正义和建立强有力的共和国视为《西北法令》背后的主要动机。的确，在这一时期的大多数时候，《西北法令》主要作为禁止奴隶制扩张的法令而著称。[57]

学校里的孩子们不用背诵《西北法令》中的段落，它的语言也不慷慨激昂或振奋人心。今日，我们对《西北法令》的敬重程度也不及《独立宣言》和《美利坚合众国宪法》。它并非一份完美的文件；它的起草者也不都是有智慧的爱国者，并未过多掩饰他们的贪婪和自利。然而，它在美国早期很长一段历史中，都是一份特别重要的文件。在美国人开辟中西部地

---

*《莫里尔法案》（Morrill Act）：又名《莫里尔赠地学院法案》。

区富饶的新土地时，《西北法令》提供了自由和秩序的观念、教育的承诺，还有禁止奴隶制度的勇气。[58]

《路易斯安那购地批准书》

新成立的美国政府关心的一个主要问题是：密西西比河应当对越过阿巴拉契亚山脉涌来的在西部定居者开放自由航运。对于俄亥俄河谷和密西西比河谷的移民者来说，这条河就是他们的贸易命脉。西班牙控制着奥尔良属地，因此确保新奥尔良港对美国开放航运，对于美国来说至关重要。美国政府官员担心，如果他们无法保证一个开放的贸易航线，边远的西部移民可能会决定建立属于他们自己的独立国家，或者与欧洲强国结盟。[59]乔治·华盛顿在西部地区拥有丰富的经验，他在 1784 年就警告说：西部移民拥有的观念和利益不同于东部地区，他们可能会成为“可怕且危险的邻居”。[60]

新奥尔良和路易斯安那南部正经历着贸易、人口和经济活动的急剧增长。西班牙通过尝试垄断与印第安部落的贸易（但失败了）、阻挠外国贸易商、于 1784 年封锁密西西比河下游不对外国人——特别是美国人——开放这一系列手段，企图控制路易斯安那的经济。西班牙宣称其拥有密西西比河两岸直到北纬 31 度 [巴吞鲁日 * 以北，雷德河（Red River）与密西西比河的交汇处] 的土地，因而能够主张其垄断权。这大大激怒了西部地区的农场主；20 多年来，密西西比河一直都是对他们自由开放的。南方的政治家也与他们联合，要求西班牙重新开放新奥尔良港。[61]

西班牙派驻美国的第一位公使唐·迭戈·德·贾多基（Don Diego de Gardoqui）是一位八面玲珑的外交官，说一口流利的英语。在他看来，西班牙的主张合情合理：西班牙对美国在密西西比河下游航运这个问题，不

* 巴吞鲁日（Baton Rouge）：美国路易斯安那州首府。

会有任何让步，尽管天主教国王陛下*的政府愿意在贸易上做一些让步，并讨论西佛罗里达的边界所有权。国会委派外交国务秘书（即后来的国务卿）约翰·杰伊与贾多基进行谈判。这位西班牙公使也知道美国人并非坚定地维护西部移民和南方政治家的要求。谈判时间越长，贾多基越感觉到，相比保护新奥尔良港的自由使用权，新英格兰人更感兴趣的是西班牙政府在当地贸易、渔业权和商业上可能做出的让步。贾多基还参与过早前在马德里的谈判，当时杰伊是驻西班牙的美国大使，贾多基深知新英格兰人和其他东部政治家的想法。有了这样的了解，用历史学家乔恩·库克拉（Jon Kukla）的话来说，贾多基在 1786 年的春天和夏天“将他们要得团团转”。[62]

西部人民和南方议员们在了解到杰伊与西班牙拟议的条约中的条款时，勃然大怒。该条约迁就了新英格兰和东部地区的利益，美国将在未来 25 年或 30 年里放弃密西西比河的使用权，条件是它能与西班牙帝国的其他地区进行贸易。在弗吉尼亚州的詹姆斯·门罗的领导下，南方各州成功地阻止了任何这类条约的批准；但结果却导致了一场激烈的地域斗争，一群同样愤怒的新英格兰代表讨论成立一个北方联盟。[63]

西班牙官员没有公开抵抗美国在边界的推进，而是诉诸“糖衣炮弹”：他们收买那些想要阻止移民扩张的印第安人，并鼓励分裂活动——特别是来自美国土地投机商詹姆斯·威尔金森（James Wilkinson）和约翰·塞维尔（John Sevier）的分裂活动。与此同时，1784 年至 1787 年，卡洛斯三世授权了一系列土地转让，使美国的土地所有权进一步向南延伸到后来成为密西西比准州（Mississippi Territory）的地区。

1788 年 12 月，马德里颁布了一道皇家谕令：允许美国船只通过新奥尔良并在此销售货物，但要缴纳 15% 的关税。[64] 接着又下达了一项鼓励移民和提供政府赠地的政策，条件是新移民（主要是美国人）愿意宣誓效忠

---

* 天主教国王陛下（His Catholic Majesty）：过去西班牙王的称号。

西班牙。4年后，这一政策被撤销，西班牙当局试图阻挡美国人来到路易斯安那。次年，即1793年，西班牙与法国交战，致使西班牙政府开放路易斯安那境内的经济活动，借此希望美国货物可为新奥尔良港和其他西班牙港口所用。纵观所有这些曲折和变化，一个不可避免的事实仍然突出：尽管有印第安人不间断的袭击、关税、种种威胁和阴谋，美国移民还是源源不断地涌来。

在此期间，法国当局从未放弃收复路易斯安那的梦想。有传言称法国在签订《1778年法美同盟条约》（Franco-American Alliance of 1778）时看上了路易斯安那，当英国于1781年在约克镇战败后，该传言甚嚣尘上。此传言是如此“历久弥坚”，以至于法国驻纽约公使路易斯·纪尧姆·奥托（Louis Guillaume Otto）不得不在1786年公开否认法国对这片地区有任何企图。约翰·杰伊尖锐地质问了这位公使，奥托当然否认了法国将重新收回路易斯安那的任何可能性。[65]

美国当局关心的一个主要问题是：美国可能被卷入欧洲战争的旋涡和殖民地的洗牌中，特别是可能要与一个强大、易变但野心勃勃的法国对立。开始于1789年的法国大革命，在头两年内基本上属于国内斗争的状态；然后在1791年升级为一场国际战争。1793年，西班牙和英国加入了这场法国与奥地利、普鲁士的战争，直到拿破仑于1815年战败，反法同盟才被打破并重新结合。在这长达25年的战争时期里，法国与英国只在1802年签订《亚眠和约》（Treaty of Amiens）后获得过两年的相对和平期。[66]

1795年美英两国签订的《杰伊条约》（Jay's Treaty）在法国引发了轩然大波，特别是美国抛弃了其在《1778年法美同盟条约》中声明的中立权。[67]该条约也给西班牙带来了麻烦。当西班牙与法国在1795年7月签署一项和平条约时，它就知道自己与英国开战已迫在眉睫（事实上，战争随后在1796年秋天爆发）。但随着战争的结束，法国当时想要西班牙归还路易斯安那；西班牙拒绝了，但随后又于同年（1795年）改变了主意，同意将路易斯安那地区交还给法国，以交换加勒比岛东部的圣多明各（Santo Domingo）。但法国拒绝合作，认为这个代价过大，但希望可以继续谈判。[68]

之后，西班牙国王不顾法国的反对，于1795年与美国签署了《圣洛伦索条约》（Treaty of San Lorenzo），或者称《托马斯·平克尼条约》（Thomas Pinckney's Treaty），该条约保证美国人可在密西西比河自由航运，且拥有在新奥尔良转运货物的权利，并将现今密西西比州和亚拉巴马州所在的地区几乎全部转让给美国，除了毗连墨西哥湾的带状地区——被称为西佛罗里达。[69] 新奥尔良领土，北至巴吞鲁日，仍然掌握在西班牙手中。

1796年秋，英法两国爆发战争。法国坚持要求美国保持其在《1778年法美同盟条约》中声明的立场，积极参与法国对抗英国的战争。美国方面的回应是：该条约是美国与路易十六签订的，既然法国发生革命，国王也英年早逝，那么该条约就无效了。美国曾好不容易才避免与英国开战，利用《杰伊条约》勉强修补好两国的关系，现在又要面对一个满怀敌意的法国。到1796年夏，法国的武装民船*开始在公海劫持美国船只，并使用
20 西班牙港口伏击美国的贸易活动。在接下来的12个多月里，有超过300艘美国商船被俘。华盛顿总统在执政的最后几个月里，派遣查尔斯·C.平克尼（Charles C. Pinckney）出使巴黎，试图谈判和解。但法国革命政府威胁要逮捕平克尼，后者被迫逃往荷兰。

新总统约翰·亚当斯又做了一次努力，他派遣平克尼、约翰·马歇尔（John Marshall）和埃尔布里奇·格里于1797年8月前往法国，商议出一个贸易协定以保护美国的航运，但是法国督政府**在官方上拒绝了美国公使。然而在幕后，老谋深算的法国外交部长夏尔·莫里斯·德·塔列朗–佩里戈尔（Charles Maurice de Talleyrand-Perigord）秘密地为他的国家索要贷款，

---

* 武装民船（privateers）：战时特准攻击敌方商船的武装民运船，私掠船。

** 督政府（Directory）：法国大革命中，于1795年11月2日至1799年10月25日掌握法国最高政权的政府。

同时为他自己索取贿赂。塔列朗的三个代理人（后被称为 XYZ）与美国公使接洽，建议向塔列朗行贿 25 万美元，并提供 1000 万美元的贷款给法国，谈判才能开始。尽管美国公使希望迅速解决贸易协定，但塔列朗只是一味拖延时间。

当马歇尔和平克尼于 1798 年 4 月中旬返回美国时，他们派送的急件详述了索要贿款和贷款，这引发了国会和公众的愤怒。国会单方面废止了在 1778 年与法国的结盟，扩充海军，为战争做准备，亚当斯总统派遣船只在西印度群岛迎战法国。曾普遍不为公众所接受的约翰·亚当斯，转身成为国家的英雄；亲英的联邦党人兴高采烈；而亲法的共和党人则士气低落。公众要求支持亚当斯和痛斥法国背信弃义的请愿书淹没了国会。[70] 许多美国人不相信法国是他们的盟友，并进一步要求美国不要与欧洲事务扯上关系。[71] 在接下来的两年多时间里，弱小的美国海军俘获了 80 多艘法国船只。这个时期即被称为美法准战争，在此期间，两国都希望避免公开战斗，之后两国签订了一个新的贸易协定，即《1800 年协约》（Convention of 1800），也称《莫尔泰丰坦条约》（Treaty of Mortefontaine），双方的紧张局势得以缓解；他们也终止了早前的《1778 年法美同盟条约》。

在《莫尔泰丰坦条约》签署之前，塔列朗嗅到政治风向的改变，于 1799 年 7 月辞职。5 个月后，拿破仑·波拿巴推翻督政府，组建了一个以三位执政官为首的新政府。波拿巴作为第一执政官（First Consul）行使政府的权力，还迅速复兴了西罗马帝国的理念。塔列朗官复原职，1800 年 7 月，波拿巴命令他重启与西班牙的谈判。波拿巴看上的不仅是路易斯安那地区，还有佛罗里达地区。[72]

当法国官员与美国人在巴黎共同合作以结束美法准战争的时候，另一队法国谈判代表正在马德里秘密开会，协商将路易斯安那地区归还法国。1800 年 9 月 30 日，美国和法国官员缔结《莫尔泰丰坦条约》，两国恢复邦交；第二天，西班牙就与法国签署了一个秘密协议——《圣伊尔德丰索密约》（Treaty of San Ildefonso），西班牙将路易斯安那归还法国，以换得意大

21 利的一些领地。由于不希望激怒英国人或美国人，法国和西班牙政府同意在拿破仑能够派出军队保卫路易斯安那以前暂不公开该条约。[73]

圣多明各

伊斯帕尼奥拉岛（Island of Hispaniola）的西部——当地人称为海地，法国人称为圣多明各——作为西半球的军事基地，对于拿破仑而言意义重大。它的命运与路易斯安那的命运紧紧拴在了一起。英国和法国在 1802 年通过《亚眠和约》签订和平协定后，圣多明各立即成为法国军事力量重返美国的集结待命区。利用 1800 年签署条约后西班牙秘密归还的路易斯安那，拿破仑或许能够在新奥尔良建立一个基地，再吞并其他的西班牙殖民地和属地，比如佛罗里达、古巴和墨西哥。[74] 但事情后来的发展轨迹与拿破仑的预期大相径庭。

圣多明各就其产出的农产品来说也是极其重要的：它是世界上最大的糖类和咖啡产地。种植这些农作物的工作艰苦繁重，需要大量的廉价劳力，因此岛上有超过 50 万名奴隶。它是整个西半球奴隶最密集的地方，它拥有的奴隶数量接近美国的一半，但其面积却还不及马里兰州。[75] 这些奴隶遭受残忍的虐待，可以毫不夸张地说常常是累死的，他们被鞭打、残害，一旦无法在炎炎烈日下工作就被丢弃。1789 年的法国大革命给圣多明各带来了重大冲击，它激起人民对富人和有权势者的反叛精神和仇恨。当地蔓延着对法国地主和官员的强烈仇恨，贫穷的白种人首先站起来反抗他们，接着是混血人种，最后在 1791 年，在杰出的杜桑·卢维杜尔（Toussaint L'Ouverture）——他也曾是一名奴隶——的领导下，50 万名黑人奴隶公开起义。

白人种植园主被杀害或者像奴隶一样被驱逐，自由的黑人获得了权力。白人种植园主向英国和美国请求救援，而不寄希望于法国的革命军。他们的请求获得了英美两国的同情：英国担心一旦圣多明各的奴隶叛乱成功，会在英国控制的牙买加引发一场类似的叛乱；而在蓄奴的美国南方也流言四起，认为圣多明各将开启一场更为广泛的革命。当时正与法国交战的英国送去了粮食补给，并派遣了其军队的一个小分队。华盛顿总统的两位首席顾问分别是支持废奴主义者但亲英的亚历山大·汉密尔顿（Alexander Hamilton）和蓄奴但热爱自由的托马斯·杰斐逊，他们均同意援助奴隶主。[76]

杜桑的部队成功击退了当地的法国部队，然后与西班牙站在一边，接着在法国议会（French Assembly）取缔奴隶制度后，又立即易帜重新效忠法国。杜桑随后成为圣多明各这个独立国家的总督；到 1798 年，他的士兵击败了前来该岛的英国军队，接着击败了伊斯帕尼奥拉岛另外三分之二土地上的西班牙军队。然而，拿破仑想要收复他在圣多明各的军事基地。1802 年，他派遣他的妹夫，查尔斯·勒克莱尔（Charles Leclerc）陆军上将率领 2 万多人的法国精锐部队前去打败那些前奴隶。尽管在与杜桑手下的让–雅克·德萨林（Jean-Jacques Dessalines）将军的早期交战中吃了些败仗，勒克莱尔的军队最后还是赢得了胜利。杜桑投降，随后勒克莱尔邀请他，两人单独共进晚餐。由于担心这名战败的奴隶首领会重燃战火，勒克莱尔逮捕了杜桑。随后拿破仑下令将杜桑送到位于瑞士阿尔卑斯的茹堡（Fortress Joux），后者在那里很快就死于潮湿和阴冷的气候。

1802 年，拿破仑恢复奴隶制，圣多明各的反抗给驻岛的法国军队带来了毁灭性的灾难。黑人纷纷起义，法国人被当地的武装力量和黄热病击溃。勒克莱尔自己也于 1802 年 11 月死于黄热病。[77] 这对于拿破仑来说是一个巨大的挫折，再加上第二年即将与英国重新开战，拿破仑决定放弃在美洲的宏伟计划。

归还路易斯安那的谣言

这一谣言已经四处流传了一段时间，甚至美国的报纸在 1801 年夏天也写道：西班牙已将路易斯安那归还法国。国务卿詹姆斯·麦迪逊（James Madison）警告法国代表路易·皮雄（Louis Pichon），有关计划归还土地的秘密在美国引发了极大的恐慌，一旦法国在美国西部地区有任何行动，会使西部各个准州联合起来，并将美国推向法国的敌人英国，使美国与英国合作更加紧密。[78]

1801年10月中旬，杰斐逊派遣罗伯特·R.李维顿为美国公使出使法国，以查明法国的意图到底是什么。等到李维顿一行人于12月初抵达巴黎的时候，总统已从鲁弗斯·金（美国驻伦敦公使）那里收到有关归还土地的确实消息。杰斐逊必须查明《圣伊尔德丰索密约》的细节，弄清楚拿破仑到底意欲何为，同时必须增强美国的军事实力。有关这次土地转让的细节仍然没有确切的消息，其中一个重大问题仍然没有答案：佛罗里达是否包括在这次交易里？[79]

杰斐逊不得不考虑的一个问题是：法国、西班牙和英国已于1802年3月签署了一项和平协定——《亚眠和约》，这意味着法国现在能够腾出多达4万人的军队，预备出征路易斯安那。[80]而事实上，法国的远征队并未来到路易斯安那，而是跟随勒克莱尔上将去了圣多明各，并在那里全军覆没。

而西班牙驻新奥尔良的行政长官胡安·德·迪奥斯·莫拉莱斯（Juan de Dios Morales）在没有事先通知的情况下，突然在1802年10月关闭了港
23 口对外国的航运，更增加了局势的紧张。5周后，这个令人震惊的消息抵达华盛顿，促使政府官员和普通百姓暂时放过西班牙当局，转而谴责法国。而根据100多年后得出的确切结论可知：当时法国的震惊程度并不亚于美国人；这只是西班牙对美国通过新奥尔良港走私金银的报复行动，仅此而已。肯塔基州和田纳西州的拓荒者愤怒不已，威胁要进军新奥尔良，“当场”解决问题。有关拿破仑正在组建一支庞大的军队并派往路易斯安那的谣言四处流传。

然而，杰斐逊却竭尽全力试图将港口关闭事件与路易斯安那土地转让

问题分离开来。他决定任命美国前任驻法公使詹姆斯·门罗——他刚刚结束其弗吉尼亚州州长的任期——前往法国，与李维顿合作，看看能否与拿破仑进行谈判。[81]

1802 年 12 月 15 日，杰斐逊向国会发表了他上任第二年的年度咨文（Second Annual Message），着重指出路易斯安那土地的转让，并警告这将引发美国外交关系的改变。1803 年 1 月初，众议院讨论了西班牙转让土地的问题，并于 1 月 7 日通过一项决议，申明其“决心坚定不移地”维护美国在密西西比河的航运。国会的联邦党人号召使用武力干预。宾夕法尼亚州联邦党参议员詹姆斯·罗斯（James Ross）动议：授权总统招募 5 万人的军队攻占新奥尔良。最终，经过数周激烈的——甚至可以说是过激的——讨论，一个较为温和的解决方案取而代之。1 月 12 日，参议院同意指派李维顿和门罗与拿破仑达成一项协议或公约。贯彻始终的目的就是要购买新奥尔良和西佛罗里达，同一天众议院拨款 200 万美元以做该用途。就在参议院讨论美国在密西西比河的自由航运权的时候，杰斐逊给众议院送去一封秘密信函，请求拨款 2500 美元用于刘易斯与克拉克在美国西部的远征。[82]

路易斯安那购地谈判

国务卿詹姆斯·麦迪逊写信给李维顿以了解他知道的消息，信中还提及，如果法国已收回路易斯安那，并且佛罗里达也包括在那次交易中，那么李维顿能否说服拿破仑将佛罗里达地区（或者至少是西佛罗里达）转让给美国。如果佛罗里达不包括在归还的领土中，麦迪逊则希望李维顿与美国驻马德里公使查尔斯·平克尼合作。一方面西班牙官员说佛罗里达地区不包括在转让的领土中，另一方面法国当局却否认了此说法。当约瑟夫·波拿巴（Joseph Bonaparte）直接询问李维顿，美国是否对路易斯安那或佛罗里达感兴趣时，李维顿说他的政府对于扩张密西西比河的西部没有兴趣，美国的首要目标是安全，而不是扩张领土。[83]

24 此时拿破仑在想什么呢？法国掌管国库的大臣弗朗索瓦·巴贝–马布瓦（François Barbe-Marbois）被授权与美国公使商谈一笔交易。在杜伊勒里宫*进行的私人谈话中，拿破仑表达了他最大的担忧：如果不对英国加以制约的话，它将恢复对美国的统治。拿破仑认为有必要利用另一势力平衡英国的势力，“这一势力也许有一天会成为它的对手，它就是美利坚合众国”。[84]

1803年4月10日，拿破仑召集马布瓦和掌管海军与殖民地的部长丹尼斯·德克里斯（Denis Decres）做进一步商讨；马布瓦力劝出售领土，德克里斯则支持保留路易斯安那。第二天清晨，拿破仑召来马布瓦，授意其行动。

拿破仑说：“我宣布放弃路易斯安那，不仅仅是新奥尔良。我将毫无保留地放弃整个殖民地。我知道我所放弃的土地的价值……对此我抱有最大的遗憾。但是试图固执地保留它是愚蠢的。”[85]

李维顿的传记作者乔治·丹杰菲尔德（George Dangerfield）认为，导致法国转让整个路易斯安那的原因，大概是几个复杂且几乎同时存在的压力，还有来自英国的威胁：发生在圣多明各的黑人的激烈反抗，拿破仑失去了妹夫勒克莱尔和他率领的整个军队；发生在荷兰的另一次军事行动的失利；美国人对于关闭新奥尔良港的怒火和西班牙的固执；杰斐逊和麦迪逊在外交上的虚张声势，门罗即将带来的不确定的指令；最后还有李维顿在巴黎的不断催促。[86]

李维顿已经与塔列朗商谈了数月，他希望在门罗抵达巴黎以前完成谈判。商谈内容包括出售西佛罗里达、新奥尔良和阿肯色河（Arkansas River）以北的路易斯安那；自始至终，塔列朗都保持着不置可否的沉默。随后在4月11日，塔列朗邀请李维顿到他的官邸，装作很随意地问道，美国是

* 杜伊勒里宫（Tuileries）：巴黎旧王宫。

否有意购买整个路易斯安那地区。李维顿当下不知如何作答，因为前一天他还对拿破仑的决定一无所知。[87]

拿破仑现在正在指示马布瓦——而非塔列朗——尽快与李维顿会晤。詹姆斯·门罗于 4 月 13 日抵达巴黎，李维顿举办了招待晚宴。马布瓦等候在外，在门罗和其他宾客离开后，他向李维顿告知了拿破仑的决定。由于与门罗之间的私人关系日益紧张，李维顿未等通知门罗，就熬夜至凌晨 3 点起草了一份外交急件。门罗感到十分难堪，但这两位美国特使成功地暂时放下他们之间的不睦，合力将法国的要价砍到 1500 万美元（其中 1125 万美元用于购地，375 万美元用于赔付），可通过发行利息为 6% 的股票来支付，法国能够在公开市场上出售该股票。[88]

余下的问题就是路易斯安那地区的确切边界，而结果证明，这个问题拖延了数十年之久才得以解决。

订立条约

购买路易斯安那的消息在 6 月下旬抵达美国彼岸。6 月 30 日，《波士顿独立报》（*Boston Independent*）的头条惊现：“路易斯安那已转让给美国！”总统杰斐逊 3 天后才间接获知该消息。李维顿和门罗交给鲁弗斯·金一份急件，后者立即从伦敦返回美国；金从纽约将这封信发送给国务卿麦迪逊。

华盛顿的大多数公民只是在 7 月 4 日的《国民通讯员报》（*National Intelligencer*）——政府的官方喉舌——上见到一个简短的声明，写道：

> 行政当局已收到官方消息，美国的特命全权公使（Ministers Plenipotentiary and Extraordinary）与法国政府的全权公使于 4 月 30 日签署了一份条约；根据该条约，美国获得对新奥尔良和整个路易斯安那的完全占有权和主权，与西班牙曾拥有的完全相同。[89]

尽管整个美国大陆都在欢呼与庆祝，但还是偶尔有牢骚与埋怨的声音，特别是来自联邦党人和新英格兰人的。乔治·卡巴特（George Cabot）在写给鲁弗斯·金的一封信中认为法国在这个交易中占了便宜："这就好比卖给我们一艘船，但却是在它被英国舰队包围之后。"[90]金暗示，如果李维顿和门罗不是那么急着签协议的话，本来能够达成更好的交易。[91]

在得知这项购地案后，杰斐逊很快制订出一个方案：将新领土的大部分变成东部印第安人长期的家园。这意味着位于密西西比河以西且北纬31度以北的土地将成为印第安人的保留地。然而，这项计划在夏末秋初的时候就被束之高阁，而杰斐逊首先寻求修宪以使该购地案合法化的想法也落空了。[92]

美国宪法中没有任何条款明确许可美国获得新领土，杰斐逊认为需要制定一部宪法修正案以阐明这一点。司法部长利瓦伊·林肯（Levi Lincoln）在1803年1月的一封信中写道，预先考虑获得土地的问题，我想到了一个解决办法：让现有各州扩张它们的边界以包括新获得的土地，如此一来就不必担心违宪问题了。但是财政部长艾伯特·加勒廷（Albert Gallatin）不为所动：如果联邦政府不能获得新土地，那么让各州获得新的土地又怎么会变得更合法呢？加勒廷问道，根据林肯的计划，有什么会阻止"总统和参议院通过条约，将古巴并入马萨诸塞，或者将孟加拉并入罗得岛州……"？[93]加勒廷提议对宪法做一个宽泛的解释："为美利坚合众国获得土地的权力，与通过条约扩张美国领土的权力之间"应当没有分别。[94]最终，杰斐逊被说服接受如下论点：国会拥有获得领土的广泛权力，修宪是不必要的。

当时面临的实际问题是：批准生效的倒计时钟正在嘀嗒作响。制定一部宪法修正案非常费时，需要的时间将远远超过条约规定的6个月期限所允许的时间。此外，杰斐逊害怕拿破仑可能会改变主意，他不想冒险失去这个机会。总统已经收到李维顿的来信，警告说拿破仑可能正在寻找借口

“推脱掉这个交易”。[95] 因此宪法修正案这样的细节就不得不被搁置一旁。历史学家乔治 · 丹杰菲尔德如此评价道：“对于像路易斯安那购地案这样重大的事件，堂而皇之地忽视宪法或许是适当的：杰斐逊的非杰斐逊式表现理所当然地收获了更多的称赞，而不是震惊或谴责。”[96]

条约要求自签署之日起（即 1803 年 4 月 30 日）6 个月内批准。法国已于 6 月 7 日签署并正式交付了副本。而杰斐逊到 7 月 3 日才收到非官方消息，官方文件直到 7 月 14 日才抵达华盛顿；时间所剩不多了。杰斐逊把议员们召集回来召开国会特别会议，开会的日期为 10 月 17 日，距离截止期限只剩 14 天，即国会必须在 14 天内完成批准程序。[97]

国会对路易斯安那购地案的讨论相当有限。然而，许多支持该计划的议员也存在着深深的疑虑：他们称赞该购地案，但是也怀疑它可能会对政府的联邦系统造成什么影响。

边界

美国到底购买了什么？没有人真正知道路易斯安那地区的确切边界。李维顿和门罗最初收到的指示是购买新奥尔良、密西西比河东岸和西佛罗里达领土，无论这些土地的所有者是谁。而现在，美国买下了一片广袤的疆土：北起明尼苏达的密西西比河源头，南至墨西哥湾。不过，事情并没有如此简单。正如乔治 · 丹杰菲尔德所评论的，“没有哪个美国人能够确切说明到底购买了哪片土地，也没有哪个法国人愿意明确说明，更没有哪个西班牙人会承认该购地案的有效性”。[98]

直到数年以后，美国于 1821 年购买了佛罗里达的所有土地，并签订了《亚当斯–奥尼斯条约》（Adams-Onis Treaty），又称《横贯大陆条约》（Transcontinental Treaty），路易斯安那准州的西部边界才得以确定。

第 8 届国会，第一会期（1803 年 10 月 17 日—1804 年 3 月 27 日）

参议院：18 位民主共和党人，13 位联邦党人

众议院：64 位联邦党人，42 位民主共和党人

总统：托马斯·杰斐逊

购买价格

对于当时的美国来说，钱并不是问题。1802 年，美国政府获得了财政上的大丰收。美国财政部在 1802 年这一年的收入将近 1230 万美元，而联邦支出（包括当年的国债利息）仅为 370 万美元。此外，在 1803 年年初，国会已拨出约 200 万美元作为可能购买新奥尔良和佛罗里达的首付款。路易斯安那的领土将花费美国 1500 万美元，以股票支付，以 6 年为期限付清。正如霍雷肖·盖茨（Horatio Gates）将军在写给杰斐逊的信中所说的（写信时，购地案的消息抵达美国只不过 3 周）："让我们举国欢庆吧，因为你已经非常廉价地买下了路易斯安那。"[99] 怎么可能有人反对这笔交易呢？

路易斯安那购地案的亮点

众所周知的路易斯安那购地案其实包含三个独立的文件。第一个是转让条约，法国转让其在北美拥有的土地。但该条约并未对这片土地加以详细描述，除了说明它是"路易斯安那殖民地或属地，其范围与现在西班牙手中的路易斯安那殖民地所占范围，和它曾为法国所有时所占的范围相同"（第 1 条）。这个文件也规定，路易斯安那的居民将尽可能快地加入美国，并享有美国公民的权利、利益和豁免权（包括但并未提及拥有奴隶的权利）（第 3 条）。

第二和第三个文件为美国与法国之间的协议，确定了购买价格，并详细说明了外交关系。

美国财政部长艾伯特·加勒廷确实对付款方式提出了抱怨：法国能够

出售股票获取现金（而事实上他们确实这样做了），但是美国要 15 年才能够还清债务。[100] 然而，除了加勒廷以外，几乎没有人对将要付出的代价持有异议。

新英格兰联邦党人

新英格兰联邦党人的权力和影响力日益式微，但他们却对该购地案发起了激烈的攻击，虽然最终证明不过是徒劳。曾任俄亥俄公司代表的玛拿西·卡特勒，现在已是马萨诸塞州联邦党国会议员，他称这个条约是对“宪法原则的公然违抗”，又将之前许多新英格兰政治家已经说过的话复述了一遍。然而，卡特勒其实并不怎么关心宪法的纯洁性。他和他的许多同僚担心的是，加入路易斯安那“将使政治势力的天平倾向南方，极有可能会为各州的分裂埋下隐患”。[101]

28

关键人物

路易斯安那购地案及其随后的批准应当归功于谁？首先李维顿和门罗两人都做出了贡献，国务卿詹姆斯·麦迪逊认可这两位外交官应当获得一些赞扬，但是却认为导致拿破仑愿意出售路易斯安那的“事态”或许才是主要原因。[104] 麦迪逊和杰斐逊两位总统给法国和其他欧洲大国留下了深刻印象：美国对密西西比河有特别的兴趣。然而，纵观整个购地案过程，美国最重要的人物当属托马斯·杰斐逊。

托马斯·杰斐逊（1743—1826）在 1775 年和 1776 年为大陆会议的成员，是《独立宣言》的主要起草人和签署者；1779—1781 年担任弗吉尼亚州州长，之后回到大陆会议（1783—1784）。1784 年，他被任命为全权公使派驻法国，并在 1785 年成为驻法大使。他在乔治·华盛顿政府出任第一任国务卿（1789—1793），在约翰·亚当斯政府被选为副总统（1797—1801）；1801 年在众议院第 36 次选举投票中当选总统，1804 年再次当选总统，任职到 1809 年 3 月。在他执政的 8 年时间里，路易斯安那购地案是他最重要的立法和外交行动。

新罕布什尔州联邦党人威廉·普卢默（William Plumer）担心这一新的政治现实：“将这片西部世界纳入联邦，这单个举动就摧毁了东部各州在政治上的全部重量和重要性。”[102] 这一担忧非常简单，就是新的领土加入后，西北部的商业和制造业中心会被种植园、蓄奴的南方各州的政治势力压倒。[103] 南方的政治势力由于五分之三条款得到进一步增强，增加了其在国会和总统选举团 * 中的代表数量。

这又一次引发了美国东部（特别是新英格兰地区）居民的担心——这种担心在有关《西北法令》的争论和美利坚合众国的制宪会议中曾出现过——通过开放西部，定居者将如潮水般跨过密西西比河，美国的人口会被进一步分散，而东部土地的价值就会下跌。[105] 杰斐逊受到大多数马萨诸塞州联邦党人的斥责，但是他也得到了两位重要领导人的支持：约翰·亚当斯和他的儿子约翰·昆西·亚当斯。老亚当斯在 1800 年激烈的总统选举中被杰斐逊击败，但是他对于购地案非常满意，他在数年后写给乔赛亚·昆西（Josiah Quincy）的信中总结道：没有购地案的话，“我们绝不可能保卫并控制住密西西比河的航运。西部地区必然会反叛联邦。这些州可能会与英格兰、西班牙或法国结盟，或成立独立的国家，或做其他任何事情以获得密西西比河的自由使用权”。[106] 当 1803 年 10 月开始讨论购地案的批准时，约翰·昆西·亚当斯作为马萨诸塞州新当选的议员，刚刚向国
29 会递呈他的证明文件。小亚当斯与其所在党决裂，不仅在路易斯安那问题上支持杰斐逊，之后在拿破仑战争期间更是反对英国。由于他的不忠，当时由联邦党人主导的马萨诸塞州州议会采取非常规步骤，在 1808 年距离亚当斯的任期结束还有 9 个月的时候，选出了他的继任者。约翰·昆西·亚当斯辞职以示抗议。[107]

然而，结果证明新英格兰联邦党人只是少数党内部的少数派：大多数

* 总统选举团（Electoral College）：由各州选民选出的 538 名选举人组成的选举团履行选举总统和副总统职责。

联邦党人都是领土扩张主义者，他们就像其他大多数美国人一样，希望看到购地条约获得批准。[108]

州的地位

在早期共和主义的核心原则中，有一条直接出自政治哲学家孟德斯鸠："就性质而言，共和国应该幅员较小，否则它就不能长久存活。"[109]但是到 1787 年，随着向西部的扩张，这一政治理论要素渐渐失去了部分吸引力。1803 年，托马斯·杰斐逊的一位有力支持者，肯塔基州民主共和党参议员约翰·布雷肯里奇（John Breckinridge）抨击了这条"老旧陈腐的教条：共和国不应当过于庞大"，主张"自由女神"并不会受地理范围的限制。布雷肯里奇认为，"联邦的领土范围越大，就越安全和长久"。[110]

布雷肯里奇这样阐述政府此举："从世界上最强大和好战的国家手里……获得了一个帝国，没有一个人受到压迫，没有丝毫拖累财政的正常运转，一切都是通过和平形式的谈判。"他总结道："这是一个前所未有的成就。"[111]

在参议院中，只有 9 位议员为联邦党人，占绝对的少数。经过仅仅两天的辩论，参议院于 10 月 20 日对该条约进行投票表决，结果为 24 票赞成，7 票反对。[112] 30

接下来就是一系列的法律实施，需要参众两院的共同参与。总统被授权掌管路易斯安那；资金被划拨用以购买土地和实施联邦法规，其中包括关税规定。这片土地一开始被划分成两个区：奥尔良准州；路易斯安那区，即后来的路易斯安那准州。[113]

1803 年 11 月 10 日，杰斐逊将授权发行 1125 万美元股票用于购买路易斯安那的议案签署成为法律。官方正式移交是在 1803 年 12 月 20 日。已是密西西比准州州长的威廉·C. C. 克莱本（William C. C. Claiborne）和前美国陆军军官詹姆斯·威尔金森在新奥尔良的市政厅签署文件，路易斯安那南部正式由法国移交给美国。

与路易斯安那购地案相关的关键事件

1795 年 美国与西班牙签订《圣洛伦索条约》，保证美国有权在新奥尔良免费储存货物。

1797—1798 年 XYZ 事件；美法准战争，美国与法国发生军事冲突。

1799 年 拿破仑执掌法国。

1801 年 托马斯·杰斐逊成为总统，詹姆斯·麦迪逊成为国务卿。美国获知西班牙已秘密将路易斯安那交还法国。

1802 年 驻新奥尔良的西班牙官员突然宣布对美国商人实施新的限制。法国军队在圣多明各被起义军击退。

1803 年 拿破仑提议出售整个路易斯安那，震惊美国特使；参议院于 10 月 20 日迅速批准该条约。立法建立奥尔良准州。

1812 年 路易斯安那成为正式州，1812 年战争开始。

1815 年 新奥尔良战役（Battle of New Orleans）。

1820 年《密苏里妥协案》（Missouri Compromise）。

余波

参议院对《路易斯安那购地条约》的讨论，还有参众两院对其授权立法的讨论，尽管都有几分激烈，但时间都相对较短，且议员们最终完成了手头的任务。但是隐藏在这些争论下的，却是围绕南北方权力平衡的斗争。未来还将陆续出现像奴隶制、奥尔良准州公民对联邦的忠诚度之类更为困难的问题，而届时整个国家将不得不面对分裂的危机。

勘探与边界

然而，此时首要的问题是声明官方对新领土的所有权，并解决围绕边界的争端。1804 年 5 月，梅里韦瑟・刘易斯（Meriwether Lewis）和威廉・克拉克（William Clark）带着 40 名招募的士兵，开始了他们著名的科学考察之旅。他们横跨新的路易斯安那准州，到达哥伦比亚河和太平洋，最后于 1806 年 9 月返回圣路易斯。由泽布伦・M. 派克中尉（Lieutenant Zebulon M. Pike）指挥的另一次勘探活动，其军事性质超过了科学性质。派克与 20 个人一起乘坐一艘龙骨船，历经 9 个月的航程（1805—1806），到达位于北明尼苏达的密西西比河源头，告知加拿大贸易商和苏族印第安人（Sioux Indians），这片土地的主权现在为美国所有。1806 年夏，派克开始了第二次远征，他带领另一支军队到达阿肯色河的源头和现今科罗拉多州的山脉。派克还护送了由奥萨格人（Osage）酋长和波尼族人（Pawnee）酋长及其部落成员组成的代表团访问华盛顿。[114]

尽管当时还有其他许许多多的远征考察活动，但路易斯安那最终的边界直到数年后才得以确定。主要症结就在于路易斯安那与当时为墨西哥所有的得克萨斯之间的西部边界。西班牙官员坚持西部边界在纳基托什（Natchitoches）附近；而美国则主张该边界应当更加向西，在萨宾河（Sabine River）或者里奥格兰德河（Rio Grande River）。美国和西班牙的外交关系于 1805 年破裂，人们担心在这片有争议的边境上会爆发战争。最终两个国家商定了一个中立地带，这个无人地带又维持了 10 年。最终，美国国务卿约翰・昆西・亚当斯与西班牙驻华盛顿公使路易斯・德・奥尼斯（Luis de Onis）于 1819 年签署条约，解决了路易斯安那购地案的边界问题；然而，这一条约直到 1821 年才得到新成立的墨西哥共和国的认可。

美国宣布放弃对得克萨斯的所有权，作为交换，美国也获得了若干有利条件：路易斯安那的西部边界确定为萨宾河，并且路易斯安那购地案中的其余边界确定为雷德河和阿肯色河至北美洲大陆分水岭*；然后沿北纬 42 度至太平洋。西班牙保留对得克萨斯、现今的加利福尼亚州、新墨西哥

* 北美洲大陆分水岭（Continental Divide），指落基山脉。

州、亚利桑那州、内华达州、犹他州，以及怀俄明州和科罗拉多州部分地区的控制权，但是放弃对俄勒冈位于北纬42度——现今加利福尼亚州与俄勒冈州的边界——的土地的所有权。《亚当斯–奥尼斯条约》（又称《横贯大陆条约》）还要求西班牙割让东佛罗里达（阿巴拉契科拉河以东）的所有土地，放弃对西佛罗里达（阿巴拉契科拉河以西，以及现今亚拉巴马州和密西西比州大部分地区）的所有权；作为交换，美国拿出500万美元作为美国公民抵抗西班牙的赔偿。

奴隶制

虽然北方与南方的紧张局势愈演愈烈，北方的议员仍然克制着自己，避免攻击奴隶制，或者关于奴隶的表述，因为担心自己可能会失去南方的支持。[115] 然而，在西北准州的部分地区，以及在北方各州，蓄奴仍然存在，到1801年3月4日杰斐逊就任总统时，美国十六个州中仍有八个州认可奴隶制。肯塔基州在未曾成立过准州政府的情况下，于1792年直接加入联邦；田纳西州作为蓄奴州于1796年加入联邦。当时，美国是世界上最大的蓄奴国家：530万的总人口中有90万人是奴隶。[116] 奴隶人口数量即将大幅度增加。随后，从北卡罗来纳州和佐治亚州割让出的亚拉巴马准州和密西西比准州坚持要求国会不能干预这些地区既有的奴隶状态。到1810年，奥尔良准州的白人数量为34311人；而其奴隶数量达到了34660人；自由有色人种数量为7585人。到1860年，路易斯安那州的白人和奴隶的人数持平，但是其人口数量已较过去增长了约10倍。[117]

奴隶的生活是相当严苛残酷的，而在美国统治下的路易斯安那准州，他们的生活变得更为恶劣。1803年以前，《黑人法典》（Code Noir）还能保障奴隶拥有某些权利：他们应当接受宗教教育，能够耕种自有的小块土地以供自用；当找不到白人证人时，他们可在法庭上做证（但是不能违背他们的主人）；他们还有把星期日当作假日和死后葬在圣地的权利。奴隶夫妻不能被分开出售，奴隶的孩子在 14 岁以前不能离开他们的母亲被出售；而且，奴隶如果受到虐待可以向殖民地当局起诉。而在美国的管辖下，奥尔良准州采用的《黑人法典》去掉了所有这些保护条款。[118]

1804 年，康涅狄格州联邦党众议员詹姆斯·希尔豪斯（James Hillhouse）针对组织路易斯安那领土的法案，提交了一部修正案：在法国移交的整片土地上禁止奴隶制。该修正案不出所料地失败了，但在希尔豪斯的主导下，国会成功地禁止了向路易斯安那输入外国奴隶。但是，杰斐逊——尽管他是《1784 年土地法令》的反奴隶制条款的起草人——却质疑禁止奴隶劳力将重挫制糖业，这种作物对于国家农业的独立性来说至关重要。他也明白路易斯安那购地案中的条款妨碍了联邦废除奴隶制，因为法国已经在条约中写明：路易斯安那公民应当享有与美国公民同样的权利和特权，这些权利和特权中就包括奴隶所有权。[119]

杰斐逊拒绝给予路易斯安那公民购买从其他国家输入的奴隶的权利。此时距离宪法规定禁止进口奴隶仍有 4 年，路易斯安那的奴隶主强烈反对。但是北方和南方的议员结成了一个奇特的联盟：许多北方议员基于道德和宪法反对进口奴隶，而南方议员也反对进口奴隶，但主要是为了将他们自己多出来的奴隶出售给路易斯安那的种植园主。[120]

在奥尔良准州，自由的有色人种和奴隶构成了其人口的大多数；奴隶在更为严厉的新《黑人法典》下将遭受最大的损失。1811 年 1 月，数百名奴隶联合起来在新奥尔良附近起义（这可能是美国历史上规模最大的奴隶起义）。他们被联邦军队和当地民兵驱散，但是紧张气氛并未消除，当地的官员时刻担心奴隶叛乱。[121]

加入联邦与新奥尔良战役

路易斯安那在被移交给美国时，实施的法律为西班牙的法律。随后在 1808 年，路易斯安那准州政府采用了一部民事法典，该法典不是以西班

牙的法律或英美两国的法律思想为基础的，而是在很大程度上基于新的法
国法典——《拿破仑法典》(Code Napoleon)。[122] 路易斯安那此时约有 7.6
万人口，远超过成立正式州所规定的最少人数 6 万人，美国国会于 1811
33 年批准召集州代表大会。1812 年颁布的新路易斯安那州宪法，效仿肯塔
基州宪法，严格规定只有有产的白人男性拥有选举权和担任公职的权利，
从而剥夺了近三分之二的成年白人男性，以及无疑所有的非白种人和所有
女性选举和担任公职的资格。[123] 1812 年 4 月 30 日，路易斯安那作为蓄奴
州被纳入联邦，成为美国的第十八个州。

自从 1803 年权力移交以来，许多美国人对路易斯安那人的忠诚表示怀疑：如果美国与欧洲大国爆发另一场战争的话，他们还有其他西部地区的移民是否会脱离美国，与其他国家建立联盟。[124]

新奥尔良战役毋庸置疑地证明了路易斯安那人民对于美国的忠诚，以及对英国的强烈抵触。1814 年 12 月 24 日，美英两国政府的特派员在比利时根特（Ghent）会面，签署和平条约以结束 1812 年战争。然而，与此同时，争夺新奥尔良的第一场战役已经打响，接着在 1815 年 1 月初，又发生了两场更加血腥的战斗。英国士兵的数量超过了美国士兵和民兵数量的总和，至少达到了 2 比 1。但是在 1 月 8 日，发生了一场极为著名的战役，英国军队的指挥官少将爱德华·帕肯汉（Edward Pakenham）爵士被杀，超过 2000 名英国士兵伤亡（而美国的伤亡人数只有 71 人），英国的残余部队只得撤回他们的船上，从此再没有回来。在安德鲁·杰克逊（Andrew Jackson）将军率领的守卫者中，有路易斯安那和新奥尔良民兵组织的成员、由自由有色人种组成的第一和第二部队、地方志愿军、帮助拓宽隧道和建造堡垒的奴隶和居民。[125] 他们已充分展现了勇气，还有对联邦的忠诚。

杰斐逊基于大陆扩张的承诺，提出建立“自由帝国”（Empire for liberty）的理念。但正如历史学家约翰·H. 默林（John H. Murrin）所评论的，这是一个非凡的成就，但只是对白种人而言的。杰斐逊的梦想中蕴含

着残酷的事实：将印第安人强制赶出东部和南部地区，延续奴隶制，还有殖民非洲的想法。[126] 摆脱了外国列强的虎视眈眈，又有密西西比河提供的生命动脉，西部地区现在可以继续其不可避免的扩张了。联邦将不断扩张新的领土，纳入新的州，而自由地区*与蓄奴地区之间的紧张局势也愈演愈烈。在路易斯安那州确立为正式州以后，路易斯安那准州的剩余地区被命名为密苏里准州。在这片广袤无垠的地区，没有像西北准州那样的反奴隶制的规定。当时，在联邦纳入新州的进程中一度存在着这样一种平衡：纳入一个自由州，之后不久又纳入一个蓄奴州。到 1818 年，密苏里准州已经有足够多的定居者，可以申请成为正式州；而如果被批准的话，密苏里将成为蓄奴州。

当时，一位来自纽约州的正处于首个任期内的众议员提议，逐渐取消密苏里准州内的奴隶制；他的提案未被通过，但代之而来的是《1820 年密苏里妥协案》。密苏里能够作为蓄奴州加入联邦，但自此之后，路易斯安那购地案购买的、位于密苏里州南部边界（北纬 36 度 30 分）以北的其余土地上将不再准许有奴隶制。在接下来的 25 年里，奴隶制这个微妙的问题在各个新的正式州和准州内似乎得到了解决。之后，得克萨斯被并入美国，并成为正式州，一位来自宾夕法尼亚州的年轻众议员提出了一个反奴隶制的附带条款。随后制定的《1850 年妥协案》(Compromise of 1850)，主要处理了加利福尼亚加入联邦、新墨西哥和犹他两个地区的州地位、逃亡的奴隶以及其他问题。此后不久又达成了《堪萨斯-内布拉斯加法案》，该法案废止了《密苏里妥协案》，加剧了南方与北方的紧张局势，破坏了政党联盟，引发了堪萨斯内战（Bleeding Kansas），这是导致联邦分裂的决定性事件之一。

* 自由地区（free soil）：美国南北战争前禁止蓄奴的地区。

第2章

奴隶制与准州

《堪萨斯-内布拉斯加法案》（1854年）

35 我亲手通过了《堪萨斯-内布拉斯加法案》。在参众两院的整个论战中，我自始至终拥有独裁者般的权威和势力。

——斯蒂芬·A.道格拉斯（Stephen A. Douglas），1854年

该法案可能是将美国推向内战的最重要的单一事件。

——詹姆斯·麦克弗森（James McPherson），1988年

《堪萨斯-内布拉斯加法案》是严重的误判。美国为此付出了沉重的代价。

——罗伯特·V.瑞米尼（Robert V. Remini），2006年

提出该立法的提案人其实完全是出于一片好意。斯蒂芬·A.道格拉斯，来自伊利诺伊州的民主党参议员，雄心勃勃、充满自信，决心为修建

一条从他的家乡芝加哥一直到太平洋海岸的横贯大陆的铁路奠定基础。为此就需要将密苏里州以西的土地组织起来成立准州政府，并最终成为正式州。如此一来，才能有效地开拓西部的土地，社区才能在西部有序地发展壮大起来。

但是，关于《堪萨斯–内布拉斯加法案》的争论很快就从铁路问题升级成一场激烈的斗争：奴隶制是否可延伸至路易斯安那购地案购买的、剩余未组建政府的领土内。南方领导人坚持认为这片新领土应当允许奴隶制，而道格拉斯需要南方参议员的支持，只得屈服于他们强大的领导人所施加的压力。道格拉斯和他的盟友为实现此目的，坚决要求执行蓄奴自决权（popular sovereignty）——让移居这片新土地的人民自行决定是否蓄奴。

然而，蓄奴自决权直接违背了国家之前对于准州的奴隶制问题貌似已经确定好的政策。1820 年，《密苏里妥协案》确定密苏里将成为蓄奴州，但路易斯安那购地案购买的、位于现今阿肯色州与密苏里州边界线以北的其余土地上将"永远不许有"奴隶制。

道格拉斯深知他提出的《堪萨斯–内布拉斯加法案》将引发北方自由地区人民和废奴主义者的愤怒抗议。但是，他下定决心要继续前进，公开宣称《密苏里妥协案》是无效的，这是美国历史上比较无视民意的决定之一。在推进过程中，他还邀来富兰克林·皮尔斯（Franklin Pierce）总统与他联合，虽然皮尔斯有几分不情愿。激烈的争论持续了 4 个月，但所有关于铁路运输的意见都无人理会。旧的伤口不断溃烂，长期存在的人身攻击进一步加剧，地区间的敌意再次抬头，脱离联邦的威胁声又一次响彻国会。

由此带来的政治上的负面影响十分巨大。民主党在北方严重受挫，辉格党分裂，本土主义者的一无所知运动（Know Nothing movement）涌现但又迅速衰落，新的共和党崭露头角。一位任职一届的前伊利诺伊州众议员，对堪萨斯–内布拉斯加立法感到彻底失望，离开了毫无生气的辉格党。

亚伯拉罕·林肯重回政坛，领导伊利诺伊州新成立的共和党，在一系列历史性的辩论中与强大的道格拉斯对垒。

在《堪萨斯–内布拉斯加法案》颁布不到两年之后，公民暴动在堪萨斯州蔓延开来，而道格拉斯如此珍视的蓄奴自决权原则，却受到了人们的嘲笑。道格拉斯后来毅然与民主党南方派以及总统詹姆斯·布坎南（James Buchanan）决裂，痛斥欺诈性的《莱康普顿宪法》（LeCompton constitution），奋力反抗堪萨斯作为蓄奴州加入联邦。北方民主党人和南方民主党人的裂痕现在到了无法挽回的地步；紧接着哈珀斯费里*、萨姆特堡**脱离联邦，美国内战爆发。

不像本书列出的其他所有法律，《堪萨斯–内布拉斯加法案》为大多数人所知的原因是其造成了始料不及的后果，以及之后采取的毁灭性步骤。它是一部塑造了美国的法律，但却是以人们——无论是其起草者，还是那些与其斗争的人——意想不到的方式。

背景

在内战发生之前的40年里，美国经历了占主导地位的民主党的创建、辉格党的兴衰，还有共和党的诞生。在这40年中，最为突出的是南北双方日益加剧的地区间斗争，各种夸夸其谈的发言人，还有国会中纷杂混乱的关系。这还是一个强、弱总统辈出的时代，有专横的连任两届的安德鲁·杰克逊总统，强势的任期一届的詹姆斯·K. 波尔克（James K. Polk）总统，死于任上的威廉·亨利·哈里森总统和扎卡里·泰勒（Zachary Taylor）总统，竞选连任失败的约翰·昆西·亚当斯总统和马丁·范布伦（Martin Van Buren）总统，还有三位争取连任却被自己所在政党放弃的总

* 哈珀斯费里（Harpers Ferry）：西弗吉尼亚州东北部城镇。

** 萨姆特堡（Fort Sumter）：南卡罗来纳州查尔斯顿港口一要塞；1861年4月12日，南方邦联军队在此打响了美国内战的第一枪。

统：约翰·泰勒（John Tyler）、米勒德·菲尔莫尔（Millard Fillmore）和富兰克林·皮尔斯。下面就介绍一下这个时代的政治演变状况。

在整个 19 世纪初期，杰斐逊的追随者（Jeffersonians）和弗吉尼亚州控制着国内政治。联邦党曾主导一切，但到 1815 年就逐渐衰落了，杰斐逊的追随者称自己为民主共和党。在詹姆斯·门罗执政的 8 年时间（1817—1825）里，民主共和党人的势力如日中天，不存在任何的反对政党；事实上，门罗在 1820 年再次竞选总统时，获得了除一人以外的其余所有选举人的选票。然而，这个被人们称为“和睦时代”（Era of Good Feelings），被《1820 年密苏里妥协案》打破了，即将发生的事件已经预示了激烈的地方战争。

1824 年的总统竞选，出现了白热化的个人竞争。有四人角逐总统之位：战争英雄、田纳西州参议员安德鲁·杰克逊，来自马萨诸塞州的国务卿约翰·昆西·亚当斯，来自佐治亚州的财政部长威廉·H. 克劳福德（William H. Crawford），以及来自肯塔基州的众议院议长亨利·克莱（Henry Clay）。杰克逊获得了最多的选民票和选举人票，但并未达到绝对多数。于是根据宪法规定的程序，总统竞选结果由众议院决定，这是美国历史上的第二次。在投票开始前，选民票和选举人票加起来数量最少的克莱，转而支持亚当斯，后者随即在第一轮投票中获胜。之后，亚当斯把国务卿之职奖励给克莱。南卡罗来纳州的约翰·C. 卡尔霍恩（John C. Calhoun）当选副总统。杰克逊的支持者非常愤怒，发誓报复，并指出各种政治欺诈的例子作为 4 年后反对亚当斯的一个竞选主题。

1828 年，民主共和党分裂成两个党派：支持安德鲁·杰克逊和托马斯·杰斐逊遗志的人现在自称民主党人，而反对杰克逊的人则自称国民共和党人（National Republicans）。这一年的标志性事件是亚当斯和杰克逊两人激烈的再次对决，结局是杰克逊击败亚当斯；这是美国早期历史上第二次名为亚当斯的总统竞选连任失败。而卡尔霍恩再次当选副总统。到 19 世纪 30 年代中期，两个全国性政党已经初具雏形。第一个是由杰克逊领导并由他在第二个任期时的副总统马丁·范布伦管理的民主党。[1] 民主党在1828 年至 1860 年成为占主导地位的政治组织，赢得了 9 次总统竞选中的 6 次，并且在这 32 年中，控制众议院和参议院分别长达 24 年和 28 年。[2]

然而，民主党人很快就遭遇强有力的竞争，第二个美国政党体系诞生了，它自 19 世纪 30 年代初期成立，一直延续到 19 世纪 50 年代中期。反对民主党人和杰克逊的是一个称为辉格党的新党派，它的支持者自认为是反抗国王乔治三世的英国辉格党的政治继承人，因而如此命名自己的党派。美国辉格党反抗的是“国王安德鲁”杰克逊和他肆无忌惮主张政治权力的作为。

丹尼尔·韦伯斯特在参议院发表演讲，谴责杰克逊在 1832 年否决建立国家银行的议案，这标志着辉格党开始反抗。虽然辉格党人经过数年才组建起自己的党派，但他们在三位强大但性格迥异的人物——肯塔基州的亨利·克莱、马萨诸塞州的丹尼尔·韦伯斯特以及南卡罗来纳州的约翰·C. 卡尔霍恩——的领导下，还是成功地拼凑出了一个政治组织。在此期间，将辉格党人团结在一起的，与其说是政治思想形态的联合，不如说是对杰克逊共同的厌恶。[3]

1836 年，辉格党人派出三名总统候选人，将赌注押在选民分裂，从而获得一个在众议院获胜的机会。然而，杰克逊的副总统马丁·范布伦，创建民主党的幕后关键战略家，赢得了胜利。范布伦在 1840 年寻求连任，但输给了辉格党的威廉·亨利·哈里森，这在很大程度上要归因于 1837 年的经济大恐慌及其造成的影响。仅仅五六年前才诞生的辉格党，现在成功地选出一位总统，拿下了国会 62% 的议员席位，并且几乎赢得了所有州的州长竞选。[4] 但是哈里森总统就职仅一个月就去世了，继任者是他的副总统，弗吉尼亚州的约翰·泰勒，一位前民主党人。这是第一次发生总统死于任上的状况，泰勒必须开这个先例——尽管不是所有人都接受——他不仅仅是暂时行使总统职权或是做代理总统，而且是事实上的总统。然而，由于泰勒否决第二国家银行法案，冲撞了他所在党的议员和政治领袖，特别是亨利·克莱，辉格党在 1844 年拒绝提名泰勒竞选连任。

这一年，辉格党选择克莱为其总统候选人，民主党人则提名了詹姆斯·K. 波尔克。波尔克是安德鲁·杰克逊的门徒，前众议院议长，前田纳西州州长，但刚刚连续两次在州长竞选中败给辉格党的候选人。民主党人选择波尔克，而放弃了前总统马丁·范布伦，因为后者公开反对兼并得克萨斯。这场总统竞选为是否兼并得克萨斯议题所主导，波尔克和克莱对此态度迥异：前者支持，后者反对，最终波尔克和民主党人以微弱的优势击败克莱，获得了胜利。

一个创建于 1839 年、专注于单一议题的小党——自由党，在 1844 年的总统竞选中发挥了重要作用。该党反对奴隶制，号召在华盛顿特区和其他联邦辖区内废除奴隶制。当时纽约州的选情极为焦灼，而自由党得到的选票足以影响波尔克和克莱，进而影响整个选举结果。

在波尔克执政的 4 年期间，美国与墨西哥交战，通过兼并得克萨斯、俄勒冈地区，以及新墨西哥、加利福尼亚和德瑟雷特*的广阔土地，使领土面积扩大了二分之一。波尔克，尽管被现今的许多历史学家评价为 19 世纪最强势的总统之一，却发誓绝不谋求连任。1848 年，辉格党提名了参加墨西哥战争的扎卡里·泰勒将军，民主党则选择了密歇根参议员刘易斯·卡斯，作为它们各自的总统候选人。力压克莱和温菲尔德·斯科特（Winfield Scott）少将获得辉格党提名的泰勒，在大选中险胜卡斯，后者本来很有机会，但由于前总统马丁·范布伦带着他的支持者脱离民主党成立新的党派——自由之土党（Free Soil Party），他自己则作为这个第三方党派的候选人参加竞选，从而分散了卡斯的选票。自由之土党人反对奴隶制度扩展至新兼并的地区，这个问题随着南北双方敌意的加剧而日益突出。

扎卡里·泰勒是辉格党第二位死于任上的总统；1850 年，副总统米

* 德瑟雷特（Deseret）：摩门教徒于 1849 年建立的地区，欲加入美国联邦，但被国会拒绝，于 1850 年改名为犹他州。

勒德·菲尔莫尔在他病逝后继任总统。菲尔莫尔成为总统时，正值国会为《1850 年妥协案》*争论得不可开交之时,这 5 个法案暂时缓和了关于奴隶制度和领土问题的激烈冲突。然而，当菲尔莫尔签署构成该妥协案一部分的《逃奴法案》(Fugitive Slave Act) 之后，许多北方辉格党人立即宣布与菲尔莫尔势不两立。这使他失去了 1852 年的总统提名。菲尔莫尔之后在 1856 年成为美国人党（American Party）或者一无所知党（Know Nothing Party）的总统候选人。

总统与副总统（1825—1861）

总统	副总统
约翰·昆西·亚当斯（1825—1829）	约翰·卡尔霍恩（1825—1829）
安德鲁·杰克逊（1829—1837）	约翰·卡尔霍恩（1829—1832）
	空缺（1832—1833）
	马丁·范布伦（1833—1837）
马丁·范布伦（1837—1841）(民主党)	理查德·M. 约翰逊（1837—1841）
威廉·亨利·哈里森（1841）(辉格党)	约翰·泰勒（1841）
约翰·泰勒（1841—1845）(辉格党)	空缺（1841—1845）
詹姆斯·K. 波尔克（1845—1849）（民主党）	乔治·M. 达拉斯（1845—1849）
扎卡里·泰勒（1849—1850）(辉格党)	米勒德·菲尔莫尔（1849—1850）
米勒德·菲尔莫尔（1850—1853）（辉格党）	空缺（1850—1853）
富兰克林·皮尔斯（1853—1857）（民主党）	威廉·金（1853）
	空缺（1853—1857）
詹姆斯·布坎南（1857—1861）（民主党）	约翰·C. 布雷肯里奇（1857—1861）

*《1850 年妥协案》：美国国会就有关奴隶制问题于 1850 年 9 月通过的 5 个法案的通称。

1852 年，民主党人富兰克林·皮尔斯在第 49 轮投票中赢得了党内提名，并在大选中击败辉格党的候选人温菲尔德·斯科特将军，后者是辉格党选出的最后一位总统候选人。到 1854 年年底的国会选举时，辉格党如果还不至于说在政治上气数已尽，也可以说是已经岌岌可危了。具有讽刺意味的是，许多辉格党议员赢得了连选连任，但是，由于当时《堪萨斯-内布拉斯加法案》的全面影响已显露出来，辉格党分裂了：南方辉格党人联合南方民主党人，北方辉格党人则加入了一个由各种势力临时结成的联盟。到 1855 年国会召开会议时，民主党人明显属于少数派，而前辉格党人联合一无所知党人、一无所知党-民主党人、一无所知党-自由之土党人、自由之土党人、反对《堪萨斯-内布拉斯加法案》的派系，还有无党派联盟，组成了一个不怎么稳固的多数派。

1854 年，一个新成立的秘密组织——一无所知党——迅速崛起。一无所知党的正式名称为美国人党，其成员激进地反对移民、反对天主教、反对酒精和反对奴隶制。该党在新英格兰地区和原西北准州的部分地区拥有特别强大的影响力，但是，当美国人党在 1855 年召开的全国大会中决定支持《堪萨斯-内布拉斯加法案》时，其北方支持者迅速脱离该党，加入了一个新成立的组织——共和党。[5]

1856 年，新组建的共和党派出了其第一位总统候选人，探险家约翰· 40
C. 弗里蒙特，但被民主党人詹姆斯·布坎南击败，后者在南方大获全胜，同时也赢得了北方的许多州。但无论是布坎南还是国会中的民主党议员，都无法将南方和北方团结在一起。到 1858 年，民主党因堪萨斯州的《莱康普顿宪法》事件而分裂，斯蒂芬·A. 道格拉斯带领北方民主党人反抗他们的总统以及南方民主党人。1860 年的总统大选充分显示了民主党内部的分裂情况，道格拉斯和布坎南的副总统、肯塔基州的约翰·C. 布雷肯里奇，分别作为北方民主党人和南方民主党人的候选人参加竞选。而田纳西州的约翰·贝尔作为宪政联合党（Constitutional Union Party）——由前辉格党人、一无所知党及其他人组成的政党——的候选人竞选，更增加了局势的混乱。分裂且有争议的民主党，给共和党提供了一个历史性的机会。共和党人在芝加哥开会，他们放弃了之前公认的领导人——纽约州参议员威廉·H. 苏厄德（William Seward），推选出名声远不及他的亚伯拉罕·林肯，后者曾以辉格党员的身份出任过一届众议员，之后两次竞选伊利诺伊州参议员，但均以失败告终。

区域危机

自合众国建国之初，地区间的关系就一直处于紧张状态。历史学家戴维·M. 波特（David M. Potter）将地区间的争论和紧张关系问题形容为"美国历史中的慢性疾病"。[6] 从前一章可以看到，紧张局势最初主要存在于东部与西部之间，存在于已确立的最初十三州与位于阿巴拉契亚山脉另一侧的新加入的州和地区之间。奴隶制无疑是一个很有争议的问题，只是由于颁布了"五分之三妥协"条款和未来禁止进口奴隶的禁令，该问题才得以部分地缓和。但是，当时更为紧迫的是传统以农业为主的南方与日益偏重商业和制造业的北方在商业和经济上的紧张关系。关税、汉密尔顿提出的金融体系，还有《杰伊条约》，都是导致南北分裂的导火索。[7]

作为对约翰·亚当斯执政期间颁布的《客籍法和惩治叛乱法》（Alien and Sedition Acts）的回应，肯塔基州和弗吉尼亚州颁布了它们著名的决议案，声明了严格解释宪法原则、州权和（州对联邦法令的）否决原则。然而，当 1800 年杰斐逊当选总统时，争取南方脱离联邦和地方主义的斗争，大部分都暂时缓和了下来。在此之后，新英格兰日益成为美国的少数派，陷入了困境。[8] 最早的一些脱离联邦的计划是由新英格兰人提出的，其中最严重的事件发生在 1814 年 12 月末和 1815 年 1 月初。新英格兰地区代表在康涅狄格州的哈特福德开会，公开表达了他们的不满，并发表了脱离联邦的计划。他们对于 1812 年战争及其对新英格兰地区商业和贸易利益的影响耿耿于怀。然而，等到他们完成商议并将他们的不满传达至华盛顿时，战争已经结束了。[9]

但是，奴隶制问题，尤其是是否将奴隶制扩展至新的领土和正式州的问题，无可避免地形成南北方紧张局势的核心。由于路易斯安那购地案使美国领土得到极大的扩张，杰斐逊却未做任何努力以阻止奴隶制蔓延至这片新领土。在新取得的路易斯安那地区，根据原先西班牙和法国的属地法，奴隶制已经是合法的了。杰斐逊以及盟友要做的只是为该地区通过一部组织法，只要其中不包含任何禁止奴隶制的条款就可以了。[10]

对于许多北方人来说，五分之三条款就如同卡在喉咙里的鱼骨。多年来，他们已经意识到，正如古弗尼尔·莫里斯（Gouverneur Morris）在1787年曾预言的那样：五分之三条款与直接税毫无关系，一切都是关于政治权力。[11] 凭借该条款，各蓄奴州在众议院和总统选举团中的势力，人为地增加了三分之一以上。例如，在1793年，蓄奴州拥有47个席位，而如果仅仅按照白人数量进行分配的话，它本来只能有33个席位；在1833年，蓄奴州拥有98个席位，而不是本来的73个席位。

然而，南方从未在众议院取得过多数席位；移民的大量涌入和人口增长主要出现在北方以及从西北准州中创建的新州。1789年至1792年，北方拥有35个众议员席位，南方只有30个；1811年至1822年，北方拥有107个众议员席位，而南方只有79个。[12] 然而，不论众议院的情况如何，南方永远有参议院保护其利益。由于在参议院拥有相等的席位数，南方各州总是能够依靠参议院阻挠受北方各州主导的众议院通过的任何议案，当然，条件是联邦要均等地、平衡地纳入自由州和蓄奴州。

但是，从北方的角度看来，五分之三条款违反了公平原则和一人一票原则。蓄奴的南方在众议院和总统选举团中都获得了太大的权力。在1800年的总统竞选中，南方人凭借额外的14张选举人票才击败了在任的约翰·亚当斯，使托马斯·杰斐逊当选。[13] 杰斐逊的胜利延续了后来所谓的持续32年的“弗吉尼亚王朝”*:华盛顿执政8年，杰斐逊执政8年，之后麦迪逊和门罗又分别执政8年。只有约翰·亚当斯和他的儿子约翰·昆西·亚当斯分别于1796年和1824年当选总统，中断过该王朝。

蓄奴州和自由州之间的平衡成为关键。在最初的州中，有八个州通常可被视为自由州，它们分别是：宾夕法尼亚州、新泽西州、康涅狄格州、马萨诸塞州、新罕布什尔州、纽约州、罗得岛州（1790年加入联邦）、佛蒙特州（1791年）；[14] 而在特拉华州、佐治亚州、马里兰州、南卡罗来纳州、弗吉尼亚州和北卡罗来纳州，奴隶制是得到法律许可的。

到1820年，联邦新纳入了四个自由州：俄亥俄州（1803年）、印第安纳州（1816年）、伊利诺伊州（1818年）和缅因州（1820年）；五个蓄奴州：肯塔基州（1792年）、田纳西州（1796年）、路易斯安那州（1812年）、密西西比州（1817年）和亚拉巴马州（1819年）。这使得联邦中自由州和奴隶州的总数比为12比11。

42 到1845年，联邦只纳入了一个自由州：密歇根州（1837年），但与此同时却纳入了四个蓄奴州：密苏里州（1821年）、阿肯色州（1836年）、佛罗里达州（1845年）和得克萨斯州（1845年）。自由州和奴隶州的总数比现在变成了13比15。在内战爆发前的15年里，联邦新纳入了五个自由州：艾奥瓦州（1846年）、威斯康星州（1848年）、加利福尼亚州（1850）、明尼苏达州（1858年）和俄勒冈州（1859年）；而新纳入的蓄奴州数量为零。这使得自由州和奴隶州的总数比又变为18比15。但是，奴隶制在马里兰州和特拉华州日益衰落，在肯塔基州、田纳西州和西弗吉尼亚州的山区，奴隶制又无足轻重。之后，南卡罗来纳州于1860年12月16日退出联邦，堪萨斯州于1861年1月成为自由州。很快，其他十个州纷纷跟随南卡罗来纳州退出联邦。然而，马里兰州、肯塔基州、特拉华州和密苏里州这些蓄奴州仍然留在联邦。

---

* 弗吉尼亚王朝（Virginia Dynasty），指这四位总统都来自弗吉尼亚。

在《堪萨斯-内布拉斯加法案》颁布之前的 30 年中，国会卷入过三次严重的地方危机，分别与 1820 年的《密苏里妥协案》、兼并得克萨斯和 1845 年的《威尔莫特附文》(Wilmot Proviso)，以及《1850 年妥协案》相关。这三次危机的根源都在于新加入的州和领土中的奴隶制问题。此外，国会还卷入了 1832 年的“可憎的关税法”(Tariff of Abominations)，该法案引发了南卡罗来纳州脱离联邦者的威胁和针对反奴隶制的言论限制令，这进一步激化了地区紧张局势。

《密苏里妥协案》。到 1818 年，密苏里地区的定居人数已达到申请正式州的条件；它计划申请成为蓄奴州。该地区大部分定居者来自南方，跟随而来的还有他们的奴隶。到 1820 年，密苏里地区拥有 10222 名奴隶，占到了地区总人口数量的 15.8%。[15] 路易斯安那州是从路易斯安那购地案购买的土地中划分出来的第一个正式州；现在是来自这片土地的第二个成立正式州的申请，随之而来的还有一些非常棘手的问题。这会树立先例，允许购地案购买的所有土地都实行奴隶制吗？这会打破蓄奴州和自由州之间微妙的平衡吗？北方会因为南方各州的势力而激化，拒绝接受奴隶制的进一步扩张吗？年迈的托马斯·杰斐逊在写给朋友的一封信中，将密苏里问题形容为“将我惊醒并令我满怀恐惧”的“午夜的火警铃”。[16]

一位任期一届的北方众议员，提出了解决新土地上的奴隶制问题的方案。1819 年 2 月 13 日，在第 15 届国会的最后几周里，纽约州共和党人小詹姆斯·塔尔梅奇（James Tallmadge, Jr）“向‘和睦时代’投掷了一枚重磅炸弹”。他提出了两部修正案：第一是禁止今后再有奴隶进入密苏里州，第二是赋予那些出生于密苏里的奴隶，一旦达到 25 岁即可获得自由的权利。这不是塔尔梅奇第一次提出反奴隶制立法。他曾帮助纽约州在 1817 年解放该州的奴隶，当时他的家乡州拥有的黑人数量与 1820 年密苏里准州拥有的黑人数量大致相等。[17] 塔尔梅奇基于道德和政治两方面的理由，猛烈抨击奴隶制度：准许新加入各州实行奴役，就意味着额外的奴隶选票将不可避免地联合起来反对北方。在参议院，德高望重的纽约州联邦党人

鲁弗斯·金，比塔尔梅奇言辞更为激烈，痛斥奴隶制扩张本质上是“不正
43 义且可憎的”。众议院在一周后通过了塔尔梅奇的修正案，但该议案却在参议院受阻。[18] 在参众两院，对两部修正案的投票结果都是北方的票数压倒性地多于南方。

无疑，北方的政治家都憎恨“弗吉尼亚王朝”的主导权势和被称为“奴隶主集团”的政治权力。[19] 进入 19 世纪 20 年代后，美国正变得越来越民主化：它正经历着一个转变，从杰斐逊式的精英主义——财产权（包括奴隶）高于一切——转变为尚未得到明确表达的杰克逊式的民主，其中最为重要的是白人男性个体，而非他们的财产权（不论是对不动产还是对奴隶的财产权）。然而，“奴隶主集团”正阻碍着这一看似自然的转变过程，重新定义并塑造着新的平等主义浪潮。[20]

究竟什么是“奴隶主集团”？根据废奴主义者、俄亥俄州自由之土党参议员萨蒙·P. 蔡斯（Salmon P. Chase）数十年后的说法，“奴隶主集团”由大约 35 万名南方奴隶主构成。蔡斯在估计南方蓄奴家庭的数量上可能错得非常离谱，又或者他仅计算了那些拥有经济势力和政治权力的家庭。到 1860 年，在南方的南部州（南卡罗来纳州、佐治亚州、佛罗里达州、亚拉巴马州、密西西比州、路易斯安那州和得克萨斯州），蓄奴家庭所占比例从得克萨斯州的 28% 到密西西比州的 49% 不等；在南方的北部州（特拉华州、马里兰州、弗吉尼亚州、北卡罗来纳州、肯塔基州、田纳西州、密苏里州和阿肯色州），这个比例从阿肯色州的 2% 到北卡罗来纳州的 29% 不等。1860 年，弗吉尼亚州、南卡罗来纳州、佐治亚州、亚拉巴马州和密西西比州五个州各自拥有的奴隶数量在 40 万到 50 万；特拉华州只拥有 1798 名奴隶。密西西比州拥有的奴隶数量为 436631，占到了该州全部人口数量的 55.1%，该比例为各州之最。[21]

一些州坚决、强硬地维护奴隶制和“奴隶主集团”。少数南方政治家表现得像南卡罗来纳州的民主共和党人威廉·史密斯（William Smith）那样直言不讳、毫不掩饰，后者热情地为奴隶制辩护：纵观历史，它是普遍

存在的，在《圣经》中可以找到它，亚里士多德和柏拉图也证明它是合理的，而现在，在美国，我们需要它来帮助那些无助的仆人。史密斯认为："全世界任何国家任何阶层的劳动人民都没有比我们这些被惯坏的奴隶穿得更好，吃得更好，或生活得更愉快，或者工作更少。"[22] 一些南方人则希望他们能将时间倒回到从前，从未走向奴隶制这条道路。其他一些人则感到奴隶制在其自身逐渐失去经济效益的压力下，终将消失。一些人，像前总统托马斯·杰斐逊和未来的总统、弗吉尼亚州民主共和党人约翰·泰勒一样，主张将奴隶分散至各个地区。如果将奴隶制扩散至各个地区的话，那么他们最终获得解放的机会将会大得多。如果将黑人限制在一个比以往更加狭小的黑人聚居地带，最终只会引发奴隶叛乱，并由此导致白人奴隶主的镇压。但是，塔尔梅奇对给予密苏里州地位的法案提出的修正案，击碎了任何有关扩散奴隶制的不切实际的如意算盘。

然而，在 1819 年夏天，南方人普遍"幸福地没有意识到"国会中正在发生一场区域斗争。远比奴隶制扩张更为重要的是 1819 年大恐慌——美国遭遇的第一次经济危机和萧条——产生的影响。而一直到北方各个城市涌现反奴隶制的集会和抨击奴隶制的小册子时，大多数南方人才意识到这场迫在眉睫的战斗。[23]

第 15 届国会还未解决好这个问题，就于 1819 年 3 月 3 日休会了，而下一届国会要等到当年 12 月 6 日召开。国会在 19 世纪的惯例是：第一会期于 12 月开始，一直延续到第二年夏初；第二会期往往更短一些，也是于 12 月召开，到下一年的 3 月休会。

塔尔梅奇拒绝竞选连任第 16 届国会（1819—1820）议员。伊利诺伊州民主共和党参议员杰西·B. 托马斯（Jesse B. Thomas）接替他的未竟之志，提出了一个妥协方案。托马斯拥有五名黑人学徒（奴隶），在先前的会议中曾投票反对塔尔梅奇的修正案。不过，他的想法是把承认密苏里的蓄奴州地位，与承认缅因的非蓄奴州地位捆绑起来。托马斯的议案将授予密苏里和缅因两个地区州地位，同时禁止在路易斯安那购地案购买的、位于北纬 36 度 30 分以北的土地（除密苏里以外）上实行奴隶制。这意味着，未来从阿肯色准州划分形成的各个州可以成为蓄奴州；而旧的路易斯安那准州中位于北纬 36 度 30 分（阿肯色州与密苏里州的边界线）以北的其余土地——后来将包括堪萨斯州和其他八个州——将不再有奴隶。在参议院，托马斯的议案尽管引发了南方同僚们的一些争论，但还是以 22 比 16 的投票结果获得通过；而在众议院，它遇到了大得多的困难。北方议员不想放弃之前会议通过的塔尔梅奇修正案，南方议员又不想如此快速地放弃奴隶制。最后，亨利 · 克莱动用他作为议长的全部权力，使众议院通过了一部妥协案。

最终，协商委员会提出了一个打破僵局的解决办法：将“北纬 36 度 30 分”条款与准许密苏里作为奴隶州加入联邦拆开，分别进行投票表决。最终两项都获得了通过：“北纬 36 度 30 分”条款得到全体北方议员和一半南方议员的支持，毫无困难地获得通过；“密苏里成为蓄奴州”条款只得到全部南方议员和 14 位北方议员的支持，以 90 比 87 的投票结果侥幸获得通过。幸亏南方凭借五分之三条款在众议院额外多出 17 票，才能够在不抵触塔尔梅奇修正案的情况下，将密苏里州纳入联邦。这场战斗由一位北方众议员挑起，但最终由“奴隶主集团”取得胜利。在这些决定性的商议和投票中，南方驳回了塔尔梅奇逐渐解放奴隶的方案；南方议员几乎众口一词，坚持不懈地发声，决意要使奴隶制成为永久性的制度。[24] 1820 年 3 月初，詹姆斯 · 门罗总统签署了《密苏里妥协案》。从那一天起，在后来被称为内布拉斯加准州的土地上将“永远禁止”奴隶制。

1820 年批准的密苏里州宪法，禁止获得解放的奴隶和穆拉托人*进入该州。这对许多国会议员来说是不可接受的，于是克莱在 1821 年制定出第二个《密苏里妥协案》，准许密苏里作为正式州加入联邦，但条件是它不能通过立法以执行其州宪法规定的对被解放奴隶的禁令。

---

* 穆拉托人（mulattoes）：黑人与白人的混血儿。

历史学家格洛弗·摩尔（Glover Moore）认为《密苏里妥协案》“标志着”内战前南方历史中“自由主义时期的结束”。1820 年至 1835 年的 15 年是一个过渡时期，接下来的 25 年（1836—1861）则是支持奴隶制度立场的强硬化阶段。塔尔梅奇提出逐渐在密苏里州废除奴隶制的修正案，北方对南方习俗和奴隶制的批评之声越来越大，奴隶叛乱的威胁，比如 1822 年丹马克·维齐（Denmark Vesey）在南卡罗来纳州策划的起义，棉花作为重要经济作物种植面积扩大，以及获取有蓄奴潜力的领土，所有这些都加剧了南方日益强硬的态度、担忧和偏见。[25] 尽管如此，《密苏里妥协案》继续得到有效的执行。

“可憎的关税法”。1816 年，国会通过了美国第一部保护性关税法，向进口货物征收 25% 的关税；第二部关税法于 1824 年颁布，将税率提高至 33%。这些关税法的目的在于保护新英格兰地区和北方其他地区的制造业和工业。而南方因为产出的几乎全部是用于出口的农产品和原材料，受这些关税法的损害极大。之后，国会又于 1828 年颁布了第三个关税法：将对进口货物征收的关税提高至 50%。该法案立即被南方人斥责为“可憎的关税法”。制定该税法的是杰克逊的拥护者、纽约州参议员马丁·范布伦，他希望借此在 1828 年即将开始的现任总统约翰·昆西·亚当斯与前参议员安德鲁·杰克逊的再度对决中，打击前者，帮助后者。历史学家罗伯特·V. 瑞米尼将该关税法形容为一部“极坏的、倾向一方的、不平等的法案，其中的每一项条款都透露着政治倾向和政治偏袒的痕迹”。[26] 尽管如此，亚当斯还是签署了这部关税法，并且在 1828 年的总统选举中大败于杰克逊。

南卡罗来纳州受这部关税法的损害尤为严重：它不得不以比原来高得多的价格购买进口制成品，而它自己产出的原材料的销售量则会进一步下降。这部新的关税法大大加剧了该州严峻的经济形势：南卡罗来纳州承受了农作物管理欠佳和土壤质量耗竭、在外农场主过度举债经营，还有毁灭性的飓风侵袭沿海等问题。最重要的经济因素可能是来自南方南部（从佐治亚州西部至得克萨斯州）的棉花种植园的竞争。19 世纪 20 年代，约有 56000 名白人离开了南卡罗来纳州，约 3 万名奴隶被卖掉或带走；而在 30 年代，离开的人数甚至更多。[27]

南卡罗来纳州州议会在 1828 年求助于其最有权力的支持者——副总
46 统约翰·C. 卡尔霍恩，确定该州如何能够阻挠这部联邦法律的执行。卡尔霍恩秘密地为该州议会起草了《南卡罗来纳说明与抗议》（*South Carolina Exposition and Protest*），明确表达了他的（州对联邦法令的）否决原则理论。它主张一个主权州有权宣布国会颁布的法案因干涉州政府在本州的权力而违宪，并有权宣布该联邦法案在该州范围内无效。[28]

当杰克逊的拥护者、南卡罗来纳州的罗伯特·Y. 海恩（Robert Y. Hayne）于 1830 年 1 月在美国参议院提出（州对联邦法令的）否决原则时，它成为全国上下讨论的话题，并由此引发了韦伯斯特与海恩就联邦的性质和否决原则所做的著名辩论。马萨诸塞州的“反杰克逊派”丹尼尔·韦伯斯特在这些辩论中的发言，被历史学家视为 19 世纪最重要的国会演讲之一，同时是保卫国家主义和联邦的最为关键的演讲。[29] 卡尔霍恩曾经是一名热忱的国家主义者，之后秘密写作了《南卡罗来纳说明与抗议》，现在则公开地拥护无效原则。该理念，即最终的主权掌握在各个州，而不是联邦政府手里，如果联邦法律损害了州的利益，那么各州能够宣布该法律无效。卡尔霍恩能够预见接下来会发生什么：北方将变得一年比一年更强大，更有权力。很快北方就可以联合起来攻击南方，通过关税法、经济压力、金钱的控制，以及最终对奴隶制的控制。[30]

国会于 1832 年通过了另一部关税法案，缓和了 1828 年关税法的一些条款，但南卡罗来纳州议会仍然无法承受。州议会在 1832 年 11 月召开大会，立法者宣布上述两部关税法案均无效，在南卡罗来纳州没有法律效力，并针对任何敢维护这两部联邦法律的政府官员（不论是州官员还是联邦官员）制定了法律处罚。否决原则的支持者进一步威胁说，如果联邦政府强制执行关税法案的话，他们就脱离联邦，组建一个独立国家。

身为南方人的安德鲁·杰克逊却并不买账：（州对联邦法令的）否决原则是违宪和违法的，分裂是叛变，脱离联邦则无异于叛国。1833 年 1 月 16 日，他命令国会“郑重宣告：宪法和国会制定的法律是至高无上的，美利坚合众国不可分裂”。接着国会通过了《军力动员法案》（Force Bill），授权总统运用他的权力支持联邦法律不受各州的任何阻碍。杰克逊派出一艘美国海军军舰和七艘较小的舰船开往查尔斯顿，以捍卫他的声明。其余南方州没有一个愿意公开支持南卡罗来纳州，后者不得不在《军力动员法案》颁布的同一天颁布一个顾全面子的妥协关税法案，勉强对付过去。[31] 卡尔霍恩于 1832 年 12 月末辞去副总统职位，接替已辞职的罗伯特·海恩在参议院中的席位。在接下来 20 年的大部分时间里，卡尔霍恩成了国会中支持州权和奴隶制度的领袖。

言论限制令。在杰克逊执政期间，第一次关于奴隶制度的争论，与 1835 年年底开始的所谓“言论限制令危机”有关。历史学家威廉·W. 弗里林（William W. Freehling）将其形容为“奴隶制论战的珍珠港事件”。[32] 主张废奴的情绪在北方日益高涨。成立于 1816 年的美国殖民协会（American Colonization Society），主张将被解放的黑人重新安置回非洲。威廉·劳埃德·加里森（William Lloyd Garrison）激发了更多的支持者，他于 1831 年在波士顿创办了废奴主义报纸《解放报》（*Liberator*），第二年，又参与创建了美国反奴隶制协会（American Anti-Slavery Society，AASS）。两者都要求立即全面解放奴隶。美国反奴隶制协会利用邮政服务作为武器，向全国各地分发了成千上万份小册子和出版物。南方人禁止宣传废奴主义的印刷品，封锁它们的传播。杰克逊政府的邮政总长阿莫斯·肯德尔（Amos Kendall）来自蓄奴的肯塔基州，他虽然承认没有任何合法权力能从南方的邮件中剔除宣传废奴主义的资料，但他也接受南方的观点：这些激进小册子的“目的在于将每一个家庭都塞满黑人杀手，使圣多明各的惨剧重演”。[33] 许多人对丹马克·维齐事件和 1831 年奈特·特纳（Nat Turner）领导的起义——美国有史以来最大的奴隶叛乱——仍然记忆犹新。在弗吉尼亚州的南安普顿县，55 名白人被特纳及其追随者杀害；最终官方枪决了 55 名黑人，另有 200 多名黑人被白人自发组织维持治安的联防队员杀害。[34]

1835 年 12 月 7 日，杰克逊建议国会通过一项法律，禁止在南方传播“有意教唆黑人叛乱的煽动性出版物”。卡尔霍恩警告，反奴隶制活动是“违宪且邪恶的”。[35]“人民之子”杰克逊明确表态，请愿权虽然受宪法保障，但如果是为了保护奴隶制就不能适用。但是，卡尔霍恩从原则上提出反对意见：它不应当成为联邦法律，而是各州法律的内容，特别是北方各州，应当阻止这些颠覆性的活动和狂热的出版物。其中也掺杂着卡尔霍恩个人的政治考虑因素。杰克逊阻碍了卡尔霍恩想当总统的野心，前者反对（州对联邦法令的）否决原则的强硬姿态使卡尔霍恩大为光火。杰克逊希望副总统马丁·范布伦可以接替他的总统之位，而卡尔霍恩则希望凭借攻击范布伦是废奴主义者的盟友，以败坏他的声誉。[36] 6 个月后，国会颁布了一部法律：重组邮政部，保护宣传废奴主义的印刷品，并规定邮政局长延搁或不投递这些印刷品是一种轻罪；然而，南方各州完全无视这部法律。[37]

废奴主义者还有另一种武器，他们自 1831 年以来不断向国会请愿。他们最直接的一个目标是终止哥伦比亚特区的奴隶制度或奴隶买卖。支持废奴主义者的国会议员不断提交请愿书和修正案，使该议题获得持续的关注度，令许多南方人感到沮丧。1835 年 12 月，第 24 届国会召开伊始，来自南卡罗来纳州的支持否决原则的詹姆斯·亨利·哈蒙德（James Henry Hammond）再也无法忍受了。新的国会已经收到两份请愿书，现在第三份又来了。哈蒙德是首次当选众议员，他通过结婚步入南卡罗来纳州的上流社会，自负为他这一代的约翰·C. 卡尔霍恩。他认为反对奴隶制度的请愿书侮辱了南方的荣誉，并主张今后所有类似煽动性的材料都必须在到达国会议员手中之前就被拦截住。[38]

但是，请愿书仍然源源不断地涌入。第 24 届国会在召开的前 3 个月中（1835 年 12 月至 1836 年 2 月），总共收到了 300 多份请愿书，附有

40000 个签字或署名，要求在哥伦比亚特区废除奴隶制度。这一运动在美国迅速发展起来：1834 年 5 月，全国只有 60 个反奴隶制协会；而到 1835 年圣诞节的时候，这样的组织已激增到 350 个。

这个所谓的言论限制令斗争扰乱了许多国会议员。南方的温和派认为哈蒙德是个不折不扣的狂热分子。副总统范布伦希望自己在参加 1836 年的总统竞选时能获得南方的支持，但他需要解决一个重大问题：作为来自纽约州的民主党人，他怎样才能拿捏尺度，一方面安抚北方日益增长的反奴隶制情绪，另一方面又不得罪南方支持奴隶制的民主党温和派？范布伦必须回避反奴隶制运动的要求，但也要与善于煽动的哈蒙德拉开距离。[39] 他还需要给予其他议员（不论是北方人还是南方人）一些政治上的喘息空间。

在众议院，范布伦没有辜负自己“小魔术师”的绰号，巧妙处理了言论限制令问题，他请来国会另一位南卡罗来纳州议员——南卡罗来纳州上流社会一位核心人物的儿子——帮助他。1836 年 2 月初，来自南卡罗来纳州的支持否决原则的亨利·劳伦斯·平克尼（Henry Laurens Pinckney）提议成立一个特别委员会，接收所有这类关于奴隶制的提案。尽管平克尼被哈蒙德和其他脾气暴躁的议员称为叛徒，但他的提议给予许多众议员足够的回旋余地，因而能够获得北方和南方的同意。通过这样的方式，关于奴隶制的争论就此缓和下来，众议院也似乎回归了平静。5 月，平克尼的委员会发表报告，并提出了一个不论是敌是友都完全不曾预料到的解决方案：搁置一切与奴隶制问题（并不仅限于哥伦比亚特区）相关的请愿书和其他动议，且不采取进一步行动。约翰·昆西·亚当斯强烈抗议，但众议院以 117 比 68 的投票结果采纳了平克尼决议案。这个决议只是使得废奴主义者更为激进，他们决定用铺天盖地的请愿书淹没国会。在接下来的 18 个月里，超过 30 万份请愿书涌入国会。平克尼的言论限制令不仅刺激了废奴主义者，[40] 也引出一项谴责亚当斯的动议。

亚当斯在 1828 年总统竞选中，被杰克逊击败并羞辱，之后过了两年惨淡的隐退生活；然后，这位老清教徒受邻友们的请求，重返纷攘的政坛。于是，先后出任过参议员、公使、国务卿和总统的亚当斯，又成为一名低级新人众议员。从 1831 年至 1848 年，亚当斯重焕青春，找到了自己的新舞台：他是“雄辩老将”（Old Man Eloquent），为保卫“北方佬”原则、煽动反对奴隶制和言论限制令而战。

好几个月以来，亚当斯不断提交请愿书，攻击蓄奴派，使南方人极为
49 恼火。“驱逐他！驱逐他！”众议院的南方议员们叫嚷着。其中一人向众议院议长大声叫喊道：“我们要求你让那个老把戏闭嘴。”[41] 1837 年 2 月，亚当斯做出了他最著名的反抗行动，他提交了一份请愿书，说请愿书是来自 22 名自称是奴隶的人。众议院议长、来自田纳西州的民主党人詹姆斯·K. 波尔克，要求看这份奴隶请愿书，但是，在他做出裁决之前，来自南卡罗来纳州的辉格党人小沃迪·汤普森（Waddy Thompson, Jr.）就要求监禁亚当斯。接着来自亚拉巴马州的民主党人迪克森·H. 刘易斯（Dixon H. Lewis）提出谴责亚当斯的动议，理由是他试图提交一份来自奴隶的、请求废除哥伦比亚特区奴隶制的请愿书。不，亚当斯说道，写这份请愿书的奴隶是请求不要废除奴隶制。众议院旁听席上传来阵阵窃笑，但小沃迪·汤普森并没有被逗乐。亚当斯堵住了困惑的指控者的嘴巴，并将争论的议题转向了公民自由和对白人请愿自由的剥夺。亚当斯恳求道，难道一名国会议员应当因为提交一份请愿书而被指控吗？“如果，先生们，这就是南卡罗来纳州的法律，”亚当斯话锋一转，控诉道，“我要感谢上帝，没有让我成为南卡罗来纳州的公民。”[42] 小沃迪·汤普森的谴责动议，以 105 比 21 的投票结果失败了。

1842 年，众议院又发起了另一项与言论限制令有关的谴责动议，这次的对象是来自俄亥俄州的辉格党人约书亚·R. 吉丁斯（Joshua R. Giddings）。吉丁斯不像亚当斯那样灵活巧妙，谴责他的动议通过了。他立即辞去众议员职位，但在重新竞选中，他获得 18 张选票，以压倒性优势再次当选。这是第一次明显专门与奴隶制问题有关的公民投票，其投票结

果传达出了一个明确的信息。[43]

“言论限制令”每一年都会在占绝对多数的众议员的支持下获得重新授权，它在1840年成为众议院的永久规则之一。最终，在1844年年底，约翰·昆西·亚当斯动议将其废除。自第一个言论限制令实施以来到现在9年多的时间里，美国北方和西部的公众情绪已经发生转变，更多的人支持将其废除，亚当斯的议案以108票比80票的较大优势获得通过。[44]在许多北方人的心目中，言论限制令已变成一种刺激物，不断地提醒北方人，南方人在众议院拥有不公平的权力，对民主价值观和奴隶制的质疑也不断增长。对于南方人来说，请愿书和北方人的高谈阔论同样也是一种刺激，提醒着他们自己的荣誉正在受到指责，自己的生活方式正在遭受攻击。

兼并得克萨斯和《威尔莫特附文》。1836年，得克萨斯人在决定性的圣哈辛托战役中击败墨西哥军队，成立独立共和国，到1846年，这个得克萨斯共和国已建国10年。在此之前，美国曾试图从墨西哥手中买下得克萨斯。1827年亚当斯出价100万美元，1829年杰克逊又将出价提高到500万美元；但都被墨西哥政府拒绝了。然而，到19世纪30年代末，亚当斯和其他北方人却发现了兼并得克萨斯的不为人知的黑暗面：他们确信得克萨斯发生的革命，以及将得克萨斯纳入联邦成为一个州的建议，是南方人企图将奴隶制扩张到西南地区这个更大阴谋的一部分。[45]亚当斯是如此确信，他持续发言22天，试图用冗长发言的手段阻止兼并得克萨斯。

在南方，现在一切都以棉花为重。而棉花在西南地区——特别是在密西西比州、亚拉巴马州、路易斯安那州和得克萨斯共和国——长得非常茂盛，南方的经济动力和财富已经从烟草（弗吉尼亚州）和水稻（南卡罗来纳州）转向了棉花这种高效的劳动密集型农产品。为了满足劳动力需求，1790年至19世纪60年代，已有约83.5万名奴隶迁移至西南地区，特别是棉花种植园。[46]

19世纪40年代，国会严肃讨论过，一旦得克萨斯共和国加入美国，就将其分为四个或者可能的话五个新的蓄奴州。总统约翰·泰勒是一名蓄奴的弗吉尼亚人，以及兼并得克萨斯的支持者，他在 1843 年夏天发起了一场兼并得克萨斯的运动。《韦伯斯特–阿什伯顿条约》（Webster–Ashburton Treaty）签署成功，该条约解决了加拿大新不伦瑞克省（New Brunswick）和缅因州长久以来不断恶化的边界争端，条约的签署令人备受鼓励。国务卿丹尼尔·韦伯斯特成功地为美国争取到了这片争议领土一半以上的土地。而泰勒现在希望增加的领土要比这多得多。

泰勒同时也在寻找一个受大众欢迎的议题，可以帮助他连任总统，完成一个完整的任期。泰勒被他的批评者戏谑地称为“碰巧总统”（His Accidency），是因为在任总统威廉·亨利·哈里森去世后，泰勒接替总统职位，但他很快就令他的辉格党同僚感到极度失望，因为他否决了其辉格党同僚亨利·克莱倡导的一部关键法案——第二国家银行法案。1844 年总统竞选时，辉格党人放弃了他，转而支持克莱。然而，泰勒并没有默然离场，他计划在这次选举中以独立身份竞选。他只需要一个议题，可以使他区别于克莱和民主党的马丁·范布伦，从而脱颖而出。泰勒选择了兼并得克萨斯。历史学家小威廉·J. 库珀（William J. Cooper, Jr.）评论说，泰勒决定支持将得克萨斯作为蓄奴州纳入联邦，具有深远的政治影响：他给范布伦敲响了丧钟，摧毁了克莱在南方领导的新辉格党，确定了奴隶制这个政治问题在南方至高无上的地位。[47]

1844 年 4 月，泰勒向参议院提交了一份将得克萨斯作为蓄奴州加入联邦的条约。[48] 泰勒说，他对于有关英国觊觎得克萨斯的报道感到非常担心。得克萨斯共和国的总统山姆·休斯顿（Sam Houston）放任这些谣言流传，巧妙地暗示华盛顿：如果美国不在意得克萨斯的话，那么或许英国会在乎。1844 年，约翰·C. 卡尔霍恩辞去参议员职务，取代韦伯斯特成为泰勒的国务卿。卡尔霍恩给英国大使理查德·帕克南（Richard Pakenham）送去一封信，陈述道，美国为了保护和维持奴隶制度，必须兼并得克萨斯，而奴隶制事实上是对黑人有益的。[49] 卡尔霍恩这封露骨且极富争议的信，作为条约批准书提案所附带的支持性文件的一部分，被一并提交给了参议院。但是，北方民主党人范布伦和辉格党领袖克莱都站出来反对兼并，他们担心这会引发区域战争。参议院以超过 2 比 1 的比例否决了该条约提案。

范布伦多年以来一直被辉格党称为“拥有南方人信念的北方人”，现在却因为兼并得克萨斯的问题失去了南方民主党人的支持。当民主党在巴尔的摩召开总统候选人提名大会时，范布伦仅仅获得了少数南方人的选票。[50] 1844 年，民主党人抛弃了范布伦——民主党之父、前副总统和前总统，转而提名詹姆斯·K. 波尔克为总统候选人。范布伦是因为民主党的三分之二规定而落败的，该规则由密西西比州参议员罗伯特·S. 沃克（Robert S. Walker）设计，并得到了其南方同僚们的支持。虽然范布伦在大会中获得的票数最多，但是未超过提名所需的三分之二多数。范布伦的支持者虽然非常失望，在竞选期间还是给予了波尔克慷慨大方的支持，但是他们很快就对新总统感到失望。波尔克在任命内阁职位时没有考虑任何范布伦的支持者。[51]

泰勒仍未放弃得克萨斯问题。从 1844 年年底波尔克当选至 1845 年 3 月初新总统宣誓就职这个“跛脚鸭”时期，泰勒又一次推进兼并得克萨斯的议题，这一次他选择采用参众两院联合决议案的方式，而不是通过条约进程。支持者此时正在谈论“天定命运论”*，挥舞着由参议员沃克撰写的支持兼并的宣传册子。他于 1884 年年初写作的《沃克的公开信，论密西西比州，关于兼并得克萨斯》（*Letter of Mr. Walker, of Mississippi, Relative to the Annexation of Texas*），发行了数百万册。沃克在其中极力颂扬兼并得克萨斯的种种优点。他采用了旧有的扩散理论：一个允许蓄奴的得克萨斯州，不仅不会延续奴隶制度，反而可以帮助黑人离开南方最古老的地区，分散开去，并最终离开获得解放的北美。而如果不能兼并得克萨斯，就意

---

* “天定命运论”（manifest destiny）：认为美国是上帝选中之地，上帝将整个北美洲赐给了美国，这是 19 世纪 40 年代美国为领土扩张的需要而产生的一种思潮。

味着奴隶将被困滞在旧南方，英国将试图解放得克萨斯，北方佬将解放旧南方，获得自由的黑人将涌向北方，吞没他们的解放者。[52]没有比这更糟糕的恐慌和种族迫害了。

范布伦的支持者并不想推动这件事情，但是当南方人拒绝妥协时，他们却感到不得不如此。南方民主党人认为，兼并得克萨斯的决议可以检验北方对南方的友谊，并且继续支持奴隶制度。但北方人也担心，兼并得克萨斯将打破地区间的权力平衡，使天平倾向于南方，特别是如果按照传闻将这片领土划分为四或五个州，它们大概率都会是蓄奴州。泰勒加紧推进，在执政的最后一周，他说服即将就任总统的波尔克接受众议院起草的版本。在得克萨斯共和国议会及其选民正式同意加入美国，接着获得美国国会参众两院的通过后，得克萨斯于 1845 年 12 月 29 日成为美国的第二十八个州。

然而，兼并得克萨斯却引发了战争。1846 年 4 月 25 日，墨西哥和美国军队在得克萨斯州南部边境爆发冲突。到这一年 8 月，更多的北方民主党人和其他一些人转而接受范布伦的意见，愿意反对奴隶制的进一步扩张。波尔克在推动俄勒冈准州向北扩张的问题上表现得犹豫不决，却在兼并得克萨斯问题上表现得极为热心，这更增添了西部民主党人的怨恨。波尔克在竞选总统期间，曾承诺要支持俄勒冈扩张，保证“不达到北纬 54
52 度 40 分就战斗！”（Fifty-four Forty or Fight!）但波尔克执政后，其政府就将美国与加拿大的西部边界线确定为北纬 49 度（也是现今美加两国的边界线）。不满的西部人于是与支持范布伦的纽约人联合起来，兼并得克萨斯让后者感到被背叛了。[53]

1846 年 8 月，波尔克请求国会拨款 200 万美元用于与墨西哥进行谈判。这对于反奴隶制势力、辉格党人、废奴主义者和不满的范布伦派民主党人来说正是反击的机会。首届任期内的宾夕法尼亚州民主党众议员戴维·威尔莫特（David Wilmot）提出了一个影响重大的修正案：波尔克的拨款提案可以获得通过，但条件是从墨西哥获得的任何土地都将禁止奴隶制。威尔莫特和大约十位属于民主党范布伦派的国会盟友，不仅被波尔克激怒了，而且也担心“奴隶主集团”的势力。正如威尔莫特后来在写给一位同僚的信中所说的：“我忌惮南方的权势……我认为奴隶主集团的情绪（精神）和要求是极为危险的，它的傲慢自大是如此令人厌恶，只要当时我发现有方法能给予其势力以有效的、决定性的打击，我就会去做，甚至叫我暂时丢开其他原则，也在所不惜。”[54]

很快，《威尔莫特附文》就以 87 比 64 的投票结果获得批准，接着修订过的拨款提案也以 85 比 79 的投票结果获得通过。但是议员们并没有按照党派划界投票，他们完全抛弃了对党派的忠诚。在那一天，地方主义战胜了一切：这是南方与北方的对抗，而不是民主党与辉格党的对抗。[55]

《威尔莫特附文》从未获得参议院的通过，因为它在距离休会仅剩一小时的时候才被送达全院。马萨诸塞州辉格党参议员约翰·戴维斯（John Davis）把这次议会行动搞砸了，他支持《威尔莫特附文》，但他不停地说啊说，希望结束辩论，然后赶在最后一刻将该议案送到众议院。对于戴维斯来说，不幸的是众议院和参议院的时钟差了 8 分钟。当戴维斯结束讲话时，众议院已经休会，再也没有机会投票表决参议院的版本了。[56]

《威尔莫特附文》最初引发的反应，显示出美国人对其准州地区的奴隶制问题“不可思议的冷漠”，几乎没有什么南方人关注它。[57] 1846 年 12 月国会再次召开时，很显然，许多北方议员已下定决心要加紧推进威尔莫特的要求。来自佐治亚州的辉格党人亚历山大·H. 斯蒂芬斯（Alexander H. Stephens）大胆预测：北方会在每一项拨款提案中插入《威尔莫特附文》，而南方将尽一切努力加以阻止。“我敢说，”斯蒂芬斯说，“未来的前景将是一片暗淡、模糊、阴霾和无望。”[58] 事实确实正如斯蒂芬斯所料：北方众议员在之后的每个会期一次又一次地重提《威尔莫特附文》。北方各州的议会也卷入了这场政策辩论。在 1847 年的前三个月中，有九个州的州议会正式批准了反对奴隶制扩张的决议，并指示他们的众议员和参议员根据此立场投票；最终，十五个北方州中有十四个州将通过各种版本的

《威尔莫特附文》。[59] 随着类似的附文不断被提交给众议院，且北方议员变得越来越团结，南方议员日益担忧起来。

53 在《威尔莫特附文》首次被提出时，许多人，包括卡尔霍恩，都没有预见其中的危险，但是卡尔霍恩很快就意识到，面对联合起来的北方，南方只有同样联合起来才能与之抗衡。1847 年 2 月，他提出了一个决议案，主张南方的基本原则：领土属于各州，国会无权剥夺任何州完全的、平等的权利，且联邦政府不能干涉公民的权利，连同他们在这些新领土上的财产权（包括奴隶），此后还会有一系列这样的决议案被提出。[60]

威尔莫特基本上采用了《西北法令》的用语，并重申了自由之土党员引以为信条的基本原则：新的领土应当是自由的领土。在接下来的二十年里，这个原则将成为国内政治的核心，特别是在《堪萨斯–内布拉斯加法案》的斗争中起到决定性的作用。此时的戴维·威尔莫特，就像 1820 年的詹姆斯·塔尔梅奇一样，还只是首次当选国会议员。威尔莫特在 1850 年脱离民主党，与马丁·范布伦和其他前民主党领袖们一起成立了新的自由之土党，之后又于 1860 年成为一名共和党参议员。

《1850 年妥协案》。在 1790 年至 1850 年这短短 60 年的时间里，美国的人口数量就从 400 万增加到 2300 万，领土面积从 89 万平方英里增加至 299.7 万平方英里。美国从最初只有 13 个州变为现在的 29 个州，其中大多数州的加入都要归功于联邦在《西北法令》、路易斯安那购地案、购买佛罗里达、兼并得克萨斯和《墨西哥割地案》（Mexican Cession）中采取的一系列行动。[61]

1848 年 5 月，民主党人在巴尔的摩召开总统候选人提名大会，他们放弃了分别来自宾夕法尼亚州和新罕布什尔州的参议员詹姆斯·布坎南和利瓦伊·伍德伯里（Levi Woodbury），推选出自密歇根州的参议员刘易斯·卡斯（Lewis Cass）。辉格党则选择了墨西哥战争将军、现今 64 岁的扎卡里·泰勒，他的绰号为“机灵的大老粗”（Old Rough and Ready）。泰勒此前从未参与过选举投票，也没有准备好出任政府公职。然而，辉格党认为借助他的政治声誉可以带领当年竞选国会席位的许多南方辉格党人取得胜利。[62] 他的竞选伙伴为米勒德·菲尔莫尔，担任过众议员，现为纽约州审计长。在水牛城，北方辉格党人、民主党人以及其他一些人暂时搁置他们的政治分歧，组成了一个新的党派——自由之土党，并提名前总统马丁·范布伦为他们的总统候选人。自由之土党人发誓要与任何将奴隶制扩张到新领土的企图做斗争，并采用如下口号："自由之土、自由言论、自由劳动和自由人类。"泰勒及其搭档菲尔莫尔在总统竞选中获胜，但是自由之土党人也表现瞩目，赢得了众议院中的 13 个席位。俄亥俄州议会为参议院送入了第一位自由之土党人——萨蒙·P. 蔡斯，他是一位热心的废奴主义者，赢得了"逃亡奴隶的司法部长"的绰号。[63]

1848 年，美国最大的新闻与总统竞选无关，而是在萨克拉门托市附近的约翰·萨特（John Sutter）磨坊发现了金块。6 月，淘金热已经传到旧金山，到 8 月时，这种狂热已进一步向东蔓延。淘金热席卷开来，成千上万的淘金者涌向西部寻求财富。为了应对这一冲击，加利福尼亚军政府恳求华盛顿尽快为其建立一个准州政府。[64] 波尔克在 1848 年 12 月向国会发表最后咨文*，其中宣布了金矿的发现，并敦促国会为加利福尼亚和新墨西哥建立准州政府。他进一步建议将自由州和蓄奴州的分界线——《密苏里妥协案》规定的北纬 36 度 30 分——延长至太平洋。但是国会此时内部分歧和争议过大，根本无法就任何问题达成一致。众议院的北方议员抓住这个时机，重提《威尔莫特附文》，要求废除哥伦比亚特区的奴隶交易，并坚持加利福尼亚应当作为自由州加入联邦。南方议员深感受辱，国会里爆发了打斗，不断有人叫喊着要脱离联邦。斯蒂芬·道格拉斯提交了一部法案，允许墨西哥割让的领土整体作为一个州加入联邦，但是却不了了之。[65]

国会在本次会期的最后几天又做了一次努力，在 1849 年 3 月 3 日至

* 最后咨文（final message）：美国总统任期满时致国会的最后咨文。

4日通宵开会，结果却惨不忍睹：几个喝醉了的参议员不断威胁、侮辱对方，拳脚相向，并再次威胁要脱离联邦。最终，在次日早晨7点，国会仁慈地休会了，虽然没有任何领土问题得到解决。[66] 扎卡里·泰勒在3月4日宣誓成为总统，现在轮到他来应付这个存在巨大分歧的国会了。但是泰勒在向国会发表的开幕致辞中，仅仅是泛泛而谈，在当时和接下来的3个月里，都闭口不提领土问题。然而泰勒，这位曾经的老将军，自有其计划：他不会等待国会做出决定，而更愿意让西部地区的人民自己召开制宪会议，并请求获得州地位。他派出佐治亚州辉格党众议员托马斯·巴特勒·金（Thomas Butler King）前去加利福尼亚，任务是鼓励加利福尼亚人自行申请州地位。在金到达的前一天，加利福尼亚军政府首长本尼特·赖利（Bennet Riley）将军宣布将召开制宪会议。加利福尼亚人参考艾奥瓦州和纽约州的宪法，起草了一部自由州宪法。泰勒对新墨西哥也施用了相同的策略，但当地的公民直到1850年5月才成功起草出一部宪法。[67]

另一块以盐湖城为中心的领土不受驻扎在圣菲（Santa Fe）的政府军队的控制，而是受摩门教会的领导。1849年3月，摩门教徒主动起草出一部宪法，要求成立临时的德瑟雷特州，其范围覆盖了现在科罗拉多州的西部、新墨西哥州的西部、犹他州、内华达州、亚利桑那州位于希拉河（Gila River）以北的土地，以及加利福尼亚州位于内华达山脉（Sierra Nevada mountains）以东的土地。[68]

上一届国会于1849年3月休会后，第31届国会于1849年12月4日开始其第一会期。历史学家霍尔曼·汉密尔顿（Holman Hamilton）写道："众议院在根据联邦宪法运行的60年中，从未出现过如此混乱的状况。"[69] 参议院有34位民主党人、24位辉格党人和2位自由之土党人，只要民主党的北方派和南方派保持团结，该党就能占据主导地位。众议院则有111位民主党人、105位辉格党人和13位自由之土党人，如果不考虑地方政
55 争，两个党派的人数几乎不相上下。这是美国历史上第一次总统所在党派既没有控制众议院，也没有控制参议院。[70]

国会在讨论领土问题之前，就卷入了一场选举众议院议长的战斗；经过持续3周的63轮投票表决，国会最终选出来自佐治亚州的民主党人豪厄尔·科布（Howell Cobb），他强烈支持在新领土上实行奴隶制度，但他同时也是一位亲联邦主义者。尽管现在众议院的议长是一名佐治亚人，许多南方议员还是非常担心。如果加利福尼亚和新墨西哥作为自由州加入联邦，再加上俄勒冈和明尼苏达也必然会选择成为自由州，那么自由州和蓄奴州之间的微妙平衡将被打破，局势会变得对北方有利。煽动在哥伦比亚特区废除奴隶制度的情绪会愈演愈烈，北方议员会继续抵制归还逃奴的努力。议员们不断高声辱骂和指责：佛蒙特州人称奴隶制是“道德上的罪恶”，是反人类的犯罪；南方人则将拥护自由地区者比作罪犯和毁谤者。[71]南方人越来越多地谈论道：是时候认真考虑解散联邦了。

来自路易斯安那的扎卡里·泰勒虽然拥有100多名奴隶，但仍然是一名热忱的国家主义者。他很快就被南方同僚们嘲讽为拥有北方人信念的南方人：他推动加利福尼亚和新墨西哥直接申请州地位，因为他清楚它们会要求作为自由州加入联邦。更令他的南方同胞惊愕不已的是，泰勒不仅向纽约州辉格党参议员威廉·苏厄德征求建议，还与之建立了深厚的友谊——后者不仅是北方佬，还是一名废奴主义者。

到1850年1月21日，国会已收到各种各样的提案：解决得克萨斯州与新墨西哥之间的边界争端，并补偿得克萨斯州；略去准州阶段，将加利福尼亚和新墨西哥直接纳入联邦；颁布一部强有力的逃奴法；在哥伦比亚特区全面禁止奴隶交易和奴隶制本身。[72]然而，这个局势日益紧张、充斥着地域斗争和私人斗争的国会，又怎么可能解决这些极具争议的问题呢？当务之急是能有一位精通议会规则、性情温和且德高望重的人挺身而出。

这个任务落在了亨利·克莱身上。这位年迈的辉格党领袖作为肯塔基州选送的参议员重返国会。克莱漫长的国会生涯始于1805年，他当选为第9届国会的参议员，尽管当时他尚未达到宪法规定的最低年龄30岁。他分别于1805—1810年、1831—1842年、1849—1852年担任参议员，于

1811—1826年担任众议员（其中有4年为众议院议长），并且分别在1824年、1836年和1844年竞选过总统。克莱现在已是73岁高龄，病痛缠身，又因一场严重的冬季咳变得更加衰弱。他在未事先通知的情况下，突然拜访了另一位老勇士、马萨诸塞州辉格党参议员丹尼尔·韦伯斯特的家，后者祝愿克莱的妥协计划可以顺利实现。

56 1850年2月5日，克莱被搀扶着走上国会大厦的楼梯。参议院大厅挤满了人，在闷热得几乎令人窒息的房间中，克莱做了长达3小时的演讲，恳求各位立法者为国家的利益做出让步；他紧接着在第二天又做了一次发言。克莱在两周前向参议院提交了8个解决方案，每个方案都小心谨慎地向北方或南方的利益做出一些让步。克莱概括了他的妥协立法，并为之辩护。克莱宣布，加利福尼亚有权作为自由州加入联邦；这不会违反当地任何人的信念。北方人，放弃坚持《威尔莫特附文》；你们已经表明了观点，而且大自然也是站在你们这边的：无论如何，新的领土在地理学上都不适合实行奴隶制。在得克萨斯—新墨西哥边界问题上达成妥协对双方都有利，给予得克萨斯广阔的领土，并承担它的公债。在哥伦比亚特区禁止奴隶交易，但保留奴隶制本身，对于南方和北方的要求来说是一个合理的妥协。（克莱坦白地说，看到“一列长长的满载奴隶的火车”缓慢地行走在连接国会和“人类有史以来最辉煌的共和国之一的”总统的大道上，是我们的感情所无法容忍和接受的。）克莱认为，联邦和州政府，甚至是普通公民，都有义务归还逃奴；增强逃奴法将有助于安抚南方的要求。克莱最后提出，国会无权也没有理由干涉蓄奴州之间的奴隶交易；北方应当放弃这一要求。[73]

克莱总结道，任何一个州或者一些州组成的联盟，都无权脱离联邦。他恳求他的同胞“悬崖勒马，不要鲁莽地、不计后果地跳入下面巨大的深渊，因为它将不可避免地通向确定无疑的、无法弥补的毁灭”。[74]

可以预见克莱这次演讲所收到的反应：废奴主义者谴责它，南方的极端主义者也把它说得一无是处。扎卡里·泰勒总统之后全盘推翻了关于妥协的任何言论。他私下里告诉佐治亚州辉格党众议员亚历山大·H. 斯蒂芬斯和罗伯特·图姆斯（Robert Toombs），他会绞死所有的“叛国者”，也就是任何试图脱离联邦的人。[75] 所有的妥协言论似乎都被抛弃了。

在克莱演讲之后的前几周里，参众两院的议员们发表了一系列演说，或谴责或赞扬这位辉格党元老。但是，这些演说只是序幕，因为约翰·C. 卡尔霍恩和丹尼尔·韦伯斯特这两位年迈的政治大佬不久就要发表他们的意见了。三巨头——克莱、卡尔霍恩和韦伯斯特——在他们政治生涯最后的日子里，发表了国会历史上最著名的一些演讲。[76]

68 岁的卡尔霍恩是拥护蓄奴的南方的良心和理智，先后在约翰·昆西·亚当斯和杰克逊执政时出任副总统，在门罗执政时出任国防部长，在泰勒执政时出任国务卿，并且长期担任南卡罗来纳州的参议员，他站出来反对克莱的计划。当时的卡尔霍恩瘦削，患有肺结核，包裹着身体的黑色法兰绒衣服映衬着他的满头白发，他虚弱得已经无力讲话，于是请弗吉尼亚州民主党参议员詹姆斯·梅森（James Mason）替他宣读演讲。这是他最具雄辩力的发言之一，但在克莱看来，却是最危险的发言之一。卡尔霍恩占据高地：南方在道德上是正确的，它的权力来源于宪法；北方应当对这场危机负责；南方不会做出任何妥协。他以这样一段不详的话结束了发言：“在这场纷争中，我已尽我所能地忠实地完成了我的职责，既无愧于联邦，也无愧于我的选区，该来的终究会来，现在唯一能令我感到慰藉的就是让我摆脱一切职责。”[77] 该来的终究会来。每个人都知道：这意味着脱离联邦，以及战争。

卡尔霍恩在 3 周后就去世了。但是在屈服于死亡之前，他还是拼尽全力再一次出席参议院会议，聆听丹尼尔·韦伯斯特在 3 月 7 日发表的演讲；韦伯斯特当时也是 68 岁高龄，1813 年首次当选国会议员，先后服务过众议院和参议院，分别在哈里森和泰勒执政时出任国务卿，1836 年竞选总统，但不幸落败。韦伯斯特还是一位著名的律师和演说家，因他于 1819 年在最高法院为达特茅斯学院（Dartmouth College）所做的精彩辩护，以及在 1830 年的韦伯斯特–海恩辩论中为联邦政府所做的辩护而享有盛誉。在与海恩的辩论中，韦伯斯特给我们留下了这样的名言："自由与联合，今日及永远，合而为一，不可分离。"[78]

如今已是 20 年后，韦伯斯特演讲了三个半小时。在一段开场白中，他清晰地表述了他演讲的目的和理由："我今天的讲话是为了维护联邦。"他恳求北方议员平复他们的情绪，不要强行坚持《威尔莫特附文》，不要挑衅南方。韦伯斯特说，奴隶制和准州的问题早已通过最初的《西北法令》和后来的《密苏里妥协案》得到了解决。新的准州因地理条件，不适合实行奴隶制。他主张奴隶制在南方是既定的现实，北方人应当通过归还逃奴加以协助。虽然废奴主义者痛斥韦伯斯特关于逃奴的言论，但是韦伯斯特的发言在全国各地，甚至是南方地区，获得了普遍赞誉。它不仅引发了一部分想要和解、想要维护联邦的北方人的共鸣，同时也平息了一些南方人强烈要求脱离联邦的怒火。3 月 7 日的这场演讲成为美国历史上最著名的演讲之一；其演讲稿被各家报纸争相重印，在整个北方地区发行了超过 12 万份。[79]

韦伯斯特提出妥协，提出保持联邦的统一。他令废奴主义者感到极度失望，现在轮到他们中的一员上台发言了。新当选的参议员、总统的心腹威廉·苏厄德，不肯做任何让步。他在 3 月 11 日发表了著名的"高级法"（Higher Law）演讲，直截了当地说，他拒绝全部的妥协想法。作为对卡尔霍恩依据宪法证明奴隶制合理的回应，苏厄德宣称："世界上存在着比宪法更高级的法律。"这是一个道德问题：上帝反对奴隶制；它是非正义的、不道德的，必须废除；解放奴隶不仅是必然的，而且迫在眉睫。苏厄德激起了强烈的抗议：在许多南方参议员和南方新闻界看来，苏厄德是灾难，是恶魔，是肆无忌惮的煽动者。他遭到无数人的谴责，包括所有派系的南方人、克莱，甚至还有他的朋友扎卡里·泰勒。[80]

国会收到各种各样的提案，其中有参议员道格拉斯提交的一个妥协案版本。以来自密西西比州的民主党人亨利·S. 富特（Henry S. Foote）为首的 13 名参议员成立了一个特殊委员会，试图通过将克莱的立法组合成一个单独的综合议案，从而控制该立法。道格拉斯和克莱都反对这个做法，认为这无异于从根本上推翻了克莱的议案。扎卡里・泰勒也对该立法表示怀疑。然而，到春天和夏初的时候，达成妥协的努力却逐渐分崩离析了。位于南方北部的辉格党人和位于北方南部的民主党人试图拼凑出一个妥协方案，但是他们在参众两院的人数都不敌反对妥协的北方辉格党人和南方民主党人。对于这个拼凑出来的立法，有太多的立法者讨厌其中的一部分，还有太多的立法者对其全部都嗤之以鼻。克莱指责泰勒只聚焦于加利福尼亚，而不管其他四个问题；泰勒对克莱和韦伯斯特的敌意变得越来越深。[81]

然后，整个事件出现了意外转折。7 月 4 日，在只有华盛顿人才能理解的令人窒息的酷暑和潮湿中，扎卡里・泰勒尽职尽责地聆听了在尚未完工的华盛顿纪念碑前举行的爱国训诫。为了解暑，泰勒随后狂饮了大量的水，吃了一些浸泡过波旁威士忌酒和奶油的车厘子。他不幸染上严重的肠道疾病，并于 5 天后去世。[82] 现在执政的是更为保守的米勒德・菲尔莫尔，他是 9 年来第二位接替已故总统职位的副总统。随着泰勒的去世，反对妥协案的阻力被一扫而空；菲尔莫尔是丹尼尔・韦伯斯特的好友兼政治同盟，是妥协立法的热忱支持者。

7 月中旬，丹尼尔・韦伯斯特又一次施展他出色的演讲能力，说服他的参议院同僚们相信和解的必要性。他和道格拉斯合作，让参议院通过立法。首先，他们必须否决掉综合议案，因为它实际上完全毁掉了克莱之前的努力成果。道格拉斯将克莱的立法分成 5 个独立的议案，随之就到了最终立法胜利的关键时刻。到 8 月 1 日，甚至克莱也接受了这个方法，心灰意冷且精疲力竭的他此时已经离开了华盛顿。[83] 争吵、威胁和协商已经持续了整整 9 个月，由于韦伯斯特已辞去参议院职位，出任菲尔莫尔的国务卿，现在由道格拉斯带领着该立法向前推进。

8 月和 9 月，《1850 年妥协案》的 5 个独立法案历经 6 个星期终于颁布了。第一，批准加利福尼亚作为自由州加入联邦。第二，为犹他和新墨西哥建立准州政府并确定边界，它们的身份是自由州还是蓄奴州，将由两个准州通过他们自己的宪法来确定。第三，到 1851 年，哥伦比亚特区将废除奴隶交易。第四，修正 1793 年的《逃奴法案》，取消各州对相关案件的管辖权，并任命联邦政府专员举行听证会和发布逮捕令；新的法案还规
59 定奴隶无权获得陪审团审判，并不得为自己辩护。最后，确定得克萨斯—新墨西哥的边界，支付得克萨斯 1000 万美元，作为其失去新墨西哥土地的赔偿。

精疲力竭的斯蒂芬·道格拉斯这样概括这部妥协法案："这些法案就它们自身来说是公正的，它们共同组成了一个重大的和解和调停计划……不论南方还是北方都没有战胜对方。北方并没有屈服于南方，南方也没有向北方做出任何羞辱性的让步。"[84] 1850 年 12 月，米勒德·菲尔莫尔向国会发表首次年度咨文，他在其中赞扬了这部妥协法案，并向全国保证它是解决南北双方紧张局势的"最终的、不可撤销的"方案。[85]

这部妥协案带来了一定程度的和平，也争取到了一些时间。然而，它并没有充分实现它预定的目标：加利福尼亚虽然身为自由州，但是在 19 世纪 50 年代，其参议员是亲南方派；犹他和新墨西哥两个准州继续实行奴隶制；哥伦比亚特区的奴隶交易也未完全终止；得克萨斯的债务并没有立即得到偿还。[86]

而其中最激烈的一个争论焦点是《逃奴法案》。州权原则是南方人的基本信条：联邦政府不能也不应当告诉各州该做什么。对于南方人来说，州权意味着联邦政府不应当干涉奴隶制，简单明了。但是，对于一些北方州来说，州权意味着他们有权保护逃奴。这是南方人完全没有想到的。他们要求联邦政府动用其权力对抗不服从命令的北方各州，帮助抓捕和归还逃奴。[87] 在《1850 年逃奴法案》颁布的 8 年前，美国最高法院在"普里格诉宾夕法尼亚州案"（*Prigg v. Pennsylvania*）中裁定执行《美利坚合众国宪法》中的逃奴条款是联邦的职责而不是各州的职责。自由州认为该判决为

保护逃奴提供了机会。佛蒙特州于 1850 年颁布一部法律，确保逃奴获得陪审团审判。1854 年后，9 个北方州颁布了所谓的人身自由法，禁止州和地方执法官员执行逃奴条款，或者因这类案件使用地方监狱。

北方的整个情绪正在转变为同情逃奴，而且在许多小圈子里，人们要求彻底废除奴隶制度。当时，已经有一些奴隶在美国北方或加拿大获得解救的事例被广泛宣传，但是对公众舆论冲击最大的是哈丽叶特·比彻·斯托（Harriet Beecher Stowe）于 1852 年 3 月出版的轰动性的、牵动人心的小说《汤姆叔叔的小屋 / 卑贱者的生活》（*Uncle Tom's Cabin or Life Among the Lowly*）。这部畅销美国北方和全世界的小说，深刻地影响了北方人关于奴隶制度的舆论，却更加坚定了南方人的意见。[88]

尽管如此，美国在 19 世纪 50 年代的前几年还是迎来了相对的繁荣期，一些脱离联邦的言论也平息了下来。《阿肯色州公报和民主党人》（*Arkansas State Gazette and Democrat*）写到《1850 年妥协案》令人欣慰地缓解了奴隶制问题和领土扩张引发的激烈纷争，反映了当时的普遍情绪。[89] 1849 年，南方急切要求发起脱离联邦的行动，纳什维尔大会（Nashville Convention）于 1850 年 6 月召开，但是只有九个南方州派出代表，他们未能就行动方案达成一致。佐治亚州、密西西比州和南卡罗来纳州选举出了希望保持联邦统一的政治家。辉格党人和民主党人都希望平息关于奴隶制的过激言论，两党在 1852 年的党纲中都将奴隶制问题视为已解决的问题。[90] 但实际上，奴隶制–反奴隶制的紧张关系正变得更为尖锐。与此同时，反天主教和反移民的本土主义情绪也日益增长，更增添了局势的混乱。

《1850 年妥协案》使辉格党和民主党以及他们的总统候选人都大受打击。然而，受伤最大的可能要属辉格党。在任总统菲尔莫尔想要竞选总统，执政一个完整的任期；反对妥协案的北方辉格党人推选战争英雄温菲尔德·斯科特少将为总统候选人，其绰号为“吹毛求疵的老家伙”；还有最后一次冲击总统之职的丹尼尔·韦伯斯特。辉格党人放弃了菲尔莫尔以及彻底失望的韦伯斯特，转而支持 66 岁的斯科特。民主党人尽管相当团结，却在年迈的刘易斯·卡斯、中庸的詹姆斯·布坎南、过分热切的斯蒂芬·道格拉斯三人之间犹豫不决，最后经过 49 轮投票，推选出不情不愿的富兰克林·皮尔斯，一位 47 岁的来自佛蒙特州的前参议员。皮尔斯和他的竞选伙伴、来自亚拉巴马州的参议员威廉·R. 金（William R. King），击败了斯科特和第三方候选人——来自新罕布什尔州、作为自由民主党人竞选的约翰·P. 黑尔（John P. Hale）。[91]

选民们之所以选择富兰克林·皮尔斯，是希望寻找一个能平息风波的人。他们厌倦了南方和北方关于奴隶制无休止的争论和斗争，想要和平与和谐。[92] 皮尔斯在 1853 年 3 月 4 日的就职演说中，承诺会尽全力支持妥协案，强硬执行逃奴法，并且支持领土扩张。

在皮尔斯宣誓就职 9 个月后，新的第 33 届国会于 1853 年 12 月初召开第一次会议，皮尔斯政府在这届国会中获得了三分之二的议员的支持。[93] 但是国会的这种支持并不怎么稳固：有许多新当选的议员并没有坚定的政党忠诚度，也不效忠于总统。此外，许多民主党人对皮尔斯选任官员的表现感到恼火。皮尔斯在任命内阁职位和较次要的职位时，试图取悦该党的每一个派系，但结果是没有一方感到满意。民主党人几乎在每一个州都分裂成各自的派系，特别是在关键的纽约州。[94]

然而，奴隶制和边界扩张问题从未远离人们的视线。加利福尼亚刚刚作为自由州加入联邦，但在推动少数奴隶主放弃他们的奴隶财产方面进展缓慢；纽约一个法院解放了一名弗吉尼亚人船中的奴隶，后者只是在驶往得克萨斯时途经纽约港，这令南方人气愤不已；而密苏里州最高法院刚刚裁定，黑人德雷德·斯科特在被他的主人带回密苏里州后，就失去了他自认在伊利诺伊州和威斯康星准州所拥有的自由；哈丽叶特·比彻·斯托正在成为一名畅销书作家。[95]

19 世纪 50 年代初，决策者面临的另一个问题是关于沿太平洋殖民地与东部之间的交通问题。1844 年，一位名为阿萨·惠特尼（Asa Whitney）

的纽约商人提议修建一条从密尔沃基*至俄勒冈的哥伦比亚河（Columbia River）的横贯大陆铁路。第二年，年轻的国会"一年级生"斯蒂芬·道格拉斯提出了一个替代路线，起点从密尔沃基改为芝加哥。为了便于移民沿着这条计划的铁路线定居，道格拉斯提出一份议案，要求将艾奥瓦以西的土地组织成立一个新的准州，称之为内布拉斯加。该议案没有被通过，但它确立了道格拉斯成为横贯大陆铁路计划倡导者的地位。[96] 随着 1848 年在加利福尼亚发现金矿，要求修建一条横贯大陆铁路的舆论压力不断增大；那些认识到堪萨斯河和普拉特河沿岸富饶土地价值的潜在移民，也不断施加压力。铁路和新准州这两个问题，将会与第三个问题——奴隶制扩张的问题——发生碰撞，并在 1854 年造成灾难性后果。

制定法律

1853 年 3 月，已经是参议员的道格拉斯与来自伊利诺伊州的众议员威廉·A. 理查森（William A. Richardson）联合提交了一部立法：将路易斯安那购地案购买的、位于北纬 36 度 30 分以北的剩余大部分土地组织成立内布拉斯加准州。道格拉斯和理查森分别是参众两院的准州委员会（Committees on Territories）主席，两人都对铁路发展和领土扩张感兴趣。该议案在众议院轻松获得通过，但是却在参议院被搁置起来。

其他议员看中了一条南方线路的横贯大陆铁路：始于新奥尔良，途经得克萨斯，终达南加利福尼亚。正好一年前，美国从墨西哥那里获得了位于希拉河以南的带状领土（现今亚利桑那州和新墨西哥州境内）。战争部长杰斐逊·戴维斯（Jefferson Davis）力劝皮尔斯任命他的朋友、铁路企业家詹姆斯·加兹登（James Gadsden）为美国公使前往墨西哥，商谈以 1000 万美元购买一块约 3 万平方英里的土地，美国获得该土地后就可以建造一

* 密尔沃基（Milwaukee）：威斯康星州最大城市和湖港。

条最切实可行的、穿越西南部的铁路线。

《堪萨斯–内布拉斯加法案》的关键人物

斯蒂芬·A. 道格拉斯（1813—1861），来自伊利诺伊州，民主党人，担任过两届众议员（1843—1847）和三届参议员（1847—1861）。他曾三次竞选总统：1852 年和 1856 年，竞选民主党提名候选人失败，1860 年成为北方民主党人提名的候选人。他的政治生涯因为两个事件与亚伯拉罕·林肯有交集：一个是历史上著名的 1858 年的林肯—道格拉斯辩论，另一个是 1860 年的总统竞选。19 世纪 50 年代，道格拉斯的名气和权势都比林肯大得多，并且他还担任了极为重要的参议院准州委员会的主席。在职业生涯早期，道格拉斯就因傲慢的性格、高超的演讲术而闻名，常常交织在一起的还有他的挖苦和脏话，以及激进的政治行动。他是"天定命运论"的坚定拥护者，是废奴主义者的严厉批评者，但也是坚决的联邦统一者，努力将内部分歧越来越大的民主党团结在一起。道格拉斯身高只有 5 英尺 4 英寸（约合 1.63 米），绰号为"小巨人"，原本只是名出身中西部、嚼烟草、喝威士忌的律师，后在南方妻子的帮助下，将自己改造成华盛顿的一个在社交场合只抽雪茄、小口饮白兰地，在政治上野心勃勃的固定角色。[100]

道格拉斯的主要竞争对手是萨蒙·P. 蔡斯（1808—1873），他来自俄亥俄州，是第一位被选为参议员的自由之土党候选人（1849—1855）；随后他当选为俄亥俄州的州长（1855—1859），1860 年以共和党人的身份重回参议院。此后不久，他辞去参议员职位，出任林肯政府的财政部长（1861—1864），接着成为美国最高法院首席大法官（1864—1873）。他在担任首席大法官时主持了针对安德鲁·约翰逊（Andrew Johnson）的弹劾案审判。蔡斯是一名热忱的废奴主义者，是逃奴的保卫者。在担任参议员期间，他直言不讳地批评《1850 年妥协案》，特别是《堪萨斯–内布拉斯加法案》。他与俄亥俄州辉格党国会议员约书亚·吉丁斯合著的《独立民主党人的呼吁》（*Appeal of the Independent Democrats*），是共和党党纲的前身。在担任财政大臣期间，蔡斯发明了现代纸币体系（他的头像印在了 1 万美元钞票的背面）；大通银行（Chase Manhattan Bank）就是以他的名字命名的，尽管他与该银行没有任何关系。

但是南方人想要更多。南方参议员，特别是"F 街伙食团"（F Street Mess）的成员（一起在华盛顿 F 街的一处公寓吃饭的参议员），告诉道格拉斯他们的条件：如果道格拉斯想要组建内布拉斯加准州，就得废除《密苏里妥协案》并且允许在该准州实行奴隶制。这些参议员——全是民主党人，全是委员会主席——形成了一个非常强势的团体，有来自弗吉尼亚州的詹姆斯 · M. 梅森和罗伯特 · M. T. 亨特（Robert M. T. Hunter），来自南卡罗来纳州的安德鲁 · P. 巴特勒（Andrew P. Butler），特别是来自密苏里州的戴维 · R. 艾奇逊（David R. Atchison）。

艾奇逊能够预见到如果内布拉斯加为自由州的话，等待着他家乡密苏里州的奴隶主的会是什么。横贯大陆铁路将载着北方的移民从自由的伊利 62
诺伊州抵达蓄奴的密苏里州；在另一端，火车将离开密苏里州开往自由的内布拉斯加州。历史学家艾伦 · 内文斯（Allan Nevins）评论道："火车每鸣一次汽笛，都会好比是向自由的问候。"[97] 蓄奴的密苏里州将被自由土地三面包围，铁路只会带来越来越多与奴隶制没有任何关系的农民和定居者。艾奇逊心中还有一件事：他当时正与德高望重的托马斯 · 哈特 · 本顿（Thomas Hart Benton）激烈地竞选参议员之职，后者曾服务于职位长达 30 年，但在上次竞选中被艾奇逊拉下马来；艾奇逊下定决心不会输给这个狡猾的"老罗马人"（Old Roman），并争夺密苏里州奴隶主的支持。[98]

1853 年 12 月，新的第 33 届国会召开伊始，艾奥瓦州民主党参议员奥古斯都 · 凯撒 · 道奇（Augustus Caesar Dodge）再次提交众议院在上一个会期中已经通过的准州议案。该议案对奴隶制只字未提，因为提案人理所当然地认为《密苏里妥协案》将继续有效。[99] 该议案被分配到参议员道格拉斯领导的委员会，并立即被改造为这位主席的议案。

艾奇逊是参议院临时议长。他提议在该立法中解除《密苏里妥协案》 6
对内布拉斯加准州的奴隶制的限制，让当地定居者自行决定他们是希望实行奴隶制，还是禁止它。《密苏里妥协案》规定，永远禁止在北纬 36 度 30 分线（密苏里州南部边界线）以北的地区实行奴隶制；现在，如果艾奇逊的提议获得通过，就将变成由当地居民自行决定了。这件事就应当被描述为蓄奴自决权的问题了。1848 年，总统候选人刘易斯 · 卡斯就曾主张以蓄奴自决权来解决新近获得的墨西哥割让地的奴隶制问题。[101] 还有什么方案能比让人民自行决定更加民主、更加符合美国的自由观念以及地方政府的意见呢?

第 33 届国会，第一会期（1853 年 12 月 5 日—1854 年 8 月 7 日）

众议院：159 位民主党人，71 位辉格党人，4 位其他人士

参议院：38 位民主党人，22 位辉格党人，2 位其他人士

总统：富兰克林·皮尔斯

道格拉斯同意了该提议，然后起草了他自己的组建内布拉斯加准州的立法版本。他使用了他之前撰写的《犹他-新墨西哥法案》（Utah–New Mexico Acts）中的一段话："当被获准成为一个正式州或一些正式州加入联邦时，所述准州，或任何相同的地区，应当根据其在加入联邦时的州宪法的规定，确定是否实行奴隶制。"这是一个巧妙的立法花招。道格拉斯从根本上避开了《密苏里妥协案》：它既没有被废止，也没有被撤销；它只是被无视了。[102]

但是，艾奇逊非常愤怒。道格拉斯没有和他商量具体的措辞，擅自使用《犹他-新墨西哥法案》中的语言，而后者只适用于成立正式州的阶段，道格拉斯留下太多需要解释说明的问题。《密苏里妥协案》是否仍然有效的问题，可能会被留给法院决定；此外，如果《密苏里妥协案》的条款在组建准州阶段是有效的，那么准州可能永远都没有机会实行奴隶制了。[103] 艾奇逊现在给道格拉斯施加了巨大压力，要求他阐明条款中的语言，这样南方才会接受该议案。准州议案在上一个会期中未获通过的原因，就是道格拉斯未能获得足够多的南方参议员的签字同意；现在，如果他想获得任何胜利的机会，就必须取悦南方。

1854 年 1 月 7 日，参议院的官方出版刊物、华盛顿《哨兵报》（*Sentinel*）刊登了内布拉斯加议案。至此，这个议案所覆盖的领土范围，

已经从第一个版本中的艾奥瓦州和密苏里州以西的土地，极大地扩展至路易斯安那购地案购买的、北至加拿大边境的、所有未组织成立政府的领土。1 月 10 日，该议案再次付印，以澄清一个“笔误”。道格拉斯说，原版遗漏了一整章，只有加入这第 21 章，他的议案才能表达清楚他自始至终想说的东西。原版议案现在加入了更为强硬的条款：蓄奴自决权将成为法规，有关奴隶制的问题将由地方法院裁定，《逃奴法案》将适用于新的准州。[104]

道格拉斯知道他的议案会遭遇反对意见，却没有想到它引发了暴风 64
雨般的抗议。有些参议员将此视为一种政治行动：检验民主党人是否坚决支持本党的党纲，检验那些自由州的民主党人是否忠诚，后者在支持皮尔斯当选总统后获得了丰厚的政治回报。其他参议员则看出了更深的、更阴险的目的，尽管道格拉斯没有如此说，但他实际上是在废除《密苏里妥协案》，他的批评者如此指责。来自俄亥俄州的参议员蔡斯指责道，道格拉斯“使南方过分南方化了”；许多南方人并不希望走得太远，但是他们现在不得不站出来战斗了。[105] 然后道格拉斯的支持者反驳道，当加利福尼亚作为自由州加入联邦的时候，《密苏里妥协案》就已经被违反了，北纬 36 度 30 分线以南的广袤地区并没有向奴隶制开放。

这不是道格拉斯想要的战斗。他希望把精力集中于开发各个准州，帮助建造一条横贯大陆的铁路；他不希望所有的注意力都聚焦在《密苏里妥协案》，以及所有与奴隶制扩张斗争有关的爆炸性的包袱上。但是，道格拉斯并不能控制参议院。第一个加入论战的是肯塔基州辉格党参议员阿奇博尔德·狄克逊（Archibald Dixon），他于 1852 年接替辞职的亨利·克莱担任参议员。1854 年 1 月 16 日，狄克逊提交了一份修正案，断然声明《密苏里妥协案》不适用于本议案所包括的准州或者美国的其他任何准州。现在问题已经公开了：明确废除《密苏里妥协案》。道格拉斯并不希望走得太远，但是许多南方参议员赞赏狄克逊直截了当的语言，并给道格拉斯施加压力。之后，道格拉斯和狄克逊两人共乘一辆马车，以便能够私下交谈。道格拉斯在听取狄克逊关于明确废除《密苏里妥协案》的理由后，冲动地说道："感谢上帝，阁下，您是对的。我会把它加入我的议案，虽然我知道它将掀起一场地狱般的暴风雨。"[106]

道格拉斯修改议案，添加了明确的条款：废除《密苏里妥协案》，并将这片地区一分为二，将密苏里州以西的地区建成堪萨斯准州，将艾奥瓦州和密苏里州以西的地区建成内布拉斯加准州。根据设想，如果不出意外的话，内布拉斯加将成为自由地区，堪萨斯将成为蓄奴地区。然而，将这片地区分成一个蓄奴州和一个自由州的想法进一步激怒了反奴隶制的北方人。[107]

没过多久，暴风雨就降临了，还有暴怒的议员们。道格拉斯、艾奇逊和他们的同僚知道他们需要得到总统的支持。富兰克林·皮尔斯没有怎么考虑过道格拉斯的议案，也不愿意废除《密苏里妥协案》。但是，就在道格拉斯计划在 1 月底提交他的议案前几天，皮尔斯公开同意，且以书面形式支持直接废除《密苏里妥协案》。他的声明宣布《密苏里妥协案》已经为《1850 年妥协案》所取代，因而是无效的。[108] 历史学家尤金·H. 罗茨勃姆（Eugene H. Roseboom）将皮尔斯的决定形容为"白宫历史上代价最大的错误之一"。[109]

65 一小群自由之土党的立法者首先发起攻击。1 月，参议员萨蒙·蔡斯、马萨诸塞州自由之土党参议员查尔斯·萨姆纳（Charles Sumner），艾奥瓦州辉格党众议员约书亚·吉丁斯还有其他数位众议员，在《国家时代》（*National Era*）杂志（华盛顿出版的反奴隶制周刊）上发表了《国会独立民主党议员向美国人民的呼吁》（*Appeal of the Independent Democrats in Congress to the People of the United States*）。蔡斯后来自豪地说，《国会独立民主党议员向美国人民的呼吁》是"我最有价值的作品"。[110] 它痛斥：道格拉斯的议案是"对宝贵权利的无法容忍的出卖"，是一个"邪恶阴谋"的一部分，即拒绝新移民和自由劳动者进入这片广袤的土地，并将其变成一个"只有奴隶主和他们的奴隶居住的、悲惨的专制地区"。《国会独立民主党议员向美国人民的呼吁》警告道："奴隶制的阴影，将笼罩这片土地。”[111] 接着，它转为人身攻击。《国会独立民主党议员向美国人民的呼吁》谴责道格拉斯，声称这位来自伊利诺伊州的参议员为了满足自己的总统野心而破坏国家的安宁，并严厉批评了那些为“奴隶制专制政府”服务的“奴颜婢膝的煽动政客”。历史学家戴维·M. 波特形容《国会独立民主党议员向美国人民的呼吁》“打响了这场可以说是美国迄今为止最激烈的国会斗争中的第一炮”。[112]

这些指责令道格拉斯大为震惊，且深感受伤。他私下向一个朋友强调，他并不支持奴隶制度；奴役不论对黑人还是白人来说都是诅咒。但是他不愿意违反宪法终止奴隶制，因为这将意味着一个更大的罪恶——国家的分裂。“相比整个黑人种族，联邦的完整对于人类更有价值。”[113] 道格拉斯于 1 月 30 日正式对《国会独立民主党议员向美国人民的呼吁》做出回应，他在参议院的发言吸引了许多人；众议员纷纷从众议院大厅那边过来，以至于留在众议院的人因为达不到法定人数而无法继续开会。道格拉斯大发脾气，他言语粗俗、露骨和浮夸。他称蔡斯和萨姆纳“完全、纯粹是废奴主义者、自由之土党主义者、黑鬼主义者在美国国会中的代表”。然而，正如历史学家艾伦·内文斯所总结的，“这次发言实际上精明地混合了争辩和谴责，巧妙地讨好各种各样的偏见”。[114]

道格拉斯最根本的呼吁是要求自决权：“让我们放下所有这些关于《密苏里妥协案》、关于从法国获得的领土、关于《1820 年妥协案》的琐碎的争论；因为问题非常简单：你会允许人民在奴隶制问题上自行立法吗？”[115] 道格拉斯争辩道，当移民不断迁入堪萨斯或内布拉斯加时，当劳动力变得充足时，“如果还认为这是一个蓄奴国家，那真是再愚蠢不过了”。[116]

就像 1850 年的苏厄德，道格拉斯相信他自己的“高级法”原则是正确的。道格拉斯拥护《1850 年妥协案》，但也坚持“一个更高级、更神圣的契约”，坚信“民主政体和自由制度的伟大的基本原则，它是我们信念的基础，给予每一个政治共同体在遵守国家宪法的条件下自治的权利”。[117]

国会可以分为三派：萨姆纳、蔡斯和一些议员明确表明了他们的反对立场，另一些议员则站在道格拉斯一边，但还有许多议员被夹在中间左右为难。尽管不时有人发表尖酸刻薄的演讲，领导层召开秘密会议并起草修正案和说明，但没有什么人改变想法。[119] 一开始，许多南方议员不愿意加入这场论战。他们并不认为这场争论有什么价值：它仅仅会揭开旧的伤疤，此外，堪萨斯的气候和地理条件也真的不适合实行奴隶制。但他们还是被北方立法者的煽动、人身攻击和彻底的愤怒拖入了战场。正如《威尔莫特附文》引发的斗争，它上升成为南方人的荣誉问题。[120] 而对于中西部农民来说，问题则是他们的经济机会可能会遭受损失。自 1820 年以来，他们一直得到的承诺是，西部的沃土将作为自由地区向他们开放。他们越来越将《堪萨斯-内布拉斯加法案》视为“奴隶主集团”的阴谋，而他们的一名同胞，来自伊利诺伊州的参议员，则被视为带头的阴谋家。[121]

66 **《堪萨斯-内布拉斯加法案》的关键条款**

该法案全文共 37 章，其中许多章是处理准州的管理方式。密苏里州以西的土地将被分为两个准州。内布拉斯加准州将南起北纬 40 度线（现今内布拉斯加州与堪萨斯州的州界线），北至北纬 49 度线（美国与加拿大的国界线），西至犹他准州的东部边界线。而将位于北纬 40 度线以南的土地划分为第二准州——堪萨斯准州。

最具争议的点是第 32 章：联邦宪法和法律在堪萨斯准州具有相同的效力，除了《密苏里妥协案》的第 8 章（“永远禁止”奴隶制章）；该章与《1850 年妥协案》认可的不干涉原则相抵触，故被“宣布为无效的”；本法案的真正意图和意义不是用立法规定任何准州或正式州实行奴隶制，也不是规定它们不准实行奴隶制，而是让人民在只需服从《美利坚合众国宪法》的条件下，可以完全自由地以他们自己的方式制定和管理他们的州内制度。[118]

道格拉斯并没有过多参与这场论战，他只做了开幕演讲和后来的最终总结；他更重要的任务是监督管理议员。萨蒙·P. 蔡斯是他在议会中的主要对手。这场论战持续了 4 个月，全国的注意力都集中于此。苏厄德说：

“我们正处于一场重大的全国交易的前夕，这场交易将终结我们国家的一个历史循环。”查尔斯·萨姆纳驳斥废除《密苏里妥协案》，认为对于联邦来说，真正危险的不是放弃南方的“黑奴制度”，而是抛弃自由。“并不是相比联邦，我更爱自由；我为这个伟大的事业辩护，我坚持，应当不惜一切代价维护自由。”[122]

《堪萨斯–内布拉斯加法案》中的关键事件

1820 年《密苏里妥协案》。

1832 年“可憎的关税法”和南卡罗来纳州脱离联邦危机。

1846 年 兼并得克萨斯，《威尔莫特附文》。

1850 年《1850 年妥协案》。

1854 年《堪萨斯–内布拉斯加法案》。

1857 年 布坎南接受《莱康普顿宪法》，但在 1858 年被参议院驳回。

1860 年 总统竞选。

道格拉斯于 1854 年 1 月 4 日提交最初版本的《堪萨斯–内布拉斯加法案》；3 月 3 日，参议院通过该法案。在此期间，参议院迎来了铺天盖地的发言和修正案。道格拉斯仍然愤愤不平，他做了一次长达 3 小时的演讲，再一次为蓄奴自决权原则辩护，并对他的反对者发动了最后一轮猛烈抨击。经过 17 个小时辩论，参议员们在凌晨 5 点进行最终投票：41 票赞成，17 票反对。南方各州坚定地支持该法律，而北方各州却有很大分歧。大多数民主党人尚能保持团结，但南方和北方辉格党人的行动纲领却彻底分裂了。5 月底，众议院以 115 比 104 的投票结果通过了该立法，这要归功于道格拉斯、皮尔斯和他的内阁施加的巨大压力。[123] 在解决了参众两院议案版本的区别后，富兰克林·皮尔斯于 5 月 30 日正式签署《堪萨斯–内布拉斯加法案》。

余波

尽管引发了上述种种摩擦和争斗，该立法仍然被道格拉斯视为一个胜利。在其获得通过的一个月前，道格拉斯写道："我知道这个议案是正确的。"[124] 但他没有预料到，或者没有充分意识到，该立法引发了异乎寻常的向心力。历史学家威廉·E. 吉恩纳普（William E. Gienapp）概括《堪萨斯–内布拉斯加法案》造成的危害："它削弱了民主党在整个北方的影响力，打破了各个党派内部的平衡，进一步推动了正在进行中的政党解体的过程，从根本上改变了反民主党的反对派的性质。"[125] 艾伦·内文斯写道，道格拉斯"揭开了 1848 年至 1850 年的所有伤口，重新唤醒了这些年可怕的斗争造成的伤痛、恐惧和愤怒。他使民主党四分五裂，他彻底毁灭了辉格党"。[126]

民主党人虽然在道格拉斯和其他党内领袖的督促下尚能团结在一起，但他们很快就遭遇选举上的惨败。起初，辉格党领袖，如苏厄德和亚伯拉罕·林肯都非常乐观。没有一名北方辉格党人投票给《堪萨斯–内布拉斯加法案》，而民主党人公正地受到了大多数指责。北方辉格党的领袖认为，民主党人可能会在秋季选举中大败，辉格党人可以毫不费力地获得心生不满的民主党人的选票。然而他们只预测对了一部分：1854 年，民主党仅在北方就失去了 66 个国会席位。但北方辉格党并未成为受益者。中西部的辉格党人抛弃他们的党派，分别成立了人民党、独立党或共和党，组成了一个"反内布拉斯加"联盟。即使在新英格兰地区，按理不存在对辉格党的"反内布拉斯加"立场构成太大威胁的党派，然而辉格党人也没能获得支持。许多人现在加入了新成立的共和党。[127] 在南方，辉格党的敌对党派利用"连坐"策略，用他们北方同党强烈反对《堪萨斯–内布拉斯加法案》的行为来抹黑南方辉格党人。辉格党人开始互相攻击：南方辉格党人遭到他们北方同党的严厉谴责。比如，康涅狄格州辉格党参议员杜鲁门·史密斯（Truman Smith）于 1854 年 5 月 24 日因厌恶而从参议院辞职，声明与那些投票支持《堪萨斯-内布拉斯加法案》的南方辉格党人断绝关系："辉格党实际上已经被那个糟糕的内布拉斯加事务毁灭了……我们北方辉格党人已经下定决心绝不再（与他们）有哪怕一丁点儿政治上的关联。"[128] 由于在北方和南方都被抛弃了，辉格党迅速失去活力。正如历史学家迈克尔·F. 霍尔特（Michael F. Holt）所写的，辉格党在 1854 年和 1855 年基本上"气数已尽"。[129]

在民主党失势、辉格党内讧的时候，另一个政治运动——名为"一无所知"本土主义者组织——却势头大增。1850 年，一个名为"星条旗的秩序"（The Order of the Star Spangled Banner）的秘密兄弟会在纽约成立，并迅速发展起来，特别是在东北部。1853 年 5 月至 1854 年 5 月的某个时候，该组织变成众所周知的"一无所知"。[130] 其成员在总部、地方分会或社团集会，宣誓保守秘密，对外人一律回答"我一无所知"，他们的成员数量在 1854 年夏天激增。该组织在 1854 年 6 月只有约 5 万名成员；但到 10 月底时，其人数竟然超过了 100 万。传统的各个党派没落了，大量厌倦了民主党和辉格党的公民现在蜂拥般地加入"一无所知"运动。[131] 这些公民自视为爱国者：他们是土生土长的美国人，反对奴隶制，反对《堪萨斯-内布拉斯加法案》，反对酒精。他们也"强烈地憎恨天主教徒和移民，以及迎合取悦这些人的政治家"。[132] 这是一个轰轰烈烈的禁酒运动的时代，也是一个移民大量涌入的时代，倡导前者的多数是天主教徒，后者涌入的主要是爱尔兰人。一无所知党人知道自己喜欢什么，也知道自己鄙视什么人。

到 1855 年的地方选举和州选举，一无所知党人在宾夕法尼亚州、马萨诸塞州和新英格兰地区的其余地区，以及加利福尼亚州取得了非凡的胜利。但他们也赢得了南方地区的选举，控制了田纳西州的州议会，并且在其他五个南方州获得了至少 45% 的选票。对于民主党人来说，他们实际上已经取代南方辉格党成为另一大党；或者，如历史学家詹姆斯·麦克弗森指出的，一无所知党本质上是换了一个新名字的辉格党。[133]

69 然而，奴隶制问题很快使一无所知党人产生了分裂。1855 年，这些现在自称美国人党的本土主义者，在费城召开了他们的第一次全国大会。在这次会议上，新成立的美国人党赞同《堪萨斯–内布拉斯加法案》，这导致几乎所有的北方代表集体脱党。他们和他们的追随者现在找到了新的基地——共和党。

事实上，由于反对《堪萨斯–内布拉斯加法案》和奴隶制扩张，以及北方辉格党的分裂，新成立的共和党得到了本土主义者的支持。一些共和党人，像纽约的瑟洛·威德（Thurlow Weed）和苏厄德，批评本土主义者的偏执行为，但他们属于少数派。大多数共和党人则认为有必要与反奴隶制的北方一无所知党人结成联盟，容纳他们的一些本土主义情绪，特别是反天主教的态度。[134]

新的第 34 届国会于 1855 年 12 月 3 日召开，民主党人仍然把持着参议院，但在众议院，一个“反内布拉斯加”联盟占据了多数席位。这个联盟由 117 名议员组成，其中仅有 46 人之后自称共和党人。[135] 17 名“反内布拉斯加”候选人竞争众议院议长职位；经过 5 个星期的激烈争夺和 133 轮投票，来自马萨诸塞州的共和党人纳撒尼尔·P. 班克斯（Nathaniel P. Banks）击败了来自南卡罗来纳州的民主党人威廉·艾肯（William Aiken）。当时年仅 40 岁的班克斯在 1853 年作为民主党人第一次进入众议院，之后作为美国人党人连选连任，如今又作为共和党人竞选。班克斯的当选对于仍然摸索着前进的新共和党来说是第一次全国性的胜利。[136]

“堪萨斯血腥事件”和莱康普顿

斯蒂芬·道格拉斯认为，推动《堪萨斯–内布拉斯加法案》的蓄奴自决权原则，实践了《独立宣言》和《美利坚合众国宪法》。但是就堪萨斯内战本身而言，它绝非自由与解放的光荣扩张，而是 19 世纪发生的“对政治自由权利的最大攻击”。[137] 大量北方和南方移民涌入堪萨斯。反对奴隶制度者成立了新英格兰移居者协助公司（The New England Emigrant Aid Company），给想要迁居至堪萨斯的中西部农民提供资金，以推进堪萨斯成为自由州。但是，支持奴隶制度者也不甘落后。在参议员艾奇逊的鼓励下，密苏里州的“边境恶棍”（border ruffians）——他们欣然接受这一称呼——蜂拥进入堪萨斯，帮助一位支持奴隶制度的候选人投票争取当选国会的准州代表。后来，在 1855 年 3 月举行的准州议会选举中，艾奇逊亲自领导一群密苏里州的恶棍，把伪造选票塞入选票箱中。支持奴隶制度的势力选出了 36 名自己的代表，而拥护自由州的力量仅获得 3 个席位。“来吧，南方人！”《莱文沃思先驱报》（*Leavenworth Herald*）赞颂道，“带上你们的奴隶占领这个准州。堪萨斯得救了。”[138]

但堪萨斯准州的州长安德鲁·里德（Andrew Reeder），一位来自宾夕法尼亚州的民主党人，无法认可这一作弊的选举结果。里德下令在约三分之一的选区重新进行选举，拥护自由州的人随后赢得了选举。但是，当新的准州议会召开会议时，新选出的代表被排除在外，而最初支持奴隶制度的代表宣誓就职。拥护自由州者无法容忍这种事情，他们聚集在托皮卡*，创建了他们自己的政府，并起草了自由州宪法。1856 年 1 月，堪萨斯存在着两个相互敌对的准州政府：支持奴隶制度的莱康普顿官方政府，以及支持自由地区的托皮卡非官方政府。

1856 年春，一个由 800 名密苏里州恶棍组成的团伙袭击了废奴主义者的大本营——劳伦斯市。当地报社被毁，自由准州州长的办公旅馆和家被烧。[139] 堪萨斯发生流血和纵火事件的消息惊动了华盛顿。在 19 世纪 50 年代这个争议不断的岁月里，支持和反对奴隶制度的势力在华盛顿的酒吧、旅馆中爆发拳脚相向的打斗和大声吵嚷的争论，并不少见；各个党派的激进党媒尖锐地攻击他们的对手；立法者佩戴手枪自卫的情况也很常见。1856 年年初，当各方正在激烈竞争议长的时候，据估计，联邦国会的大

* 托皮卡（Topeka）：美国堪萨斯州首府。

厅和旁听席中一天有 300 把装满子弹的手枪。[140]

1856 年 5 月 22 日，南卡罗来纳州民主党众议员普雷斯顿·史密斯·布鲁克斯（Preston Smith Brooks）大步走向参议院大厅，接近来自马萨诸塞州的参议员查尔斯·萨姆纳的桌子，后者正专注于写信。布鲁克斯残忍地用他的金头手杖击打了萨姆纳 30 多下。[141] 布鲁克斯的帮凶、南卡罗来纳州民主党众议员劳伦斯·M. 基特（Laurence M. Keitt）拦住参议员和其他围观者，不让他们靠近。这次袭击使萨姆纳身受重伤，过了 3 年多才恢复健康，而导致布鲁克斯发动这次袭击的原因，是 3 天前萨姆纳发表了题为《对堪萨斯犯下的罪行》（*Crimes against Kansas*）的著名演讲，他在其中谴责了奴隶制度和奴隶所有者，并特别攻击了南卡罗来纳州和该州的一位参议员——安德鲁·皮肯斯·巴特勒，后者是布鲁克斯的亲戚。萨姆纳是全国最直言不讳的反奴隶制度倡导者之一，特别喜欢嘲弄刺激南方人，这一次他侮辱了布鲁克斯的家乡和他的大家族。

萨姆纳认为对堪萨斯犯下的罪行都肇始于一个计划，即堪萨斯必须成为蓄奴州。他炮轰不在场的参议员巴特勒，称其为拥护奴隶制度的“堂吉诃德”：“他挑选了一名情妇，向她许下山盟海誓，这名情妇尽管在别人眼里丑陋不堪，在他的眼里却一直美丽可爱；尽管她在全世界的眼里污秽不堪，在他的眼里却是贞洁端庄……娼妓，奴隶制度。”萨姆纳还将参议员道格拉斯形容为“奴隶制的侍从，十足的桑丘·潘沙，时刻准备着做一切耻辱的勾当”。[142]

布鲁克斯体面的做法应当是要求决斗，但决斗是社会地位相同的两个人进行的；不，萨姆纳必须受到鞭打，用南方绅士对待社会地位比他低的人、干了坏事的狗或者他的奴隶所用的方式。[143] 这一残忍的鞭打事件的消息，令北方人震惊和恐惧，却令南方人拍手称快且备受鼓舞。布鲁克斯暴力殴打的是国会中废奴主义的主要象征人物，甚至几乎把他打死。5000 多人聚集于纽约市的教堂（Tabernacle），聆听一位接一位发言者谴责布鲁克斯。[144] 南方人的反应同样强烈：萨姆纳罪有应得，应该狠狠地鞭打他一顿。里士满《问询报》（*Enquirer*）发表社论："我们给予完全的、毫无保留的赞同。我们认为这一行动不仅在想法上是好的，而且执行得也很出色，取得的结果更是再好不过了。参议院中这些粗俗下流的废奴主义者太过狂妄自大了。他们被纵容得忘记了自己的身份……必须把他们鞭打到屈服。"[145]

1856 年 7 月，众议院投票表决开除布鲁克斯，但是票数没有达到必需的三分之二多数；他的共犯基特受到正式谴责。他们两人辞去众议员职位，但又立即再次当选并填补随后的空缺席位。布鲁克斯宣布放弃效忠全国性的民主党，成了一名争取南方州地位的偏激、好斗的发言人；然而，他在 1857 年年初去世，享年 37 岁。萨姆纳于 1860 年重返参议院，更加坚定了他反对奴隶制的决心；而威胁要取他性命的人也是如此。[146]

在堪萨斯，一位废奴主义者被激怒了，他从《旧约》的狂热行为中获得了力量。约翰·布朗（John Brown）在听闻发生在萨姆纳身上的事情，并确信支持奴隶制者已经谋杀了 5 名拥护自由州者后，决心代替上帝实施惩罚。布朗和一群废奴主义者在波塔瓦托米县绑架了 5 名无辜的支持奴隶制度的移民，将他们拖出木屋，并在他们的家人面前将他们砍死。在堪萨斯，无论之前局势多么紧张，尚能维持表面的平静，但现在这种平静被完全打破了；堪萨斯现在变成了游击战的战场。[147]

在堪萨斯内战打得最激烈的时候，1856 年的总统选举开始了。又一次，在任总统没有获得其所在党派的提名。民主党人于 1856 年 6 月 2 日在辛辛那提召开大会；他们否决了富兰克林·皮尔斯，转而支持斯蒂芬·道格拉斯，而在第 17 轮的投票中最终提名了詹姆斯·布坎南，后者作为美国驻英国大使一直置身党派纷争之外。布坎南和竞选伙伴，来自肯塔基州的前众议员约翰·C. 布雷肯里奇，赢下了 20 个州：包括所有的南方州，再加上他的家乡州宾夕法尼亚州、印第安纳州、伊利诺伊州和加利福尼亚州，得到了 174 张选举人票。共和党提名的第一位总统候选人是 43 岁的约翰·C. 弗里蒙特（John C. Fremont），一位精力充沛的加利福尼亚探险者，且是参议员本顿的女婿，他赢下了 11 个州：包括新英格兰地区的所有 6 个州，还有纽约州、俄亥俄州、密歇根州、威斯康星州和艾奥瓦州，得到了 114 张选举人票。前总统米勒德·菲尔莫尔作为辉格党–美国人党的候选人参选，但只赢得了马里兰一个州。这是一场热情的运动，举着火把的游行队伍和不断高喊口号“自由之地、自由言论、自由人、弗里蒙特！”的支持者们点燃了竞选活动。共和党因其在北方的强劲表现，现在可以肯定地说是辉格党的继承者了。

1857 年 3 月，在布坎南宣誓就任总统两天后，最高法院通过首席大法官罗杰·B. 托尼（Roger B. Taney），宣布了其对“德雷德·斯科特诉桑福德案”（*Dred Scott v. Sanford*）的重大判决。最高法院裁定所有黑人（不论是自由人还是奴隶），都不是也永远不可能成为美国公民。法院更进一步宣布《密苏里妥协案》是违宪的，国会无权在各准州禁止奴隶制度，也不能禁止拥有奴隶财产。最高法院的这一判决引发了激烈的反对，这是可以预见的。霍勒斯·格里利（Horace Greeley）的《纽约论坛报》（*New York Tribune*）谴责其是“令人震惊的”“邪恶的”“令人憎恶的”。威廉·苏厄德确信最高法院中占据多数的 5 名南方人法官（他们都曾拥有奴隶）和布坎南勾结。在法院做出裁决的两天前，布坎南宣布奴隶制问题应当由法院来解决，他作为总统将“心悦诚服地服从”法院的最终判决。[148]

斯蒂芬·道格拉斯对最高法院的裁决非常满意：“我反对黑人平等。我重申这个国家是白人的……我支持维护血液的纯正和政府的纯洁，不能掺杂或混合任何劣等人种。”[149] 亚伯拉罕·林肯在 1858 年获得参议员提名时，发表了题为《分裂之家》（*House Divided*）的著名演讲予以回击，他宣称存在一个使奴隶制全国化的阴谋，一个由托尼、布坎南、道格拉斯以及他在参议院的支持者策划的阴谋。许多共和党人视此为一连串支持奴隶主集团的打击中的最后一个，并发誓通过民主投票打破这一势力。黑人废奴主义者弗雷德里克·道格拉斯（Frederick Douglass）相当乐观：“法院已经做得太过分了，它的判决将唤起国民的良知。”这将引发一场能够最终消灭奴隶制度的大变革。[150]

詹姆斯·布坎南在当选美国总统以前，有一份长长的公职记录，他在 40 年里先后担任过众议员、参议员、内阁大臣以及驻外公使。现年 65 岁的布坎南，被他的批评者嘲弄地称为“老公务员”（Old Public Functionary），是理论上最合适的竞选总统的人选。[151] 但是，他必须处理好其内阁中强大的南方声音，还有不断恶化的堪萨斯问题，特别是批准《莱康普顿宪法》的企图。支持奴隶制的势力，通过诡计和威逼恐吓，已经挫败了一连串的准州州长。拥护自由地区者在该准州拥有 2 比 1 的多数，但是支持奴隶制的势力构成了合法的政府。他们起草出一部严苛的奴隶法典，无视准州州长，伪造召开了一个被他们操纵的制宪会议。一直受到生命威胁的准州州长约翰·W. 吉尔里（John W. Geary）将其称为“重罪犯州议会”，并在布坎南成为总统当天辞职。[152]

堪萨斯准州的民意将被践踏，一方面是由于支持奴隶制度者的威胁、诡计和把伪造选票塞入选票箱中，另一方面也因为堪萨斯拥护自由州者拒绝投票。这次制宪会议在声名狼藉的莱康普顿小镇完成了它的工作，它的成果文书中包括了保护奴隶财产，没有任何条款规定 7 年内可修正宪法，也没有任何条款改变奴隶主的财产权。而且，《莱康普顿宪法》和成为正式州的申请书没有像布坎南和他的准州州长罗伯特·J. 沃克（Robert J. Walker）所承诺的那样经过全民投票公决。

准州州长沃克谴责该决议没有直接交给选民投票，但是，布坎南担心受到其内阁中的南方人的指责，于是反对沃克，推翻了他自己的政策，并且在 1857 年 11 月承认了欺诈性的《莱康普顿宪法》。布坎南，这位经验丰富的政治家，可能太过恪守法律条规，因为莱康普顿制宪会议是一个合法主体而接受了它拿出来的成果，又或者可能他被国会中以及他自己的内阁中支持奴隶制的南方人势力恫吓。但不论出于什么原因，历史学家肯尼斯·A. 斯坦普（Kenneth A. Stampp）称布坎南接受《莱康普顿宪法》是

“有史以来总统经历过的最灾难性的失算之一”。[153]

斯蒂芬·道格拉斯曾自豪地拥护自决权的理念，甚至在布坎南接受《莱康普顿宪法》以前就严厉批评了该宪法。道格拉斯受到“德雷德·斯科特案”判决的冲击，面临着1858年参议院改选的斗争，并决心维护蓄奴自决权和多数裁定原则。他公然违抗他的民主党总统，称《莱康普顿宪法》是一场闹剧，并发誓要在参议院否决它。1857年12月9日，道格拉斯在挤满了人的参议院大厅发表了大概是他职业生涯中最重要的演讲。他总结道：“如果强迫我们违背自由政府的基本原则，以一种相当于嘲弄和侮辱的屈服方式通过这个宪法，我将反抗到最后。”[154]道格拉斯说明了他的观点；然而，参议院还是通过了《莱康普顿宪法》，尽管它后来在众议院遭到否决。

道格拉斯公然反对总统，这令南方民主党人感到非常失望，也让一些准备好不那么严厉地看待他的共和党人感到非常惊讶。但仍然有一位共和党人视道格拉斯为激烈的对手，他就是亚伯拉罕·林肯。《堪萨斯–内布拉斯加法案》标志着亚伯拉罕·林肯政治生涯的一个转折点。当时，林肯是政治生命已尽的辉格党在伊利诺伊州的领导人；然而，他对《密苏里妥协案》被废除感到非常愤怒。他曾担任过第30届国会的议员（1847—1849），但拒绝竞选连任。1855年2月，林肯仍然是一名辉格党人，当时伊利诺伊州议会在选择参议员时，没有考虑他，但后来在林肯的支持下，选择了众议员莱曼·特朗布尔（Lyman Trumbull）。[155]接着在1856年5月，林肯接受邀请参加在伊利诺伊州布卢明顿召开的“反内布拉斯加”大会，并领导伊利诺伊州新成立的共和党。

在伊利诺伊州共和党人方面，有强有力的基层努力选举林肯为参议员，1858年6月16日，在斯普林菲尔德*召开的州政党大会上，林肯宣布将与道格拉斯竞选参议员。林肯在其迄今为止最著名的演讲中，吟诵道：

---

* 斯普林菲尔德（Springfield）：美国伊利诺伊州中部城市、首府。

"分裂之家无可持存。我相信我们的政府不可能永远忍受一半奴役一半自由的状况。我不期望联邦解散——我不期望房子崩溃，但我却期望它停止分裂。"[156] 林肯随后指责道格拉斯、最高法院对"德雷德·斯科特案"的判决和布坎南都是将奴隶制扩张至北方的阴谋的一部分。事实上根本没有这样的阴谋，但是林肯的言论成为后来那年秋天发生的他与道格拉斯那场著名辩论的素材。

林肯在全民公决中战胜了道格拉斯，但是为民主党人所控制的伊利诺伊州议会，重新选出"小巨人"进入美国参议院。1860年，斯蒂芬·道格拉斯第三次谋求民主党的总统提名。詹姆斯·布坎南和南方民主党人仍然因为道格拉斯对《莱康普顿宪法》的所作所为而满腔怒火；南方人现在非常担心1859年10月约翰·布朗突袭哈珀斯费里的事件会引发奴隶纷纷效仿起义。现在北方人在南方任何地方都很不安全；一些人被处以私刑，其他一些人则被侮辱、被揍并被赶出城外。[157] 1860年4月，民主党人从所有地方中选择了南卡罗来纳州的查尔斯顿举行他们的提名大会。民主党无法团结一致，他们因为奴隶法典的政纲条目问题爆发了激烈的、不可调和的斗争。精疲力竭、灰心丧气、分歧巨大的民主党人只得休会，之后又在巴尔的摩重新开会。但依然无济于事，民主党内的决裂已经无法挽回：北方民主党人提名道格拉斯，而独立出来的南方民主党人则提名副总统约翰·C.布雷肯里奇。

共和党人选择在芝加哥——民主党人斯蒂芬·道格拉斯的家乡——召开会议。全国共和党领袖威廉·苏厄德、萨蒙·P.蔡斯、宾夕法尼亚州的西蒙·卡梅伦（Simon Cameron），以及密苏里州的爱德华·贝茨（Edward Bates）都各有支持者，但是他们都因这样或那样的政治原因存在着不足。在这些竞争者中，知名度最低的是深受家乡州人民喜爱的亚伯拉罕·林肯，但他是如此默默无闻，以至于许多全国性的新闻媒体在报道这次会议时，甚至没有把他的名字列入他们20人左右的潜在候选人名单。[158] 在第三轮投票中，林肯战胜了热门人选苏厄德。

这是一场有四人参与的总统竞选，但是在大多数方面可以说是两场分开的竞选：在北方是林肯对道格拉斯，在南方则是宪政联合党（Constitutional Unionist Party）推选的约翰·贝尔对抗南方民主党人推选的布雷肯里奇。[159] 地方主义胜利了；林肯当选总统，而美利坚合众国联邦即将分崩离析。

本书这些章中出现的其他重要法律都对美国社会起到了积极的作用，称得上是使美国成为现在这样一个国家的有价值的政策。但《堪萨斯-内布拉斯加法案》是个例外，它是导致联邦分裂的最后一根立法稻草。它基于一个看似有道理，实则有着深层缺陷的蓄奴自决权原则：让新准州的人民自行决定他们是否想要实行奴隶制。这展示了一位野心勃勃的政治家如何在立法上冒险的例子，他试图安抚自己的选民和他的南方同僚，却彻底地误解了民意。斯蒂芬·道格拉斯的传记作者和其他历史学家仍然百思不得其解：一个政治嗅觉如此灵敏的人为什么会退化得如此厉害？在北方，民众普遍越来越不赞成奴隶制扩张。《堪萨斯-内布拉斯加法案》加剧了南北冲突，彻底改变了党派联盟，并将我们引入了分裂联邦和战火纷飞的黑暗岁月。

第 3 章

应许之地

《宅地法》(1862 年)和《莫里尔赠地学院法案》(1862 年)

《宅地法》被认为是自美国政府成立以来最重要的立法。

——乔治·W. 朱利安(George W. Julian),1885 年

高等教育的“解放宣言”。

——詹姆斯·莫里尔(James Morrill),明尼苏达大学校长(1945—1960),评《莫里尔法案》

1862 年春末夏初,总统亚伯拉罕·林肯在短短 6 周时间里接连签署了 19 世纪两部最重要的立法。这两部立法都与处置美国最富裕的资源——它拥有的广袤的公共土地——有关。《宅地法》将数百万英亩的联邦土地分给个人移民,《莫里尔赠地学院法案》为各州提供了比数百万英亩更多的土地,用于各州创办农业、机械高等院校。联邦出售和赠予土地并不是什么新鲜事。联邦在早些年间就已经赠予或廉价出售了数百万英亩

的土地；土地被赠予退伍军人和各州，使他们能够创办教育机构；土地还被赠予，用于帮助修建道路、运河和铁路以及其他目的。19 世纪 50 年代，民众给国会施加了很大压力，要求他们做得更多。然而，就像许许多多的全国性问题一样，处置公共土地也被裹挟于地区的争议中，南方普遍反对出售公共土地，而北方和西部则表示支持。苦恼不已的詹姆斯·布坎南总统试图安抚南方，否决了早期版本的宅地议案和赠地学院议案。他在 1860 年对一部宅地议案的否决，成为当年那场重大的总统竞选中的主要议题，被共和党人和亚伯拉罕·林肯抓住不放。

《宅地法》和《赠地学院法案》都在令人瞩目的第 37 届国会（1861—1863）通过，成为法律。当时，美国已经因内战而分裂，随着南方邦联不断取得胜利，许多人开始意识到这场战斗将是漫长的、残酷的、代价高昂的。随着 1861 年南方宣布脱离联邦，来自南方的国会议员团已集体离开；只有坚定的联邦主义者、来自田纳西州的参议员安德鲁·约翰逊拒绝离开华盛顿。林肯总统召集第 37 届国会召开紧急会议，于是这届国会于 1861 年 7 月 4 日召开第一次会议。当时需要做的事情太多了。战争已势在必行，他们需要制定紧急措施，为陆军和海军划拨资金。所有这些事务塞满了这个短短的、为期一个月的紧急会议。接着国会重新开始其正常周期，于 1861 年 12 月 2 日召开常规会议。国会讨论的中心仍然是与战时相关的事务，但立法者在这一会期中仍然制定出了几部有远见的立法，它们共同为现代美国社会奠定了基础。与“新政”（New Deal）时期的第 74 届国会（1935—1936）和“伟大社会”（Great Society）时期的第 89 届国会（1965—1966）一样，本书选出的具有里程碑意义的立法中有两部出自美国内战时期的第 37 届国会。

76

虽然《宅地法》和《莫里尔赠地学院法案》的通过都相对比较容易，但它们都没能免于潜在的紧张关系的困扰。西部立法者十分恼火，因为位于他们西部各州的公共土地将使人口更为稠密的东部各州受益，为他们创办高等院校。另一方面，东部立法者则害怕宅地条款将导致人口大规模迁移，使得东部各州的工人减少，土地价值降低。本土主义者担心移民会带着他们的异族方式和观念，大量涌入新的土地。移民则抱怨可获得的宅地非常贫瘠，而且常常在离市场很远且交通不便的地方。一些立法者想要把土地赠予北方联邦军的退伍军人，他们坚持不能把一块土地给予叛乱的南方人，直到联邦取得战争胜利，南方人屈服。许多立法者则担心铁路巨头、土地投机者和诈骗者，后者会欺骗诚实但轻信的移民，让自己以及东部的金元利益集团大发横财。

尽管存在着上述种种紧张关系，法律的执行有时也不免有些草率，但到 1880 年，在南方以外的公共土地上兴建起来的宅地农场已经远远超过 170 万，到 1900 年，这一数字更是超过了 240 万。[1] 到 20 世纪 30 年代中期，宅地计划基本上已经接近尾声。1985 年，最后一名根据《宅地法》获得土地的移民移居至阿拉斯加。

赠地学院立法有利于像纽约州和宾夕法尼亚州这样的人口稠密的东部州。东部的许多州已经没有任何公共土地了，但是它们的州议会能够获得联邦从西部广阔的公共土地划拨出的土地或颁布的凭证（土地获取证书）。立法规定，根据各州的众议员和参议员数分配土地，按照每位国会议员（包括各州的两位参议员）3 万英亩的标准划拨土地给各州。

一些州在《莫里尔赠地学院法案》颁布以前就已经创办了州立大学，其他一些州使用出售政府赠地获得的收入，增设农业和机械工艺方面的课程，并增加这方面的教授。一些州议会目光短浅，没有好好利用他们意外获得的西部土地，获得的收益很低；其他州议会则投资得更为精明。赠地学院运动在该法案颁布之后的 20 年或 30 年中缓慢地、蹒跚地开展，之后才渐渐加速。1890 年，国会通过了第二部《莫里尔法案》以涵盖南方的黑人高等院校，其他法律也给予了赠地运动更大的支持和帮助。

赠地学校成为美国高等教育的重要扩充，它改变了美国高等教育的性质和目的，使其向更为广大的学生和那些将从自身的学习研究中受益的选民敞开了大门，加强了美国社会的基础民主进程。美国最大的自然恩惠，即它的10多亿英亩的公共土地，被用于各种各样的用途，但其中最重要的莫过于国会于1862年颁布的这两部目光远大的立法：将免费的土地给热切的移民，以及给予土地以促进和资助高等教育。

背景

到18世纪80年代，各州已经全部转让了它们对西部土地的所有权，联邦政府因此获得了位于阿巴拉契亚山脉另一侧的2亿英亩的公共土地。《1803年路易斯安那购地案》为美国增加了5亿英亩土地；《1819年佛罗里达购地案》又带来了4300万英亩土地。1845年兼并得克萨斯带来了2亿英亩土地，虽然这块土地没有成为联邦公共土地。《1848年墨西哥割地案》带来了3.34亿英亩公共土地，1853年的《加兹登购地案》（Gadsden Purchase）又带来了1900万英亩土地，俄勒冈准州又为美国增加了1.81亿英亩土地。[2] 到1850年，美利坚合众国总共拥有的公共土地面积达到12亿英亩，约为美国今日国土面积的一半。

在建立之后的第一个百年里，美国联邦政府大部分时间都忙于对这片广袤的公共土地的大部分进行管理、出售和赠予的事务。历史学家保罗·W. 盖茨（Paul W. Gates）评论道："后世的人民很难认识到，政府在19世纪从事的土地事务的规模大到怎样的程度。"[3]

联邦处置公共土地的第一种方式是将销售公共土地的收入作为一项财源，以充实联邦财政。美国政府原本主要依靠关税收入，而现在它能够通过出售公共领地的土地来补充这种收入。但是这种办法存在不公正的情况和争议。投机者能够购买大片的肥沃土地，非法占用者将被逐出，而想要成为定居者的人常常发现很难购买到他们能够负担的土地。那些想要到西部定居的普通市民抱怨颇多。一个例子来自宾夕法尼亚州众议员艾伯特·加勒廷，他于1797年向国会提交了一份由100名俄亥俄地区的人民联名书写的请愿书，抱怨土地投机商这一方的"合谋"，导致他们无法购买土地。[4]

《1796 年土地法令》建立起矩形土地勘测制度：基本单位是城镇，6 英里见方；分成 36 个区，每个区的面积为 640 英亩。这一制度有利于规划土地的统一性和合理性，但却忽视了土地的自然地形、河流和沼泽，以及土壤的贫瘠和肥沃程度。土地以每英亩 2 美元的价格出售，可在购买后赊账一年以上。然而，销售速度相对较慢，而逾期不付款的情况频繁发生。于是联邦进一步延长赊欠期限，并在新建立的俄亥俄、密西西比和亚拉巴马准州，减少了一些大块土地的面积。[5] 78

到 19 世纪初，农业利益集团开始主张他们的政治权力，而仍然期望通过出售土地获得收入的国会开始放宽土地购买的条件。国会将最小土地购买面积从 640 英亩减少至 320 英亩，后来在 1820 年又进一步减少至 80 英亩，并规定最低价格为每英亩 1.25 美元，以现金支付。

国会在 1800 年采用的赊购制度在之后的 20 年给自己造成了很大的麻烦。其中一个最大的问题是西南部的土地投机，在那里，棉花种植园和廉价奴隶劳工的美梦推高了肥沃土地的价格。投机者常常赊账购买联邦土地，欠下政府的债务总额从 1815 年的稍稍多于 300 万美元，飙升至 1818 年的 1600 万美元。美国这 3 年生活在通货膨胀的泡沫里，而随着英国利物浦棉花市场的棉花价格暴跌，这个泡沫破灭了。美国土地价格暴跌了 50% 到 75%。[6] 随之而来的是 1819 年大恐慌，它加剧了信贷问题，不论是有钱的投机商还是贫穷的移民都无一幸免。到 1820 年 12 月底国会终止这个土地信贷计划时，购买土地者欠下联邦政府的债务总额超过了 2100 万美元（其中一半来自亚拉巴马州和密西西比州）。[7]

1830 年，联邦的土地政策发生了一个重大变化，授予占用公地者有限的优先购买土地权；接着在 1841 年，根据《优先购买权法》（Preemption Act），占用公地者获得优先购买已勘测公共土地的权利，价格为每英亩 1.25 美元。[8] 然而，由于土地供给量巨大，且经济还处于动荡期，到 1854 年，一些公共土地的售价仅为每英亩 12.5 美分。[9]

1833 年，安德鲁·杰克逊总统在向国会发表其第四次年度报告中声明，没有必要再依靠出售公共土地作为联邦收入的来源，公共土地应当降价出售给移民，凡是没有出售的土地，则应当移交给各州。然而，后面这一点违背了当时实行的联邦土地政策。虽然各州正在迅速加入联邦，但它们并没有自动获得曾由联邦政府控制的前准州土地的所有权。批准新州加入的联邦法规明确规定，联邦政府将保留公共土地的所有权，且公共土地将免于征收州的税收。[10]

1789 年到 1837 年，已经有超过 450 万人移居至阿巴拉契亚山脉以西
79 的地区，驱使着他们的是获得廉价公共土地的可能性。这是世界上已知的最大规模的人口迁徙之一。在这 50 年间，国会总计通过了 375 部处理公共土地的法律。而这个出售土地的时代即将结束。[11]

肯塔基州参议员亨利·克莱是“美式经济体制”（American System）的主要倡导者，这个计划包括：实行保护性关税，成立一个新的美利坚合众国银行，对诸如运河、铁路和公路这样的可以使土地增值的国内改良举动提供联邦支持，以及低价出售公共土地。在约翰·昆西·亚当斯任总统期间（1825—1829），“美式经济体制”得到了全力推动，但当杰克逊执政时，他推翻了国家银行计划，并否决了联邦出资将国道在肯塔基州的梅斯维尔附近延长 60 英里的提议。[12] 他的这些行动也促使反对他的人建立起反杰克逊的政治联盟，后者最后演变成辉格党。

土地政策造就了有趣的政治联盟。南方人需要对抗北方的高关税政策和日益高涨的反奴隶制情绪。西部各州虽然在传统上支持东北部和这些政策，但西部人民也想要廉价的土地，因而他们转向南方寻求援助。南方的政治家，特别是约翰·C. 卡尔霍恩和安德鲁·杰克逊，乐得给予方便，特别是如果这样做能够撬动西部，使它们不再依照传统一味地支持东北各州。领导西部州进行土地改革的是密苏里州民主党参议员托马斯·哈特·本顿。[13] 本顿于 1824 年第一次提出“小木屋”（log cabin）议案，鼓励那些在事实上定居于某块土地上的人，给予他们优先购买这块土地的权利。最

终，本顿的政策通过《1841 年优先购买权法》成为法律。

然而，采用这种方法无法解决两个问题。第一，定居者已尽可能地占据了最好的土地，剩余的大部分公共土地都是没人要的；第二，它无法阻止投机商获取大量的土地，他们常常付钱给个人让他们占据最好的土地，然后再将该土地廉价出售给其他投机商或个人。本顿还支持一个分等级计划，根据某块可用土地的价值调整其售价。他还认为，联邦政府应当将卖不出去的土地赠送给贫穷的定居者。[14]

宅地立法

宅地议案的基本理念是全国性政府将公共土地赠予或以最低价出售给个人，个人耕种某块土地达到规定的年限后，即可获得该土地的所有权。支持者认为该计划将使无数的潜在定居者大大受益，这些人虽然凭自己的积蓄买不起土地，但他们努力工作，充满抱负和干劲，必能带动整个西部的繁荣。19 世纪 30 年代中期，宅地计划的早期版本在国会广为流传，但因为支持人数不足而没能获得通过。到 40 年代，国会对宅地立法的关注度显著回升。1842 年，国会通过了《佛罗里达占领法》（Florida Occupation Act），给予移民 160 英亩的免费土地，条件是他们要在其中 5 英亩的土地上居住 4 年，修建小木屋，筑起围墙。第二年，参议院批准了一项对俄勒冈的定居者慷慨的宅地议案。[15]

在第 29 届国会的第一会期（1845—1846），来自亚拉巴马州的民主党人费利克斯·格伦迪·麦康奈尔（Felix Grundy McConnell）、来自田纳西州的民主党人安德鲁·约翰逊，以及两位来自伊利诺伊州的民主党人罗伯特·史密斯（Robert Smith）和奥兰多·B. 菲克林（Orlando B. Ficklin）分别向众议院提交了各自的全国性宅地议案。[16] 然后在 1848 年，约翰逊和来自纽约州的辉格党人霍勒斯·格里利又提交了另外两部宅地议案，霍勒斯·格里利后来更知名的身份是《纽约论坛报》的创办人。1849 年国会会议召开伊始，斯蒂芬·道格拉斯也提交了一部宅地议案。然而，上述所有议案都未获得通过。

1851 年 12 月，在新的第 32 届国会召开伊始，安德鲁·约翰逊再次提交了他的宅地议案。新加入联邦的西部各州对宅地议案的支持不断增长。在南方，有大量贫穷的农民本来会迫不及待地接受获得免费土地的机会，但是最大的反对势力是他们的南方同胞，蓄奴制度的捍卫者：他们担心国会可能会提高关税以补偿国库损失的购买土地的资金，以及越来越强烈的反奴隶制情绪。而当时，北方对于宅地立法的意见则是五花八门，既有支持的也有反对的。[17]

就在这个月，也就是 1851 年 12 月，来自宾夕法尼亚州的民主党人加卢沙·格罗（Galusha Grow）宣誓就职，开始了他在国会的第一个任期。当时年仅 28 岁的格罗是最年轻的众议员，是一名热忱的自由州拥护者，强烈赞成宅地立法。虽然他所在的民主党对宅地计划非常冷淡，但格罗不失时机地在 1852 年 3 月向国会发表的第一次演讲中，猛烈抨击了土地投机者、土地公司及其代理人。他提出了一部宅地修正案，主张耕种某块土地的定居者应当拥有占有这块土地的固有权利，就好比他们拥有呼吸空气或喝水的权利一样。然而，年轻的格罗和他的议案仍然需要等待良机。

众议院转而讨论安德鲁·约翰逊的宅地议案，并于 1852 年 5 月 12 日以 107 比 52 的投票结果通过了该议案。但是有约 1/3 的众议员根本没有投票，大概是不希望在他们各自党派即将召开全国大会之前公开表明立场。[18] 参议院拖延了好几个月才受理该议案，并最终在 1853 年 2 月，即“跛脚鸭”会期的最后一个星期，以 33 比 23 的投票结果否决了约翰逊的议案。

加卢沙·格罗在 1853 年 12 月新的第 33 届国会开始时，又做了一次尝试；此时安德鲁·约翰逊已离开国会，返回家乡担任田纳西州州长。现在宅地议案获得通过的机会看起来大了一些；其他几位议员还提交了第四部宅地议案，包括来自宾夕法尼亚州的民主党众议员约翰·L. 道森（John

L. Dawson），来自艾奥瓦州的民主党众议员伯恩哈特·亨（Bernhart Henn）和来自亚拉巴马州的民主党众议员 W. R. W. 科布（W. R. W. Cobb），以及俄亥俄州自由之土党参议员萨蒙·P. 蔡斯和加利福尼亚州民主党参议员威廉·格温（William Gwin）。[19]

但是，国会很快就卷入了“堪萨斯–内布拉斯加”斗争，其大部分注 8
意力都集中在那个越来越不稳定的局势中。尽管如此，另一场有关赠地的争端正在国会中酝酿。自 1848 年起，令人敬畏的社会改革家多萝西娅·迪克斯（Dorothea Dix）就一直推动和说服国会支持一项土地捐赠计划，为贫穷的精神病患者提供庇护设施。米勒德·菲尔莫尔总统之前已批准了她的计划——将出售 1250 万英亩公共土地的收益用于提供捐赠基金，国会参众两院分别投票通过了她 1851 年、1852 年和 1853 年的计划。迪克斯在 1854 年又一次提出立法，这一次要求国家政府赠予 1000 万英亩的公共土地给各州，用于照顾精神病患者。许多之前反对迪克斯议案的国会议员突然沉默了，且没有投票，因为他们担心改革者会找机会报复他们。国会参众两院投票通过了迪克斯的赠地议案，有相当大一部分持反对意见的议员选择回避。唱黑脸的任务落到了富兰克林·皮尔斯总统身上，他否决该立法，声明其是违宪的：“我无法在宪法中找到任何根据使联邦政府成为整个美利坚合众国公共慈善机构的大施舍人。”[20] 就在迪克斯的立法被否决之后，国会又考虑了从密歇根、威斯康星和明尼苏达划拨出 400 万英亩的公共土地以资助建造一个环尼亚加拉瀑布城（Niagara Falls）的运河，以及资助哥伦比亚特区的公立学校。但这两个议案都失败了。[21]

1857 年，安德鲁·约翰逊作为田纳西州选出的参议员重返华盛顿。第 35 届国会刚刚于 1857 年 12 月召开其第一会期，他立即提交了他的宅地议案。约翰逊提醒他的新参议院同僚，他的宅地立法曾于 1846 年提交给众议院，后来在 1852 年获得众议院通过，他希望参议院可以迅速审议该立法。[22] 但当时的形势非常严峻：“德雷德·斯科特案”的判决、堪萨斯内战和《莱康普顿宪法》已经进一步恶化了参议院内部的关系。南方议员对宅地立法疑虑重重，即使提出它的是一位来自南方近邻田纳西州熟悉的盟友。追随卡尔霍恩的老民主党人（Old Calhoun Democrats）——来自弗吉尼亚州的詹姆斯·M. 梅森和罗伯特·M. T. 亨特，来自北卡罗来纳州的托马斯·L. 克林曼（Thomas L. Clingman）和来自亚拉巴马州的克莱门特·C. 克莱（Clement C. Clay）——领导了反对约翰逊宅地计划的战斗。

1858 年 5 月 20 日，安德鲁·约翰逊在参议院发表了他最重要的演讲。在为他的宅地议案辩护过程中，约翰逊分享了自己对城市扩张以及城市贫困化和犯罪两大弊病的担忧。他恳求道：“我们真正的政策是逐步发展起中产阶级，维持乡村，使人口移居至农村，并让这个政府的权力属于中产阶级。一方面我不希望出现悲惨的城市下层阶级，另一方面我也不希望出现养尊处优、骄傲自满、堕落腐败的特权阶级。”约翰逊为那些善良正直的美国中产阶级辩护，他们有自己的家园要守卫，有自己的妻儿要保护。约翰逊提醒他的同僚们：“这些伟大的人民群众、伟大的中产阶级，才是诚实可靠的。”[23]

但约翰逊无法动摇南方参议员的指控——他们称宅地立法只不过是“黑人共和党”（Black Republican）的阴谋。约翰逊被南方人的报纸谴责为叛徒，但是他在北方和西部地区获得了相当大的支持和关注，丝毫没有打击他可能参加 1860 年总统竞选的兴趣。但参议院自有其决定，它投票通过将进一步审议约翰逊立法的工作推迟至下一会期。[24]

最终，在 1860 年第 36 届国会的第二会期期间，参众两院通过了宅地立法。1860 年 3 月 22 日，众议院以 115 比 66 的投票结果通过了加卢沙·格罗发起的议案，但投票结果显示出明显的地域区分：只有一张赞成票来自蓄奴州（密苏里州），只有两张反对票来自自由州（特拉华州和宾夕法尼亚州）。所有的共和党众议员都投票支持宅地议案；实际上，在即将到来的总统竞选中，这是一个他们能够团结一致支持的竞选议题。在参议院，安德鲁·约翰逊驳斥了一些南方议员的反对意见，但也依从了其他一些南方议员的异议，最后这部打了折扣的宅地议案于 5 月 10 日以 44 比 8

的投票结果获得通过。但众议院和参议院通过的议案版本分歧巨大，前者影响更为深远，后者则比较弱势。国会成立了 3 个协商委员会来解决两者的分歧，最终在 1860 年 6 月 19 日，参众两院第一次接受就宅地立法达成的妥协。[25] 但最终所有的努力还是化为乌有。

6 月 22 日，"跛脚鸭"总统詹姆斯·布坎南否决了宅地议案，称他担心美国的财政稳定。他从富兰克林·皮尔斯政府手里继承了 400 万美元的财政盈余，但到 1859 年，国库的赤字达到了 2700 万美元。皮尔斯政府能够获得约 2.73 亿美元的财政收入，绝大多数来自出售公共土地和征收海关费用。但到布坎南执政时，政府的财政收入大幅下降，主要是因为 1857 年经济大恐慌，以及堪萨斯内战中断了土地出售。最后，虽然布坎南获得的财政收入比皮尔斯少了约 3900 万美元，他还是成功地维持了国家的正常运转，但是他不希望免费赠送更多的公共土地，因为他将土地视为公债的一种抵押物。[26]

布坎南还将宅地议案视为共和党公然拉选票的企图：它为小农户和移民提供免费的土地；谁能抗拒这种提议呢？布坎南担心，涌入的新居民会把西部淹没，奴隶制 / 反奴隶制斗争造成的仍然脆弱的伤口会被再次揭开。他决定不再重蹈"堪萨斯–内布拉斯加"斗争的覆辙。而且，他自己所在的民主党公开表示反对宅地立法。布坎南知道他所冒的风险：北方人会进行政治复仇，他将被指责不遗余力地执行实行蓄奴制的南方的命令和阻碍居民向西发展，但是他愿意承担这些风险。

在他写给国会的否决咨文（veto message）中，布坎南解释了他的行动：这部议案是违宪的、不公平的且具有歧视性。它之所以违宪，是因为它规定的每英亩 25 美分的土地售价，无异于赠送土地，而国会无权赠送土地，不论是给个人还是给各州。它之所以不公平，是因为它鼓励居民去西部，这将使得早年定居的各州土地变得无用，退伍军人拥有的奖励土地也会失去价值。它之所以具有歧视性，是因为未婚的公民不能从中受益，而定居者才有资格获得土地。最糟糕的是，布坎南说，诚实的人不想要施舍，不论是来自政府的还是来自邻居的，该议案只会腐化这种坚定的独立精神。[27]

历史学家保罗·W. 盖茨形容布坎南否决《宅地法》的声明“可能是有史以来美国总统发表的最荒谬、最拙劣且错得离谱的否决咨文”。[28]安德鲁·约翰逊和加卢沙·格罗非常愤怒；北方和西部的政治家集体谴责声讨布坎南，北方的新闻界也大都如此。然而，《纽约论坛报》的霍勒斯·格里利却非常高兴。宅地立法是他最优先考虑的事务之一，而现在终于变成了一个明确的竞选议题。[29]恼怒、疲惫、备受打击的布坎南，甚至连如此小的恩惠也不肯给美国的农民和工人阶级。尽管参众两院以压倒性的多数通过了这部宅地议案，但它还是被总统否决了。在参议院，推翻总统否决的投票结果为 27 票赞成比 18 票反对，距所需的三分之二多数差了 3 票。南方人投出了所有的反对票。[30]

共和党人在芝加哥召开大会推选他们的总统提名人，他们毫不动摇地坚持自己的土地政策和政治主张。共和党党纲的第 13 节要求“国会通过全面的、令人满意的宅地议案”。[31]随着共和党于 1860 年赢得总统竞选胜利，南方各州脱离联邦，以及萨姆特堡战役爆发，再也没有强硬的南方议员集团能阻挡北方的国内政策了。

赠地学院

对赠地学院法案贡献最大的联邦立法者是来自佛蒙特州的众议员贾斯汀·史密斯·莫里尔（Justin Smith Morrill）。莫里尔是一名前辉格党人，之后以共和党人的身份竞选连任众议员，他在 1857 年 12 月 14 日第 35 届国会刚刚开始其第一会期时，提交了他的第一部赠地法案。莫里尔的立法很难说是首次提出赠予土地给各殖民地或各州用于教育的立法。1619 年，英国国王特许在弗吉尼亚建立亨利科学院（Henrico College），给予了它一大块赠地。但由于弗吉尼亚的英国移民很少，农作物歉收，出售土地获得的钱不足以维持这个刚刚起步的学校，它很快就被迫关闭了，而特许状也被国王取消。[32] 殖民时代建立起的第一批大学都是由宗教组织创办的，特别是北方的公理会和南方的圣公会。1636 年至 1769 年，有 9 所这样的大学相继成立：哈佛大学、威廉与玛丽学院、耶鲁大学、普林斯顿大学、哥伦比亚大学、宾夕法尼亚大学、布朗大学、罗格斯大学和达特茅斯学院。[33] 这些大学都具有某种形式的州支持的援助。哈佛大学、耶鲁大学和威廉与玛丽学院的补充收入来自彩票、许可费、渡船通行费和某些税收，后来的普林斯顿大学、哥伦比亚大学、布朗大学和达特茅斯学院则获得了政府赠地。[34] 从 18 世纪 70 年代一直到 1787 年，高等教育受到的关注日益增加。南卡罗来纳被特许建立三所大学，马里兰、弗吉尼亚和宾夕法尼亚各被特许建立两所大学，佐治亚和后来将成为肯塔基的地区各被特许建立一所大学。[35]

1787 年夏天，在费城召开的制宪会议上，来自南卡罗来纳的查尔斯·平克尼提议，新的联邦国会在美国政府所在地创建一所全国性的大学。来自弗吉尼亚的詹姆斯·麦迪逊也力主建立一所全国性的大学。在制宪会议的最后几天，麦迪逊和平克尼再次提案，结果他们的提案以 6 比 4 的投票结果被否决了。然而，正式通过的宪法不仅没有提及全国性的大学，就是对教育本身也只字未提。[36] 一些代表担心全国性的大学会受到宗教组织的影响；其他代表则认为教育是各州和地方应当关心的事，用不着国家来关心。

1790 年 1 月 8 日，乔治·华盛顿总统向国会发表第一次讲话，建议国会考虑创办一所全国性的大学。随后，华盛顿动用他的行政权力在首都预留出一块土地用于创办全国性的大学，他期望国会能特许创办这样一所大学，或者私人捐赠者会踊跃出现。国会对这个想法犹豫不决，但华盛顿本人在遗嘱中留下一份赠予（但这份赠予最后变得一文不值），希望当一所全国性的大学最终创办的时候用作捐赠基金。华盛顿在主张创办一所军校时则比较幸运，国会于 1802 年创办了西点军校。[37]

美国建国后的前 6 位总统都敦促国会创办全国性的大学。国会终于在 1821 年授予法人特许状给哥伦比亚学院（Columbian College），并捐赠出哥伦比亚特区一块价值 2.5 万美元的土地。捐赠土地而不是捐赠钱，遵循一个可接受的联邦政府原则。哥伦比亚学院作为一所私立文理学院，踉踉跄跄地前进着，它是“孤独的、长期资金短缺且地区性的”；它于 1873 年更名为哥伦比亚大学，后来又于 1904 年改名为乔治·华盛顿大学。[38] 但是这所大学远远未能成为一所全国性的大学。

1836 年，詹姆斯·L. 史密森（James L. Smithson）留下了 50 万美元的遗产用于“增长和传播知识”，作为华盛顿特区的一所全国性农业大学的捐赠基金，但是创办这所全国性大学的计划却没能成功。[39] 内战之后，国会在 19 世纪 70 年代出现过数次创办全国性大学的努力，在 90 年代又涌现出一波。在接下来的几十年里，众议院收到了 26 份建议创办全国性大学的提案，但无一获得通过。[40]

第一块用于高等教育的教育赠地是依据《西北法令》赠予的：俄亥俄州议会在 1802 年 1 月 2 日特许创办美国西部大学（American Western University）；它于 1804 年改名为俄亥俄大学（Ohio University），并于 1808 年敞开大门接收了三名学生。[41] 它的主要收入来源是《1787 年法令》规定的教育赠地。

《西北法令》为国家拨赠教育用地开创了先例。自美国建国一直到内战，有 17 个州收到过用于高等教育的联邦赠地。田纳西州（1796 年批准加入联邦）在 1806 年根据一部特殊国会法案获得 10 万英亩土地；威斯康星州（1848 年加入联邦）和佛罗里达州（1845 年加入联邦）从三次联邦赠地中各自获得 92 160 英亩土地；明尼苏达州（1858 年加入联邦）从三次这样的政府赠地中获得 82 640 英亩土地；俄亥俄州（1803 年加入联邦）从两次政府赠地中获得 69 120 英亩土地。其他 12 个州从各种各样的联邦政府赠地中各自获得 46 080 英亩土地。[42]

州立大学的发展在一定程度上被最高法院对“达特茅斯学院诉讼案”

做出的具有里程碑意义的判决延搁了。[43] 最高法院在 1819 年面临着一个中心问题：达特茅斯学院到底是公共机构还是私立社团？达特茅斯学院于 1769 年由埃利埃泽·惠洛克（Eleazar Wheelock）创办并由公理会资助，它获得的皇家特许状规定董事会拥有永久自我更替的权利，且校长能够任命他的继任者。最后，创办者的儿子约翰·惠洛克（John Wheelock）成为校长；但是他很快与教会的教义发生冲突，随即被解雇。然而，小惠洛克实施了报复；他当选州长后怂恿州议会通过一部法律，将私立的达特茅斯学院变成州资助的达特茅斯大学（Dartmouth University）。

达特茅斯学院的律师丹尼尔·韦伯斯特向最高法院发表了一篇经常被人引用的、慷慨激昂的辩护词，他提出以下问题："我们的州议会是否有权夺取不属于他们的东西，改变其原本的用途，并将其用于他们认为合适（任凭他们自行决定）的目的或用途！"[44] 最高法院经由首席大法官约翰·马歇尔裁定达特茅斯学院不是一个公共机构，新罕布什尔州颁布法令将该私立学院创建成为一所州立大学是对履约义务的损害，是违反宪法的。教育史学家保罗·韦斯特梅耶（Paul Westmeyer）认为最高法院的这一判决延搁了州立大学的创办，并立即引发了从 19 世纪 20 年代至 70 年代创办小型学院的热潮。[45]

虽然如此，在内战之前，还是有 21 所学院和大学在州的资助下成立。从 1785 年创建佐治亚大学（University of Georgia）开始，联邦的 34 个州中有 20 个州创办了州立大学。6 个最早的州（佐治亚州、北卡罗来纳州、南卡罗来纳州、马里兰州、弗吉尼亚州和特拉华州）创办了各自的州立大学，14 个新加入的州（佛蒙特州、肯塔基州、田纳西州、俄亥俄州、路易斯安那州、印第安纳州、密西西比州、亚拉巴马州、密苏里州、密歇根州、艾奥瓦州、威斯康星州、加利福尼亚州和明尼苏达州）也纷纷如此；其中俄亥俄州创办了 2 所州立大学。[46] 此外，还有 6 所学院或大学是半州立或市立的。在最初 13 州中，有 7 个州（新罕布什尔州、马萨诸塞州、罗得岛州、康涅狄格州、纽约州、新泽西州和宾夕法尼亚州）在内

6 战前没有创办州立大学。7 个新加入的州（伊利诺伊州、缅因州、阿肯色州、佛罗里达州、得克萨斯州、俄勒冈州和堪萨斯州）同样也未创办州立大学。[47] 1800 年至 1860 年，各个文理学院的注册学生数从 1156 人增加至 16 500 人。在这一期间，总共有 241 所文理院校成立，仅有 40 所未能生存下来。[48]

在莫里尔提交其立法 15 年前，伊利诺伊学院（Illinois College）的乔纳森·B. 特纳（Jonathan B. Turner）教授就一直强烈主张在高校开设农业和机械工艺方面的课程。1851 年 11 月 18 日，他在伊利诺伊州格兰维尔（Granville）举办的一次农场主大会上发表演讲，系统地阐述了他的构想。这一演讲刊载后，被广泛传阅，成为众所周知的“特纳计划”（Turner Plan）。特纳宣称，与脑力劳动职业相关的学科拥有的文献已足以“击沉整个海军的舰船”，而用于工业或农业技术的培训和教学资料在哪里呢？根本就没有过。他主张史密森学会（Smithsonian Institution）应当是一个传播实用知识的中心，各个州都应当创办专门研究工业和机械工艺的大学。[49]

1853 年 2 月 8 日，伊利诺伊州议会通过一项由特纳和他的一些同事草拟的决议案，指示伊利诺伊州在国会的议员团与其他立法者合作，争取制定一部法律，向各州赠予公共土地（价值至少 50 万美元），以资助工业大学，并与史密森学会合作。伊利诺伊州辉格党众议员理查德·耶茨（Richard Yates）本来准备在 1854 年提交一份议案，但由于某种原因没有实行。1857 年，在政治形势看起来更为有利时，伊利诺伊州民主党参议员莱曼·特朗布尔表示他本来很乐意提交该议案，但考虑到已经有大量土地被移交给西部各州，该议案或许应当由东部的立法者提交。1857 年 12 月 17 日，来自佛蒙特州的贾斯汀·莫里尔提交了他自己的立法。

渐渐地，要求创办农业和机械学院的运动声势越来越大。像霍勒斯·格里利和梭伦·罗宾逊（Solon Robinson）这样的农业期刊编辑和新闻记者，像乔纳森·特纳这样的教育工作者，像全国农业学会（National Agricultural Society）主席马歇尔·O. 怀尔德（Marshall O. Wilder）这样的农业领袖都转向华盛顿寻求帮助。他们的请求非常简单且具有说服力：如果国会能够通过征收关税、制定专利法、补贴船运和海港、赠地修建运河来支持工商业，为什么就不能帮助农业呢？对于美国经济的这个至关重要的组成部分，国会所做的实在太少了。[50]

莫里尔在 1857 年提交的立法要求总共赠予略多于 600 万英亩的联邦土地，估价为 750 万美元，或者每英亩 1.25 美元。这一数额并不算多，赠予的公共土地的面积也相对很小。但是该计划也是革命性的，它所基于的土地分配方案与宅地分配计划显著不同。莫里尔的立法会牺牲新加入的西部各州的利益，而使原有的人口更稠密的东部各州受益。东部各州已经只剩少量或完全没有公共土地了，而根据莫里尔的立法，这些州将能够挑选西部的土地。一个州的人口越多，它获得的土地也越多。公共土地将基于各州的国会议员团的规模分配给各州，正如总统选举团一样。[51] 采用 1850 年的人口普查数据，人口最多的纽约州拥有 33 位众议员和 2 位参议员，每位议员可划拨得到 2 万英亩土地；俄亥俄州拥有 21 位众议员和 2 位参议员，每位议员同样也划拨得到 2 万英亩土地。小小的罗得岛州只有 2 位众议员，它获得的土地英亩数将与艾奥瓦州或者面积巨大但人口稀少的加利福尼亚州相等。[52]

各州将创办至少一所主要研究农业和机械工艺的学院或大学。内政部长将给那些自己没有公共土地的东部州发放西部土地的凭证。各州能够出售这些凭证，并用出售所得的收入为这些院校提供资金。

莫里尔希望他的议案能够分配到他自己所在的农业委员会，然而它却被分配到了公共土地委员会，该委员会主席是来自亚拉巴马州的充满敌意的民主党人威廉姆森·R. W. 科布。莫里尔把又高又壮、声音低沉的科布形容为一个智障者，“不时冒出些粗俗的笑话，举止像个街头小贩”。[53] 科布和公共土地委员会将该议案积压了几个月，然后在 1858 年 4 月 15 日建议不通过该议案。然而，莫里尔非常擅长“数人头”，他知道如果能够将他的议案交由众议院全院审议的话，就很有可能会获得通过。他取得两位众议院同僚的帮助，实施了某种合乎议会法规的计策，很快莫里尔就将他的议案送交到了众议院全院。[54]

4 月 20 日，贾斯汀 · 莫里尔（此时是他在国会的第二个任期）站在他的同僚面前，争辩说，教育赠地完全在宪法的权威范围内：联邦政府已投入了数百万在灯塔、海港、海岸勘测和军事院校上，创作者和发明者已获得了联邦版权和专利权保护，铁路部门已获得了大量的赠地福利，为什么不该同样给予农业鼓励呢？

莫里尔还提出了关于美国农田生产力下降的警告。到 19 世纪 50 年代，新英格兰地区的小麦产量、土豆产量以及弗吉尼亚的烟草产量都已经下降了，主要原因是土壤肥力耗尽。美利坚合众国应当做的是仿效欧洲实行科学农业项目。比利时、英格兰，特别是法国在农业项目和院校，在兽医学和园艺学上的投资取得了令人瞩目的成果。莫里尔争辩道：“我们拥有教授杀人的艺术、培养精通战争的‘深喉引擎’专家的学校，难道不应当拥有教导人们如何为广大兄弟同胞提供食物、衣服和启蒙知识的学校吗？”[55]

莫里尔估计，他的赠地议案将向各州赠予 580 万英亩土地，用于创办农业学院。这个数目远远小于分配给退伍军人的 6100 万英亩土地、赠予各州以修建铁路的 2500 万英亩土地，还有已经分配给各州用于创建院校和大学的近 6800 万英亩土地。联邦还剩超过 10 亿英亩的公共土地可用于其他用途。[56]

众议院通过进一步辩论，最终以 105 比 100 的投票结果通过了莫里尔的议案。参议院通过该议案的时间则更为漫长。一开始，来自密歇根州的民主党人查尔斯 · E. 斯图尔特（Charles E. Stuart）尝试带领该议案获得参议院的通过，但投票表决被推迟至下一会期。随后，来自俄亥俄州的共和党人本杰明 · F. 韦德（Benjamin F. Wade）接手了在参议院通过该议案的任务。他指出赠地立法拥有广泛的支持：许多州议会和几乎所有农业学会都支持该计划。但是参议院有一些激烈的反对者，其中西部议员和南方议员的批评声最大。来自明尼苏达州的共和党人亨利·M. 赖斯（Henry M. Rice）嘲笑向农民提供高等教育："我们不想要异想天开的农民，也不想要花里胡哨的机器。"南方议员特别担心联邦赠予公共土地。他们争辩说，将土地赠予移民、铁路部门或院校和大学，违反了宪法的精神和条文。来自弗吉尼亚州的民主党人詹姆斯·M. 梅森认为，这只不过是"以贿赂各州为目的，抢劫国库的违宪行为"。1859 年 2 月，来自亚拉巴马州的民主党人小克莱门特·克莱本·克莱（Clement Claiborne Clay, Jr.）在参议院痛斥莫里尔的议案，称其为"有史以来提交给国会的最荒谬、最不公平且最危险的议案之一"。[57]

其他立法者，特别是来自西部各州的，对土地投机者顾虑重重。他们对于赠地给墨西哥战争退伍军人的痛苦经历还记忆犹新。这些退伍军人获得了超过 6100 万英亩的赠地；但是这些土地很快就贬值了，有时甚至低至每英亩 50 美分。然后这些土地就被土地投机者以一次 5000 英亩至 10 万英亩的购买量哄抢一空。这些人多半是来自东部的在外地主，因为不需要为他们新近获得的土地缴纳财产税，他们觉得非常划算。土地投机意味着移民的定居点非常分散，地方政府必须进行像修建道路和铁路线这样的改良工作。投机者获得收益，却要由当地人买单。许多退伍老兵沦为土地投机者和阴谋家手下的受害者，立法者担心，这种情况也很有可能发生在赠予高等院校的土地凭证上。[58]

但最终，韦德及其参议院的支持者以 25 比 20 的投票结果通过了莫里尔的议案。詹姆斯·布坎南在 30 年前身为参议员的时候曾投票支持过赠地议案，原则上，大家希望他也会支持这部学院议案。但是在路易斯安那州民主党国会议员约翰·斯莱德尔（John Slidell）以及其他南方立法者的力劝下，身为总统的布坎南否决了莫里尔议案，称其违反宪法而且是多余的。考虑到该议案在参众两院都是险胜通过，莫里尔和韦德知道他们不可能获得推翻总统否决所需的三分之二的票数。该立法受到民众的支持，有十三个州指示他们的联邦议员支持它，全国农业学会和州农业学会也都给予了协助。农业的首要倡导者查尔斯·B. 卡尔弗特（Charles B. Calvert）甚至试图取消布坎南在美国农业协会（United States Agricultural Society）的名
89 誉会员身份。[59] 正如莫里尔后来评论的："除了等待政府可能发生改变，以及总统必然的换届以外，再没有什么可以做的了。"[60]

制定法律

在美国独立 85 周年纪念日这一天，亚伯拉罕·林肯总统召集国会召开特别会议。国会于 1861 年 7 月 4 日举行会议，它当时要解决非常危急的问题：进行战争还有国家的存亡。正如一篇报道所描述的，参众两院的旁听席挤满了"激动的群众"，许多人徒劳地想要挤进去。[61] 国会大厦刚刚才被清扫干净，以擦洗掉之前临时驻扎在这里的北方联邦军士兵留下的挥之不去的气味和残余物。立法者和旁听者现在闻到的气味是新鲜的烤面包味，位于国会大厦地下室的陆军的燃气烤箱每天要烘烤 5.8 万个长面包。[62] 在参议院和众议院大厅，旁听者和立法者清楚地看到了国家分裂的证据：56 位南方众议员和 21 位南方参议员留下空空的座位，他们已经返回家乡去捍卫他们的财产、荣誉和南方邦联。只有来自田纳西州的安德鲁·约翰逊愿意留下，但很快他就会辞去参议员席位，成为田纳西州的军事长官。

共和党人现在掌控着参众两院，他们推选 37 岁的加卢沙·格罗出任众议院议长。共和党人否决了来自印第安纳州的斯凯勒·科尔法克斯（Schuyler Colfax）和来自密苏里州的弗朗西斯·布莱尔（Francis Blair）这两位温和的竞争者，而是选择了热情激烈、才华横溢的格罗。在作为议长的首次演说中，格罗猛烈抨击南方和它对合众国的反叛。民主党人士气低落且群龙无首；南方脱离联邦已经使该党丧失了力量，而他们最有能力的北

方领袖、林肯的对手斯蒂芬·A. 道格拉斯在这届新国会举行会议前一个月就已经去世了。[63]

林肯向国会请求增加 40 万名士兵和高达 4 亿美元的巨额资金进行战争，并且批准授予总统紧急战时权力（他已经开始行使这种权力了）。国会照单全收，甚至更进一步授权征募 50 万名志愿兵，增加 11 个团的正规军，关闭南方的港口，并增强陆军和海军。为了支付战争开销，国会批准了 2.5 亿美元资金，并第一次采用征收所得税来支付。[64]

第 37 届国会，第二会期（1861 年 12 月 2 日—1862 年 7 月 17 日）

参议院：31 位共和党人，10 位民主党人，8 位其他人士
众议院：105 位共和党人，43 位民主党人，30 位其他人士
总统：亚伯拉罕·林肯

第一次重要交战的失利震惊了国会，并使其受到鞭策。7 月，约 3.5 万名北方联邦军在华盛顿集合，由准将欧文·麦克道尔（Irvin McDowell）指挥。南方邦联国会计划于 7 月 20 日在里士满*召开会议，霍勒斯·格里利的《纽约论坛报》和其他北方报纸打出了“攻陷里士满”的战斗口号。第一步是麦克道尔率领军队击败在弗吉尼亚州马纳萨斯市附近的布尔溪（Bull Run）的叛军。在此有准将皮埃尔·G. T. 博雷加德（Pierre G. T. Beauregard）率领的 2.2 万名南方邦联军，还有将军约瑟夫·E. 约翰斯顿（Joseph E. Johnston）率领 1 万名邦联军前来增援。在 7 月 21 日的最后攻击中，北方联邦军看起来稳操胜券，但弗吉尼亚州的一个旅在托马斯·J. 杰克逊（Thomas J. Jackson）的指挥下组成防线，阻挡住了联邦军，并给予南方邦联军足够的时间发动了成功的反击。杰克逊因此被后人称为“石墙”（Stonewall），而缺乏经验、过于自信、毫无准备的北方联邦军溃逃回华盛顿的安全地区，将难以置信的政治家和惊骇的群众推挤到一边，

* 里士满（Richmond）：弗吉尼亚州首府。

这些人本是想出来看看他们的小伙子们如何狠狠地教训乌合之众的南方叛军的。

然而，北方联邦军的这次蒙羞和战败，却使得林肯和国会比以前更加坚定。林肯立即签署了征募 50 万名士兵的法案，3 天后，他又签署了追加征募 50 万名士兵的法案。国会的拨款总额达到了 3.5 亿美元，这是国会在战争开始之前的一个会期划拨的国家预算的 5 倍多。[65]

宅地议案

1861 年 7 月 8 日，在特别会议召开仅仅 4 天后，处于其第二任期的明尼苏达州共和党国会议员赛勒斯・奥德里奇（Cyrus Aldrich）提交了一部宅地议案。但是考虑到这次会议只持续到 8 月 6 日，时间很短，而且需要处理非常紧急的与战争相关的事务，因此奥德里奇的议案在那次特别会议上再无音信。1861 年 12 月 2 日，第 37 届国会的第二会期如期召开，讨论立法事务，并一直持续到 1862 年 7 月 17 日。宅地计划一直是共和党党纲中的一条重要政策，现在共和党人完全执掌国会，他们没有浪费任何时间，立即提出了立法。奥德里奇再次提交议案，该议案被分配至由威斯康星州共和党众议员约翰・福克斯・波特（John Fox Potter）担任主席的公共土地委员会。1861 年 12 月 10 日，波特将一部宅地议案交给众议院全院讨论。该议案规定，凡年满 21 岁且是家庭户主的美国公民或公开声明想要成为美国公民的人，均可获得公共土地；这些定居者需要支付 10 美元的入会费，并且在该土地上居住并耕种满 5 年。这些自耕农将获得 160 英亩、每英亩价值 1.25 美元的土地，或者 80 英亩、每英亩价值 2.5 美元的土地。波特的议案还向在北方联邦军服役达 3 个月或更长时间的人发放 30 美元的现金奖励。[66]

一些立法者，比如来自印第安纳州的民主党人威廉・S. 霍尔曼（William S. Holman），主张北方联邦军士兵应当获得赠地，而不仅仅是现金奖励。其他议员则希望国会立即采取行动：移民越快获得他们的土地越好。一些议员认为宅地计划应当等到战争结束后再实施。其中一位希望等待的议员是贾斯汀·莫里尔，他当时正在努力使他自己的赠地学院法案获得国会的通过，因此不希望宅地议案阻碍他的立法工作。[67]

《宅地法》的关键条款

《宅地法》规定，将 160 英亩未被人占用且勘测过的公共土地转让给缴纳了象征性费用并且在该土地上居住满 5 年的个人自耕农。

申请人需满足以下条件：一家户主或年满 21 岁的美利坚合众国公民或已宣布有意向成为美国公民的人，且从未武装反抗美利坚合众国政府或者给其敌人提供帮助和支持的人。

申请人也可以通过以每英亩 1.25 美元的价格购买 160 英亩土地，或以每英亩 2.5 美元的价格购买 80 英亩或更少的土地，提前获得土地的所有权。

本法案于 1863 年 1 月 1 日起生效。

在接下来的两个月里，国会因为审议其他事情而搁置了宅地立法。1862 年 2 月 21 日，众议院再一次着手讨论该议案。波特的委员会交出的立法与加卢沙·格罗于 1859 年提交的议案几乎完全相同。但此时，议长格罗的耐心已经耗尽。他采取了戏剧性的、史无前例的措施，把来自伊利诺伊州的共和党人伊莱休·沃什伯恩（Elihu Washburne）召唤到议长的席位就座，担任格罗的临时代替者。格罗则走下台，坐在他的众议院议员席位上，激烈地要求立即通过该议案。众议院在过去 10 年已经 5 次通过该宅地议案，他恳求道，讨论已经持续太久了，现在是时候投票批准了。一周后，众议院以 107 比 16 的压倒性多数批准了该立法。[68]

参议院则纠结一个问题：是否在议案中加入赠地给退伍老兵的条款？但最后格罗的朋友、他在参议院的盟友、来自俄亥俄州的本·韦德（Ben Wade）通过取消给退伍老兵奖励金这一条款为该法案扫清了障碍。1862 年 5 月 6 日，参议院以 33 比 7 的投票结果批准了宅地议案。9 天后，参众两院在没有讨论和没有记录投票的情况下通过了最终版本。[69] 林肯在 5 月 20 日签署了该立法。

赠地学院议案

众议员贾斯汀·莫里尔也丝毫没有浪费时间，立即向众议院提交了他的赠地学院议案。1861 年 12 月 6 日，在国会开始其第二会期的第四天，莫里尔宣布他将提交他的议案，10 天后他就做到了。像加卢沙·格罗的宅地议案一样，莫里尔的赠地学院议案之前已经获得国会通过，但最后被布坎南否决了。这一次，莫里尔增加了有利条件，提议按照各州众议员和
92 参议员的人数每人赠予 3 万英亩（而不是之前的 2 万英亩）土地。莫里尔还加入了一项条款：要求各个赠地院校在其课程中加入军事科学和军事战术。[70]

但是，莫里尔的立法在众议院公共土地委员会的处境比宅地立法更为艰难。该委员会主席约翰·波特坚决反对该议案，委员会的其他成员充其量也只是给予一些不冷不热的支持。[71] 在延搁了近 6 个月后，1862 年 5 月 29 日，波特建议众议院全院不要通过该议案。其中最大的障碍是西部议员不想让人口更稠密的东部各州在出售西部州的公共土地中受益。

莫里尔在等待公共土地委员会做决定的同时，与来自俄亥俄州的本·韦德合作，将赠地议案提交至参议院。西部议员又一次表示反对。明尼苏达州共和党参议员亨利·M. 赖斯抱怨地产商会精挑细选出最好的土地，“就像蝗虫一样摧毁每一个可能吸引他们的地区……”来自堪萨斯州的共和党人詹姆斯·H. 莱恩（James H. Lane）担心堪萨斯州所有的好地都会被外州人抢走。明尼苏达州共和党参议员莫顿·S. 威尔金森（Morton S. Wilkinson）和其他许多议员一样，担心土地投机商——“残忍的吸血鬼阶级”——会抹掉赠送宅地带来的好处。“他们毫不关心共同富裕，”威尔金森争辩道，“更别提教育事业了。”[72]

国会议员就莫里尔立法展开的讨论，自始至终大多是关于怎么能为了东部居民的利益而夺走西部的土地，而对教育本身的讨论则少得惊人。历史学家卡尔·L. 贝克尔（Carl L. Becker）震惊于国会议员对该法案中关于教育的条款表现出的“异常的冷漠”。大多数的讨论都集中在如何使用公共土地促进国家的繁荣，而不是改革国家的教育制度。[74]

《莫里尔法案》的关键条款

该法案规定，资助各州（最初版本是非叛乱州，在 1866 年改为所有州）创办至少一所专门研究农业和机械工艺的大学。

· 根据 1860 年国会议员的分配名额，对应每一位参议员或众议员，各州均可获得 3 万英亩的公共土地或与之等同的 3 万英亩的土地凭证。联邦总共将拨出 1743 万英亩土地用于本赠地条款。

· 出售土地的收入用于资助、支持和维护至少一所大学：“其主要宗旨应当是……教授与农业和机械工艺相关的学科……目的在于促进终身从事一些职业和行业的产业工人阶级的通识教育和实用教育。”

· 该资金将被用于设立一个利息不少于 5% 的捐赠基金。

· 所有未使用的资金将在 5 年内返还给联邦政府。

美国州立大学和赠地学院协会（National Association of State Universities and Land-Grant Colleges）前执行董事罗素·I. 撒克里（Russell I. Thackrey）评论说，《赠地学院法案》是“教育史上（最）巧妙的含糊不清的立法（之一），而该立法的伟大之处在很大程度上也正在于此”。[73]

1862 年 5 月 12 日，参议员韦德提议讨论该议案，然而参议院遵从来自堪萨斯州的参议员莱恩的异议将其延搁。10 天后，该议案再次被提上议程，结果却遭到莱恩和威尔金森“猛烈的发言攻击”——用莫里尔的话来说；[75] 但最后在 6 月 10 日，参议院以 32 比 7 票的投票结果毫不费力地通过了赠地学院议案。在众议院，公共土地委员会主席约翰·波特实施了许多拖延诡计，试图阻止莫里尔的议案进入投票程序，但最终在 6 月 17

日，众议院全院以 90 比 25 的投票结果成功通过了赠地学院议案。

《宅地法》和《赠地学院法案》的关键人物

有多位议员提出了不同版本的宅地议案，但其中有两位最重要的脱颖而出。

加卢沙·艾伦·格罗（1823—1907），1851 年至 1862 年任宾夕法尼亚州国会议员，先是民主党人，后来改变党派成为共和党人。他 28 岁进入国会，是当时最年轻的国会议员，1861 年，年仅 37 岁时当选为众议院议长。在他处于权力顶峰的 1862 年，他的选区被重新划分，他在国会改选中失败。后来，他出任得克萨斯州休斯敦-大北方铁路公司（Houston & Great Northern Railroad Company）董事长，之后又回到宾夕法尼亚州从煤炭、石油和木材中谋利。离开华盛顿 30 年后，格罗于 1893 年重返国会，并一直任职到 1903 年。

安德鲁·约翰逊（1808—1875），拥有漫长的政治生涯，于 1865—1869 年担任总统，达到其政治生涯的顶点。约翰逊是一位民主党人，1843 年至 1852 年一直担任田纳西州众议员；随后他返回田纳西州出任该州州长（1853—1857）。1857 年，他被田纳西州议会推选为参议员，并一直任职到 1862 年。然后，他返回田纳西州担任军事长官。1864 年，他被推选为副总统候选人，与亚伯拉罕·林肯一起竞选；1865 年 3 月，林肯遇刺身亡，他接任总统。身为总统，约翰逊最突出的事件是他成了首位被提出弹劾议案的总统，最后参议院以一票之差否决了针对他的弹劾指控。他成为第二位下台后重回国会的总统（第一位是约翰·昆西·亚当斯）。他在 1869 年竞选众议员失败，在 1872 年竞选参议员也失败了，但是他再一次被田纳西州议会推选为参议员，从 1874 年 3 月开始任职于第 44 届国会，一直到 1875 年 7 月去世。

许多历史学家争论赠地学院运动的关键发起人是乔纳森·B. 特纳教授，他在 19 世纪四五十年代一直倡导创办农业和机械大学。然而，国会中最重要的倡导者是那位名字与赠地运动紧密联系在一起的立法者。

贾斯汀·史密斯·莫里尔（1810—1898），1855 年至 1866 年任佛蒙特州众议员，先是辉格党人，后来改变党派成为共和党人。莫里尔直到 15 岁才接受正规的学校教育。在漫长且极富成效的国会立法生涯中，他孜孜不倦地提倡农业教育。他自 1867 年开始担任佛蒙特州推选的参议员，直到 31 年后去世，是共和党的核心人物。1862 年的《赠地学院法案》还得到了 1890 年所谓第二个《莫里尔法案》的补充，后者为赠地大学提供额外的永久性资金，并促使 17 个州创办了单独招收黑人的赠地院校。莫里尔还因为起草了《1861 年关税法》而闻名。

一个月前，即 5 月 15 日，林肯签署了成立农业部（Department of Agriculture）的法律。这实现了他在 1861 年 12 月向国会发表的年度咨文中发出的恳求：给予农业特别的关注。“众所周知，农业是国民最大的兴趣所在，而我们政府除了分配一名办事员外，没有为其设置一个部或一个局。”然而，林肯对赠地立法没有留下任何有记录的评论。他虽然支持宅地立法和赠地学院立法，但没有为争取这两部立法通过而斗争过。[76]1862 年 7 月 2 日，林肯签署了《赠地学院法案》，它注定会在农业和科学的发展中发挥关键作用。

余波

《纽约时报》在对第 37 届国会的立法工作所做的综合报道中，仅刊登了两行通告，简单提到“总统已批准宅地议案，它因此成为法律”。它对《莫里尔赠地法案》则是只字未提。[77]然而，尽管这两部法案是在美国内战的黑暗时代里获得通过的，但是它们对美国的发展起到了至关重要的作用。尽管这两部法案的执行过程并不总是一帆风顺，其成果也不总是一目了然，但不论如何，它们基于丰富的公共土地资源，帮助塑造了美国。

宅地计划

在《宅地法》实施期间，总计有 2.85 亿英亩的土地被转让或有人定居，达到了美国陆地面积的 10%。[78]该法律于 1863 年 1 月 1 日生效，这一天正好也是另一部历史性的宣言——《解放黑人奴隶宣言》（The Emancipation Proclamation）——成为法律的日子。就在这第一天凌晨零点 10 分，丹尼尔·弗里曼（Daniel Freeman）在内布拉斯加州布朗维尔的土地管理局提出申请。他支付 10 美元的申请费和 2 美元的手续费后，需要建造一幢住宅，并耕种这块土地满 5 年，之后弗里曼大概会请两位邻居或朋友签署一份文件，证明他已“符合条件”，即他已满足成为这块宅地的所有者的要求。弗里曼接着需要最后支付 6 美元费用，就可获得这块公共土地的产权证，其形式为有美国总统署名的精美证书。1865 年，单身汉丹尼尔·弗里曼通过书信向来自艾奥瓦州勒克莱尔（LeClaire）的年轻女子艾格尼丝·修特（Agnes Suitor）求婚，后者曾与弗里曼的兄弟詹姆斯订
95 婚，但詹姆斯在内战期间去世。丹尼尔·弗里曼带着他的新娘来到他申请的宅地，多年后，他们生育了 8 个孩子。[79]

《宅地法》获得通过后不久，全国各地都可以听到一首流行歌，副歌部分是：

> 来吧，来吧，你们快点来，
> 从每一个州过来，从每一条路过来，
> 我们的土地，足够广阔，无须担心，
> 因为山姆大叔够富有，能给我们每个人一个农场。[80]

在接下来的几十年里，约 200 万人将追逐与丹尼尔·弗里曼同样的梦想，申请宅地产权证。然而，并不是每一个人都能最终在宅地上定居下来，他们需要克服恶劣、荒凉的气候和土壤，克服与印第安原住民周期性的冲突，克服龙卷风和蝗虫。大约只有 40% 的申请者成功了。许多欧洲移民被获得免费土地的可能性吸引而来，但即使这种诱惑也无法成为压倒一切的动机。[81]

然而，《宅地法》对南方采取了区别对待。在内战结束前，南方的农民和想要移民的人被禁止申请免费土地，内战之后，国会中还是存在着强烈的继续区别对待南方的情绪。在 1861 年以前，南方有将近 4800 万英亩的联邦公共土地，差不多是亚拉巴马州、阿肯色州、佛罗里达州、路易斯安那州和密西西比州全部领土面积的三分之一。这些土地大多布满沼泽，

或者生长的木材质量很差，在内战以前曾以每英亩 12.5 美分至 1 美元的价格出售。[82]

宅地计划和土地政策的大事年表

1796 年《1796 年土地法令》建立起矩形勘测制度，基本的单元是 6 英里见方的镇区。公共土地以每英亩 2 美元的价格出售，并提供贷款。销售相对较慢，拖欠率较高。[86]

1820 年　贷款购买公共土地被终止；土地首先必须被勘测，然后再以公开拍卖的形式出售，最低售价为每英亩 1.25 美元。

1830 年　授予占用公地者有限的优先购买权，联邦土地政策发生重大转变。

1841 年《优先购买权法》全面确立了占用已勘测的公共土地的人有优先购买土地的权利，价格为每英亩 1.25 美元。

1857 年　近 4400 万英亩土地被拍卖，其中超过 25% 的土地位于加利福尼亚州。

1862 年《宅地法》颁布。

1867 年　以 700 万美元的价格购买阿拉斯加，面积为 3.65 亿英亩。

1873 年《植树造林法》（Timber Culture Act）规定如果移民在一块 1/4 平方英里的土地*上种植树木面积达 40 英亩（后来减少至 10 英亩），就将这块土地的产权免费转让给他。超过 29 万人申请获得了 4300 万英亩土地，几乎所有的土地都位于堪萨斯州、内布拉斯加州和达科他准州。

1902 年《拓殖法案》（National Reclamation Act）规定使用联邦出售公共土地获得的收入，为 1000 万英亩的西部土地提供灌溉。

1934 年《泰勒放牧法》（Taylor Grazing Act）大幅减少了可用于宅地计划的土地数量。

1976 年《联邦土地政策与管理法》（Federal Land Policy and Management Act）规定在美国本土 48 个相连的州废除《宅地法》。

南方成为土地政策实验的实验室。1866 年至 1876 年，南方的公共土地都只留给申请宅地的移民，大面积收购土地是违法的。印第安纳州共和党众议员乔治 · W. 朱利安是一位长期的废奴主义者，并且担任众议院公

* 1/4 平方英里的土地（quarter section），面积约为 160 英亩。

共土地委员会的主席，他希望将南方的宅地只分配给忠于联邦的公民，从而打破旧的南方贵族统治。1866 年，国会在共和党激进派的推动下，颁布了《南方宅地法》（Southern Homestead Act），规定申请宅地的个人移民每人可获得的南方公共土地限制在 80 英亩以内。接下来几年，随着南方各州重新加入联邦，南方人首先想做的事情之一就是废除 1866 年的《南方宅地法》。对许多南方人来说，《南方宅地法》是北方人试图反复向他们提醒内战这一事实并且妨碍南方发展和经济繁荣的又一侮辱。最终，1876 年，经过一场漫长而激烈的斗争，南方立法者齐心协力废除了 1866 年的《南方宅地法》。现在，南方再一次向土地和树木投机活动开放了。但讽刺的是，来自北方的有钱的利益集团蜂拥南下，收购走了最好的土地、最好的柏树林和黄松林，赚取了南方木材行业的利润。[83]

联邦总计转让了超过 10.3 亿英亩的公共土地，其中 2.85 亿英亩分给了申请宅地的移民，其余则流向了铁路部门、各州和其他索要者。[84] 在《宅地法》获得通过后的 8 年中，总共有 1.27 亿英亩土地被划拨给了铁路部门，另有 200 万英亩土地被划拨用于修建运河和马车道。另有 1.4 亿英亩公共土地被赠予各州，为各州立大学建立捐赠基金。1862 年之后，有 1 亿到 1.25 亿英亩的印第安保留地也被廉价出售给白人移民。[85]

尽管《宅地法》受到普遍欢迎，但依然不乏批评者，其中的首要人物是著名探险家、博物学家约翰・韦斯利・鲍威尔（John Wesley Powell）。鲍威尔在 1869 年和 1871 年沿科罗拉多河而下并穿过科罗拉多大峡谷。在这趟历时 3 个月、全程 1000 英里的探险之后，他成为国民英雄，后来被任命为美国公共土地委员会委员，并于 1881 年成为美国地质调查局（U.S. Geological Survey）局长。鲍威尔追求更多地了解西部的环境和生态，并且把科学方法应用到其研究中。他最重要的见解是，西部因为一个关键因素而区别于美国其余所有地区：它的干旱。鲍威尔使用史密森学会的查尔斯・A. 肖特（Charles A. Shortt）编制的降水数据和他自己的观测资料得出结论：除了从旧金山到西雅图的太平洋沿岸地带雨量充沛以外，西部剩余地区的年降水量不足20英寸。他将西部划分为“半湿润”区和“干旱”区，前者（包括得克萨斯、俄克拉何马、堪萨斯和内布拉斯加州的大部分地区）占到了美国本土面积的10%，后者则占到了40%。[87]

鲍威尔认为，西部地区除了一些绿洲拥有可持续使用的土地外，其余地区完全没有耕种和放牧所需的降雨量。他批评长期执行的严格网格制度和160英亩分区制度，认为国会应当返回使用最初殖民时期的移民所使用的更为务实的土地界线制度，允许地界线遵循自然地形，而不是严格的网格制度。此外，鲍威尔想要废止整个宅地计划。他的想法是只允许在西部从事两种类型的土地开发：一种是面积不超过80英亩的小型灌溉农场，且所有的农场都要聚集在灌区中；另一种是面积不超过2650英亩用于畜牧的大牧场。[88]

鲍威尔经常以专家的身份前去美国众议院干旱土地灌溉特别委员会（Select Committee on Irrigation of Arid Lands in the United States）做证，希望说明干旱的西部地区的严酷现实。西部至多只有1/9的土地能够被灌溉，鲍威尔评论道。1890年，鲍威尔进一步呼吁采用一种全新的土地划分制度。他的计划要求在西部地区基于流域建立140个新的政府单位；联邦政府将保留对这些土地的所有权，但是定居者能够制定规章制度，建立自立、自治的联邦。[89]然而，国会并不欣赏这个有点乌托邦式的愿景。许多国会议员，特别是来自西部的议员，希望联邦政府将土地分给各州，让各州随意处置这些土地。

美国人口调查局（U.S. Census Bureau）在1890年宣告了西部边疆这个词的终结。到此时，17个西部正式州和准州的总人口数已经达到了645.1万人。有如此多的西部人民分布在这片广阔的土地上，再也没有办法确定出一条边疆线了。1890年，西部已发展出新的城市中心：旧金山拥有29.8万居民；洛杉矶拥有5万居民；丹佛拥有10.7万居民；盐湖城拥有4.5万居民。[90]3年后，历史学家弗雷德里克·杰克逊·特纳（Frederick Jackson Turner）向美国历史学会（American Historical Association）提交了一篇题为《边疆在美国历史中的重要性》(The Significance of the Frontier in American History) 的论文。这篇具有重大影响的论文的中心主题是“一片自由土地的存在、其边界线的不断后退，以及美国向西拓殖的进程，解释了美国的发展”。[91] 特纳认为，美国人形成了一种基于民主主义、个人主义、实用主义和平等主义的特殊性格。1890 年，这个边疆已经消失，现在必须为美国生活打下新的基础。[92]

虽然边疆可能已经消失了，但西部的土地仍然可以获得。鲍威尔和美国地质调查局曾估计西部约有 3000 万英亩土地能够被灌溉，而到 1890 年，其中仅有 360 万英亩土地正在被耕种。在国家灌溉运动的发言人乔治·麦克斯韦 (George Maxwell) 和美国地质调查局首席水道测量家、约翰·韦斯利·鲍威尔的门徒弗雷德里克·纽厄尔 (Frederick Newell) 的敦促下，怀俄明州共和党参议员弗朗西斯·E. 沃伦 (Francis E. Warren) 和内华达州民主党众议员弗朗西斯·G. 纽兰兹 (Francis G. Newlands) 合作起草了一部立法，提出建立联邦资助农田灌溉的制度。[93] 1902 年西奥多·罗斯福总统签署的《拓殖法案》即是由此而来，规定使用联邦出售公共土地获得的收入来灌溉西部地区的土地。最终有 900 万至 1000 万英亩的西部土地因为这部法案而成为沃土。历史学家唐纳德·沃斯特 (Donald Worster) 认为《拓殖法案》是“西部历史上最重要的一项立法，就其给该地区的生活带来的影响而言，甚至连《宅地法》也相形见绌”。[94]

《1934 年泰勒放牧法》大幅减少了申请宅地的移民可获得的土地量。西部受到过度放牧和风沙侵蚀状况的威胁，这促使国会首次对公共土地实施管理，规定放牧要获得许可证。保罗·W. 盖茨在 1971 年总结宅地计划和公共土地出售的漫长历史时评论道：“尽管所有的立法都起草得很糟糕，土地部门的官员工作平庸，有时还贪污腐败，定居者、富有的投机商以及大的土地公司不断努力垄断土地，从而可以从中榨取自然增值，联邦土地制度的运行表现却看起来出乎意料地好。”[95]

后来，《1976 年联邦土地政策与管理法》规定在美国本土 48 个相连的州废除《宅地法》，但在阿拉斯加州延长授权 10 年。1974 年，出生于加利福尼亚州的肯尼斯·迪尔多夫（Kenneth Deardorff）提出申请获得阿拉斯加州西南部的斯托尼里弗（Stony River）80 英亩土地的所有权。他经过 5 年时间已具备获得所有权的条件，并最终在 1988 年 5 月收到了他的产权证，成为在这片土地上工作并享受来自联邦土地政策成果的最后一批定居者和拓荒者。[96]

新一代的宅地计划正在大平原*的部分地区推行，取得的进展并不大。堪萨斯州的小镇埃尔斯沃斯（Ellsworth）、卡诺波利斯（Kanopolis）、霍利鲁德（Holyrood）、威尔逊（Wilson）和明尼阿波利斯（Minneapolis）提供免费的小块土地（不到 80 英亩），有时甚至提供免费的水管和下水道连接、免费的有线电视甚至现金补偿以吸引移民。从北达科他州到得克萨斯州北部的大平原地区，自从大萧条和发生风沙侵蚀以来，人口一直在连续不断地减少。2003 年，北达科他州民主党参议员拜伦·L. 多根（Byron L. Dorgan）提出了一部新的《宅地法》：为迁移至上述地区的人民提供营业税额减免，建立 30 亿美元投资基金，并为迁移到这些地区的人支付一半大学贷款。[97]

赠地学院

1862 年，美国仅有三所高等院校自称农业学院，即后来的密歇根州立大学、宾夕法尼亚州立大学和马里兰大学。很快，各州就将开始利用联邦赠地的机会。在《莫里尔法案》颁布两个月后，艾奥瓦州第一个接受该法案规定的条件，佛蒙特州和康涅狄格州也紧随其后。1863 年，又有 14 个州表示同意。到内战结束时，总共有 21 个州签约参加。[98] 明尼苏达州、威斯康星州和密苏里州等一些州的州议会划拨资金给既有的大学；

* 大平原（Great Plains）：北美中西部的河谷地区和平原。

艾奥瓦州、宾夕法尼亚州、马里兰州和密歇根州也给它们各自既有的农业学院划拨资金。一些私立大学——马萨诸塞州的麻省理工学院和阿默斯特学院（后来终止了），罗得岛州的布朗大学，纽约州的康奈尔大学——也获得了资金。特拉华州、伊利诺伊州、肯塔基州和加利福尼亚州则创办了新的院校。[99]

联邦根据《莫里尔法案》总共赠予了1740万英亩的公共土地用于农业和机械学院的创办和使用，各州获得的收益为750万美元。这一收益完全没有达到国会之前追求的每英亩1.25美元的预期，而更加接近每英亩58美分的水平。各州议会能够从美国内政部指定的土地中任意挑选他们想要的土地。密西西比河以东只有三个州——伊利诺伊州、威斯康星州和密歇根州——还有公共土地剩余；其他所有东部州将被授予他们分配到的西部公共土地的土地获取证书（凭证）。[100] 明智的决策是挑选肥沃的土地或者茂盛的林地。但是，一些州因为无能或与投机商勾结而白白错失了良机。[101]

罗得岛州议会分配给布朗大学12万英亩土地的凭证，以创办一个农业和机械系。由布朗大学校长领导的一个委员会在1863年花了整个夏天去西部寻找土地而无果，他们觉得这个任务实在太过复杂，于是大手一挥，接受了他们委员会中的一名成员——贺拉斯·T.洛夫（Horace T. Love）牧师，一位职业筹款人——提出的便利建议：以5万美元购买全部12万英亩土地。他在免付利息的情况下分数年支付购地款，即以每英亩42美分的价格获得了这些土地；洛夫后来很快就将这些土地以平均每英亩93美分的价格出售给了堪萨斯州的土地投机商——斯特宾斯-波特（Stebbins & Porter of Kansas）。[102]

新泽西州、新罕布什尔州、康涅狄格州和宾夕法尼亚州也因为急躁、无能、急于迅速得到钱或者被贪婪的投机者利用，发生了类似的故事。赠地往往是在市场饱和、价格很低的时候被出售的。新泽西州出售赠地的价格只稍微超过每英亩50美分；新罕布什尔州的售价则只有每英亩43美分。康涅狄格州通过出售赠地仅仅获得了 7000 美元，只够为耶鲁大学的谢菲尔德科学院（Sheffield Scientific School）添设三个教授职位。宾夕法尼亚州是获得赠地第二多的州，仅次于纽约州，它却屈服于双重压力：投机者想要迅速获得土地，州立学院的官员想要迅速获得钱。于是宾夕法尼亚州以仅仅 43.9 万美元的价格出售了 78 万英亩的赠地，即每英亩只有 56 美分。[103]

在威斯康星州，其州议会的议长亨利·巴伦（Henry Barron）提出了一份决议，确保该州的 24 万英亩赠地的售价都不能低于每英亩 1.25 美元。由于该州的大多数赠地都是值钱的白松林，且这一价格应当是相当公道的，因此威斯康星州的农民可能有机会以合理的价格购买土地。但其大多数赠地最终还是落入了大的木材公司、投机商和有钱的投资者手中，比如马萨诸塞州的政治家凯莱布·库辛（Caleb Cushing），他通过议长巴伦的斡旋，购买了其中的 3.3 万英亩土地。[104]

赠地立法产出的第一个真正成功的项目是康奈尔大学。纽约州是所有州中获得赠地最多的，它获得了 98 万英亩位于威斯康星州的松林地。曾任密歇根大学历史学教授、现为纽约州参议员的安德鲁·迪克森·怀特（Andrew Dickson White）说服了他的立法者同僚、慈善家埃兹拉·康奈尔（Ezra Cornell）提供帮助。康奈尔本打算将他可观的财富用来帮助两所尽管都苦苦挣扎但又相互竞争的学校变成赠地学院。怀特说服康奈尔考虑另一个想法：为什么不从头开始创办一所真正的大学呢？康奈尔最终转而接受怀特的建议，并在 1865 年 1 月悄悄地向怀特透露："我有大概 50 万美元的余钱，我的家庭将来也用不着：我能用这些钱为我们州做的最好的事情是什么呢？"[105]

纽约州已经以每英亩约 85 美分的价格出售了 7.6 万英亩的赠地。埃兹拉·康奈尔同意以 30 万美元的价格购买剩余的 813 920 英亩土地的凭证。康奈尔不是江湖骗子，也不是不诚实的土地投机商，随时准备进行快速投资。他最后把 30 万美元捐赠基金翻了一番，而且，更为重要的是，他持有这部分剩余土地一直到 1905 年，此时那所以他的名字命名的大学获得了 580 万美元，即这些土地获得的收益为每英亩 5.82 美元。1865 年，康奈尔大学获得特许状成为一所私人赠地院校，学校建成后由安德鲁 · D. 怀特出任首任校长。[106]

赠地院校被要求对他们的学生进行军事训练，虽然各所院校可以自行决定这种训练是不是必修课。许多非赠地院校也开设了自己的军事科学课程。第一次世界大战前夕，赠地学院为美军输送的军官人数是西点军校的 3 倍，包括 50 名将级军官、2000 名陆军校级军官，2.5 万名上尉和中尉。第一次世界大战后，国会颁布了《1920 年国防法》（National Defense Act of 1920），创建了预备役军官训练团（Reserve Officers Training Corps，ROTC），这是一个在各个学校、学院和大学（不论其是不是赠地学院计划的一部分）实行的军事训练项目。[107]

到 1870 年，所有 37 个正式州都已经创办或正在计划创办赠地学院和大学。但并非一切都非常顺利。许多学校没有足够的资金，全体教员收入微薄，学生也没有充分做好准备。在许多情况下，新的大学开办了，但是只有少数高中能够提供学生。事实上，争取农业和机械教育的推动力并不是自下而上的，也不是学生大声呼吁要进入大学深造。相反，它是由联邦改革者和立法者推动的一种高等教育的新试验。[108] 到 1876 年，一些院校几乎没有取得进展。比如，特拉华学院（Delaware College）仅有 7 名教员和 40 名学生；伊利诺伊农学院（Illinois Agricultural College）只有 4 名教员和 41 名学生。路易斯安那州立大学（Louisiana State University）的教员人数（5 名）甚至比学生人数（3 名）更多。1877 年，几乎没有学生申请进入新罕布什尔州的赠地学院；马里兰大学帕克分校开设的农民学院在内战结束后的前 8 年中换了 5 任院长，只有 8 名学生毕业；“农民高中”（宾夕法尼亚州立大学）不得不下降到普通中学的水平，以解决其生源不足的问题。只有像康奈尔大学（拥有 40 名教员，304 名学生）和威斯康星大学（19 名教员，225 名学生）这样有实力的院校招收的学生人数令人瞩目。[109]

研究赠地学院项目的历史学家基本上都同意，赠地计划实施的头 25 年是“低迷期”，学院和大学的课程仍然无法开始实现莫里尔立法的美好愿景。[110] 农民组织，如农民协进会（Grange）和全国农民联盟（National Farmers' Alliance），对这些院校表示公开的敌意或怀疑，并且在许多组织内部，人们就传统课程应当侧重什么，有关农业和工程的新课程，以及机械技术的作用展开争论。

新成立的加州大学伯克利分校（University of California at Berkeley）也面临着同样的困难。不像其他州，加利福尼亚州决定不将赠地基金分发给现有的高校，而是用于在伯克利创办一所新的高校——加利福尼亚大学。[111] 该州当时发展非常迅速，其人口数量从 1850 年的约 5 万人急剧增长到 19 世纪 70 年代的近 87 万人。到 1872 年，伯克利的校园坐落着两栋大楼，大学招收了 151 名学生，其中包括 28 名女性。然而，这所新成立的大学很快遭到了攻击：虽然它因为不收学费且招收女生而受到称赞，但是其批评者指责它招生人数太少，过于偏重传统课程，本质上还是精英主义的。加州工人党（Workingmen's Party）和以农民为基础的加州农民协进会（California Grange）——当时正在施展其政治权力——带头攻击该大学的董事兼校长丹尼尔·科伊特·吉尔曼（Daniel Coit Gilman）。该校农业学院院长埃兹拉·凯尔（Ezra Carr）教授指控赠地基金被挪用到了“培养绅士”的用途。曾任耶鲁大学教授的吉尔曼“对州议会的干预和民众的不满感到非常失望”。3 年后，即 1875 年，他辞去校长之职，并返回东部成为约翰·霍普金斯大学（Johns Hopkins University）的首任校长。[112]

赠地项目在头 25 年里停滞不前，直到 1887 年《哈奇法案》（Hatch Act）的颁布才使该项目获得了重大的推动，该计划是联邦政府每年拨给各州 1.5 万美元用于在赠地大学建立农业实验站。《哈奇法案》的发起者是宾夕法尼亚州立大学的校长乔治·W. 阿瑟顿（George W. Atherton），以及国会议员、密苏里州民主党人威廉·H. 哈奇（William H. Hatch），后者担任众议院农业委员会主席。《哈奇法案》帮助人们重视农业研究，大体上为农业的学术研究制订了一个联邦资助计划。[113]

与赠地学院和大学相关的大事年表

1787 年《西北法令》。

1862 年《莫里尔赠地学院法案》。

1887 年《哈奇法案》，建立农业实验点。

1890 年《第二莫里尔赠地法案》，在 17 个南方州和南北交界诸州 * 创办单独招收黑人的院校。

1914 年《史密斯–利佛法案》（Smith-Lever Act），授权赠地院校提供校外的推广教育。

1935 年《班克赫德–琼斯法案》（Bankhead-Jones Act），为农业研究和推广教育增加资金。

1994 年 包括 29 所印第安人院校，赠地院校总计达到 105 所。

国会在之后的一个又一个会期中，否决了对赠地学院增加资助的立法。最终，在第一部法案颁布 28 年后，贾斯汀·莫里尔于 1890 年成功地使第二个《莫里尔法案》（《莫里尔法案 II》）获得通过。在马里兰农业学院院长亨利·E. 阿尔沃德（Henry E. Alvord）的领导下，各赠地学院的校长发起了一场要求联邦增加对农业院校资助的运动，并获得了成功。该法案规定每年为赠地学院或大学提供额外资助，起始为每年 1.5 万美元，之后逐年增加 1000 美元，直到达到每年 2.5 万美元，之后就永远维持在这一数字。不同于第一部法案，《莫里尔法案 II》明确规定这笔资金只能用于指定的专业，特别是农业、机械技术、英语、数学、物理和自然科学，以及经济。各州每年必须提供获得《莫里尔法案 II》资助的院校在财务、招生以及进行的教育研究方面的报告。联邦拨给各州的这笔意外之财就好比

* 南北交界诸州（border states）：美国南北战争前的诸合法蓄奴州，包括特拉华、肯塔基、马里兰、密苏里和西弗吉尼亚诸州。

“来自天堂的恩赐”，使工程和机械技术学科大为受益。此外，该法案使大学和联邦政府建立起一种更为紧密、更为正式的联系。[114]

在招生政策中实行种族区别对待的州不能获得《莫里尔法案 II》的资助；然而，各州能够创建单独的院校，从而遵守该规定。[115] 如果一个州计划拨款给一所白人学校和一所黑人学校，那么赠地资金必须平均分配给两所学校。因此，在最高法院在“普莱西诉弗格森案”（*Plessy* v. *Ferguson*）中支持“隔离但平等”原则 6 年前，美国国会和本杰明·哈里森（Benjamin Harrison）总统就已经批准了在高等教育中实施该原则。[116]

17 个南方州和南北交界诸州选择为黑人创建单独的院校，而对它们主要的赠地院校则维持只限白人的政策。[117] 关于南方的黑人教育，有许多值得详述的情况。1890 年创办的这些院校绝大多数一开始只能招收小 10
学生和中学生。到 1915 年，南方只有 64 所黑人公立高中，其中又只有 45 所提供四年制课程。[118] 美国教育局（U.S. Bureau of Education）发表了由菲尔普斯–斯托克斯基金会（Phelps–Stokes Fund）制作的一份具有里程碑意义的调查报告，调查发现，1914 年，在所有 17 所州立黑人赠地学院招收的学生中，只有 12 人达到了大学生水平。[119]

到 1928 年，黑人赠地学院仅招收了 3527 名学生。在最初这些年中，人们的注意力都集中在教师培训上，因而专心致力于传统课程：古典文学、文学知识、人文学科和通识教育的其他方面。直到 1900 年以后，才开设有关农业和机械技术的正规课程。不像白人学院，黑人学院把它们的大多数资源都投入了大学水平以下的教育中。直到 1931 年，黑人赠地院校招收的大学生人数才多于中学生人数。[120]

尽管这样，也尽管在州立院校中黑人教员的工资大致只有白人教员的一半，1890 年创办的这些院校大多数都成功地建立起了真正的四年制标准大学学位课程，并且在 20 世纪 30 年代获得了资格认证。[121] 然而，那些坚持分开创办黑人和白人赠地院校的各州，并没有公平地对待这两种院校，黑人院校不可避免地处于不利地位。比如，直到 1950 年，马里兰大学帕克分校还在占用给安妮公主学院（Princess Anne Academy）划拨的大部分土地拨款，后者是根据 1890 年法案创建的黑人学院。该学院后来成为马里兰大学东岸分校，这才使得帕克分校再也无法独占土地拨款。[122] 在田纳西州，传统黑人院校田纳西州立大学一直隶属于旗舰院校田纳西大学诺克斯维尔分校（University of Tennessee in Knoxville）。1977 年联邦法院判令将田纳西州立大学与新的“在预算上太过受到优待的”田纳西大学纳什维尔分校合并。在得克萨斯州，自 1923 年以来，约 20 亿美元石油特许权使用费流入了得克萨斯大学（University of Texas）的永久发展基金（Permanent Improvement Fund）。直到 20 世纪 80 年代，赠地院校得克萨斯 A&M 大学（Texas A&M）和招收黑人学生为主的普雷里维尤农工大学（Prairie View A&M）才能分享到这份石油收入。[123]

除了《莫里尔法案 II》以外，还有其他立法帮助过赠地大学制度。《1914 年史密斯–利佛法》授权赠地院校提供校外的推广教育，建立农业和家政学推广教育服务。《1935 年班克赫德–琼斯法案》提供更多拨款以进行农业研究和合作农业推广教育。[124]

阿拉斯加大学费尔班克斯分校（另两所分校分别位于安克雷奇和朱诺）是成立最晚的州立赠地大学，虽然其前身为创办于 1922 年的赠地学院阿拉斯加农学院和矿业学校（Alaska Agricultural College and School of Mines）。成立最晚的赠地大学是 1968 年指定的联邦城市学院（Federal City College），现为哥伦比亚特区大学（University of the District of Columbia）。[125] 1994 年，29 所印第安人部落学院也获得了接受政府赠地的资格。

4 美国现拥有 105 所赠地院校，注册学生人数约为 300 万人，每年培养出 50 万名毕业生。每个州都拥有至少一所赠地院校，是各州对高等教育投入的重要组成部分。这些赠地院校的规模、学科范围和声誉各不相同，如果再考虑为印第安人创办的部落学院，那么它们在使命和目标方面也各不相同。许多赠地院校在 20 世纪初叶进入了它们的全盛时期，它们属于第一批为妇女和少数民族提供高级培训的院校。一些赠地学院还是世界一流大学。[126]

在今天的赠地学院和大学中，农学只占其全部课程、院系和科研预算的一小部分。许多院校正在质疑它们的关联和它们的未来。其中，农学教授尼尔・E. 哈尔（Neil E. Harl）担心赠地院校现在把注意力都放在研究上，而不再重视它们负有的教学和推广教育的职责。此外，这些院校还担心各州花在高等教育上的资金所占比例正不断减少。[127] 哈尔认为，赠地大学"当前的发展趋势将大幅缩小在传统上支持赠地大学的选民人数规模，使之达到无人支持的地步"。[128]

普渡大学校长马丁・C. 伊斯切克（Martin C. Jischke）在全国州立大学和赠地学院协会（National Association of State Universities and Land-Grant Colleges）2004 年举办的年会上发表演讲，指出这些院校在新世纪面临的种种挑战。1862 年《莫里尔法案》颁布的时候，美国大约 60% 的工作都与农业直接相关；如今这一数字则少于 2%。今天，赠地院校招收的学生中学习农学的只占不到 10%，并且为了服务于现代农业，伊斯切克主张，赠地院校必须更加注重工程、技术、药学、护理和健康科学、管理课程和人文科学。[129] 他进一步认为，农学系"如同芦苇秆一般太过不牢靠，无法在其上建设我们的未来"，赠地大学系统必须展开其他方面的研究并设法获得联邦政府其他部门——环境保护局（Environmental Protection Agency）、国家卫生研究院（National Institutes of Health）和商务部（Department of Commerce）——的支持。

美利坚合众国拥有超过 4000 所得到正式认证的学院和大学，其中赠地学院在农业科学、技术、工程和军事科学的发展中发挥了重要作用。但在寻找它们在 21 世纪扮演的角色时，这些赠地学院和大学将需要超越农业，开设更多跨学科项目，包含更大范围的课程。正如马丁・伊斯切克所评论的，"如果赠地大学想要满足当代美国和当代美国农业的要求，如果美国农业想要发展和繁荣，这些大学就不能成为农业大学的代名词"。[130]

第 4 章

妇女选举权

美利坚合众国宪法第十九修正案（1919 年）

05 决议认为，保障妇女神圣的选举权是本国妇女的职责。

——《感伤宣言与决议》，塞尼卡福尔斯会议，1848 年

独裁者[*]威尔逊：你已忘记了你对可怜的德国人的同情了吗？
因为他们没有独立自治权。
2000 万名美国妇女没有独立自治权。
去掉自己眼中的梁木[**]。

——白宫外争取妇女选举权人士的横幅标语，1918 年

1913 年 3 月 3 日，华盛顿特区盛装打扮以迎接第二天的庆典——美

---

* 独裁者（Kaiser）：德国皇帝，特指威廉二世（1888—1918 年在位）。

** 去掉自己眼中的梁木（Take the Beam Out of Your Eye）：出自《新约 · 马太福音》，自己眼中的梁木喻指人自身的缺点或问题。

利坚合众国第 28 任总统伍德罗·威尔逊的就职典礼。建筑物外彩旗和飘带飞扬，主干道沿路悬挂着成千上万盏闪耀的电灯。一名记者写道，美国的首都变成了一个“五光十色、人声鼎沸的仙境之城”。[1] 威尔逊和他的随行人员乘坐的列车已驶入华盛顿，于下午 3 点 45 分到达华盛顿联合车站，然而车站却异常安静。当他们一行人走向肖雷汉姆酒店（Shoreham Hotel）时，只看到少数围观者招手和鼓掌。“人们都去哪了？”威尔逊问道，他原本以为会有大群大群的祝福者来迎接他。“都在大街上，看争取妇女选举权的游行。”有人答道。[2] 伍德罗·威尔逊被抢了风头。在仅仅数个街区外的宾夕法尼亚大道上，聚集 50 万人观看 5000 名妇女争取选举权的游行。这是华盛顿有史以来聚集人数最多的一次。

华盛顿这场游行的策划者是顽强自信、年轻激进的艾丽斯·保罗（Alice Paul），目的是在总统就职典礼期间占据新闻头条。全国各地的妇女参政论者已乘坐专列而来。在中西部的各城镇广场和西部各州的首府都举办了欢送仪式，政府也给予了官方的祝福。其中最大的代表团来自纽约；其他纽约人在“将军”罗莎莉·琼斯（Rosalie Jones）的率领下，弃乘火车，徒步 250 英里、耗时 14 天从纽约市走到华盛顿。

游行队伍从国会大厦西边的和平纪念碑出发，沿着宾夕法尼亚大道向西到白宫。在财政部大楼的台阶上，6 名女演员分别扮演有寓意的人物，另有 87 名年轻女孩扮演她们的侍从。她们与财政部大楼的希腊大理石柱共同构成了一个争取选举权的舞台场景，等待着游行队伍。按照游行手册的说明，领头人物哥伦比亚在听到游行队伍行近时，会召唤边上的“正义”、“仁慈”、“自由”、“和平”和“希望”，然后她们将检阅游行队伍。

游行大礼官理查德·柯克·伯利森夫人（Mrs. Richard Coke Burleson）骑上马，下令前进。所有的报纸都报道了美丽动人的社会改革家、律师伊内兹·密霍兰德（Inez Milholland）。她身穿一件飘逸的白色长袍，跨坐在一匹白马上，走在游行队伍的最前面。[3] 一队妇女身穿白色灯芯绒女士骑装，头戴饰有羽毛的帽子，骑马走在一驾马车旁边，马车上载着一个巨大的标牌："我们要求一部给予美国妇女选举权的美利坚合众国宪法修正案。"紧随其后的是来自美国妇女选举权协会的代表团，由该协会主席安娜·霍华德·肖（Anna Howard Shaw）率领。这一天天气晴朗、干爽，凉爽的空气非常适合游行。许多妇女骑着马，但大多数还是步行。调集而来的彩车显示争取妇女选举权的事业已经开展了 75 年。

但很快麻烦就来了。当游行队伍到达第七大道的时候，之前井井有条的秩序被打乱了，喝醉了的围观者粗暴地冲破警戒线，将争取妇女选举权的游行者团团围住。一些游行者被迫列成纵队，一个一个穿过满怀敌意的围观者组成的人墙。正因为担心会发生这样的状况，美国参议院数天前就通过了一项决议，以保证宾夕法尼亚大道畅通，但是这种姿态对这些粗暴的围观者没有任何影响。游行者被嘲笑、辱骂、推挤和吐唾沫；有许多人受了伤，十几个人胳膊骨折，还有许多人昏倒。华盛顿急救医院总共接到 175 通急救电话，200 多人必须接受治疗。

妇女参政论者及其支持者怒不可遏，特别是对华盛顿特区的警察部门。"在这里，我们在政治上一直以来都被当作罪犯和低能儿来对待，"一名妇女说道，"但是，我们应当怎样评价我们昨天受到的待遇呢？如果我们是被某个农民驱赶上街的一群猪，没准都能受到他们更好的照顾。"伊利诺伊州民主党众议员克劳迪厄斯·U. 斯通（Claudius U. Stone）的夫人吉纳维芙·斯通（Genevieve Stone）说道，一名警察大喊着羞辱她："如果我的妻子在你们这边，我会打破她的脑袋。"艾丽斯·保罗抱怨，童子军"是唯一确实做了一些有效的警察工作的人"。最后，海军陆战队派遣了一支分队前来镇压这种暴乱行为，并保护游行者。

在第二天的总统就职日，参议院通过了两项决议，试图确定地方警察
7 为什么未能保护游行者。妇女政治联盟（Woman's Political Union）的哈丽奥特·斯坦顿·布拉奇（Harriot Stanton Blatch）返回纽约，给尚未正式就

职的威尔逊总统发去一封措辞尖刻的电报："当您今天舒适且安全地到首都就任美利坚合众国人民的总统时，我们恳求您不会忽视昨天那个理应为所有美国人的利益而存在的美国政府，听任正在和平游行以争取她们的政治自由的妇女在大街上被一群咆哮的暴徒围困，而此刻为了保护男人，这条大街却得到了如此有效的守卫。"

威尔逊对此没有任何回应，他的就职演说中也完全没有提及妇女选举权或妇女的斗争。在简短的演讲中，威尔逊最后说道："今天不是一个胜利的日子，而是奉献的时刻，我们在此聚集的不是党派的力量，而是全体人民的力量。人民在等待着我们，民众的命运还悬而未决，人民希望国家向他们下定决心。我们不能辜负民众的信任，难道谁敢这样做吗？我呼吁所有诚实的民众、所有爱国者、所有一往无前的广大民众与我站在一起。愿上帝帮助我，只要他们支持我，向我建言献策，我将不会让他们失望。"[4]

虽然威尔逊最后转而支持争取妇女选举权的运动，但 5 年后众议院才通过第十九修正案，又过了一整年，参议院才予以通过。最终在 1920 年 8 月，田纳西州以极为微弱的优势批准了该修正案，成为第三十六个批准的州。妇女选举权由此成为这片土地的法律。

制定第十九修正案的历程漫长且常常非常气人，既充满了胜利，又不乏种种挫折。那些为妇女争取选举权的人以有力的民主原则——平等和公民权——作为武器，但不时也有意利用人们对阶级界限和种族优越论的担忧。这场妇女选举权运动由一小支卓越、意志坚决的妇女组成的骨干队伍领导，她们携手合作，但有时也会相互争执，起领导作用的还有在这数十年间时而高涨、时而低落的草根运动。该运动也不乏反对者，他们虽然不那么知名，但同样坚决地执意阻止妇女拥有选举权。妇女选举权运动一开始非常激进，接着转为保守，到最后混合了战斗性和政治上的复杂性。各种全国性和地方性的协会成立了，运动领袖忍受横跨全国的旅行的艰苦，进行全国性的巡讲。请愿活动发动起来，支持者在华盛顿、纽约、全国各州的首府和城市举行游行活动。支持者以投票反对妇女选举权的国会议员为攻击目标，战斗到打败这些议员为止。他们围在白宫前示威，参与绝食抗议，有些人被捕入狱。

1918 年年初，伍德罗·威尔逊在其第二个总统任期过半的时候，出乎意料地宣布他将支持第十九修正案，督促国会中那些摇摆不定的议员，并且当该修正案在华盛顿获得通过后，他又哄骗各州州长和州议会的领袖支持其批准。最终，2000 万名妇女获得资格在 1920 年的总统选举中投票。然而，此时，妇女选举权运动的早期领袖——柳克丽霞·莫特（Lucretia Mott）、伊丽莎白·卡迪·斯坦顿（Elizabeth Cady Stanton）、苏珊·B. 安东尼（Susan B. Anthony）、露西·斯通（Lucy Stone）等人——都已经去世数十年了。在修正案获得批准时，最重要的妇女选举权组织的领袖卡丽·查普曼·卡特（Carrie Chapman Catt）苦涩地回忆起这场漫长的斗争：超过 52 年的政治角力，争取妇女选举权的力量进行的 56 次全民公决活动，480 次敦促州议会将选举权修正案交给选民的运动，47 次要求将妇女选举权写入州宪法的运动，277 次要求各政党将妇女选举权写入其党纲的斗争和 30 次在总统竞选期间的党纲斗争，以及持续 38 年在连续 19 届国会中的 19 次运动。[5] 他们的运动是美国历史上持续时间最长的草根运动，而所有这一切运动的开端——1848 年塞尼卡福尔斯会议，对于许多人来说是一个遥远却值得骄傲的记忆。

背景

18 世纪，各州宪法明确说明了谁能够投票以及谁不能够投票。宾夕法尼亚州、马里兰州、特拉华州和北卡罗来纳州将选民定义为“自由男人”，佛蒙特州使用了“男人”这样的表述，佐治亚州则选择了“白人男性居民”，南卡罗来纳州则将选举权赋予“自由的白人男性”。只有新泽西州这一个州使用了不带性别的解释。新泽西州 1776 年的宪法规定，该州的选民为拥有“价值 50 英镑的财产”且在本州生活超过一年的成年居民。这意味着未婚妇女或寡妇拥有投票资格；然而已婚妇女却被排除在外，因为家庭财产是在丈夫的名下，而不是夫妇二人的名下。这一选举权条款并非技术上的疏忽，也不仅仅是存在漏网之鱼；新泽西州的制宪会议讨论过该问题，并决定未婚妇女的确应当拥有选举权。[6] 1790 年，该州颁布法令，重申了该权利。联邦党人和共和党候选人都积极争取妇女选民，特别是在 1800 年的选举中。然而，新泽西州的妇女在 7 年后失去了选举权。反对妇女拥有选举权的人声称，妇女容易被操纵和上当受骗。该州议会在 1807 年决定，为了“本州的安全、和平、良好秩序和尊严”，剥夺妇女的选举权。[7]

直到 31 年后，才有另一个州通过了一个更为受限制的妇女选举权版本。1838 年，肯塔基州议会允许“有学龄子女的寡妇”在学校选举中投票。教育和照顾儿童被视为妇女的角色，并且，对于多数立法者来说，学校选举权看来是一个适当的、有限的改革。[8]

在上述这些年间，尽管妇女没有投票权，但她们中有许多人积极参与各种政治活动。然而，她们所做的工作却被视为慈善事业，而非政治活动：为寡妇和孤儿提供社会服务，为穷人提供医疗保健，为老人提供援助，发起筹款活动，组织联合抵制活动。虽然在 18 世纪的美国，慈善团体中的妇女是在一种顺从的政治模式下开展活动，但她们的女儿们、19 世纪初的改革者表现得却没有那么安静，而是参与各种各样的公民活动。她们组织施压集团，改革政党，争论国家和地方政治，协助候选人竞选公职，编辑具有党派性的报纸，参与非暴力抵抗运动和煽动暴乱。[9]

在废奴运动发展初期，妇女发挥了重要作用。[10] 1833 年，遍布于新英格兰地区和大西洋沿岸中部各州的几个小型反奴隶制协会在费城集会，成立了美国反奴隶制协会，威廉·劳埃德·加里森、刘易斯·塔潘（Lewis Tappan）与阿瑟·塔潘（Arthur Tappan）兄弟为其创建人。这些较小的地方协会一直拥有许多妇女成员，但是在费城的会议上，她们被禁止成为美国反奴隶制协会的成员，并被禁止在该组织的《感伤宣言与目的》（*Declaration of Sentiments and Purposes*）上签字。在美国反奴隶制协会休会后，约20名妇女在柳克丽霞·莫特的领导下聚集在一起，成立了费城女性反奴隶制协会（Philadelphia Female Anti-Slavery Society）。莫特当时40岁，当了12年的贵格会牧师，日渐成为一名废奴主义者。

接下来，随着各个女性反奴隶制协会组成的网络在1836年发展起来，妇女参与反奴隶制运动的人数迅速增加。成千上万的妇女传阅反奴隶制请愿书，并在其上签字，之后将这些请愿书送到华盛顿，以抗议禁止在国会大厅内讨论奴隶制的言论限制令。国会不得不雇用专门的办事员来处理如雪片般涌来的请愿书。[11]

在美国反奴隶制协会准许妇女加入之后，柳克丽霞·莫特立即投身于该协会的宾夕法尼亚州执行委员会。她连同其他人一起组织了美国妇女反奴隶制代表大会（Anti-Slavery Convention of American Women），并在费城的宾夕法尼亚大会堂举行了其1838年的大会。这次会议被一群支持奴隶制度的暴徒打断，两天后，宾夕法尼亚大会堂被烧为灰烬，莫特自己的家也受到威胁。1840年3月，她被美国反奴隶制协会的激进派选为代表，出席在伦敦召开的英国和外国（世界）反奴隶制代表大会。该会议耗费了一整天的时间，讨论如何处理妇女代表。这些妇女代表没有得到出席会议的证件，不得不坐在房间的一个凹室里，帘子将她们与会议室隔开；美国的妇女代表与英国重要的反废奴主义妇女坐在一起。

在伦敦的会议中，柳克丽霞·莫特偶然遇到了代表亨利·B. 斯坦顿（Henry B. Stanton）年轻的新娘伊丽莎白·卡迪·斯坦顿。她比莫特小15岁，不是代表，但是正如历史学家路易丝·M. 扬（Louise M. Young）所评论的，她"恰如引爆这位富有经验的年长女性的导火索，闪耀着火花"。[12]斯坦顿后来写道，"英国和美国的妇女选举权可能始于"在这次伦敦大会上因为没有被承认而引发的刺激和愤慨，以及斯坦顿和莫特走到了一起。[13]但斯坦顿和莫特一直要到整整8年后的塞尼卡福尔斯会议召开才会再次见面。

美国有组织的废奴运动以温和派与加里森激进派的分裂而告终。然而，废奴运动仍然非常活跃，有许多妇女参与进来并学到了宝贵的经验。很久之后，伊丽莎白·卡迪·斯坦顿和苏珊·B. 安东尼写道，在早期的各种反奴隶制大会中，"人们对广泛的人权原则做了如此详尽的讨论，对公正、自由和平等做了如此清晰的讲解，因此那些蜂拥而来听讲的妇女迅速学到了她们自己的自由课程，很早就开始参与所有协会的讨论和管理事务"。废奴运动还教会了妇女如何将争取妇女权利的事业转变成政治运动。[14]

1848年夏天，大多数美国人关注的都是即将来临的总统选举和与墨西哥的战争。但是在纽约州的边远小镇滑铁卢，却存在着另一个关注点。7月中旬，5名女性围坐在茶几旁。住在附近的塞尼卡福尔斯的伊丽莎白·卡迪·斯坦顿，诚挚地说起她对于与她同龄的女性被迫只能发挥受限制的作用而感到失望。倾听斯坦顿讲话的有柳克丽霞·莫特及其姐姐玛莎·简·赖特（Martha Jane Wright）、简·亨特（Jane Hunt）和玛丽·安·麦克林托克（Mary Ann McClintock）。[15]

7月14日，这5名女性呼吁召开妇女权利大会，"以讨论妇女的社会、公民和宗教状况"。5天后，300名男女参加了为期两天的会议，并提出了行动呼吁——《感伤宣言与决议》(*Declaration of Sentiments and Resolutions*)。他们有意模仿托马斯·杰斐逊为《独立宣言》所写的序言，只增加了一个词"女性"。"我们认为这些真理是不言而喻的，"《感伤宣言与决议》用这些熟悉的词句写道，"男人与女人生而平等。"在之后的数项决议中，第9项最引人注目："保障妇女神圣的选举权是本国妇女的职责。"这项决议以微弱的优势获得通过，而其他决议获得了一致通过。[16]

在卫理公会教堂举办的这次大会，用斯坦顿的话来说，"在各方面都取得了巨大成功"。[17] 但仅仅数天后，她和其他人认为"如此适时、如此理性、如此神圣"的会议和决议就遭到了新闻界辛辣的挖苦和猛烈的奚落，这使他们惊慌失措。只有支持废奴的报纸和弗雷德里克·道格拉斯支持这些签署者。许多参与并签署该宣言的男性和女性一个接一个地收回了他们的支持。“我们的朋友，”斯坦顿写道，“变得对我们爱理不理，他们感到自己因整个行动而丢脸。”[18]

塞尼卡福尔斯会议吸引了最大的关注，同时也引发了最大的争议，但很快纽约州的罗切斯特也召开了妇女大会，接着是俄亥俄州的塞勒姆，再后来是印第安纳州、马萨诸塞州、宾夕法尼亚州和纽约市。改革即将到来：妇女们正在谈论的不仅是选举权，还有改革那些在离婚、财产权、工资支付和工作条件等方面使妇女承担过重义务的法律。她们将奴隶和妇女的状况画上等号，要求增加妇女受教育的机会，编写宣传女权主义的手册。随着“灯笼裤”——在长及膝部的裙子下的宽松“土耳其”裤子——的引入，妇女们反抗当时的服装潮流——沉重的连衣裙、衬裙和紧身胸衣。

早期的这些会议，以 1850 年 10 月在马萨诸塞州伍斯特召开的第一次全国妇女大会为高潮。这次会议聚集了美国最著名的女权主义者，包括柳克丽霞·莫特、安杰利娜·格里姆克（Angelina Grimke）、保利娜·赖特·戴维斯（Paulina Wright Davis）、欧内斯廷·罗丝（Ernestine Rose）、阿比·凯利·福斯特（Abby Kelley Foster）。会上也出现了一些新的面孔，特别是索杰纳·特鲁思（Sojourner Truth）和安托瓦妮特·布朗（Antoinette Brown）。一些男性废奴运动领袖——温德尔·菲利普斯（Wendell Phillips）、威廉·劳埃德·加里森、格里特·史密斯（Gerrit Smith）和弗雷德里克·道格拉斯，在大会上演讲，支持妇女的权利。媒体对此进行了广泛的报道，大多数都没有什么好话。《纽约先驱报》（*New York Herald*）将伍斯特会议称为“一群狂热的激进分子、老奶奶、男人和女人、逃亡的奴隶和逃跑的疯子，借妇女权利大会之名举办的鱼龙混杂的聚会”。[19]

尽管受到种种批评和嘲讽，新兴的妇女运动继续召开年度大会，一直到 1860 年（其中只有一年没开）。19 世纪 50 年代初，18 世纪下半叶争取妇女选举权的三位重要人物将相遇、合作共事，之后又分道扬镳。

露西・斯通是马萨诸塞州第一位获得大学学位的女性，她在 1847 年开始公共演讲生涯。她是一位引人入胜的演说家，她所做的有关废除奴隶制度和争取妇女权利的演讲一次能吸引成千上万人。她甚至使当时的一线明星、歌剧演唱家珍妮・林德（Jenny Lind）相形见绌。她变得如此有名，以至于 P. T. 巴纳姆（P. T. Barnum）在 1854 年试图聘请她做一系列演讲。[20] 斯通是在伍斯特召开的第一次全国妇女大会的组织者之一，她在会议结束时发表的捍卫妇女权利的演讲使在场的观众振奋不已。美国最有影响力的报纸、霍勒斯・格里利的《纽约论坛报》对为期两天的会议进行了广泛报道，包括斯通的闭幕演讲。这些报纸的文章拥有广泛读者群。身居英国的哈丽雅特・泰勒（Harriet Taylor，她将很快嫁给约翰・斯图尔特・穆勒）读到了有关伍斯特会议的文章，并写道，英国谢菲尔德的妇女曾向英国上议院递交要求选举权的请愿书。另一位受斯通的演讲和这一系列活动影响的读者是年轻的教师和禁酒运动倡导者——苏珊・B. 安东尼。[21]

到 1846 年，年仅 26 岁的苏珊・B. 安东尼已是纽约州北部一所著名寄宿学校卡纳卓里学院（Canajoharie Academy）的校长。她致力于其家族长期关注的禁酒运动，并对废奴事业越来越感兴趣。安东尼成立了州妇女禁酒协会（Woman's State Temperance Society）。与斯通、斯坦顿以及安托瓦妮特・布朗结识后，安东尼立即积极投身于妇女劳动问题、妇女权利和选举权事业。安东尼的自信、决心和演讲技巧，随着她与这些女性的交往、参与她们的活动而日臻成熟。[22]

第三位女性是年纪最长也最有名的伊丽莎白・卡迪・斯坦顿。[23] 斯坦顿是塞尼卡福尔斯会议的共同发起人，也是 1840 年伦敦反奴隶制大会的参与者。她主张改革纽约的财产法，后来因在 1860 年举办的一次全国妇女权利大会上要求改革离婚法，引发了轰动。

然而，在 19 世纪 50 年代中期的大部分时间里，安东尼挑起了妇女运动的重担。她的大部分工作都集中在推动纽约州立法者修订《已婚妇女财产法》（Married Women's Property Law），该法律于1860年颁布，在很大程度上要归功于她坚持不懈的努力。通过这部法律，妇女们可获得如下权利：与丈夫分别拥有财产，参与商业交易，处理自己的金钱，起诉或被起诉，成为她们孩子的共同监护人。[24] 当时，40多岁的斯坦顿已生下了她的第六个孩子——哈丽奥特（Harriot），斯通则嫁给了废奴主义者亨利·布莱克韦尔（Henry Blackwell），并生下了她的第一个孩子——艾丽斯。这两个孩子日后都将成为重要的女权主义者和作家。随着内战的来临，妇女们不得不做出一个决定：她们是应当把精力投入战备，显示她们对联邦的忠心，还是应当继续推动妇女权利和选举权？斯坦顿主张前一种做法，而安东尼则认为妇女必须争取她们的权利，这与战时环境无关。斯坦顿的观点占了上风。直到战争结束，联邦政府才准备开放选举权。但令许多妇女运动领袖大失所望的是，选举权得到扩大，但不是针对她们。

在内战结束时，同化从前的奴隶成为当务之急，妇女的权利和选举权问题与之相比就黯淡了。女权主义者全心全意地支持第十三修正案（1865年），该修正案宣布奴隶获得自由，并推翻了“德雷德·斯科特案”的判决结果。[25] 然而，一些争取妇女权利的领袖——特别是斯坦顿和安东尼——对立法者提议的第十四修正案（1868年）的措辞感到大为震惊。该修正案定义了公民身份，并通过正当程序的保护和法律的平等保护使公民的特权和豁免权普遍化。但是在涉及代表的第2章，国会有意添加了“男性”这个词，将妇女（不论黑人还是白人）置于被宪法遗忘的境地。[26] 安东尼敦促在废奴运动中与她并肩战斗的马萨诸塞州共和党参议员查尔斯·萨姆纳和宾夕法尼亚州共和党众议员撒迪厄斯·史蒂文斯（Thaddeus Stevens）从修正案中删除“男性”这个词，但是徒劳无功。安东尼和斯坦顿随后起草了一份争取妇女选举权的请愿书，收集了1万个签名，并将其递交到国会。但她们遭遇了来自共和党激进派以及许多废奴主义者的强大阻力：妇女的选举权必须延缓。现在是“黑人的时间”，而不是她们的。[27]

1866 年 5 月，第 11 届全国妇女权利大会在纽约召开，一个新组织——美国平等权利协会（American Equal Rights Association，AERA）成立了。该组织誓言要为争取普选权而战，黑人男性和所有女性都应当拥有选票。美国平等权利协会来源于《独立报》（*Independent*）的年轻编辑西奥多·蒂尔顿（Theodore Tilton）的设想。[28] 他提议将美国反奴隶制协会与女权运动联合起来，斯坦顿同意了。在她的坚持下，柳克丽霞·莫特成为美国平等权利协会主席，斯坦顿自己出任第一副主席，安东尼担任记录秘书。但美国反奴隶制协会的领导人温德尔·菲利普斯拒绝了联合的想法。他决定首先让非裔美国人获得选举权和公民权。这个问题并非他明智地关注黑人选民的福利那么简单。菲利普斯和其他共和党激进派人士希望通过给予黑人男性选举权（考虑到他们绝大多数会投票支持共和党），共和党就能够保持其政治权力。[29]

当各州还在批准第十四修正案时，一场对民意的重大检测在堪萨斯州上演，该州的选民在 1867 年考虑就黑人选举权和妇女选举权进行全民公决。堪萨斯州的共和党人努力争取黑人选举权并反对妇女选举权，民主党人则两者都反对。最终，两部法案都因大多数人反对而被否决了。堪萨斯州的斗争使安东尼和斯坦顿一方与另一方美国平等权利协会的废奴主义者——特别是露西·斯通——之间的关系大为紧张。争论的根源是安东尼和斯坦顿与乔治·弗朗西斯·特雷恩（George Francis Train）组成的“邪恶联盟”，后者是一名富有、浮夸、追逐名利的妇女选举权支持者，他同时也是一名顽固的种族主义煽动者，极力反对给予黑人选举权。在他们为了改变针对选举权的投票结果所做的最后努力中，特雷恩陪同安东尼走遍堪萨斯州，为这一事业投入金钱，并且在 1868 年一度资助斯坦顿的激进报纸《革命》（*The Revolution*）。[30] 这显示了斯坦顿和安东尼为了支持妇女选举权愿意走多远，以及她们与前废奴主义者和共和党盟友之间的疏远程度。

第十五修正案使得这场改革运动的裂痕进一步扩大。由查尔斯·萨姆纳和其他长期的废奴主义者领导的一个团体主张，第十五修正案应当只限于黑人。另一个团体，包括露西·斯通和亨利·布莱克韦尔，主张他们应当尽可能努力将妇女选举权纳入修正案，但如果他们没有这样做，就先行一步，支持该修正案，之后再努力争取将妇女选举权纳入修正案。第三个团体是由斯坦顿和安东尼领导的强硬派：如果第十五修正案不纳入妇女的选举权，那么这部修正案就应当被彻底废除。[31]

1869 年 2 月，第十五修正案获得国会参众两院的通过，接着被送交各州批准。黑人男性——而不是女性——将获得宪法的保护："合众国公民的选举权不得因种族、肤色或过去的劳役状况而被合众国或任何一州否认或剥夺。"

1869 年 5 月，在该修正案已获得国会的通过，但各州尚未批准之前，
14 在美国平等权利协会的周年纪念会上，不满终于爆发了。5 月 13 日，在纽约市的施坦威音乐厅，安东尼向各位代表呼吁争取普选权，但如果普选权无法实现的话，那么在新的第十六修正案中就应当优先考虑妇女，而不是从前的奴隶以及那些涌入美国海岸的愚昧的外国男人。"想想爱尔兰人、黑人混血儿和德国人*，是谁不知道君主政体与共和政体之间的区别，是谁看不懂《独立宣言》或韦伯斯特的拼写课本，为柳克丽霞·莫特（以及其他妇女领袖）制定法律吧。"安东尼讽刺地说道。[32]

接着演讲的是弗雷德里克·道格拉斯，他是妇女选举权的长期支持者。道格拉斯首先客气地说自己参加这个会议更多是为了倾听，而不是为了讲话，接着称赞了斯坦顿之前要求普选权的演讲。他认为美国平等权利协会的代表的确应当支持第十五修正案，因为黑人的选举权比妇女

---

* 爱尔兰人、黑人混血儿和德国人（Patrick and Sambo and Hans），原文用的全部是存在贬义的绰号。

的选举权紧迫得多。“对于我们来说，”道格拉斯说道，“这是一个生死攸关的问题，至少，在联邦的 15 个州中是如此。当妇女仅仅因为她们是妇女而在新奥尔良的各个地区被追捕，当她们被拖出自己的房子并被挂在灯柱上，当她们怀里的孩子被抢走，她们的脑髓迸裂在道路上，当她们到处成为侮辱和发泄愤怒的对象……那么她们获得选举权的紧迫性可以与我们相提并论。”[33] 雷鸣般的掌声响起了，一位《纽约时报》的记者写道。道格拉斯补充道，他反对“黑鬼”、“爱尔兰佬”和“德国佬”这样的字眼，但承认这只是“善意的批评”。“让我们所有人加入进来，让我们所有人都拥有平等的权利和平等的政治特权。”道格拉斯总结道。[34]

接下来还有其他人发言，但安东尼不愿让步。这些反奴隶制守旧派主张：“妇女必然往后站并等待，直到黑人的权利获得承认。但是我们要说，如果你不愿意将选举权给予全体人民的话，那么就先将它给予最有智慧的人。如果智慧、正义和道德在政府中拥有优先地位的话，那么就让妇女的问题最先被提出，把黑人的问题排在最后。”[35]

两个月前，即 3 月 16 日，印第安纳州共和党众议员乔治 · W. 朱利安向国会提交了一个联合决议案，建议将妇女选举权制定为第十六修正案：他的决议案声明“美利坚合众国的选举权应当以公民身份为基础”，并且“所有公民……应当平等享有该权利，不应有任何基于性别的区别对待或歧视”。[36] 安东尼和其他领袖对朱利安的立法寄予了很大的希望，但是国会根本不愿意倾听。人们关注的焦点都在黑人男性的选举权上，胜利女神也眷顾了他们。1870 年 3 月，国务卿汉密尔顿 · 菲什（Hamilton Fish）证实，第十五修正案已获得 29 个州的批准，现在所有的男性公民都拥有了选举权。[37]

在美国平等权利协会 5 月份的会议结束后，斯坦顿和安东尼马上成立了全国妇女选举权协会（National Woman Suffrage Association，NWSA），专注于为妇女争取选举权。露西 · 斯通不愿加入，妇女运动就此正式分裂。

15 这其中的原因有：个人的意见分歧，由乔治·弗朗西斯·特雷恩引发的敌意，以及因第十五修正案和黑人选举权引发的巨大裂痕。斯通和她的同伴在 10 月成立了她们自己的竞争组织——美国妇女选举权协会（American Woman Suffrage Association，AWSA）。直到 20 年后，斯坦顿和安东尼才与斯通重新联合。

从 19 世纪 70 年代一直到 19 世纪末那段漫长而艰难的岁月中，斯坦顿和安东尼将携手合作，共同为妇女事业而战。这是一个非凡的团队。正如历史学家朱迪斯·E. 哈珀（Judith E. Harper）所评论的："安东尼是无与伦比的管理者、实干家、推进前进的力量……斯坦顿则是思想家、作家和雄辩家。"[38]

妇女参政论者也尝试采用新策略。19 世纪 70 年代早期，安东尼和其他一些女性决定采取直接行动，挑战第十四修正案中含义模糊的条款。她们受到来自圣路易斯的律师弗朗西斯·迈纳（Francis Minor）的鼓励，后者提出妇女可以通过挑战新近批准的第十四修正案主张她们的选举权。第十四修正案规定："所有在合众国出生或归化合众国……的人，都是合众国的……公民。任何一州不得制定或实施限制合众国公民的特权或豁免权的法律。"迈纳声称女性与男性拥有平等的公民身份，因此享有选举权。1872 年，迈纳的妻子、密苏里州选举权运动的领导人之一弗吉尼亚起诉投票登记员不准许她投票。这个案子最终于 1875 年上交到美国最高法院，但是其判决结果对于妇女选举权事业来说是灾难性的。在"迈纳诉哈珀塞特案"（*Minor v. Happersett*）中，[39] 最高法院一致裁定选举与新的第十四修正案所保护的国家公民权利毫无关系。最高法院对投票和公民身份采取了一种狭隘的但在当时也是准确的观点来解读，但是未能解决一个更大的问题：一个国家如果将其 50% 以上的公民排除在外，它还可以称得上是一个民主国家吗？[40]

这一裁决获得了最高法院大法官们的一致同意，但它也促使妇女参政论者把注意力都集中在起草一部保护她们自身权利的宪法修正案上。然而，对于妇女选举权运动来说，大势已去。19 世纪中叶的亲民主情绪已上涨到顶点，现在正处于退潮期。[41]

对于争取妇女选举权运动来说，接下来的数十年是黯淡无光的。然而，还是有一些地方的妇女获得了不完全的选举权。堪萨斯州于 1861 年加入联邦，并给予所有成年女性在有关学校选举的事务中投票的权利，但是在 1867 年那次激烈的全民公决中，她们被拒绝给予完全的选举权。19 世纪 70 年代，密歇根州、明尼苏达州、新罕布什尔州、俄勒冈州和马萨诸塞州给予妇女有限的地方性选举权，其他九个州也引进了类似的立法。蒙大拿州允许妇女对地方预算问题进行投票，堪萨斯州从 1887 年开始也允许妇女对地方市政问题进行投票。[42]

1874 年，通过成立基督教妇女禁酒联合会（Women's Christian Temperance Union，WCTU），一场禁酒运动开始在中西部地区兴起。由于拥有强烈的宗教色彩，这场禁酒运动急剧发展，赢得了众多皈依者，关闭了成千上万家酒吧。相比妇女选举权运动，这场禁酒运动吸引到的积极分子要多得多。这其中也存在一些跨界人士。基督教妇女禁酒联合会第二任主席、充满活力的弗朗西斯·威拉德（Frances Willard）公开呼吁妇女能够就有关地方酒精限制的问题投票。妇女参政论者中有一些人非常欢迎禁酒运动给予的额外推动力，但其他一些人则担心将禁酒和选举权混为一谈，只不过是给妇女选举权的反对者另一个反对她们的理由。[43]

116

国会中的第一次努力

1866 年 12 月，国会在审议一部旨在将选举权扩大至华盛顿特区的非裔美国男性的议案时，第一次就妇女选举权问题进行投票表决。宾夕法尼亚州共和党参议员埃德加·考恩（Edgar Cowan）动议将条款中的“男性”一词删除，从而引发了国会对妇女选举权问题的第一次辩论。然而，考恩的动议失败了，只有 9 位参议员投了赞成票，37 位参议员投了反对票。[44] 1869 年 3 月，乔治·朱利安递交了他提议的第十六修正案。但是在政治氛围不断趋于保守的环境中，朱利安的宪法修正案只能不了了之。

9 年后，即 1878 年，加利福尼亚州共和党参议员亚伦·A. 萨金特（Aaron A. Sargent）提交了一部新的第十六修正案，被称为“苏珊·B. 安东尼修正案”。该修正案由安东尼起草，上面写道：“公民的选举权不得因性别而被合众国或任何一州剥夺。”萨金特的提议同样没有成功，但该修正案在接下来的 41 年里每年都会被提交至国会，直到 1919 年终于获得通过。

1882 年，国会参众两院都设立了特别委员会研究妇女的选举权问题，且这两个委员会都给出了赞成的报告，但国会过了近 5 年才举行记名投票。1887 年 1 月 25 日，参议院进行第一次投票，结果以 34 票反对比 16 票赞成否决了妇女的选举权；有 25 位参议员缺席投票。《华盛顿邮报》的一篇社论中指出，19 年以来，全国妇女权利协会（National Women’s Rights Association）一直在华盛顿举行会议。“这些坚持不懈、非凡卓越的女性，一再向国会提出这个问题，但结果只是失望。在她们的坚持中存在着某种既崇高又悲哀的东西。她们从不泄气。反对对于她们来说不足挂齿，被击败和打倒也无关紧要。”但是，《华盛顿邮报》振振有词，投票不是一项权利，而是一项特许权。这些女性把她们的精力浪费在了国会议员身上，而这些人只是傀儡。她们应当走出来，到各州去，特别是像马萨诸塞州、佐治亚州或俄亥俄州这样人口众多的大州。她们应当在各州进行游说，因为国会不会冒险制定一个保护她们的宪法修正案。[45]《纽约时报》同样责备这些妇女参政论者：“尽管我对妇女选举权的倡导者怀有相当的敬意，但恕我直言，在没有一个州批准完全的妇女选举权的情况下，要求国会就妇女选举权问题提出一部需要四分之三的州批准的修正案，实在是太荒谬可笑了。”[46]

17 诚然，在这之前，怀俄明州（1869 年）、犹他州（1870 年）和华盛顿州（1883 年）已经允许妇女拥有完全选举权，但之后还要再过 6 年，即 1893 年，科罗拉多州才愿意如此。《华盛顿邮报》和《纽约时报》的观点反映了国会中的气氛：如果妇女想要选举权，那么她们最好到各个州去为自己争取，而不要不厌其烦地试图说服国会。

但国会已做出了关于全国选举政策的一些决定。首先是第十五修正案，然后国会在 19 世纪 80 年代通过了关于印第安人和摩门教徒选举权的立法。1887 年 2 月，《道斯土地占有法》（Dawes Severalty Act），又名《土地分配法》（General Allotment Act），为印第安人设定了获得公民身份的条件，并保证那些生活在分配的土地上且愿意采用“文明生活”习惯的印第安人拥有与其他美国公民相同的权利和特权。犹他州呈现出另一种景象。批评者指责，在这一地区，人们对妇女的权利、选举权抱有最开明的观点，但与此同时，又准许一夫多妻制这种对已婚妇女来说最受奴役的境遇。[47] 1887 年 3 月，国会通过《埃德蒙兹–塔克法案》（Edmunds-Tucker Act）剥夺了犹他州妇女的选举权；这是旨在惩罚犹他州继续实行一夫多妻制的数项措施之一。全国妇女选举权协会、苏珊·B. 安东尼和贝尔瓦·洛克伍德（Belva Lockwood）四处游说，以捍卫犹他州妇女的选举权，而基督教妇女禁酒联合会与各种反一夫多妻制的协会却为剥夺犹他州妇女选举权而进行活动。[48] 1887 年的这两部法律——其中一部赋予了印第安人选举权，而另一部却剥夺了犹他州妇女的选举权——使得一些妇女参政论者确信国会实际上有权力为选举权问题制定一个全国性的解决方案，联邦政府能够成为实行全国性的妇女选举权政策的一种工具。[49]

但是，国会在实现妇女选举权方面取得的进展慢得令人无法忍受。参议院直到 1887 年 1 月才第一次就妇女选举权问题进行投票表决，该修正案以 16 比 34 的投票结果被否决。多年以来，参议院委员会 12 次将该修正案提交给参议院全院审议，通常附有赞成的审查报告，最终在 1917 年，该修正案获得委员会一致通过。众议院委员会在 10 个不同的会期向众议院提交该修正案，但有几次提交的是反对建议或没有任何建议。参众两院都没有对该修正案进行进一步的记名投票，直到 1914 年，参议院以 35 比 34 的投票结果通过该修正案。但是，简单多数无济于事。该立法提议的是一部宪法修正案，要求三分之二的赞成票才能通过。第二年，众议院第一次就此议题进行记名投票，但以 204 比 174 的投票结果轻松否决了该修正案。[50]

争取妇女选举权先驱的离世

20 世纪初，第一代和第二代妇女参政论者和女权运动的领袖都已退出历史舞台。这些女性在许多方面都非凡卓越，但尤为突出的当
18 数她们的决心、毅力和长寿。年纪最长的柳克丽霞·莫特出生于 1793 年，于 1880 年去世，享年 87 岁，她一直活跃到生命的最后时刻。露西·斯通出生于 1818 年，72 岁时还是重新联合的全国妇女选举权协会主席。1893 年，她在芝加哥世界博览会（World's Columbian Exposition in Chicago）发表了人生中的最后一次公开演讲，之后不久就去世了。索杰纳·特鲁思出生于 1797 年，她在 73 岁高龄时还向总统尤利西斯·格兰特请愿将西部土地分给被解放的奴隶，此后她又活了 13 年，于 1883 年去世。

伊丽莎白·卡迪·斯坦顿出生于 1815 年，一直活跃到 19 世纪 90 年代末。1892 年年初，76 岁高龄的她还在众议院司法委员会上发表了一篇名为《自我之孤独》(*The Solitude of Self*) 的强有力的演讲，精彩地陈述了她关于女权主义思想的观点。国会将她的演讲重印了一万份。[51] 斯坦顿在 80 岁时还出版了《妇女圣经》(*The Woman's Bible*) 的第一卷，该作品反映了她坚信有组织的宗教压迫妇女的信念。这部出版于 1895 年的作品立即成为畅销书，并引起了广泛的争议。斯坦顿想要纠正《圣经》中贬低女性的段落，并指出男性《圣经》作者和牧师的错误和偏见。这本书立即引发了公众的讨论和强烈抗议：保守人士指责它亵渎神明，甚至更糟，斯坦顿

被冠上了异教徒的污名。但《妇女圣经》也惹恼了思想传统的妇女参政论者，在 1896 年的美国妇女选举权协会董事会会议上，运动领袖们投票谴责斯坦顿。[52] 20 年后，斯坦顿这本充满争议的书将被妇女选举权的反对者利用，以彰显这个女人和她的运动是多么激进。

苏珊·B. 安东尼出生于 1820 年，80 岁时才从美国妇女选举权协会退休，又活了 6 年，直到 1906 年去世。她一生从未失去过她的热情或决心。1904 年 11 月 15 日，在西奥多·罗斯福刚刚当选拥有完整任期的总统之后不久，安东尼、艾达·赫斯特德·哈珀（Ida Husted Harper）以及哈丽雅特·泰勒·厄普顿（Harriet Taylor Upton）就与他在白宫会面。安东尼当时已 84 岁高龄，且身体很虚弱，她恳求道："罗斯福先生，这是我首要的请求——它差不多是我有生以来向他人所做的最后一个请求。在您卸任总统之前，请您建议国会向各州的州议会递交一部给予妇女选举权的宪法修正案，这样您在历史上的地位就能与'伟大的解放者'林肯比肩。我拜托您在总统任职期间一定要这样做。"[53] 尽管极尽恭维和将他比作林肯，罗斯福并没有做出任何承诺，也没有向国会提交任何有关妇女选举权的议案。

之后不到两年，即 1906 年，安东尼在她生命最后的日子里收到了数不清的庆祝她 86 岁生日的祝贺信和电报。但她只说道："除了表示祝贺以外，男人什么时候还能干点其他事情呢？我宁愿罗斯福总统向国会说一句支持修订宪法以给予妇女选举权的话，而不是没完没了地赞扬我！"[54]

新的世纪

19 世纪 80 年代末，露西·斯通缓和了她对苏珊·安东尼的批评，并向后者伸出了橄榄枝。斯通提议将比较保守的美国妇女选举权协会与安东尼—斯坦顿的全国妇女选举权协会合并。尽管安东尼仍然心存疑虑和怨气，但她还是决定接受这一示好。1890 年，一个新的组织——美国妇女 11

选举权协会——应运而生，斯坦顿被推选为主席，安东尼为副主席，斯通为执行委员会主席。在这一时期，美国妇女选举权协会专注于州妇女选举权运动，有两位新领袖脱颖而出，分别为安娜·霍华德·肖和卡丽·查普曼·卡特。

到19世纪90年代末，有一个事实变得清晰起来，即卡丽·查普曼·卡特拥有管理美国妇女选举权协会的领导能力和政治手腕。她曾担任过该协会组织委员会主席，出席过20次国会举行的听证会，并且是一位优秀的演讲者。然而，卡特惹怒了一些保守分子，她认为后者是懦弱或者无能的。1900年，她接替安东尼，担任美国妇女选举权协会主席。安东尼欣赏卡特，并在1901年写给她朋友的一封信中谈及她的继任者："我认识的女性中没有一位像卡特夫人那样既拥有空闲，没有养育子女之扰，还拥有一位从精神上和经济上给予她支持的丈夫，拥有智慧以及做这番事业的意愿，并且看起来也没有任何个人野心。"[55]

卡特震惊地发现，这个组织在安东尼领导的最后几年衰退得非常厉害。她在担任美国妇女选举权协会主席的4年期间过得非常艰难；她不辞辛劳地在全国各地演讲并筹集资金，但是，她在1904年任期结束之时已精疲力竭。她的健康出了问题，她的母亲生病，而她的丈夫也已时日不多。美国妇女选举权协会的领导权被移交给了安娜·霍华德·肖博士，她长期担任安东尼的副手。一直以来，肖都认为她会在1900年接替安东尼，而当安东尼选择卡特为接班人时，她感到非常失望。[56]卡特之后对肖大加赞扬，称其为"世界上有史以来最伟大的女性演说家"。[57]

1905年至1914年，安娜·肖担任美国妇女选举权协会主席。在此期间，协会的会员人数不断增长，资金也源源不断地涌入，但是年轻妇女参政论者的挫败感也在不断增强，特别是这场运动已经失去了势头，太多州的州议会和选民试图挫败针对妇女选举权的全民公决。人们日益感到失望，要求卡特重新领导组织的呼声越来越高。在这12年里，卡特集中精力于国际妇女选举权联盟（International Women's Suffrage Alliance）主席的职位上，她在 1909 年至 1911 年开展了一场帮助妇女争取选举权的世界巡回活动。卡特赢得了国际声誉，并成为妇女选举权运动中最受认可的人物之一。[58] 1914 年，年轻的激进分子艾丽斯·保罗和她的支持者脱离美国妇女选举权协会，成立了一个更加激进的组织——全国妇女党（National Woman's Party），此时对于安娜·肖及其组织的批评变得格外突出。

就州的层面而言，西部的妇女选举权运动最为成功。到 1915 年，十 120
个西部州[59]已授予妇女完全的选举权；而在南部、中西部和东部，没有一个州准许妇女完全参政。一些州，包括西部地区以外的那些州，授予了妇女在地方教育委员会选举或其他地方性竞选中投票的权利。为什么是西部呢？社会学家霍利·J. 麦卡蒙（Holly J. McCammon）和凯伦·E. 坎贝尔（Karen E. Campbell）认为，妇女选举权首先出现在西部，不仅是因为对妇女选举权的政治动员，同时也因为在美国的这一地区，妇女可获得更多政治上和性别上的机会。西部妇女接受教育，参加工作，使得男人和女人之间的界限变得模糊，从而使得人们更容易接受给予妇女选举权这一转变。而且西部的平民主义意识更为强烈，选民改革的规则也没那么复杂，并且西部也没有南部或东部大城市政治集团中存在的在政治上根深蒂固地反对妇女选举权的反对派。[60] 妇女选举权的草根运动在东部非常活跃，但是它们也遭遇了强大的阻力——来自反对妇女选举权的妇女和其他反对扩大选举权的利益相关者。

反对者

争取妇女选举权运动失去势头的部分原因是反对力量的活动。1869 年，当国会审议首个给予妇女选举权的宪法修正案提案时，美国也出现了第一次有组织的反对妇女选举权的运动。玛德琳·V. 达尔格伦（Madeleine V. Dahlgren）、埃莉诺·E. 谢尔曼（Eleanor E. Sherman）和阿尔米拉·L. 菲尔普斯（Almira L. Phelps）于 1873 年向国会递交了一份据称有 1.5 万人签名的请愿书，抗议扩大妇女选举权。[61] 同年，反对者正在与马萨诸塞州州议会的一部妇女选举权提案做斗争。200 名妇女签署了一份请愿书，反对马萨诸塞州的提案，声称妇女选举权将分裂家庭，降低女性的尊严和道德上的纯洁。于是，该州州议会决定不采取行动。

14 年后，另一部妇女选举权提案被提交给马萨诸塞州州议会，并遭遇了相当大的阻力。经过这次斗争，反对者决定团结起来，成立了一个名为波士顿抗议者委员会（Boston Committee of Remonstrants）的组织，1890 年出版了一本年刊（后改为季刊），名为《抗议书》（*Remonstrance*）。反对者，或者说抗议者，成立了像“马萨诸塞州反对进一步扩大妇女选举权联盟”（Massachusetts Association Opposed to Further Extension of the Suffrage to Women）这样的组织，向其他各州传播他们的保守观点。[62] 在 1895 年举行的一场针对选举权问题的无约束力的全民公决中，反对者与男性选举权协会（Man Suffrage Association）合作，以计谋胜过了争取妇女选举权的力量。为了更好地评估民意，议会允许妇女和男人一样在这次全民公决中投票。反对者劝说女性不要去投票，而当这次全民公决以失败告终时，他们兴高采烈地指出，妇女即使拥有投票的机会，也没有兴趣去投票。[63]

121 1911 年，全国反对妇女选举权协会（National Association Opposed to Woman Suffrage，NAOWS）在约瑟芬·道奇（Josephine Dodge）和明妮·布朗森（Minnie Bronson）的领导下成立了，总部设在纽约市。道奇和布朗森都是非常有影响力的演讲者，因在全国各地发表演讲和组织集会而闻名。反对者在城市以及东部和新英格兰地区以工业为主的各州中势力最为强大。[64] 正如历史学家简·杰罗姆·卡姆希（Jane Jerome Camhi）所描述的，妇女选举权的反对者多半是“出身城市、家境富裕、美国本土出生、共和党人和新教徒——是名门望族的成员，或者生来就是，或者通过婚姻，又或者两者都是”。[65]

反对者印刷了成千上万的小册子、传单和宣传手册，以公众和农民俱乐部、妇女俱乐部这样的特定团体为目标；他们甚至在哈佛大学新生的红皮书上刊登广告，并在波士顿红袜队与波士顿勇士队的比赛日节目中购买广告。他们采用了红色（或粉色）玫瑰作为象征，他们的小册子也都印成了粉色。反对者向州议会请愿并在其上发言，潜入支持妇女选举权的集会并有时进行捣乱，他们在全州针对妇女选举权进行全民公决期间尤为活跃。妇女选举权的反对者将他们自己描绘为家庭、家庭生活以及妇女荣誉的捍卫者，他们要确保他人知道妇女能受到男人的法律保护是多么幸运。[66]

从19世纪90年代中期至1910年左右，反对妇女选举权运动达到了顶峰。从他们对手努力的结果可以看出他们的势力。1898年至1909年，妇女参政论者经历了164次失败，他们的提案在全国各个州的州议会都被打压。[67]

一直到1917年，反对妇女选举权的理由都集中在对家庭、母亲、上帝和宪法的一种“感情上的看法”。[68]妇女与家庭紧密联系，她们的职业依据她们的性别就是全职家庭主妇和母亲。他们主张，上帝创造了男人和女人，他们在社会中扮演不同的角色，处于不同的地位；女人是男人的补充，是男人的帮手。反对者认为，这不是将妇女置于社会劣等地位，而是只要她们待在自己被指定的领域和角色中，就可确保获得优越性。进一步，女人拥有与男人不同的、特有的生物学特征。女性气质强烈地暗示着感情主义、缺乏逻辑和理想主义，男性气质则代表着判断力、冷静和讲求实际。并且女性太过柔弱，禁受不住公共生活的艰苦；如果一名妇女积极参与政治生活，她可能会疏于照管她的孩子以及家务工作。妇女待在家庭里作为家庭主妇和母亲，她就是领导者；但对于外部世界而言，家庭只有也只能有一名发言人，那就是丈夫和父亲。[69]

1917年，全国反对妇女选举权协会的总部迁至华盛顿特区，从而开始在国会中与妇女选举权斗争。自此，反对妇女选举权运动的论调发生了重大转变。新的领导者是纽约州共和党参议员小詹姆斯·沃兹沃思（James Wadsworth, Jr.）的妻子艾丽斯·沃兹沃思（Alice Wadsworth）。更多人被指派至执行委员会，协会的官方出版物更名为《妇女对妇女爱国者的抗议书》(*Woman's Protest to Woman Patriot*)。历史学家克里斯蒂·马达克
22 斯（Kristy Maddux）观察到该组织关注的焦点从简单地阻止第十九修正案获得通过扩大为更为广泛地捍卫当前的保守状态，并且与他们所认为的激进主义斗争。[70] 他们战略的一部分把焦点放在斯坦顿的《妇女圣经》上。反对者声称《妇女圣经》是一部革命作品：它攻击神圣的《圣经》原文及其作者，并且要求一个基于女权主义的新宗教。它并未采取过多步骤就将斯坦顿这部激进的作品和争取妇女选举权运动，与女权主义、社会主义甚至布尔什维克主义联系起来。[71] 反对者声称，所有这些都是邪恶的，都要求彻底的改变，因此都必须被打败。

除了反对妇女选举权的妇女外，还有其他企图击败妇女选举权运动的势力，但它们并不一定都是前者的盟友。历史学家托马斯·J. 雅布隆斯基（Thomas J. Jablonsky）注意到，这些妇女发现与她们并肩战斗的人“不仅不是她们欣赏的人，有时甚至是她们公开鄙视的人”。[72] 争取妇女选举权的组织相信，反对妇女选举权的势力受到酒类行业的支持，甚至可能受其操纵。酒类生产商和经销商正在与基督教妇女禁酒联合会、反沙龙联盟（Anti-Saloon League）斗争，他们将妇女选举权运动视为禁酒主义者天然的盟友。虽然他们并非盟友，但是指控和谴责却从四面八方扑来。妇女参政论者谴责酒类游说集团教唆支持妇女选举权的反对者，酒类游说集团则指责妇女参政论者与禁酒主义者勾结。[73]

反对妇女选举权的妇女们找到了盟友：罗马天主教会的主教团。尽管它从未公开发表反对妇女选举权的官方教义，但它放出风声让公众知道它并不赞同争取妇女选举权的运动。移民群体，特别是德裔美国人、波希米亚人、俄罗斯人、意大利人和一些斯堪的纳维亚人，也都反对妇女选举权。对于许多人来说，这违背了长期存在的文化规范“孩子、厨房和教堂”，即妇女的任务就是养育孩子，做饭，并成为家庭的道德力量。移民群体还想起许多早期争取妇女选举权运动者的论调，她们指出，给予大多

数没有受过教育的底层男性移民选举权是危险的。[74] 许多反对者来自以工业为主的东北部地区已定居的天主教移民社区。

南方也不乏反对者，许多南方人将妇女选举权运动与内战之前的废奴运动联系起来，他们还有对"黑人问题"的担忧和疑虑。如果第十九修正案变成现实，许多南方社区原本的势力平衡将会被打破，变得偏向于黑人妇女的投票结果。人们更加担忧的是第十九修正案很可能会加入第十五修正案未能加入的条款：给予男性黑人保护，并可能鼓励其投票。北方佬会再一次实施报复。在密西西比州的杰克逊，《号角集录报》（*Clarion-Ledger*）在1919年宣称密西西比州的白人妇女对投票过于狂热和着迷，以至于她们忘记了修正案"将把她们的厨娘和洗衣妇变成选民"。[75] 在美国参议院，来自南卡罗来纳州的民主党人埃里森·D. 史密斯（Ellison D. Smith）争辩道，南方将第十五修正案视为违反文明的罪行，而再增加另一个修正案将会允许"一个无知的异族与我们作对"。他的同僚、来自佛罗里达州的民主党人帕克·特拉梅尔承认，在他所在的州，黑人选票可以忽略不计，并声明反对"任何可能导致黑人群体更多地、更广泛地参与我们的选举的提案"。[76]

一些政治领袖并不反对给予白人妇女选举权，并强调最好的解决办法是州权的决议：让各个州自己决定。普选权的威胁归根结底是对占支配地位的白人男性的权力结构的威胁。这是对民主党的威胁，因为它担心被给予选举权的黑人会蜂拥至共和党，可能会瓦解团结一致的南方民主党。民主党领袖只要算下人数，就能预见到黑人投票可能带来的结果。在密西西比州和南卡罗来纳州，黑人的数量超过了白人。在1920年的人口普查中，有219个南方县的黑人数量超过了白人。[77]

争取妇女选举权运动的领袖知道，他们必须非常谨慎地对待南方。如果南方仍然态度强硬，并抱团投票反对联邦修正案，他们将有足够的力量阻挡其批准，特别是如果南北交界诸州也加入进来的话。当两位来自南方的重要运动领袖——肯塔基州的劳拉·克莱（Laura Clay）和路易斯安那州的凯特·戈登（Kate Gordon）——因为担心联邦政府夺取对投票的控制并给予黑人妇女选举权，而退出美国妇女选举权协会并反对联邦的宪法修正案时，领导全国运动的领袖清楚地意识到他们的问题将变得多么困难。戈登于1913年成立了南方诸州妇女选举权大会（Southern States Woman Suffrage Conference），基于各州的具体情况，为妇女的选举权而战斗。[78]

转向华盛顿

选举权并非女性活动家唯一关心的问题。随着妇女们不满于糟糕的工作条件、漫长的工作时间和极低的工资，她们的呼声变得越来越大。到1909年，有成千上万名从事服装行业的妇女罢工。在芝加哥、费城、纽约和马萨诸塞州的洛厄尔，从未出现过规模如此之大、持续时间如此之长的罢工。女人和男人遭到殴打和逮捕，成千上万人加入他们，声援罢工和抗议。[79]

罢工工人使用的一些策略被引入了妇女选举权运动。伊丽莎白·卡迪·斯坦顿的女儿哈丽奥特·斯坦顿·布拉奇于1907年成立了妇女政治联盟（Women's Political Union），一个比美国妇女选举权协会更为激进的组织。布拉奇毕业于瓦萨学院（Vassar College），后移居欧洲，嫁给了英国人威廉·亨利·布拉奇（William Henry Blatch），从而开始参与社会主义政治。她在1902年母亲去世的时候返回美国，希望能够施展她日益
24 成熟的政治技能，以及有关更为激进的英国版本的选举权大众政治的知识。布拉奇的传记作者称她为“近代争取妇女选举权运动的第一个伟大政治家”。[80]

1910年，妇女政治联盟在纽约市举行了第一次争取妇女选举权的游行，第二年，其游行规模扩大至拥有3000名游行者，并有7万人围观。紧接着发生了纽约三角内衣工厂火灾；在这场惨剧中，有146名女性（大多数都是年轻的移民）被困在华盛顿广场阿希大楼的九楼，然后死于窒

息、烧伤或跳楼。当被问及为什么这些女工没有消防设备时，坦慕尼协会*的一位领导者直言不讳："她们没有任何选票。"[81] 在 1911 年 4 月一个寒冷的雨天，近 50 万人游行通过华盛顿广场拱门，默默地哀悼她们的死亡。这场惨剧是促使像莉奥诺拉·奥赖利（Leonora O'Reilly）这样的女性劳工领袖坚决主张赋予妇女选举权的导火线之一。第二年，纽约市争取妇女选举权游行的人数暴增至 2 万人，有近 50 万人围观。[82]

美国妇女选举权协会主席安娜·霍华德·肖曾于 1907 年在英格兰亲历过一次争取妇女选举权的游行，她在之后的一年嘲笑这样的盛大活动就好比一种"幼儿园式的向全世界男性说明女性应获得自由的方法"。但她很快就改变了想法，争取妇女选举权的游行变得越来越常见：美国妇女选举权协会的支持者使用黄色横幅和彩带，哈丽奥特·布拉奇领导的妇女政治联盟使用紫色、白色和绿色，艾丽斯·保罗领导的妇女党使用紫色和白色。妇女参政论者还展示了精心制作的壮丽的露天表演和舞台场景，穿着戏装的人物戏剧化地表现了妇女的困境或愿望。[83]

1914 年和 1915 年，马萨诸塞州州议会的参众两院都以三分之二多数通过了一部选举权修正案。妇女参政论者乐观地认为，这些措施也会被选民接受。但与此同时，妇女选举权的反对者也加倍努力，后者在马萨诸塞州长期拥有强大的力量。反对者举办了数次大型集会，筹集到 61 300 美元以资助他们的活动。局势似乎正在转向妇女参政论者这边：布道坛和报纸对于妇女选举权的支持日益增多，他们成功地为其运动筹集了 106 967 美元。但最终，妇女参政论者被击败了，在 1915 年马萨诸塞州举行的投票中只获得了 35.5% 的选票。同一天，妇女参政论者在宾夕法尼亚州和纽约州也输掉了。一个月后，他们再一次在新泽西州受挫。[84] 其中，在至关重要的纽约州被击败尤为令人痛苦。卡丽·查普曼·卡

---

* 坦慕尼协会（Tammany）：纽约民主党组织。

特在 1912 年至 1914 年负责纽约州的妇女选举权运动，哈丽奥特·斯坦顿·布拉奇也在此地为 1915 年的公民投票而斗争。每个人都认为，是时候改变策略了。

1915 年，卡特重新担任美国妇女选举权协会主席。1916 年，在新泽西州的大西洋城举行的紧急会议中，卡特概述了一项新的战略，以推进妇女选举权运动。卡特像其他许多人一样，对于州层面缓慢的、零敲碎打的进展感到失望，决定把精力集中在推动国会通过一部宪法修正案。是时候结束这种一个州一个州的战斗了，是时候通过说服国会议员接受妇女选举
25 权的正当性，来争取一部全国性的修正案了。卡特向美国妇女选举权协会提交了一份名为《胜利计划》（*The Winning Plan*）的政治纲领。协会的总部将移至华盛顿，运动的重心将放在通过一部联邦修正案，反对妇女选举权的参议员和众议员将成为攻击的目标。参加这次大会的协会代表们强烈赞同卡特的想法和倡议，卡特也赢得了即将离任的安娜·肖主席的支持。[85]

但上述做法也存在风险。一些直言不讳的南方运动领袖——特别是凯特·戈登和劳拉·克莱——担心南方人会反对把另一部宪法修正案像第十五修正案和第十四修正案那样强加给他们。南方人仍有太多来自内战后时代的强烈情绪，提醒他们记住北方佬的法令。[86]

布拉奇和她的妇女政治联盟要求进行广泛的改革，她们并不满足于狭隘地关注选举权问题。布拉奇坚定地相信，要想获得妇女选举权的胜利，就必须借助数量庞大的职业女性，领取薪水的女性的数量正变得越来越多。[87]

这个妇女政治运动领导层迎来了第三位女性成员，她使得布拉奇的战略和行动显得很温和。艾丽斯·保罗像布拉奇一样有过在英国为妇女选举权斗争的经验，并因绝食抗议和非暴力反抗入狱。1913 年，28 岁的她来到华盛顿。她刚刚在宾夕法尼亚大学修完博士学位，来到华盛顿为美国妇女选举权协会的国会委员会工作。她拥有超凡的魅力，但性情急躁，迫切

希望变革。她认为这个委员会行动太过迟缓、太过保守，于是成立了她自己的半自治的国会联盟，专注于修正案的批准。安娜·肖在担任美国妇女选举权协会主席的最后一年，眼见艾丽斯·保罗和她的同事露西·伯恩斯（Lucy Burns）制造分裂，不忠于协会且激进好战，感到非常不快。在发生了一些激烈的冲突后，美国妇女选举权协会董事会于 1914 年要求保罗辞职。保罗照办了，并带走了她在国会联盟中的拥护者。到 1916 年，哈丽奥特·布拉奇的妇女政治联盟与国会联盟合并，并且得到富有的赞助人阿尔瓦·贝尔蒙特（Alva Belmont）的帮助。第二年，艾丽斯·保罗成立了全国妇女党。[88]

卡丽·查普曼·卡特和内莉·舒勒（Nellie Shuler）写道，争取妇女选举权的游说力量构成了美国首都有史以来规模最大的游说力量。在她们的战斗接近尾声的时候，美国妇女选举权协会的妇女一波又一波地从全国各个地方涌入华盛顿，或几十人一组，或五十人一组，或数百人一组。在首席游说专家莫德·伍德·帕克（Maud Wood Park）的领导下，她们开始了解国会。她们了解到“它的工作方式、它的组织机构；它的各种诡计；它的成员，包括这些成员的癖好、他们根本上的弱点、他们更出色的能力以及他们的人品”。这些妇女了解到“控制国会的卑鄙两党制，它能够为了党派利益无情地阻挡正义”。[89]

在政策倡导方面，妇女参政论者并没有就倡议达成统一的观点。正如历史学家盖尔·维罗尼卡·费舍尔（Gayle Veronica Fischer）所写的，妇女参政论者“希望凭借选举权实现的目标从保守到激进各不相同，而他们为了获得选举权所采取的方法也是从保守到激进各不相同”。[90]

艾丽斯·保罗及其同伴所采取的手段引发了广泛的关注。她们选择白宫为目标，打出责备和嘲笑威尔逊的横幅，她们焚烧威尔逊的雕像，被逮捕，并进行绝食抗议。妇女参政论者采用了街头集会、游行等手段，他们是利用电影、戏剧和幻灯片的先驱。美国妇女选举权协会和妇女政治联盟与电影公司签订合同，制作了关于妇女选举权的三部情节剧和一部喜剧。

1919 年，全国妇女党派出一辆“监狱专列”，满载着曾经被捕入狱、穿着仿版囚衣的妇女。[91]

威尔逊对妇女选举权的影响

伍德罗·威尔逊对妇女曾抱有传统的维多利亚时代的观点，他相信理想的妇女是“家庭主妇、伴侣、和蔼可亲的女主人”。他瞧不起职业女性，他的这一观点得到他的第一任妻子，出身于佐治亚州罗马县的艾伦·路易丝·阿克森·威尔逊（Ellen Louise Axson Wilson）的认同和进一步加强。1911 年，伍德罗·威尔逊在加利福尼亚州参加总统竞选活动时被记者逼问表态，他声明妇女选举权“到目前为止尚不是一个国家性的问题。它是一个地方性问题，留待各州自己去解决”。[92] 威尔逊在执政的头几年里，对妇女选举权问题一直保持沉默。甚至在 1913 年 3 月他的总统就职典礼被那场声势浩大的争取妇女选举权游行抢去风头后，他也没有公开说过任何话。但是那场游行，连同其盛大的场景和随后发生的暴力，迅速登上了全国各地报纸的头版头条。妇女选举权现在再次成为新闻的焦点。在威尔逊的就职典礼结束 4 天后，由艾丽斯·保罗率领的一个妇女代表团来到白宫，以推动宪法修正案。威尔逊说，他个人对妇女选举权问题没有任何意见，但是他愿意尽自己的最大努力考虑这个问题。

在 4 月 7 日国会的开放日，另一场大规模示威游行在华盛顿举行。435 个众议员选区的每一个选区都派出了妇女代表，她们携带着来自家乡的妇女选举权运动支持者的请愿书。妇女选举权修正案现在已进入参众两院的议程，这是 25 年来参议院全院第一次就这个问题进行辩论。[93]

同年 12 月，威尔逊会见了由美国妇女选举权协会的 55 名妇女组成的代表团。他暗示他个人支持妇女选举权，但是因为民主党还未就这个问题表明立场，他不会发表声明。[94] 1915 年 10 月，威尔逊公开宣布他打算在新泽西州举行的特别全民公决中投票赞成妇女选举权。这无疑是一个可喜的消息，但对于支持妇女选举权的力量来说，1915年总体上却是特别艰难的一年：他们在马萨诸塞州、纽约州、宾夕法尼亚州以及威尔逊的新泽西州以相当大的差距输掉了有关议题的投票。[95]

由威尔逊主笔的民主党1916年党纲建议将选举权扩大至妇女，但却是通过各州；它并未提及或赞同颁布宪法修正案。[96]在这个总统选举年中，威尔逊和他的竞争对手查尔斯·埃文斯·休斯都被当面问及他们的选举权政策。6月17日，美国妇女选举权协会的一个代表团与休斯在纽约会面。休斯曾担任过纽约州州长、美国最高法院大法官，他非常坦诚地说他赞成颁布宪法修正案，但是希望在他正式获得共和党的提名之前对此保密；8月1日，休斯没有食言，发表了公开的支持声明。就在同一天，美国妇女选举权协会的代表团拜访了威尔逊，但威尔逊重申了他的观点：答案必须由各州给出。休斯婉拒了出席美国妇女选举权协会在大西洋城举办的年会的邀请，而威尔逊却同意前往。卡特和舒勒相信，威尔逊是在这场重大的集会中发生转变，开始支持妇女选举权事业的。威尔逊向聚集而来的成员们说道："我来此不是要为你们征战，而是要与你们一起战斗，最后我想我们不应该因为方法而争吵。"安娜·肖博士在当晚最后说道："我们已经等待了太久，总统阁下。我们斗胆希望能够在您执政期间解放我们，由您亲口宣布带给我们自由的字句。"据卡特和舒勒所说，在场的观众集体站立，一言不发，所有人的目光都投向总统："观众安静地站着，一动不动，向这个国家最有影响力的男人——美利坚合众国总统——发出如同咒语般迷惑人的、生动的请愿。"自那一刻起，威尔逊再未拒绝过美国妇女选举权协会的邀请，或将其代表拒之门外。[97]

制定法律

1917年4月2日，国会召开了特别战争会议。臭名昭著的“齐默尔曼电报”[98]已于2月曝光，德国潜艇将美国的船只击沉。4月6日，美国向德国宣战。国会决定讨论内容仅限于战时的紧急工作，而妇女参政论者同样下定决心使修正案成为战争行动的一部分。在这次会议之前，美国妇女选举权协会执行委员会在华盛顿开会，承诺倘若战争爆发，它将效忠国家，并为国家提供服务。随着谈论理想主义和民主政体的声音变得如此之大，美国妇女选举权协会决定齐心协力呼吁国会立即通过妇女选举权修正案。无数的信件和电报涌入国会。美国妇女选举权协会的领袖也发誓，如果第65届国会在下一次国会选举之前无法提交一部妇女选举权修正案，他们会采用卡丽·查普曼·卡特的“胜利计划”，努力打败那些不愿赞成的立法者。这也是一个历史性的时刻，来自蒙大拿州的共和党人珍妮特·皮克林·兰金（Jeannette Pickering Rankin）于4月2日宣誓就职，成为第一位当选国会议员的女性。

妇女选举权修正案被提交至参众两院。参议院选举权委员会（Senate Suffrage Committee）第一次全体一致投票赞成通过该修正案。而在此之前，众议院从未设立过选举权委员会。规则委员会例行公事地阻挠任何成立这样一个委员会的动议，但是在1917年9月14日，众议院在经历持续数年的激烈辩论后，投票成立了它自己的妇女选举权委员会。该委员会的主席由来自加利福尼亚州的民主党人约翰·E.瑞克（John E. Raker）担任，其13名成员中有10名致力于颁布一部联邦修正案。[99]

国会通过各州的反应，可以判断出民众支持妇女选举权的情绪正日益高涨。虽然这一年对争取州妇女选举权的行动来说是悲喜交加的一年，但在大多数州，行动是向前迈进的。在这一年年初，印第安纳州、密歇根州、内布拉斯加州、罗得岛州和俄亥俄州的州议会各自批准了妇女选举权。阿肯色州则批准了有限的妇女选举权，但是缅因州的全民公决以失败告终，更早之前，俄亥俄州州议会的决定也在一场州范围的全民公决中被打败。接着，最重要的州妇女选举权投票到来了，纽约州于 1917 年 11 月决定性地通过了妇女选举权议案。在玛丽·加内特·海（Mary Garrett Hay）的领导下，纽约州的妇女参政论者说服了民主党坦慕尼协会采取“不干涉”政策，且不反对该议案。由于纽约市政治集团保持中立，尽管该州的边远地区继续不断抗议，妇女选举权还是获得了通过。卡丽·查普曼·卡特将纽约州的胜利评价为“妇女选举权运动的葛底斯堡战役”。[100] 局势似乎偏向了妇女参政论者这边。正如卡特和舒勒所写的，妇女选举权运动在纽约州取得胜利后，“全国上下的抵抗开始崩溃”。

1918 年年初，众议院决定开始审议该宪法修正案。在众议院进行决定性投票的两天前，4 位内阁成员公开表示支持。将在投票当天主持众议院会议前祷告仪式的福音传道者比利·桑戴（Billy Sunday）也支持该修正案。妇女参政论者相信，他们拥有 16 个州议员团的坚定支持，特别是来自中西部和西部的，纽约州和宾夕法尼亚州的大议员团也坚定地支持该修正案。

第 66 届国会，第一会期（1919 年 5 月 19 日—11 月 19 日）

参议院：49 位共和党人，47 位民主党人

众议院：240 位共和党人，190 位民主党人，3 位其他人士

总统：伍德罗·威尔逊

在 1 月 9 日投票表决的前一天，出现了最大的惊喜，威尔逊总统公开表态支持。而在此之前，威尔逊一直默默地坚持他的立场，即妇女选举权问题应当留给各州自己决定，而不是通过一部宪法修正案。那天，由众议员瑞克率领的一个民主党议员代表团与威尔逊在白宫会面。他们谈论到妇女选举权已经在比利时、英国和法国获得支持。此前一天，威尔逊曾与加拿大总督共进午餐，后者表明加拿大也会支持妇女选举权。这次会面结束

后，瑞克准备了一条短消息，并向公众宣读道："本委员会发现，总统阁下感到自己不可随意在这个重要问题上向国会成员主动提供他的建议。但是，当我们寻求他的意见时，他非常坦率且诚挚地建议我们投票赞成该修正案，因为它对全国和全世界的妇女来说，是一部正确且正义的法案。"最终，威尔逊表态支持。

妇女选举权运动的领袖们欣喜若狂。"与我们的总统、伟大的民主领袖一起前进！"安娜·霍华德·肖大呼道。苏珊·B. 安东尼的侄女露西·安东尼哭喊道："华盛顿、林肯、威尔逊！"[101]

妇女参政论者需要在众议院获得 274 票，才能达到通过一部宪法修正案所必需的三分之二多数票。辩论来来回回进行了 5 个小时。珍妮特·兰金领导共和党一方支持妇女选举权的议员。投票结果将极为接近。随着计票时间的邻近，民主党人接连背叛威尔逊，坚定地反对该修正案。当密苏里州民主党众议员约瑟夫·J. 拉塞尔（Joseph J. Russell）跳上议长发言席时，挤坐在旁听席的数百名男女为之一振。拉塞尔错过了第一轮点名表决，他要求在第二轮表决时将他的投票计为赞成该修正案。共和党领袖、来自伊利诺伊州的众议员詹姆斯·R. 曼恩（James R. Mann）离开巴尔的摩的病床，前来支持该修正案；其他 3 位身体虚弱无力的众议员也赶来支持该修正案。众议院议长詹姆斯·比彻姆·克拉克（James Beauchamp Clark）也赞成该修正案，但除非有必要，否则他并不愿意投票。发言单调沉闷地持续了数个小时。卡特和舒勒描述了这一场景：

男人们站起来发表没完没了的演讲——关于男人拥有上帝赋予的教导女人必须做什么、不可做什么的权利，毫无理性、感情用事的演讲，以某位男性头脑中的女性形象令所有女性脸红的演讲……他们站起来以取得党派优势。他们站起来提出议事的程序问题。他们站起来仅仅是为了参与这一幕，为了被写入《国会议事录》。[102]

数个限制性的修正案被否决了，在最后的表决中，妇女选举权以 274 比 136 的投票结果获得通过，正好达到所需的三分之二多数票。纽约州议员团的 35 位成员对这场胜利起到了决定性的作用，他们所有人都投票赞成该修正案。众议院大厅外，成千上万名无法挤进旁听席的妇女尽情地欢呼起来。[103]

现在，这部修正案来到了参议院全院，而它在此的处境要比在众议院困难得多。但是，在众议院举行投票两天后，4 位此前一直表示反对或不表态的参议员现在公开支持这项拟议修正案，这令妇女参政论者大受鼓舞。[104] 但是，立法日程表上的时间已所剩不多了：如果参议院不迅速行动的话，那么，整个过程将不得不在新的第 66 届国会中又重复一遍。

第十九修正案

合众国或任何一州不得因性别而否认或剥夺合众国公民的选举权。

国会有权以适当立法实施本条规定。

从 6 月初至 9 月，威尔逊给 8 位南方参议员写信，并且随着投票时间的临近，他还给其中 6 位发去电报。在给来自南卡罗来纳州民主党人克里斯蒂·贝内特（Christie Benet）的信中，威尔逊写道：“我相信无须我言明，你也清楚，如果不是我确信这部修正案的‘平权行动’不仅对于本党，而且对于整个国家，对于维护战争士气……都是头等重要的，我是不会冒险直接向你提出这种呼吁的。”[105] 贝内特接替已故的大名鼎鼎的妇女选举权反对者本杰明·R. 蒂尔曼（Benjamin R. Tillman）——绰号“干草叉本”（Pitchfork Ben）——在 7 月 6 日刚刚进入参议院，威尔逊认为有机会劝说他投票支持选举权修正案。

1918 年 9 月末，参议院重新开始审议该修正案。支持妇女选举权的参议员数了数人数，发现无法达到所需的三分之二多数票。许多支持妇女选举权的参议员尚未抵达华盛顿，于是在 9 月 25 日，支持妇女选举权的势力实施冗长发言战术，以等待那些议员到来。同时，反对妇女选举权的领袖相信他们拥有 35 票，从而阻止该修正案的通过。

第十九修正案的关键人物

与本书研究的其他法律不同的是，没有一位立法者表现特别突出，能被评价为妇女选举权的决定性的捍卫者。这部修正案提案得到了伍德罗·威尔逊总统迟来的但是非常重要的支持，他应当为此获得一些赞誉，此外当然还有一长串的女性活动家和妇女参政论领袖的名单，露西·斯通、安娜·霍华德·肖、哈丽奥特·斯坦顿·布拉奇和艾丽斯·保罗都值得表扬。[106] 然而在此，我们集中介绍三位最具影响力的妇女参政论者。

伊丽莎白·卡迪·斯坦顿（1815—1902）积极参与妇女法定权利的改革，推动纽约州州议会授予已婚妇女保有不动产的权利、扩大妇女的财产权以及获得工资的权利和子女的监护权；她之后又努力推动离婚改革。她是 1848 年塞尼卡福尔斯会议的组织者之一，在内战期间成立了全国妇女忠诚联盟（National Woman's Loyal League），推动通过宪法修正案立即废除奴隶制。1868 年，斯坦顿提出了第十六修正案提案，建议不论肤色、种族或性别一律授予选举权。她还担任过早期的美国妇女选举权协会主席，并在 80 岁时出版了极具争议的《妇女圣经》第一卷，之后又写了她的自传《八十余年》(*Eighty Years and More*)。

苏珊·B. 安东尼（1820—1906）放弃了她的教学事业，成为妇女选举权运动的主要领袖，领导该运动的组织并鼓动改革。她的大多数活动都是与伊丽莎白·卡迪·斯坦顿合作完成的。安东尼在其运动事业的早期，对废奴改革、妇女劳工问题以及禁酒运动特别感兴趣。她在 1860 年推动纽约州通过《已婚妇女财产法案》，后者成为其他各州妇女财产法的范本。内战后，她重新关注妇女的选举权问题，并于 1869 年成立妇女选举权协会。1872 年，她和其他 12 个人因在总统选举中投票而被捕；安东尼还是第一位竞选美国国会议员的女性。她起草的提案最终被称作“苏珊·B. 安东尼修正案”，即第十九修正案。她在 80 岁时从美国妇女选举权协会退休。

卡丽·查普曼·卡特（1859—1947）接替苏珊·B. 安东尼担任美国妇女选举权协会主席。卡特毕业于艾奥瓦州立大学，在一所学校任教，然后成为一名校监，在加入艾奥瓦州妇女选举权协会后成为一名政治活动家。她担任代表出席全国大会。安东尼很快发现了卡特的组织和演讲能力，并选择她担任下一任主席。但卡特只在这个职位上干了 4 年，她为了照顾病危的丈夫、富有的工程师乔治·卡特，不断减少参加活动。很快，她就投身于世界范围的妇女选举权运动，组织国际妇女选举权联盟。后来她重新担任美国妇女选举权协会主席，并且凭借她坚决的、进步的领导成功说服伍德罗·威尔逊支持该修正案。在修正案获得通过后，卡特帮助成立了妇女选民联盟，之后又致力于与职业女性、和平主义和犹太人救济工作相关的问题。

第二天，辩论继续进行，这次共持续了 5 个小时。旁听席挤满了人，到处都是黄色丝带和红色徽章。密西西比州民主党参议员约翰·夏普·威廉斯（John Sharp Williams）增加了一个新的变数：这部修正案提案写道，“合众国或任何一州不得因性别而否认或剥夺合众国公民的选举权”。威廉斯在“公民”这个词前面加上了“白人”一词。他的同僚、同样来自密西西比州的民主党人詹姆斯·K. 瓦达曼（James K. Vardaman）紧随其后说，他“非常”清楚，如果黑人妇女获得选举权，南方会出现危险，但是不论黑人妇女的问题如何，他都会投票支持该修正案。周六的会议是今年最激烈的会议之一，妇女选举权的支持者仍差一票就能获得通过所需的 64 票。他们情绪失去了控制：来自内华达州的民主党人基·皮特曼（Key Pittman）指责来自犹他州的共和党人里德·斯穆特（Reed Smoot）故意误导支持妇女选举权的民主党参议员，让他们相信有足够的票数通过法案。斯穆特愤怒地大声回击说，民主党人最好拿出他们自己的选票。还有人指控共和党人正在与妇女选举权运动的激进派合作，企图在即将到来的中期选举中击败民主党人。

早在 9 月 30 日，一直被威尔逊拉拢的参议员贝内特叛变到了反对阵营，此前他一直被认为会支持该修正案。这样一来将有 34 人投票反对，比否决所需的票数还多了一票。斯穆特大声抱怨这是一个诡计，皮特曼将贝内特归入支持妇女选举权的队伍里，是在故意愚弄毫无戒心的民主党人。支持妇女选举权的参议员们开始了一场孤注一掷的冗长发言。一个小时后，贝内特获得发言机会。他说道：“我不认为妇女选举权在这个时候是必要的。我无法将其视作一项战时措施。我不能理解政治活动怎么会与此有任何关系。我视原则高于党派利益，我视战时措施高于其他一切。这就是为什么我想要向参议院宣布，我打算投票反对妇女选举权修正案。”贝内特说完这些后，坐了下来。[107] 妇女选举权的支持者目瞪口呆，一片茫然。

当天下午 1 点，威尔逊总统来到参议院大厅为该修正案拉票，而立法者仅仅半小时前才得到通知。威尔逊缓缓地读了 15 分钟的发言稿，参议员和旁听席的访问者聚精会神地听着。“诸位参议员先生”，他开始说道，参议院通过这部妇女选举权修正案对于战备来说是“极为必要的”。如果美国打算向整个世界展示它的民主并成为领先的民主政体，那么它必须“给予妇女公平”。威尔逊最后的发言响彻参议院大厅：“我坦白地告诉你们，我敦促你们通过的这部法案，对于赢得战争，对于与战备和战斗类似的能力，都是至关重要的。”但是最终，在上演了美国总统出其不意的拜访这戏剧性的一幕之后，没有人改变投票意向。在威尔逊离开参议院大厅仅仅数分钟后，奥斯卡 · W. 安德伍德（Oscar W. Underwood）站起来发言反对该修正案。[108]

10 月 1 日，只有 84 位参议员到场，通过该修正案将需要 56 票。所有的修正案提案，包括参议员威廉斯的“只限白人”条款，都未获得通过。在这部宪法修正案的最终表决中，现实问题浮现了出来：支持妇女选举权的势力只能争取到 53 票，距离胜利只差 3 票。威尔逊所在的党有 21 位参议员，大多数来自南方，投了反对票，还有 10 位共和党参议员也投了反对票。现在是时候面对选民了。

“这次失败只是暂时的”，艾丽斯 · 保罗说道，她誓言要在选举之后、第 65 届国会结束之前再次提交该修正案。[109] 威尔逊在 1918 年 12 月的国情咨文中再次建议通过选举权修正案。妇女在战备中发挥了重要作用，而“我们能够报答给她们的最小的谢礼，就是让她们在政治权利上与男人平等……”。[110]

1919 年 2 月 10 日，在第 65 届国会的第三会期，即跛脚鸭会期中，妇女选举权修正案再一次被提交至参议院讨论；投票结果是 55 票赞成、29 票反对，它以 1 票之差又一次被击败了。此前一天，愤怒的妇女参政论者在白宫前焚烧威尔逊的雕像，谴责他没能动摇固执的参议员站到他这边。威尔逊已经给持中立态度的参议员发过电报，敦促他们投票支持该议案，但这远远不够。来自田纳西州纳什维尔的休·谢尔顿·怀特（Sue Shelton White）将威尔逊的雕像——它看起来像是一个尺寸过大的填充玩偶——扔进火中。“我们烧掉的不是自由人民的总统的雕像，而是一个专制政党组织的领导人的雕像，他行使暴君的权力，将数百万名妇女控制为政治奴隶。”怀特小姐在被推进一辆巡警四轮车之前大声喊道。[111]

第十九修正案制定过程中的关键事件

1848 年 塞尼卡福尔斯会议。

1850 年 第一次全国妇女权利大会。

1869 年 两个相互竞争的妇女选举权组织成立：全国妇女选举权协会和美国妇女选举权协会。

1878 年“苏珊·B. 安东尼修正案”被提交至参议院。

1893 年 科罗拉多州成为第一个批准完全的妇女选举权的州。

1913 年 在威尔逊就职典礼前，华盛顿举行选举权游行。

1916 年 美国妇女选举权协会采取“胜利计划”。

1919 年 国会通过第十九修正案。

1920 年 8 月，田纳西州成为第 36 个批准第十九修正案的州。

新墨西哥州民主党参议员、妇女选举权委员会主席安德里厄·A. 琼斯（Andrieus A. Jones）领导了争取修正案的斗争，他在 5 个月的时间里遭遇两次痛苦的失败。他知道已没有机会在第 65 届国会上通过这项法案了，但是，当 1919 年 5 月新一届国会召开时，情形就会不同了。

在新会期开始之前，妇女选举权运动的支持者加倍努力。各宗教、公民、劳工、教育组织和协会向国会提交了 500 多份决议。此外还有 6 个州的州议会批准妇女在总统竞选中投票。[112] 1919 年 1 月和 2 月初，有 24 个州的州议会向国会发去信息，声明他们支持选举权修正案，并敦促国会将该修正案送交它们批准。[113]

民主党人在 1918 年 11 月的国会选举中遭到报复，妇女参政论者欢欣鼓舞，宣称他们的事业取得了胜利。妇女选举权已变成一个党派问题，南方民主党人的不断抵抗导致该党在全国范围内受到拖累。[114] 共和党在众议院和参议院分别新增了 25 个席位和 4 个席位，是其 8 年来第一次控制众议院，6 年来第一次控制参议院。众议院现在有 117 位新议员，其中大多数承诺支持妇女选举权。仍然身在巴黎参加和平谈判的威尔逊总统，召集这届新国会召开特别会议，他已经给国会发了一封 4500 字的电报。会议议程上列满了战后问题：巴黎和平条约、遣散部队、恢复铁路私有制，以及恢复电话、电报和电缆系统。尽管如此，威尔逊仍然着重提到了妇女选举权修正案："无论从哪个方面考虑公平和公众利益，都要求我们立即通过这部修正案，并马上将其提交给一些州的州议会。"[115]

34 这次，国会做出了回应。1919 年 5 月 21 日，在这次重要的会议开始两天后，众议院以 304 票赞成、89 票反对、42 票弃权通过了选举权修正案。大多数赞成票来自共和党，共有 200 人支持该法案，102 名民主党人也表示支持。值得注意的是，只有 58 名南方民主党人投票反对该议案，而一年前有 90 人投票反对。[116] 众议院此次获得了 77% 的选票，这与 1915 年的 47% 形成了鲜明对比。在这 4 年中，妇女选举权在中西部和东部地区的支持率大幅增加，西部各州的人民几乎全体一致支持，只有南部各州坚决反对。妇女选举权运动在州的层次上取得了重大进展。1915 年，只有 13 个州给予妇女选举权；到 1919 年，这一数字增加至 30 个。[117]

在参议院，投票结果也被认为会偏向于支持妇女选举权修正案，虽然反对者在最后关头施展了某种手段，但经过持续 4 小时的辩论和一次未得逞的冗长发言后，1919 年 6 月 4 日，参议院以 56 票赞成、25 票反对、2 票弃权的结果通过了这部宪法修正案。参众两院在 1919 年只字未改地批准了苏珊·B. 安东尼最初于 1875 年写下的条款："合众国或任何一州不得因性别而否认或剥夺合众国公民的选举权。"

国会通过这部修正案已经花了太长时间。它曾分别于 1878 年、1914 年、1918 年和 1919 年遭到参议院的否决；在众议院，它于 1915 年遭到否决，但在 1918 年获得了通过，虽然所得票数刚好为通过所需的票数。美利坚合众国现在跻身为世界上给予妇女选举权的民主国家中的一员。此前已给予妇女选举权的国家有：新西兰（1893 年）、澳大利亚（1902 年）、芬兰（1906 年）、挪威（1907 年）、冰岛（1913 年）、丹麦（1915 年）、俄国（1917 年）。1918 年，又有加拿大、奥地利、英国、德国、匈牙利、爱尔兰、波兰、苏格兰和威尔士给予了妇女选举权；1919 年，荷兰和瑞典也将妇女选举权写入法律。[118]

批准

现在该由各州做决定了。这部议案要想成为第十九修正案，必须获得四分之三多数州（即 36 个州）的州议会批准。但获得批准绝非十拿九稳的事，在许多州，要通过该议案也并非易事。聚光灯从国会转移到了 48 个州议会，其中每一个州议会都拥有其自身的权力结构和个性特征、公共的和私人的议程，以及对妇女选举权运动抱有合作态度或敌意的州长和立法领袖。在有些州，妇女参政论者组织得非常好，而在其他州则如一盘散沙；南方妇女参政论者不愿意支持联邦修正案。此外，反对妇女选举权的势力明白，这将是他们最后的机会，因此开始拼尽全力，激烈抗争。[119]

很快，在 6 月 10 日，伊利诺伊州和威斯康星州的州议会——当时它

们已经进入常规会期——就通过了该修正案；密歇根州议会召开了特别会
35 议，成为第三个批准该修正案的州。到 6 月底，堪萨斯州、俄亥俄州、纽约州、宾夕法尼亚州、马萨诸塞州和得克萨斯州也都予以批准。7 月和 9 月，又有 5 个州和 3 个州批准了该修正案。在有些州议会的会议上，该修正案是在热烈的欢呼声中获得通过的；而在其他一些州，像得克萨斯州、阿肯色州和俄克拉何马州，它在获得通过之前遭到过强烈的反对。到 1919 年年底，已有 23 个州（需要 36 个州）批准了该修正案。[120] 许多支持者现在满怀希望地认为妇女将在 1920 年的总统竞选中投票。

讽刺的是，最早给予妇女选举权的那些州，反而成为批准最慢的州。美国妇女选举权协会拼命给西部各州的州长和州议会施加压力。怀俄明州磨蹭到 1920 年 1 月 26 日才批准，成为第 27 个批准的州；华盛顿州的妇女享有选举权已有 10 年之久，但在 3 月 22 日才成为第 35 个批准的州。距离宪法所规定的四分之三多数只差一个州了。

问题在于南方：尽管得克萨斯州和阿肯色州已于 1919 年夏天批准了该修正案，但是路易斯安那州、密西西比州、亚拉巴马州、佐治亚州、佛罗里达州、南卡罗来纳州、弗吉尼亚州批准妇女选举权的前景非常黯淡，甚至马里兰州和特拉华州的情形看起来也不乐观。佐治亚州、亚拉巴马州和佛罗里达州彻底否决了该修正案。在佐治亚州州议会的辩论中，众议员 J. B. 杰克逊（J. B. Jackson）老调重弹，搬出南方反对派的常用题材：废奴主义者弗雷德里克·道格拉斯是修正案之父，苏珊·B. 安东尼是修正案之母，“如果你批准第十九修正案，就是认可了第十五修正案，任何（这样做的）南方人……都是南方的叛徒”。[121]

到华盛顿成为倒数第二个批准的州时，北方只有两个州未予以批准：康涅狄格州和佛蒙特州。这两个州的州长都是反对妇女选举权的，因此他们并不想召集州议会召开特别会议。6 月，特拉华州的众议院拒绝审议该修正案。到了 8 月，人们把妇女选举权的所有希望都寄托在了北卡罗来纳州和田纳西州。

田纳西州和北卡罗来纳州接下来发生的事，给妇女选举权的支持者带来了一系列惊喜，但其中也夹杂着失望。卡丽·查普曼·卡特于 1920 年 7 月 17 日抵达那什维尔，她本来只预计做短暂停留，但是激烈的局势使得她待了近一个月。[122] 威尔逊总统和休·怀特——就是那位在华盛顿焚烧威尔逊雕像的女性——都向州长艾伯特·H. 罗伯茨（Albert H. Roberts）施压，要求其召集州议会召开特别会议。罗伯茨照办了，不过是一直等到该州已经举行候选人初选会之后。卡特回忆起她受到的粗暴对待："我受到的辱骂、中伤和欺骗的次数，超过了我为妇女选举权工作的前 30 年的总和。"[123] 8 月 13 日，天气闷热潮湿，田纳西州参议院以 25 比 4 的压倒性优势通过了该修正案，这个投票结果出乎所有人的意料。同一天，北卡罗来纳州参议院的一个委员会以 7 比 1 的投票结果提交了一份表示赞同的报告。妇女参政论者兴高采烈，确信可以很快在这两个州赢得胜利。

然而，局势很快发生了转变。当北卡罗来纳州参议院全院以 25 比 23 的投票结果支持将批准该修正案的投票推迟至下一年时，大家都彻底震惊了。现在，所有人的目光都聚焦在了田纳西州众议院。威尔逊总统给田纳西州众议院议长发了一封电报，敦促其通过该修正案，但这将是一场硬仗。数百名男女在纳什维尔的希尔米塔吉酒店（Hermitage Hotel）设立了他们的非官方指挥部。这里变成了"玫瑰战争"的战场——妇女参政论者以黄色玫瑰花做装饰，而反对者则佩戴红色玫瑰花。一位历史学家评论这一场景"有点像基督教忏悔星期二举行的狂欢节和巴纳姆-贝利马戏团"。[124]

田纳西众议院进行了持续 4 小时的激烈个人辩论，几乎所有想得到的问题都被抛了出来，搅和在一起：地方自治、《妇女圣经》、黑人投票、铁路利益、国家利益、北卡罗来纳州的投票结果，以及田纳西州的决定推迟至 1921 年的可能性。每一位议员在走入议员席之前都会被数百名妇女拦住，被她们别上红色或黄色的玫瑰花。妇女进入众议院诉说她们的恳求，直到立法者最后投票禁止除众议员之外的所有人进入。一位立法者离开病床，赶来投票支持该修正案。数年来一直支持妇女选举权的议长赛斯·沃克尔（Seth Walker），在最后一刻改变了立场。反对者号召再一次搁置该议案，但投票的结果为平票。而根据议会规则，在平票的情况下，将对该修正案进行投票表决。

年仅 24 岁的哈里·伯恩（Harry Burn）是州议会最年轻的议员，一直到此刻之前，他从未公开表示过他的投票意向。他所在的选区是田纳西州东部的农村，当地的政治领袖是反对批准该修正案的，但他私下承诺，如果他的选票是绝对必要的话，他会投票支持。他的母亲是一位坚定的妇女参政论者，她给她的儿子写信说："投票支持妇女选举权吧，不要再让它们悬而未决了……不要忘记做个乖孩子，帮助卡特夫人'鼠'到成功吧*。"[125] 哈里·伯恩平静地投下"赞成"票，批准该修正案的投票结果为 49 票赞成、47 票反对。伯恩在投票后向田纳西州众议院说道："我相信我们无论在道德上还是法律上都有权利批准……我非常感激，使 1700 万名妇女摆脱政治奴役这样一个凡人在有生之年如此难以遇到的机会，竟然交给了我。"[126]

反对者们积极推动行使该州议会的"三日规则"，该规则允许重新审议议案。作为最后的手段，议长赛斯·沃克尔和 38 位反对派跨过州界进入亚拉巴马州，希望使会议无法达到法定人数，并希望以等待的方式使该修正案无法得到多数票。但是这个手段没有成功，他们在最后关头实施司法禁令的企图也失败了。州长罗伯特签署了批准证书，并将其送往华盛顿。

1920 年 8 月 26 日上午 8 点，国务卿班布里奇·科尔比（Bainbridge Colby）在他位于华盛顿的家中，安静地签署了宣布第十九修正案颁布的

* 帮助卡特夫人"鼠"到成功吧（help Mrs. Catt put 'Rat' in Ratification）：此处为意译，原文使用了双关语，卡特（Catt）与猫（Cat）形似，而批准（Ratification）的前三个字母"Rat"恰为"鼠"之意。

公告。科尔比没有举行签字仪式，他签字时身边也没有任何妇女选举权运动的领袖在场。这个签名结束了持续 70 年的政治斗争，2200 万名妇女能够在即将到来的总统竞选中投出她们的选票了。[127]

余波

如果田纳西州当时没有批准的话，那么在 3 个星期后的 9 月 14 日通过该修正案的康涅狄格州会成为第 36 个批准的州。当然，康涅狄格州此时的投票只是象征性的了，因为第十九修正案已经完全生效。1921 年 2 月，佛蒙特州投票批准，它是北方最后一个批准的州；两年后，特拉华州投票批准。南方各州到最后才承认妇女的选举权：马里兰州于 1941 年表示同意，但最终到 1958 年才正式批准，弗吉尼亚州和亚拉巴马州也是到 50 年代才批准；南卡罗来纳州和佛罗里达州在 1969 年批准；路易斯安那州、佐治亚州和北卡罗来纳州在 70 年代初批准；最后，1984 年 3 月 22 日，密西西比州在一次口头表决中全体一致通过了该修正案，它也成为最后一个批准的州，此时距离该法律正式颁布已有 64 年之久。

在 1920 年 11 月 2 日的总统选举中，约 2200 万名妇女有资格投出她们的选票。有些西部州的妇女在之前几次总统竞选中就已享有这种权利，而其他各州的妇女则是第一次获得选票。然而，亚拉巴马州和佐治亚州的妇女却无法在这次总统竞选中投票：亚拉巴马州规定公民要在大选前 4 个月登记，佐治亚州则规定要提前 6 个月登记。其他的南方妇女遭遇了更为险恶的障碍。南卡罗来纳州的哥伦比亚规定，黑人女性要能够朗读并正确解释民法典和刑法典中的长篇段落才能投票，白人妇女则可免受这样的阻碍。[128]

1919 年年初，卡丽·查普曼·卡特成立了妇女选民联盟的第一批地方分会，在修正案得到批准后，美国妇女选举权协会演变成全国性的妇女选民联盟。卡特认为女性应当努力改变政策，并借助既有的民主党和共和党移除法律障碍。艾丽斯·保罗则采取了另一个方向：妇女应当借助全国妇女党派展开工作，应当通过制定一部平权修正案来消除歧视和不平等待遇。1923 年，妇女党通过了一项平权修正案，并将其提交至参众两院。卡特不赞同这部平权修正案，她认为工作的女性需要的是推进各州之前已经通过的来之不易的保护性立法，而这样一部修正案可能会使这些保护性立法变得无效。其他许多人，包括埃莉诺·罗斯福（Eleanor Roosevelt）、弗朗西斯·珀金斯（Frances Perkins）以及妇女选民联盟的其他领袖，也反对制定一部平权修正案，因为其对职业女性可能造成影响。[129] 这项修正案一直未能在国会取得进展，直到 1972 年参众两院通过了它，并提交给各
38 州通过。然而批准这项修正案的州的数量虽然接近，但从未达到四分之三多数，然后在 1982 年，为这部修正案游说的主要倡导者全国妇女组织承认失败。

在争取妇女选举权修正案的斗争中，卡特和她的盟友选择了一个成功的、关注单一议题的战略：专注于妇女的选举权，搁置其他社会改革和目标。在“批准”的战斗中，妇女选举权的反对者曾预言，如果妇女选举权的支持者一意孤行，将会发生灾难性的、彻底的社会变革；但是他们耸人听闻的预言并没有成为现实。争取妇女选举权的战斗一结束，妇女就不再被视作或当作单独的一类公民来对待；她们也不再像一支团结的政治力量那样行动。候选人和政党的大佬们对于妇女没有什么可害怕的地方：她们既没有组成集团一起投票，也无法统一她们的力量和影响力并以此实现威胁。[130]

那么，这场漫长的、令人沮丧的争取妇女选举权的斗争到底实现了什么呢？许多研究妇女运动的历史学家指出，妇女选举权对公共政策和妇女生活的影响都很小。然而，历史学家保拉·贝克（Paula Baker）认为这场战斗是一个重要的转折点，标志着“19 世纪的女性气质和妇女政治文

化的终结”。[131] 女性活动家成为引人注目的政治力量。最重要的是，妇女参政论者给美国树立起一种社会模式，即一类公民如何为争取其权利而斗争。妇女参政论者在州层面和国家层面发展出有效的草根游说技术，这一技术在后来为其他人所使用。他们犯下了政治上和策略上的错误，对抗外部的严厉批评和内部的纷争，但是最终他们成长为一个有效的政治机器，一个懂得如何运用其力量和说服力的游说力量。[132]

妇女们并没有立即利用她们的选举权，也没有立即参与政治活动。20 世纪 20 年代初期的选民投票率要比之前的几十年更低，部分原因在于男性投票率的下降，但主要原因是女性仍然没有充分参与投票。[133] 到 20 年代末，男性和女性的投票参与率之间的差距就显著缩小了：20 年代初，男性和女性投票率相差 25%，但在 1930 年只相差 20%，甚至在一些行政辖区只相差 10%。妇女选民联盟在 1930 年所做的一项研究发现，尽管在美国仍然很少看到女性出任由选举才能产生的公职，但是美国在这方面还是取得了重大进展。20 世纪 20 年代到 30 年代，选民们选出了两位女性州长——分别为怀俄明州的内莉・泰勒・罗斯（Nellie Tayloe Ross）和得克萨斯州的米里亚姆・弗格森（Miriam Ferguson），还有 149 位女性州议员、数千位女性基层官员、12 位由全州选民选举的女性官员，以及 12 位女性市长，包括西雅图市的市长。[134]

然而，在 20 世纪绝大部分时间里，女性的政治参与度继续落后于男性。到 20 世纪 60 年代，随着美国开始兴起大规模的社会激进主义，女性不太倾向于去投票，也不太愿意卷入政治活动。1990 年的一项全国性调查证实，女性的政治参与度要低于男性。[135] 今天的女性比从前更为积极地参与政治；她们在总统选举中的投票率比男性更高，尽管她们在竞选活动中的整体参与度仍然落后于男性。女性具备一个关键要素——教育，它能促进更高的政治参与度。但是与男性相比，她们拥有个人收入，获得一份使自己更容易参与政治的职业，或者感到自己能够带来影响的可能性都更小。[136]

到2006年年初，总计有202位女性继珍妮特·兰金之后进入众议院。还有33位女性曾任职于参议院，其中第一位是来自佐治亚州的民主党人丽贝卡·拉蒂默·费尔顿（Rebecca Latimer Felton），1922年，她被仪式性地任命为任职一天的参议员。然而，其中有12名女性（费尔顿本人也是如此）都是参议员的遗孀或政治上的临时代理人，她们只任职了相当短的时间，直到能够选出继任者。[137] 在第111届国会（2009—2010年）中，共有17名女性参议员（占参议员总数的17%）[138] 和74名女性众议员（占众议员总数的17%），这是美国历史上女性议员人数最多的一届国会。在州的层面上，2006年共有8位女性州长、15位女性副州长，共有1680名女性州议会的议员（占比22.8%）。[139] 希拉里·罗德海姆·克林顿（Hillary Rodham Clinton）虽然不是第一位，但无疑是最杰出的竞选总统的女性。共和党人萨拉·H. 佩林（Sarah H. Palin）州长是第一位女性副总统候选人。

选举权并未使妇女摆脱束缚，并没有立即解决长期存在的社会弊病或消除歧视性待遇。妇女运动之后在政策上赢得了许多成功，但是也经历了平权修正案的苦涩失败。然而，随着第十九修正案的批准，民主生活的一个基本元素第一次向美国一半的人民敞开了大门。障碍已被打破。女性现在能够投票，能够运用她们自己的政治判断力，能够表达她们自己的关切，能够参与这个混乱但至关重要的民主进程。

第 5 章

保护工人家庭

《国家劳动关系法案》(1935 年)

我确信它在未来会证明自己是美国劳工的大宪章*。 14

——威廉 · 格林(William Green),美国劳工联合会主席,1935 年

如果说一个人(1 万名工人中的一员)可以在工资问题上与雇主平等地谈判,这简直就是荒谬。

——参议员罗伯特 · F. 瓦格纳(Robert F. Wagner),1935 年

这可能是美国国会有史以来通过的最激进的法案。

——卡尔 · E. 克拉尔(Karl E. Klare),1978 年

* 大宪章(Magna Carta):英国国王于 1215 年被迫签署的宪法性文件,历史上第一次限制了封建君主的权力,日后成为英国君主立宪制的法律基石。

到 1933 年 3 月 4 日，即富兰克林 · D. 罗斯福宣誓成为美利坚合众国第 32 任总统的那一天，已有超过 1300 万名美国人失去工作，此外还有数百万人或者被削减了工资，或者处于也会失业的恐惧中。股票市场在三年半前就已经崩盘，美国面临着前所未有的经济与金融危机。全国各地的银行纷纷破产，几十万家庭的储蓄荡然一空；农民近 10 年来一直处于类似萧条的环境中，他们的农产品价格暴跌；临时搭建的贫民区——胡佛村 *，成为毫无希望者和失业者最后的栖身之地。全国有超过半数人的工资无法维持最低生活水平。工人、小企业主、工业家、金融家和政治家都担心会出现最糟糕的情况：经济永无休止地停滞不前，企业倒闭，失业，美梦破裂。

在那个寒冷、潮湿的就职典礼日，罗斯福提到了美国人民的恐惧、焦虑和希望。他立誓要让美国国民重新回到工作岗位，他向通过收音机收听或者通过新闻影片收看他讲话的数百万人民保证：“这个国家唯一需要恐惧的就是恐惧本身。”罗斯福召集国会召开紧急会议，开始了第一个“百日新政”（One Hundred Days of the New Deal）。

虽然经济复苏是当时每一个人首要关心的问题，但罗斯福和他的顾问们还没有制订出全面的计划来解决种种最顽固的问题。罗斯福只是在比较了国会提出的激进替代计划后，才决定支持经济复苏立法，这个法案被称为《全国工业复兴法》（National Industrial Recovery Act）。最初，大家对国家复兴管理局（National Recovery Agency）——根据《全国工业复兴法》成立的机构——及其发起的、用以支持经济合作和复兴的“蓝鹰”运动 ** 寄予了厚望。劳资双方自发采取行动，承诺将尽自己所能使国家走出大萧条。大型企业不再受到反垄断法规的限制，能够共同设定产量和价格；劳工也得到保证，能够组织工会和集体谈判。但小型企业最为谨慎，担心它

* 胡佛村（Hoovervilles）：美国 20 世纪 30 年代初为失业工人及流浪汉设立的收容所。

** “蓝鹰”运动（Blue Eagle campaign）：《全国工业复兴法》规定，凡遵守法规的企业在其产品上贴“蓝鹰”标识，以示守法和致力于复兴。

们将受到双重的压力：劳工的需求和大型企业的竞争优势。政府成立了全国劳工委员会（National Labor Board）以监督自愿性准则的进展状况，但是它并没有执行权。在“蓝鹰”运动开始的时候，人们大张旗鼓、情绪高涨，但很快合作就破裂了。制造商无视工人组织工会的权利，或者通过成立由公司控制的工会来规避法律。国家复兴管理局很快就失去了其权威和合法性，不到一年的时间，许多人就认为《全国工业复兴法》及其复兴的办法失败了。

1934 年，美国发生了一系列备受瞩目的暴力罢工事件。劳工组织在 20 世纪 20 年代经历了会员人数下降以及领导管理不力的重创，但现在受到新的联邦保护条款的鼓励，开始积极主张自己的权利。然而企业变得越来越咄咄逼人，坚决对抗劳工的需求。联邦政府几乎无法提供什么帮助。《全国工业复兴法》按照计划在 1935 年年中到期，许多批评家认为其终止得恰逢其时。尽管如此，罗斯福半心半意地支持延长对《全国工业复兴法》的授权，而国会也半推半就地同意了。但是，美国最高法院全体一致裁定《全国工业复兴法》违宪，由此决定了它的命运。一个由数百条毫无效力且常常相互矛盾的、覆盖整个产业的准则交织而成的复杂网络就此崩塌了。

纽约州民主党参议员罗伯特·F. 瓦格纳是 1933 年的《全国工业复兴法》的起草者之一，也是最早的全国劳工委员会成员，他确信需要制定新的立法来保护工人组织工会和集体谈判的权利。在《全国工业复兴法》尚未到期和最高法院做出裁决的数个月前，瓦格纳就提交了《国家劳动关系法案》，或者通常所称的《瓦格纳法案》（Wagner Act）。这是一部非凡的立法：联邦政府第一次全权支持工人，保护他们参加自己选择的工会和集体谈判的权利。国家劳工关系委员会（National Labor Relations Board）得到复兴，并被赋予了明确的执行权力。劳资双方不公平的惯例被禁止，包括大规模禁止企业恐吓和干涉劳工组织，以及最重要的，禁止公司工会*。根据《瓦格纳法案》，政府显然是站在工人这一边的：它既没有相应的保护资方的条款，也没有禁止非法劳工活动的条款。

罗斯福一开始对瓦格纳这部开拓性的立法提案并不感兴趣，他的这种态度一直持续到参议院通过该提案和最高法院推翻《全国工业复兴法》。此时罗斯福才完全支持《瓦格纳法案》，将其列入他“必须通过的”关键立法列表中。1935 年 7 月 5 日，罗斯福签署了这部历史性的法案，他的身旁站着瓦格纳参议员和美国劳工联合会（American Federation of Labor）主席。这是在华盛顿那个炎热、潮湿的夏天暴发的密集立法活动的一部分。1935 年的那个夏天后来被称为“第二个百日”，国会在此期间通过了许多具有里程碑意义的立法，其中包括仅仅比《瓦格纳法案》晚 6 周通过的《社会保障法案》，它是下一章的主题。

《瓦格纳法案》尽管遭到全国制造商协会（National Association of Manufacturers）和其他产业利益集团的严厉批评，但国会通过它的过程相对轻松。然而，许多人相信这部法案将会被裁定违宪，就像《全国工业复兴法》和其他的新政立法一样。许多行业一直拖延，不愿接受对工会的承认，并且极力拒绝遵守这部新法案。然后在 1937 年春，最高法院以最微弱的优势确认其符合宪法。工会组织的活动增加了，特别是通过新成立的、积极活跃的产业工会联合会（Congress of Industrial Organizations，CIO），各工会的会员数量激增，像钢铁、汽车制造这样的关键行业不情愿地接受了工会组织。

随着工会不断取得各种胜利，严厉的批评也相伴而来，民主、共和两党的保守派连同他们在工商业界的盟友对《瓦格纳法案》发起攻击。当共和党人于 1946 年最终重新控制国会，而公众对哈里·杜鲁门总统的信心降至最低点时，立法者颁布了《塔夫脱—哈特利法案》（Taft-Hartley

* 公司工会（company unions）：由雇主而不是由会员控制的工会。

Act），使劳资关系发生彻底改变。该法案遭到杜鲁门的否决，但国会成功推翻了他的否决；劳工将这部法案称为“奴役劳工”法，而支持者则称之为急需的纠正法。其最重要的条款是削减联邦政府所谓的对工会单方面的保护。

尽管颁布了《塔夫脱—哈特利法案》，工会还是继续发展壮大。1955 年，美国劳工联合会和产业工会联合会合并成为一个代表 1550 万名工人的组织。讽刺的是，这是工会运动和政治影响力的高潮。高度曝光的劳工腐败听证会招致公众的普遍反感，联邦也颁布法案，旨在清理工会并使之民主化。在此后的数十年里，工会势力不断地，或许也是不可避免地减弱，劳工组织未能打入新的市场，工作场所日益全球化，制造业工作岗位不断 14
减少。今天，劳工组织正在经历一个紧缩、重新评价和分裂的痛苦时期。

背景

纵观美国历史，工人在争取更高的工资、更短的工作时间以及更安全的工作条件的战斗中，面临的障碍主要来自雇主、政府，特别是法院。其中一个早期障碍是将成立工会的行为等同于“刑事共谋”的法律原则。1805 年，法院首次在判决中提出该原则，此后法院就遵循该法律判例一直到 1842 年。在此期间，美国法院共审判并定罪了 19 起这样的“共谋”案，极大地伤害了工会的活动性。而在同一时期，法院没有任何裁定企业相互间非法联合以阻止工人获得更高工资和更好工作条件的裁决。[1]

而在 1819 年大恐慌期间，劳工也失去了动力，甚至连技术工人也发现很难保住工作岗位。随着经济形势好转，工会运动开始重整旗鼓。到 19 世纪 30 年代中期，工会运动尽管受到共谋罪指控的威胁，却变得更为普遍。1842 年，马萨诸塞州最高法院在首席大法官莱缪尔·肖（Lemuel Shaw）的领导下，首次裁定工人有组织工会和寻求集体谈判的权利。马萨诸塞州法院在针对“联邦诉亨特案”（*Commonwealth v.*

Hunt）做出的历史性判决中，确立了一个重要原则，即成立工会本身并不是犯罪。[2]

在“亨特案”之后，工会开始真正扎根并发展起来。工人当时面临的最主要问题是工作时间长、工资低。1830 年，工人的平均日工作时长为 12.5 小时；30 年后，他们的平均日工作时长稍微减少至 11 小时，而这减少的 1.5 小时还是工人通过更为激烈的争论、激进的运动和罢工努力争取到的。[3] 联邦政府更加同情工人的需求。1840 年，马丁·范布伦总统颁布行政命令，将为公共工程项目工作的联邦雇员的日工作时长定为 10 小时，且不得减少工资。

然而，这个联邦政策只是个例外。竞争的加剧、廉价移民劳工的涌入，动力织机、蒸汽机和其他技术的改进，导致新英格兰地区纺织业和其他行业的工人陷入艰难的处境。从 19 世纪 30 年代中期到 40 年代中期，工人们发现自己的工作时间变得更长（有时一天要工作 13.5 小时），得到的工资却更少，而且他们常常要在过度拥挤、危险、照明和通风条件都极差的房间或工厂里工作。这样的环境引发了数次改革运动。[4]

1847 年，新罕布什尔州成为第一个采取 10 小时工作制的州，宾夕法尼亚州在第二年紧随其后，它规定棉花、丝绸、造纸、毛织品及其他工厂的最长工作时长为每日 10 小时或每周 60 小时。很快，缅因州、康涅狄格州、罗得岛州、俄亥俄州、加利福尼亚州、佐治亚州纷纷制定了 10 小时工作制法规。但是，几乎每一部法规都存在着一条例外条款，即如果工人签署了宣布放弃工作时长规定的“特殊合同”，就允许企业通过该“特殊合同”来规避 10 小时工作时长的规定。[5]

44

在内战爆发之前的 10 年里，除了 1857 年的萧条期以外，美国的经济表现非常强劲。工作条件得到改善，工人倾向于以行业和技能为基础组织工会，专注于工作时长、工资和工作条件，维护学徒规定，以及只雇用特定工会会员的商定制度。技术工人和非技术工人之间的差别不断增大。熟练的技工通常是美国本土出生的新教徒，而无特殊技能的工厂工人往往是新移民、天主教徒、妇女和儿童。在内战前夕，美国发生了到当时为止规模最大的罢工，马萨诸塞州纳蒂克和林恩的制鞋工人拒绝工作。新英格兰地区其他城镇的 2 万名制鞋工人也加入进来。随着罢工持续进行，暴力冲突不可避免地爆发了，地方警察和州民兵被调集过来维持秩序；最终，这场罢工只赢得了部分胜利。[6]

内战期间，工会不断发展壮大，到 1864 年，美国共有 270 个工会（其中绝大多数都是地方性的），总计拥有约 20 万名会员。[7] 到 1870 年，美国共有约 30 个全国性工会，其中第一个这样的组织是 1866 年成立的全国劳工联盟（National Labor Union，NLU）：一个由体力劳动者和脑力劳动者组成的劳动者联盟。在威廉 · H. 西尔维于斯（William H. Sylvis）担任主席期间，全国劳工联盟转向了中产阶级改革运动，到 19 世纪 70 年代初，它作为一个工人阶级劳工组织已经失去了重心和动力。虽然全国劳工联盟非常短命，但它成功推动了一些重要的议题，特别是 8 小时工作制，这个问题正在全国各地取得进展。联邦政府于 1868 年为所有雇员设立了 8 小时工作制的标准，6 个州已将其确立为每日正常工作时长。[8]

1873 年，美国又一次爆发经济恐慌；这一次，数百万名工人失去了工作。工会受损尤为严重。在这次经济恐慌之前，美国共有 30 个全国性工会，总计拥有约 30 万名会员；而到 1877 年，全国性工会只剩下 9 个，会员人数降至 5 万人。[9] 在这一时期，发生了美国 19 世纪最暴力但也是最重要的一次罢工：1877 年铁路工人大罢工。东部地区的大多数主要城市中心受到了影响。在匹兹堡，暴民横冲直撞，政府出动了大批民兵；最终 26 人丧生。[10]

由 1869 年成立于费城的一个秘密社团发展起来的劳工骑士团（Knights of Labor），成为 19 世纪第一个具有影响力的劳工组织。在骑士团团长特伦斯 · V. 鲍德利（Terence V. Powderly）的领导下，该组织的目标是联合所有的工薪族。劳工骑士团希望通过政治行动和教育改善工人的命运，而不是诉诸罢工。到 1886 年，劳工骑士团已拥有近 70 万名成员，但

是，在一系列反对铁路公司和芝加哥牲畜围场的激烈行动相继失败后，该
45 组织迅速衰落。对劳工运动伤害最大的是 1886 年发生的干草市场暴动（Haymarket Square riot）。信奉无政府主义的劳工煽动了在芝加哥的麦考密克收割机制造厂（McCormick Harvester plant）的罢工。在这场罢工中发生了炸弹爆炸，警察向数百名抗议者开枪，7 名警察和 5 名工人被杀害，超过 100 人受伤。无政府主义者受到谴责，但是整个劳工运动因这次流血事件而受到了影响。[11]

劳工骑士团的主要竞争者是美国劳工联合会（以下简称“劳联”）。劳联的首任主席是塞缪尔·冈珀斯（Samuel Gompers），他从 1886 年开始担任该职务，一直到 1924 年去世（中间有一年除外），冈珀斯的组织活动是从国际雪茄制造商联盟（International Cigar Makers’ Union）开始的。[12] 劳联是以行业为基础的，并赋予各个行业自治权，尽管劳联几乎完全是依赖冈珀斯的力量和性格组织起来的，但真正的力量在于各个工会成员。到 1886 年，劳联与 40 个全国性工会有最为紧密的隶属关系。正如历史学家福斯特·瑞亚·杜勒斯（Foster Rhea Dulles）和梅尔文·杜波夫斯基（Melvin Dubofsky）所观察到的，这些工会“能够脱离劳联而存在，但是劳联脱离了它们就没有任何意义了”。[13]

各个工会——不论具有什么样的隶属关系——在 19 世纪 90 年代初期都经历了一个艰难的时期。1892 年，美国发生了到当时为止最激烈的工人抗议活动：新奥尔良爆发了总罢工，水牛城发生了铁路扳道工大罢工，东田纳西州发生了煤矿工人大罢工，爱达荷州的科达伦发生了铜矿工人大罢工，宾夕法尼亚州的霍姆斯特德发生了炼钢工人大罢工。[14]

卡内基钢铁公司的霍姆斯特德工厂与其工人爆发的私下冲突非常激烈。来自铁业、钢业和锡业工人联合会（Amalgamated Association of Iron, Steel, and Tin Workers）的技术工人拒绝接受减薪并且继续罢工，其他工人也加入进来。该钢铁公司的负责人亨利·克莱·弗里克（Henry Clay Frick）坚决反对工会，他下令关闭整个工厂，并用驳船从莫农格希拉河

（Monongahela River）上游运来 300 名全副武装的平克顿私家侦探公司的侦探。工人们开枪射击，平克顿私家侦探公司的武装力量被击退，7 人死亡。6 天后，宾夕法尼亚州州长召集了 8000 名民兵开进霍姆斯特德工厂。工厂实施了军事管制，2000 名破坏罢工者被带进工厂，最初的 4000 名工人中有近 3200 人被禁止进入工厂。[15]

另一场重大的劳资纠纷发生在芝加哥的普尔曼豪华车厢公司（Pullman Palace Car Company）。乔治 · M. 普尔曼（George M. Pullman）为他的工人提供了一处独特的住所：他建造了一座模范城镇、一个规划好的社区，要求所有的工人都住在那里。然而，享受普尔曼这种家长式作风的善行，是要付出巨大代价的。工人需要向普尔曼支付租金、水电费、垃圾处理费、图书馆借阅费，并在公司的商店购买所需物品。房屋的租金比周边社区高出 25%，但是工人们别无选择：他们必须住在普尔曼的地盘上。1893 年经济大萧条之后，普尔曼公司解雇了原有的 5800 名员工中的 3000 名，并将剩余员工的工资削减了 25% 到 40%，但是却分文未减其强制提供的住房的费用。许多工人在扣除房租和其他费用后，每天只剩 1 美元的生活费。1894 年 5 月，一个由工人组成的委员会向普尔曼恳求，要么提高工资，要么降低房租，却遭到断然拒绝，该委员会的 3 名成员被解雇。 146

被普尔曼解雇的人是美国铁路工会（American Railway Union）的会员，该工会由尤金 · V. 德布斯（Eugene V. Debs）组织，拥有 465 个地方分会，会员数量总计达到 15 万人。当普尔曼拒绝谈判时，该工会指示其全体会员不得操纵普尔曼公司的任何汽车或设备。那些与普尔曼公司订有合同的铁路公司有它们自己的组织——总经理协会（General Managers' Association），由 24 条铁路组成。现在，一场地方性的劳资纠纷涉及了超过 27 个州的成千上万名工人，成为美国第一次全国性的罢工。总经理协会从加拿大请来罢工替代者，并把邮政车连接到其火车上。如此一来，如果罢工者拒绝驾驶火车，他们将被指控妨碍美国邮政服务。暴力和哄抢事件爆发了，格罗弗 · 克利夫兰总统最后被迫出动联邦军队，对芝加哥实行军事管制。然而，铁路公司拥有终极武器。他们说服司法部长理查德·奥尔尼（Richard Olney）介入；这位司法部长随后收到了联邦法官发布的全面禁令——禁止任何妨碍美国邮政的行为。德布斯预感到败局已定，主动提出停止罢工，但为时已晚。普尔曼拒绝接受，禁令开始实行，德布斯和3名副手被捕，德布斯被监禁了6个月。这场罢工溃败，515人被捕，并被控谋杀、纵火、盗窃、袭击和暴乱，71人以妨碍邮递系统和共谋限制贸易的罪名遭到联邦起诉。[16]

虽然劳联的会员人数从1897年的25万人增加至1904年的160万人，一些劳工领袖并不满意冈珀斯以就业为导向的保守方式。1889年，丹尼尔·德莱昂（Daniel de Leon）成为社会主义劳工党（Socialist Labor Party）的领袖。德莱昂认为劳联以就业为导向的谈判方式应当让位于马克思社会主义，而以阶级为导向的所有制应当成为劳工的目标。他对劳联和冈珀斯本人都非常不屑，后者被他形容为“华尔街润滑工具”。[17]另一派系信奉社会主义的工人以尤金·德布斯为中心联合在一起，德布斯在出狱后变得更为激进，后来5次被美国社会党提名为总统候选人。

西部矿工联合会（Western Federation of Miners）于1897年脱离劳联，并在社会主义劳工党的帮助下于1904年成立了世界产业工人联盟（Industrial Workers of the World，IWW），亦称Wobblies。[18]在威廉·D. 海伍德（William D. Haywood）——绰号“大比尔”（Big Bill）——有声有色但反复无常的领导下，世界产业工人联盟设法取得了许多场重要罢工的胜利。但是，在短短几年内，由于该联盟的行动过于混乱无序，西部矿工联合会和社会主义劳工党都否认与它们有任何关系。正如经济学家E. 爱德华·赫尔曼（E. Edward Herman）和阿尔弗雷德·库恩（Alfred Kuhn）所评论的，世界产业工人联盟遗留的持续时间最久的影响是逐渐灌输了“公众对工会的强烈恐惧和不信任”。[19]带有社会主义和马克思主义意识形态色彩的激进工会斗争，往往遭到地方警察、州民兵和雇主们雇用的私人保护部队的残酷镇压。而唯一能够屹立不倒的成功的工会运动是更为保守但讲究实际的劳联。[20]

雇主们利用各种方法回击工会。其中最为有效的一种方式是通过签订“黄犬契约”（yellow-dog contract）——工人和雇主之间签订的协议，由雇主拟定，规定工人在当时不得是工会会员或不会试图加入工会。工人如果拒绝签署该契约，就会被解雇或永远不会被雇用。在联邦和州的层面上，人们做了各种立法上的努力，以保护工人组织工会的权利，并全面禁止“黄犬契约”。但每一个这样的动议都遭遇了司法上的质疑，并以失败告终。1898年，国会通过了《厄尔德曼法案》（Erdman Act），宣布铁路行业中的“黄犬契约”不合法。然而，该法案在1908年被美国最高法院裁定为违宪，理由是其侵害了工人和雇主之间的契约，而后者受第五修正案的保护。1913年，堪萨斯州州议会禁止“黄犬契约”，但是也被驳回了。4年后，在“希契曼煤炭和焦炭公司诉米歇尔案”（*Hitchman Coal and Coke Company v. Mitchell*）中，最高法院明确支持“黄犬契约”符合宪法。[21]

在“米歇尔案”之前，“黄犬契约”对于工会来说只是个“很少使用的烦人的事物”。但是现在，它得到了最高法院的完全认可，因此被大力使用以阻止工人加入工会。到20世纪20年代末，约125万名工人签订了“黄犬契约”，保证不加入工会。[22]

另一种用来对付劳工的重要武器是法院颁发的禁令。它在1877年的铁路罢工中第一次被使用以制止工人，后来在19世纪80年代玻璃工人、煤矿工人和铁路工人进行的激烈的劳工斗争中常常被使用。当美国最高法院核准了下级法院做出的认定尤金·德布斯在普尔曼罢工期间犯下藐视法庭罪的判决后，这种禁令获得了宪法的认可。[23]这种劳工禁令是如此臭名昭著，以至于它成为1896年总统竞选期间的议题。民主党这一年的党纲谴责“禁令治理”，严厉批评司法干预劳资纠纷。共和党人予以回击。他们在工人的工资袋中放入通知，警告说，如果民主党候选人威廉·詹宁斯·布赖恩（William Jennings Bryant）获胜的话，将意味着更多的工厂会被关闭，更多的人会失去工作。[24]

禁令在 20 世纪 20 年代使用得最为频繁。法院颁布劳工禁令的历史持续了 50 年，而其中有近一半的禁令（即 921 个）是在这一时期颁布的。其中最著名的一个禁令是联邦巡回法院法官约翰 · J. 帕克（John J. Parker）于 1927 年颁布的“红夹克禁令”（Red Jacket injunction），它有力地禁止了矿工联合会（United Mine Workers）在西弗吉尼亚州的任何地方组织工会。矿工被禁止“非法侵入地产”或“煽动、引诱或劝说原告的雇员违反他们的雇用合同”。该禁令覆盖了 316 个煤炭公司和 4 万名签订了“黄狗契约”的工人，它被认为是这一时期最令人痛恨的劳工禁令。[25]

48 国会于 1890 年颁布《谢尔曼反托拉斯法》（Sherman Antitrust Act），以抑制像标准石油公司（Standard Oil Company）这样的大企业日益严重的垄断行为。任何一个州的单独行动都无法有效地控制跨州公司并约束他们的恣意妄为，比如限制贸易和垄断市场。因此，联邦政府主张对其拥有管辖权。《谢尔曼反托拉斯法》也适用于工会的活动吗？能够根据反垄断条款判定工会有罪吗？这部法律并没有明确提及劳资纠纷或劳工团体，但是，1908 年，美国最高法院在“洛伊诉劳勒案”（*Loewe v. Lawlor*）中裁定《谢尔曼反托拉斯法》适用于工会，因此没有保护工会。[26]

1911 年，工会运动遭受了另一个打击，最高法院裁定塞缪尔 · 冈珀斯和其他劳联领袖犯了藐视法庭罪，理由是他们违反下级法院基于《谢尔曼反托拉斯法》发布的禁令。整个事件是：劳联在其杂志上发表了一个“不要光顾”的清单，被劳联列入黑名单的一家公司——巴克炉灶公司（Buck Stove Company）以限制贸易为由起诉冈珀斯，于是华盛顿特区法院针对劳联发布了该禁令。[27]

在 1912 年总统竞选期间，在任的威廉 · 霍华德 · 塔夫脱总统和两位挑战者——前总统西奥多 · 罗斯福和州长伍德罗 · 威尔逊，至少在一件事情上是意见一致的：最高法院对于大公司太过宽大，必须进一步强化反托拉斯法。国会做出回应，于 1914 年颁布了看上去是给予劳工所需保护的《克莱顿反托拉斯法》（Clayton Antitrust Act）。这部法律的第 6 节规定“反托拉斯法所含的所有条款不得被解释为禁止劳工、农业或园艺组织的存在和运行……也不得依据反托拉斯法认定或推断这样的组织为非法团体，或该组织成员共谋限制贸易”。

这似乎解决了反垄断的问题，欣喜的塞缪尔·冈珀斯赞扬《克莱顿反托拉斯法》是“劳工的大宪章”。然而，最高法院于 1921 年做出了不利于劳工的判决，它声明，尽管有第 6 节的规定，没有任何理由可以使工会豁免于《克莱顿反托拉斯法》中的反垄断条款。最高法院给出的理由是：《克莱顿反托拉斯法》只涵盖了工会的和平活动，并且联邦法院从未禁止过这样的活动。如此一来，《克莱顿反托拉斯法》改变不了任何事情。[28]

《谢尔曼反托拉斯法》的反垄断条款从而继续有效，并成为镇压工会活动的重要法律工具。到 1928 年，工会已经因触犯其反垄断条款被起诉 83 次，占依据《克莱顿反托拉斯法》起诉的全部案件数量的 18%。[29]

在第一次世界大战后期，联邦政府成立了全国战时劳工委员会（National War Labor Board），为战后的劳资关系制定指导方针。这是美国历史上联邦政府首次确定工人组织工会的权利：“该权利不得被雇主以任何方式否认、剥夺或妨碍。”然而，尽管做出了如此清楚、明确的规定，公司仍然拒绝遵守，而该委员会又未被给予任何执行该基本原则的权力。[30]

1920 年，工会的会员数量达到顶点，有 500 万名工人隶属于各个工会；但是这一时期的工人抗议活动也非常激烈，有近 20% 的工人卷入了各种劳资纠纷。美国当时最大的公司——美国钢铁公司（United States Steel Corporation）卷入了其中最激烈的一场罢工，它在 1919 年秋天镇压了一场约 36.5 万名钢铁工人参加的大罢工。26 名工人被杀害，罢工者没有争取到任何让步，损失了超过 1 亿美元的工资，还被无情的埃尔伯特·H. 盖瑞（Elbert H. Gary）——美国钢铁公司的董事长——描绘成布尔什维克主义的代理人。[31]

随着美国经济在战后不可避免地放缓，工会的会员人数从 1920 年的

500 万人急剧减少至 1923 年的 360 万人。[32] 造成工会会员人数减少的原因并不仅仅是经济衰退，还有大大小小的雇主在顺从的法院系统和同情的各级政府的支持下持续不断地使用反工会的策略。

公司拥有许多供它们使用的手段。禁令的发布频率在 20 世纪 20 年代达到历史最高水平，“黄犬契约”作为反对加入工会的武器被广泛使用。公司使用了黑名单、威胁、恐吓、他们自己的私人武装安保部队，还能得到州和联邦法院、州民兵以及当地执法机关的援助。美国钢铁公司成功镇压了 1919 年的罢工，帮助反工会运动进一步发展。全国制造商协会和其他组织还领导了一个积极的自由雇用*运动，被称为“美国式劳资交涉法”**。它在全国建立起一个由自由雇用机构组成的网络，以推动立法保证工人不能被强迫加入工会。反工会运动宣传它自己的政治论调，试图将工会与布尔什维克主义以及共产主义联系在一起，试图曝光工会领袖以牺牲工人利益为代价获得财富和好处。[33]

沃伦 · G. 哈定政府也公开支持反工会运动。1922 年，哈定总统替换了威尔逊任命的铁路劳工局班子。这些保守的接替者立即大幅削减工资，导致 40 万名铁路工人罢工。铁路劳工局接着指示铁路公司成立公司工会，这一行动使罢工工人失去了他们的工龄。接着司法部长哈里 · M. 多尔蒂（Harry M. Daugherty）设法获得了一个针对铁路工人的大范围禁令。多尔蒂宣称，只要他能代表联邦政府讲话，“我就会动用政府权力阻止我们国家的工会破坏自由雇用制度”。[34]

最高法院在 20 世纪 20 年代做出的有关劳工的最重要的判决，或许当数“阿德金斯诉儿童医院案”（*Adkins v. Children's Hospital, 1923*）的判决。法院裁定华盛顿特区颁布的妇女最低工资法违宪，因为其违反了所谓的契约自由原则。对于进步人士来说，这是一个令人震惊的判决，与近年来的

---

* 自由雇用（open-shop）：不考虑雇用人员是否为工会会员，与只雇用特定工会会员的企业（closed shop）相对。

** “美国式劳资交涉法”（the American Plan）：主张雇主与雇员不通过工会而直接谈判。

立法和法律判决的强劲浪潮相逆。自 1912 年以来，已有 17 个州以及华盛顿特区颁布了最低工资法令；在联邦法院审理有关这些法律是否符合宪法的案件时，有 32 位法官投票支持，只有 9 位法官表示反对。但是现在，最高法院已经表明立场。之后不久，各州的最高法院使用“阿德金斯案”作为支配原则，宣布各州的最低工资法无效。[35]

然而，20 世纪 20 年代也确实制定了一些进步的联邦劳工立法。1926 年的《铁路劳工法案》（Railway Labor Act）在制定新的国家劳工政策方面取得了突破性进展。这部法律旨在最大限度地减少铁路行业的罢工和停工，给予铁路工人“不受干涉、影响或强迫地”选择他们自己谈判代表的权利。这是联邦政府第一次正式声明工人拥有无限制的加入（或不加入）工会的权利。这也是 20 世纪 20 年代唯一一部重要的联邦劳工立法。然而，由于没有成立联邦申诉委员会，数千起申诉都没有得到解决。[36]

多年来，纽约州共和党众议员菲奥雷洛·拉瓜迪亚（Fiorello La Guardia）和内布拉斯加州共和党参议员乔治·W. 诺里斯（George W. Norris）一直倡导制定联邦反禁令立法。[37] 参议院于 1929 年举行大规模听证会，在此期间，诺里斯请来顶级的学术专家和法律专家，包括哈佛大学法学教授费利克斯·法兰克福特（Felix Frankfurter）。法兰克福特和他的同事南森·格林（Nathan Greene）刚刚完成一部影响重大的著作，主题是劳工禁令及其对劳工运动的影响。[38] 尽管诺里斯的提案 1929 年未获得通过，但是 1932 年年初，它再次被提交至第 72 届国会。

改革的时机已经成熟。随着“红夹克”判决的颁布，以及胡佛试图（但注定失败地）提名臭名昭著的“禁令法官”詹姆斯·H. 威尔克森（James H. Wilkerson）担任第七上诉法院的法官，公众反禁令的情绪空前高涨。诺里斯推动参议院通过了该提案，以 75 比 5 的惊人优势获胜。在众议院，该提案在拉瓜迪亚的守护下经历了一些有争议的辩论，但最终以 362 比 14 的投票结果获得了同样一边倒的支持。1932 年具有里程碑意义的《诺里斯–拉瓜迪亚法案》（Norris–La Guardia Act）消除了对工人和劳工组织最有害的两个障碍：法院颁布的禁令和“黄犬契约”。该立法严厉限制使用劳工禁令和法官制定的劳工法，并且规定不能强制执行“黄犬契约”。联邦法院不能禁止罢工、和平示威抗议或其他活动，比如宣传罢工或分发罢工资金。

历史学家霍华德·津恩（Howard Zinn）评论道，《诺里斯-拉瓜迪亚法案》应当可以说是“为劳工发动的立法‘新政’”。[39] 这是拉瓜迪亚国会生涯的顶峰；讽刺的是，在那一年晚些时候，由于富兰克林·罗斯福以及“新政”掀起了横扫一切的民主党浪潮，拉瓜迪亚竞选连任失败。[40] 胡佛签署该立法，然后不加评论地公布了司法部长詹姆斯·D. 米切尔（James D. Mitchell）的一封信，质疑该法案的合宪性。乔治·诺里斯非常愤怒。在 1932 年总统竞选接近尾声时，共和党拼命想要邀功，将“不顾强有力的反对，批准全面禁止‘黄犬契约’和帮助减少在劳工纠纷中使用禁令的法案”列入胡佛为劳工争取的胜利成果中。[41]

雇主们还有另一个武器可以挫伤或者至少收编推动组织工会和集体谈判的力量。各公司开始创建自己的公司工会，或者制订所谓的雇工代表计划。然而，这样的计划被历史学家戴维·M. 肯尼迪（David M. Kennedy）形容为“资方温顺、驯服的创造物”。[42] 它们由资方建立、维持和控制。

工会的成绩纪录完全无法令人振奋。自 1875 年以来，劳工几乎没有赢得过几次重要的战斗，劳工组织对男、女工人的支配力极为脆弱。到大萧条开始和胡佛开始执政时，劳工组织已经失去其影响力和动力。争取最低工资和工作时长的斗争正在走向失败，血汗工厂正在卷土重来，童工数量不断增加。[43] 此外，劳工组织缺乏有力的领导。塞缪尔·冈珀斯担任劳联主席的风光时期早已成为过去，他已于 1924 年去世，而他的继任者是温顺的威廉·格林。研究劳工的历史学家欧文·伯恩斯坦（Irving Bernstein）评价格林是一位“大脑简单的平庸之辈”，没有领导能力。矿工联合会主席约翰·L. 刘易斯（John L. Lewis）的评价则更为刻薄：“我已经好好探索过比尔的头脑了，我向你保证，那里空空如也。”[44] 格林没有为工人的需求而战斗，而是选择尊重和接受公司对美国经济的支配。在将要到来的重大政治和立法斗争中，劳工组织只是扮演了次要的角色。

在 1932 年 11 月 8 日罗斯福击败胡佛那天，有 1320 万名美国人失业。而到 1933 年 3 月 4 日罗斯福宣誓就职那一天，失业人数增加至 1500 万。“严峻的贫困问题在全国蔓延，”罗斯福在竞选游说中告诉日益绝望的选民，“使现在饱受痛苦，使未来前途暗淡。”[45] 欧洲各国无法偿还他们到期应付的债务，从 1 月开始，银行倒闭的数量和频率让金融界感到焦虑不安。

在胡佛执政的最后一段暗淡的日子里，劳工领袖约翰 · L. 刘易斯在参议院财政委员会上发言，预告了富兰克林 · 罗斯福的就职演说和早期“新政”政策，其中大部分是由国会起草的。[46] 1933 年 2 月 17 日，刘易斯警告参议员，制定敷衍了事的法令和固执地坚持平衡预算的日子已经过去，现在是采取行动的时候了。他主张成立一个全国性的应急委员会：由劳工、工业、农业和金融业的代表组成，它将有权减少工作时长，保障组织工会权，稳定物价，并且有权实施国家经济规划。[47]

同样在 1932 年的跛脚鸭会期中，亚拉巴马州民主党参议员雨果 · L. 布莱克（Hugo L. Black）提交了规定所有行业实行每周最长 30 小时工作制的议案。劳联主席威廉 · 格林为该议案发声，并毫不客气地预告，如果该法案没有获得通过的话，美国将会爆发一场“全体罢工”。[48] 国会因为 1
“新政”现在正在召开紧急会议，布莱克在 1933 年 3 月 10 日敦促罗斯福将“每周 30 小时工作制”条款列入他的救济一揽子计划中。罗斯福没有理他，这促使布莱克将他的议案直接提交至参议院全院进行表决。4 月 16 日，参议院以 53 比 30 的投票结果通过了该议案。对于罗斯福来说，布莱克的议案太具有革命性，会对国家经济造成严重的威胁。罗斯福新任命的劳工部长弗朗西斯 · 珀金斯认为该议案违宪，匆匆赶去参加众议院的听证会，试图转移对布莱克议案的关注。[49]

在参议院，来自纽约州的民主党人罗伯特·F. 瓦格纳是全国工业计划最坚定的倡导者。[50] 共有三组决策者负责起草《全国工业复兴法》，其中一组由瓦格纳领导；第二组来自商务部，而第三组由总统顾问雷蒙德·莫利（Raymond Moley）领导。[51] 经过长时间的激烈争论，罗斯福命令这三个竞争的团队进入会议室，锁上门，直到他们达成共识再出来。5 月 15 日，政府将其议案送交至国会。[52]

《全国工业复兴法》暂停实施反垄断法，允许同一产业的雇主成立同业公会或者产业集团，基于“公平竞争法规”设定生产指标或定价。雇主将制定最低工资、最长工作时长以及其他雇佣条件。一旦获得总统批准并公布，这些法规将具有法律效力。为了鼓励工会参与，第 7 条（a）款保证雇员“有权（在不受雇主干涉或威胁的情况下）组织工会和通过他们自己选择的代表进行集体谈判”，该条款直接取自《诺里斯–拉瓜迪亚法案》。

全国制造商协会施压要求削弱集体谈判的条款，但瓦格纳不为所动，他向参众两院的立法者发出最后通牒：“不通过第 7 条（a）款，就不通过议案。”这一具有争议的条款保留了下来。奇怪的是，政府和劳工对这一关键性条款的态度最多只能说是冷淡。资方不支持第 7 条（a）款；工会对推动“每周 30 小时工作制”的法案更有兴趣；未来两位负责的政府官员——休·约翰逊（Hugh Johnson）将军及其继任者唐纳德·里奇伯格（Donald Richberg）——都反对它；总统不理解这些条款，也不理解保护工人权利的长期影响。[53]

《全国工业复兴法》只经过小幅改动就轻松获得了众议院的通过，但接下来它在参议院遭到了来自进步人士的强硬反对，特别是来自爱达荷州的共和党人威廉·E. 博拉（William E. Borah）。他提醒道，随着反垄断条款的中止，各大公司会主导规则的制定过程。但是政府最终获胜，参议院否决了博拉的异议，《全国工业复兴法》于 1933 年 6 月 16 日成为法律。[54] 在签字仪式上，罗斯福保证《全国工业复兴法》将在那年夏天使数百万人重返工作岗位，使他们有能力购买商品和服务，并使经济复苏。尽管罗斯福事实上并没有全力推动这部法案，但他在签字仪式上对新闻记者说，“《全国工业复兴法》很可能会作为美国国会有史以来制定的最重要、影响最为深远的法案被载入史册”。[55] 当之无愧的推动者瓦格纳参议员同样信心满满地说，他感到“我在对抗人类苦难的战争中取得了最伟大的胜利”。[56] 但是有许多决策者和批评家对此表示怀疑，其中最重要的一位质疑者是路易斯 · D. 布兰代斯（Louis D. Brandeis）。 1

《全国工业复兴法》规定成立国家复兴管理局（National Recovery Administration，NRA）以监督行业法规的制定，成立全国劳工委员会以解决纠纷。国家复兴管理局策划了“蓝鹰”运动：承诺遵守国家复兴管理局计划的大小公司，在他们的生产经营场所悬挂蓝鹰的标识或旗子，并声明“人尽其职”（We Do Our Part）。各个行业都将制定保证提高工资、减少工作时间和提供更好的工作环境的法规。作为交换，各个行业可免于反垄断法规的限制。超过 200 万名雇主积极参加。[57]

整个国家都欣喜若狂：最后，似乎人人都齐心协力，所有人都各尽其职。《华盛顿邮报》的一篇报道捕捉到了在纽约举行的一次“蓝鹰”运动集会的风采：

> 在那个 9 月（1933 年），纽约总共 700 万名市民中有 200 万人观看另外 25 万人敲锣打鼓、号角齐鸣，沿着像峡谷般的纽约第五大道远去，这是“蓝鹰”运动的游行。花哨炫目的花车摇摇晃晃地驶过。男男女女向站在图书馆对面的红、白、蓝三色检阅台上的领袖呐喊欢呼。他们说着笑话，步伐纷乱，为经济萧条的结束而欣喜若狂。[58]

罗斯福笑容满面，“我们国家拥有了自 1917 年 4 月以来从未见过的团结一致……”，幸福的日子再次来临。[59]

在该法律颁布一周后，国家复兴管理局就开始运作，而全国劳工委员会却一直到 1933 年 8 月才成立。该委员会的成员直到 10 月下旬才收到他们的职务通知书，直到 12 月中旬，全国劳工委员会才通过一份具有追溯效力的总统行政命令得到行政当局的正式承认。[60] 虽然该委员会的任务和管辖范围含糊不明，但它切实肩负着解决罢工和有关承认工会的纠纷以及解释和维护第 7 条（a）款的责任。有近四分之三的纠纷集中在雇主干涉集体谈判，特别是在许多雇主将第 7 条（a）款解释为允许公司工会或雇工代表计划的情况下。全国劳工委员会在一开始取得了一些成绩，但随后，在 1933 年 11 月，全国制造商协会公开攻击全国劳工委员会，指责其妨碍了健康的雇佣关系。威尔顿钢铁公司（Weirton Steel）和巴德制造公司（Budd Manufacturing Company）很快拒绝配合参与调查雇员是否想要成立独立工会的投票表决。在这之后，雇主始终拒绝与全国劳工委员会合作。[61]

问题在于全国劳工委员会没有强制执行权。它可以设法调解或者达成协议。如果公司依然不遵守的话，那么该委员会唯一能做的就是将这件事移交给国家复兴管理局的负责人、合规部门或司法部长来采取“适当行动”。而所有能做的就是移除商店或者印有抬头的信纸上的蓝鹰标识。司法部长能够启动禁令程序或起诉，但是在这个计划执行期间，只有 4 起移除蓝鹰标识的案例。[62]

1934 年 2 月，罗斯福签发了两项总统行政命令，授权全国劳工委员会在收到雇员请求的情况下组织投票表决，根据少数服从多数原则。但是，之后国家复兴管理局的休 · 约翰逊和总顾问唐纳德 · 里奇伯格有力地驳斥了少数服从多数原则，转而支持少数人和个人有权分别进行谈判。[63]

1934 年年初，罗斯福决定亲自介入汽车行业的劳资谈判。汽车公司在激烈反抗外部工会上果然名副其实，但是，随着汽车工会变得越来越激进，又考虑到汽车行业对美国经济的重要性，罗斯福提出了一个折中方案。如果工会愿意停止罢工，总统将出面调解。他说到做到，并在 3 月 25 日宣布了他的决定：汽车制造商将被移出全国劳工委员会的管辖范围，而受制于一个专门的汽车委员会。罗斯福走得更远，历史学家梅尔文·杜波夫斯基总结道："罗斯福显然谴责多数代表制，赞同公司工会主义，忽视集体谈判，并要求工会和公司一样受法律监管。"[64] 而实际上，罗斯福的亲自干预彻底扼杀了全国劳工委员会。劳工部长弗朗西斯·珀金斯警告罗斯福不要介入具体的谈判；后来，罗斯福总统肯定地说道："我绝不会再做那样的事了。"[65]

1933 年 12 月初，出任全国劳工委员会主席的瓦格纳参议员告诉记者，第 7 条（a）款需要得到加强，获得明确的执行权。1934 年 3 月 1 日，瓦格纳提交了一项新的劳资纠纷议案：重组全国劳工委员会，并通过联邦法院赋予它执行权。他的提案遭到美国商会（U.S. Chamber of Commerce）和全国制造商协会的强烈反对，各个公司及其工会代表也普遍对它嗤之以鼻。[66]

瓦格纳的劳资纠纷议案被国会搁置，全国各地的劳资纠纷越来越多，罗斯福插手干预并提出了第 44 号公共决议案，授权总统建立一个委员会调查第 7 条（a）款妨碍州际贸易的争论。国会通过了总统的提案，根据第 44 号决议的授权，罗斯福于 1934 年 6 月末成立了国家劳工关系委员会。然而，新成立的国家劳工关系委员会具有一个基本但熟悉的缺陷：它缺乏对付不愿意接受第 7 条（a）款禁令的雇主的执行权。国家劳工关系委员会所能做的只有劝告，而随着公众舆论对劳工需求的敌意越来越大，司法部门又不愿意合作，这个新成立的三人委员会变得无能为力，逐渐被废弃。[67]

工人和资方之间的关系日益紧张。1933 年，特别是 1934 年，冲突彻底爆发。在《全国工业复兴法》签署后的头 6 个月里，美国总共发生了 1695 起罢工，涉及工人达 110 万。引发这些罢工的主要原因是雇员抗议资方违反《全国工业复兴法》：3.5 万名制衣工人、6 万名裁缝、5 万名制丝工人和 7 万名矿工在 1933 年 8 月和 9 月离开了工作岗位。[68] 1934 年，劳资纠纷数量迅猛增加：美国共发生 1856 起罢工，涉及工人人数达 147 万。

正如历史学家欧文·伯恩斯坦所言，这一年“包装社会的文明体面的外衣被撕扯下来，赤裸裸的阶级冲突暴露无遗”。[69]

其中有4场冲突因暴力程度，因卷入了被共产党的激进派和支持者所煽动的，有时甚至直接领导的劳工激进分子，而尤为引人注目。1934年5月，在俄亥俄州的托莱多，由A.J.马斯特（A.J.Muste）领导的美国劳工党（American Workers Party）的劳工激进分子与电动汽车点火（傲利特）公司（Electric Auto-Lite Company）爆发暴力冲突，导致两人死于枪伤。那年夏天晚些时候，比尔·邓恩（Bill Dunne）和雷·邓恩（Ray Dunne）两兄弟领导明尼阿波利斯市的卡车司机罢工；在这场激烈而持久的冲突中，警察开枪击中了67名卡车司机，2人死亡，自称激进派的州长弗洛伊德·B.奥尔森（Floyd B. Olson）下达戒严令。在旧金山，国际码头工人协会（International Longshoremen's Association）的领导人、激进的哈里·布里奇斯（Harry Bridges）号召举行总罢工。全市总共有超过13万名工人响应罢工；7月，旧金山全市停摆了4天，两名工人在这场冲突中丧生。在托莱多、明尼阿波利斯和旧金山发生的这三场罢工中，工人的诉求都成功获得了解决，但是在他们的身后却留下了不满和民愤。此外，这些罢工的举行是独立于美国劳工联合会的，有时甚至是违反其意愿的。接着，最大的一场罢工爆发了，东海岸纺织工人在8月举行罢工，涉及20个州的约37.6万名工人。这场罢工由纺织工人联合会（United Textile Workers）发起，由劳联的一个保守派领导。然而，它却彻底失败了。[70]

尽管国家复兴管理局在1933年秋天得到过公众的支持和欢呼，但到1934年春天，公众对其感到越来越失望。对于许多工人、少数族裔和消费者来说，国家复兴管理局已经变成“国家借口”*。[71] 像通用电气的杰勒德·斯沃普（Gerard Swope）这样的前商界盟友，以及支持“新政”的知

* “国家借口”（National Run-Around）：其首字母缩写NRA与国家复兴管理局（National Recovery Administration，NRA）的首字母缩写相同。

识分子都转而反对它。北达科他州共和党参议员、中西部的进步人士杰拉尔德·P. 奈（Gerald P. Nye）和威廉·博拉对国家复兴管理局发起了毫不留情的攻击，谴责垄断企业和它们对农民、小企业主的毁灭性影响。[72] 为了调查对垄断行为的指控，罗斯福成立了国家复兴审查委员会（National Recovery Review Board），由令人敬畏的、77 岁高龄的克莱伦斯·丹诺* 担任主席。这个审查委员会举行了 12 场冗长的听证会，记录的投诉长达 2753 页，而此时尚有 304 名控诉人在等待针对国家复兴管理局和产业法规发表证言。丹诺最后提交的报告随意且带有偏激性，但它指控大型企业控制规则制定过程，并压榨小企业、工人和公众的利益。国家复兴管理局存在的一个最突出的问题是其管理者——夸夸其谈、有时还动摇不定的休·S. 约翰逊将军，他最终于 1934 年 9 月辞职。[73]

制定法律

1934 年的中期选举对罗斯福和其“新政”做出了历史性的肯定。《华盛顿邮报》称这次选举结果“表达出的公众对总统的信心是历次中期选举中最引人注目的一次”。[74] 历史学家欧文·伯恩斯坦的结论是，“这次选举实际上除掉了共和党的右翼”，虽然在第 73 届国会期间，众议院一直被认为是两院中更为进步的议院，但现在，在新的第 74 届国会中，参议院却成了更为进步的议院。[75] 民主党新增 9 位支持新政的参议员，包括来自密苏里州的哈里·S. 杜鲁门，他承诺会百分之百地配合罗斯福总统及其政策。[76] 这一胜利对罗斯福夫妇来说是如此甜蜜，以至于第一夫人宣布将在 12 月的内阁晚宴上提供葡萄酒招待客人，这是自威尔逊政府颁布禁酒令以来白宫第一次为客人提供酒。[77]

---

* 克莱伦斯 · 丹诺（Clarence Darrow，1857—1938），被誉为美国历史上最伟大的辩护律师，在其律师生涯中成功代理了许多复杂的经典案例。

第 74 届国会，第一会期（1935 年 1 月 3 日—8 月 26 日）

参议院：69 位民主党人，25 位共和党人，2 位其他人士

众议院：322 位民主党人，103 位共和党人，10 位其他人士

总统：富兰克林 · D. 罗斯福

罗斯福和国会面临着十分艰巨的任务。总统因干涉私人企业而被美国商会和其他企业利益相关团体施加了极大压力，另一方面他又受到进步派势力的攻击，指责他在政治和社会改革中表现得不够积极进取。[78] 罗斯福面临的最大问题之一是《全国工业复兴法》，它按规定将于 1935 年夏天到期。尽管该法案存在种种问题和不足之处，但罗斯福于 1935 年 2 月 20 日要求国会将它延期两年。而尽管参众两院存在顽固的抵抗力量，但国会最后在对《全国工业复兴法》做了大幅修改后，将其延期 10 个月至 1936 年 4 月 1 日。[79]

1934 年秋天，瓦格纳参议员指示他的助手利昂 · H. 凯泽林（Leon H. Keyserling）重新推动 1934 年失败的劳工纠纷立法，并起草了日后所说的《瓦格纳法案》。凯泽林与国家劳工关系委员会的法律总顾问以及法律工作人员一同起草立法时，参考了《诺里斯-拉瓜迪亚法案》、《全国工业复兴法》、1934 年的劳工纠纷法案、第 44 号决议案，以及瓦格纳在国家劳工关系委员会和旧的全国劳工委员会的经验。[80]
57 劳联提供了一定程度的帮助，发表了一些政策上的建议，但从根本上来说，它只是满足于让瓦格纳的智囊团制定出该法案。[81]

在罗斯福不冷不热地同意将《全国工业复兴法》延期 10 个月的第二天，瓦格纳提交了他自己的法案。罗斯福没有做过任何事情支持瓦格纳，不论是他还是任何政府官员都没有参与该法案的起草，或推动其获得国会的通过。劳工部长珀金斯在这部法案的起草过程中并没有被征求意见，后来她在出庭做证支持该立法时也没有表现出什么热情，她证词的重点是确保新成立的国家劳工关系委员会不是独立于她的内阁部门，

而是设置为其下属部门。[82] 劳工委员会主席、马萨诸塞州民主党众议员小威廉·P. 康纳利（William P. Connery, Jr.）在接下来的一周将该法案提交至众议院。

听证会于3月11日开始，瓦格纳作为首位证人在参议院教育和劳工委员会（Senate Committee on Education and Labor）上发言。他警告，由于雇主无视国家劳工关系委员会的命令，不能维护《全国工业复兴法》第7条（a）款中保护劳工的条款，“产业工人的不满情绪已日益高涨”。瓦格纳指出，国家劳工关系委员会做出的68个裁决中有48个一直没有被遵守。国家劳工关系委员会下达了8个举行工会选举的命令，但实际上只举行了2个。在受到影响的各个行业中有数百个委员会处理有关第7条（a）款的案件。瓦格纳认为，这导致混乱和不确定，导致《全国工业复兴法》的条款被无视，因此，第7条（a）款被“阉割了”。是时候明确并强化这部基本的保护工人和工会的法案了。他的立法将重新制定《全国工业复兴法》中的劳工条款，赋予其广泛的应用范围，而不是将其限制于编写各个产业的法规。[83]

不出所料，瓦格纳这部应用广泛的法案主要遭到全国制造商协会的激烈反对。全国制造商协会法律总顾问詹姆斯·A. 埃默里（James A. Emery）攻击该议案，声称其将“利用政府作为一支工人们拒绝加入的军队的征兵中士”。在举行听证会期间，全国制造商协会的代表与瓦格纳发生了好几次激烈冲突；埃默里反复强调该议案违反正当程序和宪法中的商业和司法条款。瓦格纳辛辣地回击道：“要是将来有一天我听说你赞成某部有利于社会进步的立法，那肯定会是个伟大的日子。”全国制造商协会主席克林顿·L. 巴多（Clinton L. Bardo）在无线电广播中攻击该立法，声称它“企图推翻个人拥有的在无须被强迫隶属于任何团体的条件下出售其劳动的基本权利”。接着巴多不依不饶地说道：“根据其规定，拒绝与一个不可靠的工会、一个共产主义工会或敲诈勒索的工会进行集体谈判，与拒绝与一个有信誉的、正直诚实的劳工组织交往，竟然是同样非法的。”[84]

《瓦格纳法案》的亮点

正如该法案的预言所述，它被“宣布为美利坚合众国……支持集体谈判的实践和程序的政策”。

该立法的核心在于第 7 条：“雇员应当具有自我组织、形成、参加或协助劳工组织的权利，有权通过他们自己选择的代表参与集体谈判，并有权以集体谈判为目的，或为了实现互助或相互保护，从事其他协调一致的活动。”

下一条列出了雇主不得从事的 5 项不当劳动行为：（1）不得“干涉、限制或威胁”想要行使第 7 条规定的权利的雇员；（2）不得“控制或干涉”任何劳工组织的成立或管理，或给予其财政上的支持（如此一来，即禁止了公司工会）；（3）不得以任何会鼓励或阻止他们加入工会的方式区别对待工会雇员和非工会雇员；（4）不得歧视任何起诉或者做证的工人；（5）不得拒绝善意的谈判。没有条款提及工会的不当行为。

该法案还规定了选择工会谈判代表的机制，通过政府监督的无记名投票选举。它还确立了一个重组的国家劳工关系委员会，通过各个地方委员会，它能够举行听证会，并裁决有关不正当劳工行为的指控。这样的判决接着被移交到全国性的国家劳工关系委员会，再移交到联邦法院予以执行。

《瓦格纳法案》将全面禁止公司工会。而在当时，大约有 300 万名工人被组织加入公司工会，同时有 450 万名工人隶属于独立的工会；公司工会也正在以更快的速度发展壮大。[85] 这引发了公司工会代表的强烈抗议，他们声称这将为雇员代表计划敲响丧钟，将“制造冲突和妨碍复兴”。瓦格纳参议员倾听了他们的抱怨，但是却质疑了他们的公正性。在他的反复询问下，这些证人承认他们的公司付钱让他们前来华盛顿并出庭做证，他们对于公司可能无法保持完全中立的态度。[86]

劳联的威廉·格林指责说，根据《全国工业复兴法》，第 7 条（a）款已经被工业企业的资方人员“破坏”并转变成“迫害工人的工具”。他认为，“与它竟然被用作迫害那些信任它的工人的工具相比，国会从未给予我们第 7 条（a）款要好上 1 万倍”。这位劳联主席将一项通常针对劳工组织的指控调转枪口，指控制造商与共产主义者联系在一起。[87]

瓦格纳的新法案的核心为第 7 条（a）款，它一字不差地摘录自《全国工业复兴法》：

雇员应当具有自我组织、形成、参加或协助劳工组织的权利，有权通过他们自己选择的代表参与集体谈判，并有权以集体谈判为目的，或为了实现互助或相互保护，从事其他协调一致的活动。

《瓦格纳法案》的作者

罗伯特·费迪南德·瓦格纳（1877—1953）于 1927 年至 1949 年任职于参议院。瓦格纳出生于德国，童年时随家人移民至美国。瓦格纳先后担任纽约州众议员（1905—1908）、纽约州参议员（1909—1918），其间出任调查 1911 年三角内衣工厂大火的州工厂调查委员会（State Factory Investigating Commission）主席。瓦格纳还担任过纽约州最高法院的法官（1924—1926）。他在美国参议院工作时始终贯彻进步主义哲学。早在"新政"开始两年前，瓦格纳就已经积极推动一项市政工程计划、一个联邦就业稳定委员会和一个全国性的失业保险制度。他为反私刑立法和允许犹太战时难民在美国定居而奋斗。

弗朗西斯·珀金斯在她的回忆录中，将这部具有里程碑意义的法案的颁布完全归功于瓦格纳："应当说清楚的是，总统阁下并未参与制定《国家劳工关系法案》，事实上，也几乎没有找他商议过该法案。它不是总统的计划的一部分。当瓦格纳向他讲述该法案时，他并没有表现出特别的兴趣。这部法案的所有荣誉都属于瓦格纳。"[89]

瓦格纳还负责指导 1935 年参议院通过《社会保障法案》。后来在 1944 年，他作为代表参加了在布雷顿森林举办的联合国货币金融会议。

根据瓦格纳的法案，联邦政府将直接投入自己的全部力量支持工人，并保护他们组织工会的权利。后续条款清楚地说明了禁止雇主从事的不当劳动行为：试图影响选举，使用武力和威胁，使用黑名单以及其他策略。该法案只字未提工会本身可能使用的任何不当劳动行为。

5月16日，参议院以63票赞成、12票反对的压倒性优势通过了《瓦格纳法案》。4天后，众议院委员会将该法案交回众议院全院。最后在5月24日，罗斯福把瓦格纳参议员、弗朗西斯·珀金斯、唐纳德·里奇伯格以及其他一些人请到他的办公室。尽管受到来自企业界的压力，经过15个月的审议，罗斯福同意支持瓦格纳的法案。罗斯福不仅支持该法案，随后还宣布该法案是延续“新政”所“必须通过的”的立法之一。[88]

接着，黑色星期一——1935年5月27日——到来了。

就在瓦格纳参议员带领国会通过他的《国家劳动关系法案》时，最高法院正在审理一个质疑《全国工业复兴法》是否合宪的案件。

全国劳工委员会裁定谢克特兄弟（Schechter brothers）——他们在纽约市经营一家屠宰场，收取佣金屠宰家禽，并将其出售给供应符合犹太教规食物的零售商——犯有违反最大工作时长和最低工资条款，出售患病的、有结节的鸡，以及没有遵守《活禽法规》（Live Poultry Code）中的“直接屠宰”规定等罪名，其中《活禽法规》是根据《全国工业复兴法》的授权而制定的。这个案件展示出根据这部法律，联邦政府的管理能够达到何等
60 细致入微的程度。但它也给法庭带来了一些轻松时刻。1935年5月3日，谢克特兄弟的辩护律师约瑟夫·海勒（Joseph Heller）主张，联邦政府判定他的委托人有罪所基于的事由纯粹是地方性的，只涉及州内贸易，完全不属于国家复兴管理局的管辖范围。在口头辩论中，当一位法官问及“直接屠宰”方法时，海勒滔滔不绝、详尽、慷慨激昂地说明了一个人应当如何把手伸进鸡笼，抓出他能够抓住的随便哪只鸡，再将其交给拉比屠宰。《纽约时报》的记者观察到，那些平时正襟危坐的法官都被海勒的描述逗得“开怀大笑”。[90]

但对于罗斯福政府来说，这一判决并非儿戏。5月27日，星期一，最高法院全体一致通过了由首席大法官查尔斯·埃文斯·休执笔的判决，裁定国家复兴管理局授予了太多权力给总统和民间组织：“如此授予立法权是我国法律闻所未闻的，且完全与宪法的特权和国会的职责相抵触。”

事实上，大法官本杰明·卡多佐（Benjamin Cardozo）在其协同意见书中评价国会如此大范围的授权是“授权胡闹”。[91] 罗斯福大为震惊，同时因该判决获得全体一致同意而失望。他曾希望至少能争取到被罗斯福称呼为“老以赛亚”的路易斯·D. 布兰代斯的支持，但是布兰代斯从一开始就不赞成《全国工业复兴法》，他公开宣布“5 月 27 日是最高法院历史上最重要的日子，也是最有帮助的日子”。[92] 记者们则将那一天称为“黑色星期一”。

在判决下达的 4 天后召开的一场自由的新闻发布会上，100 多名记者挤进罗斯福的办公室，想要了解最高法院判决和总统的反应。罗斯福说，这一判决可能是自 1857 年“德雷德·斯科特案”做出裁决以来最为重要的判决，它提出了一个极其重要的问题，即国民经济是由美国政府控制还是受制于 48 个州。在 90 分钟的时间里，罗斯福对州际贸易问题的理解给记者们留下了深刻印象，他进一步声明，由于这一判决结果，“我们对州际贸易的定义已经退化至马车时代了”。整场新闻发布会预先规定是采用背景采访的方式，不允许做任何援引或说明消息来源。但是新闻媒体按捺不住：记者们纷纷要求允许引用“马车”这句话，第二天，全国各地报纸宣布，“FDR*：马拉车时代的判决”，并发表社论猛烈抨击罗斯福总统。[93]

《全国工业复兴法》名存实亡，第二天，国家复兴管理局正在审理中的 411 个诉讼案件被撤销。在该判决下达数天后，劳联报告它正收到来自全国各地有关工资削减和强制增加每周工作时长的报告。[94] 罗斯福现在将他的精力转用于正在审理中的瓦格纳议案，但他首先要立即动身前往切萨皮克湾享受周末钓鱼巡游。

全国媒体和政府的反对者都确信“谢克特案”不仅宣告了《全国工业复兴法》无效，也同样会使正在审理中的瓦格纳议案无效。瓦格纳和罗斯福没有因此气馁，继续推进该议案。瓦格纳议案做了一些改动，特别是在

* FDR：富兰克林·德拉诺·罗斯福名字的缩写。

序言中阐明了劳资纠纷与贸易之间的联系。该议案的众议院版本和参议院版本之间的分歧通过会议得到解决，并于6月27日分别获得参众两院的通过。1935年7月5日，罗斯福签署批准了《国家劳动关系法案》，并将签字仪式使用的笔分别赠送给瓦格纳参议员和劳联的格林。格林效仿冈珀斯在1914年的声明，宣告《瓦格纳法案》是劳工运动的“大宪章”。然而，产业界的许多反对者确信，该法案会像其前身一样被裁定为违宪。

瓦格纳的《国家劳动关系法案》是后来被称作“第二个百日新政”时期颁布的第一部法案。自6月初以来，“谢克特案”判决刚刚下达后，立法者就恨不得马上休会。这届国会在头6个月实在是历经艰难和坎坷，而且华盛顿官员一直以来会在闷热、潮湿的夏季月份休息。当时，即使在华盛顿，空调也仍然属于新兴的奢侈品；白宫在1929年才安装上空调，第二年，国会大厦才装上，但是几乎没有人能在自己的家中或汽车中安装令人感到舒适的空调。

罗斯福下定决心重申他的领导权威，复兴“新政”。罗斯福受到“谢克特案”失败、党派斗争和经济裹足不前的刺激，并感觉到“新政”将会陷入泥沼，除非国会采取大胆行动，于是他坚持要求立法者在1935年的夏季月份继续开会，直到工作完成。[95] 当时国会正在讨论的立法有：社会保障议案、银行业立法、“向富人征税”的增税议案，以及一部公共事业控股的议案。罗斯福要赢得这些重要立法中的每一部。

《瓦格纳法案》创建了一个新的、独立的国家劳动关系委员会，以保护工人反抗不当劳动行为，并调查一切妨碍工会和工人的障碍。进步人士称赞《瓦格纳法案》的执法保护是“自由主义者取得的重大胜利”，因为第一修正案保障工人的言论和集会自由，并得到了法律的支持。[96]

但很快，工业企业的资方人员就发起了反击。历史学家德克斯特·珀金斯（Dexter Perkins）总结道：“在‘新政’期间，没有一部立法比《瓦格纳法案》遭到的反对更为坚决。”[97] 全国制造商协会率先发难，向其会员发布了一份公告，宣称《瓦格纳法案》不适用于制造业，并且其中禁止的不当劳动行为并不影响州内贸易。全国制造商协会的公告宣称“贸易要一直到制造业结束后才开始”，并引用最近的联邦法院判决来支持其论点。[98]全国制造商协会已经开始发动宣传战。从 1934 年开始，全国制造商协会的信息委员会在接下来的 13 年里花费超过 1500 万美元用于印发传单，发表电台演讲，制作电影短片和在学校播放电影，重印经济学家广受欢迎的文章，在 260 份报纸上开设每日专栏，目的是“传播正确的美国原则”。[99]全国制造商协会所谓的“正确的美国原则”的核心是废除《瓦格 16
纳法案》。

1935 年 9 月，美国自由联盟（American Liberty League）的律师委员会宣称《瓦格纳法案》违宪。美国自由联盟是一个主要由商业和制造业利益相关者组成的组织，它旗下的 58 位律师宣称《瓦格纳法案》“完全违背了我国宪法规定的传统政府理论”。该联盟的主席朱厄特·肖斯（Jouett Shouse）称将对“新政”的立法进行一系列合法性评估，这只是第一个，接下来还将发布评估《社会保障法案》、《公用事业控股法案》（Public Utility Holding Act）、《烟煤保护法案》（Bituminous Coal Conservation Act）［或名《格菲法案》（Guffey Act）］、《田纳西河流域法案》（Tennessee Valley Act）以及其他主要的进步立法的报告。[100]内政部长哈罗德·L. 伊克斯（Harold L. Ickes）辛辣地回击了“首席大法官肖斯及其 57 位助理法官公然的无礼举动和不当言行”。[101]

国家劳工关系委员会于 1935 年秋天开始举行实地听证会，并发现各公司有意颠覆新颁布的法律。国家劳工关系委员会的第一个案子涉及宾夕法尼亚州的灰狗长途客运公司（Greyhound Bus Company），委员会揭露其从事工业间谍活动和监视工会会议。11 月，国家劳工关系委员会前往底特律听取有关弗吕霍夫拖车公司（Fruehauf Trailer Company）解雇几名想要加入全美汽车工人联合会（United Auto Workers）的员工的证词。这场听证会揭露，弗吕霍夫公司雇用平克顿侦探事务所的一名员工作为间谍潜入该联合会，并将该联合会的成员名单交给公司。11月末，国家劳工关系委员会在圣路易斯举行听证会，听取了对伊利诺伊州塞勒姆市布朗制鞋公司（Brown Shoe Company）的指控，指控其雇用商业间谍，纠集民间组织破坏工会活动，并使用各种手段威胁恐吓工人。[102] 所有这些行为都违反了《瓦格纳法案》的规定。

国家劳工关系委员会想要了解更多，并决定调查工业间谍活动、破坏罢工的手段、使用私人侦探机构和其他恐吓工会的方式。它向长期担任调查员的希伯·布兰肯霍恩（Heber Blankenhorn）寻求援助。与此同时，曾担任过报社记者和农业调整署（Agricultural Adjustment Administration）官员的加德纳·杰克逊（Gardner Jackson）说服4位参议员和3位众议员在华盛顿的宇宙俱乐部举办一场晚宴，以讨论雇主滥用职权的问题，决定是否需要国会采取行动。共有近50位国会议员、劳工领袖、教会领袖和公民领袖出席，行动由此开始。这场晚宴后不久，杰克逊联系了布兰肯霍恩，他们与其他几个人帮助起草了后来成为参议院第266号决议的决议，并由威斯康星州进步党参议员小罗伯特·M. 拉福莱特（Robert M. La Follette, Jr.）提交至参议院。[103] 该议案的目的是对劳工关系领域中涉嫌侵犯公民自由的行为进行调查。

拉福莱特调查的主要目标是全国制造商协会及其“有组织地蔑视《国
63 家劳动关系法案》的行为”。拉福莱特所在的委员会还指控全国制造商协会从事“大规模的、秘密的宣传活动”，利用“报纸、广播、动画电影、幻灯片电影、股东的信件、工资袋内的宣传品、广告牌、市民进步集会和地方性广告”攻击劳工鼓动者和保护工人的政府措施。[104]

“小鲍伯”·拉福莱特于1925年被选进参议院接替他父亲的位置，他是进步劳工立法的有力支持者和公民自由的捍卫者。他是1932年争取《诺里斯–拉瓜迪亚反禁令法》（Norris-La Guardia Anti-injunction Legislation）获得通过的领导者之一，也是《瓦格纳法案》的热心支持者。当反工会力量不断增加阻力，公司拒绝遵守第7条（a）款和《瓦格纳法案》的正当行为规定时，拉福莱特敦促参议院对侵犯工人组织工会和集体谈判权的行为进行调查。[105] 1936 年至 1940 年，拉福莱特担任参议院公民自由委员会主席。该委员会被传记作家帕特里克 · J. 梅尼（Patrick J. Maney）描述为“历史上规模最大、最富成效但同时也最有争议的国会调查之一，揭露了许多雇主试图阻止工人组织工会时所使用的粗暴甚至往往是残忍的手段”。[106] 从 1936 年 9 月一直到 1937 年春，该委员会重点调查了工业间谍活动以及破坏罢工，使用私人警察武装和大量储备枪支、警棍、手榴弹等用于攻击罢工者的武器的其他行为。[107] 揭露出来的雇主的卑鄙手段令人震惊。

尽管拉福莱特想要在 1937 年春结束调查，但是，当 1937 年阵亡将士纪念日发生了共和钢铁公司南芝加哥工厂（Republic Steel's South Chicago plant）惨案后，调查活动继续进行。在这次惨案中，有 10 名罢工的钢铁工人死亡，100 多人受伤。[108]《瓦格纳法案》颁布后很快就受到法院的质疑。1935 年 12 月 21 日，联邦法官美林 · E. 奥蒂斯（Merrill E. Otis）宣布《瓦格纳法案》违宪，裁定制造业不属于州际贸易的一部分，因而不受国会的管制。国家劳工关系委员会不顾下级法院做出的这一裁决，继续运作，在接下来 18 个月的运作期间共审理了 2072 起案件，受影响的工人达 75 万人。显然，《瓦格纳法案》的命运必须由最高法院决定，提供条件的任务则落在了钢铁行业上。

法院在 1935—1936 年的待审案件列表上排满了各种挑战《瓦格纳法案》、新《社会保障法案》以及其他一些联邦和州监管计划的案件。最高法院刚刚从它在国会大厦的旧办公场所迁至新家——街对面一栋美丽的大理石建筑中。1936 年 1 月 6 日，最高法院以 6 比 3 的投票结果推翻了《农业调整法》，声称其税收条款侵犯了第十修正案保护的州权。给《瓦格纳法案》造成潜在的最严重打击的是最高法院在“卡特诉卡特煤炭公司案”（*Carter v. Carter Coal Company*）中推翻了《烟煤保护法案》，该法案设定了最低工资和最长工作时长，并保障了工人组织工会的权利。最后，最高法院裁定纽约州最低工资法违宪，理由是其侵犯了契约自由。[109] 正如历史学家威廉·E. 洛伊希滕贝格（William E. Leuchtenberg）所总结的："1935 年至 1936 年，最高法院进入了 16 个月的罕见的消极否定期，它推翻了许多国会法案和重要的州法案。"[110] 尽管最高法院在"谢克特案"中取得了全体一致的判决意见，但是在其他大多数这样的案件中，出现了一个持不同意见的小团体，包括哈伦·菲斯克·斯通（Harlan Fiske Stone）、路易斯·D. 布兰代斯和本杰明·N. 卡多佐，首席法官休斯偶尔也会加入。罗斯福能够指望 3 位或者 4 位法官支持"新政"，但是却无法获得第 5 票达到多数。

在 1936 年的总统大选中，罗斯福和他的"新政"彻底打败艾尔弗雷德·M. 兰登（Alfred M. Landon）和共和党人。身为堪萨斯州州长的艾尔弗雷德·M. 兰登仅赢下两个州——马里兰州和佛蒙特州。共和党人坚持以违宪为由攻击罗斯福及其"新政"，指责罗斯福凌驾于国会之上作威作福，篡夺司法权，强硬推行明显违宪的立法，侵犯各州的权力和主权。兰登作为共和党的举旗手，处境极为尴尬，他一方面严厉谴责"新政"计划，与此同时也承认其中许多改革有可取之处，但是他主张共和党人能做得更好。然而，选民们没有心情打乱"新政"，或转而信任共和党。现在，民主党人拥有众议院 435 个席位中的 333 个，在参议院也新增了 6 个席位，拥有 96 个席位中的 75 个。

有了选民压倒性的支持，在国会中支持"新政"的议员也占到了绝大多数，罗斯福和他的支持者开始转向改革最高法院。这个老化、保守的法院——"九老院"（Nine Old Men）——已经裁定"新政"的关键立法违反宪法。罗斯福的支持者愤愤不平，并准备报复。政府尤为蔑视其中的 4 位保守派：74 岁（1937 年）的詹姆斯·C. 麦克雷诺兹（James C. McReynolds）、77 岁的威利斯·范德文特（Willis Van Devanter）、74 岁的乔治·萨瑟兰（George Sutherland）和 71 岁的皮尔斯·巴特勒（Pierce Butler）。这"四骑士"都生于内战时期，从威尔逊或塔夫脱执政以来就一直任职于最高法院。另有 3 位法官被认为是“新政”计划的赞成者：81 岁的布兰代斯（尽管他对“谢克特案”做了上文所述的评论）、67 岁的卡多佐和 65 岁的斯通。还有两位摇摆不定的法官：74 岁的首席大法官休斯以及他们中最年轻的法官、62 岁的欧文·J. 罗伯茨（Owen J. Roberts）。讽刺的是，如果国会没有在 1933 年通过《经济法案》（Economy Act）的话，萨瑟兰和范德文特本来很可能不会在 1937 年出庭。这部《经济法案》削减了所有联邦雇员的工资和养老金，法官们无法忍受退休金被削减，不得不继续出庭审理案件。[111]

罗斯福筹划对最高法院采取行动已经有一段时间了。1935 年至 1936 年，司法部的律师团在罗斯福的敦促下试图起草一部约束最高法院权力的宪法修正案，但是，他们一直到 1937 年年初也没能提出一个可以接受的版本。[112] 政府在国会的盟友也决心要钳制司法系统的羽翼。一个极端的提议是制定一部宪法修正案，禁止最高法院裁定国会颁布的法案违宪；另一个议案是允许国会使被最高法院裁定为违宪的法律重新具有法律效力，只要国会参众两院能够以三分之二的多数票重新通过该法律。[113]

罗斯福在整个 1936 年始终保守着秘密，甚至在 1937 年 1 月发表第二次就职演讲时，也没有透露一丁点自己的打算。1937 年 2 月 5 日，罗斯福向国会提出了改组联邦司法机构的计划。他向国会提交的咨文和随附的法案几乎震惊了所有人。罗斯福将注意力转到了年迈或体弱多病的法官身上，他承认，这是一个“敏感的”话题，“然而也是一个需要开诚布公讨论的话题”。其中一个问题是“精神活力或身体活力的衰退会导致一个人拒绝审查复杂且变化的环境。新的事实透过（可以说是）适合于另一代人的旧眼镜，渐渐变得模糊不清；老年人如果想当然地认为现在的场景还是与过去一样，就会停止探索和研究现在或者将来”。[114] 随附的法案规定：凡是有联邦法官任职满 10 年或者以上并且在 70 岁生日前 6 个月内未退休的，总统就能够任命一名附加的法官。根据该议案，总统最多能够任命 50 名附加的联邦法官，美国最高法院的法官人数最多可达 15 人，即赋予总统最多可任命 6 名法官的权力。

众议院的书记员开始朗读罗斯福的咨文，并通过广播向全国直播。当参议院的宣读书记员朗读该咨文时，副总统约翰·南斯·加纳（John Nance Garner）走下讲台，然后走出了参议院大厅，“一只手捏着鼻子，另一只手用力向下摇动拇指”。[115] 感到失望的政治家不止加纳一人。保守派——不论是共和党人还是民主党人——大喊犯规，清楚地知道这个“法院填塞”计划的真正目的。占据参议院多数席位的民主党参议员产生了不可挽回的分歧，多数党领袖、来自阿肯色州的约瑟夫·T. 罗宾逊（Joseph T. Robinson）不屈不挠地试图将民主党人团结起来，以支持总统。[116]

接着，历史性的一天到来了。1937 年 3 月 29 日，最高法院做出了翻天覆地的原则上的转变。在“西海岸宾馆诉帕里什案”（*West Coast Hotel* v. *Parrish*）——该案涉及 1913 年华盛顿州最低工资法的实施，最高法院以 5 比 4 的多数票裁定该法律为正当的——中，最高法院推翻了 1923 年裁定最低工资法因违反雇主和雇工之间的契约自由而违宪的判决。但是，这个契约自由究竟是什么？最高法院在“帕里什案”中询问道：“宪法没有提及契约自由。它只提及了自由权和未经正当法律程序禁止剥夺自由权。”[117]

当时和后来的许多人认为，最高法院屈服于白宫和总统的“法院填塞”计划的压力，它被称作“挽救 9 人的及时转向”。但是首席大法官休
66 斯后来写道，罗斯福的提案对于最高法院的判决“不曾有丝毫的影响”，第五位投下决定性一票的法官欧文·J. 罗伯茨早在罗斯福公布其方案的数个月前就已做出了决定。[118]

尽管最高法院对“帕里什案”做出了这样的判决，许多人仍然相信《瓦格纳议案》将会遭遇《全国工业复兴法》在“谢克特案”中所经历的同样的命运，并被裁定违宪；国家劳工关系委员会的成员事实上也被这种前景“困扰着”。就在“帕里什案”结案仅仅两周后，“国家劳工关系委员

会诉琼斯–劳克林钢铁公司案”（*NLRB v. Jones & Laughlin Steel Corporation*）及其相关案件的判决结果宣告了《瓦格纳议案》的命运。[119] 1936 年 9 月至 1937 年 5 月，劳工展示了其影响力。新成立的工会——产业工会联合会积极争取集体谈判和在大批量生产的工业工厂中的工人的福利。工人开始使用静坐罢工这一武器，在这段时间里，约有 48.8 万名工人参与了静坐罢工，造成许多工厂关闭，生产中断。1937 年 3 月，正值最高法院审议《瓦格纳法案》的时候，发生了世人记忆最深刻的静坐罢工。产业工会联合会这次的目标是通用汽车位于密歇根州弗林特市的工厂，共有 192 642 名工人进行罢工。[120]

在组织工会的斗争中，引发争议最大的战场之一是钢铁行业。琼斯–劳克林钢铁公司公然无视《瓦格纳法案》和国家劳工关系委员会，开除了 10 名参与工会组织活动的工人。国家劳工关系委员会将这家钢铁公司的纠纷与其他 4 个纠纷合并，一起提交至最高法院审理。1937 年 2 月初，最高法院在 3 天多的时间里，听取了十几名律师 12 个多小时的辩论。法庭里挤满了旁听者，法庭外还有数百人排着长队等候，希望能听到这场历史性的口头辩论。[121] 在听取证词期间，法院收到了联邦政府提交的长达 1000 页的陈辩书，详述了这家钢铁公司分布广泛的业务活动，以及它对州际贸易的广泛影响。联邦政府主张，制造业并不仅仅是地方性的活动，不能脱离联邦的控制和管理范围。

4 月 18 日，首席大法官休斯代表 5 位法官（即过半数的法官）铿锵有力地宣布：肯定《瓦格纳法案》的权威。这位首席大法官直指问题的核心：“虽然把各项活动分开来考虑的话，从本质上可以说它们是州内活动，但如果它们与州际贸易有如此紧密且重大的联系，以至于管理它们对于保护州际贸易免受各种负担和阻碍是必不可少的或者恰当的，那么就不能否认国会具有行使这种管理的权力。”[122] 最高法院第一次承认地方制造业可以受国会监管，如此一来，工人就可以受到《瓦格纳法案》条款的充分保护。休斯写道：“雇员有权组织工会和为了合法目的选择自己的代表，就像被告人有权组织自己的企业和选择自己的职员和代理人一样明确。”[123]

亚瑟·克罗克（Arthur Krock）在第二天的《纽约时报》上写道，他感
67 到这些判决“像电击般刺激”，特别是因为它们来得如此出乎意料。劳工领袖们欣喜若狂。劳工部长弗朗西斯·珀金斯指出，在过去 6 个月发生的 1015 起罢工中，有超过半数都是为了争取工会得到承认，现在雇主们必须承认工人这一既定的权利以及他们的工会。国家劳工关系委员会主席 J. 沃伦·马登（J. Warren Madden）表示赞同，说道：“这意味着产业和平。”[124]

然而，这一判决既未带来产业和平，也没有减轻国家劳工关系委员会的工作量。在“琼斯–劳克林案”之前，国家劳工关系委员会及其 21 个地方办事处受理的案件非常少。在“琼斯–劳克林案”之前的 18 个月里，国家劳工关系委员会每月平均只有 150 起案件；而在最高法院做出判决后的一个月里，即 1937 年 5 月，它总计收到了 1064 起案件；两个月后，提交的案件达到了 1 万起，完全淹没了各个地方办事处。[125]

最高法院做出该判决后，强烈反对工会的汽车巨头亨利·福特立即允许福特的汽车工人“自由加入任何他们想要加入的组织”，但是接着补充道，“当然，我认为他们加入工会是很愚蠢的”。[126] 其他发誓要予以反击的工业家也是如此。全国制造商协会、美国商会以及他们在国会的保守派同盟，提议制定修正案以约束国家劳工关系委员会的权力，“均衡”《瓦格纳法案》的效力。[127]

余波

在劳联保守、顺从的领导下，劳工变得越来越焦躁不安。到 1934 年，劳工组织几乎没有取得什么胜利。隶属工会的工人只有 300 万人，约占非农业劳动力总数的 12%；这个比例甚至比 12 年前还低。[128] 研究

劳工的历史学家纳尔逊·利希滕斯坦（Nelson Lichtenstein）指出，“新政”早期的劳工激进主义大体可以说是一个失败的开端：劳联下属的 600 个地方工会被中断或暂停，同时又有数十万名工人放弃了他们的新工会。[129]

持有异议的劳工领袖，特别是约翰·L. 刘易斯，对于劳联乏善可陈的表现，以及对它正在错失招募主要产业中的新工人的黄金机会这一事实深感失望。在 1935 年劳联大会的最后几天里，刘易斯和其他不满的领袖进行了非正式会面，决定接下来的行动。与刘易斯联合的有：制衣工人联合工会（Amalgamated Clothing Workers）主席戴维·杜宾斯基（David Dubinsky）、国际女装工人工会（International Ladies Garment Workers）主席西德尼·希尔曼（Sidney Hillman）和国际印刷工会（International Typographical Union）主席查尔斯·霍华德（Charles Howard）。1935 年 11 月 9 日，这个团体和后来加入的其他 4 位工会主席，再次召开会议，宣布成立产业工会委员会（Committee of Industrial Organization），目的是组织大批量生产行业的非技术工人。刘易斯在 11 月末正式辞去劳联的副主席职位，产业工会委员会——后来改名为产业工会联合会——最终彻底脱离劳联。

新成立的产业工会联合会的首要目标之一是强大的钢铁行业。考察钢铁行业中的工会活动的历史，前景并不乐观：血腥的 1892 年霍姆斯特德大罢工（Homestead strike）、1901 年的惨败，还有使人筋疲力尽的 1919 年美国钢铁公司大罢工，这些痛苦的事件提醒人们，劳工没有能力取得进展。钢铁公司还煽动起民族和种族之间的紧张关系，使各个团体相互斗争。1936 年 6 月，产业工会联合会创建了钢铁工人组织委员会（Steel Workers Organizing Committee，SWOC），推选刘易斯的伙伴、矿工联合会的菲利普·默里（Philip Murray）担任主席。钢铁工人组织委员会的攻击目标为“钢铁巨头”，龙头企业美国钢铁公司拥有 22.2 万名雇员，伯利恒钢铁公司（Bethlehem Steel）拥有 8 万名雇员，共和钢铁公司拥有 4.9 万名

168

雇员，琼斯–劳克林钢铁公司拥有 2.9 万名雇员。其他钢铁企业——扬斯敦钢铁公司、国家（威尔顿）钢铁公司、内陆钢铁公司和美国轧钢厂（被称为“小钢厂”）——也将成为工会组织的目标。[130]

劳资关系的历史性转折点到来了，然而并不是发生在钢铁行业，而是在汽车行业。1937 年 2 月 11 日，约翰·L. 刘易斯步入底特律的通用汽车公司大厦，并与通用汽车公司签署了一项协议：新成立的全美汽车工人联合会成为罢工的汽车工人的唯一谈判代表。通用汽车公司是当时世界上最大的制造企业，在 14 个州和 18 个国家总共开设了 110 家工厂，雇员达 25 万人，即使在大萧条时期也保持了高盈利，它被认为是美国经营得最好的大公司。然而两个月前，一场历史性的静坐罢工使它大受打击。

1936 年 12 月 30 日，汽车工人联合会的工人在密歇根州弗林特市的费希博德 1 号工厂（Fisher Body Plant No. 1）开始静坐罢工。这场罢工的目标是经过仔细选择的：通用汽车为其 1937 年的整个车型系列只制作了两套车身模具，它们分别位于弗林特的费希 1 号工厂和克利夫兰的费希工厂。由于汽车工人联合会的工人拒绝离开弗林特工厂，其装配线整整停工 44 天。非常罕见且令人振奋的是，新当选的密歇根州州长弗兰克·墨菲（Frank Murphy）发誓不会偏袒任何一方，也不会出动州民兵干预。通用汽车公司位于俄亥俄州、印第安纳州、密歇根州和威斯康星州的其他工厂遭受打击。短短两周时间内，通用汽车公司庞大的生产制造系统就已经“被迫屈服”。[131] 尽管汽车工人联合会提出的所有要求没有完全得到满足，但它成功获得了通用汽车公司的承认。很快，哈德森（Hudson）、帕卡德（Packard）、克莱斯勒（Chrysler）这三家汽车公司，还有大量汽车零件制造商，都同意了工人组织工会。

但著名的福特汽车公司坚决不肯让步。1937 年 5 月 26 日，汽车工人联合会第 174 分会主席沃尔特·P. 鲁瑟（Walter P. Reuther）和其他三名工会干事在爬楼梯上到通往福特公司规模巨大的里弗鲁日装配工厂 4 号门的天桥时，遭到了约 40 个人的残忍攻击，后者来自哈里·贝内特（Harry

Bennett）在福特公司设立的臭名昭著的“服务部门”。[132] 陪同汽车工人联合会代表团的媒体人士拍摄到了这一暴行，并将其展示给全世界。“天桥之战”（Battle of the Overpass）就像约 30 年后警察用警犬对付民权抗议者的图片一样，成为劳资纠纷和产业界暴力抵抗的标志性影像。然而，一直要到 4 年多后，1941 年在里弗鲁日发生了损失惨重的大罢工，福特公司才停止反抗，屈服于《瓦格纳法案》的明确规定。

就在通用汽车公司于 1937 年 2 月签订合约后不久，美国钢铁公司也同意成立工会。美国钢铁公司董事长迈伦・C. 泰勒（Myron C. Taylor）已经与刘易斯秘密会面，并达成了一项历史性的和平协议：承认钢铁工人组织委员会（后来更名为钢铁工人联合会）代表其成员，每日 8 小时工作制，每周 40 小时工作制，加班工资为标准工资的 1.5 倍，以及加薪 10%，即将工资提高至每小时 62.5 美分，也就是每天 5 美元。很快，有 51 家公司与钢铁工人组织委员会签订协议，条款内容基本上与美国钢铁公司的协议相同。琼斯–劳克林钢铁公司刚刚被最高法院下令将其解雇的工人复职，它也在 5 月签署了一份工会合约。但是“小钢厂”在好战的托马斯・M. 葛德勒（Thomas M. Girdler）的领导下拒不让步，不愿就承认工会协商谈判。这导致了 1937 年阵亡将士纪念日在共和钢铁公司南芝加哥工厂发生的血腥冲突：警察镇压暴乱，10 名工会抗议者被杀害，另有 120 人（包括 35 名警察）受伤。紧接着在俄亥俄州的扬斯敦和马西隆也有工人被杀害。“小钢厂”不愿屈服，工会也不愿让步，尽管有《瓦格纳法案》的保护条款，有国家劳工关系委员会，有白宫这个“天字第一号讲坛”，联邦政府无所作为。“小钢厂”直到 1941 年才投降，并承认钢铁工人组织委员会。[133]

《瓦格纳法案》和劳工权利的大事年表

1896 年　美国劳工联合会成立。

1919 年　美国钢铁公司镇压钢铁工人的罢工。

20 世纪 20 年代“美国式劳资交涉法”推动自由雇用立法。

1932 年　《诺里斯—拉瓜迪亚法案》禁止“黄犬契约”和法院强加的针对罢工者的禁令。

1933 年　制定《全国工业复兴法》，并根据该法案成立了国家复兴管理局和全国劳工委员会，并推行“蓝鹰”运动。

1934 年　托莱多、明尼阿波利斯、旧金山和纺织行业分别爆发罢工。

1935 年　“谢克特案”判决裁定《全国工业复兴法》违宪（6 月）；《瓦格纳法案》颁布（7 月）；产业工会联合会成立。

1937 年　汽车工人联合会举行抗议通用汽车公司的静坐罢工，工会获得承认（2 月）；“琼斯—劳克林案”判决裁定支持《瓦格纳法案》（4 月）；血腥的共和钢铁公司大罢工（5 月）。

1947 年　国会推翻杜鲁门的否决，颁布《塔夫脱-哈特利法案》。

1949 年　产业工会联合会开除了 11 个与共产主义者联系密切的工会。

1955 年　劳联-产业工会联合会合并成立。

1957 年　麦克莱伦听证会调查工会诈骗：卡车司机工会被逐出劳联—产业工会联合会。

1959 年　制定《兰德勒姆—格里芬法案》（Landrum-Griffin），旨在使工会实现民主，并消除工会中的腐败。

70 产业工会联合会已在汽车、玻璃、收音机、橡胶和钢铁行业成立了工会组织。到 1937 年年末，它共拥有 370 万名会员；与此同时，劳联拥有 340 万名会员。然而，1937 年 12 月，产业工会联合会与劳联的统一谈判失败了，劳联断绝了与产业工会联合会的联系，并撤销了剩余的产业工会联合会各分会。它们的裂痕源自相互冲突的自我意识和性格特征，技术与大批量生产产业工会的对立、策略以及日益增加的意识形态矛盾。劳联的金属贸易部门主席约翰·P. 弗雷（John P. Frey）谴责产业工会联合会的工薪名册上赫然列有 145 名共产党员，他还指责约翰·L. 刘易斯频繁出入苏联大使馆。1938 年，弗雷在众议院非美活动调查委员会*前带头指控产业工会联合会，滔滔不绝地说着“半真半假的和不准确的”证言。劳联和产业工会联合会为了成为雇员的谈判代理人而相互斗争，其间劳联占了上风。[134]

在 20 世纪 30 年代末和卷入战争的年代，劳工的势力显著增加。工会会员总数从 1935 年的 370 万人（占劳动力总数的 6.7%）增加至 1940 年的 890 万人（15.5%），到 1945 年增加至 1480 万人（21.9%）。这一时期，国家劳工关系委员会参与了约 3.6 万起涉及“不当劳动行为”的案件和 3.8 万起涉及雇员代表的案件。在所有这些案件中，有 15.9% 的案件需要国家劳工关系委员会举行正式的听证会。最终，约 2000 个公司工会被废除，30 万名工人因其雇主被判犯有“不当劳动行为”罪而复职，并补发了总计达 900 万美元的欠薪。[135]

尽管工会的会员人数增加了，工人的平均工资增长了，工作保障也增强了，但工会面临着持续不断的障碍，不仅有来自内部的，还有来自外部的。在这个时间里，劳联和产业工会联合会一直激烈地相互竞争，尽管罗斯福试图促使双方和平共处并联合统一，但劳工运动还是继续内斗。

在“琼斯–劳克林案”结案仅仅两年后，最高法院给了工会的罢工权利“致命一击”，它裁定雇主替换罢工工人不属于“不当劳动行为”。法院给出的理由是雇主有权保护他们的企业。在另一个案子中，最高法院又裁定静坐罢工是违法的。[136]

国会中的反对力量也开始增强，保守派猛烈攻击《瓦格纳法案》，特别是 1938 年中期选举之后。弗吉尼亚州民主党参议员卡特·格拉斯（Carter Glass）谴责《瓦格纳法案》：“我认为《国家劳动关系法案》是联邦

---

* 众议院非美活动调查委员会（House Committee for the Investigation of Un-American Activities）：1938—1969 年美国众议院设立的临时性委员会，名义上是调查法西斯主义、共产主义及其他组织“违反美国利益”的“非美国的”活动，实际上是迫害共产党、进步工会和团体及其他进步人士的工具。

法令全书有史以来列入的最坏的法律，我很愿意投票废除它或者在任何方面对它进行修改。”许多保守派议员不会公开走得这么远，但是他们也希望插入能够削弱该法案的修正案，或者通过国会调查削减国家劳工关系委员会的权力。自 1939 年起，共和党领袖，特别是印第安纳州的查尔斯·A. 哈勒克（Charles A. Halleck）就一直决心要修正《瓦格纳法案》。[137] 然而，一直要等到战争结束后，共和党人有机会重新控制国会时，保守派才发动了一场全面的攻击。

71 随着美国开始参加第二次世界大战，劳工关键问题发生巨大转变：从失业和承认工会转变为劳动力短缺。现在对美国至关重要的是：既要满足急剧上升的军事需求，又要满足国内需求，将劳资纠纷降至最少，还要防止快速通货膨胀。劳工组织自始至终“团结一致且坚定不移地”支持战备。劳资双方都接受了战时劳工委员会的决定；劳工方同意停止罢工，接受工资控制，资方则进一步同意放弃使用闭厂*手段。[138]

第二次世界大战后，劳工组织展示了自己的影响力。美国加入工会的工人约有 1480 万人，占到了非农业劳动力总数的 35.5%。战时经济及其实行的工资限制、商品的定量配给政策和普遍牺牲精神，已经被和平时期的新经济现实替代：没有加班费、通货膨胀以及税后工资贬值。劳资问题达到沸点：1946 年总计有 4985 次停工，涉及工人达 460 万人。[139]

其中两起劳工行动令总统哈里·S. 杜鲁门尤为不满和愤怒：一起是顽固的约翰·L. 刘易斯策划的煤矿工人大罢工，另一起是铁路工会威胁进行全国范围的铁路大罢工。杜鲁门两次下令内政部长没收煤矿，但是 16.4 万名工人拒绝工作。然而，矿工们在 5 月份达成和解后，刘易斯又在 11 月末冬季来临前再次命令他们罢工。杜鲁门毫不退让，并将劳工领袖告上法庭。联邦法院判处刘易斯和矿工联合会分别缴纳前所未有的巨额罚款——1 万美元和 350 万美元，理由是他们因违反政府合同犯下了刑事和

---

* 闭厂（lockout）：公司在工人接受工作条件前不让其返回工作场所的手段。

民事藐视法庭罪。刘易斯最终屈服，这次罢工也失败了。由于工会威胁要举行一场毁灭性的全国铁路大罢工，愤怒的杜鲁门下令将铁路公司收归国有，并发誓要将罢工的铁路工人征召入伍。正当杜鲁门准备在国会联席会议上发表征召罢工工人入伍的演讲时，铁路工会屈服了。工会领袖痛斥杜鲁门是“头号破坏罢工者”，并发誓要在下届总统竞选中报仇。[140]

第二次世界大战结束后，在南方进行工会活动和组织工会的时机似乎已经成熟。在战争期间，有四分之一的务农人口离开农村前往南方城市寻找工作，或者北上从事制造业工作。[141] 战争为南方的制造工厂提供了许多联邦政府项目合同，而对于工会激进分子、自由派民主党和民权领袖来说，它打开了在美国这片曾因反工会活动而臭名昭著的地区组织工会的希望。1946 年年初，产业工会联合会发起了名为“迪克西行动”（Operation Dixie）的运动，投入 100 万美元在南方组织工会。该运动起初获得了一些成功，到 1947 年年末，南方约有 28 万名新加入工会的会员。但是，在南方，镇压工会、种族歧视和扣“赤色分子”帽子进行政治迫害长期以来都是可以随意使用的手段。组织工会的努力遭遇激烈抵抗，并最终败下阵来。

产业工会联合会正经历极大的内部矛盾。1946 年，其领导层的共产主义者和反共产主义者之间的斗争开始使该联合会分裂。1949 年，产业工会联合会清除了它下属的 11 个工会和近 100 万名工人，因为他们有激进的政治倾向，并被指控为共产主义统治。

公众对大劳工组织和战后持续不断的罢工感到越来越厌烦。同时有许多人受够了“新政”、民主党掌权，特别是哈里・杜鲁门。在 1946 年罢工潮期间，南达科他州共和党众议员弗朗西斯・H. 凯斯（Francis H. Case）向众议院提交了一项议案：要求成立联邦调解委员会（Federal Mediation Board），规定召集任何罢工前必须先经过 60 天的“冷却期”，并强调在“冷却期”辞职的工人将失去《瓦格纳法案》赋予的所有权利，该议案最终获得国会的通过。杜鲁门迅速否决了该议案，而国会尚无法推翻总统的这一否决。[142] 但这只是一个前兆。

自 1930 年以来，共和党于 1946 年首次同时获得参众两院的控制权。全国制造商协会抓住机会，公布了自己的《原则宣言》(Declaration of Principles)。该宣言对反工会的共和党人和保守的南方民主党人极具吸引力，并且由于公众对不受控制的工会权力的担忧，也获得了越来越多的公众支持。1947 年，在新的第 80 届国会开召开的第一天，共和党人就提交了 17 项反工会的议案。杜鲁门早前就已警告过劳联的威廉・格林：在杜鲁门的心目中，"几乎可以肯定"现在正有"一个明确的阴谋……企图粉碎或至少重创我们的工会运动"……[143]

共和党人更喜欢称之为一个迟到已久的改革。俄亥俄州共和党参议员罗伯特・A. 塔夫脱（Robert A. Taft）和新泽西州共和党众议员小弗雷德・A. 哈特利（Fred A. Hartley, Jr.）提交立法，将这场运动推向高潮。《塔夫脱–哈特利法案》尽管不会推翻《瓦格纳法案》，却将极大地改变联邦政府同工会的关系。政府将不再是劳工的支持者，而只是中立的仲裁人。根据《塔夫脱—哈特利法案》的规定，只雇用特定工会会员的企业将被禁止；资方能够起诉工会破坏契约，各州被允许立法禁止工会安全条款，工会干事必须发誓自己不是共产主义者。《塔夫脱—哈特利法案》借用凯斯的立法中的条款，成立联邦仲裁与调解局（Federal Mediation and Conciliation Service），并允许联邦政府在特殊情况下获得 80 天的"冷却期"。[144]

历史学家 R. 奥尔顿・李（R. Alton Lee）评论道，《塔夫脱–哈特利法案》"引发的争议和政治斗争和国会在第二次世界大战之后的 10 年内制定的任何一个国内政策同样多"。[145] 这部法案非常复杂，但是这并未阻止公众对其进行激烈的讨论。全国制造商协会和美国商会投入了数百万美元用于推动《塔夫脱–哈特利法案》；劳联也花费了近 100 万美元用于报纸和广播宣传以击败该立法，指责其将造成"奴隶劳工"。国会在这个问题上收到的邮件数量超过了其他任何一个议题或争论，这一纪录直到 1951 年才被道格拉斯·麦克阿瑟将军被免职引发的争议追平。[146]

1947 年 5 月 12 日，对《塔夫脱-哈特利法案》进行最后表决的前一天，参议员罗伯特·瓦格纳站起来发言。这是他对这场争论所做的唯一贡献，也变成他在参议院的最后一次发言。当时瓦格纳年近七十，健康状况日益恶化。他对着座无虚席的参议院大厅发表了 15 分钟的演讲，谴责《塔夫脱-哈特利法案》是“不合时宜的、制造麻烦的、保守的、不公平的和过度党派性的”。[147]

对杜鲁门来说，否决《塔夫脱-哈特利法案》尤为重要。杜鲁门因为坚定地反对矿工联合会和铁路工会而遭到劳工领袖的抨击，但通过否决该法案（尽管被国会推翻了），杜鲁门将几乎所有劳动组织重新带回民主党阵营。[148] 杜鲁门、劳工还有他们的自由主义者同盟并肩作战，他们伤痕累累，他们流血牺牲，最终当国会迅速推翻杜鲁门的否决时，他们输掉了这场战斗。瓦格纳罹患心脏疾病，正在纽约市养病。在杜鲁门的否决被推翻后，瓦格纳后来对杜鲁门说：“这是我有生以来经历过的最痛苦失望的事之一。因为我不得不眼见我倾尽毕生心血的成果被毁，而我当时只能躺在床上。”[149]

几十年来，废除《塔夫脱-哈特利法案》成为劳工组织热烈追求的目标（虽然劳而无功），也成为民主党候选人竞争要职的严峻考验。

1952 年，长期担任产业工会联合会主席的菲利普·默里和长期担任劳联主席的威廉·格林，在数星期内相继去世。接替两人的分别是汽车工人联合会的沃尔特·鲁瑟（出任产业工会联合会主席），以及格林的副手乔治·米尼（George Meany，出任劳联主席）。新上任的两位主席都确信只有通过合并，劳工运动才能渡过难关并变得更强。尽管如此，劳联和产业工会联合会仍然经过两年精疲力竭的谈判，才于 1955 年达成协议，成立劳联-产业工会联合会。乔治·米尼被全体一致推选为这个合并的劳工联盟的第一任主席。米尼发誓要进一步提高工人的地位，并承诺要成为政治运动的一支力量。在《财富》杂志的一篇直抒胸臆的文章中，他概述了劳工的目标和抱负：“我们不寻求将美国社会重塑为任何特定的教条主义的或意识形态的形象。我们寻求的是生活水平的不断提高。塞缪尔·冈珀斯曾简洁地表述过这个问题。当被问及劳工运动想要什么时，他回答道，‘更多’。如果说我们想要更高的生活水平，我们的意思不仅是更多钱，还有更多的闲暇和更丰富的文化，答案仍然是‘更多’。”[150]

然而，代表约 1550 万名工人的大劳工组织很快就迎来另一波巨大的挑战。麦克莱伦调查劳资事务不当行为委员会（McClellan Committee on Improper Activities in Labor-Management Affairs），更为人所知的名字为参议院劳工欺诈委员会（Senate Labor Rackets Committee），花费两年半的时间挑战针对工会腐败和滥用资金的指控。该委员会在主席、阿肯色州民主党参议员约翰·L. 麦克莱伦和首席研究员罗伯特·F. 肯尼迪的领导下，于 1957 年开始进行调查。委员会起初还试图维持不偏不倚的调查，但渐渐地，调查的重心转向了个人得利、腐败以及与卡车司机工会及其领导人詹姆斯·R. 霍法（James R. Hoffa）的有组织犯罪的联系。[151] 轰动的麦克莱伦听证会，加上早前基福弗（Kefauver）委员会针对有组织犯罪举行的听证会，给予公众一种工会腐败非常严重的感觉。它还导致劳联–产业工会联合会于 1957 年开除了卡车司机工会和其他两个工会。在这一年，霍法的前任戴维·贝克（David Beck）被判犯有挪用工会资金罪，之后在 1964 年，霍法被判犯有贿赂陪审团、欺诈和共谋罪。

当民主党人在 1958 年国会选举中取得重大胜利，且全国各地颁布“工作权利法”*的努力在各州的全民公决中被击败时，劳工领袖们产生了一种虚假的安全感。国会已经收到公众的意见，而公众想要改革。[152] 在

---

* 工作权利法（right-to-work laws）：一类禁止公司和工会签订“工会安全协议”的法律，根据这类法律，雇员不得被强迫加入工会，或者不加入工会的雇员不得被迫像工会雇员一样缴纳代理费，但他们应当享受与工会雇员同样的待遇。

《塔夫脱-哈特利法案》获得通过 12 年后，总统德怀特 · D. 艾森豪威尔签署批准了《1959 年劳资关系报告暨公开法》(Labor-Management Reporting and Disclosure Act of 1959)，又名《兰德勒姆—格里芬法案》。联邦政府通过这部法案，采取进一步的措施控制和管理工会活动。[153] 这部以其两位联合提案人——来自佐治亚州的民主党人菲利普 · M. 兰德勒姆和来自密歇根州的共和党人罗伯特 · P. 格里芬——命名的立法，力图防止工会腐败，并保证工会能够以民主方式运作。这部法案的第一章是由马萨诸塞州民主党参议员约翰 · F. 肯尼迪添加的，一直被称为工会的"权利法案"。它保护工会工人享有言论自由和集会自由，召开他们自己的会议，并在定期的工会选举中进行无记名投票。《兰德勒姆—格里芬法案》规定工会需要向劳工部长汇报，提交工会选举的程序和规则，并规定了工会对它们的受托责任。然而，如果该立法原本的意图是"抓住吉米 · 霍法"，那么可以说它是一部失败的立法。

整个 20 世纪下半叶，劳工的声音、权力和存在感都在不断降低。到 2004 年，工会共拥有 1540 万名会员，仅占劳动力总数的 12.5%。"工会密度"，即工会工人占劳动力总数的比例，自 1960 年达到其历史性高点 23.6% 后一直不断下降。[154] 在有些州，工人加入工会的比例要高于平均值，例如密歇根州（21.6%）、夏威夷州（23.7%）和纽约州（25.3%）。然而，有许多州的"工会密度"低于 10%，5 个南方州的"工会密度"低于 5%。[155]

许多研究劳工经济学和历史学的学者一直试图解释当前工会势力和权力低落的原因。商学教授霍伊特 · N. 惠勒（Hoyt N. Wheeler）概括了可能的原因，包括：工会没有能力使用有效的征募策略；雇主对组织工会的反对不断增加；美国法律制度允许雇主有力地并成功地对抗组织工会运动；工会仅有选择地在一些州中壮大势力，导致其在全国范围内的力量过于薄弱；劳动力的种族和民族多元化不断增加，导致工会失去团结；国内竞争和世界范围内的竞争不断加剧；制造业和其他劳动密集型的工作都采用外包的做法；就业岗位从工会密集的各州转移到了不承认工会的南方各州和西部各州。[156]

但是，不论劳工组织的现状如何，工人们都应当感激瓦格纳参议员起草的这部影响深远的法案。尽管它的反对者尽了最大努力推翻它，它的受益者的表现也有缺陷，但这部法案作为现代劳资关系的基础被延用至今。

第6章

伟大契约

《社会保障法案》(1935年)

即使参议院和众议院
在这段漫长而又艰难的会期中
仅仅通过了这部法案,
这一会期也永远可以被载入史册。

——富兰克林·D.罗斯福,签署《社会保障法案》时,1935年

就许多方面而言,这部法案是一部拙劣且保守得令人吃惊的立法……然而尽管存在种种缺陷,《社会保障法案》仍然是美国历史上一个新的里程碑。

——威廉·E.洛伊希滕贝格,1963年

事实上,几乎每一个美国人要么是受益者,
要么是为未来建立保障的贡献者,

或者是贡献者的依赖者。

——盖洛德·A. 纳尔逊（Gaylord A. Nelson），1978 年

到 1935 年夏天，美国深陷经济危机的第五年，1500 万名工人在苦苦寻找工作。失业者占到了劳动力总数的 25%，他们不得不自谋生路，依赖他们的大家庭，或者寻求私人的慈善救济，希望能够勉强维持生计。与此同时，人们对于经济的信心渐渐丧失，复苏的前景变得越来越黯淡。各级政府几乎没有提供什么援助。许多州议会讨论了失业者的救济计划，但直到 1932 年，威斯康星州才第一个立法帮助工人重新自立。到 1935 年，要求各州采取措施保护失业者的呼声越来越高，总共有 56 部失业救济法案在各州首府进行讨论。然而，联邦政府却没有提供什么援助。联邦政府直到 1930 年人口普查时才开始维护可靠的就业统计数据，联邦政府对此的不重视程度由此可见一斑。在胡佛执政后期，国会就失业救济问题举行听证会，这个束手无策的立法机构毫无成果，直到 1934 年，国会才最终考虑采取措施。

政府对最弱势的公民群体——老年人——同样也没有提供什么救济。大多数老年人迫于经济需求，不得不在 65 岁之后仍然工作。但是工作岗位越来越稀缺，许多年长者因身体衰弱，根本没有希望挣到维持最低生活的工资。虽然如此，比起失业者，州政府却更愿意援助老年人。在“新政”实施的最初几年里，有 38 个州制定了东拼西凑的计划以援助老年人，但只有 10% 的美国老年人收到了福利金，而这些福利金每月平均仅有 15 美元，即使以 20 世纪 30 年代初的标准来说也是杯水车薪。此外，这些资金的分配也极为不均。有些州允许县级政府选择不参加老年人援助计划，这使得这些县的居民无法获得州划拨的资金；南方的需求尤其严峻，但所有南方州的州议会都对老年人援助计划避而不谈。联邦政府也没有救济老年人的计划，国会在 1934 年终于审议了一部援助老年人的法案，但最后这部法案并没有获得通过。

虽然各州政府和联邦政府在社会救济问题上拖拖拉拉，但其他人士却发声要求采取迅速且彻底的行动。以收集和揭发丑闻而闻名的新闻工作者厄普顿·辛克莱（Upton Sinclair）提出了一个终结加利福尼亚州贫困的计划，呼吁用合作形式的社会主义社会取代现有的资本主义制度。退休医生弗朗西斯·E. 汤森（Francis E. Townsend）提出了一个极为简单诱人的计划，呼吁国家政府给所有 60 岁及以上的退休人员每月发放 200 美元的高额养老金，条件是他们必须把当月收到的所有钱都花光。这个建议像野火燎原般迅速传播开来，很快，有五分之一的美国成年人签署了支持汤森计划的请愿书。声誉极盛的"电台牧师"查尔斯·E. 库格林（Charles E. Coughlin）神父，最初是称赞罗斯福的，后来却转而严厉批评他，他谴责银行家、富人、罗斯福新政支持者和共产主义者造成了美国社会的弊病。路易斯安那州参议员休伊·P. 朗（Huey P. Long）与煽动传教士杰拉尔德·L. K. 史密斯（Gerald L. K. Smith）一同创建了"共享我们的财富"（Share Our Wealth）计划，呼吁清算富人的私人财产，并将这些财产分给其余每一个人，从而使每一个家庭，不论其境况如何，都能购买一部收音机、一辆车甚至自己的房子。1934 年 2 月，朗在一场全国性的广播演讲中宣布"每个人都是国王"（Every Man a King）。到 1935 年年中，全国各地总共成立了约 2.7 万个"共享我们的财富"社团，参加会员超过 700 万人。

到 1934 年年中，对于罗斯福来说，是时候必须制订一个综合性的解决收入保障问题的计划了。他发布了一道总统行政命令，成立一个内阁级别的委员会研究经济保障问题，从而能够在新的 1935 年国会会期中提交相关法案。罗斯福对这部一揽子法案应当是什么样子并没有确切的概念，但他希望其尽可能全面，并且是由联邦政府和各州合作执行。政府的一揽子法案于 1935 年 1 月被提交至国会后，几乎立刻得进行重新配置：工薪阶层的类别做了调整，农民和家政工这类人员被排除在外，筹资方法也做了改变——资金将出自雇主和雇员的工资税，而不是来自政府一般收入。

国会成功驳回了其他替代方案和来自企业集团的强烈反对，1935 年 8 月，在《国家劳动关系法案》签署生效仅仅 6 周后，《社会保障法案》成为法律。一旦各州制定出它们各自的失业救济和援助老年人的立法，这部联邦法案就开始提供有限但直接的救济。一个引人注目的特征是，社会保障法的基石——养老保险——过了将近 5 年才开始定期发放养老福利金支票。另一个特征是，政府以高效的方式成立了一个全新的政府机构来管理这些范围很广的计划。政府必须收集数百万的就业记录，此时距离计算机和软件诞生还有数十年，这项任务被称为世界上最大规模的簿记计划。

《社会保障法案》很快被起诉至法院，但它像《瓦格纳法案》一样被最高法院裁定为符合宪法。这份伟大的契约在今天影响了数量如此众多的公民，在我们的财富中占去了如此大的份额，然而在初始阶段却要简陋得多。在《社会保障法案》开始实施的时候，只有 1% 的老年人被覆盖，他们收到的福利金也不太多；而现在它几乎实现了全民覆盖，福利金也增加至与生活费用相关联。国会在过去数十年通过了一系列决议才把《社会保障法案》改造为我们今天所熟悉的样子。《社会保障法案》颁布仅仅 4 年就被修订，从而使得已故老年人的遗孀和孤儿能够获得福利金。国会在之后的 10 年没有对该法案做什么改动，但在 1950 年，国会大幅提高了福利金，并且增加了该计划所覆盖的个体。1956 年，国会批准了伤残保险，后来又为没有资格领取常规社会保障福利金的贫困老年人创建了补充保障收入计划（Supplementary Security Income program，SSI）。在几乎每一个选举周期，国会都会修改社会保障制度并增加其福利金，直到 1972 年，立法者创建了一种方法，按生活费用指数自动调整福利金。1956 年，国会对《社会保障法案》做了最重大且影响最深远的修改，建立了医疗保险和医疗补助。这部法律非常重要，是本书第 11 章讨论的主题。

在最近几十年，人们做了多次努力，试图使社会保障制度能获得长期可靠的资金支持，有的成功了，有的则不太成功。已经有无数的研讨会、政策文件和学术论文讨论如何保障这一重要计划拥有坚实的财务基础。在此期间，还有批评者不间断地鼓吹，要求对该制度进行彻底改革。乔治 · W. 布什总统也是批评者之一，虽然他一直对社会保障制度持赞扬态度，但是却呼吁将其部分私有化。他的提议遭到民主党人的坚决反对，许多共和党立法者也只给予了小心翼翼的、尝试性的支持。

不论未来社保改革的形式和方向如何，社会保障制度仍旧会触动几乎每一个人的生活。它已经成为美国社保政策的基石，是美国最重要的反贫困计划。在 21 世纪，社会保障和医疗保险制度给国会和美国人民提出了 1
一个艰巨的政策挑战：如何继续保障不断增长的老年人口的身体健康和财务状况，与此同时，还要使年轻的工人确信他们的需求将得到满足，且社会保障不会令国家破产或者其他公共需求被忽略。

背景

20 世纪初，美国工人及其家人，特别是那些生活在经济贫困线边缘的人，完全听命于赤裸裸的资本主义和冷酷无情的市场力量。当经济萧条袭来时，比如在 1893 年大恐慌期间，工人只能依靠自己：工会尚处于刚刚起步的阶段，只能提供有限的储备金，除了救济院和私人慈善机构以外，失业者几乎无法获得任何帮助。1893 年，美国最大的铁路公司——费城和雷丁铁路公司（Philadelphia and Reading Railroad）倒闭，随即国家绳索公司（National Cordage Company）也很快破产。这在资本市场引发了一个近似连锁反应的破产潮：约 1.5 万家企业——钢铁厂、铁路公司和银行，特别是那些过度扩张的公司，在短期内被迫关闭。在 1893 年大恐慌期间，失业率飙升，在某些行业甚至达到了 25%。

一位挫败、绝望的商人决定以自己的方式解决问题。雅各布 · S. 考克西（Jacob S. Coxey）是俄亥俄州马西隆市一家采砂场的老板，他联合失业工人，发动了一场名为“考克西大军”（Coxey's Army）的抗议运动。他下定决心向华盛顿进军，以要求联邦政府为这些失业的人提供公共建设工程的工作。1894 年 4 月，考克西声称将有 10 万工人与他一起开始他们的进军，但是 5 个星期后，只有约 500 人零零散散地走到华盛顿。格罗弗·克利夫兰总统和国会都拒绝提供帮助，考克西和其他一些领导人以羞辱性的罪名——违法践踏国会大厦草坪——被捕。组织散漫的追随者队伍一哄而散，他们的抗议活动也无果而终。1897 年年末，美国经济复苏，1893 年大恐慌结束。[1] 在大萧条之前美国经济衰退最为严重的时期，不论是联邦政府还是各州政府都既没有能力，也没有意向援助失业者。

但是，联邦为个人及其家庭提供援助并不是一个陌生概念。1893 年大恐慌发生的时候，联邦的大部分预算被用于提供退伍军人的养老金。在下一章讨论《退伍军人权利法案》时，我们可以看到，联邦政府援助退伍老兵及其家人已经有很长的历史了。内战后，国会制定了养老金立法，帮助数十万北方联邦军的士兵、他们的遗孀和孤儿，还有伤残老兵。事实上，到 1894 年，用作退伍军人福利金的预算占到了整个联邦预算的约 37%，到 1900 年，国会已经投入了 50 亿美元用作这方面的养老金。到 1910 年，大约 90% 的幸存内战老兵和他们的遗属正在领取残疾养老金、遗属抚恤金和养老金。这笔巨额资金支出在联邦预算中占了如此大的份额，却只惠及了很小一部分美国人民。1910 年，这部分人所占比例还不到 1%。[2]

除了给退伍军人的福利金以外，联邦政府根本无意提供养老金、社会保障或其他形式的援助。这样的救济金即使确实发放过，也是来自私人机构或者来自州或地方政府。联邦政府不愿效仿德国的做法——德国在 1884 年创建了第一个国家性的工人补偿金计划，奥地利、匈牙利、挪威和其他欧洲国家很快效仿并推出了自己的国家性计划。联邦政府也不愿意效仿英国的做法——英国在 1911 年制定了第一部强制性的失业补偿金法，覆盖了 4 个行业约 220 万名工薪阶层；20 世纪 20 年代有其他 16 个国家效仿推出了强制或自愿形式的失业补偿金。[3]

州政府的第一次大规模参与是制定工人补偿金法。1911 年至 1920 年，

45 个州的州议会通过了这样的法律。在旧有制度下，个体劳动者只有通过起诉他们的雇主才能获得补偿金，这对工人和工人的雇主来说都很不利。法律体系往往非常笨拙，许多家庭要历经数年才能等到法院对他们提出的索赔做出最终判决。另一方面，雇主也非常担心，随着更多的工人诉诸法庭，赔偿金裁定额正变得越来越大，而他们购买责任保险*所必须支付的保险费也在飙升。州资助的工人赔偿金——将雇主的负担转移至各州——成为解决办法，它成为“新政”实施前最普遍采用的社会立法形式。[4]

尽管工人补偿金法已被广泛采用，但在大萧条之前，各州并没有对保护失业者给予太多关注，仅有威斯康星一个州颁布过失业补偿金计划，但也是直到 1932 年才颁布的。威斯康星州推出这个计划在很大程度上要归功于威斯康星大学约翰·R. 康芒斯（John R. Commons）教授的开创性工作，他在 1921 年设计了一个州失业救济补偿金计划的模型。10 年后，哈罗德·R. 格罗夫斯（Harold R. Groves）教授和保罗·A. 劳申布施（Paul A. Rauschenbush）教授改进了他的计划，接着州长菲利普·F. 拉福莱特（Philip F. La Follette）推动该计划获得州议会的通过。这部 1932 年失业保险法被相当贴切地称为“威斯康星计划”或“美国计划”，以区别于英国之前制定的强制性的失业补偿金法。[5] 威斯康星州的这部法案规定雇主储备现金以对他们自己的工人负责。这包含了一种“绩效评定”制度：雇主的缴纳款由他们保住工人工作的成绩决定。失业率最高的公司必须缴纳最高的费率。采用这种绩效评定制度可以使雇主稳定他们的雇用人数。[6]

与此同时，俄亥俄州的失业委员会制订了一个与之相抵触的州计划，它要求建立一个共享基金，而不是每位雇主各自维持自己的基金，并且规定工人和雇主都要出资。州政府将不会划拨任何资金。但是这个俄亥俄计划的批评者，比如美国老年保障协会（American Association for Old Age

* 责任保险（liability insurance）：保险公司负责被保险人依法对他人承担赔偿责任的保险。

Security）的亚伯拉罕·爱泼斯坦（Abraham Epstein）和芝加哥大学的保罗·H. 道格拉斯（Paul H. Douglas），断言这是不够的，政府必须参与出资。尽管其他 28 个州也收到了各种失业保险计划，但只有威斯康星州的计划成了法律。许多州没有通过失业保险立法的动机之一是，州政府的政治家担心，如果该州通过了规定雇主资助失业补偿金的法律，那么该州的各个企业和制造商在与其他没有颁布补偿金法律的各州的公司竞争时，会处于劣势。

在胡佛执政的末期，国会对失业保险表现出一定的兴趣。参议院失业保险特别委员会在 1931 年举行听证会，并于第二年发布了一份报告，敦促允许雇主从他们的捐款中扣除 30% 用于建立真正的失业准备金。纽约州民主党参议员罗伯特·F. 瓦格纳在两年前就提出了这个想法，但在胡佛执政末期或在“新政”早期的狂热日子里，不论是他还是特别委员会都没有得到任何进一步的回应。[7]

同为威斯康星大学教授的保罗·劳申布施和他的妻子伊丽莎白·布兰代斯在华盛顿与罗斯福新政的支持者会面，给他们提供了一个建议，提出了一种新形式的威斯康星计划。这个想法来自布兰代斯教授的父亲——最高法院法官路易斯·D. 布兰代斯：制定一种能够从联邦税中扣除的工资税。1934 年，威斯康星州计划和这个新的主意由参议员瓦格纳和马里兰州民主党众议员戴维·L. 刘易斯提交至国会讨论。[8]

除了保护失业者外，人们关注的另一个主要问题是为人数日益增加的美国老年人提供某种保护。到 1890 年，美国 65 岁或以上的人口刚刚超过 300 万，占人口总数（7600 万）的 4.1%。65 岁及以上的男人中有近三分之二仍然在工作。私营企业没有广泛覆盖的退休制度，也基本没有强制退休：年长的工人纯粹出于经济上的需要而继续工作。到 1930 年，美国老年人数量增加了 1 倍多，达到 660 万，占全国总人口数（1 亿 2270 万）的 5.4%。[9] 许多老年人挣扎在生存线上，时刻担心受伤、疾病或经济衰退会毁掉他们的生活。

从 1921 年开始，一个男性组织——雄鹰兄弟会（Fraternal Order of Eagles）扛起了养老金事业的大旗。在全国各州的首府，那些加入雄鹰兄弟会的立法者纷纷提交了这方面的立法。1923 年，蒙大拿州成为第一个颁布养老金法律的州，该州州长约瑟夫·M. 狄克逊（Joseph M. Dixon）在感谢雄鹰兄弟会的帮助时大声说道："你无法阻止养老金在美利坚合众国中推行，就像你无法阻挡太平洋的潮水一样。"[10] 毫不夸张地讲，这位州长相当有先见之明：等到罗斯福签署《社会保障法案》的时候，已经有 34 个州和两个准州颁布了养老金计划。

然而，这些养老金法律却没有它们看起来的那么好。它们不过是由各种相互矛盾、资助不足且不完备的计划拼凑起来的。在许多州，县级政府可以选择不参与该计划。1929 年，在已颁布养老金的 6 个州总计 264 个县中，只有 53 个县实际参与了该计划。而在最需要实施该计划的贫困的南方，没有一个州的州议会制定了相应法案；养老金资金的 87% 都只流向了 3 个州——加利福尼亚州、纽约州和马萨诸塞州——的老年公民手中。[11] 到 1934 年，各州总计支出了 3200 万美元用于补助老人，平均每月补助金只有 14.69 美元，而且只有约 10% 符合资格的人群真正领取到了补助。[12]

国内还有其他要求改革的声音，他们自称是穷人、老年人和失业者的捍卫者。

1933 年 9 月，退休医生弗朗西斯·E. 汤森给加利福尼亚州长滩市一份报纸的编辑写了一封信，标题为《治愈大萧条的良药》。汤森提出了一个极为简单诱人的建议：政府在每个月月初给所有年龄在 65 岁及以上的美国人每人发放 200 美元。领取这笔钱的人必须已经退休，不能有犯罪记录，且必须在每个月月底将这笔钱花完。实行汤森计划的资金将来自征收 2% 的交易税，它为销售税的一种形式。这个简单易懂的计划引起了轰动；人们对于该计划的反应几乎是一边倒的肯定，这完全出乎意料。该计划所许诺的每月 200 美元的养老金，远远大于各州已经制定的养老金数额，后者每月只有 8 到 30 美元。虽然汤森没有实施这个想法的计划，但他很快与他的兄弟还有一位朋友创办了一个非营利组织——老年人周转养老金有限公司（Old Age Revolving Pensions，Ltd.）。[13] 汤森计划运动迅速在全国各地开展起来，数百万人加入了“汤森社团”（Townsend Clubs）。短短 3 个月内，2000 万美国人（五分之一的成年人）签署了请愿书支持这位医生的收入补助计划。此外，24 位来自加利福尼亚州的国会议员中有 16 位支持制定一部联邦汤森法案。[14]

但是，汤森也饱受争议。交易税是一种高度的累退税*，其收入将成为老年人的意外之财。1935 年，超过 87% 的美国人每年的生活费不超过 2500 美元；而根据汤森的计划，一对年龄均超过 60 岁的已婚夫妇每年可获得 4800 美元的退休收入。[15] 经济学家和政策专家都不喜欢这个制度，保守派美国自由联盟（一个奇怪的意识形态组合）、社会党、共产党、全国制造商协会以及美国劳工联合会也都不赞同这个计划。

当时还有其他的计划。因写作揭露黑幕的小说《屠宰场》（*The Jungle*）而广为人知的厄普顿·辛克莱，在 1934 年竞选加州州长，他的竞选宣言的一部分是一个极具吸引力的计划——“终结加利福尼亚的贫困”（End Poverty in California，EPIC）计划，呼吁用合作形式的社会主义社会取代现有的资本主义制度。在这场被称作“世纪之战”的残酷激烈的州长竞选中，辛克莱遭到其共和党对手的诋毁，被新闻界妖魔化，最后败给了在任的共和党保守派弗兰克·F. 梅里亚姆（Frank F. Merriam）。但是，在 80 位新当选的加利福尼亚州州议员中，有 27 位将继续践行“终结加利福尼亚的贫困”宣言，而且，尽管辛克莱在竞选时行为反常且想法古怪，但在这场有 3 位候选人参加的州长选举中，他仍然获得了 37% 的选票。当罗斯福的助手起草社会保障立法的时候，辛克莱决定推迟他的“终结加利福

---

* 累退税（regressive tax）：纳税人的负担率随课税对象数额的增加而递减的税，负担率是指税额相对于纳税人净收入的比例而言。

尼亚的贫困”计划，而汤森计划则因为它的累退税条款而遭到辛克莱的攻击。[16]

不论是汤森过分简单化的计划，还是辛克莱理想主义、幼稚天真的打算，都吸引了广泛的支持，这些支持来自谨慎却焦虑的公民，反映了他们的渴望和绝望。但美国当时还有更为激进的计划，尤为突出的是参议员休伊·P. 朗提出的向富人课重税的“共享我们的财富”计划，以及电台牧师查尔斯·E. 库格林的全国争取社会正义同盟（National Union for Social Justice）。20 世纪 30 年代，朗和库格林在国民中都拥有数量众多的追随者。路易斯安那州民主党参议员休伊·朗（绰号“王鱼”*），是精明狡猾且野心勃勃的“乡巴佬”，他曾是罗斯福的盟友，现在却打算作为拆台的第三方候选人参加 1936 年的总统竞选，成为真正的威胁。罗斯福私下里评论朗是“美国两个最危险的人物之一”（另一位是道格拉斯·麦克阿瑟将军）。1934 年 1 月，朗与煽动传教士杰拉尔德·L. K. 史密斯一同创建了“共享我们的财富”计划，其构想是清算私人财产并分配这笔资金，从而使每一个家庭都能够拥有自己的收音机，能够买车甚至买房。“每个人都是国王”是他们的战斗口号。1935 年年初，朗声称其拥有 2.7 万个社团的支持，通信名单上的人数达到约 750 万人。[17]

总部设在密歇根州罗亚尔奥克市（Royal Oak）的天主教牧师查尔斯·库格林拥有数量庞大的广播听众，每周的听众数达三四千万人，拥有全世界最大的听众群。[18] 这位出生于加拿大的电台牧师的影响范围和受欢迎程度，是 21 世纪任何脱口秀名人都无法企及的。库格林神父最初是称赞罗斯福的，宣称这个国家面临的选择只有“罗斯福或毁灭”。但他很快就开始谴责“新政”和政府；他认为银行家和财富的集中是美国最大的问题，并指责“新政”已被共产主义者和银行家操纵。

正如历史学家安东尼·J. 巴杰（Anthony J. Badger）所总结的，汤森、

---

* 王鱼（Kingfish）：某一集团或领域掌握绝对权力的人。

朗和库格林“出色地利用了旧的政治技巧——巡回演说，还有新的技巧——无线电广播和大批量的邮寄通信名单，以及新的政治选民——无组织者和老人”。[19] 但是这些激进的计划和运动却因为缺乏组织和方向而步履蹒跚；所有的追随者能做的就是收听广播，做他们的领袖要求他们做的事情，并给总统写抗议信。[20] 只有休伊·朗是个例外：他握有权力，并且将他要与罗斯福竞选总统的威胁付诸实施，但没有料到的是他在大选前一年遇刺身亡。

83 根据劳工部长弗朗西斯·珀金斯的说法，罗斯福甚至在 1933 年 3 月的就职典礼之前就已同意调查研究一个失业救济和养老保险的计划。[21] 罗斯福上任后，立即鼓励瓦格纳和刘易斯推动他们在 1934 年 2 月提交的失业保险议案。与此同时，华盛顿州民主党参议员克拉伦斯·D. 迪尔（Clarence D. Dill）和马萨诸塞州民主党众议员小威廉·P. 康纳利提交了帮助各州为贫困人群提供养老补助的立法，支付给老年受抚养者的养老补助费用的三分之一由联邦提供。白宫对《迪尔—康纳利议案》（Dill–Connery bill）没有明确表态，参议院差点儿通过了该议案，众议院劳工委员会也给出了赞成的报告。[22]

制定法律

当国会讨论社会保险立法时，罗斯福决定，政府应当制订自己的救济老年人和失业者的综合性计划。罗斯福总统在 1934 年 7 月 8 日向国会发表的咨文中概述了三个重大目标：住房的保障、生计的保障、社会保险的保障。他主张，这三个目标构成了“属于每一个愿意工作的个人和家庭的权利”。罗斯福说道，通过社会保险为公民及其家庭提供保障是政府“显而易见的责任”，下一届国会（将于 1935 年 1 月召集开会）应当审议一个全国范围的计划。他向国会保证，他的政府将以万分的谨慎着手进行制订社会保险计划所需的保险精算等其他研究。[23]

三个星期后，罗斯福签署了一个总统行政命令——建立经济保障委员会（Committee on Economic Security，CES）。它是一个跨部门的、内阁级别的特别工作组，旨在协调并制定出政府的立法提案。这个工作组由劳工部长珀金斯主持，成员包括：财政部长亨利·摩根索（Henry Morgenthau, Jr.）、农业部长亨利·A. 华莱士（Henry A. Wallace）、司法部长霍默·卡明斯（Homer Cummings）和联邦紧急救济总署署长（Federal Emergency Relief Administrator）哈里·霍普金斯（Harry Hopkins）。[24] 经济保障委员会将设立一个由 8 位公共卫生、社会和儿童福利、保险精算学方面的专家组成的咨询委员会，以及一个由杰出公民组成的综合咨询委员会。[25]

在经济保障委员会开始商议的时候，罗斯福就明确表示他更倾向于联邦和州的合作行动，他希望制订一个社会保险计划，而不是一个会被视为福利和施舍的计划。珀金斯回忆罗斯福在一次内阁会议上的讲话：“你们必须让它变得简单——非常简单，简单得每一个人都可以理解它。更重要的是，没有理由不让美利坚合众国的每一个人都得到保障。我认为没有理由不让每个孩子从他出生之日起就成为社会保障体系的一员……人人都应当参与进来——农民及其妻子和家庭……从摇篮到坟墓。”[26]

除了这个笼统、模糊的指示，罗斯福对于社会保险应当是什么样子并没有确切的概念；起草这份建议书的任务落在了委员会、它的成员还有咨询委员会身上。[27] 出任经济保障委员会执行理事的是非常能干的威斯康星大学经济学教授埃德温·E. 威特（Edwin E. Witte）。他是由他的朋友兼弟子亚瑟·J. 奥特迈耶招募进来的，后者担任劳工部助理部长时起草了设立经济保障委员会的总统行政命令，以及罗斯福 6 月 8 日向国会发表的咨文。[28]

在处理失业保险问题时，大多数专家赞同制订一个全国性的计划，他们认为工业是一个全国性的而非地方性的挑战。而那些支持由各州制订解决方案的专家则担心宪法问题，认为联邦政府无权制订一个全国范围的计划。[29]

1934 年 11 月在经济保障委员会的综合咨询委员会前，罗斯福总统回忆起他在担任纽约州州长的时候推动通过了一部养老金法案，并描述其为“美国最慷慨丰厚的”。但是罗斯福担心，制订一个联邦老年保障计划的时机可能还未成熟。他指出，当前在美国民间有一些个人和组织大肆宣传“异想天开的计划”，这些计划点燃了人民的希望，但是却不可能实现。也许现在还不是推出一个联邦计划的恰当时机，但是，不论经济保障委员会最后决定制订什么样的计划，它都应当是基于社会保险的原则，而不应当被视为一种福利。不论是当时还是现在，福利都带有消极的含义，而保险却不会。实行保险计划是鼓励工作和储蓄的，个人将不会寄托于讨厌的“救济金”。[30]

弗朗西斯·珀金斯也很担心，她尤其关注的是制定一部影响广泛的社会保险法是否会引发宪法方面的问题。在她看来，宪法上的障碍“看起来几乎是不可逾越的”。但是在一个“华盛顿独有”时刻，珀金斯收到了哈伦·菲斯克·斯通法官给予的一些及时的、非官方的建议。斯通和他的妻子定期会在星期三下午在他们家中举行茶话会，珀金斯并不特别喜欢参加这样的活动。尽管如此，她尽自己的本分接受了去喝茶的盛情邀请。珀金斯坐在这位最高法院大法官的旁边，他们不可避免地谈起了工作。斯通问及工作的进展情况，珀金斯回答道，政府对于制订社会保险计划抱有很大希望，但是却极为担心其宪法上的后果。“您的法院告诉我们宪法允许什么。”她笑道。斯通倾身悄声说道：“联邦政府的征税权，亲爱的；征税权足以给你想要的和需要的一切。”[31]

在威特的主持下，经济保障委员会完成了工作并公布它的建议书。1935 年 1 月 17 日，罗斯福向国会发去一份咨文，要求国会通过他的经济保障法案。同一天，政府的这项议案由瓦格纳提交至参议院，由刘易斯和筹款委员会（Ways and Means Committee）委员、来自北卡罗来纳州的民主党人罗伯特·L. 道顿（Robert L. Doughton）提交至众议院。大多数议员，当然还有大多数公众，之前从未听说过“社会保障”这个词。其他国家在进行类似的社会立法时使用的并不是这个词。这个术语的创造在很大程度上或许要归功于亚伯拉罕·爱泼斯坦和《华盛顿邮报》。爱泼斯坦在 1933 年将其组织的名字从“美国老年保障协会”更改为“美国社会保障协会”（American Association for Social Security），《华盛顿邮报》开始以这个词称呼罗斯福的立法。一直等到众议院筹款委员会试图寻找一个标题以区别其制定的替代政府的“经济安全法案”的法案时，委员会想出了“社会保障法案”这个名字，“社会保障”这个词才开始获得广泛使用。[32]

在政府的这个议案被提交以前，国会的全部注意力几乎都集中在失业问题上；而现在，国会和公众的注意力都转向了养老保障。罗斯福深感忧虑，这个政府议案的核心部分的确是联邦养老金计划。参众两院立即召开听证会，但是大家很快发现，这部由劳工部起草的议案写得非常糟糕，其论及的主题几乎没有或完全没有逻辑，一些条款的语言含糊不清，还有如经济学教授、后来成为伊利诺伊州参议员的保罗·H. 道格拉斯所回忆的，“确实，某些地方令人费解”。[33]

劳工部长珀金斯、瓦格纳参议员和威特博士各自发表证言支持这项政府议案，但是在 2 月 7 日，全国制造商协会的詹姆斯·A. 埃默里在众议院筹款委员会的听证会上对该议案发起猛烈攻击。美国社会保障协会的亚伯拉罕·爱泼斯坦为该议案辩护，但是向参议院财政委员会坦言，它只是太过复杂了。“要弄清楚这个议案的某些条款的意思将需要九个精明的律师。”爱泼斯坦抱怨道。大多数商业利益集团坚决反对该立法，但是美国商会和全国纺织品零售协会（National Retail Dry Goods Association）却给予了支持。[34]

其中一个主要问题是如何为社会保障筹集资金。政府对它的筹资计划含糊其词，但是参议员休伊·朗说他知道该怎么做。在政府的这个方案提交仅仅两天后，朗就在广播演讲中说，为养老计划提供资金的唯一可行的解决方法就是从富人那里拿钱再分给穷人。不要向普通人民征税，朗恳切地说道，他们没有钱，这只会使他们更穷：“普通百姓没有任何应该拥有的东西，如果你为了失业救济金，或者为了养老金，或者为了别的任何目的而向他们征税，那么你就没有给任何人任何的救济，因为你是在向一无所有的人征税，而征税的借口却是你将来要把所得的税款还给这些人。”[35]

政府同样也担心筹资问题。经济保障委员会最初的计划规定，一旦需要支付的福利金超出了可用的资金，超出部分最终由联邦补贴或者联邦征
86 税。经济保障委员会估算，这种情况可能会在 1965 年左右发生。罗斯福没有完全理解这些计算，但是，他在明白后就立即要求修改方案，把社会保障变成完全能自给自足的计划。但是要想在把这项政府议案提交给国会之前进行修改已经来不及了。在该议案提交三个星期后，财政部长摩根索前往众议院筹款委员会的听证会，力主采用一个改进的能够自给自足的财务方案：增加工人和雇员支付的税金，且不需要联邦每年从一般税收中划拨资金。[36] 最终的方案是，联合税收将在 1949 年达到最大——6%，之后，储备基金将能够永远地应付该计划的支出。通过征收工资税为该计划提供资金，从政治层面而言也是非常有益的。工人会热烈地支持这一理念，即存入的是他们自己的钱，在退休的时候获得的也是他们自己的钱。正如罗斯福自己所说的：“我们把那些工资税存放在那里，从而赋予了捐税人领取他们养老金的法律、道德和政治上的权利……有了那些税收在那里，就不会有可恶的政客可以废除我的社会保障计划了。”[37]

然而，没过过久，立法者就在推测，根据新的摩根索计划将建立起巨额的储备金，它是最初提案的四倍多，到 1980 年将会超过 500 亿美元。考虑到联邦在 1935 年的预算支出不过 63 亿美元，这一年美国的累积债务也才 280 亿美元，说这是一笔巨额资金毫不为过。许多人强烈反对摩根索这个建立巨额储备金的计划，其中有伊士曼柯达公司（Eastman Kodak Company）的马里恩 · B. 福尔松（Marion B. Folsom）和经济保障委员会咨询委员会的成员：用建立起来的这样一笔巨额储备金来增加社会保障福利，对政治家来说是一个太过强烈的诱惑了。[38]

《社会保障法案》的亮点

《社会保障法案》主要由四个部分组成。

第一部分是联邦-州失业保险计划，基于瓦格纳-刘易斯议案，由各州进行管理。对雇主征收全国统一的税收，根据该项税收为已批准的州失业补偿金计划所需资助提供贷款。

第二部分是联邦拨款给各州用于支付福利金（贫困儿童、盲人和老年人）。

第三部分是联邦拨款给各州用于职业康复，婴儿和产妇健康，帮助残疾儿童和公共卫生计划。

第四部分也是“最具革命性”的条款：联邦政府直接为个人支付养老保险。这是一个全国性的计划，由联邦政府单独管理，涵盖所有的工人（被排除在外的人除外）。[39] 据经济保障委员会估算，全国领薪受雇的人总计有 4900 万，其中 2600 万人将被纳入该养老金计划。被排除在外的是 1200 万名自雇人员、业主和经营者；900 万受雇于被排除的行业中的人，100 万受雇于被包括的行业但超过 18
65 岁的人，还有 50 万名临时工。[40]

第一批退休支票将在 1942 年（后来修改为 1940 年）发放给年龄为 65 岁及以上，且在 1937 年至 1941 年每一年都在该法案所包括的行业中至少工作 5 天，且在此期间共计挣得 2000 美元的人。[41]

摩根索还主张某些类别的人群应当被排除在养老保险的覆盖范围以外，其中包括农民和家政工——这些处于边缘的工人可能比大多数人更加需要保护。一些历史学家和社会批评家指出，将这些人排除在外是种族政治的一个例子：罗斯福试图通过将黑人工人高度密集的潜在受益群体排除在外，来安抚南方的政治家。有大量的逸事证据表明，南方白人和南方政客并不怎么关心黑人公民的福利。密西西比州首府杰克逊的《每日新闻》（*Daily News*）说出了许多南方人的心声：“一般的密西西比州人无法想象自己出钱支付养老金给有能力工作的黑人，让他们坐在屋前的走廊上游手好闲，同时还用养老金供养他们的亲属，而地里的棉花和玉米却迫切需要工人去除杂草。”[42] 批评者认为非裔美国人一直受到“新政”立法和负责执行其政策的行政机构的歧视。例如，政治学家罗伯特·C. 利伯曼（Robert C. Lieberman）认为，虽然罗斯福政府最初赞成一个全面的种族包容的计划，但它最终“屈服于南方种族主义者”。[43]

其他人则警告，财政保守主义和管理问题是比种族歧视更具决定性的因素。埃德温·威特告诉参议院财政委员会，虽然政府建议纳入农业工人和家政工，“坦白地说，管理上的困难是不能忽视的，你不妨从一开始就排除这些群体”。摩根索基于财政方面的和保险精算方面的理由，力主排除农业工人和家政工，其他群体——自雇人员，海员，教会、大学、医院和慈善机构的雇员，以及所有政府工作人员——也都被排除在外。[44]

众议院筹款委员会中赞成养老保险议案的委员寥寥无几，许多参议员也持怀疑态度。弗吉尼亚州民主党参议员老哈里·弗雷德·伯德（Harry Flood Byrd，Sr.）和其他南方议员担心该法案会将联邦权威置于各州之上，并将成为政府干预“黑人问题”的契机。立法者进一步担心养老保险的合宪性问题，因为最高法院于 1935 年 5 月判决 1934 年《铁路职工退休法案》（Railroad Retirement Act）的用语违宪，而这个判决看起来似乎也可以应用于他们当时正在审议的条款。但罗斯福坚持制定养老保险，在他的支持下，国会做出了回应。[45]

88 瓦格纳参议员同样表示了坚决支持。面对聚集在纽约阿斯特酒店的 1000 名表示质疑的商界领袖，瓦格纳直言不讳地谈到了老年人的困境：

认识到我们的老年人中有约 50%，即 350 万人已经沦为要完全依靠他人扶养的境地，是令人震惊的。不论是否制定法律，每一个文明社会必须并且确实需要照顾那些在老年无法自谋生活的人，除非我们打算杀死老人，就像斯巴达人屠杀他们年轻人中的病弱者那样。今天的美国人中没有人想成为斯巴达人。但是一想到自那个著名的国家衰落至今已经过去了 2000 多年，我们自己对待弱者的待遇并没有什么值得夸耀的。[46]

当时还有更为激进的建议争夺立法者的注意力，国会议员被全国各地的老年人寄来的大量恳求采纳汤森计划或其他计划的信件淹没。汤森计划也于 1935 年 1 月被提交至国会，然后在 4 月修订。众议院以 206 比 56 的投票结果轻而易举地否决了该议案，但许多来自西部的议员采取省事的办法摆脱困境：他们故意缺席或不投票，担心如果投票反对这个极受欢迎的计划被记录在案，会遭到选民的强烈抵制。

第 74 届国会，第一会期（1935 年 1 月 3 日—8 月 26 日）

参议院：69 位民主党人，25 位共和党人，2 位其他人士
众议院：322 位民主党人，103 位共和党人，10 位其他人士
总统：富兰克林 · D. 罗斯福

相比众议院，参议院对待汤森计划的态度则没有那么认真。2 月 16 日，汤森医生被参议院财政委员会整整盘问了两个小时。一些立法者的问题还是认真考虑过的，而其他议员的问题则充满了揶揄讥讽。在经历了这场盘问后，汤森神情严肃，没有笑意；其中大多数问题都是围绕这个计划如何筹资展开。汤森主张，增加的支出反过来会增加交易税，将重振美国的商业。"与其他六个伙伴掷骰子算是贡献吗？"密西西比州民主党参议员拜伦 · P. 哈里森（Byron P. Harrison）挖苦地问道。汤森回答道："哦，不算。""但是购买的骰子是一种商品。"同样表示质疑的肯塔基州民主党人阿尔本 · W. 巴克利（Alben W. Barkley）讥讽地反驳道。在听证会结束时，哈里森主席宣布委员会将努力起草一部对所有人都公平的议案，但汤森的提议不会在考虑之列。[47]

弗朗西斯 · 珀金斯在 10 年后写作的文字中评论道："现今的人们几乎无法体会当时公众支持汤森计划以及其他从外国引进的每周给予老年人收入的计划的情绪有多么强烈……其支持者施加了巨大的压力。"[48]

当时还有其他计划不断冒出，特别是由明尼苏达州农民（劳工）、众议员欧内斯特 · 伦丁（Ernest Lundeen）提出的一个计划：提供与全额工资相等的联邦失业救济金，任何失业人员在他或她仍然没有工作的时候都可

领取。所有救济基金都将出自联邦国库。但是众议院以 158 比 40 的投票结果粉碎了伦丁的计划。

4 月 18 日，事态在众议院达到紧急关头。行政当局的反对者高喊："停止以势压人！" 但是他们的请愿被无视了，所有的激进计划以及针对这部政府议案所提出的约 50 部修正案也都被搁到一边。[49] 当来自明尼苏达州的共和党人哈罗德·克努森（Harold Knutson）试图让联邦政府每月支付给老年人 60 美元时，《华盛顿邮报》评论道，这是一场"最为炽热的辩论"。来自马萨诸塞州的共和党人艾伦·T. 特雷德韦（Allen T. Treadway）提出一个议案，将联邦养老金从 15 美元提高到 20 美元；但是他被彻底击败了。来自俄亥俄州的民主党人查尔斯·V. 特鲁瓦克斯（Charles V. Truax）来来回回地冲到众议院议长的讲台前发言，要求通过一部修正案，将个人年收入中超过 100 万美元的部分没收充公，作为给社会保障提供资金的一条途径。特鲁瓦克斯想到了像梅隆家族、洛克菲勒家族和摩根家族这样的大资本家："如果 J. P. 摩根没法靠每年 100 万美元生活下去，那就让他去英国吧，不管怎么说，他所有的税都是在那里交的。" [50]

众议院把激进的甚至合理的修正案都搁置一边，开始审议政府的这项议案。许多保守派人士、共和党人和商界领袖都惊呆了。纽约州共和党众议员约翰·泰伯（John Taber）一时激愤，略带夸张地喊道："在人类历史上，从未有过任何一项设计得如此具有潜在危害的议案被引入这里，它将阻止商业复苏，奴役工人，阻断雇主提供工作给人民的任何可能性。" [51] 但是，保守主义者被无视了。众议院以压倒性多数通过了这部社会保障法案，只有 33 位议员投了反对票。

制定《社会保障法案》的关键人物

虽然有许多个人为《社会保障法案》的起草和成形做出了贡献，但其中四位因他们的政策领导力脱颖而出。[52]

富兰克林·D. 罗斯福（1882—1945），第 32 任美国总统（1933—1945）。历史学家小亚瑟·M. 施莱辛格（Arthur M. Schlesinger，Jr.）评论罗斯福是“唯一”投身于社会保险事业的“国家政治领袖”。[53] 当罗斯福任纽约州州长时（1929—1933），他成立了第一个州救济机构，并敦促州立法机构通过失业保险和养老法案。弗朗西斯·珀金斯指出，罗斯福“始终将《社会保障法案》视为他行政工作的基石，我认为，他由此获得的满足感超过了他在内政方面取得的其他任何成就。”[54]

弗朗西斯·珀金斯（1882—1965）在罗斯福执政时期一直担任劳工部长。早前，她曾是一名社会福利工作者，倡导改善妇女和儿童的工作条件，任职于纽约州各种各样的委员会。在罗斯福任纽约州州长时，她出任纽约州工业委员会主席。她帮助起草了社会保障法案，并成为政府公开发声支持该立法的官员之一。罗斯福于 1945 年去世后，珀金斯辞去内阁职位，但仍然担任文官委员会（Civil Service Commission）委员这一公职直到 1953 年。

亚瑟·J. 奥特迈耶（1889—1972）被珀金斯招募为劳工部助理部长。担任此职时，他撰写了罗斯福 1934 年向国会发表的有关经济保障的重要演讲，并作为经济保障委员会下属技术委员会主席发挥了关键作用。[55] 1937 年至 1953 年，奥特迈耶担任社会保障局局长，这个新的、分布广泛的官僚机构负责运行复杂的社会保障计划，而它能够高效地创建起来，奥特迈耶功不可没。他监督管理了由《社会保障法案》的两个主要修正案（分别颁布于 1939 年和 1950 年）引发的变革。然而，新的艾森豪威尔政府在他正打算提前退休之前唐突地解雇了他，使得他的职业生涯戛然而止。

埃德温·E. 威特（1887—1960）曾担任威斯康星大学劳资关系学的教授和威斯康星州立法文献图书馆（Wisconsin Legislative Reference Library）馆长。他被许多人誉为“《社会保障法案》之父”。[56] 威特的职业生涯约有一半是在威斯康星大学度过的，深受拉福莱特进步思想家和立法者以及致力于公共服务的“威斯康星理念”（Wisconsin Idea）的影响。他在制订威斯康星州失业补助计划中起到了重要作用，并被招募至华盛顿担任经济保障委员会执行理事。担任此职时，威特综合了委员会的工作成果，起草出这部法案，并在国会听证会上为其宣传和辩护。

威斯康星大学在为《社会保障法案》提供思想基础方面发挥了关键作用。约翰·R. 康芒斯最早发展出失业立法的模型，他还是威特和奥特迈耶的学业导师、学术指导、学习顾问。后来，威特的学生威尔伯特·J. 科恩（Wilbert J. Cohen，1913—1987）成为起草社会保障和医疗保险政策的核心参与者。

参议院财政委员会 5 月 13 日将它的议案版本交回全院讨论，新增了一项为盲人提供联邦援助的条款。汤森计划和伦丁的失业议案都没有取得任何进展，参议院的大部分注意力都集中于密苏里州民主党参议员乔尔·贝内特·克拉克（Joel Bennett Clark）提出的修正案上。有关养老保险的一个更具争议性的问题是，是否在此立法中豁免私人退休金计划。私人保险公司努力推动这一豁免条款，并且得到了克拉克的支持。然而，最终的立法删除了对私人养老金计划的豁免，虽然国会允诺会在下一会期对其进行讨论，但是这个承诺从未得到履行。[57]

1935 年 8 月 14 日，富兰克林·罗斯福在白宫的内阁会议室中使用数支仪式用签字笔在这部法案上迅速签下自己的名字。《华盛顿邮报》的一名记者说，当时到底使用了多少支笔不得而知，但在签字仪式上有许多人
91 请求留作纪念。大约有 30 位政要围聚在总统周围，其中有众议员刘易斯、参议员瓦格纳和劳工部长珀金斯。摄影师拥挤在签字桌周围，但不同寻常的是，报社记者被禁止参加这次仪式。一位记者抱怨道，罗斯福在他简短的演讲中声称，他急切希望这个新计划得到广泛宣传，但是却禁止记者参加这次活动，新闻媒体只能依靠为这次仪式拍照的摄影师为他们转述。[58]

4 天后，弗朗西斯·珀金斯在《纽约时报》上发表了一篇关于社会保障的长文："很少有立法议案像我们在准备社会保障计划时那样，经过了如此仔细的研究、彻底和认真细致的讨论。包含这个计划的法案可能是保障美国工薪阶层利益的最有用、最根本的单一一部联邦法案。"[59]

虽然这部了不起的新法案得到了罗斯福、珀金斯和其他人的大力吹捧，但在许多批评者眼里，它的缺点是显而易见的。多亏摩根索和众议院筹款委员会，它没有变成一个全民计划。虽然罗斯福、珀金斯和其他人本

来想制订一个覆盖广泛的计划，但最终只有一半多的成年人具有资格。为社会保障提供资金的工资税属于累退税，相比那些支付税金已达到最高标准的人来说，低收入者支付的税金占其工资的百分比要大得多。失业保险计划成为各种不同的州计划组成的大杂烩，基于48套不同的政策标准发送的福利金存在着极大的差异。[60]

要成立一个新的社会保障机构必须先得到国会的拨款。甚至在罗斯福签署《社会保障法案》之前，亚瑟·J. 奥特迈耶就为这个新机构准备好了下一年的预算。运行这个新机构需要100万美元，奥特迈耶给出了他最好的大概猜测。此时已接近本次国会会期结束，众议院拨款委员主席、来自得克萨斯州的民主党人詹姆斯·P.·布坎南（James P. Buchanan）为了节省时间，召集了一个只有他自己一个人的委员会，并传唤奥特迈耶发表证言。布坎南在听完证言后，把双脚搁在他的桌子上，说道："我一点也听不懂你在说什么，我也不相信你知道自己在说什么。"他停了一会儿，接着说，"但不管怎样，我会给你钱的"。[61]然后，众议院全院通过了管理该计划的拨款议案。

参议院的领导层原本以为拨款只是例行公事，因此一直耽搁到了会期的最后一天，并且在安排议程时把该事项放在了下午6点，希望能完成这最后一件重要的事务，然后留出时间，在午夜休会之前处理紧急关头的议会内务工作。然而，参议院正好落入了参议员休伊·朗设置的圈套，他决定持续不断地发言一直到本次会期结束。如此一来，政府的这个新计划将被拒绝给予运行资金。他如愿以偿地实现了自己的计划；参议院休会了，而新成立的社会保障局没有了运行资金。但由于国家复兴管理局被撤销清算，其核心职员，特别是文员，以及迫切需要的资金可以转移至新的社会保障局。弗朗西斯·珀金斯甚至凑钱给奥特迈耶买了一个办公椅。[62]

研究社会保障的学者埃里克·R. 金森（Eric R. Kingson）和爱德华·D. 伯科威茨（Edward D. Berkowitz）将《社会保障法案》视为一次"侥幸的成功"，一部被总统"偷偷塞进一扇（很快就要关闭的）政治机会之窗"

的历史性立法。[63]它成为 1936 年总统大选的主要议题，共和党总统候选人艾尔弗雷德·兰登指责社会保障是“对工人的欺诈，它向工人强制征收的储蓄就是一个大骗局”。[64]

共和党全国委员会（Republican National Committee）在大选前一个星期将数百万份传单装入工资袋中并分发出去。共和党全国委员会警告工人，从 1937 年 1 月 1 日起，他们到手的工资就会被扣除工资税，但该传单故意对这个计划最后会带来的福利金保持沉默。一本宣传册给出了这样的警告：有一张“新政法官”的照片，上面写着：“你一辈子都要被判减薪。你必须服从该判决，除非你帮助推翻它。11 月 3 日，大选日。”社会保障局预料到会有这样的攻击，它也准备了 5000 万份传单，主要通过工会分发，此外还在电影院播放影片解释该计划的益处。[65]

兰登和共和党遭遇了政治上的巨大打击。罗斯福大败兰登，他获得 523 张选举人票，横扫除缅因州和佛蒙特州以外的所有州，而兰登只获得 8 张选举人票。[66]

到 1937 年，约有 2600 万名工人和 270 万名雇主向新建立的社会保障体系缴纳工资税。现在由奥特迈耶领导的社会保障局，在 150 个已经运行的地方办事处的协助下加速运转起来。[67]但是，新颁布的社会保障法像《瓦格纳法案》一样遭到了强大商业利益集团的激烈反对，其中一些人拒绝遵守纳税规定，除非最高法院裁定这部新法案符合宪法。反对者并没有等太久。距离最高法院于 1937 年 5 月对《瓦格纳法案》做出历史性的肯定判决仅仅 6 周后，它在“斯图尔特机器公司诉戴维斯案”（*Steward Machine Company v. Davis*）及其相伴的对“何弗灵诉戴维斯案”（*Helvering v. Davis*）的判决中支持了《社会保障法案》。[68]在第一个案件的判决中，最高法院裁定联邦–州失业补助金计划属于联邦合法行使其规定和征税的权力；在第二个案件的判决中，法院赞同联邦养老计划是在国会征税和支出的权力范围之内。斯通法官在喝茶时悄声给弗朗西斯·珀金斯的建议果然所言非虚。

在《社会保障法案》颁布后不到两年，所有48个正式州、阿拉斯加准州、夏威夷准州以及华盛顿特区都颁布了失业保险法。威斯康星州是唯一能够在1938年1月之前开始付钱给受益人的州，不过，有21个州在1938年元旦开始执行它们的计划。到1939年7月，所有的正式州、两个准州和华盛顿特区都已实施了它们各自的计划。[69]

各州必须先建立它们自己的养老援助计划，才有资格获得联邦的配套资金。但各州制订计划的紧迫程度却各不相同。弗吉尼亚州议会对这个问题磨磨蹭蹭地研究了两年，直到新任州长詹姆斯·H. 普赖斯（James H. Price）推动这个美国最老的审议机构制订出一个计划。它终于在1938年3月成为最后一个建立养老援助计划的州，但是它提供的资金只有联邦政府愿意配套的每月30美元的三分之一。[70]

余波

新成立的社会保障局背负着艰巨的任务：从零开始创建一个机构，为雇员分配账户号码，以及维护数百万个雇员账户的文件。它从1936年11月9日开始雇用员工，到年底的时候，已有2500名员工入职。这些员工大多数是妇女，来自美国各地，这是因为当时的公务员法规规定联邦在招聘时应分配给每个州一定比例的工作岗位。这个工作被称为“世界上最大规模的簿记任务”，[71]并且是在前计算机时代里完成的。此时距离第一台使用真空管的大型计算机的诞生还有10年，而使用磁带的电子数据存储技术还要再等20年才会出现。1937年9月，养老保险局开始从国税局接收170万名雇主提交的1937年上半年的报告，包括3600万名雇员的工资条目。到1938年4月1日，开设的社会保障账户已达3800多万个。装满社会保障档案的钢制文件柜存放在巴尔的摩市如洞穴般又大又深的坎德勒大厦（Candler building）里，占据了半英亩的地方。这栋大厦的前身是可口可乐的装瓶工厂，是整个华盛顿—巴尔的摩地区少数几个能够容纳庞大的雇用档案、档案管理员和办公设备的建筑之一。[72]

这是一项广泛且复杂的事业，触及如此多的人的生活，不仅包括受益者，还有向这个系统纳税的工人。其一般管理费用要远远低于私人企业的费用，且各个计划得到了非常高效的管理，基本没有什么投诉。小亚瑟·M. 施莱辛格将这一成功归功于其高层管理人员："数百万份档案、办事员和商用机器见证了这个奇迹般的成就，而且主要荣誉应当属于奥特迈耶。"[73] 除了创建和运行一个高效的机构外，奥特迈耶还具有一个坚定的信念，即政府有义务帮助公民获得他们的联邦福利。这种积极提供政府服务的理念却与联邦在 1835 年颁布的一部晦涩的法律相冲突，后者禁止任何官员鼓励民众向美国提出索赔。美国总审计署积极主张这部 1835 年的联邦法律，但奥特迈耶坚持己见，政府援助的伦理标准成为社会保障总署的核心价值观。[74]

4 到 1937 年，由于通过工资税积累的资金，社会保障计划已筹集到 5.11 亿美元，而行政开支仅为 500 万美元。养老金要等到 1942 年才开始发放，即工人和雇主开始定期缴纳工资税满 5 年后。但是，长期的盈余大到几乎无法计算清楚的地步。据估计，到 1980 年，社会保障储备金将超过 460 亿美元。历史学家爱德华·D. 伯科威茨和金姆·麦奎德（Kim McQuaid）指出，这一数字是 20 世纪 30 年代末美国流通货币总量的 8 倍，几乎是银行储蓄总额的 5 倍。[75] 商界领袖和保守派政治家开始紧张起来，他们呼吁国会和政府通过降低养老福利金或降低工资税来削减其储备金。

参议院财政委员会委员、来自密歇根州的共和党人阿瑟·H. 范登堡（Arthur H. Vandenberg）敦促奥特迈耶成立一个委员会来调查研究福利金的资金情况。奥特迈耶设立了社会保障咨询委员会（Social Security Advisory Council），由普林斯顿大学的 J. 道格拉斯·布朗（J. Douglas Brown）担任主席，汇聚了一批杰出的商界领袖、学者、劳工领袖和政府官员。[76] 罗斯福强烈建议：放宽《社会保障法案》中的养老条款。社会保障咨询委员会参考社保官员提供的信息意见，并在顾问组的协助下公布了 AC-12 计划，该计划将大大改变社会保障原有的范围和覆盖面。[77] 原先的法律只给工人提供一次付清的退休金，并不考虑其健在的配偶或孩子。1939 年起草的这个新计划新增了两类福利金：支付给退休工人的配偶和未成年子女的福利金和当纳入社保系统的工人早逝时向其家庭支付的遗属抚恤金。福利金将不再是一次付清，而是按月分期支付，并且将按照最后挣的工资而且是总工资历史来计算。此外，该修正案提高了福利金的数额，并将开始发放时间提前至 1940 年。[78]

1939 年的这部修正案是历史悠久的《社会保障法案》的一个关键点，罗斯福在签署这部修正案时说道，它是“我国在为人民提供更大保障的路上向前迈进的巨大一步”。[79]

在 20 世纪 30 年代和 40 年代初发生的争取社会保障的立法斗争中，劳工组织自始至终都置身事外；一直到第二次世界大战之后，它才积极要求增加福利金和将更多工人纳入社会保险体系，成为主要发声人。历史学家罗伯特 · J. 罗森塔尔（Robert J. Rosenthal）在 1948 年的文章中指出了劳工这种迟到的参与所具有的讽刺意味：“就目前工会组织对社会保障的热情而言，我们可能几乎不可能想象得到，导致我国（在社会保障方面）发展较晚的原因之一竟然是工会对这样的计划不感兴趣并且还积极反对。”[80] 劳工对参议员罗伯特 · 瓦格纳和来自蒙大拿州的民主党人詹姆斯 · E. 默里（James E. Murray），以及众议员、来自密歇根州的民主党人老约翰 · D. 丁格尔（John D. Dingell, Sr.）提出的立法变得特别感兴趣。1943 年提交的《瓦格纳—默里—丁格尔法案》（Wagner-Murray-Dingell bill）将提供更丰厚的失业和养老福利金，对所有工人实行全体覆盖，建立联邦失业保险体系并增加健康和残疾保险。

社保制定过程中的关键事件

1935 年	8 月 14 日,《社会保障法案》签署成为法律。
1936 年	最高法院判定养老保险和失业保险符合宪法。
1939 年	制定修正案增加受扶养者和遗属抚恤金；养老保险现在变成养老与遗属保险（Old-Age and Survivors Insurance，OASI）。
1940 年	佛蒙特州拉德洛市 76 岁的艾达 · M. 富勒，成为第一位按月领取社会保障福利支票的受益人；除她以外，在 1940 年还有其他 222 487 人陆续领取了福利支票。
1942 年	养老与遗属保险的工资税率冻结为 1%，一直到 1950 年。
1950 年	养老与遗属保险的覆盖范围扩大，新纳入了 1000 万人，包括大多数非农业工人、自雇人员；放宽受益人的资格，福利金增加了 77%。
1956 年	制定修正案增加残疾保险；计划更名为养老、遗属及残疾保险（Old-Age, Survivors, and Disability Insurance，OASDI）。
1965 年	制定修正案创建医疗保险和医疗补助；放宽领取养老、遗属及残疾保险福利金的资格。
1972 年	授权基于消费价格进行 20% 的生活费用调整（cost-of-living adjustment，COLA），为 1975 年颁布的年增长指数做好了准备。建立补充保障收入计划以管理给贫困老人、盲人和残疾人的福利金；这些计划于 1974 年开始实施。
1981 年	某些福利金被削减或取消，包括学生福利金和一次性支付的死亡抚恤金。
1983 年	国家社会保障改革委员会成立；国会通过修正案增加社会保障筹集的资金，包括：对社会保障福利金征税，纳入联邦雇员，从 2000 年开始提高退休年龄，以及增加社会保障信托基金的储备金。
1986 年	社会保障纳入 1983 年后雇用的联邦工作人员。
2002 年	共有 4640 万人每月领取社会保障福利金。
2003 年	布什政府呼吁将社会保障部分私有化。

《瓦格纳—默里—丁格尔法案》从未被委员会提交至全会讨论，并在第 79 届国会（1945—1946）期间被正式宣告“死亡”，但它确实为加入老年人医疗援助带来了契机。但一直到 1965 年，国会才对社会保险的这个

部分做出回应，颁布了医疗保险和医疗补助。

汤森计划于 20 世纪 30 年代初首次被提出，虽然在 1935 年遭到了国会的嘲笑和否决，却依然不断重新吸引着公众的注意。社会保障体系建立后，由于公民抱怨新的联邦法律在援助老年人方面做得并不够，人们重新燃起对汤森计划的兴趣。甚至迟至 1949 年 11 月，还有 179 位国会议员共同签署了一份“表决请愿书”，强制委员会提交一部具体化汤森计划的议案至全院进行表决。这次“表决请愿书”行动失败了，但是，如果它成功的话，国会将不得不决定是否用汤森计划取代社会保障计划。汤森计划的支持者离成功差了 39 票，但他们的坚持不懈表明，距离弗朗西斯·汤森给编辑写那封信大约 16 年后，这个过分简单但吸引人的计划仍然焕发着生命力。[81]

在战后初期，社会保障体系一直没做改变：福利金没有增加，受助者的范围也没有扩大。到 20 世纪 40 年代后期，社保退休金的绝对价值已经变得很低了。第一位领取社保福利金的艾达·M. 富勒在 1940 年 1 月领取到她的第一张福利金支票，金额为 22.64 美元；而 10 年后她收到的依然是同样金额的支票。此外，全国只有四分之一的老年人得到保障。[82] 1950 年，国会对社会保障体系做出了重大变动——这是自 1939 年修正案以来的首次——将福利金提高 77%，并大幅提高未来受益人领取的福利金的价值。继这次福利金大幅提高之后，1952 年和 1954 年又出现了两位数的增长。最早的社保受益人现在见证了他们的福利套餐价值翻了一番。[83] 威尔伯特·J. 科恩后来成为他那一代中的权威社保专家，他写道：“1951 年是一个里程碑。这一年，美国社会保险的总支出第一次超过了养老福利金。”[84] 然后在 1952 年，随着国民经济的好转，国会第一次在两党的共同支持下颁布了扩大福利的修正案，此后国会在 20 世纪 50 年代和 60 年代颁布了一系列这样的修正案，它们充分显示出社会保障的持续力量及其在政治上的受欢迎程度。[85]

1956 年，国会为社会保障计划增加了一个新的内容——残疾保险计划，为年龄在 50 岁至 64 岁的残疾工人及其家属提供福利金。四年后，德怀特 · D. 艾森豪威尔总统签署了一项扩大残疾救济计划的法律，以覆盖所有年龄段的残疾工人及其家属。到 1960 年，共有 55.9 万人领取残疾补助金，平均每月为 80 美元。[86] 在 1956 年的修正案中，妇女被授权可以选择在 62 岁时提前退休，但福利金将减少；5 年后，男性获得了类似的可以提前退休的选择权。

《社会保障法案》的许多修正案都是渐进式的，逐步增加有资格领取福利金的工人种类，提高福利金或者降低提前退休人员的年龄。然后，在其颁布 30 年后，第 89 届国会（1965—1966）制定了《1965 年社会保障法修正案》，使社会保险在范围和性质方面实现了最大的飞跃。正如本书第 11 章将论述的，这些修正案——医疗保险和医疗补助——不仅改变了老年人和穷人的医疗保健状况，提供了迫切需要的援助，而且大幅提高了联邦政府参与医疗保健的程度，但也大幅增加了其财政负担。

1972 年，社会保障总署开始负责一个新的计划——补充保障收入计划。到当前为止，全国总计有 1350 个各种各样的州立机构管理各种救济
97 贫困的成年人、盲人和残疾人的计划。对资格的规定和对这些计划的管理都非常复杂且不一致，并且各州发放的福利金数额也相差很大。1970 年颁布的这些修正案将所有成年人种类的救济都统一交由社会保障总署负责，各种州福利计划的 400 多万名受益人将被转移至联邦补充保障收入计划名下。[87]

一直到 20 世纪 70 年代，福利金都只能通过国会颁布的具体决定才能增加。立法者每两年或四年新增一部修正案，这一周期与选举年份一致并非巧合，而往往是立法者被迫而为。1972 年颁布的一部修正案改变了这种惯例，它制定了一种基于每年的消费价格指数计算的年度生活费用调整方法。从 1975 年开始，福利金将进行自动调整以适应通胀增长。1980 年，福利金的增长率达到了惊人的 14.3%，反映出这一时期的通货膨胀水平相当巨大，但到 80 年代中期，每年的调整则稳定在了 1.5% 至 5.0% 的增长

模式。

20世纪70年代初，社会保障政策的关键问题是关于其信托基金日益增长的赤字。有三个因素带来了不稳定性：残疾补助金的申请数量迅速增加，较高的通货膨胀率对生活费用调整造成的影响，还有劳动人口结构的变化。[88]

社会保障总署的受托管理者在1975年发布了一份令人震惊的报告，其得到的结论是，如果不对福利金、工资税或覆盖范围做出改变，该信托基金将于1979年枯竭。国会做出回应，于1977年颁布修正案：将工资税从6.45%提高至7.65%，增加工资基数，略微减少福利金，并将工资调整与生活费用计算公式脱钩。然而，对计算公式所做的调整给一小群退休人员造成了相当大的问题。在1972年的修正案中，福利计算公式出现的一个错误为1912年至1916年出生的人多发了福利金；因此1977年的修正案制定了一个过渡的计算公式，降低1917年至1921年出生的人的福利金。这些被称为"凹口婴儿"（notch babies）的受益人激烈抗议，主张他们正当应得的福利金被骗走了。但是，一个调查社会保障"凹口"的特别委员会在1994年裁定，这些受益人获得的份额是公平合理的，没有必要立法调整福利金标准。[89]

20世纪70年代，社会保障的个人覆盖率大幅增加。1977年，大约93%年龄在65岁及以上的老年人有资格领取福利金，95%的幼儿及其母亲受到社会保障特有的遗属保险的保障。此外，80%年龄在21岁到64岁之间的个人拥有残疾保险，可保障其免受由于严重伤残导致的收入损失。到1977年，距离第一批25万受益人开始每月领取少量福利金已经过了37年，有超过3300万受益人（即七分之一的美国人）领取平均每月240美元的福利支票。[90]

1977年修正案的目的在于使社会保障体系能在未来50年中维持偿付能力。然而，由于经济恶化，决策者担心信托基金的钱会迅速枯竭。为了解决其财政稳定性问题，罗纳德·W.里根总统和国会领袖们成立了一个两党联立的社会保障改革委员会。1983 年，国会通过了该委员会的许多建议。推动社保改革的一位主力是资深公务员罗伯特·M. 鲍尔（Robert M. Ball），他先后在三位总统手下出任社会保障总署署长。[91] 1983 年的修正案是对社会保障体系的最后一次重大增补。国会规定，将获得全额养老金的退休年龄从 65 岁逐步推迟至 67 岁，纳入联邦文职雇员和非营利组织的雇员（甚至包括国会议员、总统、副总统和联邦法官），上调工资税率，将生活费用的调整一次性延期 6 个月，此外还有其他措施。[92]

到 2005 年，超过 4750 万人正在领取社保福利金，其中近三分之二是退休工人，残疾工人占到 13%，儿童占到超过 8%。布什政府为 2008 财政年度制定的总预算为 2.9 万亿美元，其中近 6080 亿美元划拨给了养老、遗属及残疾保险；另有 5900 亿美元划拨给了医疗保险和医疗补助。[93]

社会保障体系自创建以来就一直批评声不断：从 1936 年总统竞选中的艾尔弗雷德·兰登和共和党全国委员会、全国制造商协会和其他大型商业组织，到国会中的保守派反对者，如 20 世纪 50 年代初的内布拉斯加州共和党众议员卡尔·T. 柯蒂斯（Carl T. Curtis）。60 年代，经济学家米尔顿·弗里德曼（Milton Friedman）称社保不正当地侵犯了个人自由，总统候选人巴里·戈德华特誓言要废除社保。80 年代，里根政府试图限制其覆盖范围。

数十年来，社会保障体系的批评者一直主张，更好地解决收入保障的办法是将社会保险完全或部分私有化。20 世纪 70 年代末，法律系大三学生彼得·J. 费拉尔（Peter J. Ferrar）提出了一个他自己也承认一定是“世界上最疯狂的计划”。[94] 他的计划是将社会保障体系转变为一个私人投资计划。刚刚创立了自由意志主义的卡托研究所（libertarian Cato Institute）的爱德华·H. 克兰（Edward H. Crane）注意到了这个计划。该计划的理念非常符合克兰的哲学思想，还有他对政府资助社会保险的核心目的质疑。费拉尔接受委托写作了卡托研究所的第一本政策精装书——《社会福利：内在的矛盾》（*Social Security: the Inherent Contradiction*）。[95] 1983 年，美国传统基金会*的学者斯图尔特·M. 巴特勒（Stuart M. Butler）与彼得·格尔马尼斯（Peter Germanis）发表了一篇题为《实现“列宁主义的策略”》（*Achieving a 'Leninist Strategy'*）的文章，号召“对现行的社会保障体系和支持它的联盟发动游击战”，并将他们的事业与弗拉基米尔·列宁努力破坏资本主义的事业相比较。“在能够对社会保障体系进行改革之前，”他们写道，“我们必须开始分裂这个（支持社会保障的）联盟，并质疑它向公众描绘的现实图景。”巴特勒和格尔马尼斯接着主张：“我们必须敦促国会对法律和法规做适度的调整，以使私人养老金方案更具吸引力，并揭露现行制度的根本性缺陷和弊病。”[96]

多年来，将社会保障私有化的想法在保守派圈子里已深入人心。1988 年，特拉华州前州长皮埃尔·S. 杜邦四世（Pierre S. DuPont IV）成为首位提倡设立私人账户的总统候选人。美国经济在 20 世纪 90 年代蓬勃发展，促进了人们对私人社会保险账户的兴趣。乔治·W. 布什很早就是私人账户的支持者，他在 1978 年竞选国会议员席位失败，后来在担任得克萨斯州的州长时欣然接受了这一保守政策。全国制造商协会从 1998 年开始参与这一议题，成立了商业联盟，倡导自主的私人退休账户。[97]

近年来，社会保障私有化已被归入“产权社会”**这个更大的幌子下。例如，保守主义的增长俱乐部（Club for Growth）主席斯蒂芬·摩尔（Stephen Moore）认为，小布什政府的关键国内政策之一就是从“福利社会（发展）成为所有权社会”。[98] 社会保障私有化将是实现这一愿景的关键。

乔治·W. 布什在 2001 年 1 月的总统就职演说中宣布了他计划改革社会保障和医疗保险的意图。在 2 月份向国会联席会议发表的首次演讲中，

---

* 美国传统基金会（Heritage Foundation）：美国新右派的主要政策研究机构，代表美国西南部财团和保守势力的利益。

** 产权社会：美国前总统乔治 · W. 布什倡导的一种社会模式，将个人责任、经济自由和财产权视为首要价值。

他宣布成立一个总统委员会，以讨论可能的改革。布什概述了三个基本原则：所有目前已经退休和即将退休的人员的退休金维持不变；社会保障体系必须恢复到拥有可靠的财政基础；必须为年轻工人提供个人储蓄账户，如果他们希望以此来代替社保。

在第二个总统任期开始时，布什承诺要将社会保障改革列为最优先的任务。他到全国各地游说，对着精心挑选的持支持态度的观众发表演讲，说明他的理由："该体系已经破产，社会保障无法兑现正在许下的承诺。"布什声称社会保障体系将在40年内"完全失败，破产"，"除非美国国会已有意愿现在就采取行动"。社会保障总署不顾其机构内部许多人的反对，制订了一个宣传和推销的"战术计划"，以说明社会保障面临着可怕的后果，除非立即进行改革。[99]

2005年夏天，国会发现自己陷入了僵局：民主党人坚决反对私有化和个人账户，而对于这个正在失去动力和民众支持的总统倡议，温和派共和党人的支持变得越来越小心翼翼，并拼命寻找能退出这个越来越令人不安的处境的策略。但墨西哥湾岸区的突发事件很快压倒了任何改革社会保障的想法。联邦政府在应对卡特里娜飓风时的糟糕表现将社会保障赶出了舞台中心。伊拉克战争难以为继以及2006年中期选举之后国会的党派更替，消除了布什政府进行社会保障改革的任何机会。

在全世界范围内，已有十几个国家将其传统的政府资助的养老金体系转变为至少部分私有化的方案。例如，自1981年以来，智利推出了一种强制性的个人账户体系，其传统的社会保险体系被逐步淘汰。工人要缴纳其收入的10%到个人储蓄账户。墨西哥自1991年以来，要求雇主将每个工人收入的2%缴纳至一个私人储蓄账户，工人可以选择追加缴纳收入，且这部分收入免税。自1978年以来，英国已经允许工人停止向国家养老金体系纳税，条件是他们将部分工资税改交至获得批准的私人养老金计划。然而，《华盛顿邮报》发表的一篇分析智利和英国的养老金方案的文章显示，结果好坏参半。[100]

社保的批评者和支持者都拉响了警钟。他们指出，虽然工资税现在产出的税收要多于支付的福利金，但是这一平衡很快就会发生改变，如果不采取任何措施的话，到 2040 年，社会保障的信托基金资产就将耗尽，工资税将只能够偿付承诺的福利金的 75%。然而，认为国会不会采取措施是相当愚蠢的。国会几十年来一直在对社会保障体系进行修修补补：增加福利金、提高工资税、扩大工人的覆盖范围以及其他调整。其中一些改变是保守的、渐进的，而其他一些改革则是国会为了保护该计划的长期偿付能力而被迫做出的福利金和纳税的调整。社会保障体系的下一个重大修正案最有可能使该体系再一次拥有可靠的财政基础，而且该修正案越快出台，适应社会保险新现实情况的痛苦就会变得越容易。这个解决方案将不仅是一个保险精算方案，同样也是一个政治方案，国会需要仔细听取美国人民的声音，无论老少，以决定是否需要减少福利金，调整资格规定，向更高的收入工资征税，部分引入私有化以及其他各种各样的调整，以保证社会保障的偿付能力和生命力。[101]

2006 年，美国共有 5300 万人每月领取社会保障金，380 万人新申领退休金，250 万人申领残疾补助金。[102] 随着“婴儿潮”一代在 21 世纪初开始退休，符合领取社会保障福利金资格的人数将大幅增加。对许多受益人来说，有无社保的差别是陷入贫困和拥有中等退休收入。如果没有社保的话，美国近一半的老年人将生活在贫困线以下。遗属和残疾补助金对于儿童同样至关重要，这使得社会保障成为最重要的儿童反贫困计划。[103]

《社会保障法案》于 1935 年 8 月颁布时只是一个相当保守和不太大的计划，如今却已发展成为美国的“伟大契约”。它体现了工作、社会保险和退休的价值。而且象征着世代的连续性，因为后一代富有生产力的工人帮助赡养了那些无法再进行生产性劳动的前一代人。此外，社会保障体系始终得到了美国人民“极为广泛的支持”。[104] 由于对社会保障的未来的争论聚焦在可靠的财政基础和对子孙后代的承诺上，立法者最好谨记前副总统休伯特·H.汉弗莱的警言：“检验政府的道德应当看它如何对待那些处于生命黎明期的儿童、处于生命黄昏期的老年人，还有那些处于生命阴影中的病人、穷人和残疾人。”[105]

第 7 章

给退伍军人的承诺

《退伍军人权利法案》（1944 年）

《退伍军人权利法案》万岁！ 2

——克拉克·克尔（Clark Kerr），加利福尼亚大学名誉校长，1994 年

《退伍军人权利法案》与美国退伍军人对其做出的热烈回应，标志着美国向“知识社会”* 的转变。未来的历史学家可能会将其视为 20 世纪最重要的事件。

——彼得·F. 德鲁克，1993 年

《退伍军人权利法案》一直被教育家、社会科学家和历史学家誉为 20 世纪最重要的立法之一。颁布这部法案时，诺曼底登陆日仅过去 3 周，距

* 知识社会（knowledge society）：以创新为社会主要驱动力的社会，知识、创新成为社会的核心。这个概念诞生于 20 世纪六七十年代，和“学习型社会”差不多同期产生，最早使用者是现代管理学之父彼得 · F. 德鲁克。

离太平洋战场的战争结束还有 13 个多月。它是一部包含多方面内容的立法：为归来的老兵提供失业救济金、购买房屋或做生意的低息贷款以及教育福利。这部立法的颁布是出于对在军队服役的数百万男男女女的一种义务感，但罗斯福政府、国会以及为这部立法努力游说的退伍军人组织首要关心的问题是防止再现经济困难时期和政治不稳定状态。退伍军人的教育只属于次要考虑的问题。事实上，华盛顿的决策者中几乎没有什么人预料到退伍军人会迫不及待地抓住免大学学费和在职培训项目的机会。但他们确实立即抓住了这个机会。在第二次世界大战结束后的五六年里，他们如洪水般涌进各个高等院校，涌入非大学项目——在职培训、函授学校甚至是完成高中学业的课程——的人数甚至更多。《退伍军人权利法案》中的教育条款被证明对美国社会产生了最深远的影响。

在退伍军人的福利史中，《退伍军人权利法案》做出的教育援助承诺并不寻常。第一次世界大战的残疾退伍军人曾获得过一些教育上的援助，但联邦政府通常只是发放退伍金、现金奖励或过剩的公共土地。每次在美国打完仗后，国会都为参加这场战争的退伍军人及其遗孀和遗属提供一定程度的福利。国会这么做一方面是出于感激，另一方面也是因为退伍军人组织的督促，如：美国独立战争后成立的辛辛那提社（Society of the Cincinnati）、1812 年战争联合兄弟会（United Brethren of the War）、全国墨西哥战争退伍军人协会（National Association of Mexican War Veterans），特别是美国内战后成立的内战联邦退伍军人协会（Grand Army of the Republic）。退伍军人获得的补助金有时十分丰厚，特别是内战和美西战争的退伍军人；到 20 世纪初，给予退伍军人的福利金占到了整个联邦预算的约 40%。

第一次世界大战期间共有 400 万名美国人服役。在服完兵役后，他们每人获得了 60 美元的退伍金和一张返乡的火车票，同时一些残疾退伍军人还得到了康复和教育援助。战后，许多后勤人员在国家实行复员时失去了工作，而且随着大量退伍军人涌回家乡，许多退伍军人发现自己找不到工作，只能排队领取救济。经历这次战争后，美国出现了最重要的退伍军人组织——美国退伍军人协会（American Legion）。20世纪20年代初，国会为第一次世界大战的退伍军人提供了一定程度的救济，并承诺到1945年时支付给他们一笔补助金。

随着大萧条使美国人民的生活陷入困境，绝望的退伍军人在1932年的春天和夏天要求联邦政府立即支付补助金。当这样一部法案在众议院获得通过时，他们满怀希望，但之后当参议院，特别是总统赫伯特·C.胡佛否决了众议院的这部法案时，他们的希望又破灭了。绝望的补助金大军在华盛顿举行游行，他们与地方警察发生的小规模战斗导致两名游行者死亡，道格拉斯·麦克阿瑟将军出动军队烧毁了游行者的营地，这使得胡佛在他执政的最后几个月里心烦意乱，饱受攻击。

新上任的富兰克林·罗斯福总统、国会以及退伍军人组织下定决心不再重复前一部退伍军人福利立法伴随而来的不确定性和痛苦。国会自1862年颁布《宅地法》和《赠地学院法案》以来首次提前为最终将返乡的战争退伍军人做好规划。

这部法案的官方名称为《1944年军人重新适应法案》（Servicemen's Readjustment Act of 1944），但是美国退伍军人协会的一位宣传人员在呼吁"为美国大兵和美国女兵制定一部权利法案"时创造了这个词后，这部法案就一直被称作《退伍军人权利法案》。美国退伍军人协会在起草这部立法的基本轮廓和向国会施压中发挥了关键作用。富兰克林·罗斯福则是该法案通过的关键，他在1943年向全国发表的广播讲话中敦促国会立法，以援助从战场返回的士兵。虽然该法案非常顺利地获得了参议院的通过，但是在众议院遭遇强大且狡猾的密西西比州民主党众议员约翰·E.兰金（John E. Rankin）的阻挠，他激烈反对工会、自由主义者、犹太人，以及任何倾向于种族平等的立法，阻碍、歪曲并左右了这部法案。

一些教育工作者——特别是哈佛大学与芝加哥大学的校长——担心，如果大批退伍军人有资格享受免费教育，那么高校的学术水平将受到损害；其他人则担心决策权将从教育机构手中被夺走，而归于退伍军人管理局（Veterans Administration）。但是，对于许多高等教育机构来说，《退伍军人权利法案》简直就是天赐良机。虽然退伍军人的大量涌入造成高等院校人满为患，它们必须做出种种调整以适应这种情况，但这也给它们带来了一段时间的增长和相对繁荣。联邦政府为每位退伍军人每年支付高达 500 美元的学费，这笔钱足够负担最昂贵的私立大学的费用，并且为他们提供适中的生活津贴。高等院校增开新的班级，聘请教授，延长暑期班学期，并加盖学生宿舍，其中一些设在了帐篷或匡塞特角活动房屋*中。曾经专属于中上阶层的高校生活现在扩大了覆盖范围。一流的私立大学现在向犹太人、20 世纪移民美国的人的孩子、那些来自此前从未出过大学生的家族的学生敞开了大门。学术课程不再局限于博雅教育的核心课程，而是拓展至技术和专业教育。天主教院校和 1890 年黑人赠地学院的入学人数激增。高等院校一度只是 18 岁到 22 岁的学生的天下，现在则拥有了一批年龄较大的学生群体，他们中的大部分都已结婚，还有年幼的孩子，这为寻求高等教育带来了一种新的成熟感和严肃感。

增强高等教育的趋势在第二次世界大战之前就已经开始了，《退伍军人权利法案》赶上了这一浪潮。在初版《退伍军人权利法案》颁布后的 6 年时间里，超过 220 万名退伍军人进入高等院校学习，总费用为 55 亿美元。《退伍军人权利法案》在这一时期进行了修改，拓宽了资格并增加了福利。然而《退伍军人权利法案》不能只考虑那些想要大学学位的退伍军人。由于有大约 60% 的退伍军人没有读完高中，因此必须为他们提供适当的非大学培训和教育项目。但是该法案也存在许多问题，特别是其导致了以盈利为目的的函授学校和野鸡大学的快速增长，这些学校几乎或完全不提供教育，它们创办的目的只是为了抽取有保障的联邦学费补贴。

1940 年至 1950 年，高等院校的学生数量几乎翻了一番，1950 年至 1970 年，则增加了将近两倍，为更大规模的学生提供了教育机会。《退伍

---

* 匡塞特角活动房屋（Quonset huts）：由瓦楞铁预制构件搭成的半圆形活动房屋。

军人权利法案》也调动起联邦政府与学生、高等教育的联系，并确立了如下原则：联邦的钱将直接交给学生，而不是教育机构。这一原则成为联邦教育政策的基石。

《退伍军人权利法案》于 1951 年正式终止，但此后不久，国会为应对朝鲜战争而颁布了第二部《退伍军人权利法案》，之后又陆续在 1966 年颁布了《越战时期退伍军人权利法案》(Vietnam Era GI Bill)，在 1985 年颁布了《蒙哥马利退伍军人权利法案》(Montgomery GI Bill)，在 2008 年颁布了《后“9·11”退伍军人教育援助法案》(Post-9/11 Veterans Educational Assistance Act)。早期立法中的许多条款已经做了改变。福利金增加了，但是现役军人被要求缴纳的金额也增加了。总而言之，《退伍军人权利法案》最终成为一项数额惊人的投资。截至 2004 年 6 月，《退伍军人权利法案》签署 60 周年纪念日，它总计为 2100 万名退伍军人、现役军人及其家属提供了 770 亿美元的教育和培训福利金；此外，有 1750 万名退伍军人利用了住房贷款担保计划，贷款总额高达 8300 亿美元。《退伍军人权利法案》通过其为大学生和非大学生提供的教育项目，通过其住房贷款担保计划，帮助创造了现代美国中产阶级。

背景

美国独立战争和 19 世纪战争的退伍老兵

在美国独立前，几个殖民地的议会就已使用英国已制定的法律作为指导，起草了法案援助在与印第安人作战时受伤的平民军人。1636 年，普利茅斯殖民地宣布任何自告奋勇当兵前去参加对抗佩科特印第安人*的战

---

* 佩科特印第安人（Pequod Indians）：新英格兰地区一个已消逝的印第安人部落。

争且负伤回来的人都将“获得由殖民地供养余生的资格”。1644 年，弗吉尼亚殖民地议会决定为在与印第安人作战时“受伤或致残的”人提供救济，并要求当地县政府为他们提供救济。之后，马萨诸塞湾殖民地（1676 年）、马里兰（1678 年）、纽约（1691 年）和罗得岛（1718 年）相继制定了类似的保护残疾士兵的法律。在独立战争期间，弗吉尼亚和宾夕法尼亚殖民地议会为残疾士兵和遇害士兵的遗孀和孤儿提供了丰厚的补助。1778 年 5 月，弗吉尼亚承诺向所有因参加大陆军而残疾的士兵终身支付全薪；同年，其议会承诺向在服役期间被杀害士兵的遗孀终身支付半薪。大陆会议向那些服役直到战争结束的少尉及以上的军官授予 7 年的半薪；1780 年 3 月，宾夕法尼亚政府将该福利增加为终身的半薪。[1]

大陆军招募的大量士兵都是来自社会最贫穷的那三分之一的人口，他们因拖欠薪俸而发生了叛乱，军官们三次威胁国会要集体辞职，除非他们被授予终身的半薪养老金。随着 1781 年 10 月约克敦战役的胜利有效地结束了主要战事，许多军官担心无法收到他们的欠薪（其中有些军官的欠薪共计达到了 6 年），更不用提他们的养老金了。一些士兵担心一旦他们结束战时服役被遣散，就可能被拘留并被投入负债人监狱。[2] 在各国签署《巴黎条约》正式宣告战争结束的 4 个月前，一群军官于 1783 年 5 月成立了辛辛那提社。在之后数年，它成为大陆军军官要求获得与战争相关的赔偿金的主要发声媒介。

新的美国国会面临着两个基本的养老金问题：第一，它必须为受伤或
206 残疾的士兵制订一个养老计划；第二，它必须应对革命军军官持续不断的呼吁，他们要求政府向所有一直服役到战争结束的军官终身支付半薪养老金。[3]

退伍军人成功地在新近开辟的西部土地上获得了赠地。从第 1 章中可以看到，联邦国会在 1787 年通过了《西北法令》，开拓俄亥俄河以北的西部土地。其中一项条款是保留那块土地的七分之一，或约 260 万英亩土地，给独立战争的退伍军人。

在基于新宪法召开的第一次会议期间，国会于 1789 年 9 月宣布保留各州在独立战争期间已经授予并支付的残疾养老金和死亡抚恤金。接着，国会在 1792 年通过了首部退伍军人养老金法，规定“任何人……被召集为美利坚合众国服役……在实际服役期间受伤或致残的……应当享有公费照顾和供养”。[4] 第一部联邦养老金法虽然用语含糊，但是就其为后续一系列立法开创了先例而言仍然非常重要。根据历史学家威廉 · H. 格拉森（William H. Glasson）所言，“它的历史是一个缩影，可以反映后续各部养老金法的通过和执行的情况”。[5]

然而，革命军军官和士兵提出的要求直到 1817 年才获得满足。遵照詹姆斯 · 门罗总统的建议，新泽西州共和党众议员约瑟夫 · 布卢姆菲尔德（Joseph Bloomfield）提交了一部退伍军人养老金法，它扩展了之前的立法，给予军官每月 20 美元、士兵每月 8 美元的养老金。所有退伍军人不论收入或财政状况如何都有资格获得这样的养老金。到第二年，该福利计划的支出已增长至每年 300 万美元，是布卢姆菲尔德在提交该法案时最初估值的 6 倍。[6] 根据为管理退伍军人的福利金而设立的养老金管理局估计，支付给革命军士兵及其遗孀的养老金总额达到了约 7000 万美元，最后一位领取养老金的遗属直到 1911 年还在领取。[7]

1812 年战争的退伍军人或他们的亲属可获得联邦政府授予的赠地，但最初的立法规定他们必须服役满 5 年或在服役期间死亡。结果是在这场战争期间服役的 40 万人中只有 2.9 万人有资格获得联邦赠地。然而，使 1812 年战争的退伍军人受刺激的是，墨西哥战争（1846—1848 年）的退伍军人被授予了更为优厚的待遇。根据《1847 年十大兵团法案》（Ten Regiments Act of 1847），墨西哥战争的退伍军人只需服役满一年就有资格获得 160 英亩的土地。此外，他们能够选择任意一块公共土地的土地权证，或替代地领取每英亩 1.25 美元的现金奖励；1812 年战争的退伍军人则没有领取现金的选项，他们绝大多数来自东部，而授予他们的土地却位于遥远偏僻的西部。[8]

1812 年战争的退伍军人组织成立了 1812 年战争联合兄弟会。在他们的压力下，国会于 1850 年通过了一部赠地法案，受益人是任何在 1790 年以后的战争中服役过至少一个月的退伍军人。但是，这部法案并未达到退伍军人的期望。《1847 年十大兵团法案》在执行过程中，有许多退伍军人的赠地被小偷和土地中介骗走了。为了纠正这一弊端，1850 年的法案明令禁止出售赠地。这部 1850 年的法案还提出根据服役时间调节赠地面积：服役 1 到 4 个月的退伍军人将获得 40 英亩赠地；服役 4 到 9 个月获得 80 英亩赠地；超过 9 个月则可获得最高的 160 英亩赠地。退伍军人坚决反对，一些州议会请求国会撤销这部 1850 年的法案。国会于 1852 年颁布的法案废除了禁止出售土地的禁令，国会于 1855 年 3 月通过的赠地立法惠及 26 万名退伍军人（其中有 17 万人是 1812 年战争的退伍军人）以及他们的遗孀和继承人。这是到目前为止给退伍军人规模最大的也是最后一次赠地，退伍军人及其继承人总共获得了 3400 万英亩的赠地。[9]

历史学家詹姆斯・W. 奥伯利（James W. Oberly）将 1812 年战争联合兄弟会描述为一个类似于现代退伍军人团体的组织，它强调保守主义、民族主义和无党派的政治立场，不像美国内战的退伍军人团体是“作为对立政党的产物而存在”。[10]

1871 年，距离 1812 年战争开始整整 59 年后，仍然在世的幸存者终于收到了他们长期为之斗争的服役养老金。这对于墨西哥战争的退伍军人来说是一个信号，他们现在组织成立了全国墨西哥战争退伍军人协会，重新开始为争取他们自己的养老金而战。在 1874 年召开的第一次全国代表大会上，墨西哥战争的退伍军人要求国会向所有服役满 60 天或更长时间的士兵发放每月 8 美元的补助金。[11] 然而，墨西哥战争的退伍军人很难获得他们自认为合理的补助金。一个原因是，他们毫无敏锐的政治嗅觉，攻击共和党政治家，把自己的命运同民主党人绑在了一起。许多墨西哥战争的退伍军人来自南方，在他们召开第一次会议时，内战仍然深深烙印在立法者的记忆中，坦率地说，他们是站在错误的一方战斗。他们还不得不抗衡一个新成立的、强有力的退伍军人组织——内战联邦退伍军人协会。

战争部曾估计，在内战期间有超过220万人在北方联邦军中服役。[12] 到目前为止，最有势力且规模最大的北方联邦军退伍军人组织是内战联邦退伍军人协会。它成立于1866年，到19世纪80年代，其成员数量和政治影响力已得到了大幅增长。内战联邦退伍军人协会继续迅速发展，成员数量从1880年的60 678人增长到1890年的427 981人。此外，在第49届国会期间（1885—1887年），约三分之一的国会议员是来自北方各州和南北交界诸州的退伍军人。内战联邦退伍军人协会通过其养老金委员会（Committee on Pensions）创建了它自己的游说势力，并且华盛顿聚集了大量律师事务所向国会和养老金管理局施加压力。[13] 本杰明·F. 巴特勒（Benjamin F. Butler）将军在内战联邦退伍军人协会第24届年度营地活动上激励退伍军人道，如果他们一起行动，就能够"使政客们像热铲上的豌豆一样跳舞"。[14]

巴特勒、内战联邦退伍军人协会及其在华盛顿的势力确实有许多值得夸耀的成绩。到1883年年底，最初的220万北方联邦军士兵中尚有100万幸存者，他们每年总计领取1.5亿美元养老金，占整个联邦预算（3.856亿美元）的近40%，这一比例保持相对稳定的水平一直到19世纪末。[15] 国会被制定私人养老金法案的请求淹没。1884年，提交给众议院和参议院的议案中分别有约40%和55%是为了私人养老金。来自威斯康星州的共和党人老罗伯特·M. 拉弗莱特（Robert M. LaFollette, Sr.）从1885年至1890年担任众议员，他估计自己四分之一到三分之一的时间都花在了为自己国会选区内的老兵查找退休金案件；艾奥瓦州共和党众议员威廉·P. 赫伯恩（William P. Hepburn）估计，在他27年的国会生涯中总计收到了5万封有关养老金的信。[16]

内战联邦退伍军人协会的政治影响力可能在1888年的总统选举中达到了顶点。民主党总统格罗弗·克利夫兰在1887年否决了慷慨大方的《受养人养老金议案》（Dependent Pension Bill），该议案将向残疾且受扶养的士兵提供养老金，不论他们的残疾是否与服役有关。这部立法在国会获得了压倒性的支持，但在克利夫兰否决该立法且新闻媒体和许多公众对该立法表示激烈反对后，许多来自南北交界诸州和北方的民主党人改变了主意，他们的人数足以帮助维持总统的否决决定。克利夫兰后续的一些行为进一步激怒了退伍军人：他几乎没有考虑后果地口头批准了将当时正在战争部的阁楼上落灰的南方邦联军的一些战旗还给南方各州，后来他又没有出席内战联邦退伍军人协会在圣路易斯举办的年度营地活动。[17]

1888 年 11 月 6 日，格罗弗·克利夫兰赢得了普选，却在总统选举团投票中输给了共和党挑战者——来自印第安纳州的前参议员本杰明·哈里森。现在共和党人赢得了白宫和国会的控制权，内战联邦退伍军人协会及其代理人积极推动通过一部新的服役养老金法。随之颁布的 1890 年养老金法案被称为“有史以来颁布的最慷慨的养老金法”。[18] 此外，哈里森还任命内战联邦退伍军人协会的养老金委员会的成员詹姆斯·坦纳（James Tanner）担任养老金管理局局长，他不遗余力地帮助退伍军人，以至于在 6 个月后被免职。但潮流正在转向。共和党因养老金和关税这两个关键问题在 1890 年和 1892 年的选举中失利。随着 1893 年大恐慌的来袭，财政部没有过多盈余划拨给退伍军人或任何其他计划。很快，这些问题都随着银币自由铸造问题的出现而失去了吸引力。[19]

之后，随着美西战争以及镇压菲律宾群岛的叛乱的结束，国会为参加这些战争的退伍军人制定了另一部更为慷慨的养老金法案。虽然也不乏种种失败和失望，但总的来说，退伍军人的游说集团还是取得了非凡的成功。到 19 世纪末，仅支付给内战的养老金领取者的总金额就接近 50 亿美元，这充分证明了退伍军人游说集团的影响力和政治势力。[20]

第一次世界大战与补助金大军

1918 年 11 月第一次世界大战停战协议签订后的一年之内，有大约

400 万美国军人复员。其中，志愿兵占到了 50%，约 200 万人曾在海外服役，190 万人从未离开美国本土。[21] 被遣散的军人每人获得 60 美元的遣散费和一张返乡的火车票。只有残疾的退伍军人能获得更多。根据《1919 年康复法案》(Rehabilitation Act of 1919)，残疾退伍军人有资格获得联邦支付的学费和书，还有每月 90 至 145 美元的生活津贴用于康复或职业培训。总计有 329 969 名第一次世界大战退伍军人登记参加职业培训，其中 118 355 人被评估为具有就业机会并准备好参加工作。[22] 与此同时，从事战争相关行业的数千名工人遭到解雇，没有获得任何失业补偿金来缓冲这一打击。[23]

"一战"军人的教育水平中位数是六年级("二战"军人的教育水平中位数是高中二年级)，美国远征军(American Expeditionary Force)中有 12.1 万名军人是文盲。[24] 停战协议签订后不久，美国就开展了阅读和写作计划以帮助文盲和受教育程度不高的退伍军人。一些州为退伍军人提供的福利要比联邦政府提供的更好。加利福尼亚州、科罗拉多州、明尼苏达州、纽约州、北达科他州和俄勒冈州的退伍军人可以免费进入州资助的教育机构学习。威斯康星州为其退伍军人提供了两个很有吸引力的教育计划。[25]

几个月后，1919 年 2 月，小西奥多·罗斯福上校在巴黎邀请 20 位军官共进晚餐，考虑为战争的退伍军人成立一个组织。罗斯福和乔尔·贝内特·克拉克少校被推选为联合主席。3 月，近 200 位军官和士兵作为代表参加了在巴黎召开的另一次会议，它成为美国退伍军人协会的第一次核心会议。两个月后，1000 名代表在圣路易斯参加了这个新组织的第一次公开会议。代表们坚持要求罗斯福上校担任他们的第一任全国指挥官，但罗斯福不顾许多人的抗议，谢绝了这一邀请。[26] 克拉克少校取而代之当选。克拉克在政坛很有优势：他的父亲詹姆斯·比彻姆·克拉克是众议院议长，曾在 1912 年竞争总统提名。小克拉克后来将投身于国内政治，当选密苏里州的参议员，最后将在《退伍军人权利法案》的制定过程中发挥关键作用。美国退伍军人协会将承担起早期战争退伍军人团体，比如内战联邦退伍军人协会或海外退伍军人协会（Veterans of Foreign Wars，VFW）——的角色，为那些曾在军队服役的人争取联邦福利。[27]

战争结束后，国会提出了几项有关退伍军人福利的议案，虽然它们因为没有可靠的财政支持、缺乏道德上的根据而遭到许多人的反对，但它们确实提供了一些帮助，其中尤以1924年的《调整补偿金法案》（Adjusted Compensation Act）引发的争议最大。它向退伍军人提供一种延期的补助金：海外服役的退伍军人每天1.25美元，国内服役的退伍军人每天1美元，到1945年全额支付。沃伦·G.哈定总统早前否决过类似的立法，卡尔文·柯立芝总统在1924年也否决了该议案，援引其巨额的长期支出——据早前的估计为30亿美元，达到美国公债的六分之一，并主张其违反了公平原则，即它挑选出一类公民——退伍军人——作为优待对象。尽管如此，国会推翻了他的否决决定。除了延期至1945年支付的大笔补助金外，还有为53万名退伍军人和10万名遗孀提供的补偿金和福利金，以及为50万名退伍军人提供的住院治疗这样的日常支持。1921年至1931年，新近成立的退伍军人管理局总计发放了140亿美元。[28]

20世纪30年代初，随着经济困难时期成为一个常态化的、无法回避的现实，数百万美国人失去了工作，面临着排队领取救济食品的耻辱。他们中有成千上万的战争退伍军人。政府承诺给他们的补助金还有15年才能兑现，但许多人要求在他们迫切需要的时候就领取他们的补助金。1932年夏天和春天，大约2万名自称“补助金远征军”的退伍军人在华盛顿集结，希望向国会施压，促使其通过一部退伍军人补助金法案——该法案已由得克萨斯州民主党众议员赖特·帕特曼（Wright Patman）提交至国会。这部支出将达到24亿美元的议案遭到参众两院领袖的强烈反对，胡佛总统更承诺要否决它。随着人们开始意识到大萧条将长期持续下去，联邦财政几近枯竭，而这部议案的估计费用又是如此之高，立法者发现自己处于一个两难的境地。

纽约州共和党众议员菲奥雷洛·拉瓜迪亚虽然功勋卓著，却是这部补助金议案的反对者之一："你要把20亿美元分给全国4%的人口。它不会解决任何问题。全国有800万名失业者。一个理由是，我拒绝为了这个扭曲、自私的目的而牺牲他们。这些退伍军人在拿到补助金8个星期后会分文不剩，到时情况又会与之前一模一样。"[29]拉瓜迪亚和其他立法者的担忧不无道理：1932年，退伍军人的福利金占整个联邦预算的25%。[30]

尽管如此，众议院还是以211比176的投票结果通过了帕特曼的议案，大部分民主党人投了赞成票，而大多数共和党人投了反对票。当众议院最后通过该议案时，分散坐在旁听席的补助金游行者爆发出热烈的掌声，尽管他们被反复警告不许采取任何哗众取宠的动作。接着，大约6000名补助金游行者参加了悼念田纳西州民主党众议员爱德华·E. 埃斯利克（Edward E. Eslick）的庄严的送葬队伍，埃斯利克是这部补助金议案的热烈支持者，数天前死在众议院的议员席上。该议案的主要倡导者、俄克拉何马州民主党参议员J. W. 埃尔默·托马斯（J. W. Elmer Thomas）对参议院通过该议案满怀希望，但是，6月14日，参议院以62比18的投票结果坚决否决了这部补助金议案。

1932年6月初，随着"补助金远征军"抵达华盛顿，国会和胡佛试图秘密地给示威者大军送去折叠床、毯子、帐篷，食物和医药用品；然而，美国陆军发出抗议，这样的姿态有违陆军和战争部对待这个鱼龙混杂的所谓"补助金远征军"的"基本原则"。[31]1932年6月，美国陆军参谋长道格拉斯·麦克阿瑟将军发电报给所有军区的指挥官，指示如果有任何"补助金远征军"的游行者经过他们的管辖区，指挥官要确定是否有任何共产主义者在场。麦克阿瑟补充道，他想要获得那些有"已知的共产主义倾向"的人的名字。[32]

1932年7月初，国会划拨资金帮助退伍军人返乡；据估计，有1.2万名退伍军人离开华盛顿返乡。7月16日，国会当年的会期结束，正式休会，没有通过补助金议案。[33]7月21日，仍有5000名退伍军人留在华盛顿。"补助金远征军"的成员得到通知，他们将被驱逐出这栋位于宾夕法尼亚大道上的政府所有的建筑。7 月 27 日，当局重申了这一警告。第二天早上，驱逐开始了。这栋建筑被清空了，但随后 200 名游行者与城市警察爆发了战斗，两名游行者被杀害。当天下午，特区长官向胡佛总统报告说，局势失去了控制。

胡佛等了一个小时才收到书面形式的请求，然后他命令麦克阿瑟前去清场。麦克阿瑟调集了联邦骑兵、六辆坦克和一队步兵。胡佛本来期望他保卫这栋被争夺的建筑，并将游行者控制在他们位于阿纳卡斯蒂亚河（Anacostia River）河滩上的露营地，然而麦克阿瑟却使用催泪瓦斯将游行者赶去他们的基地，并允许城市警察烧毁他们遗弃的营地。

胡佛非常愤怒，他要求麦克阿瑟和战争部长帕特里克·J. 赫尔利（Patrick J. Hurley）公开承认对此负责。但是赫尔利和麦克阿瑟拒不让步，并坚称他们阻止了进一步的流血事件。麦克阿瑟说他发现了机枪，并确信“共产主义煽动者”正在谋划一场重大冲突。最终，胡佛站在了他们两人一边，并自己承担了全部责任。[34]

这大概是胡佛饱受攻击和充满争议的执政时期中最糟的时刻。陆军出动坦克和骑兵驱逐被围困的、衣衫褴褛的退伍军人离开的景象，给选民们留下了难以磨灭的印象。灰心丧气的共和党人再次提名胡佛竞选下一任总统，但是，在 1932 年大选前这惨淡的几个月里，他的总统生涯差不多就已经宣告结束了。

富兰克林·罗斯福在 1933 年 3 月 4 日宣誓就职总统后，首要任务之一就是处理退伍军人福利的问题。3 月 5 日，罗斯福发布公告召集国会议员回来立即召开会议，并宣布全国银行休业四天。罗斯福的顾问经过激烈的通宵会议拼凑出《紧急银行法》，并在国会召开会议一小时后就送交至国会。国会对其进行了敷衍了事的讨论后，以几乎全体一致的投票结果通过了该法案。第二部紧急立法——《经济法案》——于 3 月 10 日送交至国会，它将 36 亿美元的联邦预算大幅度削减了约 5 亿美元，降低了政府雇员（包括国会议员）的工资，并将退伍军人的福利减少了 50%，虽然此举遭到了退伍军人组织的强烈抗议。3 月 20 日，罗斯福将第二部紧急法案签署成为法律。两天后，预计到第二十一修正案将获得批准，国会通过了《啤酒–葡萄酒税收法案》(Beer-Wine Revenue Act)。正如历史学家戴维・M. 肯尼迪所指出的，在紧张忙乱的法律制定期间，罗斯福“挑战并彻底击败了华盛顿两个最强大的政治游说集团：退伍军人和禁酒主义者”。[35] 但无疑，这场争取退伍军人福利的战斗并未结束。罗斯福在第二年回应了愤怒的美国退伍军人协会的会员，说道：“没有人能仅仅因为穿过军服，从此以后就必须被视为超越其他公民的一类特殊受益人。”[36]

制定法律

随着战火在欧洲和远东地区肆虐，国会以一票优势通过了《1940 年选征兵役法案》(Selective Service Act of 1940)，规定所有年龄在 21 岁至 26 岁的男子都要办理兵役登记。这是美国有史以来第一次在和平时期的征兵，在接下来的两年里，还会有第二、第三和第四次兵役登记，增加新的年满 21 岁的男性以及年龄更大的男性。随着美国在 1941 年 12 月参战，兵力需求变得日益严峻，美国在 1942 年又增加了第五和第六次兵役登记，并将年龄降低至 18 岁。[37]

1942 年 11 月，当时盟军正在北非发动进攻，罗斯福委任军事委员会服役人员战后教育机会小组（Armed Forces Committee on Post-War Educational Opportunities for Service Personnel）研究被遣散的退伍军人的战后计划。该小组由弗雷德里克・H. 奥斯本（Frederick H. Osborn）准将主持，并迅速成为众所周知的奥斯本委员会。[38] 罗斯福有两个重要的考虑。他刚刚签署的修正的《1942 年选征兵役法案》将征兵年龄降低至 18 岁。他知道这一举动不会受到欢迎，因此他想要使公众确信，他的政府有帮助退役军人获得教育福利的计划。罗斯福还有志于让陆军和海军合作共事，从而避免他在第一次世界大战期间担任海军助理部长时所见到的缺乏规划的情况。

国会没过多久就做出了回应。正如《华盛顿邮报》的一名记者所评论的，总统的六点计划在国会掀起一股支持的热潮。“我敢打赌，在国会的下一个会期里，会有 100 部补助金议案投入议案箱中。”众议院筹款委员会的一名议员回答说。[39] 最后，参众两院的议案箱中塞满了 640 部与退伍军人的福利和复员的某些方面相关的议案。[40]

奥斯本委员会完成了建议书和报告，罗斯福在 1943 年 10 月 27 日宣布了他的目标：让联邦政府提供财政支持“使得自 1940 年 9 月 16 日以来曾光荣地在军队服役过且服役时间超过最短期限的所有男女能够（在大
13 学、技术学院或职业培训项目中）学习多达一个自然年的时间”。[41] 罗斯福总结道：“我们教导了我们的年轻人发动战争，也必须教导他们如何自由地、公正地、得体地过上有用且幸福的生活。”[42] 1943 年秋天，美国教育委员会（American Council on Education）同样制订了一个退伍军人战后教育计划，它在许多方面与奥斯本委员会的计划相似。[43]

第 78 届国会，第二会期（1944 年 1 月 10 日—12 月 19 日）

参议院：58 位民主党人，37 位共和党人，1 位其他人士
众议院：218 位民主党人，208 位共和党人，4 位其他人士
总统：富兰克林 · D. 罗斯福

美国退伍军人协会是推动战后退伍军人福利的最重要的团体。该协会成为《退伍军人权利法案》的捍卫者，帮助起草该法案的条款，并施加其相当大的组织上的压力帮助该法案获得通过。美国退伍军人协会于 1942 年 9 月在堪萨斯城举办年会，会上它邀请新退伍的“二战”老兵加入他们的队伍，并通过了一项决议，敦促国会在制定《1942 年选征兵役法案》时，为退伍军人提供职业教育。

1943 年 11 月 30 日，美国退伍军人协会全国指挥官沃伦 · H. 阿瑟顿（Warren H. Atherton）委任一个特别委员会为第二次世界大战退伍军人

的重新适应起草一份“总体规划”。该委员会成员包括：前伊利诺伊州州长、担任主席的约翰·斯特尔（John Stelle），协会的前全国指挥官亨利·科尔默里（Henry Colmery），协会全国康复委员会主席罗伯特·W. 西森（Robert W. Sisson）以及其他几个人。12 月 15 日至 31 日，该协会在华盛顿特区的五月花酒店开会，起草了美国退伍军人协会的提案，它由科尔默里作为起草人手写在酒店的信笺上。[44]

该起草委员会制定的基本原则有：退伍军人福利应当由一个机构集中管辖，即新成立的退伍军人管理局；“二战”退伍军人获得的福利不应当少于“一战”退伍军人；立法应当确保“退伍军人能够重返他们在被战争打乱生活那一刻的平民身份”。该草案于 1944 年 1 月 8 日公布，名为《美国大兵和美国女兵的权利法案》，这个短语应归功于协会的代理宣传部长杰克·采纳尔（Jack Cejnar）。它很快就变成众所周知的《退伍军人权利法案》，或简单地称之为《退伍军人权利法案》。[45]

国会在 1944 年 1 月审议了两部主要的退伍军人权利法案。一部是由犹他州民主党参议员艾伯特·D. 托马斯（Elbert D. Thomas）提交的政府计划，合并了奥斯本委员会的建议，并试图将教育福利与国家就业政策这个更大的议题联系在一起。此外，政府议案向退伍军人提供的教育援助只限于第一学年，只有拥有“杰出能力或技能的”人才能享有额外年份的学习援助。[46]

第二部是美国退伍军人协会的议案。它被称为《退伍军人综合议案》（Veterans’ Omnibus Bill），由来自密苏里州的乔尔·贝内特·克拉克提交，另有 79 位参议员热切地作为共同发起人签署了这个议案，还有 16 位立法者因为无法赶在该议案被提交至参议院全院讨论前签名而感到沮丧。提交议案的克拉克正是 1919 年在巴黎成立的美国退伍军人协会创始委员会的联合主席。在众议院，美国退伍军人协会的议案由众议员兰金以及来自马萨诸塞州的共和党人、世界大战退伍军人立法委员会（Committee on World War Veterans Legislation）的伊迪丝·诺斯·罗杰斯

（Edith Nourse Rogers）提交。

虽然政府和美国退伍军人协会提交的这两部议案有很多相似之处，但存在着一个最大的区别：对罗斯福来说，退伍军人的福利是与国内复原这个更宽泛的目标相联系的。然而，美国退伍军人协会明确只聚焦于一点："直接地、明确地、不要任何诡计地为退伍军人服务。"[47] 协会的议案所要求的教育福利相当适度：服役至少满 9 个月的退伍军人均有资格享有一整年的教育福利；退伍军人管理局之后可以选拔一些人继续接受另外三年的教育。登记参加该教育计划的单身和已婚退伍军人可分别领取每月 50 美元和 75 美元的生活津贴。该法案还规定为购买住房和农场提供低息贷款，并设定住房和农场的估定价值最高分别为 7500 美元和 12 500 美元，这部分内容是政府的议案所没有的。协会的综合议案还处理了失业问题：为退伍军人发放每周 25 美元的失业救济金，最长为 52 周。

历史学家戴维·R. B. 罗斯（David R. B. Ross）指出，美国退伍军人协会的议案中具有逻辑一致性：它将《退伍军人权利法案》的管理集中于一个机构——退伍军人管理局，并且聚焦于一个基本的主题——帮助退伍军人重新适应平民生活。此外，美国退伍军人协会展现出了"精明的战术洞察力"，它提出了一个成熟的综合议案，而不是罗斯福政府所采用的零敲碎打的方法。[48]

联邦为内战退伍军人和"二战"退伍军人制定的法案，都为受益人及其遗属启动一项长期支付的承诺。给"一战"退伍军人的补助金引发了如此大的争议，但最终在 1936 年全额付清。在国会审议《退伍军人权利法案》的同时，美西战争退伍军人协会（United Spanish War Veterans）的全国领袖及其附属团体在其位于华盛顿特区的总部开会以制定他们自己的增加福利的战略。他们把工作重点放在了参议院，因为它正在审议一部已在众议院获得全体一致通过的议案，这部议案将把给美西战争退伍军人的拨款从每月 60 美元提高至 75 美元。此外，该法案还放宽了对美西战争退伍军人的妻子的认定标准：将结婚日期从 1922 年延长至 1938 年。[49]

每个人都想帮助美国男兵和女兵，但是在 1944 年，不论是美国退伍军人协会还是美国政府在准备它们各自的一揽子立法时，都遭遇了困难时期。美国退伍军人协会也许是因为太急于立法，也许是因为不想与他人分享功劳，与其他退伍军人组织——海外退伍军人协会、残疾退伍军人协会（Disabled America Veterans，DAV）、紫心勋章协会（Military Order of the Purple Heart）和普通退伍军人协会（Regular Veterans Association）——产生了摩擦。这些组织想要一份传统的退伍军人补助金计划，而不是由政府或美国退伍军人协会制订的这些计划。然而，他们的补助金计划预计会产生 250 亿 ~300 亿美元的巨额费用，完全没有机会对抗美国退伍军人协会或政府的议案。[50] 海外退伍军人协会最终与美国退伍军人协会合作，但其他组织继续表示反对。

此外，残疾退伍军人协会还担心，根据《退伍军人权利法案》，退伍军人管理局需要负责全体服役人员，这会令其负担过重，残疾退伍军人的福利可能会因此受损。他们在数年前已经经历过这样的事情，当时的《经济法案》造成医院福利和其他福利被大幅削减。[51] 残疾退伍军人协会全国服务主管米拉德·赖斯（Millard Rice）担心《退伍军人权利法案》将变成一个“巨大的行政管理怪物”，压垮退伍军人管理局。[52]

与此同时，罗斯福与国会的关系在 1943 年至 1944 年的那个冬天变得紧张起来。罗斯福打算竞选连任史无前例的第四个任期，因此提议举行联邦统一投票，这将使军队人员更容易在 1944 年的总统选举中投票。但维护“州权”的势力对此表示强烈反对，主张投票一直是各州的特权，而不是联邦政府的。参议院在 1943 年 12 月初否决了这部政府议案。然后罗斯福在 1944 年 2 月否决了一部征税议案，此举导致肯塔基州民主党参议员阿尔本·W. 巴克利愤然辞去多数党领袖的职位。作为对罗斯福的斥责，参议院立即重新选举巴克利为多数党领袖。[53]

尽管国会与白宫之间发生了摩擦，退伍军人的福利议案还是相当顺利地获得了参议院的通过，议员们讨论的焦点是美国退伍军人协会的版本。

参议员克拉克的退伍军人立法小组委员会举行了 9 次听证会，于 1944 年 3 月 10 日结束，并将起草的议案提交至其所附属的财政委员会。参议员们修改并扩展了美国退伍军人协会的议案版本中的教育和失业条款。修改后的版本规定，所有光荣退役且服役满 6 个月的退伍军人均可享有教育和培训福利，而协会的版本只为那些教育或培训被中断的退伍军人提供这些福利；修改后的版本还为那些想要成为在职学生的退伍军人提供福利。参议员们将偿还费用提高至 500 美元，并新设了一个咨询委员会以协助退伍军人管理局管理教育和培训事务。参议员们还扩大了失业福利，认为协会制定的取消资格的条款太过苛刻。参议院全体一致通过了这部修订后的议案。[54]

该议案在众议院的历程则比较坎坷，特别是由于战争退伍军人委员会主席兰金的固执己见和精明操纵。他阻碍这部《退伍军人权利法案》是因为他强烈反对其中的失业保险条款。兰金无法容忍给黑人或工会工人发放失业救济金的想法。兰金私下告诉美国退伍军人协会的阿瑟顿，他反对所有的失业保险。阿瑟顿则公开回应道："如果兰金的意思是，他想要拒绝给现在正为山姆大叔*扛着刺刀杀敌的人发放失业保险，那么美国退伍军人协会的退伍人员就打算与他战斗到底，把这个议题交给全国的每一位选民。"[55]

兰金对其中的教育条款也疑虑重重，担心它会给予联邦政府过多干涉各州政策和实践的机会；尤其是，它甚至可能导致联邦干涉南方神圣不可侵犯的种族隔离学校政策。他也不信任学者们所谓的"左倾"理论和思想，曾宣称他宁愿把他的孩子送去"一个红色的乡村小校舍，也不要交给一名政治上激进的教师"。[56] 兰金知道他正在打一场硬仗，他的策略现在转变为尽可能地拖延立法程序。但在举行了 16 次公开会议和 19 次闭门行政会议后，兰金的退伍军人委员会提交了赞成《退伍军人权利法案》的报

---

* 山姆大叔（Uncle Sam）：美国人或美国政府的绰号。

告。但是，在兰金的坚持下，委员会将之前参议院通过的版本中的失业补偿金减少了 50%，这令阿瑟顿非常失望。[57]

与此同时，美国退伍军人协会积极动员起它的队伍——约 150 万名会员，其中 20 万是当时正在进行的第二次世界大战的退伍军人。[58] 在 1944 年 3 月中旬举行的美国退伍军人协会成立 24 周年纪念日上，阿瑟顿宣布组织一个全国范围的“签名日”活动，敦促国会通过《退伍军人权利法案》。阿瑟顿用电报给协会的所有部门发去一份战斗号令：“我借此号召美国退伍军人协会的 1.2 万名工作人员在全国的每一个社区举办一场持续全天的游说活动，走访每一户人家、每一间办公室、每一个商店、每一家工厂，募集数百万签名以敦促国会批准我们的综合议案，从而使我们的 25 周年纪念活动具有真正的意义。”[59] 5 月，美国退伍军人协会向国会提交了一份有 100 万人签名的敦促批准《退伍军人权利法案》的请愿书。[60] 退伍军人及其家属的政治影响力绝非虚张声势。据历史学家罗伊·V. 皮尔（Roy V. Peel）估计，1945 年退役恢复平民身份的人达到了 1200 万，占美国投票人口的四分之一。[61]

媒体巨头赫斯特也开始为美国退伍军人协会及其争取的退伍军人福利发声。威廉·伦道夫·赫斯特（William Randolph Hearst）对富兰克林·罗斯福和他的“新政”计划本来就没什么好感，他开始参与争取《退伍军人权利法案》的斗争在很大程度上是由于赫斯特的两名记者与众议院军事委员会主席、来自肯塔基州的民主党人安德鲁·杰克逊·梅（Andrew Jackson May）之间发生的冲突。1943 年 12 月初，众议院领导层委任梅赶在圣诞节前为那些成为所谓“被遗忘的部队”的人起草一部补助金法案，这个名字是美国退伍军人协会为那些在保卫国家的战争中“身体和心灵都受到了损害”的军人所起的。[62] 协会希望给每人发放一笔 500 美元的补助金，但梅起草的议案只提供 300 美元，之后他就返回自己在肯塔基州的家里过圣诞节，并且拒绝及时将该议案交至委员会，使得众议院无法赶在假期前采取任何行动。赫斯特旗下的报纸抨击了梅这种看似反应迟钝的做法，相关的新闻报道发表在全国各地的报纸上。这篇报道在读者中引起一片哗然，也令梅大发雷霆。1944 年 1 月，他与民主党领袖支持的发放 300 美元补助金的议案在最后关键性的投票中获胜；与此同时，参议院全体一致通过了一部 500 美元的议案。参众两院议员召开协商会议以解决分歧，梅的 300 美元议案获胜，美国退伍军人协会和赫斯特报业都深感失望。这本来只不过是一场华盛顿内部的立法之战，直到众议员梅改变了局势，他面对赫斯特报业的两名记者，尖刻地威胁其中一位道：“记住——下次再提起我的名字前先咨询一下你的殡仪员——因为，兄弟，你会需要他的。”这对赫斯特来说已经足够了；从那一刻起，他决定投入他媒体帝国的全部资源支持美国退伍军人协会及其奋力争取的《退伍军人权利法案》。[63]

由于公众团结一致地支持《退伍军人权利法案》，美国退伍军人协会也充分动员起它的会员，赫斯特旗下的报纸更是不断鼓吹该立法，于是众议院从 5 月 11 日开始举行为期 4 天的辩论。开始的时候，议员们几乎没有什么争议；但很快他们就因为教育条款产生了巨大的分歧，两边都指责对方企图对州立和私立学校施加来自华盛顿的官僚控制。兰金主席坚定地说：“我们赞成维护各州的权利，尽可能多地阻止官僚干预。”为了保护规模较小的学校——包括一些黑人学校——的权利，兰金说，其委员会的立法版本许可退伍军人管理局将获得州教育机构认证的学校加入名单。兰金宣称，“我们想要绝对肯定”退伍军人能够进入他自己选择的学校学习。[64]在对工会的角色进行另一场激烈的辩论后，众议院于 5 月 18 日全体一致通过了《退伍军人权利法案》。[65]

《退伍军人权利法案》的亮点

- 失业救济金。批准发放每周 20 美元、最长 52 周的失业救济金，从事个体经营的退伍军人如果是恢复他们自己的生意而不是向他人求职，可获得做出调整的补助金。

- 购买住房或企业贷款。为退伍军人购买住房或企业的贷款的 50% 提供担保，数额不得超过 2000 美元，年利率不超过 4%。
- 建设医院设施。拨款 5 亿美元用于建设包括医院在内的额外提供给退伍军人的设施，并加强援助退伍军人通过美国就业局（United States Employment Service）找到工作的条款。
- 教育福利。授权提供为期 4 年、每年 500 美元的个人补助金用于培训和教育，外加为单身和已婚退伍军人每月分别提供 50 美元和 75 美元的生活津贴。

在解决参众两院的分歧时，局面几乎陷入崩溃。在参众两院召开的协商会议上，针对失业条款的投票打成了平局。兰金的众议院议案与克拉克更为慷慨的参议院版本分庭抗礼。其中一位参会者、佐治亚州民主党众议员约翰·S. 吉布森（John S. Gibson）因病返回了他在佐治亚州的家中。最初，吉布森全权委托兰金代他投票，即兰金可按他自己的意愿替吉布森投票。接着吉布森改变了主意，指示兰金将他的选票投给赞成参议院的失业条款。兰金没有遵守他的请求，会议仍然陷入僵局。美国退伍军人协会在 1944 年 6 月 9 日傍晚获悉将在第二天上午 10 点进行最后一次协商会议投票。他们联系上吉布森，恳求他返回华盛顿，并安排当地的一名美国退伍军人协会会员去接他，再开车将他送至位于佐治亚州韦克罗斯市（Waycross）的空军基地，接着派飞机穿过狂风暴雨将他护送至 200 英里外的佛罗里达州杰克逊维尔市（Jacksonville），在那里有一趟商业航班在等待着他。第二天，吉布森及时赶到，投下了决定性的打破平局的一票。[66]

经过协商委员会的讨论，最终通过已成为定局，最后参众两院全票通过了该议案。1944 年 6 月 22 日，笑容满面的罗斯福总统使用 10 支纪念性的墨水笔签署了《退伍军人权利法案》。围绕在他身旁的有参众两院的领袖，美国退伍军人协会、海外退伍军人协会的代表以及其他一些人。罗斯福指出，《退伍军人权利法案》“有力地告诉了我们军队的男兵和女兵们，美国人民不想让他们失望”。[67] 他还在签字仪式上发表评论，想要给予 15.5 万名商船船员类似的福利。然而，这一承诺从未实现，《退伍军人权利法案》面向的对象仍然只限于退伍军人。[68]

《退伍军人权利法案》的关键人物

富兰克林·D. 罗斯福（1882—1945），第 32 任美国总统（1933—1945），他确信提早制订复员计划非常关键，通过 1942 年奥斯本委员会和早期的研究，他敦促立法者和政策制定者认真考虑退伍军人的福利和计划。虽然在国会持续 6 个月的立法工作中，他没有发挥重要作用，但他的全面支持和公开背书是该法案获得通过的关键。

约翰·艾略特·兰金（1892—1960），密西西比州民主党众议员（1921—1952），与内布拉斯加州共和党参议员乔治·诺里斯一同起草了成立田纳西河流域管理局（Tennessee Valley Authority）和农村电气化管理局（Rural Electrification Authority）的立法议案。后来，他在众议院非美活动调查委员会中扮演了重要的角色。兰金是众议院世界大战退伍军人立法委员会主席，是引导《退伍军人权利法案》获得众议院通过的主要功臣。兰金瘦削而结实，有一头散乱的灰白色头发，他精通议会程序和立法策略，最著名的是他尖刻的预言、对白人优越主义的热烈信仰、对工会的蔑视，以及他慷慨激昂的反犹演说。沃尔特·古德曼（Walter Goodman）指出，兰金“以戏弄他的犹太同事为乐……有一天他把纽约州众议员伊曼纽尔·塞勒（Emanuel Celler）称作‘来自纽约的犹太绅士’。当塞勒抗议时，兰金问道：‘这位来自纽约的议员是反对被称为犹太人，还是反对被称为绅士？他在抗议些什么？’”[69]

乔尔·贝内特·克拉克（1890—1954），密苏里州民主党参议员（1933—1945），之前曾担任众议员（1913—1917）。他的父亲詹姆斯·比彻姆·克拉克曾任职于众议院（1893—1920），并出任过众议院议长（1911—1914，1915—1918），且在 1912 年时竞争过民主党的总统提名，但在第 40 轮投票中败给了伍德罗·威尔逊。《退伍军人权利法案》是小克拉克取得的最大的立法胜利；他巧妙地指导该立法通过参议院，从未失去一张选票。然而，克拉克在 1944 年 11 月第四次竞选参议员时，输给了共和党人福里斯特·C. 唐奈（Forrest C. Donnell）。从 1945 年至 1954 年去世，克拉克一直担任美国华盛顿特区上诉法院的法官。

沃伦·H. 阿瑟顿（1891—1976），来自加利福尼亚州斯托克顿市（Stockton）的律师、法官和政治家，担任过美国退伍军人协会的全国指挥官。他在 1944 年 5 月 2 日发表的一次全国性广播演讲中警告道：“退伍军人在未来几年里将成为一股强大的势力，可以为善也可以作恶。他们可以复兴我们的国家，也可以摧毁它。他们可以重建我们的民主，也可以拆毁它……我们不希望我们的儿女在街角上卖苹果。”[70] 他曾任职于加利福尼亚州监禁和假释委员会（1935—1937），还先后担任过战争部长的顾问和国际事务的协调员。他在 1957 年竞选联邦参议员失败。[71] 虽然美国退伍军人协会的其他高级官员，如约翰·斯特尔，罗伯特·W. 西森和哈里·W. 科尔默里在起草该法案的过程中也发挥了重要作用，但阿瑟顿作为全国指挥官发挥的整体作用是最为关键的。

余波

随着《退伍军人权利法案》的颁布，几件事情脱颖而出。这是自 1862 年颁布《宅地法》和《莫里尔法案》以来，联邦政府首次提前做了计划，而不是等待军人被遣散。[72] 罗斯福担心美国在战后会出现政治和经济上的不稳定，于是在 1942 年 11 月设立了奥斯本委员会，该委员会提供的建议最终成为政府的立法提案的基础。一个月后，陆军参谋长乔治·C. 马歇尔（George C. Marshall）开始研究美军的遣散计划。他希望制订一项计划，以防突然出现停战的情况。[73] 罗斯福对战后美国出现政治和经济不稳定的担忧也推动了政府提早采取行动。

但是无疑有许多人对军队的遣散感到担忧。总统设立的退伍军人养老金委员会在 1956 年如此描述当时的情况：“当第二次世界大战结束时……我们面临的国内危机对我们的国家统一的威胁甚于敌人发动的任何攻击。”该委员会认为“第二次世界大战是一颗巨大的定时炸弹，本来能够将这个国家撕裂成两个分裂的派系”。[74] 当时面临的重大问题有：被遣散的士兵在回归和平时期的活动时享有的福利；国家的经济稳定性以及可能退回到类似萧条的经济期的威胁；幻想破灭的退伍军人对政府机构的影响；如此多的年轻人脱离正常的教育系统导致的教育不足问题；还有对于获得更多养老金的潜在的、庞大的要求。[75]

1944 年 9 月 6 日，战争部发布了拟推出“调整服役卡”（Adjusted

Service Card）的信息，这是一种计点制度（point system），将帮助决定在欧洲停战后部队遣散的优先顺序。退伍军人将根据他们服役时间的长短、获得奖励和勋章的多少以及需要抚养的子女的数量计算点数。战争结束后，哈里·S. 杜鲁门总统放宽了标准，给予年纪较大的退伍军人优先复员的权利。1945 年年底，复员标准再次放宽。[76]

但国内却存在着持续不断的、激烈的要求遣散军队的压力，尽管大多数美国人认为遣散计划非常公平，且进行的速度也很合理。国会议员听从他们选民的意见，鼓动更快地遣散军队。约 200 个“还回我爸爸”（Bring Back Daddy）的社团组建起来；军人的妻子寄去的丈夫和孩子的照片淹没了国会。接着在 1945 年 12 月，国会议员“收到了如潮水般涌来的……婴儿鞋和随附的恳求‘请带回我的爸爸’的卡片”。[77]

1945 年 12 月，100 万人退伍。艾森豪威尔将军、海军五星上将欧内斯特·J. 金（Ernest J. King）和空军上将卡尔·A. 斯帕茨（Carl A. Spaatz）都警告不要这样快速地遣散军队，担心将没有足够的替换部队满足军事上的需求。为了实现在 1946 年 7 月拥有 155 万美军的最低目标，军队必须停止遣散海外剩余的 150 万部队，然而结果却导致马尼拉的军队发生暴动，超过 2 万人要求在 1946 年 1 月迅速复员。在菲律宾的八打雁省（Batangas），军人们筹集了 3700 美元用于将他们的抗议书通过海底电报发给总统和参众两院的军事委员会主席，并在美国的 15 家主要报纸上刊登全页广告。在关岛，1.8 万名士兵筹集了 3600 美元用于将他们附有 6000 人签名的投诉书通过海底电报发送给同时向多家报纸供稿的专栏作家沃尔特·温切尔（Walter Winchell）和德鲁·皮尔逊（Drew Pearson）。檀香山、巴黎、伦敦和法兰克福的军人也纷纷抗议。[78]

复员士兵的庞大规模增加了问题的复杂性。内战共有 220 万名北方联邦军士兵参战（另有 23.7 万名南方邦联军士兵被俘或被监禁），“一战”共有 400 万人参战；而到 1945 年 5 月，“二战”的退伍军人达到了 1230 万，其中有 760 万人驻扎在海外。[79] 其中一些退伍军人早在 1900 年就出生了，但绝大多数人出生于 1920 年至 1926 年年中。在这几年间出生的白人士兵中——他们刚好在 1938 年至 1944 年满 18 岁——每个季度服役的比例约为 75%。他们是《退伍军人权利法案》最大的受益群体。出生于 1923 年至 1928 年的退伍军人中，有约 50% 使用了《退伍军人权利法案》的福利；而在那些早 5 年出生的退伍军人中，使用该福利的比例只有 27% 至 40%。[80]

20 世纪 40 年代初，高中文凭仍然属于比较少见的成就，只有 25% 的美国人高中毕业。1940 年的人口普查显示，有 1000 万美国成年人所受的正规教育只到四年级水平或更低；每 8 名成年男性中就有一人是文盲。只有 14% 的陆军士兵和 6% 的海军士兵在参军前上过大学。[81] 军队需要能读会写的人员，于是他们开展了一场历史性的消除文盲运动，制订出的计划很可能是美国历史上最成功的成人扫盲计划，特别是对非裔美国人而言。从 1943 年 6 月到 1944 年 10 月，大约 18 万名文盲参加了特殊教育课程；大约 85% 的人或 15 万人掌握了足够的读写能力。在这 15 万人中，共有 86 670 人是黑人。[82]

在第二次世界大战期间，军人被送去大学或参加平民的培训项目以提高他们的技能。许多军事院校开设了速成班。成立于 1942 年的美国武装部队业余进修学院（United States Armed Forces Institute）为世界各地的军人提供了函授课程。[83] 1945 年 7 月和接下来的 6 个月，三所欧洲大学（分别位于意大利佛罗伦萨、英国什里弗纳姆和法国比亚里茨）开设了专门面向美国士兵的课程。在英国的沃顿也创建了一所技术学校。到 1946 年 2 月 1 日，这四所学校共招收了约 3.5 万名士兵。[84]

首先，从发放补助金转变为提供教育福利是政策上的一个巨大变化，然而却是不被当时的政策制定者赏识的一个变化。大多数立法者和教育政策专家预测，只有 8% 到 12% 的退伍军人会利用《退伍军人权利法案》的教育福利。值得注意的是，这些专家错得太离谱；在初版《退伍军人权利法案》到期的时候，有 37% 或者说 780 万名退伍军人正在接受教育或培训。[85]

引人注目的是，当时两位最具影响力的大学校长——哈佛大学的詹姆斯·B. 科南特（James B. Conant）和芝加哥大学的罗伯特·M. 哈钦斯（Robert M. Hutchins）——的预测也被证明大错特错。科南特认为《退伍军人权利法案》“令人不安”。在他看来，这部法案没有设置任何入学门槛，没有“区分那些能够由高等教育获益最多的人与那些无法由此获益的人”。他担心“我们可能会发现战争一代中最没有才华的人……涌入了高等教育机构”。[86] 哈钦斯在 1944 年 12 月出版的《科利尔杂志》（*Collier's*）上发表了一篇题为《美国教育的威胁》（*The Threat to American Education*）的文章。他称《退伍军人权利法案》的教育条款是“不可行的”，预言各个高校为了增加它们的学费收入，会录取不能胜任的退伍军人，而且即使这些退伍老兵的学术工作达不到标准也不会开除他们。他担心“各个高校将发现自己变成了教育游民的集结地。退伍军人……会发现他们自己变成了教育游民”。[87]

乔治·华盛顿大学的学生、22 岁的唐·鲍尔弗（Don Balfour）是第一位报名参加《退伍军人权利法案》提供的教育福利的退伍军人。在罗斯福总统将该法案签署为法律的第二天，从美国陆军军需部光荣退役的前下士鲍尔弗，为学生报纸《短柄小斧》（*The Hatchet*）的一篇文章采访了退伍军人管理局一位负责职业教育的官员约翰·M. 麦卡蒙（John M. MacCammon）。鲍尔弗请他解释《退伍军人权利法案》的福利，然后问他是否能够报名参加。当时这些表格还没有印刷出来，但鲍尔弗从 1944 年 8 月开始收到来自《退伍军人权利法案》的福利。[88] 继鲍尔弗之后，又有数百万退伍军人获得了福利，他们中没有一个流浪汉。乔治·华盛顿大学的学生人数激增，共有 7000 名退伍军人在 1946—1947 学年注册入学，另有 7000 名退伍军人在 1947 年秋季学期注册入学。威斯康星大学在 1946 年招收了 11000 名退伍军人，使其总入学人数从 9000 人增加到 18000 人；同期，罗格斯大学（Rutgers University）的总入学人数从 7000

人跃升至 16000 人；斯坦福大学的总入学人数从 3000 人增加至 7000 人。在 1947 年秋季学期，约 10 万名退伍军人借助《退伍军人权利法案》涌入天主教大学就读，冲破了教会与州政府之间的隔墙，而对此人们几乎没有一句抗议。[89] 在 1947—1948 学年，总计有 100 万退伍军人接受了山姆大叔提供的学费免费和生活津贴，并进入大学学习；总共有 223.2 万名退伍军人凭借初版《退伍军人权利法案》进入大学学习，总计花费了 55 亿美元。[90]

凡在 1940 年 9 月至 1947 年 7 月服役过的退伍军人均有资格获得福利；值得注意的是，补助金是直接授予个人而不是教育机构的。20 世纪 40 年代初，四年制公立大学一年的平均学费为 91 美元，私立大学一年的平均学费为 273 美元；即使是最昂贵的私立大学，如常春藤盟校，收取的学费也少于《退伍军人权利法案》拨给的学杂费 500 美元。[91] 单身和已婚的退伍军人每月可分别收到 65 美元和 90 美元的现金津贴。然后，在退伍军人及其家属持续数月的施压下，国会于 1945 年 12 月放宽了教育计划：提高了生活津贴，取消了对 25 岁以上的退伍军人的限制，并延长了他们能够完成学业的时间。[92]

大学校园发生了翻天覆地的变化。课堂里挤满了人，教授变得短缺，已婚学生住房的需求量极大。典型的大学本科生群体的年纪为 18 岁至 22 岁，而现在他们接触到了比自己大 5 岁甚至大 10 岁的学生，后者常常已婚且有自己的孩子，比前者要成熟得多，也更为重视教育。许多大学校园中传统的朝气蓬勃的氛围，被认真学习和目标明确的学生所取代。许多教育工作者感慨这些退伍军人的成熟和干劲。《纽约时报》对教育工作者展开了一项调查，并得出结论："与 1944 年 7 月这部法案通过时人们表达的担忧相反，教育工作者认为受政府资助上学的人对待他们的学习认真且专注，从其他各个方面而言都能为他们的学校增光。几乎在所有方面，普通退伍军人无论是在校园里还是在课堂上都是优秀的学生。"[93] 历史学家基思·W. 奥尔森（Keith W. Olson）认为，第二次世界大战退伍军人一代建立的成绩“或许是高等教育史上最杰出的成绩”。[94]

相比进入大学学习，还有数量更为庞大的退伍军人利用了非大学机构方面的教育福利。由于有大约 60% 的退伍军人没有完成高中学业，法案为他们提供了参加在职培训项目、农工业学校和研究所以及完成高中学业的课程的机会。一些退伍军人注册报名了舞蹈班、美容师学校、飞行训练和函授课程。[95] 在《退伍军人权利法案》实施的头 7 年里，总计有 340 万名退伍军人接受了大学水平以下的教育，另有 76 万人接受了在职培训，还有 76 万人接受了农场或农业培训。[96]

但并非所有的退役军人都享受到了福利。《退伍军人权利法案》延续了在培训项目、高等教育招生、申请商业贷款和房屋抵押贷款中长期存在的种族歧视问题。全国各个地区只招收白人的学校都拒绝黑人入学；传统的黑人学院无法接纳 7 万名黑人退伍军人。黑人被拒绝发放担保的抵押贷款；他们在寻求就业援助时会被塞进低薪的非技术性工作岗位。正如社会科学家艾拉·卡兹尼尔森（Ira Katznelson）所评论的，“在南方主持下编写的《退伍军人权利法案》，被故意设计得迎合种族隔离做法”。[97]

《退伍军人权利法案》还存在一些问题，大部分问题来自教育机构，它们到 1950 年共计获得了 25 亿美元学费的利益。许多学校的学费大幅跳涨，新学校如雨后春笋般成立，其中大多是营利性的学校。美国有 8800 所获得批准的非大学的学校，其中超过 5600 所是在《退伍军人权利法案》颁布后成立的。参议院劳动和公共福利委员会在 1950 年提交的一份调查报告指控，有数百万美元被浪费于可疑的学校和项目中。退伍军人管理局加强监管，要求各个学校登记并解释说明他们的教学业务。1200 多所学校被指控他们的报告没有提供足够的证明文件或者存在不规范行为，其中有 963 所学校是营利性机构。[98]

1951 年是报名参加《退伍军人权利法案》教育福利的最后一年，并预计报名者于 1956 年完成学业。随着朝鲜战争的进行，公众普遍要求延长初版《退伍军人权利法案》中的福利。1950 年 6 月，距离美军开始作战仅仅两周，众议员约翰·兰金就开始为朝鲜战争的退伍军人制定一部法案。[99] 杜鲁门总统在 1952 年 1 月 21 日发表的预算咨文中，敦促国会延长退伍军人的福利计划，但也要求立法者从过去的错误和他所谓的初版《退伍军人权利法案》的“重大缺陷”中吸取教训。杜鲁门总统担心的问题有：文凭工厂、教育欺诈，还有被指控遭营利性的野鸡学校窃取的数百万美元。作为回应，参议院劳动和公共福利委员会就延长《退伍军人权利法案》举行了公开听证会，而众议院退伍军人事务委员会也举行了它自己的听证会。众议院调查《退伍军人权利法案》保障的教育计划特别委员会在得克萨斯州民主党众议员奥林·E. 蒂格（Olin E. Teague）的主持下进行了为期 18 个月的研究，做出了关键贡献。上述所有商议活动中，都有大量来自退伍军人组织、军队和高等教育界人士的参与。[100]

出生于 1921 年至 1926 年的男性中，有 75% 的人在第二次世界大战期间服役，而同样年龄的男性中，只有 45% 的人在朝鲜战争期间服役。1951 年，义务兵役制度引入了针对大学生的一般推迟服役规定（II-S）*，它是“引导”（channeling）规则的前身，在 20 世纪 50 年代和 60 年代引导人们避开服役，进入大学学习。[101] 新的延期入伍规定增加了国会对正义和公平的担忧：有如此多的年轻人在上大学或刚开始他们的职业生涯，因此有必要为那些响应号召入伍的人提供援助。

围绕朝鲜战争立法的辩论存在三个有争议的问题。第一个问题是，新立法在教育福利方面没有初版《退伍军人权利法案》那么慷慨，而且与 1944 年的立法不同的是，教育资金是直接发放给退伍军人，而不是交给大学或其他教育机构。朝鲜战争的退伍军人能够获得最长达 36 个月的教育福利，如果是全日制学习，他们按情况每月可分别领取 110 美

* 大学生推迟服役规定：大学毕业班学生可以推迟服役，直到完成剩余的学年。大学一年级、二年级和三年级的学生可以将服役时间推迟到当前学期结束。

元（单身）、135 美元（有一位要抚养的家属）、160 美元（有两位或更多位要抚养的家属）。学费、书本费和其他必需品的费用都必须出自这笔钱。退伍军人或教育机构不会再收到 500 美元的奖学金。州资助的教育机构由于学费较低，受益于这一政策，而私立高校则极力争取政府发放额外的钱以足够支付它们学校更昂贵的学杂费。但私立高校输掉了这场辩论。

第二个问题是关于教育计划的管理。大多数教育团体和美国教育委员会（American Council of Education）都支持由教育办公室（Office of Education）管理，但由于退伍军人组织的施压，退伍军人管理局继续发挥其作为领导机构的角色。作为妥协，教育办公室从该立法的一项条款中得到了一点小恩惠，该条款敦促退伍军人管理局与其他机构合作，并设立一个特别咨询委员会，且教育办公室主任成为该委员会成员。第三个问题是
5 关于执行战斗任务与非战斗任务的退伍军人的资格问题；然而，该立法继续实行初版《退伍军人权利法案》确定的原则：无论在哪里服役，朝鲜战争的退伍军人都有资格获得教育福利。[102]

1952 年的《退伍军人重新适应援助法案》（Veterans' Readjustment Assistance Act），或名《朝鲜战争退伍军人权利法案》，[103] 提供的不仅仅有教育福利。它像初版的《退伍军人权利法案》一样也提供贷款担保、失业救济金、就业援助，还有一笔现金退役金。[104]《朝鲜战争退伍军人权利法案》于 1965 年 1 月 31 日到期。到此时，550 万名朝鲜战争退伍军人中已经有 240 万人享受了该法案带来的教育福利。这些享受教育福利的退伍军人中，有超过一半的人——121 万人——使用该法案的福利金进入学院或大学学习，另外 118 万人则参加了非大学课程、在职培训和农场培训。这项福利的总费用达 45 亿美元。[105]

制定退伍军人福利法案的大事年表

1917年　《战争风险保险法案》(War Risk Insurance Act)，为第一次世界大战的退伍军人提供基本的一篮子福利。

1919年　美国退伍军人协会成立。

1921年　合并行政机构的各种职责，并交由新的机构——退伍军人管理局——管理。

1924年　《世界大战调整补偿金法案》(World War Adjusted Compensation Act)，向退伍军人提供补偿金，但到1945年支付。

1932年　“补助金远征军”在华盛顿游行。

1944年　《退伍军人权利法案》。

1952年　《朝鲜战争退伍军人权利法案》。

1966年　《越战时期退伍军人权利法案》。

1985年　《蒙哥马利退伍军人权利法案》。

1988年　设立退伍军人事务部。

2008年　《后“9·11”退伍军人权利法案》。

1966年3月，国会通过了《退伍军人重新适应福利法案》，或名《越战时期退伍军人权利法案》。现役军人首次被给予获得福利的资格。此外，该法案可追溯至包括那些在朝鲜战争后、于1955年2月1日至1964年8月4日服役的退伍军人，以及越战的退伍军人。该法案的另一个重大变化是允许教育程度较低的退伍军人在不失去就读大学或其他培训课程的福利金的情况下，先完成高中学业。退伍军人管理局直接付钱给退伍军人，1966年发放的第一批助学金为每月100美元，用以支付学杂费、书本费和其他费用；到1984年，发放给单身退伍军人的助学金已增加至每月376美元。截至1989年12月，即最后有资格申请该项目的时间，共有820万名退伍军人和服役人员领取了福利金；其中大多数——510万人——使用 2
了高校教育的福利。根据第三版《退伍军人权利法案》支出的教育福利金总计达到了420亿美元。[106]

国会在1976年度会期结束时终止了《越战时期退伍军人权利法案》。

取代它的是不那么慷慨的“退伍军人教育援助计划”（Veterans Educational Assistance Program），又称“基本退伍军人教育援助计划”（Basic VEAP）。《越战时期退伍军人权利法案》不要求军人提供配套资金；而“基本退伍军人教育援助计划”却做了这一规定。此外，后者的福利金也要低得多。《越战时期退伍军人权利法案》为单身和已婚退伍军人分别提供 14 000 美元和 16 500 美元的资助。而根据“基本退伍军人教育援助计划”，国防部提供一种“出一配二”的援助：军人能够缴纳最多达 2700 美元的资金，国防部将配套提供最多达 5400 美元的资金。[107]

但比较特殊的是，陆军当时在征募新兵时遇到了困难，无法达到其征兵目标，于是在基本福利上增加了一个“隐藏福利”，被称为“超级退伍军人教育援助计划”（Ultra VEAP），它在 1982 年成为“陆军学院基金”（Army College Fund），在全国范围内实行，目的是吸引更多以进入大学为目标的新兵。接着，“基本退伍军人教育援助计划”和“陆军学院基金”进行改革，国会在 1985 年通过了替代“基本退伍军人教育援助计划”的《新退伍军人权利法案》和“新陆军学院基金”。根据这部后来被称为《蒙哥马利退伍军人权利法案》的新法案，享有福利的资格保持不变，但联邦政府最多提供的福利金提高至 9600 美元，士兵最多缴纳的资金降低至 1200 美元。[108] 政府向登记申请“新陆军学院基金”的个人支付的总教育福利金为 24 000 美元，与“旧”的“陆军学院基金”大致相等。[109] 这部新退伍军人权利法案最初由密西西比州民主党众议员 G. V. 蒙哥马利（G. V. Montgomery）于 1981 年提交至国会，但过了近 5 年才获得国会的通过。蒙哥马利承认，“得知参众两院的一些领导人反对为志愿军（All-Volunteer Force）制定一部退伍军人权利法案，我震惊不已”。[110] 事实上存在两部《蒙哥马利退伍军人权利法案》，一部是为 1985 年 6 月 30 日之后入伍的现役军人制定的，另一部则被称为“竞选预备役教育援助计划”（Selected Reserve Educational Assistance program），首次为国民警卫队和预备役部队（National Guard and Reserve forces）提供福利。[111]

然而，该法案虽然非常慷慨且支出高昂，却与初版的法案不一样。威廉·塞利斯三世（William Celis III）在1994年的文章中指出，《退伍军人权利法案》多年来已经在很大程度上失去了其在经济上的影响力和对退伍军人的吸引力。自《蒙哥马利退伍军人权利法案》于1985年获得通过以来，仅有半数有资格的退伍军人登记参加，虽然授予的教育福利金已达16亿美元，但还有指定拨款给退伍军人的19亿美元搁在美国财政部，没有花出去。用塞利斯的话来说，许多退伍军人因为《退伍军人权利法案》已经“逐渐变得与人寿保险类似”而感到不快。到2004年，尽管授予的利益增加了，仍然有三分之一的退伍军人没有利用退伍军人的教育计划。服役满3年及以上的退伍军人可获得超过36 000美元的学费、书本费和生活费，只要这些钱在退役后10年内使用即可。[112]

多年来，国会还制定了许多其他的联邦立法以援助退伍军人、他们的遗属和家属，包括给予海湾战争退伍军人的福利（1991年），以及2001年和2004年根据《蒙哥马利退伍军人权利法案》提供的延伸福利。最近的则是2008年颁布的《后“9·11”退伍军人教育援助法案》，其援助的对象是在2001年9月11日恐怖袭击后服役满3年的男兵和女兵。该立法的倡导者是功勋卓著的越战退伍军人、前里根政府的海军部长、弗吉尼亚州民主党参议员詹姆斯·H. 韦伯（James H. Webb）和弗吉尼亚州民主党众议员罗伯特·S. 斯科特（Robert S. Scott），它虽然遭到布什总统的否决威胁，但还是获得了通过。

立法变革

在纪念《退伍军人权利法案》颁布60周年之际，立法者和各有关机构的负责人纷纷停下来思考这部法案的成就。众议院退伍军人事务委员会主席、新泽西州共和党众议员克里斯托弗·H. 史密斯（Christopher H. Smith）在2004年5月发表评论称，初版《退伍军人权利法案》“培养出

45 万名工程师、23.8 万名教师、9.1 万名科学家、6.7 万名医生、2.2 万名牙医，以及另外 100 万名受过大学教育的男性和女性”。他指出，“另外还有 500 万男性和女性获得了《退伍军人权利法案》提供的其他学校教育或职业培训，帮助创造了美国现代的中产阶级”。[113]

南卡罗来纳州共和党众议员亨利 · E. 布朗（Henry E. Brown）指出，《退伍军人权利法案》的住房贷款条款“是如此成功，以至于被认为创造了美国的郊区。在《退伍军人权利法案》颁布之前，大多数美国人都是租房居住的。而现在，大多数美国人都住在自己的房子里”。[114] 随后，退伍军人事务部部长安东尼 · J. 普林奇皮（Anthony J. Principi）2004 年 6 月指出，《退伍军人权利法案》自 1944 年以来已为 2100 万名退伍军人、服役人员和他们的家属提供了总计超过 770 亿美元的教育和培训福利金；1750 万人申请参与住房贷款担保计划，贷款总额达 8300 亿美元。[115]

加利福尼亚大学伯克利分校名誉校长克拉克 · 克尔在 10 年前回顾《退伍军人权利法案》时强调，《退伍军人权利法案》为接受高等教育的人群的长期变化——内战前主要是精英，经过赠地大学运动后趋向于大多数民众，然后在第二次世界大战后达到全民普及——提供了“巨大推动力”。在利用《退伍军人权利法案》上大学的学生中，有半数来自父母都没有上过大学的家庭。克尔写道：“在短短 10 年里，高等教育的入学人数经历了质的飞跃，美国的高等教育发生了不可逆转的改变。”[116]

1947 年至 1950 年，利用《退伍军人权利法案》上学的人数达到顶峰，高等院校为了满足这一需求不得不扩展它们的资源。在这段时间里，美国仅有 10 所大学的学生入学人数达到 2 万人或以上。20 年后，高等教育经历了如此迅猛的发展，美国在 1967 年已有 55 所入学人数达到 2 万人或以上的大学。从两年制社区学院的角度来说，高等教育经历了更加蓬勃的发展。在《退伍军人权利法案》颁布之前，美国只有 44 所这样的社区学院，而到 1947 年，全美共有 328 所社区学院，且 1947 年的入学人数比 1944 年翻了一番，总计达到 50 万人。[117]

《退伍军人权利法案》的另一项重要遗产是其资助机制。初版《退伍军人权利法案》规定通过学生而不是教育机构提供退伍军人的教育福利金。退伍军人可获得月生活津贴和最多达 500 美元的学杂费，教育机构之后可向联邦政府报销这笔学杂费。而《朝鲜战争退伍军人权利法案》则没有指定留作学费的数额，退伍军人的生活费和学费都必须出自他们的助学金。于是许多退伍军人选择把他们的福利金用在相对比较便宜的州资助学校，而不是私立高校。到 1960 年，前面两部《退伍军人权利法案》均到期失效，人们推动制定一部“平民”《退伍军人权利法案》。问题迅速转向资助的方式：联邦是应当继续发放资金给学生，还是应当通过高等教育机构进行资助？其中卡内基高等教育委员会（Carnegie Commission on Higher Education）和里夫林卫生、教育和福利部委员会（Rivlin Committee of the Department of Health, Education, and Welfare）希望联邦直接拨款给高校。毫无疑问，那些教育机构想要钱，并且希望联邦政府规定的附加条件越少越好。根据克拉克 · 克尔的评论，这是“高等教育史上的（一场）至关重要的辩论”。由于立法者在《1966 年越战时期退伍军人权利法案》中强化了“通过学生进行援助”（aid-through-students）的原则，“事实证明，使《退伍军人权利法案》成为美国社会的持久推动力是至关重要的”。[118]

自《退伍军人权利法案》颁布以来，联邦政府还颁布了其他几部关于高等教育的重要法律，特别是 1965 年的《高等教育法案》(Higher Education Act）和 1972 年的《教育法修正案第九条》(Title IX of the Education Amendments)，前者建立了各种各样的项目和担保贷款，并创办了教师团（Teacher Corps)，后者规定在教育中实行性别歧视是违法的。[119] 此外，国会还颁布了一系列在医疗保健和住房方面帮助退伍军人的法律。但是，这些法律中没有一部能比得上初版《退伍军人权利法案》的范围、幅度和持久的影响力。《退伍军人权利法案》的创作者原本计划制定一部经济法案以应对数量庞大的退伍军人，但结果大大出乎他们的意料。它令各个高校和其他准备好应对求知若渴的学生潮冲击的学校感到震惊，它还培养了严肃、成熟的学习氛围，令教授和学校管理者大为满意。但最重要的是，这部法案是一个心怀感激的国家向那些参军保卫国家的英雄儿女们致以的持久敬意，美利坚合众国、它的退伍军人以及它的教育机构都因这部法案而变得更好。

第 8 章

西欧的复兴

“马歇尔计划”（1948 年）

摆在美国面前的是有史以来
从未有任何国家面对过的艰巨任务：
修复和拯救战胜国以及战败国。

——哈里 · S. 杜鲁门，1956 年

美国不应忘记，新兴的欧洲联盟
是其最伟大的成就之一：如果没有“马歇尔计划”，
它将永远不可能出现。

——赫尔穆特 · 施密特（Helmut Schmidt），1997 年

1945 年夏天，欧洲的许多地区都是满目疮痍。在受袭最严重的地区，城市被夷为平地，桥梁被毁，道路阻塞，农作物无法种植；工厂陷入瘫痪或化为废墟，生产量下降到十分危险的水平。在受战争摧残最为严重的地

区，到处都是难民和流离失所者，许多人除了蔽体的衣服外已一无所有。在 1945 年 7 月波茨坦会议前夕，哈里·S. 杜鲁门总统在柏林目睹了受损严重和被烧毁的建筑，但更加令其压抑的是“由老人、妇女和孩子组成的长得看不到头的队伍沿着高速公路和农村道路漫无目的地游荡，或扛、或推、或拉着他们仅剩的行李”。[1]40 年后，在 1974 年至 1982 年担任联邦德国总理的赫尔穆特·施密特追忆起他的国家在战争结束后立即陷入的命运：“我曾经想象过，当我们输掉这场战争后，我们德国人将不得不生活在洞穴和地洞中……1946—1947 年的那个冬天，我们整天躺在床上，因为既没有什么可以吃的，也没有什么可以用来燃烧取暖的。”[2]

欧洲立即着手重建和修复工作，并且在战争结束后的几个月里取得了一些进展。但这个任务实在太过艰巨。美国在 1945 年至 1947 年通过联合国善后救济总署（United Nations Relief and Rehabilitation Administration，UNRRA）向西欧提供了 40 亿美元的援助。然而，这些给予单个国家的资助和贷款带有临时性和随意性，后续并没有总体规划或模式，且没有一个受援国能够提前做计划，因为它们无法指望能继续获得迫切需要的资金。[3]

可获得的资金远远无法支撑所面临的重担。虽然欧洲许多地方的工厂和制造中心已被彻底摧毁，但还存在着一个更严重的问题：制造产品的供给线被大规模切断。工厂由于缺煤无法生产钢铁；由于桥梁、道路和铁路线被毁，航道受阻，交通运输网络普遍被切断。农业领域的状况更为糟糕：家畜损失惨重，肥料缺乏，也没有农用设备。[4]以香烟和白兰地作为交换货币的黑市交易繁荣起来。欧洲面临的首要问题是美元严重短缺和贸易条件*极为不利。欧洲如果想复兴，就需要基本的产品——石油、金属、牛奶和奶酪、棉花、肉类和谷物。鉴于其他各地的生产状况也一片萧条，欧洲只能从美国那里购买这些产品。[5]

---

* 贸易条件（terms of trade）：一般指出口商品价格与进口商品价格的比率。

接着 1946—1947 年的严冬来临了，它被称作记忆中最糟的冬天，英国和西欧受灾尤为严重，大部分地区被厚厚的积雪覆盖，输电线被压断，交通运输被中断；遭受冻伤的人数令人震惊，成千上万人濒临饿死。

伴随上述种种困境的还有全世界范围内的政治和社会动荡。中国正处于内战爆发的边缘；中东因犹太人鼓吹成立新的以色列国而陷入动乱；希腊政府遭到叛乱分子的挑战；伊朗和土耳其受到苏联的威胁；法国和意大利的共产党势力不断增长；法、英、美三国与苏联在德国的分裂和命运问题上存在分歧。很快，全世界都在谈论东欧和西欧之间拉下的“铁幕”以及苏联与西方之间爆发的冷战。

不管美国喜欢与否，它已经被推上了世界领袖的位置，而共和党控制的国会和民主党人执政的政府虽然在许多国内问题上与对方吵得不可开交，但为了美国历史上的这一重要时刻，它们合作制定出一项两党都支持的外交政策。英国在战争期间受损惨重，不得不面对失去其帝国最后余晖的痛苦现实，它突然通知美国自己无法再继续为希腊和土耳其提供保护。1947 年，美国国会同意为希腊和土耳其提供紧急救援，13 个月后，它通过了宏大的欧洲复兴计划，即广为人知的“马歇尔计划”。这个以国务卿乔治·C. 马歇尔命名的计划已经在美国国务院和外交政策圈子里酝酿了一段时间，它在两个方面是独一无二的。第一，美国提供的援助本身是相当含糊不清的，它迫使欧洲各国共同努力制定出协调全欧洲范围的应对方案和援助请求。第二，最终提供的一揽子援助计划的规模之大——四年时间里提供超过 135 亿美元援助，考虑到当时美国的联邦预算不过是每年 350 亿至 400 亿美元，因此这是一笔是相当巨额的对外援助资金。 23

西欧在接下来的 10 年里迅速复兴，主要原因当然是各个国家自己的决心和积极主动性，但在一定程度上也要归功于“马歇尔计划”及时提供的援助。在“马歇尔计划”实施的头 10 年，它得到了历史学家和社会科学家近乎一致的赞扬。然而，到了 20 世纪 60 年代，一些修正主义学者对它的看法却颇为不屑，认为这个援助计划根本上是美国实现其资本主义霸权的工具。近来，还有一些历史学家和经济学家主张“马歇尔计划”提供的资金在整个欧洲经济复兴中并不是那么至关重要，虽然这一结论遭到其他人的激烈反对。

从交织在一起的经济、军事和政治原因来说，欧洲复兴毫无疑问是符合美国自身利益的。然而，美国官员和政策在说服受援国家提高制造业效率、合理化生产方法以及改革官僚政治方面只取得了部分成功。

不过，“马歇尔计划”不仅仅是提供对外援助资金和推动了行政改革，它还给美国在欧洲的友邦和盟国提供了重要的政治上和心理上的激励。它帮助稳定了各民主政府，协助欧洲各国开始了走向经济和政治一体化的第一步，并向美国的前盟友和前敌人证明，美国愿意在可能的、最为关键的时刻提供迫切需要的援助。此外，“马歇尔计划”也改变了美国：正是其在战后的这种发挥重大影响力的姿态，将美利坚合众国推上了国际领袖的位置。

背景

《租借法案》* 的终止

1945 年 5 月 8 日，代理国务卿约瑟夫 · C. 格鲁（Joseph C. Grew）和外国经济管理局局长（Foreign Economic Administrator）利奥 · 克劳利（Leo Crowley）来到总统的椭圆形办公室，向杜鲁门总统递交了一份重要的文件，富兰克林 · 罗斯福在去世前不久已同意了这份文件，但没来得及签署。它是一项命令，授权国务院和外国经济管理局在德国投降后立即削减

* 《租借法案》（Lend-Lease）：美国国会在第二次世界大战初期通过的一项法案，目的是在美国不卷入战争的同时，为盟国提供战争物资。

根据《租借法案》向盟国提供的物资和补给品。德国已在5月7日正式向美军投降，并于次日向苏联军队投降。杜鲁门回忆起他与格鲁和克劳利的这次会面：“他们告诉我的东西我觉得很有道理；德国投降以后，就应当削减向盟国提供的物资援助。他们请我签署这份文件。于是我读都没读那份文件，就拿起我的钢笔签字。”[6]

《租借法案》是美国向其“二战”盟国做出的第一个重大承诺，它不仅提供弹药和战争物资，还提供食物、衣服和其他必需品。它起草于1941年1月初，即美国参战的10个月前，并迅速获得国会的批准。然而，国会却花了更长的时间才批准为该法案拨款，它直到3月下旬才获得迫切需要的资金支持。1941年年底，充满感激的英国首相温斯顿·丘吉尔称《租借法案》“毫无疑问……是整个人类有史以来最伟大的行为”。[7]

但杜鲁门1945年终止《租借法案》资金援助的命令，对美国盟国的打击不亚于晴天霹雳。英国凭借《租借法案》总计已获得314亿美元的援助，而其突然终止援助对英国的打击尤为沉重。英国政府自知《租借法案》的援助最终会结束，但它一直以为太平洋战场的战斗会再持续至少18个月，而为了达成计划的目标，英国将继续接受援助，允许其经济逐步恢复。

杜鲁门承认终止《租借法案》也在苏联“捅了个大马蜂窝”，美国也为苏联提供了重要的战时援助。杜鲁门承认，他本应当逐步减少《租借法案》提供的援助，这样就不会有国家抱怨它受到了“故意冷落”。[8]1945年7月，现已成为反对党领袖的温斯顿·丘吉尔和刚刚当选首相的工党领袖克莱门特·艾德礼都对这突如其来的决定感到震惊。新当选的工党政府以国内社会改革和企业国有化为其政纲的基础，但现在，由于失去了《租借法案》的资助，它发现自己身负令人震惊的海外债务。[9]

在波茨坦会议后，杜鲁门派遣负责经济事务的副国务卿威廉·L. 克莱顿（William L. Clayton）前往伦敦以查明英国经济的受损程度。克莱顿敦促立即提供援助——40亿美元的低息贷款。英国财政部顾问、颇具影响力的经济学家约翰·梅纳德·凯恩斯认为可以说服美国提供 60 亿美元的援助或无息贷款。1945 年 9 月，凯恩斯陪同英国大使哈利法克斯勋爵（Lord Halifax）前往华盛顿，看看能够达成什么协议。然而，随着战争的结束，华盛顿并不愿意过分慷慨。新任财政部长弗雷德·文森（Fred Vinson）对国际货币问题所知甚少，也不喜欢凯恩斯，他促使杜鲁门和美国谈判代表极力讨价还价。最后，杜鲁门决定以 2% 的利率提供 37.5 亿美元的贷款，这令英国人大为失望。此外，英国还要被迫接受加入世界银行和国际货币基金组织，同意取消贸易限制等条件，而最令人难以接受的条件是，取消对英镑的自由兑换的所有限制。[10] 工党的政府官员罗伊·詹金斯（Roy Jenkins）观察到，这个贷款一揽子交易制造了“不睦而非感激，且没有获
33 得议会的支持”。但英国人别无选择，他们“太过迫切而无法拒绝”这些条件。[11]

虽然杜鲁门政府同意援助英国，但是国会并没有迅速或轻易地通过提供 37.5 亿美元贷款的拨款法案。似乎并没有任何齐心协力的行政领导层推动这一立法，国会的一些议员非常不满把美国的钱用于支持一个决心要将私营企业国有化的政府，还有一些议员则因为英国反对犹太人移民至巴勒斯坦而憎恨它。

在英国方面，自工党领袖艾德礼执政以来，英美关系中已发生了几个不愉快的插曲。首先是突然失去了《租借法案》的援助资金；接着，英国官员本以为两国在《1943 年魁北克协议》（Quebec Agreement of 1943）已经同意充分交换有关原子武器的信息，但美国却单方面终止了该协议；现在，凯恩斯到华盛顿争取慷慨援助的任务也宣告失败。

美国国会最终在 1946 年 6 月批准了拨款法案，但促使它通过的原因在很大程度上却是美国对苏联日益增长的怀疑和不满。[12] 杜鲁门对苏联的一系列活动越来越感到不安。杜鲁门总统在 1946 年 1 月写给国务卿詹姆斯·伯恩斯（James Byrnes）的信中指出，美国急着让苏联参加对日的战争，然后却发现我们根本就不需要他们。杜鲁门评论道，苏联人“从那时

起一直令我们头痛”。杜鲁门写道：“在我看来，毫无疑问，俄罗斯打算入侵土耳其，占领从黑海海峡到地中海的土地。除非俄罗斯遭遇铁拳和强硬措辞，否则另一场战争将无可避免。他们只听得懂一句话——‘你们有多少个师？’”杜鲁门告诉伯恩斯，美国应该坚持让苏联归还美国船只和强制它清偿欠下的《租借法案》的债务，最后他总结道：“我厌倦了纵容苏联。”[13]

事实上，杜鲁门采取了数个挑衅苏联的行动，包括：强烈反对苏联入侵伊朗，派遣美国海军进入地中海以阻拦苏联针对达达尼尔海峡的行动，接受国务卿詹姆斯·伯恩斯提出的将美、英两国在德国的占领区实行经济上的合并的计划。杜鲁门还解雇了商务部长亨利·A. 华莱士（Henry A. Wallace），因为他公开偏离政府对苏联采取的强硬政策。[14]

1946年2月，美国驻莫斯科大使馆代办乔治·F. 凯南（George F. Kennan）发了一封电报，帮助巩固了华盛顿官方对苏联的看法。美国财政部给身患感冒、鼻窦炎、牙痛和发烧而卧病在床的凯南发去一份公报，希望了解为什么苏联人不愿意加入世界银行和国际货币基金组织。凯南能够向困惑不解的财政部官员解释他们的行为吗？凯南在他的回忆录中写道，华盛顿的大多数官员根本不了解苏联的动机，现在财政部在征求他的意见。[15]

凯南发回了一篇长达8000字的电报，它被分成5个单独的部分发送，成为众所周知的“长电报”（Long Telegram）。在电报中，这位苏联事务专家给所有希望与苏联打交道的人泼了一盆冷水。凯南写道：“苏联政府从根本上缺乏安全感，他们害怕对外交往，强硬地反对美国，并一心想要用暴力破坏世界的稳定。”[16]

这篇“长电报”极大地影响了高级外交政策制定者的想法；它出现的时机恰到好处；它的警告和预测也很受重视。曾出任过美国驻苏联大使的现任商务部长W. 埃夫里尔·哈里曼（W. Averell Harriman）认为这篇电文“非常值得阅读”，并复制了一份送给海军部长詹姆斯·J. 福里斯特尔（James V. Forrestal），后者成为凯南主张的倡导者，向杜鲁门内阁的其他成员和高级军方官员寄去了油印副本。[17]“长电报”送达两个星期后，温斯顿·丘吉尔在密苏里州的威斯敏斯特学院（Westminster College）发表演讲，向世界宣布“从波罗的海的什切青到亚得里亚海的的里雅斯特，一幅横贯欧洲大陆的铁幕已经降落下来”。

1946 年夏天，杜鲁门命令他的助手克拉克·M. 克利福德（Clark M. Clifford）和乔治·M. 埃尔西（George M. Elsey）准备一份关于美苏关系的报告。他们的报告甚至比凯南的分析更为令人震惊，以至于当他们在 1946 年 9 月提交这份报告时，杜鲁门认为它太过“烫手”，于是下令不要将其流传出去，并将所有的副本都保存在白宫的保险箱中。[18] 杜鲁门日益增加的挫败感、凯南的备忘录、克利福德–埃尔西的报告连同温斯顿·丘吉尔的“铁幕”演讲一齐推动美国开始对苏联采取强硬态度。[19]

国内政治和失去对国会的控制

杜鲁门在 1946 年时几乎无法使援助英国的一揽子计划获得国会的批准，虽然当时参众两院都是由民主党人把持的。接着，在 11 月举行的国会选举中，共和党人大获全胜。民主党失去了 54 个众议院席位和 10 个参议院席位；共和党人自 1932 年以来首次在国会取得多数席位，它与民主党人在参众两院的席位数分别为 51 比 45 和 245 比 188。

对许多美国人来说，美国在战后初期的表现极为令人失望，他们将这种失望情绪发泄到执政党身上。美国人民想回归正常的生活，并追求他们的美国梦。正如上一章所述，当时发生了相当大的要求迅速遣散美国军队的骚动。战时价格管制在 1946 年 6 月解除，但由于日常用品的持续短缺，物价暴涨。在战时的冻结结束后，汽车生产商终于可以生产新车，但他们却无法满足需求。住房严重短缺，据报道，仅在芝加哥市就有 10 万名退伍军人没有住房。[20] 劳资关系极为紧张，罢工数量创下了历史新高，工会迫切要求提高工资和福利。杜鲁门失去了关键性的劳工组织的支持，在 1946 年的中期选举中，许多劳工运动者只是袖手旁观。[21]

自由派人士对杜鲁门尤为失望：他不是富兰克林·罗斯福，一点都不 23
是；他撤掉了罗斯福的忠诚支持者，替换上他们所谓的党派仆从，他也无法领导国会。正如记者 I. F. 斯通（I. F. Stone）所评论的，新政的支持者已被“大腹便便、驯服温良的家伙”取代，“他们牢记很多下流笑话，并尽其所能地缩短待在办公室的时间”。[22] 更糟糕的是，在距离 1946 年中期选举不到 3 个月的时候，杜鲁门毫不圆滑地开除了民主党自由派阵营的政治“宠儿”华莱士，理由是他主张对苏联采取更加温和的路线。

国会现在掌握在共和党人手中，其氛围无疑是坚定地反对新政。当了这么多年的在野党，共和党人现在已准备好要削减掉他们认为的由“新政”计划导致的机构臃肿和浪费。在国内方面，新的共和党多数派的首要任务之一就是减税。杜鲁门否决了该法案，但国会在下一个月又通过了另一部减税立法，杜鲁门也又一次予以否决。处境艰难的总统和重新兴起的共和党多数派之间已产生了严重的隔阂。在国际方面，参议院共和党领袖、来自俄亥俄州的罗伯特·A. 塔夫脱在 1947 年 1 月 3 日发表的广播演讲中预示，国会将反对进行大规模对外援助，但除此以外，没有太多谈论外交事务。[23]

在参议院，来自密歇根州的共和党人阿瑟·H. 范登堡取代了来自得克萨斯州的民主党人汤姆·康纳利（Tom Connally）成为外交关系委员会主席。范登堡在战前一直鼓吹孤立主义，现在却成了坚定的国际主义者，他后来对于政府对外援助计划的通过起到了关键性的作用。在众议院，新任外交事务委员会主席、来自新泽西州的查尔斯·A. 伊顿（Charles A. Eaton）也是一名坚定的国际主义者。

范登堡是外交事务的主要发言人，塔夫脱则是主导共和党国内政策的关键参议员。但后者在参议院大厅过道的另一侧*拥有强大的、天生的意识形态相同的盟友。南方民主党人——来自佐治亚州的小理查德·R. 罗素和沃尔特·F. 乔治（Walter F. George），来自田纳西州的肯尼思·D. 麦凯勒（Kenneth D. McKellar），来自弗吉尼亚州的老哈里·F. 伯德，来自密西西比州的詹姆斯·O. 伊斯特兰（James O. Eastland）——在民主党人还是多数派时就一直担任各个委员会的主席，现在仍然在位，并一如既往地决议要打败杜鲁门。日益陷入困境的总统不断遭受共和党人和志同道合的南方民主党人的威胁。[24]

虽然塔夫脱一直以坚持保守主义的价值观而自豪，并被冠以“共和党先生”（Mr. Republican）的名号，但与一些新任共和党领袖——特别是众议院的领袖——相比，他看上去几乎就是一名温和派。取代来自得克萨斯州的萨姆·雷伯恩（Sam Rayburn）当选众议院议长的是来自马萨诸塞州的小约瑟夫·M. 马丁（Joseph W. Martin, Jr.），他是“新政”的激烈反对者，也是坚定的孤立主义者，自 1924 年以来一直任职于众议院。然而，有一件事却将所有共和党人和绝大多数民主党人团结了起来，那就是对共产主义，
236 特别是对苏联的强烈反对。一旦谈及对外援助、国防支出和一般国际关系的问题，对共产主义和苏联的担忧，就会成为杜鲁门和他的盟友打出的王牌——他们常常能够娴熟地使用这一法宝，但有时也会搞砸。

国务卿马歇尔

1947 年年初，詹姆斯·伯恩斯宣布辞去国务卿职务，这是一个计划已久的、友好的离职决定。然而，杜鲁门和伯恩斯之间的关系一直以来都非常紧张，伯恩斯其实早就应该辞职了。杜鲁门的传记作者戴维·麦卡洛（David McCullough）评论道，伯恩斯认为自己比杜鲁门更能胜任总统

---

* 这里指民主党参议员。

之职，而且他“并不总能成功地掩饰”这种情绪。[25] 杜鲁门尽管认为伯恩斯很有才智，却永远无法信赖他。1945 年 12 月末发生了一件令总统特别恼火的事情。当时伯恩斯参加完一个莫斯科会议后返回美国，他在向总统汇报之前就向公众发布了一份公报。之后他错上加错，又在向杜鲁门报告前就通知杜鲁门的新闻助理查尔斯·罗斯（Charles Ross）在广播网中安排广播时间。麦卡洛评论道：“很显然，伯恩斯已经忘记了他的礼貌。”[26]

杜鲁门 1946 年 4 月就收到了伯恩斯的辞职信，但他一直等到伯恩斯的继任者完成一项重要任务后才批准伯恩斯辞职。乔治·卡特利特·马歇尔在 1945 年 11 月从陆军退役前拥有了辉煌的履历，他的职业生涯在出任陆军参谋长、担任第二次世界大战期间美国全军指挥官和受领陆军五星上将军衔时达到巅峰。他刚一退休就被杜鲁门任命为总统的特派代表和美国驻华使团的团长。马歇尔花了一年多时间协调中国国民党与共产党军队的谈判，结果却徒劳无功。

“他是这个时代的伟人，”杜鲁门在马歇尔的任命书中如是写道，“能够获得他的友谊和支持，我实在是太幸运了。”哈里·杜鲁门觉得，虽然他的手下有许多人在这样或那样的方面比他更有才华，但乔治·马歇尔可能是“唯一一位他敬重的更好的人”。[27] 事实上，在美国外交史上这一特别困难的时刻担任国务卿，马歇尔确实是当时最合适的人选。他备受绝大多数国会议员的尊重和信任，被公众普遍誉为正直诚实之人，外国领导人也纷纷祝贺他当选。最重要的是，在政府分治*这个新现实下，马歇尔不是一名党派政治家，而是超脱于纷争的稳定人心的力量。[28] 1947 年 1 月末他的名字被提交至参议院，那天他得到了热烈的肯定。这就是马歇尔所受到的尊重。

杜鲁门的亲密顾问、一直担任副国务卿的迪安·艾奇逊（Dean Acheson）被说服留任几个月以帮助完成过渡。艾奇逊在他的回忆录中写

* 政府分治一般指总统属于一个政党，而国会的参众两院至少有一院由反对党控制的政治局面。

道：“马歇尔将军一走进房间，在场的每个人就立即能感觉到他的出现。这是一种引人注目的、具有感染性的力量。他的形象能传达出力度，他的声音低沉、断断续续但切中要害，更加强了这种力度。这一切都迫使你肃然起敬。它传播了一种权威感和平静感。他的身上并不存在任何军事方面的魅力，也不会给人严厉刻板的感觉。”[29]

马歇尔为国务院做了伯恩斯和罗斯福一直以来都未做过的事情：他真正重视它。伯恩斯基本上忽视了这个部门，罗斯福则完全对其置之不顾。但马歇尔使国务院重新成为制定外交政策的中心。资深外交官员查尔斯·E. 波伦（Charles E. Bohlen）指出，尽管该部门最初因为让一名军人担任其部长而存在一些紧张情绪，但马歇尔很快就备受大家的欣赏：“在马歇尔的领导下，”波伦写道，“所有高级官员都会被征询意见，因此当政策制定出来时，没有人会询问它是什么。国务院的运作不论是比我之前所见的，还是比我自此之后所见的，都更为清晰。”[30]

马歇尔发现国务院处于“完全的混乱状态”，对此他深感震惊。在艾奇逊的力劝下，这位新任国务卿废除了伯恩斯之前将情报和研究工作分散给国务院各区域分布的政策，而将它们整合起来集中运作。[31] 马歇尔创建了执行秘书处，将一些单位合并起来交由他之前在五角大楼的高级助理卡莱尔·H. 休梅尔辛（Carlisle H. Humelsine）管理。他之后又创建了一个长期的规划小组——政策规划司（Policy Planning Staff），任命当时在国家战争学院（National War College）讲课的乔治·F. 凯南担任该司司长。凯南是驻外事务处的一颗冉冉升起的新星，他对俄罗斯语言、文化和历史的了解在美苏关系进入新时代后变得至关重要。[32]

希腊和土耳其的危机

杜鲁门总统、新任国务卿以及共和党主导的第 80 届国会面临的第一个重大国际问题涉及希腊日益不稳定的局势。该国正处于经济上和军事上崩溃的边缘，全国出现大面积的饥荒，其总理康斯坦丁·查达里斯（Constantine Tsaldaris）领导的反动政府面临左翼游击队的叛乱。

1947年2月初，美国驻希腊大使林肯·麦克维（Lincoln MacVeagh）向国务院发出电报，称英国将从希腊撤军。[33]然后在2月21日星期五下午，近东和非洲事务办公室（Office of Near Eastern and African Affairs）主任洛伊·亨德森（Loy Henderson）接待了英国大使馆一等秘书赫伯特·M.西塞尔（Herbert M. Sichel）。当天早些时候，马歇尔已动身前往哥伦比亚大学，接着将再前往普林斯顿大学接受一个荣誉学位，并发表其出任国务卿以来的首次演讲。西塞尔带来了英国大使阿尔奇·英弗查普尔爵士（Lord Archie Inverchapel）的消息，并需要讨论一个紧急问题。亨德森打电话给他的同事约翰·D.希克森（John D. Hickerson），并讨论了这个消息：英国通知美国他们将正式撤出希腊且无法再向希腊或土耳其提供援助。国务院官员立即意识到："英国在短短一小时之内就将世界领袖的工作，连同其背负的一切重担和一切荣耀，交给了美国。"[34]

艾奇逊在马歇尔外出期间掌管国务院，他打电话向杜鲁门和马歇尔报告了英国的这个消息。希腊需要2.4亿到2.8亿美元的外汇。英国在3月31日（即英国财政年度的最后一天）后将无法提供任何进一步的援助。[35]2月24日，英国公开宣布从希腊撤军。同一天，马歇尔与其他内阁部长分享了英国的备忘录。海军部长福里斯特尔在他的日记中写道："马歇尔说，这把另一个最为严重的问题推到了我们身上——这相当于英国从中东地区退位，并对继任者人选做了明显的暗示。"[36]

当时国务院的一名下级官员约瑟夫·M.琼斯（Joseph M. Jones）后来写道："这个突如其来的'火花'引发了一个令人眼花缭乱的过程，它在15周里（1947年2月21日至6月5日）就为美国的外交政策、美国人民对待世界的态度的彻底转变奠定了基础。"[37]

现在的难题是说服根本不想额外花钱的共和党主导的国会划拨出救援希腊和土耳其的资金。政府当时没有预留出一分钱应对紧急意外事件，而且众议院已经大幅削减了下一个财政年度的支出预算。[38]

2 月 27 日，杜鲁门把国会领导层带到白宫，听马歇尔说明希腊和土耳其的危机。[39] 艾奇逊后来写道，马歇尔在国会领导人面前“搞砸了他的开场白”。（然而，杜鲁门却认为马歇尔坦率的评价给立法者“留下了深刻的印象”。）[40] 艾奇逊感到他应当挺身而出，于是要求发言以说服国会领导人意识到摆在他们面前的危险。他概述了苏联对达达尼尔海峡、伊朗和希腊北部施加的压力。“就好比一筐苹果会被一只烂苹果传染，希腊的腐化会传染给伊朗并一路向东。它还会把传染经由小亚细亚和埃及带到非洲，经由意大利和法国带到欧洲，而在西欧，实力最强的国内共产党已经给各国造成了很大威胁。”[41] 烂苹果的比喻后来被多米诺骨牌取代，推翻一个就会导致下一个倒下。

艾奇逊后来写道：“随之而来的是长时间的沉默。然后阿瑟·范登堡郑重地说道，‘总统阁下，如果你愿意把这些话给国会和整个国家听，我会支持您的，而且我相信国会的大多数议员也会支持您的’。”[42]

杜鲁门提交了一份紧急一揽子援助计划，分别向希腊和土耳其提供 2.5 亿美元和 1.5 亿美元的援助。尽管提出了这一请求，共和党政策委员会主席、参议员塔夫脱宣布它将不会影响共和党大幅削减联邦预算的计划。总统为 1948 财年所做的预算为 375 亿美元；众议院已经通过一项决议要削减 60 亿美元，而参议院也正要审议削减 45 亿美元。“简直太愚蠢了。”性情急躁的密苏里州民主党众议员克拉伦斯·A. 坎农（Clarence A. Cannon）在听到有人建议在这个时候削减军事预算时脱口而出。[43]

这个援助请求提出的时机，用专栏作家沃尔特·李普曼（Walter Lippmann）的话来说，“着实非常尴尬”。在接下来的几个星期里，总统和国务卿马歇尔都不在国内，没法行使他们在军事和外交上的指挥权，他们将与国会隔开千山万水，并且被其他各种事务缠身。但是，3 月 31 日这个最后期限是固定不变的；此后，英国就不再提供任何援助了。[44]

3 月 12 日，杜鲁门在国会联席会议上概述了向希腊和土耳其提供援助的理由。美国已经牵头成立了联合国，杜鲁门说道，它必须“愿意帮助自由人民维护他们的自由制度和他们国家的完整，反抗那些试图对他们施加极权统治的侵略行动”。总统说道，“支持那些正在抵抗武装的少数人或外来压力征服企图的自由民族”应当是美国的政策。杜鲁门警告说，如果希腊和土耳其落入武装的少数人手中，“混乱和无序”可能会蔓延至中东的其余地区，并可能会对一些欧洲国家产生“深远的影响”，它们的人民正在奋力维护他们的自由。

杜鲁门呼吁“立即采取果断行动”，向希腊和土耳其提供 4 亿美元的紧急援助。他提醒立法者，美国为赢得第二次世界大战已贡献了 3410 亿美元，而且这里所请求的援助“只不过是之前投入资金的千分之一多一点”。

杜鲁门最后提出“极权政体的种子受到痛苦和贫困的滋养。它们在贫穷和冲突的恶土中传播和生长。而当一个民族完全丧失了对更美好的生活的希望时，它们就开始蓬勃生长”。如果美国踌躇不前，不发挥它的领导能力，“我们可能会危及世界的和平——而且我们必将危及我们自己国家的福祉”。[45] 杜鲁门主义由此诞生了，它拉开了“冷战”的序幕，扩大了正在成形的“遏制政策”。

据描述，国会当晚因震惊而陷入沉默，敬畏于这个可能影响全世界的重大后果。《纽约时报》的 C. P. 特鲁塞尔（C. P. Trussell）写道：“大为震惊的国会眼见他们国家的外交政策在短短的 21 分钟里发生了根本性的变化。”[46] 国会议员确实动摇了，尽管如此，他们仍然十分谨慎。在总统演讲期间，议员们唯一一次热烈鼓掌的时候是他保证借给希腊和土耳其的贷款将及时被归还。[47] 议长马丁和参议员塔夫脱持保留意见，称杜鲁门的演讲完全转变了美国的外交政策。参议院多数党党鞭、来自内布拉斯加州的共和党人肯尼思·S. 惠里（Kenneth S. Wherry）将这场演讲描述为对苏联的“事实上的宣战公告”，科罗拉多州民主党参议员埃德温·C. 约翰逊

（Edwin C. Johnson）谴责将“门罗主义”扩展至地中海，并警告下一步可能就是苏联入侵希腊。[48] 其他许多议员没有表态，但参众两院外交事务委员会的两位主席——范登堡和伊顿——立即给予了总统直截了当的支持。两个多月后，国会在 5 月 22 日对杜鲁门的强烈要求做出回应，拨款给第一个战后对外援助法令，向希腊和土耳其提供价值 4 亿美元的经济和军事援助。[49]

杜鲁门在他的演讲中从未指名道姓地提到苏联。马歇尔正在前去莫斯科参加四国外长会议的路上，而且为了不给马歇尔的工作增加任何困难，杜鲁门同意在演讲中略去苏联。[50] 尽管如此，总统是否参与了对苏联的抨击呢？历史学家梅尔文・P. 莱弗勒（Melvyn P. Leffler）主张，根据美国的情报分析，苏联在杜鲁门发表演讲前的几个月里的行为表现“几乎无法证明”用来获得国会支持的“这些煽动性言辞是合理的”。[51]

在杜鲁门发表演讲前，马歇尔和查尔斯・波伦已动身前往莫斯科了。他们在中途停留巴黎的时候看到了演讲稿的副本。马歇尔和波伦一致认为这份草案“有点太过夸张地反共产主义”。马歇尔把他们的想法通过电报发回华盛顿，但他们被无视了：白宫确信，如果不强调共产主义施加的危害，参议院就不会批准这部议案。[52]

一直到 1947 年 3 月的莫斯科会议之前，马歇尔以及德怀特・D. 艾森豪威尔将军“已尽自己的最大努力与斯大林和睦相处”，哈里曼评论道。苏联人在诺曼底登陆日后立即重振了他们对德国人的攻击，这一事实给马歇尔和艾森豪威尔两人留下了深刻的印象。哈里曼评论道，他们相信，既然斯大林在重要的军事承诺上履行他的诺言，在政治事务上他也同样会信守承诺。[53]

但马歇尔的看法在令人极为失望的莫斯科会议后改变了。这次会议的与会者有马歇尔、英国外交大臣欧内斯特・贝文（Ernest Bevin）和法国外交部长乔治・皮杜尔（Georges Bidault），由苏联外交部长维亚切斯拉夫・M. 莫洛托夫（Vyacheslav M. Molotov）主持，主要讨论战后面临的各种困难，其中德国的工业重建是马歇尔的首要待议事项。马歇尔和贝文主张，德国能够在经济上自力更生对欧洲的复兴非常重要。[54]

但经过 6 个星期“使人沮丧且徒劳无功的讨论”，什么也没有定下来。[55] 到会议快要结束的时候，马歇尔和波伦在 4 月 18 日礼节性地拜访了约瑟夫·斯大林。“我从 1945 年 12 月以来就再也没见过斯大林，他仿佛衰老了许多，头发也白了许多，看上去忧心忡忡，非常疲惫，这令我大为触动。”波伦说道。斯大林在深夜接待了他的访客，与他们会晤了一个半小时，但他没有心思和他们讨论。“一边照例用红铅笔信手涂鸦狼头，（斯大林）问如果没有（就德国问题）达成一致意见会有什么影响。”[56]

斯大林冷漠的态度给马歇尔留下了深刻的印象。波伦写道：“在返回华盛顿的路上，马歇尔谈到采取主动以阻止西欧完全崩溃的重要性。”[57] 马歇尔后来证实，“马歇尔计划”“是对莫斯科会议感到幻灭的产物，因为这次会议决定性地证明了苏联并不是真心诚意地谈判，也无法说服它合作实现欧洲复兴。”[58] 从莫斯科回来后，马歇尔立即分享了他对苏联实行的策略的失望，并告诉全国的广播听众“病人正变得越来越衰弱，而医生还在仔细斟酌”。

在担心德国的同时，马歇尔和他的助手也同样关注法国和意大利日益恶化的局势。威尔·克莱顿（Will Clayton）在日内瓦与法国农业部门官员以及美国驻罗马大使詹姆斯·C. 邓恩（James C. Dunn）会面后，请求提供紧急食品援助。法国、意大利以及希腊的政府的动荡程度使得美国的官员甚至怀疑它们是否能够幸存。[59]

起草“马歇尔计划”

有许多人声称“马歇尔计划”来源于自己。在民众方面，颇具影响力的专栏作家沃尔特·李普曼在 1947 年 3 月写了一系列文章谈论欧洲复兴的必要性，他在政府最高级别的决策层中拥有广泛的读者。李普曼在他的《今日与明日》（Today and Tomorrow）专栏中警告欧洲经济即将崩溃："欧洲经济崩溃的危险，是笼罩在我们和全世界头上的威胁。"他认为"事实是在未来一年左右的时间，我们就需要制定出政治上、经济上的措施，而这些措施的规模是迄今为止没有任何一位负责的政治家敢于暗示的"。李普曼警告道："我们自己的官员在这个严峻的考验前退缩了，他们不敢向塔夫脱参议员以及那些和他持有相同观点的人解释这一事实。"[60]李普曼的传记作者罗纳德·斯蒂尔（Ronald Steel）宣称是李普曼最先建议美国邀请欧洲人制订他们自己的复兴计划。[61]

在政界，福里斯特尔、约翰·J. 麦克洛伊（John J. McCloy）、亨利·L. 斯廷森（Henry L. Stimson）、哈里曼、约翰·福斯特·杜勒斯（John Foster Dulles）、保罗·尼茨（Paul Nitze）、波伦、凯南和艾奇逊等人自第二次世界大战结束后就一直在思考和写作有关对欧洲进行援助的问题。沃尔特·艾萨克森（Walter Isaacson）和埃文·托马斯（Evan Thomas）认为最先将其想法化为书面文字的人可能是哈里曼。哈里曼在最后从莫斯科发给罗斯福总统的某一篇电报中敦促制订大规模重建援助计划。艾奇逊在起草"杜鲁门主义"时也力主制订一个更大的重建计划。[62]

然而，美国政府自身却没有跨部门协作，也没有全面的计划以应对欧洲复兴中的种种挑战。[63]后来出现的计划主要出自国务院。3 月 11 日，艾奇逊创建了国家—战争—海军协调委员会（State-War-Navy Coordinating Committee，SWNCC）。一个月后，该委员会交出一份要求制订全面复兴计划的报告，其最为重要的特征是提出了推行欧洲经济一体化和重新统一德国的建议。[64]艾奇逊还成立了另一个团体——扩大美国对外国政府援助委员会（Committee on the Extension of U.S. Aid to Foreign Governments）——负责研究欧洲的经济问题。

凯南的政策规划司在相当大的程度上依赖于国家—战争—海军协调委员会的调查结果，还有支持欧洲经济一体化的国务院下级官员的作用。[65]

5月下旬，凯南向艾奇逊呈递了政策规划司的第一份报告（PPS/1），一份题为《关于美国援助西欧的政策》（*Policy with Respect to American Aid to Western Europe*）的备忘录。这份备忘录的核心内容是：美国向欧洲提供援助的出发点，不应当是与共产主义做斗争，而应当是为了恢复欧洲的经济健康。这份备忘录强烈要求“正式的倡议必须来自欧洲；该计划必须在欧洲制订成形；欧洲人必须对该计划负起基本的责任”。[66] 马歇尔后来在哈佛发表的演讲中借用了这段文字。历史学家威尔逊·D. 米斯坎姆博（Wilson D. Miscamble）指出，凯南的报告“显然不是关于美国如何援助的计划”，而是关于制订这样一个计划的战略。凯南和他的同事们开始了“将各种不同的想法和政策建议转化为实践的复杂工作”。[67]

5月8日，艾奇逊代替杜鲁门总统前去密西西比州克利夫兰市的三角洲委员会（Delta Council）发表演讲，演讲地点是三角洲州立师范学院的一个炎热、拥挤的体育馆。杜鲁门原本应该到此参加这个每年一度的大型农业活动，但他不想卷入当地的一个政治斗争，即谁应该接替参议员西奥多·比尔博（Theodore Bilbo）之职。[68] 艾奇逊已将这次演讲的消息透露给三名英国记者，李普曼也事先获得了通知。[69] 艾奇逊概述了美国实施国际经济政策的五点计划，包括“向那些可最有效地建立世界政治和经济秩序，促进自由贸易政策，以及提升联合国权威的地区提供紧急援助”。[70] 哈里·杜鲁门后来被询问艾奇逊的讲话是否代表了政府的政策，他回答道：“是的，它们确实如此。”

另一个重要的贡献来自负责经济事务的副国务卿威尔·克莱顿。1947年4月，克莱顿在日内瓦带领美国代表团参加国际贸易大会（International Trade Conference）和新成立的联合国欧洲经济委员会（Economic Commission for Europe）。5月下旬，他坐飞机返回华盛顿。在回程中，他准备了一份备忘录，概述了意大利和法国国内“事态的绝望”和“提供紧急财政援助的必要性”，特别是需要帮助他们避免在政变中被接管。[71] 克莱顿在备忘录中警告道，美国“严重低估了”欧洲经济遭受到的“破坏程度”，特别是经济混乱的影响。他指出，“如果美国不进一步迅速提供大量援助，经济、社会和政治崩溃将席卷欧洲”。克莱顿继续说道，总统和国务卿必须“向美国人民（发出）强烈的情感上的呼吁，号召他们做出一点点自我牺牲，从他们的腰带中抽出一点点钱，从而将欧洲从饥饿和混乱中拯救出来，同时也是为了我们自己和我们的孩子保存自由美国的光荣传统”。他提出了一个为期 3 年、总额为六七十亿美元的捐赠计划，并力劝美国应当避免陷入另一个联合国善后救济总署行动。“美国必须主持大局。”克莱顿总结道。[72]

第二天，马歇尔、克莱顿和艾奇逊集中讨论了克莱顿的备忘录和凯南的政策文件。克莱顿更为详细地描述了欧洲当前的困境，并强有力地说明了美国立即介入的必要。[73] 必须迅速采取行动告知美国人民和国会。同一天，艾奇逊与十几位参议员会面，并建议马歇尔应当立即亲自发表公开宣告，但不要像推销“杜鲁门计划”所用的策略那样“把人民吓坏了”。[74] 与此同时，杜鲁门也在争取国会的支持，他悄悄地邀请关键立法者参加秘密会议，特别是争取获得范登堡和伊顿的支持。[75]

演讲

马歇尔最初计划在密歇根大学发表欧洲复兴政策演讲，但由于演讲的细节尚未敲定，他不得不取消该计划。马歇尔还担心在中西部地区会出现孤立主义的反应，特别是来自“伯特·麦考密克（Bert McCormick）和《芝加哥论坛报》”的，他后来回忆道。下一次机会本来将是 6 月 16 日在阿默斯特学院的演讲。但时间非常宝贵，马歇尔最终决定接受被他拖延已久的哈佛大学的邀请，在 6 月 5 日的毕业典礼上发表演讲。[76]

5 月 28 日的行政工作会议后，马歇尔写信给哈佛大学校长詹姆斯·B. 科南特，接受其邀请在毕业典礼上演讲：“正如我在 5 月 9 日给您的回信所言，我将无法做一个正式的演讲，但我很乐意讲几句话以表达我对获得这一荣誉的感激之情，也许我还会再多说一点。”[77] 这“多说的一点”将对全世界产生深远的影响。

在当天的庆典和仪式上，马歇尔和其他 11 人获得了哈佛大学授予的荣誉学位。他没有在上午举行的正式毕业典礼上演讲，而是选择了下午的校友聚会；马歇尔是当天第八位演讲者，他所做的 8 分钟演讲并未给听众留下非常深刻的印象。马歇尔身穿西装而不是学位服站在奖台上，以“一种沉闷的、漫不经心的方式”演讲。历史学家罗伯特·H. 费雷尔（Robert H. Ferrell）评论道，马歇尔说话的“声音轻柔，几乎听不见，带有他明显的南方口音，同时他一动不动地盯着面前的笔记，玩着他的眼镜，从头到尾没有看一眼观众”。[78]

当天发表演讲的还有 T. S. 艾略特（T. S. Eliot）。后来成为美国驻法国和苏联大使的阿瑟·哈特曼（Arthur Hartman）在 1947 年时恰好是哈佛大学的学生，他说道：“如果你对我们班进行民意测验，你很可能会发现令我们印象更为深刻的并不是马歇尔的发言，而是 T. S. 艾略特说过的话。”[79]

但最终，真正重要的是演讲的要旨、书写的文字，而不是演讲的风格。[80]“想必不用我说，大家也已经知道：当前的世界局势相当严峻。”马歇尔开始说道。他没有展开讲述总体的规划，而是不动声色地聚焦于紧迫的问题：“我们的政策不针对任何国家或任何主义，而是针对饥饿、贫穷、绝望和混乱。其宗旨应该是在全世界重新确立行之有效的经济体制，从而使自由机制赖以生存的政治和社会环境得以形成。”

接着他讲到了凯南早前坚决主张的一点，即这一定不能是美国单方面的冒险主义行动：

> 任何国家单方面地制订计划以使欧洲在经济上站稳脚跟都是不合适和无效的。这是欧洲人自己的事情。这个主动权，我想，必须来自欧洲。这个国家的角色应当包括为制订一个欧洲计划提供友情协助，并在今后我们

实际可行的范围内为该计划提供援助。该计划必须是一个联合的计划，即使无法取得欧洲所有国家的赞同，也要得到许多欧洲国家的赞同。

马歇尔说，任何愿意充分合作的欧洲国家都可获得美国的援助。这是否意味着美国也会向苏联人提供援助？马歇尔对此敞开了大门。在 5 月 28 日的行政工作会议上，他说他已经“决定‘开诚布公’并邀请苏联政府合作”。[81] 然后在哈佛演讲一个星期后的记者招待会上，马歇尔明确表示美国将欢迎苏联参加。

“马歇尔计划”就此被公之于众。但正如凯南在哈佛演讲 7 个星期后写的备忘录中明确说明的：“我们没有计划。”[82] 这正是重点。欧洲人有责任制订他们自己的计划。他们有责任贯彻马歇尔做出的正式声明，即主动权必须来自欧洲。

欧洲的回应

英国外交大臣欧内斯特·贝文第一次得知马歇尔的演讲是在当晚他打开床边的小收音机收听英国广播公司的美国实况报道的时候。英国广播公司驻华盛顿记者伦纳德·迈阿尔（Leonard Miall）已提前从艾奇逊那里得到这次演讲的通知，但英国官方渠道却没有发来任何消息。英国驻华盛顿大使馆考虑到他们没有在美国新闻报道中发现他们认为相对有趣的东西，于是决定不浪费电报费将该演讲的预备稿发送到伦敦。[83]

贝文的传记作者艾伦·布洛克（Allan Bullock）写道：“贝文在接下来几天的行动可以说是他作为外交大臣对他那个时代的历史做出的最具决定性的个人贡献。”[84] 他领会了马歇尔的态度：“主动权，我想，必须来自欧洲。”贝文等不及英国驻华盛顿大使馆的建议，第二天一早就来到外交部，抓住这个机会开始行动。贝文充分认识到了英国和欧洲的风险。正如将近两年后他在华盛顿的全国新闻俱乐部（National Press Club）中所做的回顾：

“先生们，我向你们保证，它就好比是给沉没者的救生索。它好比给绝望的沙漠带来了希望之泉。它的慷慨令我们难以置信。”[85]

贝文给英国驻巴黎大使达夫·库珀（Duff Cooper）发去信息，请求与法国外交部长乔治·皮杜尔见面。库珀给出的理由是英国“急切希望合作……研究美国对待欧洲问题的新态度”。[86]6 月 27 日，距离马歇尔演讲刚超过 3 周的时间，贝文和皮杜尔在巴黎召开会议；令许多人震惊的是，他们还邀请了苏联的外交部长。莫洛托夫出席会议，随行的还有一个 80 人的智囊团；这也许显示了莫斯科愿意与西方合作。美、英两国的官员本以为莫洛托夫会尽最大努力暗中破坏这次谈判。然而，莫洛托夫寸步不让，坚持苏联政府很高兴接受美国人可能想要给他们的所有钱，但它不会进行经济合作，这些钱苏联政府想怎么花就怎么花，决不允许外人实地调查这些钱的用途。[87]

美国果断拒绝了莫洛托夫这一显然无法令人接受的条件，谈判进行到第五天，苏联在斯大林的命令下撤回了它的代表团，同时还带走了它在欧洲的 7 个卫星国家代表。美国国务卿马德琳·K. 奥尔布赖特（Madeleine K. Albright）在“马歇尔计划”50 周年纪念日时发表评论道，1947 年斯大林在莫斯科吩咐捷克斯洛伐克外交部长扬·马萨里克（Jan Masaryk），他的国家将不得参加“马歇尔计划”。马萨里克一回到布拉格，就告诉他的同事、奥尔布赖特的父亲约瑟夫·科贝尔（Josef Korbel），他当时已明白自己受雇于一个不再拥有国家主权的政府。[88]在莫斯科的指示下，波兰、匈牙利、罗马尼亚、保加利亚、阿尔巴尼亚和南斯拉夫也都拒绝参加该计划。查尔斯·L. 米（Charles L. Mee，Jr.）评论道：“美国和西欧各国以令人震惊的无所谓的态度放弃了东欧……也许没有其他任何事能像这件事这样清晰地阐明西欧各国领导人当时已完全承认东欧是苏联的附属国。”[89]

1947 年 7 月，16 个欧洲国家——奥地利、比利时、丹麦、法国、希腊、冰岛、爱尔兰、意大利、卢森堡、荷兰、挪威、葡萄牙、瑞典、瑞士、土耳其和英国——受邀参加一个欧洲全体会议。西班牙当时处于弗朗西斯科·佛朗哥大元帅的法西斯政权统治下，因此没有受到邀请；德国西占区*也没有被邀请，虽然它在后来被纳入了进来。这 16 个国家成立了欧洲经济合作委员会（Committee of European Economic Cooperation，CEEC）并开会，会议从 7 月 12 日一直持续到 9 月 22 日，最后制订出增加生产、消除通货膨胀、促进经济合作和解决美元支付问题的计划。会议偶尔也会出现恶语相向的情况，特别是法国在提出复兴德国的计划时发现自己饱受攻击。欧洲经济合作委员会提议欧洲支付 220 亿美元的对美贸易赤字，并请求美国资助其中的 190 亿美元。威尔·克莱顿试图温和地告诉欧洲人，他们期望美国提供的资助金额太不切实际了。

杜鲁门设立了 3 个执行委员会研究援助欧洲的后果。其中最有名的是由哈里曼主持的委员会，拥有 19 名成员，主要来自商业、金融和农业部门，它负责向总统建议如何最好地利用拨给欧洲复兴计划的钱，现在预计为 120 亿至 170 亿美元。[90] 第二个委员会由内政部长朱利叶斯·A. 克鲁格（Julius A. Krug）领导，负责研究该援助计划对美国自然资源的影响，第三个委员会由新成立的总统经济顾问委员会（Council of Economic Advisers）主席埃德温·G. 诺斯（Edwin G. Nourse）管辖，负责研究援助对国民经济的影响。[91]

1947 年夏末，杜鲁门说服众议院的领导人派出一个“真相”调查团到欧洲亲自查明面临的问题和遭遇的挑战。要说服众议院同意这个计划是特别困难的，杜鲁门认为说服不情愿的共和党人和保守的南方民主党人的最好办法就是让他们亲眼看到问题。一个由众议院对外援助特别委员会主席、来自马萨诸塞州的共和党人克里斯蒂安·A. 赫脱（Christian A. Herter）率领的 18 人委员会花了一个多月的时间巡视欧洲，以认清当前面临的挑战的实质。[92]

---

* 1949 年 5 月，由美国、英国和法国占领的德国西部地区组成了一个新国家——联邦德国。

制定法律

170 亿美元的对外援助请求确实是一笔惊人的数额。即使是延续几年支付，它也构成了联邦预算的很大一部分。美国 1948 财政年度的联邦预算预计为 375 亿美元，其中包括 112 亿美元的国防预算。杜鲁门一直希望联邦预算在战后可以逐渐下降并稳定在 250 亿美元左右，投入国防的预算稳定在 60 亿美元，或者可能达到 70 亿美元。[93] 共和党人继续推动减税和削减联邦预算。而现在，“马歇尔计划”却需要如此巨额的费用。除此之外，美国之前已经通过联合国善后救济总署以及直接的赠款和贷款提供了 60 亿美元的援助。

要想赢得国会的支持，杜鲁门和政府就必须争取到共和党人的支持，而其中最重要的议员是参议院外交关系委员会的新任主席、来自密歇根州的阿瑟·H. 范登堡。这位天性快活、抽雪茄烟、戴蝴蝶领结的范登堡多年来一直是中西部孤立主义——或者用他自己更喜欢的说法“隔离主义”（isolationism）——的代表人物。然而偷袭珍珠港事件使范登堡发生了彻底的改变。但是，范登堡在 3 年多以后才做出他最重要的贡献。正如一位历史学家所说的，“范登堡在 1928 年 3 月 31 日成为参议员，但是在 1945 年 1 月 10 日才成为政治家”。[94] 当时正是第 79 届国会开始的时候，罗斯福刚刚连续第四次当选总统，而他一直与国会存在相当大的分歧。国会在是否支持联合国的问题上一直踌躇不定，罗斯福无法给国务院的官员确定答复，随着雅尔塔会议即将召开，行政机构与立法机构之间充满了怀疑和怨恨的情绪。范登堡挺身而出，发表了一篇令人难忘的、铿锵有力的支持国际主义的演讲。孤立主义已死，范登堡宣布，美国必须与其他国家合作才能防止未来发生战争。[95]

第 80 届国会，第二会期（1948 年 1 月 6 日—12 月 31 日）

参议院：51 位共和党人，45 位民主党人

众议院：245 位共和党人，188 位民主党人，1 位其他人士

总统：哈里·S. 杜鲁门

随着共和党人执掌国会，范登堡出任外交事务委员会主席，杜鲁门和国务院肯定给予了极大的关注。这位来自密歇根州的参议员在国务院受到的待遇就"好比他是外国要员"。[96] 虽然马歇尔在发表哈佛演讲前没有咨询范登堡，但他后来成了这位国务卿的"全面合作伙伴"。从 1947 年夏天开始，他们每周都要在位于白宫街对面的布莱尔宫（Blair House）举行两次秘密会议，相互征求意见。

然而，当前迫在眉睫的问题是：欧洲的经济问题和政治问题正在进入倒计时。这个问题很快就被人们称为"马歇尔间隔"（Marshall gap），指从马歇尔 6 月发表演讲到国会通过支持欧洲复兴计划的法案之间（希望如此）的这段时间。国务院通过由艾奇逊的继任者、副国务卿罗伯特·A. 洛维特（Robert A. Lovett）领导的一个指导委员会发出警告，欧洲各国迫切需要临时财政援助。[97] 为了应对这些需求，杜鲁门在 10 月 23 日把国会议员们召集回来举行特别会议。12 月 23 日，国会以较大的优势投票通过了一项议案，向意大利、法国和奥地利提供 5.22 亿美元紧急临时援助，并向中国提供 1800 万美元的紧急临时援助。[98]

争取支持

记者 I. F. 斯通认为，阻碍"马歇尔计划"获得通过的最不利因素在于"美国人民普遍对欧洲的急躁情绪，并且缺乏有足够的才能和勇气使普通美国人理解他们的利益与欧洲复兴休戚相关的领导层"。[99]

但与其说是因为美国人民的不耐烦，不如说是因为他们对外交事务的

漠不关心和无知。在国会就“马歇尔计划”采取行动前的几个月里，民调显示，只有约 25% 的美国公民能够证明其对外交事务有一定的了解，足足有 30% 的人不知道任何国际事件。到 1948 年 2 月，即使对即将颁布的“马歇尔计划”做了将近 9 个月持续不断的宣传，仍然只有 14% 的人能够对该计划的目的给出还算正确的说明。[100]

虽然公众可能没有理解“马歇尔计划”的中心点，但支持该计划的人数却在稳定增长，特别是在专门的受众群体中。该计划在报纸编辑和教育工作者中获得了压倒性的支持，在企业高管、各个外交关系委员会、农民和学生中也是如此。美国有四大广播网，其中 3 个邀请了共计 145 名演讲者讨论该计划；其中有 120 人力劝通过该计划，只有 20 人表示反对。[101] 这种来自领袖和舆论引导者的支持是至关重要的，因为在第二次世界大战后的这两年里，许多美国人虽然清楚西欧的经济问题并表示同情，但他们觉得美国已经做得足够多了，是时候让欧洲自力更生了。

1940 年至 1941 年，当罗斯福政府正在设法争取获得公众对《租借法案》的支持的时候，记者威廉·艾伦·怀特（William Allen White）应罗斯福的请求成立了“援助盟国保卫美国委员会”（Committee to Defend America by Aiding the Allies）。迪安·艾奇逊是这个公关计划的参与者之一。甚至在“马歇尔计划”正式启动前，艾奇逊就在考虑成立一个类似的公关组织。然而，马歇尔对这样的行动却有所顾虑，他担心国会对国务院开展公关工作施加压力会很敏感。但到 1947 年秋天，这种忧虑就被弃之不顾了，马歇尔计划公民委员会（Citizens' Committee for the Marshall Plan）成立，并由两位前战争部长亨利·L. 斯廷森和罗伯特·P. 帕特森（Robert P. Patterson）领导这一工作。[102]

这个委员会及其各个地方分会的目标之一是在各国会议员的家乡选区唤起草根阶层的支持；第二个目标是获得各会员组织的支持。到 1948 年 3 月，有 52 个这样的全国性组织全力支持“马歇尔计划”，并且成立了 100 多个地方委员会以讨论该计划。[103]

政治学家赫伯特·阿加（Herbert Agar）后来评论道，“马歇尔计划”的命运不是由参议院的议员们决定的，而是由美国人民决定的。“这个例子最好地说明，在一个庞大的联邦国家，一旦民意被唤起，它就能够自我宣传并施加压力。”[104]

辩论开始

1947 年 12 月 19 日，杜鲁门总统向国会送去冗长的咨文，概述了他对于援助欧洲的建议，要求国会批准一个为期四年的《欧洲复兴计划》，以终止“自私的极权主义侵略行为”的进犯，并维护美国的生活方式赖以生根的文明。当时大多数国会议员已离开休假去了，当宣读书记员开始朗读杜鲁门这篇重要但单调乏味的咨文时，只有 22 位众议员在场。它要求从 1948 年 4 月 1 日至 1952 年 6 月 30 日总共提供 170 亿美元的资助，在头 15 个月立即拨款 68 亿美元，并成立经济合作署（Economic Cooperation Administration）负责管理该计划。这是迄今为止美国在和平时期最大的支出计划。[105]

杜鲁门总统本可以将这个大规模的援助计划称为“杜鲁门计划”，作为对“杜鲁门主义”的补充。事实上，白宫助理乔治·埃尔西将“马歇尔计划”描述为“行动的杜鲁门主义”，杜鲁门后来也称“杜鲁门主义”和“马歇尔计划”是“同一个核桃的两半”。[106]然而，杜鲁门这样做不仅是想要表示对马歇尔的敬重，也有实际的政治上的考虑。正如他对自己的助手克拉克·克利福德所说的，在总统选举年，同一个计划以马歇尔将军命名要比以杜鲁门命名更容易获得由共和党主导的国会的支持。[107]

放假休会结束后，范登堡参议员率先在听证会上做证，之后做证的还有 9 名政府证人和 86 名其他证人，以及 76 份文字通讯。参议院听证会记录的证词总计长达 1449 页，众议院听证会记录了长达 2269 页的证词。[108]听证的模式遵循典型的范登堡方法：举行详尽无遗的听证会，目标是将该立法的各个组成部分分离开来，分隔反对的意见，并逐个驳回它们。然后将由那些去欧洲巡视并亲见了欧洲受破坏程度的参议员做第一手报告。整个听证过程有条不紊地进行，直到委员会达成了大致的共识。[109]

1948 年 1 月 8 日，国务卿马歇尔出席了参议院外交关系委员会举行的听证会，并在上午和下午的会议中都站上了证人席。记者詹姆斯·赖斯顿（James Reston）注意到："他说话很清晰。他很平静。他很有耐心和礼貌。然而，他表现得像是一个下定决心要基本实现他想要的'马歇尔计划'的人，或者像华盛顿已经传闻的那样，他决定最后退休去利斯堡（Leesburg）。"[110]

总统和马歇尔是否能够如愿以偿在当时完全是未知数。特别是，共和党人对杜鲁门要求的 170 亿美元表示强烈质疑。前总统赫伯特·C. 胡佛想要抛弃"马歇尔计划"，并支持提供 30 亿美元的救济基金和 10 亿美元的贷款以复兴欧洲工业。为了安抚共和党人，范登堡成功地说服政府删掉具体提及的 170 亿美元的花费，并且将第一批拨款安排为 12 个月而不是 15 个月。[111]

范登堡和他在外交关系委员会的同事也非常倚重克鲁格、诺斯和哈里曼各自领导的 3 个委员会的调查结果。哈里曼后来写道，范登堡曾承认了哈里曼委员会在 1947 年 11 月提交的报告"对国会通过关于'马歇尔计划'的立法提供了最大的帮助"。[112] 杜鲁门政府的证人、报告和证词有意利用了议员们的同情和恐惧心理：他们会强调"马歇尔计划"的经济效益或它的慈善因素，或者指出这种援助对于西方文明来说极为关键。[113]

范登堡的努力至关重要，他耐心地、从容不迫地举行一次又一次外交关系委员会的听证会。他通过将初步拨款从 15 个月减少至 12 个月，成功争取到了他的同事、来自佐治亚州的极具影响力的民主党人沃尔特·F. 乔治（Walter F. George）以及其他成员的支持。[114] 最后，参议院外交关系委员会全体一致通过了实施“马歇尔计划”的立法——《经济合作法案》（Economic Cooperation Act）。

但在该议案提交至参议院全院讨论之前——它在那里很可能会遭遇某些议员的激烈反对——捷克斯洛伐克发生了重大事件。1948 年 2 月 27 日，捷克斯洛伐克爆发政变，导火索是其总统爱德华·贝奈斯（Eduard Benes）屈服于苏联的压力，提名受斯大林支持的克莱门特·哥特瓦尔德（Klement Gottwald）为首相。在短短数小时内，很多人被逮捕、清洗和处决。扬·马萨里克坠楼身亡，很可能是被暗杀的。这场政变发生在东欧唯一一个看似拥有民主政府的国家，用杜鲁门的话来说，“震惊了整个文明世界”。[115] 此外，人们极为担心意大利共产党会赢得定于 4 月下旬举行的全国选举。

3 月 1 日，阿瑟·范登堡发表了他职业生涯中第二重要的演讲。他非常认真地准备了讲稿，反反复复修改了 7 次。参议院的旁听席座无虚席，走廊里也挤满了想要听他演讲的人。几乎所有的参议员都到场了，许多众议员也走到参议院这边，靠着墙壁站成一排。范登堡慷慨激昂地演讲了 1 小时 20 分钟，并指出参议院外交关系委员会已经以 13 票赞成、0 票反对通过了 1948 年的《经济合作法案》。“以和平、稳定和自由的名义，它应当迅速获得通过。以智慧的美国利己主义的名义，它展望了一项值得我们信任的伟大事业。”[116] 他提醒各位参议员，他们如果推迟或削弱这部欧洲复兴法案，将背负失败的责任。

记者小费迪南德·库恩（Ferdinand Kuhn，Jr.）观察到：“当他结束演讲后，议员席中约 50 名参议员立即站起来为他鼓掌，这种长时间起立鼓掌的场面在参议院最近的历史上相当罕见。”大多数参议员在汤姆·康纳利的领头下一个接一个地走过范登堡的桌子并与他握手。[117] 这部《经济合作法案》挺过了左倾和右倾参议员的攻击，击退了参议员塔夫脱提出的削减资金的修正案，最终以 69 票比 17 票的投票结果获得参议院的通过。塔夫脱有志于争取共和党总统候选人的提名，从这场战斗中脱颖而出，“满意但伤痕累累”。他在最终投票表决时不情愿地投了赞成票。[118]

该议案在众议院的通过前景却不如在参议院那么乐观。虽然众议员查尔斯·伊顿是国际援助的重要支持者，但他不是像范登堡那样的强有力的倡导者。众议院外交事务委员会的共和党人坚持加入向中国国民政府提供的援助，并批评其缺少军事援助。共和党领袖马丁和查尔斯·A. 哈勒克（来自印第安纳州）推翻了范登堡和伊顿试图将这个问题限定在为欧洲提供援助的努力。[119] 众议员总计提交了近 50 项修正案，其中 19 项获得通过。但是，商界领袖、公民组织和其他人士不断施压，要求通过该法案。对众议院辩论至关重要的是赫特委员会提交的报告，它出自这位备受尊敬的共和党国际主义者之手，赋予了杜鲁门政策理念以合法性。[120] 3 月 31 日，众议院一直开会至深夜，最后以 329 比 74 的投票结果赞成“马歇尔计划”。参议院很快解决了它通过的版本与众议院版本之间的分歧，4 月 3 日，杜鲁门签署了《经济合作法案》，它成为 1948 年更广泛的《对外援助法案》的一部分。经过历时 4 个月的密集听证、辩论、政治“作秀”和最终的两党合作，国会做出了决定。杜鲁门将该法案描述为“或许是任何国家都未从事过的在建设性的政治才能方面最大的冒险事业”。[121]

虽然不乏一些尖锐的评论，这个一揽子援助计划在众议院和参议院分别获得了近 84% 和 90% 的赞成票。这与一系列引人注目的得到两党支持的外交政策——从 1945 年的“布雷顿森林体系”、1946 年的联合国教科文组织（United Nations Educational, Scientific, and Cultural Organization，UNESCO），到 1947 年向希腊-土耳其提供贷款——的投票结果一致，平均下来，上述外交政策在众议院和参议院都获得了超过 83% 的赞成票。[122]

《经济合作法案》的亮点

《经济合作法案》（“马歇尔计划”）构成了《对外援助法案》的第一条。《对外援助法案》总计提供了稍多于60亿美元的经济援助：西欧16个国家和联邦德国共获得53亿美元，另7亿美元用于向希腊和土耳其等国提供经济和军事援助。经济合作署每年必须通过重新授权才能获得全部的135亿美元的援助资金。该法案确立了政策宣言，成立了经济合作署，并概述了援助的性质和方法。

要想实施“马歇尔计划”还必须克服另一个障碍：该计划已经获得批准，但现在必须划拨相应的资金。众议院拨款委员会主席、来自纽约州的共和党人约翰·泰伯慢慢腾腾地等了3个星期才开始对这个一揽子援助计划举行听证会。马歇尔曾希望这部欧洲救济法案可以在4月1日之前完成。但是泰伯的听证会一直拖延到了6月3日，并且拨款委员会
52 将第一年的资助缩减了20亿美元。而这笔资助得以恢复原来的数额，在很大程度上是因为众议院外交事务委员会、范登堡以及纽约州州长托马斯·E. 杜威（Thomas E. Dewey）施加了巨大压力，后者正脱颖而出，成为共和党呼声最高的总统候选人。1948年，《对外援助拨款法案》（Foreign Aid Appropriation Act）最终获得了参众两院的批准，并于6月28日成为法律。[123] “马歇尔计划”第一年获得了53亿美元的运作资金，接下来每年都必须通过拨款程序的审查。“马歇尔计划”在4年中共计获得135亿美元的运作资金，而不是最初的170亿美元，并且只支出了125亿美元。1951年6月30日之后，其剩余的援助被并入了“共同防御援助计划”（Mutual Defense Assistance Program）。

4月16日——此时经济合作署刚刚成立两个星期，但资金还要过很久才会拨出——16个欧洲国家和德国西占区的代表在巴黎会晤，以签署一项多边援助协议，成立欧洲经济合作组织（Organization for European Economic Cooperation，OEEC）作为实现更密切的合作和执行“马歇尔计划”的媒介。[125] 欧洲人为欧洲经济合作组织选派的人员都是很有才能的、坚定的国际主义者，特别是担任该组织的理事会主席的比利时首相

保罗–亨利·斯巴克（Paul-Henri Spaak），领导该组织的国际秘书处的法国人罗伯尔·马若兰（Robert Marjolin）和担任执行委员会主席的英国人埃德蒙·霍尔–佩奇爵士（Sir Edmund Hall-Patch）。

“马歇尔计划”的关键人物

乔治·卡特利特·马歇尔（1880—1959）一生致力于服务他的国家。他在 1902 年受领美国陆军少尉军衔，在菲律宾群岛服役，后来在第一次世界大战期间屡立战功。到 1938 年，马歇尔已晋升为陆军准将，并担任战争计划处（War Plans Division）处长。第二次世界大战期间，他担任参谋长并于 1944 年受领陆军五星上将军衔。他短暂地从陆军退役后，很快就被任命为美国驻中国使团的团长，担当杜鲁门的个人代表。他从 1947 年年初到 1949 年年初担任国务卿。之后，他担任了一年美国红十字会会长，然后在 1950 年重返杜鲁门政府出任国防部长。1953 年，马歇尔因其对欧洲救济和稳定所做的贡献被授予诺贝尔和平奖。

阿瑟·亨德里克·范登堡（1884—1951），密歇根州共和党参议员（1928—1951），在至关重要的第 80 届国会（1947—1948）期间担任参议院外交关系委员会主席。他最开始是一名报纸编辑和出版商，在 1928 年被任命填补参议院的一个空缺席位。范登堡在第二次世界大战之前是一名直言不讳的、坚定的孤立主义者，但他很快就变成了一名重要的国际主义者。他作为代表分别参加了 1945 年在旧金山召开的联合国会议，1946 年在伦敦和纽约召开的联合国大会和 1947 年在里约热内卢召开的泛美会议。马歇尔后来谈论起范登堡说：“我认为范登堡从未因其为‘欧洲复兴计划’所做的巨大贡献而获得应得的全部赞誉……范登堡是我的得力助手，而有时，我也是他的得力助手。”[124]

当时有传言说，副国务卿克莱顿，后来又说是艾奇逊，将被任命为新成立的经济合作署署长。但最后这一职位被给予了斯蒂庞克公司（Studebaker Corporation）总裁、范登堡的好朋友保罗·G. 霍夫曼（Paul G. Hoffman）。霍夫曼是一位名义上的共和党人，他勉为其难地接受了这个职位，并带着一种紧张感履行自己的职责。[126] 国会、经济合作署和企业界之间产生了不可避免的冲突。霍夫曼反对利用“马歇尔计划”的资金使美国企业获得短期利益，他不时被指责贱卖美国的利益。很快，企业界就要求获得特殊豁免条款：航运业游说团体坚决要求根据“马歇尔计划”运输的美国商品中，有 50% 必须由美国船只运输，他们最终得偿所愿。一些国会议员批评霍夫曼不推动美国烟草的海外销售，另一些人说他没有尽足够的努力强压英国购买更多的美国小麦，还有一些人抱怨钢铁、棉花、机床工具、毛皮和其他商品没有得到它们应有的待遇。霍夫曼告诉参议院外交关系委员会，他总共收到了 109 项豁免申请，而这个清单“几乎每小时都要增加一个”。[127] 尽管不断遭到特殊利益集团的抱怨和施压，国会和霍夫曼回绝了几乎所有的特殊待遇请求。

54 国会的一项关键决策是在《经济合作法案》中插入一个“配套”条款，该做法遵循了联合国善后救济总署制订的各种计划的惯例。经济合作署署长保罗·霍夫曼认为，配套计划是决定受援国（不论其在经济上是疲软还是强大）成功或失败的关键因素——“必不可少的催化剂”。[128]

配套协议要求所有接受“马歇尔计划”赠款的受援国政府为获得的每一美元赠款配套提供等价值的本国货币。这些配套的本国货币将有 5% 转交给美国，用于管理经济合作署派驻该国的代表团和购买战略物资。剩余的 95% 将用于提供进一步的救济、债务偿还或其他获得经济合作署批准的项目。

1948 年 7 月，霍夫曼和英国财政大臣斯塔福德·克里普斯爵士（Sir Stafford Cripps）开始实施《经济合作法案》的另一部分内容——技术援助项目。英国首先派出农业和制造业团队到美国学习生产制造方法，随后其他所有受援国也都纷纷派出学习团队。在 3 年时间里，总共有 100 多个这样的团队参观了美国的工厂和农场。这种信息共享帮助受援国大大提高了生产力。[129]

"马歇尔计划"的关键事件

1945年　5月，《租借法案》终止。

1947年　2月和3月，英国撤销对希腊和土耳其的援助，美国向这些国家提供援助；"杜鲁门主义"。

3—4月，四国外长会议在莫斯科召开。

5月8日，艾奇逊在密西西比州的三角洲委员会上发表演讲。

6月5日，马歇尔在哈佛大学发表演讲概述"马歇尔计划"。

7月，苏联拒绝"马歇尔计划"的提议；16个欧洲国家接受，并成立欧洲经济合作委员会。

9月，苏联成立共产党情报局，包括东欧各国政党以及法国和意大利的共产党。

9月，欧洲经济合作委员会提交报告，估算欧洲在接下来4年的赤字为220亿美元，并呼吁建立欧洲经济合作组织。

12月，"马歇尔间隔"援助获得批准。

1948年　2月，捷克斯洛伐克发生政变。

3月，《布鲁塞尔条约》签订。

4月，"马歇尔计划"援助通过《经济合作法案》获得批准。

4月，经济合作署开始运作。

4月，欧洲经济合作组织在巴黎召开第一次会议。

7月，德国西占区实行货币改革。柏林封锁开始。

1949年　5月，苏联取消对柏林的封锁。

6月，联邦德国正式加入欧洲经济合作组织。

1950年　舒曼计划（Schuman plan），《欧洲煤钢共同体条约》（European Coal and Steel）；欧洲支付联盟（European Payments Union）。

1951年　12月，因为朝鲜战争逐步升级，"马歇尔计划"提前6个月结束。

国会所写的序言为该法案增添了另一个重要特色，它敦促16个参与国共同努力促进经济合作。杜鲁门政府之前曾讨论过欧洲一体化问题，但国务院对这类措辞有所保留，不希望给这个按照设想只是一个单纯的经济复兴计划的"马歇尔计划"注入另一层政治面向。[130]

余波

1948 年 4 月 14 日，在“马歇尔计划”成为法律 11 天后，一艘满载 9000 吨小麦的货轮从得克萨斯州的加尔维斯顿启程，前往法国的波尔多。同一星期，又有 5 艘船载着应急食品驶往法国。很快，在公海上，无论何时都会航行有大约 150 艘满载食物、拖拉机、石油、棉花、轮胎和其他商品的货船。尽管资金尚未拨出，但“马歇尔计划”已经开始了。[131]

欧洲复兴计划出现得恰逢其时。1948 年下半年这个时间特别富有挑战性。在美国，几乎没有杜鲁门的政治支持者认为他能有一丝机会战胜信心满满的杜威州长，赢得总统连任；甚至盖洛普民意测验在大选前 6 个星期就停止了公民访问，因为结论对于每一个人来说都是显而易见的：杜鲁门会输掉选举。在欧洲，东欧与西欧之间的紧张局势已经升级：柏林封锁已全面实施，劳工动乱正在蔓延，经济复苏的迹象尚未出现，生产仍然乏力。[132]

石油是大多数国家进口量最大的商品，占到了全部购买量的 10%。1947 年，虽然石油在欧洲能源供应中所占比例还不到 10%，但它却是航空燃料和汽油的唯一来源。西欧各国的石油约有 50% 来自美国所有的海外经营公司，要求以美元付款。此外，根据“马歇尔计划”输入的商品约有三分之一是农产品。[133]

记者丹尼尔·肖尔（Daniel Schorr）在村庄层面观察了“马歇尔计划”的运作。在从荷兰发给《基督教科学箴言报》（*Christian Science Monitor*）的稿件中，肖尔记叙了有关 Nyverdal 的故事，Nyverdal 是一个只有 9000 人的村庄，非常依赖它的纺纱厂。该工厂由于没有棉花而面临停工的危险，如果不是美元短缺，它本可以从美国购买棉花。通过经济合作署在海牙的代表团，该工厂分配到了相应的美元。于是大包大包的棉花运达这个村庄，约 2000 名工人保住了饭碗，工厂缴纳的税款又帮助村庄修建学校，为社会福利项目提供资金。城镇里的面包店打出标牌：“这些面包所用的谷物来自美国‘马歇尔计划’。”进一步地，还有与“马歇尔计划”提供的美元等值的荷兰盾成为配套资金，并被用于资助那些作为富布赖特学者（Fulbright Scholars）在美国学习的荷兰学生。[134] 在“马歇尔计划”实施的几年时间里，这些各种各样的交易重演了成千上万次。如果不考虑欧洲各国相互之间的转移的话，英国获得的资助在“马歇尔计划”提供的全部资金中所占比例最大——23%，法国紧随其后，获得了 20%。

各受援国通过马歇尔基金获得的资金

从 1948 年 4 月 3 日至 1952 年 6 月 30 日（不考虑欧洲内部的转移）：[136]
英国，31.89 亿美元
法国，27.13 亿美元
意大利，15.08 亿美元
联邦德国，13.90 亿美元
荷兰，10.83 亿美元
希腊，7.067 亿美元
奥地利，6.778 亿美元
比利时和卢森堡，5.593 亿美元
丹麦，2.730 亿美元
挪威，2.553 亿美元
土耳其，2.251 亿美元
爱尔兰，1.475 亿美元
瑞典，1.073 亿美元
葡萄牙，5120 万美元
冰岛，2930 万美元

经济合作署在巴黎成立了其欧洲管理总部，并在各个受援国设立了办事处。巴黎办事处被称为特别代表办公室（Office of the Special Representative），拥有 600 人，由 W. 埃夫里尔·哈里曼领导。经济合作署在各个受援国的影响力很不相同。在希腊拥有支配性的影响力，被描述为类似于“殖民关系”，在意大利也具有很强的影响力，在英国的影响力最小，在法国则介于两者之间。此外，经济合作署和国务院之间存在着不可避免的紧张关系，特别是在经济政策和国际关系领域，哈里曼与霍尔-佩奇及其英国同事之间的关系也特别紧张。[135]

56 联邦德国是复兴计划的关键。欧洲经济合作组织在 1947 年 9 月的报告中直言不讳地声明，“只要联邦德国仍然陷入瘫痪，其他西欧国家就不可能繁荣”。然而，前方的任务相当艰巨：恢复平民政府；改革货币；复兴重要产业，特别是采矿业和制造业；增加食物定量配给；衣服和其他人类生活必需品；以及恢复德国与世界其他国家的贸易关系。[137]

德国经济在第二次世界大战中遭受的打击最为严重。到 1946 年，联邦德国的工业生产指数只有其在 1938 年战前水平的 29%，远远低于其他所有受援国家的百分比；1948 年，几乎其他所有国家的经济都已达到并超越了战前水平，但是联邦德国经济在 1948 年只恢复到战前水平的 51%。[138] 联邦德国的货币体系岌岌可危，陷入恶性通货膨胀，黑市大行其道，香烟和白兰地成为通用货币，数十万座房屋被毁，同时它还必须接收 1000 多万来自东部地区的走投无路的难民。[139]

美国国会从 1945 年至 1948 年已经通过美国陆军输送了超过 10 亿美元的物资到美军在联邦德国的占领区，当 1949 年成立的联邦德国政府成为欧洲经济合作组织的参与国时，这些资金中未使用的部分就被移交至德国的经济合作署的账户中了。[140]

联邦德国在第二次世界大战结束后就迅速着手进行经济重建，近来有欧洲经济学家指出，这一工作在其获得“马歇尔计划”的资助之前就开始了，并且主张这些资金根本不是德国复兴的关键。[141] 曾担任美英联合占领区经济委员会主任一职的前经济学教授路德维希·艾哈德（Ludwig Erhard）断然声明：“马歇尔计划”提供的资金和外国援助根本没有对“复兴（做出）一丁点儿的贡献……经济复兴完全是依靠我们自己的努力实现的”。[142] 艾哈德后来出任联邦德国的经济事务大臣（1949—1963），接着成为联邦德国总理（1963—1966），他与美国在德占领区总司令卢修斯·D. 克莱（Lucius D. Clay）将军发生了冲突。艾哈德在盟军正在推行货币改革和采用新的德国马克的同时废除了价格管制。艾哈德的行为尽管遭到克莱及其顾问的强烈批评，却标志着德国的经济奇迹和重生的开始。[143]

“马歇尔计划”还帮助完成了一项重要任务，即让德国重新融入西欧。美国不想重蹈第一次世界大战后《凡尔赛条约》的覆辙——孤立和惩罚德国。美、德两国的决策者之间发生了种种冲突，因为美国试图按照自己的形象重铸战后德国的制度和经济，而它只获得了部分成功。[144]经济学家维尔纳·阿贝尔斯豪泽（Werner Abelshauser）主张“马歇尔计划”带来了一种新形式的国际经济合作和稳定，并帮助联邦德国重获它自己的能量，“其核心是……‘马歇尔计划’帮助德国自救”。[145]

尽管存在种种问题和沟通上的误解，联邦德国在战后的第一位政治领袖认为美国的援助和德国的主动性两者缺一不可。1949年至1963年担任联邦德国首任总理的康拉德·阿登纳（Konrad Adenauer）在回忆录中写道：“德国的重建如果没有美国的帮助是不可能实现的，但如果没有我们自己的合作、我们的信心和我们重建家园的热情，也是同样不可能实现的。德国的利益与欧洲的利益是完全一致的，我非常高兴地看到马歇尔在说明他的计划时把德国问题称为欧洲问题的关键。”[146]

如果把“马歇尔计划”提供的资金和来自美国其他项目的钱加在一起计算的话，法国从美国获得的资助超过了其他所有欧洲国家。历史学家欧文·M. 沃尔（Irwin M. Wall）指出，算上“马歇尔计划”、军事援助、直接预算上的援助，还有给印度支那战争提供的资金援助，美国在1945年至1954年平均每年向法国提供了约10亿美元的援助。[147]法国因为长期被其敌人占领遭受了很大的损失，它通过雄心勃勃的“莫内计划”（Monnet Plan）试图注入政府资金，实现经济现代化。然而，法国当时的政治局势很不稳定，美国把它的希望寄托在了走中间路线的“第三势力”政府身上。社会党、基督教民主党和激进党相继上台执政又下台，但始终不断遭到戴高乐主义者和法国共产党的批评和施压。莫里斯·舒曼（Maurice

Schumann）回忆，虽然法国国民议会（National Assembly）的大多数议员非常感激美国提供的援助，但四分之一的法国人投票给了共产党员，法国共产党及其支持者发起了一场强大的反对“马歇尔计划”的运动。舒曼指出，“这引发了反美主义的浪潮”。[148]

经济合作署的官员在政局动荡的1948—1950年扣留了配套资金，希望迫使法国稳定其财源，减少债务。但经济合作署的这一努力只获得了部分成功。1950年，法国经济开始恢复，通货膨胀得到了控制，工业产出增加，人民生活水平也提高了。[149]

“马歇尔计划”的终止

“马歇尔计划”原本计划于1952年6月30日终止；但事实上，它在1951年11月下旬中国出兵介入朝鲜战争的时候就结束了。这对杜鲁门政府的对外和对内政策产生了重要影响。[150]国会拼凑出了一个新的兼备军事援助和经济援助的对外援助计划，国会到1951年10月已制定出第一部《共同安全法》（Mutual Security Act）并成立了共同安全署（Mutual Security Agency）。两年后，海外工作总署（Foreign Operations Administration）成立，它是不隶属于国务院的独立机构。1954年，该机构的工作被合并至国际合作总署（International Cooperation Administration，ICA）。1954年的《共同安全法》的一个特色是“粮食换和平”（Food for Peace）计划。

58 1961年9月，国会通过了《对外援助法案》，重新制订了美国的对外援助计划，将军事援助和非军事援助分开，并成立了一个管理各种经济援助计划的机构。同年11月成立的美国国际开发署（U.S. Agency for International Development，USAID）是第一个负责长期的经济和社会发展援助的联邦机构。在提出这个新的美国对外援助计划时，约翰·F. 肯尼迪总统论述了为什么美国应当继续提供对外经济援助的问题：

答案是，这是我们无法逃避的责任：在这个由自由国家组成的相互依赖的共同体中，我们作为一个英明领导者和友好邻邦所负有的道德上的责任——在这个大部分还是穷人的世界中，我们作为最富有的人民所负有的经济上的责任——还有我们作为自由之敌的唯一一个最大的反抗者所负有的政治上的责任。[151]

立法变革

哈里·杜鲁门在 1955 年所写的文字中评价“马歇尔计划”是“美国对世界和平做出的最大贡献之一”。[152] 1953 年 12 月，诺贝尔委员会授予乔治·马歇尔诺贝尔和平奖，以表彰他为欧洲复兴所做的工作。

关于“马歇尔计划”、其目的以及影响的著作和评论层出不穷。在制订的时候，“马歇尔计划”同时得到了保守、自由两派立法者与决策者的拥护。正如政治学家哈德利·阿克斯（Hadley Arkes）在 20 世纪 70 年代初所评论的，虽然每个人对美国当前的对外援助计划可能持保留态度，但“没有人认为‘马歇尔计划’存在任何有异议的内容”。[153] 在其颁布后的头 20 年里，许多历史学家和评论员写作的文章也都做出了同样赞扬的结论：“马歇尔计划”是推进美国外交政策的一个重要的立法里程碑，促成了欧洲经济和政治的健康与繁荣。

20 世纪 60 年代末，特别是到了越战达到高潮的时候，修正主义历史学家强调，“马歇尔计划”根本上是稳定资本主义全球战略的重要手段。[154] 近些年来，特别是随着美国和欧洲开放了丰富的文献资源，美国、欧洲的历史学家、政治学家和经济学家对“马歇尔计划”有了重新评价。一些人着眼于美国的动机，讨论了该欧洲复兴计划如何符合美国长期的外交政策和国内政策利益，该复兴计划对欧洲社会产生的影响，并评估了该计划对欧洲复兴产生的实际经济影响。

一些评论家，特别是艾伦·S. 米尔沃德（Alan S. Milward）和查尔斯·

S. 迈耶（Charles S. Meier）认为，马歇尔援助只占到欧洲资本形成的小部分。[155] 米尔沃德宣称，“马歇尔计划”并没有将西欧从经济崩溃中解救出来，其“最终目的几乎完全是政治上的，尽管其运作方式几乎完全是经济上的”。[156] 米尔沃德进一步主张，西欧发现自己所处的危机只是支付上的危机，而不是生产上的危机，“马歇尔计划”的援助资金帮助受援国以美元弥补其赤字，并继续它们早已开始的复苏。[157]

在“马歇尔计划”实施的 4 年期间，其提供的援助只占各受援国综合国民收入的 2.5%，即使在其处于最高水平时，“马歇尔计划”提供的援助也只占到资本形成的 20%。然而经济学家巴里・埃森格林（Barry Eichengreen）和马克・于藏（Marc Uzan）认为“马歇尔计划”对欧洲复兴产生了重大影响。他们认为欧洲当时主要遭受着一场市场危机：政治和金融上的不稳定使得人民不得不囤积商品，工人和公司也不投资于市场交易。“马歇尔计划”帮助欧洲恢复了金融市场，恢复了价格秩序，并使生产自由化。[158]

历史学家迈克尔・J. 霍根（Michael J. Hogan）对“马歇尔计划”做出了另一个重要的再分析。他不同意米尔沃德的观点，他认为该计划是“美国在（20 世纪）和平时期出台的最成功的外交政策之一”。[159]“马歇尔计划”推动了欧洲预算制度现代化，鼓励经济规划，使生产方法合理化，促进了公私权力共享。霍根主张，美国利益与西欧利益在很大程度上是一致的：他们都希望经济复兴和政治稳定，并且想阻止共产主义的活动。霍根进一步考虑了美国坚持推动欧洲走向一体化的努力。美国“马歇尔计划”的支持者认同霍根所称的“新政结合体”（New Deal Synthesis），希望按照美国的样子改造欧洲：实现欧洲经济一体化、自由贸易、市场力量的完全运作，以及工会、农业和大学研究院的领袖齐心协力为国家出谋划策。“新政综合体”的另一方面是共同致力于实现经济增长：使用现代生产技术、美国商业技术，更为公平合理地与工人分享收益。霍根认为，由于强调欧洲进行自救，因此最终的结果并不完全是美国决策者想要的或期望的那样，而是变成了一个欧洲版本的“新政综合体”。[160]

制订“马歇尔计划”的原因多种多样，从国会的辩论中就可以看出，倡导者会在相应的合适时机施加各种不同的压力点。“马歇尔计划”被认为是一个人道主义计划，或是一个维护西方公民价值观的战略政策。该计划促进了和平、自由和繁荣，为欧洲稳定和政治经济一体化做出了努力，促进了世界贸易，美国工人和美国经济也因此受益。

1948 年 1 月 22 日，英国外交大臣欧内斯特·贝文在下议院发表演讲，希望消除许多人认为的美国是一个爱出风头的国家、出于某些别有用心的动机才提供资金的形象。当然，美国一定会考虑它自己的利益，贝文说道，但现在是时候称颂美国人民的“伟大的心灵”了。“我过去非常确信，现在依然没有改变我的想法，马歇尔提供援助的背后，除了帮助欧洲自救，并因此恢复世界的经济和政治健康这种宝贵的饱含人性的动机以外，它没有任何政治上的动机。”[161]

“马歇尔计划”产生的政治上和心理上的影响也是无法忽视的。康拉德·阿登纳在回顾“马歇尔计划”时写道，首先，这个援助计划是一个具有“极其重大的政治意义”的行动。通过把德国纳入该计划，美国将其昔日的仇敌与其他遭受损失的国家置于同等地位，给德国人带来了希望和信心。“你一定别忘了，”阿登纳写道，“当时各个战胜国非常强烈地希望完全抹去德国曾是一个伟大国家的历史。这就是为什么杜鲁门总统的决定对德国产生了非常积极的心理上的影响。”[162]

1972 年 6 月 5 日，马歇尔演讲 25 周年纪念日，联邦德国总理维利·勃兰特（Willy Brandt）在哈佛大学发表演讲以纪念这个欧洲复兴计划。勃兰特宣布将投入 4700 万美元成立德国马歇尔基金（German Marshall Fund）——一个由德国政府出资但在美国独立运作的学术交流和研究计划——以表示“我们对美国在 1947 年决定不将我们拒之门外的特别感谢”。[163]

“马歇尔计划”颁布于一个罕见的两党在外交政策上取得一致的时期，标志着战后美国开始在世界事务中发挥领导作用。经过数十年的政治、经济分析和历史反思，通过审查受援国和美国新近公开的原始文献，“马歇尔计划”当之无愧塑造了美国的立法和政策。

第 9 章

纵横交织的公路网

《州际公路法案》(1956 年)

国家高速公路的过时造成了可怕的浪费、死亡和危险的问题。 26

——德怀特·D. 艾森豪威尔，1952 年

(州际)公路代表了美国技术成就的高度；

但没有任何人——不论是工程师、规划者，

甚至是唱反调的人……了解这些公路将如何影响美国的文化。

——汤姆·刘易斯，1997 年

州际公路系统是美国的交通主干道，这个总长达 46 000 英里的高速公路网横贯美国大陆，连接着从大西洋到太平洋、从缅因州到佛罗里达州、从加拿大到墨西哥的每一座主要城市。[1] 它是支持在美国占主导地位的汽车文化的关键基础设施，并帮助改变了美国人开车、生活、购物和做生意的方式和地点。这个公路系统共拥有 54 663 座桥梁和 104 条隧道，是工

程界和交通运输界羡慕的对象。事实上，美国土木工程师协会（American Society of Civil Engineers）在 1994 年颂扬其为“美国的七大奇迹”之一。[2] 然而，其他一些人却没有那么热情。在沿美国东海岸南北延伸的州际公路的各休息站，出售印有“我恨 I–95”*T 恤的生意都很兴隆；几乎所有的出行者都一定会遭遇恼人的交通堵塞，因为 95 号州际公路是世界上最繁忙的公路，它蜿蜒穿过从波士顿到华盛顿特区的人口稠密的东海岸特大城市带。在任何一个早晨或晚上的高峰时段，洛杉矶、西雅图、芝加哥、纽约或其他主要城市走廊的州际交通都慢得如同蜗牛爬行，变成世界上最长的停车场。

州际公路系统最初是美国有史以来最复杂和最昂贵的公共工程项目，满足了不断发展、日益繁荣的美国对安全、可靠、有限通道的公路运输日益增长的需求。该项目花费的时间远超预期，成本也远远超出了原计划，国会从 1991 年至 1996 年发放了给州际公路系统的最后拨款，比最初的计划表推迟了 20 年之久。最后完成的公路段之一是一个巨大、复杂、贵得超乎想象的工程奇迹，被称为“大挖掘”（Big Dig）。它开凿了穿过波士顿市中心的地下隧道，部分路段的造价高达每英寸 15 782 美元，其总费用预计达到了 150 亿美元，比建造从缅因州到佛罗里达州全程 1919 英里的 95 号州际公路的花费还要大。[3]

虽然联邦政府在合众国历史早期就考虑发展并资助公路建设，但直到第一次世界大战之前，它才开始为公路的建设和维护提供资金。而在此之前，公路建设几乎完全是县政府或州政府的事情。联邦政府自 1916 年以来为州内一级公路、二级公路和城市公路提供财政援助和技术支持。经过多年的犹豫，国会在 1944 年颁布了发展州际公路系统的立法，然而却没能划拨出建设该系统的资金。[4]

1956 年的《州际公路法案》——或使用其正式名称《联邦援助公路

* I–95 是 95 号州际公路（Interstate 95）的简称。

法案》（Federal-Aid Highway Act）——是一部决定性的、具有历史意义的立法。[5] 德怀特·D. 艾森豪威尔总统发挥了重要的领导作用，将公路交通运输作为其政府的国内首要任务之一。联邦公路局（Bureau of Public Roads，BPR）、各州交通运输部官员，以及来自交通运输业的企业和工会的发言人，都热切希望启动这个宏伟的项目。一旦在政治上非常棘手的资金问题得到解决，国会就迅速通过了《州际公路法案》，其支持者称颂它是一部期待已久的、不可或缺的法案，以满足美国出行者和汽车运输行业永无止境的需求。

然而，这个州际公路计划很快就遭遇了阻力和批评。为公路建设所发放的数十亿美元，招致了普通公民、公司和州政府官员的欺诈、串通投标和其他众所周知的舞弊行为。这个雄心勃勃的建设计划很快比预定的进度落后了，初期所做的费用预算被迅速上调，最终的建设费用几乎是原计划的 5 倍。[6] 州、联邦的工程师和交通运输专家早在能够与之抗衡的各种政治势力联合起来以前——来自环境保护和历史性建筑保护运动的声音，代表城市贫民的声音，以及呼吁复兴城市公共交通的替代品的声音——就设计并实施了州际公路系统。早期在旧金山、新奥尔良、孟菲斯、华盛顿特区和其他城市地区曾爆发过激烈的战斗：战斗的一方是社区积极分子和历史性建筑保护主义者，另一方是政府官员、商业和公路建设势力。许多城市的市中心和定居已久的住宅区很快就布满拆除、重新安置和公路建设的丑陋伤疤。相比其他可供选择的交通运输系统，州际公路计划拥有一个巨大的政策上的优势。它的资金来源于一种使用费——被合并成公路信托基金（Highway Trust Fund）。在头 17 年里，该公路信托基金专门用于公路建设。一直到 1973 年，各种城市公共交通项目才能利用上这一源源不断的资金支持。

尽管不乏各种批评，州际公路系统已被证明是非常有效的交通运输方式，极大地促进了经济增长和繁荣。它只构成了美国公路总里程的 1% 不到，却运送了全美近四分之一的公路交通运量。它加快了运输成本的降低，通过及时交货运输方式使生产率得以提高，成为依赖安全可靠的公路运输的企业的关键推动力。州际公路系统和城市节点还极大地促进了郊区经济的增长，它们创建于州际环城公路和城市间走廊地带的周围，在距离市中心数英里的地方繁荣发展。因为汽车驾驶员使用了更为安全的州际公路系统，数十万人免于重大伤亡。很难想象如果国会没有在 1956 年确定发展限制出入的、多车道的公路系统，当今美国的交通运输网将是什么样子，或者将如何运作。

背景

在合众国历史早期，联邦政府曾参与过公路建设。国会在 1806 年制定法律建设坎伯兰公路（Cumberland Road）：一条始于马里兰州的坎伯兰、终于新加入联邦的俄亥俄州和俄亥俄河的国家收费公路；修筑公路的资金由土地出售和后来的过路费提供。两年后，财政部长艾伯特·加勒廷向美国参议院提交了一项综合性的计划：建设一个综合的大运河系统，一条打通从马萨诸塞州到北卡罗来纳州的内河航线的连续收费公路，以及一条从缅因州到佐治亚州、连接所有主要港口的收费公路。[7] 联邦政府将资助该计划，修筑公路，然后将它们移交给各州或私营企业。

1811 年，坎伯兰公路开工，于 1818 年修筑到惠灵。1838 年——此时它已被称为国道——它延伸到了俄亥俄州的斯普林菲尔德，然后在 1841 年延伸到了伊利诺伊州的万达利亚，最终总长达 800 英里。但它很快就被新技术打败了：随着铁路的迅速发展，国道被抛弃了。

但加勒廷的收费公路计划很快就遭遇了政治、经济和宪法上的困难。当时存在着一个顽固的经济地方主义问题：纽约州和新英格兰地区各州已经花费大量资金建设公路和运河。它们不愿意帮助改善其他地区——巴尔的摩或它以南，因为这将不可避免地削弱它们在商业运输上的优势。一些南方人也担心，联邦权力的不断增长最终可能威胁奴隶制。弗吉尼亚

州的国会议员约翰 · 伦道夫（John Randolph）1824 年警告他的同僚：联邦
政府如果能够建筑公路，那么它也能够解放奴隶。詹姆斯 · 麦迪逊（1817 26
年）、詹姆斯 · 门罗（1822 年）和后来的安德鲁 · 杰克逊（1830 年）总统各自否决了给国家交通运输设施系统拨款的提案；他们都主张为了使联邦政府参与这样的公路和运河建设计划，必须对宪法进行修正。由于这几位总统行使否决权，联邦政府退出了国家公路建设计划，直到近一个世纪后才实质性地重新开始该计划。[8]

公路改良运动

促进公路改良和联邦政府参与的推动力有：现代自行车的发明，农民对像样的、负担得起的交通工具不断增长的需求，美国邮政局创建的乡村地区免费送货计划，当然，还有汽车时代的来临。

1878 年，艾伯特 · 奥古斯塔斯 · 波普（Albert Augustus Pope）上校引入了一种齿轮传动、低轮的“安全型自行车”，拥有舒适的座椅和充气式的橡胶轮胎。[9] 它迅速淘汰了几乎可以把人的骨头震散架的、危险的旧式自行车——后者拥有巨大的 58 英寸前轮和相对很小的后轮。这种价格实惠的安全型自行车立即大获成功，骑自行车消遣兜风成为风靡全国的娱乐活动：城市街道上逐渐挤满了骑自行车的人，牧师在星期天抱怨教堂的长椅渐渐变空，经常去做礼拜的人都骑着他们的两轮自行车出去了。骑自行车也被视为一种解放妇女的力量。苏珊 · B. 安东尼曾经评论道，自行车“为解放妇女所做的贡献要比世界上其他任何事物都大。我每次看到一名女人骑自行车经过时，都会驻足并感到由衷的高兴”。[10]

到 19 世纪 90 年代，美国到处都是骑自行车的人，超过 10 万名自行车爱好者加入了一个名为美国自行车骑士联盟（League of American Wheelmen）的组织。1892 年，该联盟出版了《良好的公路》（*Good Roads*），自我宣传为“世界上第一本专门致力于公路改良的刊物”。在这个组织及其他组织的推动下，公路改良运动（Good Roads Movement）诞生了，并成为19世纪90年代广受关注的政治议题。[11]

此外，农民对铁路公司的垄断控制越来越不满。20年来，联邦政府给予了铁路公司大量补贴，但到19世纪90年代，农民要求获得一种将农产品和家畜运至市场的替代方式的呼声日益高涨。对于农民来说，公路运输是合理的替代方式。促进公路改良的推动力可能更多地依赖农民，而不是狂热的城市居民和他们的自行车。很多公路充满危险：有超过200万英里的泥土路往往维护不善，很容易被洪水淹没，且经常无法通行、弯弯曲曲，布满车辙。历史学家韦恩·E. 富勒（Wayne E. Fuller）宣称农民一直是“公路改良运动的核心与灵魂”。[12] 为了应对这种来自农民的不断增大的压力，国会于1893年投票批准给农业部长拨款1万美元，以促进对公路的调查。[13]

1896年，联邦政府开展了一项重要的全新邮政服务——乡村地区免费邮递。农民家庭再也不必长途跋涉到最近的城镇去取邮件了；邮件将直接送达他们手中，且不收取额外费用。3年后，美国邮政部采取了一项政策，即不会在公路不适合通行的地区安排农村邮递路线。美国立即出现要求改良农村公路的需求。邮政局所做的不仅仅是宣布这一政策，它还积极宣传和推动公路改良，劝告各邮政局长、负责公路的地方官员，甚至是邮政用户：除非公路得到更好的维护，否则邮递业务将处于危险之中。农村邮递员是最重要的联络点，他们时常非常积极地提倡改良公路。[14]

然后，汽车出现了。来自马萨诸塞州斯普林菲尔德的两名自行车修理工查尔斯·杜里埃和弗兰克·杜里埃（Charles and Frank Duryea）制造了美国第一台汽油发动的内燃机，并将它装到了一辆破旧的马车上。1893年，为了避免失败带来的尴尬，他们在黑夜的掩护下开着他们的“车”在斯普林菲尔德的街道上缓慢地来回行驶。[15] 数百家制造老式汽车*的厂商的

* 老式汽车（horseless carriages）：本义为不用马拉的车子，是对汽车最初的叫法。

小修小补和实验迅速发展成为汽车工业。到 20 世纪的第一个 10 年，汽车已经成为美国人生活中的重要组成部分。新闻报道是一边倒的称赞肯定，许多报道预测汽车将很快取代马车，成为一种更便宜、更可靠的交通运输工具。到 1910 年，美国登记的汽车数量已达 468 500 辆，是全世界最大的汽车消费国。[16] 很快，亨利·福特通过引入大规模流水线生产，给汽车制造业带来了革命；福特于 1908 年推出的坚固耐用且价格实惠的 T 型车，很快就被数千名新客户抢购一空，之后又有数百万名新客户购买了这款车。

公路建设受到早期社交俱乐部——纽约的美国汽车俱乐部、南加州的汽车俱乐部，特别是成立于 1902 年的美国汽车协会及其地方分会——的驱动。它也得到决心改良公路建设的各种商会和州政府协会的推进。1901 年，一位地方议员和官员霍雷肖·S. 厄尔（Horatio S. Earle）联合美国自行车骑士联盟密歇根支部倡议成立一个国家组织，以推动修筑一条“首府连接政府的高速公路”（Capital Connecting Government Highway），将每个州的首府与其他各州的首府，以及与华盛顿特区相连的那些城市统统连接起来。两年后，这个新兴的组织——美国公路建筑商协会（American Road Builders Association）——举办了第一次全国大会，厄尔出任主席。[17] 1914 年，在亚特兰大举行的美国公路代表大会上，美国各州公路工作者协会（American Association of State Highway Officials，AASHO）成立。这个组织后来在州公路的规划和建设中发挥了重要作用，它初始定的目标相当谦虚且现实：让交通“走出泥潭”！[18]

有一位心急的企业家并不满足于等待联邦或州政府采取行动。汽车实业家卡尔·G. 费希尔（Carl G. Fisher）是印第安纳波利斯赛车场的创始人，后来又开发了佛罗里达州的迈阿密海滩，他想从纽约到旧金山修筑一条硬质路面的全天候的公路。虽然未能说服亨利·福特资助这个预算高达 1200 万美元的项目，费希尔却得到了帕卡德汽车公司（Packard Motor Car Company）负责人亨利·B. 乔伊（Henry B. Joy）的资金支持，后者为这条公路起了一个令人难忘的名字：林肯公路（Lincoln Highway）。虽然这条公路的部分路段已经开通，但由于费用的不断增加以及与地方和州的公路管理机构产生的分歧，林肯公路协会（Lincoln Highway Association）在联邦于 1925—1926 年通过一部制订美国编号公路标记计划的立法后解散。[19]

在林肯公路之后相继出现的公路计划有：经线公路（Meridian Highway），计划从得克萨斯州的新拉雷多修筑到加拿大萨斯喀彻温省的温尼伯；另一条是杰斐逊公路（Jefferson Highway），计划从新奥尔良修筑到温尼伯。一条从田纳西州的孟菲斯修筑到得克萨斯州的埃尔帕索的公路，将以亚拉巴马州民主党参议员约翰・H. 班克黑德（John H. Bankhead）的名字命名，以向他致敬；然后还有在第一次世界大战结束之后的胜利公路（Victory Highway），以及连接华盛顿和洛杉矶的西奥多・罗斯福纪念公路（Theodore Roosevelt memorial highway）。卡尔・费希尔新建的迈阿密海滩度假胜地将由新的迪克西公路（Dixie Highway）——连接密歇根州的麦基诺海峡到迈阿密海滩——提供交通。[20]然而，这些宏大的私人计划中大多数或者从未建成，或者花了数十年才在州的资助和建设下得以完成。

推动立法

与此同时，一个世纪前基于宪法的主要反对理由已经被搁置一旁。1907 年，最高法院通过“威尔逊诉肖案”（*Wilson v. Shaw*）肯定了美国国会有权根据宪法的“州际贸易条款”（Interstate Commerce Clause）修建州际公路。

华盛顿受到越来越大的压力，人们要求它援助各州和地方政府修建公路。1912 年，众议院以较大的优势通过了一项改良公路的法案，要求联邦政府为邮政部使用各县的公路而向各县支付“租金”；联邦支付的这些租金之后将被用于帮助维护这些公路。但这部议案未能获得参议院的通过，主要的原因是美国汽车协会和其他汽车团体的反对。这不过是一个古老主题的另一种形式：农村与城市、农民和城里人之间的冲突。正如联邦公路管理局（Federal Highway Administration）历史学家理查德·F. 韦格罗夫（Richard F. Weingroff）所解释的，“农民想要全天候的连接农场和市场的公路。汽车司机团体和汽车行业则想要硬质路面的州际公路”。[21]

1913 年，众议院成立了新的公路委员会，1912 年那部立法的起草者、密苏里州民主党众议员多尔西·W. 沙克尔福（Dorsey W. Shackleford）辞去其在筹款委员会的职位，担任这个新委员会的主席。但国会不乏反对意见，特别是来自东部和大城市的议员，那里的公民不想出钱修筑南方和西部贫困地区的乡村公路。比如，两年前，纽约州共和党众议员米歇尔·E. 德里斯科尔（Michael E. Driscoll）起身反对这样的计划：“民主党人提交了 29 部公路议案，共和党人提交了 10 部，但其中没有一部来自东部州，也没有一部来自中部州，有极少的几部来自密西西比河流域；而所有的都是来自南方和西部幅员辽阔的各州，它们面积大，公路长，人口少，征税能力弱。”[22]

国会于 1916 年通过了第一部《联邦援助公路法案》，向各州提供用于公路建设的配套资金。负担公路建设的费用一直是一个棘手的问题。20 世纪初，建设公路的资金来自财产税、人头税和劳动力征募；然而，很显然，这给地方政府有限的税收来源造成了巨大的压力。[23] 其中一个主要问题是，较富的县和城市能够提供充裕资金用于公路建设，而较穷的县可以提供的则非常之少。1916 年的联邦公路立法能够有所帮助，但各州对于税收的需求仍然不断增长。各州纷纷开发新的收入来源，比如汽车登记费、债券和公路使用者税。其中使用者税是一个新颖的想法，1921 年后，所有的州都不断增加汽车使用者负担的公路建设费用的份额。[24] 但是，这些费用和税收不足以满足公众对公路的需求。1919 年，俄勒冈州、科罗拉多州和新墨西哥州开始征收汽油税；到 1929 年，汽油税已经在全国普及开来，甚至在墨西哥和加拿大也开始征收。汽油税通常为每加仑 3 至 4 美分，到 1929 年，各州总计已征收了 4.31 亿美元的汽油税。[25] 从 1932 年开始，联邦政府开始征收汽油税，最初是作为一种“紧急”税，税率为每加仑 1 美分，流入国家的一般收入基金，而不是用于公路改良。后来，在第二次世界大战期间征收了几种附加税。[26]

艾森豪威尔中校的横跨大陆之行

1919 年，经过第一次世界大战之后，美国陆军坦克部队的前途未卜。坦克很容易发生故障，行进速度缓慢，且非常笨拙，许多经验丰富的军官质疑这些难以操作、噪声很大的机器能带来的战术上的益处。陆军认识到坦克、卡车和其他机械化车辆必须在可靠的、维护得较好的公路上行驶。这一事实在 1917 年 12 月——人们记忆中最寒冷的一个冬天——变得非常明显，当时陆军汽车运输部队痛苦地发现几乎无法驾驶卡车从俄亥俄州的托莱多到巴尔的摩。

为了证明有改良公路的必要性，战争部在 1919 年夏天决定派出一个旅行队横穿美国，该旅行队由 75 辆卡车、汽车、救护车和修理车组成，并配备有 295 名军官和士兵，还有一个 15 人的乐队。该车队于 7 月 7 日从华盛顿白宫正南边的零里程碑（Zero Milestone）出发，前往宾夕法尼亚州的葛底斯堡，从那里驶上林肯公路已完工的路段，在 9 月 6 日到达终点旧金山。这个远征队由陆军上校查尔斯 · W. 麦克卢尔（Charles W. McClure）指挥，德怀特 · D. 艾森豪威尔中校是自愿参加这次远征的军官之一。这次旅程持续了 62 天，途中车队经历了无数的机械故障和损坏；许多公路在重型车辆的重量下被压碎，许多桥梁因太脆弱而无法承载车辆的重量。有时，车队的平均速度只有每小时 6 英里；某些天，车队的估计行程为 70 或 100 英里，而实际上只行进了 3 或 4 英里。45 年后，艾森豪威尔总结这次艰难的旅程，指出他们在经历了“60 天和 6000 次故障后”

终于抵达旧金山。沿途每到一地，都会有表达祝福的人群、政治家和将军、乐队、街舞和演讲欢迎他们，而演讲总是必不可少的。[27]

1919 年这段漫长、颠簸的旅程给德怀特·艾森豪威尔留下了深刻的印象。同样给他留下了深刻印象的还有希特勒统治下的德国先进的高速公路系统。艾森豪威尔在他的回忆录中写道："(一看到德国的高速公路) 我就意识到，美国已经在公路建设方面落后了。20 世纪 50 年代中期，我不希望我们继续落后。"[28]

联邦日益增大的作用

第一次世界大战后，美国爆发了前所未有的购买汽车的热潮，车辆登记数量从 1920 年的 1050 万辆猛增至 1929 年的 2670 万辆；即使在 20 世纪 30 年代的大萧条时期，也只有两年的汽车购买量低于 200 万辆。[29] 各州通过大幅增加新公路的建设来应对这种热潮，但各州愿意划拨的资金量却相差悬殊。各州政府的公路管理机构从各县政府手里收走了公路建设的控制权，因为各县往往没有能力建设高质量的公路，而且只愿意建设当地使用的公路，不愿意配合建设统一的全州公路网络。美国在 20 世纪 20 年代和 30 年代经历了被公路业界的许多人视为公路建设的第一个"黄金时代"。

联邦政府主要以两种方式为州公路的建设者提供援助——资金援助和技术援助。联邦资助开始于 1916 年的《联邦援助公路法案》，然后，多年来通过定期拨款继续提供资助。最重要的是 1921 年的《联邦援助公路法案》，它确立了一个关键原则，即联邦政府将向各州提供资金，而前提是各州需要把该资金的大部分用于建设"本质上是州际公路"的公路。在州公路建设获得的各种资助和优先考虑的计划当中，由联邦援助的公路计划成为各州的公路系统的核心。[30] 第二种重要的援助来自联邦公路局，它向各州提供技术援助、指导和政治合作。领导公路局走过其成长岁月的是托马斯·H. 麦克唐纳（Thomas H. MacDonald），他 1919 年至 1953 年一直担任美国公路局长，长达 34 年。20 世纪 20 年代和 30 年代，“首长”麦克唐纳——他们在提到他的时候几乎总是这么称呼他——与美国各州公路工作者协会密切协作，指明了联邦援助所发挥的作用，找到了能满足支持农村或农场公路建设和城市公路建设的两方选民阵营的政治妥协方案，并帮助奠定了州际公路系统的基础。理查德·F. 韦格罗夫形容麦克唐纳是“20 世纪公路运输的杰出人物”。[31]

麦克唐纳对于横贯大陆的州际高速公路系统有他自己的构想；然而，他的构想却与另一位公路爱好者富兰克林·罗斯福总统的计划相抵触。富兰克林·罗斯福一直以来都对公路的规划和发展非常感兴趣。他在 1924 年担任纽约州泰康利州立公园委员会（Taconic State Park Commission）主席时，监督了长达 125 英里的公园公路的规划；他在当选州长后努力改良农场公路，并将建设和公路维护的重担从各县转移到了州。担任总统时，用历史学家汤姆·刘易斯的话来说，罗斯福“不仅非常乐于支持为公路建设提供资金，而且还极为喜欢对它们的建设细节做些小修小补”。[32]

联邦公路管理局的历史学家李·默茨（Lee Mertz）评论道：“大家都听说过这样一个故事，州际（公路系统）开始于罗斯福总统在美国地图上画了三条东西向的线和三条南北向的线，并要求公路局把它建造出来。”[33] 而事实上，罗斯福在 1935 年与联邦官员和国会领袖就建造一个高速公路网讨论了整整一年。正如《华盛顿邮报》所报道的，暂定的计划提议建造三条主干道分别连接大西洋和太平洋海岸、加拿大和佛罗里达，以及加拿大和墨西哥，用“平坦的、像箭一般笔直、拥有四车道的干线公路”将美国的国界连接起来。[34] 20 世纪 30 年代后期，罗斯福政府提交了两部有关公路的议案，议员向国会提交了不少于 14 部议案。

1938 年，罗斯福请麦克唐纳进行一项研究，评估建设三条东西向和三条南北向超级收费公路的可能性。国会也在寻找指导，并在同一年指示麦克唐纳领导的公路局就建造一个国家收费公路系统的可行性提交一份综合性的研究报告。[35]“首长”麦克唐纳本人并不支持收费公路，但他着手进行了全面充分的研究。1939 年，公路局制作出了《收费与免费公路》（*Toll Roads and Free Roads*）。这份报告的中心结论是，罗斯福总统提议的公路计划在经济上是不可行的，而建造一个由 26 700 英里的低成本的非收费公路组成的、连接至国家各个主要城市市中心的综合公路系统，对于美国来说效果更好。《收费与免费公路》直接否决了罗斯福的愿景，但它也标志着联邦官员在考虑公路建设的优先顺序时发生了一个决定性的转变：从重点关注农村转变为以城市为重点。[36]

与麦克唐纳共同为此努力的盟友有美国各州公路工作者协会、美国汽车协会、美国卡车协会，全国公共汽车运营商协会（National Association of Bus Operators）和其他公路游说团体。各州的公路官员尤为担心他们 2
会被排挤出收费公路的业务，因为这一业务通常是由私营工程公司执行的。

就在公路局的这份报告发布后不久，宾夕法尼亚州收费公路（Pennsylvania Turnpike）——公路工程学的一个伟大成就——于 1940 年 10 月 1 日举行落成仪式。它从该州首府哈里斯堡的西侧延伸至匹兹堡的东侧，穿过阿勒格尼山脉，将这两座城市之间的旅行时间缩短了 5 个小时。[37]公路局的官员们曾对建设这条收费公路的想法表示反对，并试图阻拦私人提供财政支持，但宾夕法尼亚州为了修建该公路，成功地从联邦复兴金融公司（Reconstruction Finance Corporation）获得了一笔 3500 万美元的贷款，并从公共工程管理局（Public Works Administration）获得了一笔 2900 万美元以工代赈资金的拨款。[38]这条收费公路立即备受关注，它带来的通行费收入远远超过了公路局所预期的收入。一年之内，纽约州、马里兰州、缅因州、佛罗里达州和伊利诺伊州就相继成立了收费公路委员会。[39]

《收费与免费公路》为未来建设州际公路的共识奠定了基础，即使有关收费公路和非收费公路孰优孰劣的问题仍然有待解决。然而，联邦政府实际上在第二次世界大战开始的时候削减了划拨给公路的资金，并且由于决定通过铁路而不是公路运输战争物资，国防的重点就从公路建设上转移走了。

世界博览会和未来世界馆

在 1939 年纽约世界博览会上，当参观者体验到由通用汽车展示的巨型“未来世界馆”（Futurama）展览时，他们的想象力被激发出来。在这里，他们能瞥见一个闪亮、耀眼的明天：1960 年的美国。博览会每天的容纳人数为 3 万人，参观者需要徒步爬上长长的坡道才能观看这个由诺曼·贝尔·盖迪斯（Norman Bel Geddes）设计、名为“高速公路与地平线”（Highways and Horizons）的展览。许多人要等候数小时才能入场，但是，一进入房间，他们就立即沉浸在 60 英尺高的穹顶散发出的曙光蓝色中。房间的颜色有规律地、微妙地改变着，从曙光蓝到紫色，再到染红的暮色。参观者走在厚重的地毯上，来到一个重达 140 吨的乘客输送系统上，这是一个活动平台，布置有一排柔软、豪华的蓝色丝绒翼状靠背椅，两两并排。坐在这些舒适的椅子上，参观者可以凝视未来。

这个三维实景模型相当巨大，占地约 35 738 平方英尺，包含 50 万个建筑模型、100 多万棵树和 5 万辆微型汽车，其中有 1 万辆汽车滑行在未来的高速公路上。乘坐输送机围绕这个包含大都市、农田和山脉的展览——它们构成了一个巨型景观，其中的一切都由高速公路网和入口坡道连接了起来——观看一整圈需要花 17 分钟。靠背椅的两翼内置有小型扬声器，参观者在观看展览时，一个柔和的声音会低声地在他们耳边说：“这些是 1960 年的高速公路。注意它们拥有 5 个不同的车道，用于不同的速度，最高可达每小时 100 英里。注意支线分路，它们如何通过坡道接入干线公路，从而去掉公路交叉口。你们的立交桥在 1939 年是如此新颖，但许多年前就被废弃了。”

参观者可以近距离地观察“明日之城”。那个声音低声说：“这是 1960

年的大都市，这个城市拥有 100 万人口。”它向参观者保证这里将不再有贫民窟，1960 年的城市被划分成独立的住宅区、商业区和工业区。轻型汽车可以很容易地穿过这个巨大的大都市。

美国民意研究中心（American Institute of Public Opinion），或者称盖洛普民意测验，调查博览会的参观者发现“未来世界馆”是最受欢迎的展览。这个巨大的三维实景模型展示的许多重要特征最终在 1956 年的《州际公路法案》中转化为现实，它无疑帮助宣传了建造一个高速公路系统，以同样的方式连接起大都市和农村地区的想法。[40] 参观者在离开这个展览时，会收到一颗翻领纽扣，上面印有“我看到了未来”。数十万人相信他们确实看到了。

战后现实

然而，公路建设、规划的现实与“未来世界馆”和通用汽车展示的乌托邦式的景观相去甚远。联邦和各州的政治家、公路管理者以及规划者都未能提出一个协调一致的、可获得资助的公路战略。正如历史学家马克·H. 罗斯（Mark H. Rose）所评论的，在第二次世界大战开始的时候，各级政府都有一系列“复杂、矛盾且不一致的公路计划，所有这些计划共同导致只建设了有限的公路里程数，但它们往往不达标”。[41]

1942 年，约 240 个汽车制造商、石油公司、汽车俱乐部、工会和州公路管理者以及其他人士结成联盟，每周在华盛顿开会，秘密游说议员支持公路改良。这个所谓的“公路帮”联盟（Road Gang）成功说服国会通过 1944 年《联邦援助公路法案》。该法案将联邦援助的公路重新归入由一级公路、二级公路和城市主干公路组成的 ABC 系统中，并制定（但没有提供资金）建造一个国家州际公路系统：全长不超过 4 万英里，从大西洋延伸至太平洋，从加拿大边境延伸至墨西哥。由于 ABC 公路系统积压了大量待办工作，根本没有剩余的钱拨给州际公路系统，或者说它缺乏足够的政治意愿提供钱。[42] 不论推动建设州际公路系统的动力在 1944 年多么强大，但在接下来的 10 年里，它基本上陷入了停顿。

1949 年，美国对超过 3.7 万英里的公路进行了审查，发现它们的状况很糟糕。其中许多公路建成超过 20 年，但一直没有得到维护，这些公路拥有不同的路面类型，车行道宽度各异，桥梁的承载能力也各不相同。艾森豪威尔总统 1953 年上任时，只有 6417 英里的公路在 1944 年立法授权的资助下得到了改良。[43]

第二次世界大战期间，所有的汽车生产都停止了，但是战争一结束，汽车制造商就开足马力拼命生产，以满足人们被抑制的需求。饥渴的大众以非凡的热情迎接这些新车；数百万有意的买家和只逛不买的橱窗购物者焦急地等在展销店前，想要看新的车型。公众不仅想要新的汽车，还想要多车道、限制出入的高速公路。特别是在 20 世纪中叶，汽车制造商、卡车驾驶员、公共汽车公司、州和联邦的公路部门以及工会都强烈要求改良公路交通运输。[44]

一路走来，州际公路运动获得了一位强大的盟友——报业大亨小威廉·伦道夫·赫斯特（William Randolph Hearst，Jr.）的支持，他成了呼吁公路改良的非官方但卓有成效的啦啦队队长。正如他在争取《退伍军人权利法案》的战斗中所做的那样，赫斯特不遗余力地引导大众支持公路运动。1952 年 10 月至 1955 年年底，赫斯特旗下的报纸共出版了近 300 万行有关公路问题的文字，或足以印满 1229 份报纸的材料。他不断竭力宣传美国需要且应当拥有安全、可靠的高速公路。无怪乎美国公路建筑商协会和克莱斯勒公司的总裁在 1956 年一同给他颁奖，以表彰他如此有力地向美国人民宣传州际公路。[45]

制定法律

艾森豪威尔发挥的作用

候任总统艾森豪威尔在一篇刊载于赫斯特旗下所有报纸的声明中有力地陈述了他在公路建设问题上的立场："美国公路的过时带来了可怕的浪费、死亡和危险问题。我们必须制造最新式的战争武器从而通过实力保证和平，其次是现代化的公路网，它对于国防、国民经济和人身安全都必不可少。"[46]

国会在为下一次授权（1954年的《联邦援助公路法案》）做准备时，就公路建设问题举行了大规模的听证会。它从根本上来说只是一部临时过渡的立法，只授权了1.75亿美元给州际公路系统，试图满足城市和农村两方相互抵触的利益，但重要的是，它确立了建设州际公路系统的基本共识。艾森豪威尔1954年5月将这部公路立法签署成为法律，但同时也决定是时候发挥他的行政领导力了。

1954年7月在纽约州的乔治湖度假胜地举办的全国州长协会（National Governors' Association）年会为艾森豪威尔提供了平台。然而，艾森豪威尔因为一位兄弟的妻子去世而无法出席这次会议；副总统理查德·尼克松代替他宣读了总统发言。艾森豪威尔重申他对美国公路系统已经过时的指责："它已经过时了，在很大程度上是因为事情就这样发生了。它在最初的时候受地形、既有的印第安人的小路、牛踩出来的足迹、任意的地区分界线的支配。它在很大程度上只是为当地人以一或两个马力提供的缓慢速度在当地移动而设计的。的确，一直以来，它不时会被调整以应对大都市的交通阻塞、横跨大陆的移动，以及增加的马力。但它还从未进行过彻底改革或被设计为能满足未来10年的需要。"[47]

总统提出制定一个耗资500亿美元、为期10年的公路项目："[这是]

一个我们能够——且是我们应当——期待的目标。”[48] 这番演讲对于聚集在场的州长来说，完全出乎意料；他们事先完全没有得到艾森豪威尔会说什么的声明或通知。根据理查德·F. 韦格罗夫的记录，一些州长赞成完全排除联邦政府插手公路规划和建设事务，而且州长们一直在讨论如何使联邦政府退出公路汽油税事务，以便各州能够利用这笔收入。事实上，艾森豪威尔这篇演讲的冲击力对各州州长及他们的助手产生了“令人震撼的影响”。[49] 艾森豪威尔在提出他这个引人注目的 500 亿美元的计划时，已经采取主动从联邦公路局和国会的手里拿走公路政策的管辖权，并交由白宫接管。[50]

一些州长对艾森豪威尔的演讲内容感到困惑或烦恼，担心联邦政府会接管公路建设这一有利可图且至关重要的业务。所有的人都为它的大胆所震惊。而正在忍受 20 世纪 50 年代初的经济衰退的公路建筑商很快就看到了其中的利益。美国公路建筑商协会的尤金·雷博尔德（Eugene Reybold）中尉代表他的行业发言：“艾森豪威尔总统通过他的果敢行动，已经暴露了任何缩手缩脚、零敲碎打的计划都是不行的……在公路建设的计划中再也没有胆小的余地了。”[51]

但是，总统仍然面临着许多重大障碍。要让国会接受如此巨额的资助请求将是相当困难的，无论它可能多么受欢迎。至于应当如何为这样一个公路系统提供资金，也存在着严重的问题：是应当通过大规模发行债券，通过自筹资金的收费系统，还是结合使用提高税收和收取使用费两种办法？这些资金是否应当来自专用财源，比如一种结合汽油税和使用费的系统，或者它应当出自一般的联邦收入来源？应当要求各州出资多少？

艾森豪威尔命令他的高级助手和政府的成员起草他的高速公路计划。商务部将拥有总体管辖权，然而，商务部长辛克莱·威克斯（Sinclair Weeks）却反对如此大规模的联邦支出。另一方面，他手下的公路局局长弗朗西斯·V. 杜邦（Francis V. du Pont）具有敏锐的政治嗅觉，他强调了联邦政府通过公路计划刺激经济增长的重要性。[52]

另外两位关键助手对联邦政府的角色提出了从根本上截然不同的意见。前新罕布什尔州州长、幕僚长谢尔曼·亚当斯（Sherman Adams）认为，由托马斯·麦克唐纳实施的联邦–州合作制度是正确的选择，特别是如果联邦政府拨出更多的资金。亚当斯提议成立大陆公路金融公司（Continental Highway Finance Corporation），为公路系统提供资金，但将规划和建设事务交给公路局和各州政府。另一位助手是约翰·斯图尔特·布拉格登（John Stewart Bragdon）少校，他与艾森豪威尔在 1915 年同是西点军校的学员，因而是老相识，他提出了一个完全不同的主意：撤销公路局和各州的公路管理机构，把公路建设的所有财政和建设上的事务都交由国家公路管理局管辖，并建立一个与富兰克林·罗斯福所设想的类似的收费公路系统。布拉格登可能是一位精明的将军，但是在公路和分肥政治（pork barrel politics）的世界里，他却笨拙得像个孩子。他的收归国有计划将打破麦克唐纳和其他人苦心经营的长期的政治平衡。正如汤姆·刘易斯所形容的："个体参议员和众议员在有一个公路建设项目穿过他们的选区时所油然而生的自豪感将会消失。公路建设自 1916 年《联邦援助公路法案》颁布以来一直都是以联邦和州政府结成的合作联盟为特征，而这种合作联盟也将消失。"[53] 由于布拉格登和亚当斯争执不下，威克斯和杜邦各持不同的政策愿景，政府陷入了明显的政策僵局。

为了推进这一进程，经济顾问委员会（Council of Economic Advisers）主席阿瑟·F. 伯恩斯（Arthur F. Burns）建议艾森豪威尔成立两个委员会，以探讨建设和资助国家公路系统的问题。第一个委员会由杜邦领导，是一个由来自商务部、国防部、财政部、预算局和经济顾问委员会的代表组成的跨部门委员会。该委员会将研究州际公路系统在经济上的需求，并报告给第二个委员会——总统的国家公路计划咨询委员会（Advisory Committee on a National Highway Program），它由艾森豪威尔的朋友、前同事卢修斯·D. 克莱将军领导。[54]

克莱将军仔细挑选了他的委员会成员：卡车司机工会主席戴维·贝

克，阿利斯-查默斯公司（Allis-Chalmers）总裁威廉·罗伯茨（William Roberts），以其家族名字命名的大型建筑公司的斯蒂芬·D. 贝克特尔（Stephen D. Bechtel），以及纽约美国信孚银行（Bankers Trust Company）的斯隆·柯尔特（Sloan Colt）。担任执行秘书的是退伍军人、公路管理局官员弗朗西斯·C. 特纳（Francis C. Turner），他能够利用公路局的全部资源。历史学家理查德·O. 戴维斯（Richard O. Davies）总结道："这些人中，没有一人对公路和汽车怀有敌意。"[55]

被邀请发言的证人也是如此。在克莱委员会于 1954 年 10 月 7 日至 8 日举行的听证会上，公路游说团体全体出动。出席的代表分别来自美国农场局联合会（American Farm Bureau Federation）、美国商会、美国市长会议（U.S. Conference of Mayors）、美国公路建筑商协会、全国县官员协会（National Association of County Officials）、汽车安全基金会（Automobile Safety Foundation）、美国汽车协会、总承包商协会（Associated General Contractors）、美国石油学会（American Petroleum Institute）、公路市政协会（Highway Municipal Association）、卡车-拖车制造商协会（Truck-Trailer Manufacturers Association）、卡车行业独立咨询委员会（Independent Advisory Committee to the Truck Industry）、美国各州公路工作者协会、美国私人卡车委员会（Private Truck Council of America）、美车汽车货运协会（American Trucking Association）、美国农民协进会（National Grange）、收费公路协会（Toll Road Association）和全国公共汽车运营商协会（National Association of
275 Motor Bus Operators）。它们代表了两个基本的利益集团：那些必须负担公路费用的群体和那些将从公路建设中获利的群体。然而，为城市公共交通利益集团代言的全国性组织、并不反对州际公路系统的美国公共交通协会（American Transit Association）却没有受到邀请。[56] 同样也没有任何来自公民组织或利益集团的代表参加。

政府中流传着各种各样的资助建议，但克莱将军决定不考虑它们，转而寻求华尔街金融家的建议。最终，克莱的委员会建议采用出售债券的方式，通过一个新成立的联邦公司进行管理。不征收任何税收；资金将变得立即可用，州际公路系统可在短期内成为现实。

1955年1月11日，克莱的委员会发布了一份题为《十年国家公路计划》（*Ten-Year National Highway Program*）的报告，它成为国会在接下来6个月里审议的立法的大部分内容的基础。该报告建议在10年内支出1010亿美元用于一个由一级、二级和城市公路以及一个州际公路系统构成的组合，被称为“国家经济和国防的最高优先事项”。汤姆·刘易斯这样评价委员会的这份报告：“在构想上非常高明，但克莱的建议——与布拉格登的建议一样——在其对政治现实的基本理解方面非常愚蠢。它注定要失败。”[57] 艾森豪威尔对克莱委员会的报告兴趣也不大。他最初更喜欢一个自筹资金的收费公路系统的建议，尽管他最终认可了克莱将军的建议，但他“因为对筹资方法的无休止的争论而变得焦躁不安”。他只是“想要完成这件事”。[58]

第84届国会，第二会期（1956年1月3日—7月27日）

参议院：48位民主党人，47位共和党人，1位其他人士
众议院：232位民主党人，203位共和党人
总统：德怀特·D. 艾森豪威尔

通过法律

1955年2月22日，艾森豪威尔总统致信国会，强烈要求国会采取“全面的、快速的和有远见的”行动建设州际公路。他强调了四个紧急问题：安全问题，每年有3.6万人在公路上丧命，100多万人受伤；当前公路网老化和恶劣路况造成运行车辆成本增加；假使发生原子弹攻击，需要撤离路线；最后是交通拥堵，艾森豪威尔预计“当前的交通拥堵只是模糊地预示了今后10年的拥堵状况”。[59]

总统列举了一个协调的州际公路系统所具有的吸引力：它只拥有全国总公路里程数的 1.2%，却连接了 42 个州的首府和 90% 人口超过 5 万的城市。州际公路系统将承载全国七分之一的汽车和汽车运输量。除了这篇 1955 年国情咨文外，艾森豪威尔在 14 个不同的场合公开且有力地发言支持州际公路系统。[60] 几乎每个人——民主党人或共和党人——都同意，建设一个全国性的州际公路系统是极其重要的，不存在党派上、意识形态上或地方性的分歧；它是一个需要大规模财政支持的公共工程基金，每个人都可或多或少地受益于它。然而，症结就在于如何为这个巨大的项目筹集资金。弗吉尼亚州民主党参议员老哈里・弗勒德・伯德一直以来都是公路建设的支持者，但也属于讨厌负债的那一类政治家。伯德在 1955 年自豪地告诉参议院公共工程委员会下属公路小组委员会，弗吉尼亚州自 1835 年以来一直采用现收现付制（pay-as-you-go）建设公路，从未发行过某种债券。他坚决反对克莱委员会提出的发行 30 年的债券融资 200 亿美元的建议，这将需要支付 115 亿美元的利息。伯德坚持他的财政原则，成为政府的筹资提案的主要批评者。[61]

另一位有权势的参议员也不赞同克莱委员会的建议，他就是来自田纳西州的民主党人、公共事务委员会下属公路小组委员会主席老艾伯特・A. 戈尔。他将这个计划，即征收联邦汽油税并将税收交给债券持有者而不是投入公路建设，描述为“一个古怪扭曲的计划，可能导致国家陷入由通货膨胀引起的毁灭”。[62] 显然，在 1955 年春天戈尔参议员领导的小组委员会举行听证会期间，这个政府议案的处境会非常艰苦。新墨西哥州民主党参议员丹尼斯・查韦斯（Dennis Chavez）总结了人们对这个政府议案中债务还本付息问题的日益关注：“全国各地有很多人写信给我，说为什么发行 30 年期的价值 200 亿美元的债券，并且支付价值 110 亿美元的利息；这 110 亿美元本来可以建设许多公路。换句话说，他们认为这是一部投资法案，而不是公路法案。”[63]

戈尔提出的一部替代议案——授权为州际公路系统提供部分资金——

获得了口头表决通过。但在众议院，立法者不仅否决了艾森豪威尔的议案，而且也彻底否决了由公路小组委员会主席、来自马里兰州的民主党人乔治·H. 法伦（George H. Fallon）提出的一部议案。

阿瑟·F. 伯恩斯力劝艾森豪威尔如果必要的话，就召集国会召开特别会议以重新审议这部立法。艾森豪威尔在他的回忆录中写道："'好吧，'我有些悲伤地说，'可能有必要召开特别会议——但召集这次会议可能是以一个名为艾森豪威尔的人的明智为代价的。'如果我事先知道会毫无结果，那么花钱召集他们回来就毫无意义了。"[64]

艾森豪威尔在国会 1956 年会期的开幕式上发表的国情咨文与前一年的演讲同样有力，但他没有建议任何具体的筹资方法。然后，众议院共和党领袖、来自马萨诸塞州的小约瑟夫·W. 马丁在 1 月宣布，艾森豪威尔同意了一个类似于参议员伯德所主张的现收现付制税收计划，以打破围绕政府的债券筹资建议所陷入的僵局。[65] 在国会 1956 年的会期中，1956 年的《公路法案》由两位民主党众议员法伦和来自路易斯安那州的 T. 黑尔·博格斯（T. Hale Boggs）提交至众议院，由戈尔提交至参议院；他们的立法成功打破了长达 4 个月的僵局。该立法的第一条包含了 1956 年的《联邦援助公路法案》，第二条包含了 1956 年的《公路税收法案》（Highway Revenue Act），由博格斯起草，解决其筹资问题。这部《公路法案》授权在 13 年内拨出近 310 亿美元联邦–州资金（其中 260 亿美元由联邦负担），将公路使用费和汽油税指定用作新创建的公路信托基金，并规定该信托基金绝不可出现亏空。这是决定性的一步，因为它打破了国会一个长期存在的先例，即不指定特定税收用于特定项目。正如历史学家马克·H. 罗斯（Mark H. Rose）所总结的，博格斯和法伦找到了关键因素：大量的惠及每一个人的新建公路、一种在财政上可靠的筹资建设方法，以及适度增加货车运输业的税收。[66]

汽油税一直被汽车、货车运输、橡胶和石油行业视为非常可疑的。他们担心如果税收变得过于繁重，公民会减少驾车、减少购买汽车和减少使用货车运输。但是，《公路税收法案》使汽车、货车运输和橡胶行业不再反对联邦征收更高且持久的汽油税来负担州际公路系统的费用。只有石油行业继续强烈反对这种税收。[67] 随着该法案获得公路游说团体的支持，一切似乎都明亮起来了。

一个进一步的突破是新的费用分担方案：新建公路系统的费用将由联邦政府负担 90%，各州只需负担剩余的 10%；取代了旧有的联邦和州政府各负担 50%，或者联邦负担 60%、州负担 40% 的方案。

《公路法案》的亮点

这部《公路法案》向州际公路提供 310 亿美元（其中 260 亿美元为联邦拨款），基于联邦出资 90% 和州出资 10% 的方案。创建公路信托基金，资金来源于增加的汽油税、柴油税和特种汽车税，估计在 16 年内将筹集到 148 亿美元。1957 年至 1959 年，一半的资金将根据传统的基于里程、面积和人口的方案进行分配，另一半则单独按照人口进行分配。之后，将根据系统的需要划拨资金。该系统被扩展了 1000 英里，从而总计包括 4.1 万英里（1968 年总计包括 4.25 万英里），并更名为全国州际及国防公路系统（National System of Interstate and Defense Highways）。整个系统将于 1969 年完工，公路信托基金的税收将在 1972 年终止。[70]

这部立法对于驾驶汽车的公众、州和联邦的公路官员以及公路的游说团体来说都是一场胜利。从某种程度上说，开发综合州际公路系统的这段时间相比之后要轻松简单得多。社会评论家、环保人士、政策制定者，当然还有立法者，还要经过几年甚至几十年的时间，才开始需要面对下列种种问题：公路建设的环境影响，公路损毁、公路发展对市中心居民区的影响，历史性建筑的保护，汽车交通与公共交通运输的平衡。只有纽约市市长罗伯特·F. 瓦格纳独自发声，要求联邦应向因建设州际公路而被迫搬迁的城市地区的住户提供援助以负担他们的搬迁费用；其他绝大部分人甚至连想都没想过这样的问题。[71]

众议院以 388 票赞成比 19 票反对的压倒性优势通过了该立法，接着参议院以口头表决的方式通过了戈尔早前提交议案的修改版本。用詹姆斯·A. 邓恩（James A. Dunn）的话来说，这部立法“像下坡路上的牵引挂车一样”以不可阻挡之势滚动通过了国会。[68] 两院协商委员会调和了两个议案版本的分歧，并迅速获得了参众两院的同意。1956 年 6 月 29 日，艾森豪威尔总统将《联邦援助公路法案》签署成为法律。正如《星期六晚邮报》（*Saturday Evening Post*）在总结公路游说团体的势力和这部《公路法案》获得国会通过的容易程度时所写的，“这应该回答了有关是谁在治理这个国家的任何问题”。[69]

《州际公路法案》的关键人物

德怀特·D. 艾森豪威尔（1890—1969）发挥了行政领导作用，敦促国会制定州际公路立法。他在 1954 年全国州长会议（National Governors' Conference）上的发言以及他的国情咨文和其他演讲中概述了他的“大计划”，引发了全国对公路建设的兴趣。正如艾森豪威尔后来所回忆的，州际公路立法“是我感受最深的事情之一，我做出了一个私人的和专制的决定，预见到国家将因此受益”。[72] 然而，从艾森豪威尔的军事经验和个人气质来说，他只能是委派任务的人，他将重要问题的细节，包括州际公路系统的计划，都交给了他的下属解决。

乔治·海德·法伦（1902—1980），马里兰州民主党众议员（1945—1970），是众议院公共事务委员会下属公路小组委员会主席。在华盛顿那场漫长而激烈的争取高速公路的斗争期间，法伦坚持认为，即使当地激烈反对，所有的高速公路都能够由国会批准，并且在开始地铁（地下轨道公共交通系统）方面的工作前，必须先确保它们的建设。1970 年，世界地球日——帮助推动现代环境保护运动的草根事件——的组织者开展了反对“肮脏十二人”（dirty dozen）众议员的活动，认为他们在环境保护方面的记录最糟糕。法伦是受攻击的目标之一，后来他在民主党内的初选中被保罗·S. 萨班斯（Paul S. Sarbanes）击败。虽然他可能被环保团体视为敌人，但公路游说团体却对他赞赏有加。在 1959 年为法伦颁奖时，美国公路建筑商协会的一位颁奖人说道：“如果说公路人在国会有过一位朋友的话，那就是乔治·H. 法伦，我相信他名字中的‘H’就代表着‘公路’*。”[73]

小艾伯特·A. 戈尔（1907—1998）在众议院任职 14 年后，于 1952 年击败在任的参议员肯尼思·麦凯勒，当选参议员。1955 年，他出任参议院公共工程委

* 公路（Highway）的英文首字母为“H”，与法伦中间名字的缩写相同。

员会下属公路小组委员会主席。担任此职时，他反对克莱委员会的建议，并起草了《州际公路法案》的参议院版本。[74] 1959 年，戈尔调任外交委员会，但他仍然对公路交通运输问题保持浓厚的兴趣。他在 1956 年时寻求民主党副总统候选人的提名，但败给了同僚、来自田纳西州的参议员埃斯蒂斯·基福弗。戈尔是南方人当中的温和派，投票支持联邦民权立法，反对越南战争。1970 年，他在一场激烈的竞选中败给共和党人威廉·布鲁克。

T. 黑尔·博格斯（1914—1972），1941 年当选众议员，然后在第二次世界大战期间服役于美国海军。1946 年，他返回国会，并在 1956 年成为众议院筹款委员会的关键人物。他与乔治·法伦合作推动《州际公路法案》，并在财政部长乔治·汉弗莱（George Humphrey）的建议下，采纳了创建公路信托基金的建议，为州际和其他联邦援助公路项目提供资金。[75] 他后来成为众议院的多数党领袖，但是他在帮助他的同僚、来自阿拉斯加州的民主党人尼克·贝吉奇（Nick Begich）竞选连任时，在阿拉斯加州死于一场空难事故，他的职业生涯就此戛然而止。

弗朗西斯·C. 特纳（1909—1999），先后担任公路工程师和高级联邦行政官员。他在 1929 年大学毕业后立即加入公路局，自此开始了职业生涯。在 1955 年至 1956 年的关键谈判阶段，特纳担任克莱委员会的执行秘书，然后成为公路局和起草这部立法的各国会委员会之间的关键联络人。到 1969 年，特纳已经晋升为联邦公路管理局局长。在该机构自身的联邦援助公路计划历史中，该机构将特纳称为州际公路系统“之父”。1994 年，《美国传统》（*American Heritage*）杂志在 40 周年纪念特刊中，将他列为同一时期的 10 位“改革推动者”之一，尽管他完全不为公众所知。[76]

余波

州际公路计划颁布仅仅数年后，就遭到了严厉的批评，特别是因为它未能达到国防的设计要求，以及对它在批予有利可图的公路合同时存在大量贪污腐败的指控。立法者在 20 世纪 50 年代曾不加批判地接受了州际公路是国防所必需的论点。虽然艾森豪威尔总统支持州际公路也基于其他原因，但他曾敦促建设州际公路，从而确保倘若发生原子弹袭击，政府能够迅速撤离各城市居民，迅速运输军队和物资。[77] 然而，1960 年，明尼苏达州民主党众议员约翰·A. 布拉特尼克（John A. Blatnik）进行的一项国会调查发现，陆军、空军、陆军工兵部队（Corps of Engineers）和海军拥有的一些武器系统或其他军备在被放置在卡车或其他车辆上时，超过了州际公路的桥梁和高架桥设计的14英尺最小安全距离。于是在这一年，国防部和公路局同意将州际公路建筑标准中的最小安全距离定为16英尺——这一决定淘汰了约2200座州际公路的桥梁和高架桥。[78]

国会在1957年开始听讯针对公路承包中的欺诈和滥用行为的控诉。由戈尔参议员领导的参议院公共工程委员会指出，印第安纳州公路局的前任官员获取了8万美元的非法利益。之后，联邦大陪审团对两个人提起指控，并称前印第安纳州州长（1953—1957）、共和党人乔治·N. 克雷格（George N. Craig）对公路违规行为“即使不用承担法律上的责任，也负有道德上的责任”。[79]

众议院进行了长达4年的广泛调查。1966年，由众议员布拉特尼克领导的众议院公共工程委员会下属的一个小组委员会揭露了有20个州存在大范围的欺诈或违法行为，包括价格垄断和串通投标，相互勾结，以及涉及土地交易的贪污受贿。1965年年底，18家石油产品制造商和17个人因参与密苏里州的非法价格垄断活动总共被罚款200万美元，13家石油公司对于被指控参与堪萨斯州的价格垄断活动没有做任何辩护。[80]

穿过城市的公路

最有争议的一个州际公路问题是修筑穿过中心城区的公路通道。公路的官员视这些城市连接通道是完成一个协调的州际公路系统必不可少的一环；各商会和城市商业界则视它们为连接郊区的至关重要的纽带，将帮助日益衰落的核心城市中心恢复活力。多年来，对这个问题一直实行的是权势决策体制，公路的官员、市长、市议会和商业界随心所欲地行事。他们在得知州际公路20%的里程和一半的联邦资金将指定用于城市地区后甚至变得更为热心。

早在州际公路系统开工很久以前，纽约人就提前感受到了城市快速路的便利，那是在1945年，富有争议但很有权势的纽约市公园委员会主席罗伯特·摩西（Robert Moses）计划在这个大都市区的心脏地带建造总长超过100英里的高速公路。他的传记作家罗伯特·A. 卡罗（Robert A. Caro）评论道："把1945年世界上所有城市既有的所有高速公路归并在一起，它们的里程数加起来也没有罗伯特·摩西在1945年计划在一座城市建造的里程数那么多。"[81]

富有争议的跨布朗克斯区高速公路（Cross-Bronx Expressway）是13个项目工程中的一个，它长达7英里，将穿过113条大大小小的街道，数百条污水管线、水管线和公用设施线，一条地铁和三条铁路，五条高架快速交通线路，以及摩西同时建造的其他7条高速公路或公园。[82]这个项目以及纽约市其他工程项目都极为困难、花费巨大，但受到大部分人的欢迎，除了被迫搬迁以给这些工程项目让出地方的居民和小商户以外，他们通常是城市中最弱势的群体。对于这些不可避免的抗议，摩西的回答是："不打碎鸡蛋就做不出煎蛋卷。"

艾森豪威尔总统在提倡州际公路系统时并未考虑到这个问题。事实上，当他听到修筑穿过城市地区的州际公路的计划时，他感到非常沮丧和困惑。1960年4月，艾森豪威尔在总统的椭圆形办公室与他的高级公路顾问开会，他称建设州际公路的公路穿过城市拥挤的地区"完全违背了他最初的设想和愿望，他从未预料到这个计划会发展成这样"。艾森豪威尔仔细阅读过克莱委员会的报告，他没有意识到州际公路计划会被用来建设一个大规模的市内公路网络。他一再重申他对州际公路计划的发展方式已经违背了他的意愿感到失望，但是它已经发展到自己基本上无能为力的程度了。艾森豪威尔非常沮丧，称公共工程项目是联邦资金最大的"摸彩袋"之一。[83]

随着联邦和州的公路规划人员开始勘测城市通道，很快更多的批评声音开始出现。《纽约时报》在 1966 年的一篇社论中哀悼："随着居民区被切成两半，墓地被迁移走，跑得快的人和死者都不安全。从波士顿到洛杉矶的每一个大城市都将被装饰上或披挂上混凝土带——或者说被它们扼死。"[84] 城市研究专家艾伦·阿特舒勒（Alan Altshuler）和大卫·吕贝罗福（David Luberoff）写道，州际高速公路已经使城市特别是高密度的老城市遭受了"大手术，其规模是美国历史上前所未有的"。[85]

社区、公民组织，最终还有一些城市的政府反击了。最早的一次公民反抗活动涉及 480 号州际公路——滨海高速公路（Embarcadero Freeway），它是旧金山的一段高架公路。这一小段高速公路最早于 1951 年提出规划，作为服务于通勤者从马林县（Marin County）跨过金门大桥前往市中心的公路，它将正好穿过风景如画的渔人码头。这段路于 1959 年开通，但遭到了极大的反对。一年前在其施工期间，有 3 万多人签署了抗议请愿书。同年，旧金山市议会投票赞成取消提议的 10 条穿过城市的高速公路路线中的 7 条，并终止建设滨海高速公路的未完成部分。1969 年，旧金山市市长约瑟夫·阿里奥托（Joseph Allioto）宣布将不再建造新的高速公路："旧金山的确是世界上最雄伟的城市之一，它不会被变成满是高速公路和车库的废墟。"[86] 4 年后，有人提出了拆除海滨高速公路的计划。但大自然最后拍板：1989 年发生的洛马普列塔地震严重损毁了滨海高速公路，政府出于安全考虑将它拆除了。

1946 年，路易斯安那州公路局聘请罗伯特·摩西——他在纽约的权势和影响力正处于鼎盛时期——为新奥尔良制订了一系列高架高速公路的计划。这些计划最后都不了了之，但是在 50 年代，新奥尔良市一群很有权势的商业和公民领袖联合起来计划建设一条高架公路——法国区滨河高速公路（Vieux Carre Riverfront Expressway），并将其定名为 I-310 州际公路，这条公路将沿着密西西比河延伸，连接杰克逊公园和法国区。这些商业领袖想要复兴新奥尔良市中心，使其比休斯敦和亚特兰大更具竞争力。他们在华盛顿拥有一位很有权势的盟友——众议员黑尔·博格斯，后者给予了他们很大帮助。

在所谓的“新奥尔良第二次战役”中，街道和社区的积极分子经过漫长、困难且激烈的斗争，推迟了这个项目，将其变成一个全国性的历史性建筑保护问题，并在联邦政府工作重心转移期间获得了支持。1969 年，新上任的交通运输部部长约翰·A. 沃尔普（John A. Volpe）取消了滨河高速公路项目，因为它还未按照 1966 年《国家历史保护法案》（National Historic Preservation Act）的规定被历史保护咨询委员会（Advisory Council on Historic Preservation）考虑。公路的支持者和批评者同样大吃一惊：约翰·沃尔普是被尼克松任命的人、前马萨诸塞州州长、艾森豪威尔政府第一任联邦公路管理局局长，且是美国各州公路工作者协会唯一官方推荐的交通运输部部长人选，他撤销了联邦的支持。然而，一个比较弱势的非裔美国人社区联盟没能阻止 10 号州际公路高架路段的建设，它不仅毁掉了一片极大的老橡树林，也破坏了历史悠久的克莱本大道（Claiborne Avenue）社区。[87]

田纳西州的孟菲斯因 40 号州际公路的扩建而经历了一场旷日持久的长达 24 年的斗争，增建的这段公路将穿过古老的奥弗顿公园（Overton Park）到达市中心。近 1000 家企业、教堂和房屋（其中大部分是非裔美国居民的）被拆毁，这条州际公路也建成了数英里的路段，但公众的激烈反对成功阻拦了使该州际公路穿过公园的计划。1966 年，国会颁布了《交通运输部法案》（Department of Transportation Act）；其中一条规定，除非没有“可行或审慎的”替代方案，否则州际公路不得穿过公共绿地。州际公路的反对者——被孟菲斯的媒体戏谑地称为“穿网球鞋的小老太太”——赢得了重大胜利并最终保住了公园。美国最高法院在 1971 年的“保护奥弗顿公园的公民诉沃尔普案”（*Citizens to Preserve Overton Park v. Volpe*）[88] 中裁定确实存在一个替代方案，即规划一条环城高速公路，并要求交通运输部部长对该规划进行考虑。

1966 年 5 月，华盛顿特区爆发了一场郁积已久的有关高速公路的斗争。这场发生在国会与联邦公路官员后院的斗争尤为激烈。它开始于1955年的一个建议，即建设一条18英里长的内环高速公路，形状如同数字“8”，拥有6条车道，且低于周围街道平面，分9个阶段建造：根据《华盛顿邮报》记者罗伯特·C. 阿尔布鲁克（Robert C. Albrook）的说法，该设计被视为“迄今为止为解决华盛顿的交通拥堵所设想的最大胆的答案”。[89] 20世纪60年代中期，围绕在华盛顿特区建设州际公路连接的各种建议爆发了激烈而充满火药味的争论。1965年，国会批准为更大的华盛顿大都市地区建设一个地铁系统。国会中支持公路建设的议员威胁要切断给地铁的资金，除非提议的所有公路路线都获得通过。众议院华盛顿特区拨款小组委员会主席、肯塔基州民主党众议员威廉·H. 纳彻（William H. Natcher）斥责反对高速公路的势力。“现在是时候停止做蠢事了。”纳彻宣布道，“我希望委员会的成员们知道，如果公路计划被完全终止的话，我就不能继续推荐……拨款给这个快速交通系统了。”[90]

美国联邦上诉法院已经终止了公路发展，主要的理由是这些计划在没有举行公开听证会的情况下就获得了通过。但是，话语权暂时还掌握在公路游说团体手中。国会通过了由众议院公共事务委员会下属公路小组委员会主席、来自伊利诺伊州的民主党人约翰·C. 克卢钦斯基（John C. Kluczynski），以及该小组委员会少数党成员、来自佛罗里达州的共和党人威廉·C. 克莱默（William C. Cramer）1968年起草的《联邦援助公路法案》。该法案在直接针对华盛顿特区的条款中规定完成所有州际公路，不管任何法院或行政裁决有其他指示。它还削弱了对公园土地和野生动植物保护区的保护，禁止总统从公路信托基金转移任何资金用作他途，并且，它删除了第一夫人伯德·约翰逊（Bird Johnson）特别喜爱的项目——公路美化计划，进一步打击了约翰逊总统。记者德鲁·皮尔逊和杰克·安德森（Jack Anderson）称该法案是“这一会期最受游说团体主导的议案”，并列出了最主要的公路游说团体：费尔斯通橡胶公司

（Firestone Rubber Company）、美国公路建筑商协会、美国汽车协会、美国沥青协会（Asphalt Institute）、全国汽车经销商协会（National Association of Auto Dealers）、波特兰水泥协会（Portland Cement Association）以及全国汽车业主协会和全国汽车巴士车主协会（National Association of Motor Bus Owners）。[91]

林登·约翰逊在其总统任期的最后 6 个月中签署了该法案，但最终，它对于支持公路的势力来说却是一场有名无实的胜利。大华盛顿地区的大部分州际公路系统都从未建成。

城市公共交通政策

毫无疑问，联邦地面交通运输政策为支持公路的势力所左右。他们拥有这种支配地位的关键是公路信托基金，该基金在头 17 年内专门为州际公路源源不断地提供资金。联邦政府承担了绝大部分支出，各州只需提供公路项目费用的 10%。而公共交通运输却没有获得这样的联邦基金，或慷慨的资助方案。弱势、低效且刚刚兴起的公共交通运输游说团体根本不是公路游说团体的对手。此外，正如乔治·M. 斯莫克（George M. Smerk）教授所提出的，国会对公共交通运输的支持非常有限，因为一直到 20 世纪 60 年代初，它都被认为大体上是仅限于大城市的问题，而不被视为一个全国性的问题。[92]

小规模的联邦城市公共交通政策开始于 1961 年的联邦《住宅和城市发展法案》（Housing and Urban Development Act），它为公共交通系统提供了少量的低息贷款。几乎与此同时，1962 年的《联邦援助公路法》极大地促进了城市交通运输规划，该法案规定在人口达到或超过 5 万人的城市化地区进行任何公路项目，都必须制定持续、全面且协作的城市交通运输规划，才有条件获得联邦资金。到 1965 年中期，落入 1962 年这部立法所规定范围的全部 224 个城市化地区都在实施这样的城市交通运输规划。[93]

第一部专注于公共交通的立法是1964年的《城市公共交通运输法案》（Urban Mass Transportation Act），它为公共交通运输设施提供联邦建设补助金，最高可达建设费用的三分之二；然而，它每年只批准1.5亿美元，而实际上的拨款甚至更少。1967年交通运输部的成立带来了重要的制度上的转变，它归并了不同的交通运输部门。城市公共交通运输管理局（Urban Mass Transportation Administration），即后来的联邦交通管理局（Federal Transit Administration），最初隶属于住房和城市发展部（Department of Housing and Urban Development），在1968年被转移到了交通运输部。现在，它与接替公路局的联邦公路管理局在组织结构图上处于同一地位，尽管它的影响力和权力仍然比不上后者。然后国会在1970年通过了具有里程碑意义的《城市公共交通运输援助法案》（Urban Mass Transportation Assistance Act），批准提供为期12年、总计金额为100亿美元的拨款。公共交通最终获得了资金注入，但其数额相比提供给公路计划的保证基金仍然相形见绌。

公路信托基金如同一处宝藏。公路游说团体小心翼翼地守护着它，然而城市交通运输利益集团连同越来越多的市政府和州政府日益希望能从该基金中分一杯羹，用于非公路方面。两位总统林登·B. 约翰逊和理查德·M. 尼克松都试图扣留公路信托基金的钱，但都失败了。1966年，约翰逊削减了国会已经拨出的11亿美元，但面对州交通运输官员和立法者的抗议和抱怨，他很快改变了立场。1971年，尼克松在向底特律经济俱乐部（Detroit Economic Club）——汽车产业的“引爆点”——发表的演讲中宣称“对于公路信托基金，我们不能太僵化死板了”。[94]第二年，尼克松扣留了25亿美元的公路资金。反对他的行动非常迅速：政府很快收到了30多份起诉书，其中大部分案子都是各州胜诉，包括美国联邦上诉法院的一项判决，它裁定政府非法扣留了划拨给密苏里州的公路信托基金的钱。[95]

尼克松和交通运输部长约翰·沃尔普并未被吓住。他们与民主党国会领袖密切合作，以打破公路游说团体对信托基金的钳制。1973年的《联

邦援助公路法案》首次批准将公路信托基金的一些钱用于城市公共交通运
35 输，并且授权交通运输部长撤销一些比较有争议的城市公路计划。支持公路的团体和支持公共交通的团体在20世纪60年代的大部分时间里一直冲突不断，反对公路的团体的数量和政治影响力不断增加，以至于他们成了阻挠1972年公路法案通过的重要因素。1973年达成的协议只不过是一个精明的决策：让城市交通分一杯羹，并扫除大部分反对继续向公路提供资金的声音。

直到此时，立法者才批准提供城市交通资金用于基本建设，但是他们没有准备提供急需的营运补贴。但是，许多城市的交通系统状况极为糟糕。作为回应，1974年的《国家公共交通运输援助法案》（National Mass Transportation Assistance Act）首次批准提供为期6年、总计金额近120亿美元的联邦基金用作营运补贴。

1975年，总统杰拉尔德·R. 福特——来自以汽车产业为支柱的密歇根州的前众议员，过去一直坚定地支持公路信托基金——提出了将大幅削减公路信托基金的立法。福特建议将每加仑汽油征收的4美分税做如下分配：公路信托基金只得1美分；2美分收入联邦财政部，剩余1美分给各州。公路游说团体与公共交通游说团体结成伙伴，成功打败了福特的提案。[96]

3年后颁布的《地面交通运输援助法案》（Surface Transportation Assistance Act）成为第一部将公路、公共交通和公路安全的授权条款合并成为一部立法的联邦法律。然后在1982年，支持城市公共交通的团体长期争取“削减”公路信托基金的钱的努力终于实现。成为1982年《地面交通法案》（Surface Transportation Act）第三章的《联邦公共交通运输法案》（Federal Public Transportation Act）将汽油税增加了5美分，并将由公路信托基金产生的总收入的近20%用于公共交通。从那时起，这个20%的专项拨款就一直在联邦政策中固定下来了。

《陆上综合交通运输效率化法案》和州际公路计划的终止

1987 年的《地面交通运输与统一再分配援助法》（Surface Transportation and Uniform Relocation Assistance Act）被普遍认为将是资助州际公路系统的最终篇章。该法案提供 170 亿美元用于完成州际公路系统，一旦该法案的授权在 1991 年至期，为州际公路计划新提供的资金也将终止。但是，州际公路系统的建设史并未完结，还有更新的篇章。1991 年，国会制定了迄今为止影响最深远且费用最高昂的公路修补和重建法案——《陆上综合交通运输效率化法案》（Intermodal Surface Transportation Efficiency Act，ISTEA）；乔治·H. W. 布什总统在签署该法案时称其为"自艾森豪威尔总统 35 年前启动州际公路体系以来最重要的交通运输法案"。[97]《陆上综合交通运输效率化法案》对联邦交通运输政策的转向非常关键：它授权联邦公路局为新的国家公路系统——包括 15.5 万英里的州际公路、城市公路和主要农村公路——指定路线。《陆上综合交通运输效率化法案》给公路的拨款现在将用于修补和重建这些战略性的公路系统，其中联邦提供 80% 的配套份额。

《陆上综合交通运输效率化法案》很快就得到了"冰茶法案"* 的绰号，它批准在 6 年内总计给公路拨款 1240 亿美元，给公共交通拨款 360 亿美元，给自行车道、历史和风景保护拨款 24 亿美元。最重要的是，它预留了 60 亿美元，帮助各州政府遵守联邦空气质量标准。虽然该法案的绝大部分资金集中在了公路重建方面，但其他项目也分配到了一些资金，从而安抚了支持城市交通、环境和历史保护的团体。正如艾伦·阿特舒勒和大卫·吕贝罗福所指出的，"地面交通运输联盟在 20 世纪 70 年代和 80 年代扩大至包括了公共交通的倡导者，而现在则基本上包括了它之前的所有批

* "冰茶法案"（Ice-Tea）：其发音与《陆上综合交通运输效率化法案》的英文首字母缩写"ISTEA"发音近似。

评者”。[98]

《陆上综合交通运输效率化法案》为州际公路系统最后的几个工程指定了拨款，其中中央干道 / 隧道工程，即所谓波士顿“大挖掘”，无疑是有史以来企图完成的最困难、复杂和昂贵的工程之一。“大挖掘”完成了州际公路系统中最长的 90 号州际公路在波士顿的路段，并且重建了 93 号州际公路在波士顿市中心的路段，旧有的富有争议的高架公路——被称为“绿色怪物”——将被地下公路取代。这是一个极具挑战的工程，需要拆除数百年的碎片残骸、不牢固的垃圾填埋场以及旧的公用设施线路，支撑当前的州际公路，同时在其下方 140 英尺的地方建造新的州际公路，与地下现在运行的地铁系统仅相隔数英尺。[99]

在“大挖掘”工程收获了大量媒体关注的同时，州际公路系统默默增加了其他的项目。自 1991 年以来，州际公路系统又新增了 3882 英里长的公路，总里程数达到 46 677 英里。宾夕法尼亚的 99 号州际公路和威斯康星州的 39 号州际公路已计划建设更多的里程；还有延伸 69 号州际公路的计划，建成后这条公路总长将达 1800 英里，途经 8 个州和 10 个城市，连接墨西哥（位于得克萨斯州的拉雷多）和加拿大（位于密歇根州的休伦港）。[100]

接着在 1998 年，克林顿总统签署了《21 世纪交通运输公平法》（Transportation Equity Act for the 21st Century，TEA-21）。这部预算高达 2180 亿美元的法案极大地增加了提供给公路的资金，并采用了预算“防火墙”来保护这些资金。此外，《21 世纪交通运输公平法》还对公共交通和农村交通给予了支持，并向各种纾减环境影响项目提供了资金。2005 年重新授权的法案又向公路和其他交通运输项目提供了 2864 亿美元的资助。这部长达 1752 页的法案塞进了 6371 个具体项目，它们被称为“专项拨款”，或者被更为轻蔑地称为“猪肉”。1982 年的立法中只有 10 个这样的指定拨款的公路项目，而在 1998 年的立法中迅速增加至 1850 个。“我就像塞火鸡一样填塞它。”众议院基础建设委员会（House Infrastructure Committee）

主席、来自阿拉斯加州的共和党人唐·扬（Don Young）在评论分给阿拉斯加州的数量庞大的项目时坦言道。[101]

制定公路系统的关键事件

19 世纪 80 年代至 90 年代　公路改良运动。

1921 年　《联邦公路法案》。

1938 年　《联邦援助公路法案》，要求研究收费公路网，包括不超过 3 条东西向和 3 条南北向的路线。《收费与免费公路》建议建设一个总长 2.67 万英里的免费公路网。

1944 年　《联邦援助公路法案》指定建设 4 万英里的公路网，即全国州际公路系统。没有批准资金。

1956 年　国会批准建设总长 4.1 万英里的全国州际及国防公路系统，并成立新的公路信托基金。

1967 年　公路局变成联邦公路管理局，成为新成立的美国交通运输部的一部分。

1969 年　《国家环境政策法案》和 1966 年的《交通运输部法案》对环境和公园绿地实行限制。

1973 年　《联邦援助公路法案》授权撤销有争议的州际公路路段和替代城市公共交通。

1989 年　提出国家交通运输政策（National Transportation Policy，NTP）。

1991 年　《陆上综合交通运输效率化法案》，对联邦援助公路项目计划进行了重大调整。

1992 年　州际公路系统完成了 99.7%。

1998 年　《21 世纪交通运输公平法案》。

2005 年　《安全、可靠、灵活、高效的运输公平法案》（Safe, Accountable, Flexible, and Efficient Transportation Equity Act，SAFE-TEA）。

2008 年　为公路信托基金注入 80 亿美元的应急资金。

立法变革

交通和拥堵

约翰·R. 梅耶（Jose R. Meyer）教授和约瑟·戈麦斯–伊巴涅斯（Jose Gomez-Ibanez）教授评论州际公路计划最令人失望的地方是“它似乎没有实现减少交通拥堵这一主要目标”。[102] 州际公路系统的大部分路段穿过农村地区，承载着相对较少的车流量，但城市地区的交通堵塞却日益严重。环绕城市中心的环城快道按照最初的构想是作为避开市内交通的路线，而现在却成了本地通勤模式不可或缺的部分，需要承载繁重的车流量，包括州际和本地的汽车、公共汽车以及卡车。得克萨斯州交通运输研究所（Texas Transportation Institute）每年都会研究交通运输流动性，它在 2004 年的报告中指出，“（全国各地）大大小小所有城市的（交通拥堵状况正日益严重），每天浪费的时间、影响的出行者数量和货运量比以往任何时候都要多”。[103]

早期时代的公路工程师和建筑师在他们的宏伟计划中描绘了城市的摩天大楼和高速公路，只有极少数的汽车通向它们。20 世纪 30 年代后期到 50 年代那些光明灿烂的蓝图，其灵感主要来自瑞士出生的建筑师勒·柯布西耶（Le Corbusier）的国际风格和 1939 年世博会展示的未来大都会。它们拥有闪闪发光的摩天大楼和交织其间的崭新的、限制出入的高速高架公路，所有这些公路上几乎都没有汽车。没有任何人描绘过 20 世纪晚期这种更为糟糕的城市现实：交通高峰时段越来越长，车辆每小时只能行驶 10 英里，而不是 60 英里，汽车保险杠相互碰撞，排出令驾驶者几乎窒息的废气。50 年前的公路规划者和政府官员根本没有预料到机动车的使用量会如此飞速地增长。

经济学家安东尼·唐斯（Anthony Downs）出版了一本名字起得恰如

其分的书——《深陷车流》(*Stuck in Traffic*)。他在书中指出，1981 年至 1989 年，公路的总里程仅增加了 0.6%，而汽车和卡车的数量增长了 24%，车辆行驶的总里程提升了 33.6%。[104] 唐斯设想了 23 项可以帮助减少交通拥堵的政策。从供给侧方面的解决方案是：建造更多的汽车共乘车道或中型客运共乘车道——-联邦的官方用语是多乘员车辆专用道（High Occupancy Vehicle，HOV）——和协调交通信号灯。从需求侧的解决方案是：实行高峰时段可变收费，高承载率车道拥挤收费方案（High Occupancy Toll lanes，HOT lanes），或增加汽油税。[105] 但是这些建议中有许多遭到了强烈反对，政策制定者一直不愿意强制实行不受欢迎且昂贵的补救方案。然而，交通堵塞问题的核心是美国人喜欢自己开车，从他们非常依赖汽车的郊区住宅开车去上班。

唐斯还给出了一个相当愤世嫉俗却又很现实的解决方案："……我给困在高峰时段车流中的美国司机的建议是，不仅仅要从政治层面介入，而且还要学会享受拥堵。买一辆舒适的、带空调的车，配立体声收音机、磁带放音机、电话，或许还有传真机，再与真正吸引你的人一起通勤。然后把困在车流中的时间完全当成额外的休闲时间。" [106]

郊区与边缘城市

才华横溢但固执且尖刻的汽车制造商亨利·福特对于城市困境有他自己独特的解决方案："我们应当通过离开城市来解决城市问题。" [107] 数百万美国人真的照做了，特别是在第二次世界大战后，他们得到了退伍军人贷款的帮助，并且被新建郊区和规划得像威廉和阿尔弗雷德·莱维特（Alfred Levitt）所开发的社区那样的居住地吸引。引诱他们的有低廉的土地和建筑费用、带草坪的独户住房的魅力，还有他们可以通过公路快速往返于市郊住宅和城市工作地点的承诺。记者和社会评论员很快就谈论起了"白人大迁移"、"马唐草边疆" 和 "郊区蔓延"。

州际公路系统的最大受益者之一是受助于慷慨的税收加速折旧税收法规的大型郊区购物中心。20 世纪 50 年代中期至 1970 年共建成了约 2.2 万个这样的购物中心，到 90 年代末，其总数超过了 4.3 万个。[108] 其他的受益者还有与人员流动有着天然联系的企业，比如代表着美国的麦当劳、汉堡王和整个快餐店行业，假日酒店及其他特许经营的汽车旅馆。

州际高速公路还帮助培育了下一波的美国式生活和文化，即记者乔尔·加罗（Joel Garreau）所说的“边缘城市”的发展。[109] 美国现有超过 200 个这样的城市，如新泽西州莫瓦市（Mahwah）、帕拉默斯（Paramus）/蒙特威尔（Montvale）、艾姆查克（Amtrak）/维景（Metropark），以及伍德布里奇（Woodbridge），或洛杉矶地区的玛丽安德尔湾（Marina del Rey）/卡尔弗城（Culver City）和威斯敏斯特（Westminster）/亨廷顿海滩（Huntington Beach）。这些边缘城市有以下五个共同点：都拥有面积超过 500 万平方英尺的办公空间（大于孟菲斯市中心）；拥有 60 万平方英尺或更大的可出租的零售空间；拥有的工作数量超过了卧室数量；它们都被人们视为地区性目的地；最后，它们与近如 20 世纪 60 年代的城市一点都不像。[110]

绝大多数这样的边缘城市都横跨州际公路系统，且通常是环绕一个大都市市中心的环城快道。就如同珠串上的珍珠，康涅狄格州的边缘城市韦斯特波特（Westport）和斯坦福德（Stamford）/格林尼治（Greenwich）横跨 95 号州际公路，而长岛的豪佩奇（Hauppage）、梅尔维尔（Melville）和格雷特内克（Great Neck）/诺斯肖尔（North Shore）横跨 495 号州际公路；特洛伊（Troy）和奥本山（Auburn Hills）横跨底特律北部的 75 号州际公路，其他 100 多个边缘城市也都横跨了全国各地的州际高速公路。

罗伯特·E. 兰（Robert E. Lang）更新并改进了我们对商业郊区化和大城市发展的理解，他重点研究了一种被他称为“没有边际的城市”的新型城市——沿着州际公路和其他大城市的主干道迅速涌现的办公空间群。虽然加罗的边缘城市分析和智能发展城市规划师的希望获得了大量关注，但兰认为，我们必须理解更为平凡的“没有边际的城市”的长期存在，并接受这一现实，即“扩张回来了——或者更准确地说，它从未离开过”。[111] 所有的大城市无一不拥有这样的“没有边际的城市”，它们的特点是功能不混合、不适合步行，而且不容易乘坐公共交通工具到达。

各种评论的声音

对于汽车、高速公路建设以及美国的汽车文化一直存在着大量的批评声音。早期评论家如刘易斯·芒福德（Lewis Mumford）1963 年出版的《公路与城市》（*The Highway and the City*）和简·雅各布斯（Jane Jacobs）1961 年出版的《美国大城市的死与生》（*The Death and Life of Great American Cities*）强调了汽车对城市空间的负面影响。A. Q. 莫布雷（A. Q. Mowbray）1969 年出版的《毁灭之路》（*Road to Ruin*）和海伦·莱维特（Helen Leavitt）1970 年出版的《超级高速公路——超级骗局》（*Superhighway—Superhoax*）关注了在大城市地区建设州际公路的有害影响。多洛雷斯·海登（Dolores Hayden）2003 年出版的《建设郊区》（*Building Suburbia*）认为联邦政府通过《州际公路法案》补贴了富裕的公民和拥有汽车的人，而没有帮助那些必须依靠公共交通工具的较贫穷的公民。埃玛·罗斯柴尔德（Emma Rothschild）1973 年出版的《失乐园：汽车工业时代的衰落》（*Paradise Lost: the Decline of the Auto-Industrial Age*）认为，汽车之所以大获成功，是因为政治体系，从公路游说团体到支持的国会议员，以及顺从的联邦机构，都大力支持公路建设。

历史学家詹姆斯·J. 弗林克（James J. Flink）1975 年出版的《汽车文化》（*The Car Culture*）写作于公民反对城市公路建设、能源危机和环境与安全意识的鼎盛时期，写到美国正在经历“汽车出行终结的时代”。13 年后，弗林克 1988 年写作并出版的《汽车时代》（*The Automobile Age*）

一书承认，虽然在汽车安全、能源效率和污染控制方面已经取得了很大的进展，他仍然不愿意推翻他之前关于汽车主导地位终结的预测。建筑评论家简·霍尔茨·凯（Jane Holtz Kay）1997年出版的《沥青国家：汽车如何接管美国以及我们如何能够拿回它》（*Asphalt Nation: How the Automobile Took Over America and How We Can Take It Back*）认为"我们不仅仅是深陷在堵车中，还深陷于花钱促进更多的堵车中"。她呼吁公民行动起来，从地方到国家层面，将美国从汽车时代慢慢推进至一个喜爱步行、骑自行车和依靠公共交通工具的新时代。[112] 忧思科学家联盟（Union of Concerned Scientists）的黛博拉·戈登（Deborah Gordon）1991年出版的《驶向新航道：交通运输、能源与环境》（*Steering a New Course: Transportation, Energy, and the Environment*）认为城市州际公路推动人们搬离城市中心，远离工作场所，但没能整合其他交通运输方式，大大增加了综合性城市交通规划的难度。

尽管汽车、公路文化、州际公路体系的规划和执行不时遭到激烈的批评，但还是有很多人捍卫公路计划。州际公路系统的支持者坚定有力地声明，没有高速公路的美国将是一个截然不同的国家。咨询顾问温德尔·考克斯（Wendell Cox）和珍·洛夫（Jean Love）为美国公路使用者联盟（American Highway Users Alliance）撰稿，认为如果没有高速公路，美国会"变得更加危险，不如现在这么繁荣，缺乏美国人现在正在享受且视为理所当然的效率和舒适"。他们还指出，如果没有高速公路，假期时间将更为受限，货运费会更高昂，城际出行的次数会减少而且更为麻烦耗时。[113]

州际公路的拥护者指出，公路系统是美国交通运输网不可或缺的组成部分：州际公路系统尽管只占公路总长的1%，却承载了全国23%的机动车流量，其客运周转量*是美国铁路公司（Amtrak）和其他所有城市

---

* 客运周转量（person-miles）：在一定时期内运送旅客数量与平均运距的乘积。

轨道交通系统的60多倍。使用州际公路系统可使许多城市之间的行程时间至少缩短20%。到1996年，在州际公路系统实施的40多年历史中，据估计，州际公路更为安全的限制出入、多车道构造拯救了超过18.7万人的生命。

支持者进一步主张州际公路体系对美国经济产生了非凡的影响，极大地降低了货运成本，在州际公路上驾驶牵引式挂车的费用要比在其他公路上少大约17%。公路还增加了美国人的流动性，提高了美国的国际商业竞争力[114]

《州际公路法案》在美国历史上出现的时间恰好处。[115]第二次世界大战后，退伍军人返回家园，他们渴望重返工作岗位或使用他们新近赢得的《退伍军人权利法案》或退伍军人住房补贴。他们想要重回正常生活，他们想买新车。但公路的建设和改良完全没有跟上战后的汽车购买热潮和美国人新的移动感。1939年世界博览会显示了人们能够想象的东西，而像宾夕法尼亚州、纽约州和新泽西州这样的建设限制出入收费公路的先驱州则展示了人们能够实现的东西。州和联邦的公路官员拥有能力和技术知识，汽车制造商和供应商、货车运输业和石油利益集团的公路游说团体都迫切要求建设新的国家公路系统。

州际公路系统是驾驶汽车的公众梦寐以求的事物。它的通过得到了一位受欢迎的总统的推动，它还被积极热心的国会视为所有公共工程法案“之母”。公路信托基金被证明是绝妙的主意：公路可以通过使用费自筹资金，且被强制永远不得出现赤字。此外，1956年，国会还不用关心其他麻烦的声音：环保人士谴责对生态敏感地区造成破坏，历史保护主义者在公路挖掘穿过历史悠久的社区时发出警告，或者民权提倡者大声疾呼大城市的穷人、少数民族住房和商店首先出现在了公路勘测员望远镜的十字丝（cross hairs）中。这些声音都将在后来出现，公路倡导者和反对建设城市公路的团体之间的战斗会更加激烈和尖锐。国会在1956年时也还不用为城市公共交通运输的倡导者而烦恼，而后者的声音还太微弱和分散，他们直到 10 年以后才走入大众的视野。

州际公路计划之所以能成功，离不开赞成其建设的政治意志和民众支持者。州际公路系统成功最为核心的原因是它满足了占主导地位的汽车-移动文化。美国的繁荣依赖汽车，汽车则依赖于廉价而丰富的能源，而联邦政府的政策强化了这两种需求。美国的汽油税是全世界最低的，车辆购置税也是如此。联邦公共交通政策姗姗来迟，但已在公路计划中居于次要地位。在 20 世纪 70 年代的能源危机中，美国消费者强烈要求推出小型车。21 世纪初，他们更青睐运动型多用途汽车和敞篷货运轻便卡车（越野车和皮卡车）。尽管政府多年来断断续续地推出了特殊共乘车道、对乘坐公共交通工具给予折扣等诸如此类的政策，但美国人要求独自开车去工作和娱乐的舒适性、便利性、隐私性和安全性。我们可能不得不承担数十年后到来的后果：大都市地区的交通拥堵越来越严重，高油耗车辆继续依赖昂贵且不可靠的外国石油资源，还有无法摆脱的空气污染和全球变暖问题。当前也出现了一些希望。总统候选人已经宣扬能源独立的必要性，消费者已经开始摈弃巨大的越野车，公共交通运输在某些方面已经经历了显著的增长。但是，需要做的事情还有很多。

据估计，单单公路拥堵每年就给美国经济造成 780 亿美元的损失，其中浪费的时间达 42 亿个小时，额外消耗的汽油价值 29 亿美元。[116] 2007 年在明尼阿波利斯发生的灾难性的 35 号州际公路大桥垮塌事故提醒我们，我们面临着修补和维护基础设施这一持续且花钱的艰巨任务。但近年来，美国的汽油税收大幅下滑，2008 年可用于交通运输的资金迅速枯竭。2008 年 9 月，布什总统签署了一项法案，向联邦公路信托基金紧急注资 80 亿美元的立法，暂时帮助地面交通项目渡过难关，直到该法案在下一年至期。很明显，公路信托基金以当前的征税水平无法满足爆炸式增长的修补、维护和新建设的需求。奥巴马和未来的政府及立法者将面临非常艰巨的任务，做出痛苦且昂贵的决策。

这些重要的政策决定的核心将是维持州际公路系统的健康与持续繁荣，这是美国地面交通系统的皇冠之珠。

第 10 章

正义、平等和民主的承诺

《民权法案》（1964 年）和《选举权法案》（1965 年）

93 可以说《民权法案》虽然没有宣战，

但再没有一部国会法案比它拥有更暴力的背景——冲突、官方暴力、伤害和谋杀，这些在美国历史上也属罕见。

——罗伯特 · D. 陆维（Robert D. Loevy），1997 年

我希望你给我写一部你能够设计出来的最好的、最强硬的选举权法案。

——林登 · 约翰逊对司法部长尼古拉斯 · 卡岑巴赫（Nicholas Katzenbach）的谈话，1965 年

1948 年 7 月，沮丧、悲观的代表聚集费城参加民主党总统候选人提名大会。该党即将分裂，几乎没有人认为哈里 · 杜鲁门总统有希望击败共和党候选人、广受欢迎的纽约州州长托马斯 · E. 杜威，以及甚至比杜威

更受欢迎的竞选伙伴、加利福尼亚州州长厄尔·沃伦（Earl Warren）。更糟糕的是，在这个暑气熏蒸的夏天，代表们待在一个没有空调的大礼堂中，忍受着灼热的电视灯光的烘烤，擦拭着他们的额头，只剩暴躁、恼怒和沮丧。

在大会的最后一晚，民主党的一位后起之秀、明尼阿波利斯市市长、37 岁的休伯特·H. 汉弗莱走上讲台。身为参议员候选人，汉弗莱押上他的整个政治前途，坚决主张民主党坚定不移地推动民权改革。杜鲁门早前曾提出过强有力的十项民权政策，但该政策一提交至民主党政纲委员会，它的关键条款便被弱化了。汉弗莱和他的自由派同僚不愿让步：政纲委员会删去了杜鲁门计划的精华，而他们不会容忍这样的做法。

由于神经紧张，且从前一晚开始就没怎么睡，汉弗莱只讲了 8 分钟，但在这短短的 8 分钟里，他使参会代表情绪激动。他表扬了杜鲁门在民权问题上的立场，并做出了最罕见的姿态，恳求不要妥协，要坚持崇高的道德原则。

> 朋友们，代表们，我不认为可以对公民权利的保证做任何折中妥协……在民权计划的方法和原则问题上……将不会存在任何平衡交易，也不会存在任何削弱淡化。
>
> 我的朋友们，有些人说我们在推动民权问题上太过仓促心急。我要对他们说，我们已经晚了 172 年了！

接着是汉弗莱值得纪念的时刻，他高喊：

> 有些人说，民权计划侵犯了州权。而我要说，是时候让民主党带领美国人民走出州权的阴影，径直地步入人权的灿烂阳光中。[1]

当时约有 7000 万美国人通过收音机和电视这个新媒体收听或观看汉

弗莱的演讲。对他们来说，这是一个非凡的时刻。美国参议员候选人保罗·道格拉斯作为伊利诺伊州代表身处席中，他称这篇演讲为“美国历史上最伟大的政治演讲，除了威廉·詹宁斯·布赖恩的‘黄金十字架’[*]演讲以外”。[2]

汉弗莱提出的支持民权的替代政纲在对各州的唱名表决中获胜，这对于汉弗莱个人、对于民主党的自由派来说是惊人的胜利，而对于南方人来说则是耻辱性的失败。但是，南方代表拒不接受。在一片嘈杂声和庆祝声中，外号“公牛”的尤金·康纳（Eugene Connor）突然大喊亚拉巴马州代表团要走了；他们中有一半人走了。密西西比州整个代表团也加入了他们以示抗议，他们离开时挥舞着南方邦联的战旗。[3]欢送他们的是其他代表一波又一波的嘘声，以及零零散散的欢呼声。

杜鲁门当时正坐在白宫里，看着电视上的汉弗莱，他将汉弗莱及其自由派盟友形容为“疯子”，只是在搞破坏，使南方人愤然离开大会。[4]现在总统要前往费城，去那个会议大厅，走进那片充满不满和骚乱的海洋。杜鲁门和他的家人以及随行人员在华盛顿联合车站登上总统专列，于晚上9点15分左右抵达费城。他最终在第二天凌晨0点42分被提名为总统候选人，获得948票，而来自佐治亚州的参议员理查德·罗素只获得了263票，全都来自继续留下来开会的南方人。凌晨2点，总统最后登上讲台。让所有人吃惊的是，他激烈谴责共和党主导的国会，令在场疲惫不堪、情绪低落的代表们兴奋起来。杜鲁门指控，共和党人自称赞成各种改革，包括民权改革，但他们没有做过任何事。杜鲁门称他们为“无所作为国会”（Do-Nothing Congress），接着他扔出了一枚重磅炸弹：他正在召集第80届
95 国会在7月26日重新开会，以完成它的工作。[5]当然，这仅仅是政治上的夸张和作秀，但是这位顽强的候选人已经没有退路，他激励起民主党代表

* 黄金十字架（Cross of Gold）：布赖恩于1896年参加总统竞选，在芝加哥民主党全国代表大会上，他在演讲中说：“你们不能把人类钉在黄金的十字架上。”它抨击了把黄金作为货币唯一坚实后盾的观点。他的这句话很快成为著名的警句。

并将国家所有的麻烦都归咎于共和党人。

与此同时，退场的南方代表正在准备反击。密西西比州州长菲尔丁·S. 赖特（Fielding S. Wright）鼓动代表们星期六在伯明翰开会以捍卫州权。那个周末，6000 名喧闹的与会者在伯明翰开会，拼命欢呼；南卡罗来纳州州长 J. 斯特罗姆·瑟蒙德（J. Strom Thurmond）被一致推选为这群自称"州权民主党人"（States Rights Democrats）的总统候选人，赖特作为他的竞选伙伴以平衡这份候选人名单。[6]

州权民主党人是他们官方的名字，而流传下来的却是一位报纸记者给他们起的名字："南方民主党人"（Dixiecrats）。瑟蒙德指责联邦取缔私刑的立法仅仅是"吸引少数民族选票的诱饵，为了引起偏见和影响舆论"。瑟蒙德指责道，如果杜鲁门废除种族隔离的计划得逞的话，那么"违法行为将会肆虐，混乱无序将大行其道，我们的街道将不再安全"，而且在南部各州将会发生一场"事实上的革命"。对于种族融合，瑟蒙德坚定地说道："华盛顿的所有法律、军队的所有刺刀都无法强行使黑人进入我们的家、我们的学校和我们的教会。"[7]

11 月，几乎出乎所有人的意料，杜鲁门击败了杜威，拿下 28 个州，获得 308 张选举人票和 49.6% 的选票。瑟蒙德只拿下了美国南方腹地*的密西西比州、路易斯安那州、亚拉巴马州和南卡罗来纳州。然而，虽然阿肯色州、得克萨斯州、佐治亚州、佛罗里达州、弗吉尼亚州和田纳西州仍然忠于全国民主党，南方民主党人与全国民主党人之间深刻的裂痕正日益增大。令人烦恼且富有争议的种族问题、民权问题和联邦政府的角色问题是所有矛盾的核心。

汉弗莱最终赢得了 1948 年的参议院议席，但他在华盛顿的头几年里发现，他在民权问题上众所周知的立场有点像是绕在他脖子上的"政治枷

---

* 南方腹地（Deep South）：美国最具有南方特点、最保守的一片地区，包括南卡罗来纳州、佐治亚州、亚拉巴马州、密西西比州和路易斯安那州。

锁”。因为国会掌握在南方人的手中，汉弗莱评论道：“华盛顿的木兰气味要比在蒙哥马利或里士满强烈得多。”[*][8]

背景

从 21 世纪初的观点来看，人们可能很难理解在美国的大部分岁月里，种族歧视曾如何深植于美国人的生活，并且无处不在。在这片机会均等、人人生而平等的土地上，歧视是无所不在的，没有任何地理上的界限，有时是公然的，有时则是隐晦的、合法的和超出法律权限的，受到法律、风俗和群体意志的共同推动。数十年来，民族和种族歧视使许多人深受其害，包括印第安人、爱尔兰人、东欧移民、亚洲人、拉美裔等。然而，本章重点讨论最恶劣的一类歧视：南方对非裔美国人施加的歧视法
96 律和行为。它是奴隶制和征服、严格的社会等级制度、地方价值观和风俗习惯遗留下来的问题，又受到法律和鞭子的强化。本章也研究了代表大多数白人选民行动的南方立法者是如何竭尽全力地阻止联邦法律纠正这些错误，以及最后非南方立法者——民主党人和共和党人——如何联合起来颁布联邦保护立法，并彻底地消除一些最令人难以忍受的州种族隔离法律和惯例。

内战后，联邦政府制定了全面的民权保护立法，但结果却是这些法律被法院裁定无效，南方白人统治集团东山再起，国家的政治意愿失败了。1870 年，《美国宪法》赋予了非裔美国男性选举权，他们在投票名单上的数目不断壮大。然而，到 19 世纪末，南方州议会专门设置了各种障碍和困难，旨在剥夺非裔美国人的选举权，针对黑人实施的种族隔离法“吉姆·克劳法”（Jim Crow laws）[9] 遍布各地。1896 年，美国最高法院承认了“隔离但平等”这一法律上的拟制，准许州和地方政府继续对公共交通工

---

* 木兰是美国南方的标志之一，蒙哥马利和里士满分别是南方亚拉巴马州和弗吉尼亚州的首府。

具和公立学校实行种族隔离，当然，前提是它们是“平等的”（但事实上它们几乎从来都不是平等的）。

白人对黑人的支配无所不包，无所不在。[10]首先是经济上的支配。非裔美国人被打发做不需要技能的、低工资的、不体面的且往往很危险或肮脏的工作：厨师、女仆、看门人、非工会组织的机器操作员或普通工人。报纸上的“招聘”广告通常会分成两栏：“白人的工作”和“有色人种的工作”。在一个典型的南方城市里，参加工作的非裔美国女性 50% 从事的都是家政工作，而白人职业女性中只有不到 1% 的人从事这种工作。在南方的农村，许多非裔美国人靠农业为生，佃农制成为一种普遍的经济剥削形式，将非裔美国人牢牢地束缚在土地上。

第二种支配形式是政治上的压迫，主要方式有：威胁恐吓、给投票和政治参与设置障碍、人头税和白人权力结构的统治。民主生活的支柱——基本的发表言论权、自由投票给自己选择的候选人的权利，还有能够这样做而无须担心遭到有形的报复或丢掉饭碗的权利——而非裔美国人被剥夺了所有这些权利，或者受到了严重限制。

第三种支配形式是对个人自由和尊严的剥夺。黑人与白人之间的关系非常亲密：黑人为白人雇主做饭，为他们换尿布和便盆，照顾他们的孩子，满足他们的需要。但这并不是一种平等的亲密关系。在公共场合，非裔美国人被拒绝进入只接待白人的酒店和餐馆，还有白人专属的饮水机和游泳池。他们在铁路和公共汽车上都要因种族而被隔开。张贴写有“有色人种专用”的标牌是公开露骨的禁止；然而，更普遍的情况是，非裔美国人不需要任何标志就能明白他们是不受欢迎的，他们的出现是不被容忍的。针对黑人的种族隔离法律随处可见。黑人和白人的婴儿出生在不同的 2
医院，他们的孩子在不同的学校上学，他们成年后在各种公共场所被隔离开来，他们死后被埋在不同的墓地。其中有些法律近乎荒谬：亚拉巴马州禁止非裔美国人与白人玩跳棋；密西西比州坚持分开坐出租车；新奥尔良州对妓女实行种族隔离；佛罗里达州和北卡罗来纳州要确保被非裔美国人接触过的教科书之后绝对不能给白人孩子使用。[11]

非裔美国人在 20 世纪 30 年代和 40 年代争取到了一些权益，但它们大多来自联邦法院系统，而不是来自国会或行政部门。在为非裔美国人开辟经济上的前景方面，第二次世界大战做出的贡献可能超过了其他任何事物。罗斯福政府断断续续地采取措施，将黑人纳入联邦雇用和军队服役的范围。[12] 也许更重要的是，许多白人公民越来越认识到公然露骨的种族歧视并不符合民主的理念。在开始于 1933 年的一系列法律挑战中，其中一些以最高法院的裁决告终，全国有色人种协进会抨击高等教育上的种族隔离。接着焦点转移到了公立学校教育和五个合并案件，以 1954 年和 1955 年最高法院对“布朗诉教育局案”（*Brown v. Board of Education*）的裁决告终。[13]

在杜鲁门执政期间，联邦政府在总统的亲自领导下开始认真对待有关民权的问题。杜鲁门出生于密苏里州，对于种族关系持有相当传统的南北交界州的观点，但是他也会统计票数，知道自己的政治前景依赖北方黑人的支持。杜鲁门担心非裔美国选民可能会重新转向共和党，并且担心日益严重的种族紧张局势、日趋增加的三 K 党*活动，以及在第二次世界大战期间和之后不断加剧的种族暴力。1946 年 12 月，他任命了由一个杰出的公民小组研究美国日益扩大的种族分歧。

1947 年 6 月 29 日，杜鲁门在全国有色人种协进会的年会上发表了一篇非常直言不讳的演讲。他站在林肯纪念堂前向 1 万名在场群众以及世界各地的广播听众说道：“我们必须使联邦政府成为所有美国人的权利和平等的友好、警觉的捍卫者。再说一遍，我是指所有的美国人。”杜鲁门最后转向全国有色人种协进会主席沃尔特·怀特（Walter White）说道：“我们不能再等待十年或者等待下一代人来纠正这些弊病。我们必须现在就行

---

* 三 K 党（Ku Klux Klan）：美国奉行种族主义的白人成立的秘密组织，宣扬人种差别及暴力对待有色人种。

动起来，开展前所未有的工作，纠正它们。”[14]

公民权利小组在 1947 年 10 月发布了一份篇幅长达一本书的研究报告，题为《保障这些权利》（*To Secure These Rights*）。报告中的建议坦率、全面，对许多人来说非常震撼：取消人头税，制定联邦立法禁止地方警察使用暴力，制定立法将私刑定为联邦犯罪，保护联邦选举中不存在种族歧视，赋予华盛顿特区地方自治权，以及消除种族隔离。这些建议可能超出了杜鲁门的预期；尽管如此，他还是大力支持它们。[15]

29

杜鲁门对待南方白人的立场变得越来越不确定。总统希望得到，也确实非常需要南方的政治支持，但他不愿考虑放弃民权改革。他甚至拒绝现身在南方被隔离开的观众面前。[16]

杜鲁门在 1948 年的国情咨文中概述了美国的五个“伟大目标”，第一个就是保障基本人权。他在一个月后进一步阐述了这个主题。杜鲁门在向国会发表的关于公民权利的特别咨文中直截了当地说，保护公民权利是“每个政府的义务”，不仅仅是联邦政府的，也是州和地方政府的。他要求国会制定“现代、全面的民权法律”，其中许多在民权小组的建议书中都概述过了。[17]

南方人大为不悦。民意调查者乔治·盖洛普（George Gallup）发现南方白人“压倒性地反对”杜鲁门的民权计划，南方政治家的反应也是同样愤怒。弗吉尼亚州民主党参议员哈里·F. 伯德将杜鲁门的行为与希特勒和斯大林的行为相比，指责总统的民权议案“可以想象几乎能导致独裁”。整个南方的民主党领袖，包括杜鲁门的一些密友，开始认真考虑拒绝提名他为总统候选人。[18] 民主党分裂了，但最终还是杜鲁门获胜。

“布朗案”及其影响

最令人烦恼的民权问题之一是公立学校的种族隔离。南方各州和南北交界诸州，以及印第安纳州、伊利诺伊州和堪萨斯州，都颁布了法律规定在公立小学和中学实行种族隔离。美国总共有 18 个州规定必须实行隔离，另有 6 个州允许地方教育委员会酌情决定。[19] 这种隔离的法律和宪法基础是 1896 年“普莱西诉弗格森案”的判决，以及它批准的“隔离但平等”原则。全国有色人种协进会对种族隔离教育制度进行的谨慎而小心的法律攻击奏效了，它取得的第一个重大胜利是美国最高法院推翻了俄克拉何马州和得克萨斯州的惯例，即州立“白人”法学院和研究生院拒绝为非裔美国人提供法律和普通研究生教育。[20]

当然，更大的挑战是公立学校的教育隔离制，这也是全国有色人种协进会将来自特拉华州、弗吉尼亚州、南卡罗来纳州、堪萨斯州和华盛顿特区的五个案件集合在一起的目的所在。总共有 200 多名原告寻求摆脱他们公立学校中的种族隔离。这些案件已于 1952 年上交至最高法院，但现在法院希望对它们进行重审，特别重视第十四修正案是否禁止在公立学校实行种族隔离这一问题。美国最著名的最高法院辩护律师之一约翰 · W. 戴
99 维斯（John W. Davis）和一群律师一起为各州辩护。另一方面，全国有色人种协进会法律辩护和教育基金会（Legal Defense and Education Fund）的瑟古德 · 马歇尔（Thurgood Marshall）和他的团队为学校的孩子们辩护。

1954 年 5 月 17 日，美国最高法院宣布了其历史上最重要的一项判决。在“布朗等诉托皮卡教育局等案”[21] 中，法院在首席法官厄尔 · 沃伦领导下一致裁定“隔离但平等”原则不应当适用于公共教育领域。“我们无法把时钟拨回到 1868 年，”即第十四修正案首次获得批准的时候，沃伦在宣读长达 11 页的判决书时说道，法院也无法回到 1896 年它制定“隔离但平等”原则的时候。法院的目光超越了国会意图的种种问题，把重点放在了种族隔离产生的社会学影响上。它对黑人学生非常有害，“使（黑人学生）对于他们在群体中的地位产生了一种自卑感，这种自卑感可能会影响他们的心灵和思想，在某种程度上可能永远无法消除”。该判决对社会科学的依赖很快成为它遭受批评的痛点。例如，研究宪法的历史学家阿尔菲厄斯 · T. 梅森（Alpheus T. Mason）毫不客气地评论道：“首席法官沃伦的观点

是建立在像流沙一样不可靠的社会心理学之上，而不是依赖于可靠稳固的法律论据。”[22]

尽管如此，法院已经做出了判决，如此一来，维持全国各地实行种族隔离的公立学校的法律依据宣告结束。在一个简短的相伴案件中，最高法院裁定联邦政府不能在华盛顿特区维持种族隔离学校。[23] 许多黑人领袖兴高采烈、非常乐观，渴望迅速开始废除种族隔离的公共教育制度这一历史性的进程。其他人则更为慎重，怀疑在这个棘手的生活领域不会取得任何进展，并且非常清楚许多南方白人绝不会毫不反抗就让步的。

最高法院没有制定执行裁决的时间表。相反，它预留出秋季学期的时间给来自南方各州及其他州的司法部长提交重新辩护的论据。最高法院采取了极为不同寻常的行动，将孩子享有在非种族隔离学校接受教育的权利的实施推迟了一整年。但它这样也给了国家一些喘息的空间。最高法律决定等待一年再执行判决，无疑是希望避免南方出现社会动荡。1955 年 5 月的最后一天，最高法院对“布朗第二案”（*Brown II*）的执行做出裁决：这些案件将被发回联邦法院，它们将制定合适的废除种族隔离的法令，并且要“以十分谨慎的速度”（with all deliberate speed）进行。没有时间表，没有具体的指导意见，反而是提出了既要求速度又要求谨慎的“奇怪矛盾的”的措辞。历史学家詹姆斯·T. 帕特森（James T. Patterson）评论道：“最高法院可能从来没有使用过像‘十分谨慎的速度’这种备受争议的语言。”[24]

在 20 世纪 50 年代的 10 年里，种族关系问题越来越引人注目，因此爆发的冲突和骚乱也越来越多。1955 年，发生了一起震惊全国的谋杀事件：一名来自芝加哥的黑人少年、年仅 14 岁的爱默特·蒂尔（Emmet Till），在去密西西比州塔拉哈奇县（Tallahatchie County）探访亲戚时被一群白人联防队员杀害。1955 年 12 月 1 日，一个名叫罗莎·帕克斯（Rosa Parks）的女裁缝在搭乘市区公交车时拒绝给白人让座，并因此被捕，由此引发亚拉巴马州蒙哥马利市爆发了长达 382 天的联合抵制运动。这次运动的领导者是小马丁·路德·金，它吸引了世界范围的关注。

现在又因废除学校的种族隔离制而爆发战争。“布朗案”的判决遭到了南方人的强烈抵制和公然对抗。许多南方人指责艾森豪威尔任命厄尔·沃伦为首席法官。南方各州的州长和其他政治家大声叫嚷着他们对“布朗案”的不满。来自弗吉尼亚州的参议员伯德号召“大规模抵制”最高法院的裁决。南方立法者搬出了尘封已久的“干预”理论。该理论是在 1798 年反对《客籍法和惩治叛乱法案》时第一次使用的，但是自那以后就一直未用过，他们宣告“布朗案”在他们的州是“无效的”且“无用的”。[25] 1956 年春天，来自老邦联（Old Confederacy）的 77 名众议员（总数为 105 名）和 19 名参议员（总数为 22 名）签署了《南方宣言》（Southern Manifesto）。其中，《宪法原则宣言》（Declaration of Constitutional Principles）指责沃伦法院没有“法律依据支持其行动”，推翻“隔离但平等”原则是“对司法权力的明显滥用”，做出这一判决的法官“用他们个人的和社会的观念来替代我国的法律”。他们发誓要采用“一切合法手段”来推翻这个“违反宪法”的判决。[26]

1956 年的一份联邦法院命令要求亚拉巴马大学招收研究生奥瑟琳·露西（Autherine Lucy），另一份法院命令要求得克萨斯州曼斯菲尔德的一所公立高中废除种族隔离。这些裁决令遭到公然违抗，而艾森豪威尔总统什么也没做。[27]

接着，在 1957 年，阿肯色州州长奥瓦尔·E. 福伯斯（Orval E. Faubus）一方面希望获得支持以赢得第三个任期，另一方面也不怯于煽动起种族仇恨，他宣称废除小石城（Little Rock）全白人的中央高中（Central High School）的种族隔离制必将引发暴力。福伯斯违背市政府官员的意愿，出动阿肯色州国民警卫队（Arkansas National Guard）防止暴力，阻挠实行废除种族隔离的裁决令，公然违抗联邦命令。当一位联邦法官进行干预时，福伯斯撤回了警卫队士兵，留下学校的孩子们由当地警察保护，而这些警察没有提供任何帮助。

“离我们的学校远点，你这个毛刺头！”一名白人抗议者向 15 岁的特伦斯·罗伯茨（Terrence Roberts）喊道。这名男孩后来向记者承认他很害怕，但是说道，“我想一旦我进去，那里的学生认识我之后，他们就会喜欢上我的”。但越聚越多的白人没有心情去包容和理解。一些人朝黑人学生吐唾沫，把他们推来推去，咒骂着带有种族侮辱性的脏话。一名白人女性格雷丝·洛奇（Grace Lorch）试图安抚其中一名黑人孩子。人们叫喊道：“黑鬼的帮腔者！”洛奇夫人说道：“你们为什么不冷静下来，我来这里不是和你们打架的。6 个月以后，你们就会为你们现在做的事情感到羞耻。”

经过近 3 个星期的紧张对峙，艾森豪威尔总统被迫派遣美军陆军部队——刺刀已经准备好了——和由联邦政府管辖的阿肯色州国民警卫队。艾森豪威尔在向全国声明他的行动时，宣布“在极具煽动性的极端分子的领导下，目无法纪的暴徒蓄意阻止了联邦法院制定的正当命令”。艾森豪威尔曾一直主张温和地处理种族问题，现在也被迫采取行动，他成为自南方各州重建时期以来第一位动用武装部队保护非裔美国人追求他们的宪法权利的总统。9 名黑人学生在 1000 名士兵的保护下终于进入中央高中就读。但行政管理上的耽搁、小石城所有 4 所高中的关闭、不断的抗议活动和故意的拖延，都意味着 1957 年秋天的废除种族隔离命令只是一场有名无实的胜利。[28]

同年，也就是 1957 年，艾森豪威尔劝告那些聚集在黑人全国报纸出版商协会（National Newspaper Publishers' Association）的人保持谨慎：“我比所有人都更急切地看到黑人在这个国家获得一等公民的身份……但是你们一定要有耐心。”全国有色人种协进会的罗伊·威尔金斯（Roy Wilkins）眼看着艾森豪威尔执政时期的缓慢进展，评论道：“艾森豪威尔总统是一位优秀的将军，一个善良、正派的人，但如果当年他在‘二战’时用的是他现在争取民权的斗争方式，恐怕我们现在都在说德语了。”[29]

白人公民委员会（White Citizens Councils）开始在美国南方腹地不断涌现——比它们的同类组织三 K 党稍微正派一些——发誓要保护白

种人不被强迫接受种族融合。密西西比州甚至走得更远。该州的州议会在 1956 年 5 月成立了密西西比州主权委员会（Mississippi State Sovereignty Commission），这个执行机构成了该州监察种族隔离的看门狗。它在 60 年代初的全盛期向全国其他地区派出了 100 多名志愿演讲者，分发了 20 万份小册子，吹捧密西西比州美好的种族关系，并提醒其他各州警惕联邦侵犯州权的危险。更为可恶的是，这个由州长担任主席的州权委员会还扮演小型克格勃的角色，利用告密者、黑名单和监视等种种手段来找出全国有色人种协进会和其他民权团体的活动。[30]

抗议、愤怒的白人暴徒、联合抵制还有黑人公民被问及的简单的正义——这一切都给国民意识留下了不可磨灭的印象。最高法院大胆地宣布种族隔离违宪，各联邦法院试图执行该法律。现在大家的目光都转向了华盛顿，转向了国会，后者自南方各州重建时期以来还没有通过一部民权立法。

南方人主导的国会

当民主党在第 84 届国会（1955—1956）重新获得控制权时，《纽约时报》华盛顿分社社长威廉 · S. 怀特（William S. White）评论道："南方民主党人……已经重返美国生活中至高无上的权力之地。尽管他们在民主党中只是属于少数派，但是他们主宰着这个新的民主党主导的国会，一如过去他们也常常主宰着民主党主导的国会。"怀特说，这些南方民主党人无法赢得总统大选，也无法拿下国会，但是"当笼罩的烟尘消散之后，是谁位列于国会的权力之巅呢？是南方民主党人"。[31] 20 世纪 50 年代中期，南方民主党人构成了全国民主党最重要的部分，16 个南方州和南北交界诸州贡献的民主党人要比全国其余所有地区的民主党人加起来还要多。例如，1956 年，众议院拥有 235 名民主党人，其中 134 名是南方人。[32]

在整个 20 世纪 40 年代和 50 年代，南方人成功地阻挠了民权立法通过国会。在民权决策的审议以及策略与战术的制定过程中，4位南方人起到了最为关键的作用。理查德·B.罗素是来自佐治亚州的资深参议员，于1932年首次当选参议员，他在20世纪50年代和60年代领导参议院的南方势力反对民权立法。他是《南方宣言》的合著者，当时几乎所有的南方立法者都签署了这部宪法原则宣言以抗议“布朗案”和联邦民权立法的威胁。在长达数月的阻挠审议《民权法案》的冗长发言行动中，罗素担任首要军师。全国有色人种协进会华盛顿办事处主任克拉伦斯·米切尔毫不犹豫地称罗素是最有能力且最具影响力的民权立法反对者。[33]

詹姆斯·O.伊斯特兰是来自密西西比州的资深参议员，从1943年开始其参议员生涯，一直任职到1978年。1955年，当民主党人重获参议院的多数席位时，新任多数党领袖林登·B.约翰逊发挥了重要作用，帮助伊斯特兰获得极有权势的司法委员会主席的任命，该委员会对民权立法具有管辖权。伊斯特兰也是《南方宣言》的签署人，他毫不掩饰自己对非裔美国人的蔑视。作为对最高法院在“布朗案（第一案）”上做出的判决的回应，伊斯特兰在参议院全院发表了如下对南方人的生活方式的辩护：

> 种族隔离不是种族歧视。种族隔离并不是种族劣等的标志，这种说法在南方各州无论是白种人还是黑种人都不会承认。事实上，种族隔离是南方两个种族的绝大多数人民都希望和支持的，他们和谐地居住在一起。[34]

在众议院中，有一位南方人因身居规则委员会主席这个要职而引人注目。他就是来自弗吉尼亚州的霍华德·W.史密斯（Howard W. Smith），他于1931年首次当选国会议员，于1955年担任规则委员会主席。他通过将民权立法截留在自己至关重要的委员会中，对阻挠和拖延民权立法的通过起到了关键作用。他在众议院全院谴责1964年的民权立法：“投机政客*对

---

* 投机政客（carpetbaggers）：美国南北战争后利用南方不稳定的局势投机谋利的人。

美国南方的第二次入侵已经开始了。成群结队来自北方的身着奇装异服、言行乖僻的人、与社会环境格格不入的人，还有煽动者，在确认无疑的帮助下正在源源不断地涌入南方。他们一心想着要在南方制造事端，还得到了其他成群的联邦执法官、联邦警察和联邦军队的支持和保护。”[35]

1948 年，林登 · B. 约翰逊首次当选参议员，并在 1955 年成为历史上最年轻的多数党领袖。约翰逊野心勃勃且狡诈圆滑，他既与他的南方同胞结成了天然的联盟，也与像汉弗莱和保罗 · 道格拉斯这样的自由派领袖建立起联盟。约翰逊心怀竞选总统的野心，他深知没有南方人能够通过固执地坚持反对民权而入主白宫。他极尽说服技巧，促成了大打折扣的 1957 年和 1960 年《民权法案》的通过。正如我们在下文中将看到的，身为总统的他是这两部具有里程碑意义的立法的幕后推动力量。[36]

从 20 世纪 40 年代后期到整个 50 年代，再到 60 年代初，在国会的立法斗争中，民主党的南方派可以依赖数种任其使用的制度上和政治上的武器：资历、委员会所受的尊重、保守的南方民主党与保守的中西部共和党结成的联盟，最为重要的是参议院的冗长发言手段。国会遵循其存在已久的传统，尊重论资排辈制度，任命委员会中资历最老的议员担任该委员会的主席；而这些主席职位不成比例地被南方人占据了。[37] 在一党统治的南方，民主党人能够在相当年轻的时候就入选国会，并且任期长达数十年，如此一来势必能升迁至领导职位。

参议院存在冗长发言手段，它是“立法少数派至今拥有的最有效的国会制度上的拖延战术”，来自密苏里州的民主党人理查德 · W. 博林（Richard W. Bolling）如此写道，他是一位长期呼吁国会改革的自由派。[38] 如果有必要的话，南方民主党人会威胁采用昼夜不停的冗长发言使一部议案无法获得通过。多数党能够尝试以提付表决的方式结束冗长发言，但是需要三分之二的多数票才能成功。[39] 这是一个很难克服的障碍。J. 斯特罗姆 · 瑟蒙德在 1954 年以史无前例的非推荐候选人的身份当选参议员，他针对民权问题进行的冗长发言创下了最长个人演讲纪录，并一直保持到现在。在1957年《民权法案》审议期间，瑟蒙德演讲了24小时18分钟。[40]如果整个南方代表团合作，协调配合进行冗长发言，那么就几乎无法阻挡了。

1956年5月，艾森豪威尔的司法部长小赫伯特·布鲁内尔（Herbert Brownell, Jr.）和司法部制定了一部包含四个部分的《民权法案》，交给国会审议。[41]如果获得通过，它将成为自19世纪末以来的第一部联邦《民权法案》。它创建了美国民权委员会（U.S. Commission on Civil Rights），给予司法部的民权局（Civil Rights Division）更多的权力，并增加司法部要求发布禁令以保护选举权的权力。最有争议的部分是允许法院在不利用陪审团审判的条件下审理某些违反本法律的行为。自由派赞成该条款，认为南方白人陪审团会非常不愿意宣判一名被指控违反了联邦民权法律的白人有罪。但最后，陪审团审判被纳入了该法案。南方人最后做了非常恰当的总结：这部提案没有什么威力，不会对他们造成什么威胁。[42]1957年《民权法案》就这样被签署成为法律，但它除了具有象征意义之外几乎没什么作用。

1959年，国会参众两院都审议了民权立法，但这些议案最终都没有通过。众议院司法委员会主席、坚定拥护"新政"的自由派、来自纽约州的民主党人伊曼纽尔·塞勒率领他的委员会审议了一部民权议案，并将其交回众议院，但随后被霍华德·史密斯的规则委员会挡下。参议院的《民权法案》版本在进入由伊斯特兰领导的司法委员会的管辖范围以后就杳无音讯了。

1960年，参议院多数党领导人林登·约翰逊将民权立法附加在一部关于将陆军的土地出租给密苏里州一所学校的法案后面，使得南方人高喊"犯规"。约翰逊之所以这样做，是为了能够避免将民权立法送交至伊斯特兰的委员会，因为它在那里可能会被毙掉。参议院没有规定要求修正案是密切相关的；毫无疑问，这部民权修正案是完全不相关的。南方参议员做出了反击，他们在参议院全院发表冗长发言阻挠该议案，而支持者无法聚集起足够的选票来提付表决，结束辩论。[43]

在众议院这边，民权立法被卡滞在规则委员会，北方民主党领袖决定从史密斯手里夺取该议案。他们要想这样做，需要争取众议院多数议员（218 名）签署一份“表决请愿书”。1960 年 1 月，145 位民主党人和仅仅 30 位共和党人签署了这一请愿书。《纽约时报》很快刊登了请愿议员的名单，一些共和党人因为他们党只有如此少的人署名而感到非常难堪，强烈要求签名。众议院共和党领袖、来自印第安纳州的查尔斯·A. 哈勒克不希望北方民主党人获得推进民权的所有功劳，于是鼓励他的同事签署这一请愿书。霍华德·史密斯看到这种势头，且不想失去对该立法的控制权，最后决定举行听证会。[44]

最终，参众两院通过了民权立法，艾森豪威尔总统将 1960 年的《民权法案》签署成为法律。但是，这部立法因为许多重大的妥协而大打折扣。在签字仪式上，艾森豪威尔称赞这部立法是“民权领域向前迈出的历史性一步”；然而，全国有色人种协进会的律师瑟古德·马歇尔和其他许多人一样，抱怨这部法律“毫无价值”。[45]

肯尼迪执政岁月

在 1960 年 11 月的总统选举中，参议员约翰·F. 肯尼迪以有史以来最为微弱的优势击败了副总统理查德·M. 尼克松。马丁·路德·金对肯尼迪在当参议员期间在民权问题上的表现并没有特别深刻的印象，因此对他参加总统竞选几乎没什么兴趣。金的看法在两人私下共进早餐后稍有改变；肯尼迪向金保证，他当选总统后将成为民权运动的领袖。[46] 但是金、学生非暴力协调委员会（Student Nonviolent Coordinating Committee，SNCC）的詹姆斯·福曼（James Forman）、种族平等协会（Congress of Racial Equality，CORE）的贝亚德·拉斯廷（Bayard Rustin）以及其他黑人领袖仍然持怀疑态度。在肯尼迪执政的头 6 个月，他既没有向国会提交任何民权立法，也没有像他在竞选期间曾承诺的那样，签署总统行政命令取消联邦资助的住房中的种族隔离。[47]

在 1960 年的选举中，民主党人不仅赢得了总统大选，还在众议院中赢得了 89 个席位的优势（民主党和共和党的席位数为 262 比 173）。但这一数字具有欺骗性。在这些民主党人中，有 101 位来自南方。没有改变的 30
是南方人依然把持着各关键委员会，特别是由霍华德·史密斯担任主席的规则委员会。规则委员会常常被形容为众议院的“交通警察”，它能够阻挠、拖延甚至直接否决已经由具有管辖权的委员会提交的立法（在该立法进入众议院全院讨论以前）。对于民权立法具有管辖权的委员会是由塞勒担任主席的司法委员会。[48]

1960 年年初，规则委员会共有 12 名成员，其中 2 名为南方民主党人：史密斯和来自密西西比州的威廉·M. 科尔默（William M. Colmer），他们常常与 4 名共和党人一起有力地阻挠进步的立法。[49] 众议院议长、来自得克萨斯州的民主党人萨姆·雷伯恩与民主党领导层决心打破规则委员会受到的这种保守控制，他甚至威胁要将科尔默清除出规则委员会。随后经过一场十分激烈的斗争，众议院投票赞成将新的第 87 届国会（1961—1962）规则委员会的成员数量从 12 人暂时增加至 15 人。[50] 两年后，成员数量的增加被确定为永久性的。

20 世纪 60 年代初，学生积极分子与其他人继续开展始于北卡罗来纳州格林斯伯勒（Greensboro）的午餐柜台静坐示威运动，以及后来发展出的其他形式的非暴力抗议活动。然而，许多南方白人对待这样的示威活动的反应绝不是非暴力的。1960 年，最高法院裁定在州际旅行中实施种族隔离是非法的，包括在公共汽车总站、候车室、公共洗手间和餐馆中实施的种族隔离。学生积极分子在 1961 年春天搭乘两辆客车从华盛顿特区出发深入南方，考察这个判决的执行情况。他们被称为“自由乘车者”（Freedom Riders）。尽管这些学生在弗吉尼亚州被阻拦并被逮捕，但他们直到在南卡罗来纳州的罗克希尔（Rock Hill）下车之前都没有遭受到暴力。

约翰·刘易斯和另一名自由乘车者在使用白人专用的洗手间时遭到毒打并被逮捕。当他们抵达亚拉巴马州的安尼斯顿（Anniston）时，他们搭乘的客车的司机停下车，向等待着他们的愤怒的暴徒大喊道："好了，小伙子们，他们在这儿。我给你们带来了一些黑鬼和黑鬼的帮腔者。"地方官员默许三K党对这些学生为所欲为。一辆客车被投掷燃烧弹，学生被暴民殴打。在伯明翰，警察局局长布尔·康纳（Bull Connor）没有提供任何保护。从纳什维尔出发的第二批自由乘车者被康纳逮捕；这些自由乘车者没有得到任何保护，并被严重殴打。最后，肯尼迪政府宣布，州际商务委员会（Interstate Commerce Commission）将取缔所有与州际旅行相关设施的种族隔离；自由乘车者仍然继续行动，而监狱，特别是密西西比州的监狱，装满了抗议者。[51]

在约翰·肯尼迪于1961年1月20日宣誓就职后不久，一名年轻的黑人——詹姆斯·梅雷迪思（James Meredith）——受到这位新总统的鼓舞，决定申请入读全白人的密西西比大学。这所大学的官员发现他是黑人后，立即着手实施"拖延、转移注意力和口是心非"行动计划，以将梅雷迪思的录取再推迟20个月。联邦和州法院多次颁布命令，进行了两次审判，美国最高法院做出了一项判决，最终联邦执法官和1.6万名联邦军队士兵被派出以维持秩序。州长罗斯·巴尼特（Ross Barnett）反抗到最后，他告诉全州范围的电视观众："只要我担任州长，密西西比州就不会有一所学校取消种族隔离。"巴尼特将联邦的强制执行视为"美国内战以来最大的危机……我们要么屈服于联邦政府不合法的命令，要么像男人一样站起来，告诉他们绝不！我们不会饮下种族灭绝之水"。梅雷迪斯最终被录取，代价却是流血和牺牲。在这场由白人抗议者挑动起的暴乱中，2人被杀害，160名执法官和40名士兵受伤，200人被捕。[52]

1963年发生了数起引人注目的悲剧事件，极大地震动了国民的良心。5月，亚拉巴马州的伯明翰爆发冲突，布尔·康纳手下的警察使用消防水龙带、电棍和警犬恐吓要求开放公共设施的非裔美国抗议者。包括许多儿童在内的 700 多名非裔美国人被捕，迫使肯尼迪出动 3000 名士兵前往伯明翰维持治安。在接下来的 10 个星期里，整个南方有 75 个城市共计爆发了约 758 次示威游行，13 786 人被捕。[53]

在闷热潮湿的 6 月 11 日，亚拉巴马州州长乔治 · C. 华莱士（George C. Wallace）站在福斯特礼堂（Foster Auditorium）的入口前，亚拉巴马大学的学生将在此正式注册选课。众所瞩目的是两名黑人学生——薇薇安 · 马龙（Vivian Malone）和詹姆斯 · 胡德（James Hood）——的注册问题。华莱士决心阻止他们注册，而美国司法部副部长尼古拉斯 · 卡岑巴赫同样决心保障他们入读公立大学的权利。华莱士和卡岑巴赫紧张地看着对方，各自读着他们准备好的笔记，并遵循着暂时精心设计过的剧本。最后，亚拉巴马州的国民警卫队被置于联邦政府的控制之下，华莱士让步，这两名黑人学生被录取。华莱士对这个插曲给出了他的最佳“解读”，最后说道：“亚拉巴马州正在赢下这场反抗联邦干涉的斗争，因为我们正在唤醒人们，使他们意识到，这个国家正趋向于军事独裁。”[54]

受到来自塔斯卡卢萨（Tuscaloosa）的消息的鼓舞，肯尼迪决定在当天晚上发表全国讲话。肯尼迪总统匆匆做好准备，没有进行任何排演，他通知国民他会很快向国会提交一部重大的《民权法案》。肯尼迪告诉电视机前的观众，这个国家面对着一个“像《圣经》一样古老、像《美国宪法》一样清楚明确的道德问题”。[55]

现在是国会采取行动的时候了，肯尼迪敦促道。

制定法律：《民权法案》

肯尼迪的民权立法于 1963 年 6 月 19 日提交至国会。总统在提交这部人们期待已久的立法时附上了一篇 5500 字的咨文，敦促国会“与行政和司法部门合作，向所有人表明美国的生活或法律中绝不容许种族隔离的存在”。[56]

然而，这部议案获得通过的前景并不乐观，将需要全力以赴的游说工作。[57]总统这部议案的核心是极具争议的“第二条”，禁止在公共场所实行种族歧视，公共场所包括：餐馆、酒店、游乐场、电影院和从事州际贸易的零售场所。他的议案还包含增强司法部长提起取消学校种族隔离的诉讼的权力条款（条件是他被无法起诉的人请求这样做），以及其他一些条款。

不出所料，南方立法者立刻冲向麦克风谴责肯尼迪的议案。斯特罗姆·瑟蒙德说，这令他回想起南方各州重建时期那段可怕的日子，严厉批评总统的这部议案“违反宪法、没有必要、不明智，超越了理性的范围”。詹姆斯·伊斯特兰视其为“实现极权主义国家的完整蓝图……美国下至每个汉堡包摊、每家理发店、每家美容院、每栋公寓，上至每家银行和保险公司”都将归入联邦的控制。密西西比州民主党国会议员约翰·C. 斯坦尼斯担心，司法部长将会无视白人的权利，“鲍比·肯尼迪最后可能会派出联邦执法官和军队到每一个十字路口”，并可能“成为全国有色人种协进会、种族平等协会的每一位成员，以及其他施压集团和煽动者的私人司法部长”。[58]

在肯尼迪发表全国讲话当晚，长期担任全国有色人种协进会密西西比州分会官员的梅加·埃弗斯（Medgar Evers）在他家门口的私人车道上被枪杀。枪杀他的凶手、化肥推销员拜伦·德·拉·贝克威思（Byron de la Beckwith）后来对一群三K党同伴说道：“杀死那个黑鬼与我们的老婆在生孩子时忍受痛苦一样，没有带给我一点内心的不安。我们请求她们为我们这样做。我们应该付出同样多的努力。”[59]1964年进行的两次审判的陪审团全是由白人男性组成的，结果都是未决审判。（30年后，德·拉·贝克威思在1994年被判谋杀罪，并于2001年死在狱中。）

同一天，马丁·路德·金宣布将在华盛顿举行大规模游行。8月28日，根据保守的官方估计，超过20万人聚集在林肯纪念堂前参加“华盛顿大游行”。它通过最新的Telsat卫星系统在全球范围的电视上播出。肯尼迪曾试图劝阻民权领袖前来华盛顿参加这次大型集会，但随着这场运动的势头不断增加，他也站出来表示支持。这场运动使 A. 菲利普·伦道夫（A. Philip Randolph）闻名于世。身为卧车员工兄弟会（Brotherhood of Sleeping Car Porters）主席的伦道夫在 1941 年就曾计划在华盛顿举行游行，而现在这个计划终于实现了。代表学生非暴力协调委员会的约翰·刘易斯本打算发表一篇强硬且极具争议的演讲，但他最终依从伦道夫的请求，缓和了他的言辞。最后演讲的是马丁·路德·金，他发表了自己最著名的演讲《我有一个梦想》（*I have a Dream*）。记者默里·肯普顿（Murray Kempton）称其“可能是我们所有人有史以来看到过的美国人最大规模的宗教朝拜”。[60]

肯尼迪的处境十分艰难。金和其他黑人领袖公开责备他太过胆小；民主党自由派大声呼吁采取强硬的惩罚性措施；而南方民主党人已经在民权问题上强烈反对他，威胁要拿其他审理中的政府支持的立法来发泄他们的怒气。肯尼迪和他在国会中的支持者不得不拼凑起一个由北方民主党人和共和党温和派组成的联盟，以提出强硬但又不可避免会妥协的措辞。

许多共和党人不满的症结之一在于该立法的“第二条”，即公共场所条款，是基于宪法中的贸易条款，而不是明显更令人信服的第十四修正案的平等保护条款。政府给出的理由是，实行种族隔离的公共场所阻碍了州际贸易的自由流动。共和党人认为这个理由似是而非且太过开放：这是否真的像伊斯特兰所说的那样意味着地方的每家理发店、每个汉堡包摊都将归入联邦管辖？共和党人本来也更愿意使用第十四修正案，毕竟，他们可以自豪地指出是内战时期由共和党控制的国会制定了该保护条款。

政府决定将反歧视措施系于贸易条款之上，归根结底可能是因为参议院的政治斗争。通过将权威依据立足于贸易条款，这部民权议案将被送交至参议院商务委员会（Senate Commerce Committee），该委员会的主席、来自华盛顿州的民主党人沃伦·马格努森（Warren Magnuson）是政府的盟友。但如果这部议案是基于第十四修正案，那么它的“审议之旅”就不得不从参议院司法委员会（Senate Judiciary Committee）开始，而主持该委员会的是坚决反对该议案的伊斯特兰。[61]

但不论哪个委员会拥有第一管辖权，参议院都将是最棘手的问题，特别是南方人威胁要通过冗长发言阻挠议事。政府决定首先着手对付众议院，尽管众议院有史密斯和规则委员会，但看上去更有希望获得成功。

1963 年 6 月 19 日，政府的议案进入司法委员会第 5 号小组委员会审议。该小组委员会是唯一一个由北方民主党人主导的小组委员会，伊曼纽尔·塞勒担任该小组委员会以及整个司法委员会的主席。最资深的共和党人是威廉·麦卡洛克（William McCulloch），是一位代表俄亥俄州农村选区的低调的保守派。司法部副部长尼古拉斯·卡岑巴赫和他的同事伯克·马歇尔（Burke Marshall）与麦卡洛克单独合作，制定出一部两党妥协的法案。[62] 这部由卡岑巴赫和麦卡洛克苦心设计的议案削弱了肯尼迪议案中的选举权条款。然而，这一妥协令民主党自由派大感意外且非常不悦，因为他们被排除在了商议过程之外。很快，民主党人就提交了一部强硬且大胆的替代法案，它新增了一个公平雇佣条款。

麦卡洛克认为这只不过是民主党人试图令共和党人难堪而采取的一项不成熟的政治行动。不论是众议院少数党领袖、来自印第安纳州的查尔斯·哈勒克，少数党党鞭、来自密歇根州的杰拉尔德·R. 福特，还是麦卡洛克，都不会在民主党人指责他们在民权问题上懦弱无力时毫无反击地忍受批评。共和党人和民主党保守派威胁要将自由派的这部议案直接交至众议院全院辩论，并将其彻底粉碎；麦卡洛克发誓他绝不会提供一点点帮助。[63]

接着发生了两个引人注目的事件。1963 年 9 月 15 日，一枚炸弹在亚拉巴马州伯明翰市十六街浸礼会教堂的台阶下轰然爆炸，4 名年龄在 11 岁至 14 岁的非裔女孩被炸死。这一天是教堂的“青年节”礼拜日（“Youth Day” Sunday）。这起爆炸惨案引发了全世界人民的愤怒，而它不过是伯明翰市在过去 20 多年里发生的众多种族驱动的暴力事件之一。马丁·路德·金发表悼词，说这些女孩的死亡提醒了“每一位一直躲在彩色玻璃窗的安全保障之后保持沉默的福音牧师”。它还提醒了“每一位向他的选民灌输不新鲜的仇恨面包和变质的种族歧视臭肉的政治家”，以及“已经向南方各州民主党人的不民主行为、右翼北方共和党人公然的伪善妥协的联邦政府”。我们不应当仅仅关注凶手，更加应当关注的是“制造出凶手的这种制度、生活方式和思想体系”。[64]

伯明翰事件发生之后，民权立法似乎更为紧迫。司法委员会最后于 11 月 20 日将这部议案交回众议院，其中发生了不计其数的争吵、指责，脆弱联盟的解体，以及因谁能够邀功和谁应当受责备而引发的冲突。最终形成的议案比肯尼迪最初的法案更为有力，但仍然能为大多数共和党人所接受。这部妥协的立法增加了一个由共和党人首先推动的条款，即“第七条”禁止就业歧视的条款。另一个关键改变是“第六条”的加强，禁止在联邦资助的项目中存在歧视。[65]

两天后，第二个令人震惊的事件发生了，约翰·肯尼迪在得克萨斯州达拉斯市遇刺身亡。随着肯尼迪的死亡，美国的政治局势发生了彻底改变。在肯尼迪下葬的第二天，林登·约翰逊总统——他对待民权问题的观点受到了许多人的怀疑——在国会联席会议上发表演讲。与肯尼迪的言谈举止截然不同，约翰逊说话的节奏很慢，声音掺杂着得州鼻音腔；立法者和政要们挤在众议院的会议厅里，专心地听着他说的每一个字。约翰逊在演讲到一半时说道：

> 没有什么悼词或颂文能比尽可能早地通过争取平等权利的《民权法案》更有力地表达我们对肯尼迪总统的纪念。我们已经讨论了 100 年或者更久。现在是时候书写新的篇章并将其写入法律书中了。[66]

这是林登·约翰逊最辉煌的时刻之一。两天后，他召集美国黑人民权领袖来到白宫，与每个人分别进行了长时间的、坦诚的讨论。约翰逊接触了支持“新政”的自由派，向他们保证他们彼此是协调一致的。尽管南方立法者对约翰逊的演讲感到不安，但他们并没有表现出担忧或震惊。毕竟，约翰逊是一名得州人、一名南方人。他们认为，总统归根结底是他们自己人。然而，约翰逊私下里对他敬爱的导师理查德·罗素说道，在这部民权议案上“如果你妨碍我的话”，“我会毫不客气地指责，我想要你知道这一点，是因为我在乎你”。[67]

这部民权议案没有被送交至众议院全院，而是压在了霍华德·史密斯的规则委员会里。然后在12月9日，塞勒按照惯例提交了“表决请愿书”以迫使规则委员会交出该议案，希望能获得必需的218份签名，从而使该议案能够被提交至众议全院，并且在放假休会之前获得通过。但只有150位立法者签署了名字，表决请愿行动失败。但是在圣诞节假期时，北方众议员听到他们的许多选民响亮而清晰地要求他们支持民权立法。国会在1964年1月初重新召开后，很快其他许多立法者立即表示他们准备签名。此外，规则委员会内部也出现了倒戈的迹象，到1月，委员会的成员只差两票就能达到强制史密斯交出该议案所需的多数。

1月8日，林登·约翰逊发表了他的第一次国情咨文，他恳求国会道：“让这次国会会期因为它为民权做出的贡献超过之前100次会期的贡献总和而闻名于世吧。”[68]

第二天，霍华德·史密斯终于软化，开始就民权立法举行听证会。“我知道这里生活的现实。”他说道。他举行了9天的听证会，在此期间，共有28名来自南方的众议员做证反对该议案，只有5名众议员做证支持。然后在1月30日，这部民权议案终于离开规则委员会，现在已经准备好在众议院接受全员讨论。[69]

接着在2月8日，史密斯出人意料地在众议院全院提交了一部修正案，要求在提议的“第七条”中添加“性别”这个词，从而不仅禁止基于种族和民族血统的就业歧视，也禁止基于性别的就业歧视。许多人以为他是在开玩笑，或者更为严肃地，是在试图给条款制造困难。不，史密斯保证道，添加“性别”这个词“将会帮助一个重要的少数群体”。“这部议案是如此不完善，”史密斯说，“这个小小修正案会造成什么伤害呢？”

第 88 届国会，第二会期（1964 年 1 月 7 日—10 月 3 日）

参议院：67 位民主党人，33 位共和党人
众议院：258 位民主党人，177 位共和党人
总统：林登 · B. 约翰逊

众议院的所有女性议员都同意支持史密斯的修正案——只有一人除外——不论她的动机是什么。来自纽约州的共和党人凯瑟琳 · 圣乔治（Katherine St. George）向她的男同事说道：“我们比你们身体结实，我们比你们活得长。我们可以唠叨纠缠你们到死。那么，为什么我们想要特权呢？我们只想要这少许的平等。”议员都笑了，除了来自密歇根州的民主 3
党人玛莎 · W. 格里菲斯（Martha W. Griffiths），她是众议院筹款委员会令人敬畏的成员。格里菲斯发表了一篇长长的、充满激情的恳求，其中提出了最具说服力的理由，警告如果不添加“性别”这个词，那么“白人女性将成为招聘大门外的最后的群体”。

来自俄勒冈州的民主党人伊迪丝 · S. 格林（Edith S. Green）是唯一反对该修正案的女性众议员，她认为，黑人承受的歧视行为的数量是女性承受的 10 倍。她说史密斯的修正案会“帮助毁掉”该议案的这一条款。伊曼纽尔 · 塞勒是《平等权利修正案》（Equal Rights Amendment）的反对者，曾将该修正案卡在司法委员会总共长达 20 年。他同样请求删去这个词，说史密斯的修正案是“不合理的”。妇女究竟在担心什么？塞勒好奇地问道，在他自己的家里，女性绝非少数群体，不仅如此，他永远只能够插入最后两个词——“是的，亲爱的”。在场的男性众议员再一次心照不宣地大笑起来。约翰逊政府也表示反对，它并不希望史密斯的修正案把事情弄

糟。[70] 但经过两个小时的辩论后，史密斯的修正案以 168 比 133 的投票结果获得通过。一些观察家必定对这个奇怪的组合犯嘀咕，因为大多数南方保守派都投票赞成保护女性，而许多北方自由派却投票反对该修正案。

众议院在 2 月 10 日审理了超过 120 条修正案，并接受了其中的 28 条，大部分是关于技术性的语言。最后，在所有的修正案都被省去后，国会以 290 票赞成比 110 票反对的压倒性优势通过了这部民权议案。这是一个真真正正的获得两党支持的胜利，138 名共和党人和 152 名民主党人一起投了赞成票。事实上，这也是南方人对抗其他所有人的斗争：110 张反对票中有 96 张来自南方诸州。[71]

该立法现在将被送交至参议院审议。在接下来 4 个月时间里，支持民权的势力将在参议院调集起更优秀的组织和领导。当工作人员步行将众议院的议案送至参议院时，多数党领袖、来自蒙大拿州的民主党人迈克·曼斯菲尔德出面在门口将它拦截下来。如果他不这样做的话，这部民权议案本来会被自动提交至对其具有管辖权的委员会，即由詹姆斯·伊斯特兰担任主席的司法委员会。林登·约翰逊在 1956 年就曾使用过曼斯菲尔德的这种拦截战术，而他当时反抗的恰好也是同一个委员会和同一位主席。绕过伊斯特兰的唯一办法就是由参议院充当全院委员会，直接在全院审议该立法。曼斯菲尔德还采取了另一个战术：他要防止狡猾的理查德·罗素利用没完没了的国会操纵手段和法定人数点名来阻碍参议院议事。曼斯菲尔德将确保始终都有满足法定人数的 50 位参议员在议员席，并且只允许拨款委员会举行常规委员会会议。参议院其他所有事务都将被暂停。曼斯菲尔德的助理弗朗西斯·R. 瓦莱奥（Francis R. Valeo）回忆道：“罗素对此大吃一惊。他相当震惊……曼斯菲尔德事实上抢先做了他想做的事。”[72]

2 罗素警告深陷重围的南方参议员将要反抗：“我们应该在下周投入战斗，诚挚地希望和祈祷我们可以找到办法和力量使美国这个自治共和国的人民认识到这个问题的真相，以免为时过晚。”[73] 在过去阻挠民权的冗长发言行动中，南方人组成了一个轮班系统，共有 3 班，每班 6 位参议员，然后轮流进行不间断发言，使他们反对的立法流产。正如他们之前曾成功实现的那样，南方参议员会利用冗长发言使该议案无法通过，或使其大幅削弱，又或者希望其支持者最终放弃它。

约翰逊请曼斯菲尔德指派来自明尼苏达州的民主党人休伯特·汉弗莱担任参议院的政党领袖，汉弗莱热切地接受了这一任务。来自加利福尼亚州的共和党自由派托马斯·H. 库彻（Thomas H. Kuchel）将与汉弗莱紧密合作，他负责集合 15 位共和党参议员以应对法定人数点名。[74] 约翰逊没有浪费任何时间。他打电话给汉弗莱，激励他正视面临的挑战："你现在得到了这个机会，休伯特，但你们自由派将永远不会履行承诺。你不知道参议院的规则，你们自由派会在应当出席参议院会议的时候离开，去发表演讲。我知道你在这里得到了一个很好的机会，但我恐怕它会落空。"但汉弗莱发誓他完全知道刺激他、劝诱他的约翰逊的真正意图是什么："我喜欢约翰逊的一点是，即使当他哄骗我的时候，我也知道我身上发生了什么。" [75]

核心的战略问题是：当南方人不可避免地采取冗长发言行动时，支持民权的参议员能否联合起足够数量的北方民主党人和共和党温和派通过提付表决的方式结束辩论？推翻冗长发言需要 67 票。这个任务非常复杂，因为一些参议员，像 87 岁高龄、来自亚利桑那州的民主党人卡尔·海登（Carl Hayden），在原则上反对提付表决结束辩论，不论讨论的议题是什么。民权支持者必须争取到共和党温和派和保守派的支持，尽管他们认为"第七条"的某些条款令人反感，如平等就业机会委员会（Equal Employment Opportunity Commission）和不遵守就切断联邦资助的条款。

来自伊利诺伊州的共和党人埃弗雷特·M. 德克森是关键人物。作为参议院的少数党领袖，他能够说服共和党温和派与民主党人联合，但他无疑会要求付出代价。但是，即使是德克森的助手也不知道他在民权问题上的立场。他说他持开放的心态，并且一直没有做出任何承诺或假设。他看似犹豫不决的态度反而使他更为重要。德克森是精通参议院各种战术的大师，他玩弄政治手段的高明程度不亚于国会山的任何人。他还相当自负，喜欢成为众人瞩目的焦点，并沉醉于自己悦耳动听的男中音。汉弗莱和林登·约翰逊一起给德克森做工作，安抚他的自尊心，不停赞扬他，让他站在舞台的中心。汉弗莱记得约翰逊对他说："你必须迎合埃弗·德克森。你必须让他分一杯羹。他必须始终保持良好的形象。"[76]

3 托马斯·库彻必须争取到五分之四的共和党参议员。当然，来自东北部的共和党自由派——纽约州的肯尼思·基廷（Kenneth Keating）和雅各布·贾维茨（Jacob Javits），以及新泽西州的克利福德·凯斯（Clifford Case）——是明确表示支持的，还有一些来自中西部的改革派也是如此。但是，德克森有 6 位同僚坚决反对以提付表决的方式推翻冗长发言，他们都是来自草原州*或者山地诸州**；最著名的反对者是亚利桑那州的巴里·戈德华特，他正在争夺共和党 1964 年的总统提名。[77] 事实上，戈德华特在 9 月初还会投票反对这一年的医疗保险—医疗补助立法版本。

共和党的选票将不得不出自其他中西部和山地诸州的共和党人，比如蒙大拿州的伦恩·B. 乔丹（Len B. Jordan）、南达科他州的卡尔·E. 蒙特（Karl E. Mundt）、内布拉斯加州的卡尔·T. 柯蒂斯或内布拉斯加州的罗曼·鲁斯卡（Roman Hruska）。一位持观望态度的关键参议员是来自艾奥瓦州的保守派伯克·B. 希肯卢珀（Bourke B. Hickenlooper）。曼斯菲尔德的助理弗朗西斯·瓦莱奥回忆起希肯卢珀和其他犹豫不决的共和党人受到了多么无微不至的关照。希肯卢珀受邀参加曼斯菲尔德在国会大厦的机要办公室举行的会议，同座的有来自司法部的伯克·马歇尔和尼古拉斯·卡岑巴赫以及来自白宫的迈克·马纳托斯（Mike Manatos）。曼斯菲尔德告诉瓦莱奥："进去与那些律师谈话……并告诉他们我打算把希肯卢珀带过来，他们要按照希肯卢珀的意思对这部议案做任何他想要的修改。"这位来自艾奥瓦

---

* 草原州（prairie state）：伊利诺伊州的别名。

** 山地诸州（mountain states）：包括艾奥瓦州、蒙大拿州、怀俄明州、亚利桑那州、科罗拉多州、内华达州、新墨西哥州和犹他州诸州。

州的参议员提出了一些小的改动，然后说道："好了，这部议案比之前好多了。"[78] 希肯卢珀没有承诺他会投票支持，这导致他在后来的审议过程中出现了一些焦灼不安，但最终在他选票的帮助下成功推翻否决，并且还带来了他的几位中西部同僚的选票。

南方议员的冗长发言首先从程序问题上着手：刚刚获得众议院通过的这部议案是应当被提交给伊斯特兰的司法委员会讨论，还是应当直接进入参议院议事日程？从3月9日到3月26日，南方人用拖延战术拖延了15天。迪克森是非常拘泥于国会议事程序的人，因而站在了南方人一边；出乎意料的是来自俄勒冈州的民主党人韦恩·L. 摩尔斯（Wayne L. Morse）也是如此，他是一位完全独立的自由派。但是，汉弗莱提醒他的同僚们注意伊斯特兰过往的记录：过去10年提交的121项民权议案中，有120项止步于他的委员会。来自康涅狄格州的民主党人托马斯·J. 多德（Thomas J. Dodd）说道，够了，这部民权议案已经经历了83天的听证，并有280名证人做证，现在是参议院全体议员着手处理这个问题的时候了。[79]

在汉弗莱和库彻的领导下，支持民权的参议员们组织得井然有序。每天早上，汉弗莱、库彻和他们在参议院的领袖会与司法部官员（通常都是尼古拉斯·卡岑巴赫）碰头商议，全国有色人种协进会的克拉伦斯·米切尔和民权领袖联合会（Leadership Conference on Civil Rights）的约瑟夫·劳（Joseph Rauh）常常也会加入进来。他们每日都会发布一份两党通讯，分配各位议员的职责，总结程序，给出关于有争议的问题的谈话要点。此外他们通过随时保持有足够数量的参议员做好准备且能够到场，有效阻碍了南方人坚持反复进行法定人数点名的策略。[80]

在对程序上的问题进行了长达3个星期的冗长发言后，参议院终于开始审议该立法的实质性内容。参议院历史上历时最长的冗长发言行动很快开始了，它于3月30日开始，最终于6月10日结束。对于南方人来说，这是一场孤注一掷的冒险。这是一个要么全胜要么全败的战略，南方人没有提出任何替代的议案，历史学家认为这个战略具有致命的缺陷。休伯特·汉弗莱无法理解南方人的策略:“我一直不太明白为什么他们不让我们更多地投票。如果他们这样做的话，他们本来可以坚持立法程序终究是在运转的，因为正在对修正案进行投票表决。但是，他们没有这样做。相反，他们只是一直不停地说啊说。似乎他们已经失去了明确的目标，几乎没有或者根本没有真正的计划。”[81]

罗素疲惫不堪，当时又正在与肺气肿发作的创伤做斗争，他知道他不可能赢得参议院的支持；他所能做的只是拖延，争取时间，并希望约翰逊和参议院的非南方人会受挫放弃。罗素发誓要战斗“直到最后”。与他统一战线的有18位南方民主党人和一位共和党人——来自得克萨斯州的约翰·G.托尔（John G. Tower）。罗素能够指望的只有像伊斯特兰、瑟蒙德、艾伦·J.艾伦德（路易斯安那州）和斯坦尼斯这样的顽固分子和激进分子，但其他一些南方人，如阿肯色州的J.威廉·富布赖特（J. William Fulbright）、路易斯安那州的罗素·B.朗（Russell B. Long）和佛罗里达州的乔治·A.斯迈瑟斯（George A. Smathers）并不是对这部民权立法的优点视而不见，或者说至少他们明白非裔美国人很快就会成为需要重视的选民群体，不然的话，至少也是需要吸引的群体。[82]

尽管如此，这些南方人不得不参与这场冗长发言行动，并投票反对民权改革，否则的话无异于政治自杀。富布赖特在与约翰逊总统的一次电话交谈中坦言:“上帝啊，我在这件事情上真的是束手无策。我打心眼里希望我能够投票支持你。你知道的。”约翰逊说:“我知道，我懂。”富布莱特说:“我多么希望我能够解决这个事情，但我觉得自己是个叛徒，你知道的。”[83]

南方议员没完没了地发言，立法日就这样枯燥无味地一天又一天流逝。尽管孤注一掷，尽管政策斗争非常激烈，但立法者仍然维持着一定程度的礼貌和风度。汉弗莱回忆起来自弗吉尼亚州的民主党人威利斯·罗伯森（Willis Robertson），他在1964年已是77岁高龄，也参与了这场阻挠民权立法的冗长发言行动，他能够胜任每次一个小时的发言，但看得出来有些吃力。为了使罗伯森更轻松一点，汉弗莱会中断他并问一个很长的、复杂的问题。“罗伯森会微笑并作答，”汉弗莱写道，“无言地感谢我的表示。之后，我们会一起品尝他从弗吉尼亚带来的酸麦芽浆酿制的威士忌。”反过来，当汉弗莱在法定人数点名却缺少一位议员时，罗伯逊会来到参议院全院帮助汉弗莱应付点名。[84]

罗素和其他南方人都寄希望于一件事，即乔治·华莱士在 1964 年竞选总统会唤起草根的支持，并向全国展示他的思想不仅受到南方人的支持，而且能引发全国各地的美国人的共鸣。他们在威斯康星州获得了草根的支持，该州于 4 月 7 日举行了 1964 年总统预选。当天在密尔沃基的施罗德酒店（Schroeder Hotel），欢欣鼓舞的乔治·华莱士头戴饰有羽毛的温纳贝戈人（Winnebago）战帽，兴高采烈地跳了一场庆祝胜利的战舞，欢呼道：“我们没有赢，但我们胜利了。”该州州长约翰·雷诺兹（John 3
Reynolds）作为本州的政治宠儿临时替代林登·约翰逊竞选，他赢得了初选，但华莱士拿了 34% 的选票，成为第二天全国上下讨论的政治话题。“整个密西西比州都激动不已”，该州州长保罗·约翰逊在一封电报里说道。华莱士进入了威斯康星州的初选，这是有史以来他在北方的第一次。他已经找到了自己的拥护者：蓝领少数族裔工人，特别是在密尔沃基的南部，他们受够了犯罪活动，害怕邻近社区的黑人，视华莱士为理解他们的人。在密尔沃基的塞尔维亚厅（Serb Hall）举行的支持华莱士的最大规模的集会上，3000 名波兰移民用他们的东半球语言高唱“迪克西”*的第一节，令华莱士非常高兴。[85]

华莱士继续参加印第安纳州的初选，并赢得了 24% 的选票。5 月 20 日，这位亚拉巴马州州长依靠巴尔的摩的蓝领工人和因民权而伤痕累累的东岸地区的农村白人选民几乎赢下了马里兰州的总统初选。巴尔的摩的这些蓝领工人曾在 1960 年大力支持约翰·肯尼迪，现在则几乎一致地支持

---

* 迪克西（Dixie）：美国南部诸州从南北战争流行至今的战歌。

华莱士。但是非裔选民纷纷出来投票，华莱士把自己的失利归咎于他们，他说道："如果不是这些黑鬼集体投票，我们本来会大获全胜的。"[86]

约翰逊担心，华莱士成功挖走传统上支持民主党的北方蓝领工人选民，只会鼓励南方参议员继续竭尽全力地扼杀民权立法。虽然许多北方民主党参议员没怎么把华莱士的威胁及其含义放在心上，但康涅狄格州的亚伯拉罕·里比科夫（Abraham Ribicoff）却忧心忡忡。华莱士"证明了一些事情。他证明了北方与南方一样有许多美国人不赞成民权"。里比科夫预言"未来 20 年将是在民权领域充满冲突和混乱的年代"，"不仅仅是南方，而且主要是北方"都会陷入麻烦。[87]

当华莱士因在北方各州的初选中大受欢迎而不断登上新闻头条时，冗长发言继续在参议院全院进行着，少数党领袖埃弗雷特·德克森开始了他的立法讨价还价工作。德克森针对这部民权议案提交了超过 100 项修正案，希望能让不情愿的共和党人加入他。这些修正案跨度极大，从无关紧要的细节到"完全删除"重要的条款。没有人确切地知道德克森是否认真对待这些修正案，他是否只是在试图获得更好的讨价还价的地位，又或者他最终是否只是想让他的名字出现在这部议案上。[88] 最终，德克森将修正案的数量减少至 10 个，而它们全部与公平就业条款有关。

讨价还价继续着，德克森和民主党领袖小心翼翼地行事：拉拢温和派–保守派共和党人，不激怒日益焦躁的民权领袖，不使众议院的共和党人生气，同时不破坏参议院脆弱的平衡。5 月 13 日，司法部长罗伯特·肯尼迪、参议员汉弗莱、德克森等人起草了一部"清洁议案"（clean bill）
16 并提交作为替代议案。他们做出了约 70 处改动，其中大部分是技术上的。最后，这部被称为汉弗莱–德克森替代议案的修改版本甚至比自众议院通过的最初版本更为强硬。

6 月 1 日，参议员曼斯菲尔德和德克森终于宣布他们决定提交结束辩论的请愿书；请愿书将于 6 月 6 日星期六提交，投票于 6 月 9 日星期一进行。参议院的政党领袖希望等到 6 月 2 日巴里·戈德华特与纽约州州长纳尔逊·洛克菲勒（Nelson Rockefeller）在加利福尼亚州的初选竞选结束后，是因为戈德华特已经通知他的共和党同僚他将投票反对终结辩论请愿。德克森不希望在个问题上过于紧逼，惹恼戈德华特在参议院的支持者。但德克森也希望这个民权问题能在 7 月 13 日共和党人在旧金山召开他们的总统候选人提名大会以前得到解决。[89]

理查德·罗素在他的结束发言中抱怨宗教领袖在推动民权立法中所做的工作："我非常遗憾地注意到许多宗教领袖在敦促通过这部议案中所发挥的作用。"[90] 罗素虽然精通政治和劝说艺术，却不能意识到，对许多人来说，民权是一个深刻的道德问题。事实上，通过他们在国会山的活动和草根层面（特别是在中西部地区）的措施，进步的教会领袖和活动分子都下定决心要消除种族歧视。从某种意义上说，这是 20 世纪初社会福音运动（Social Gospel）的再度出现，而这次运动的中心是全国基督教协进会（National Council of Churches）。[91] 在尤金·卡尔森·布莱克牧师（Rev. Eugene Carson Blake）的领导下，全国基督教协进会和许多宗教组织成为强有力的民权活动团体。[92] 汉弗莱指出了民权领袖联合会、各种民权组织、劳工组织、商界领袖和教会组织发挥的重要作用。"没有牧师，我们就绝不会通过这部法案。"[93]

6 月 10 日，参议院以 71 票赞成比 29 票反对的投票结果，有史以来第一次结束了以冗长发言阻挠民权议事的行动。投赞成票的有 27 位共和党人和 44 位民主党人，其中包括来自加利福尼亚的身患绝症的克莱尔·恩格尔；参议院支持南方反抗的势力已经被打破了。"今天，"即将倒戈向巴里·戈德华特和共和党的斯特罗姆·瑟蒙德说道，"对于美国来说是一个悲哀的日子。"共和党自由派雅各布·贾维茨反驳说："这是参议院最光荣的时刻之一。"[94]

《权利法案》(1964 年)的关键条款

该法案共分 11 个条款，涉及选举权、民权委员会的扩大等内容。然而，其中最重要的条款如下：

第二条，禁止在任何公共场所实行基于种族、肤色、宗教信仰或者民族血统的歧视，例如餐馆、便餐柜台、电影院、体育场馆等公共场所，只要它们对州际贸易有影响。

第三条，授权美国司法部长代表可能没有资金或觉得提起诉讼会危及他们的人身安全或工作的个人提起法律诉讼。

第四条，要求积极推动废除公立学校中的种族隔离，并呼吁司法部长提起诉讼以强制执行该法案。

第六条，声明任何接受联邦资助的政府机构如果参与非法的歧视，都将失去这些资助。

第七条，宣布雇主、职业介绍所、工会或培训项目在雇用、解雇和雇佣条款及条件中实行基于种族、肤色、宗教信仰、性别或者民族血统的歧视都属非法。

在下一周，参议院以 73 比 27 的投票结果通过了《民权法案》。巴里·戈德华特投了反对票，他说就他个人而言是反对种族隔离的，但虽然如此，他称该法案是违宪的。戈德华特的同僚担心他的立场会分裂即将召开的共和党大会，但戈德华特立场坚定，没有理会他们的政策建议。他感谢年轻的亚利桑那州律师威廉·H. 伦奎斯特（William H. Rehnquist）和年轻的耶鲁大学法学教授罗伯特·博克（Robert Bork）提供的宪法上的建议。[95] 7 月 2 日，众议院以 289 票赞成比 126 票反对的压倒性优势通过了参议院的《民权法案》版本。

终于，自由和平等的基本保障现在将成为这个国家的法律。1964 年 7 月 2 日，在挤满了人的签字仪式上，林登·约翰逊声明，过去有数百万名美国人被剥夺了基本的自由，但现在这样的事情再也不会发生了。“我们共和国的基石——宪法不容许这样，我们的自由原则不容许这样，伦理道德不容许这样。今晚我将要签署的法案也不容许这样。”[96]

仪式上共使用了 75 支签名笔，它们分发给了德克森和汉弗莱、塞勒、威廉·麦卡洛克、罗伯特·肯尼迪，还有许多民权领袖。

就在 7 月共和党大会召开之前，一位知情人士帮助联邦调查局找到了三名民权工作者的尸体，他们分别是安德鲁·古德曼（Andrew Goodman）、迈克尔·施沃纳（Michael Schwerner）和詹姆斯·钱尼（James Chaney）。当时有近 1000 名参加“自由之夏”（Freedom Summer）选举权计划的民权工作者在那个夏天被密西西比州的警察逮捕，他们三人被尼肖巴县（Neshoba County）副治安官塞西尔·普赖斯（Cecil Price）在树林深处释放，落入白人联防队员手中。密西西比州的政客们否认了他们被谋杀的报告。伊斯特兰告诉林登·约翰逊，这必定是一个“宣传的噱头”。伊斯特兰问道：“究竟谁会伤害他们？密西西比州那个地区并没有白人组织。谁会有可能伤害他们？”[97]

国会的大多数共和党人支持民权立法，如果没有他们的支持，《民权法案》就不可能获得通过。然而，他们在政治上的象征性领袖、代表共和党竞选总统的那个人，却对民权立法投了反对票。巴里·戈德华特并非种族主义者，但广受南方腹地人民的赞赏和支持。在 11 月的总统选举中，他赢得了他的家乡州亚利桑那州和南方腹地五个州的选举人票，但在其他各州却遭受大败。

制定法律：《选举权法案》

“布朗案”的判决下达之后，几个南方州严厉打击非裔美国人行使选举权。在密西西比州，到 1955 年年底，有 14 个县没有黑人选民登记。路易斯安那州官员向地方官员分发了“如何区别对待”的小册子，指示如何从投票登记名册中删除黑人。虽然在田纳西州和北卡罗来纳州，黑人选民的登记人数增加了，但在南方腹地，登记的黑人数量却减少了。[98]

民权立法的关键人物

民权领袖，比如马丁·路德·金、约翰·刘易斯、罗伊·威尔金斯，劳工、公民和教会领袖，范妮·卢·哈默（Fannie Lou Hamer）、詹姆斯·梅雷迪思，还有成千上万勇敢的普通公民，都为这两部民权法案做出了不可磨灭的贡献。如果不是他们积极推动、宣传抗争和奋力战斗，有时甚至冒着巨大的生命危险，20世纪60年代的民权法律是不可能获得通过的。

在华盛顿，争取《民权法案》和《选举权法案》是美国历史上引起争论最大和战斗最激烈的两个立法斗争。其中三位议员是它们取得成功的关键。

林登·B. 约翰逊（1908—1973），他在担任国会议员的头20年从未支持过民权立法。但随着他渐渐拥有竞选国家领导人的抱负，他做出了“突然且彻底的转变”，并动用他的一切权力和手段使20世纪的第一部民权法赢得了支持。[99] 虽然他在1964年和1965年的两部民权法的辩论和审议进程中保持着低调，但他是实际上的幕后推动力。历史学家罗伯特·卡罗声明:“林登·约翰逊是20世纪美国黑人乃至美国一切有色人种在政府办公大楼拥有的最大的捍卫者。事实上……他是共和国历史上除亚伯拉罕·林肯以外最伟大的捍卫他们的白人。”[100]

休伯特·H. 汉弗莱（1911—1978），1948年当选参议员；1965年成为美国副总统（1965—1969）；1968年竞选总统，以微弱的差距惜败于理查德·M. 尼克松。他还分别于1960年和1972年竞选其所在党的总统候选人提名，但均以失败告终。汉弗莱于1971年重返参议院，并一直服务到1978年。他因为态度乐观、性格阳光被称为“快乐战士”（happy warrior），颇受参众两院议员和工作人员的钦佩与尊敬。他在参议院发挥的战略性领导是1964年《民权法案》获得通过的重要因素。

埃弗雷特·M. 德克森（1896—1969），1933年至1948年担任众议员，接着在1950年当选参议员，1959年被选为少数党领袖并一直任职到1969年。在大多数问题上，德克森是一名顽固的保守派，在越战问题上是强硬的主战派，在经济和社会政策上持谨慎态度。林登·约翰逊知道德克森在支持民权立法问题上处于政治上的困境，但最终还是值得依赖的。

到1964年，南方部分地区的非裔美国选民登记工作已经取得了一些进展。在田纳西州，已经有69%的成年黑人被给予选举权。在佛罗里达州和得克萨斯州，这一数字分别为64%和58%。但密西西比州的情况最糟糕；该州符合条件的黑人选民有42.2万人，但登记的只有2.85万人，仅占 6.7%。历史学家尼尔 · R. 迈克米伦（Neil R. McMillen）指出，在密西西比州，1964 年有资格投票给林登 · 约翰逊的黑人的人数甚至少于 1896 年有资格投票给威廉 · 麦金莱（William McKinley）的黑人的人数。[101]

对于密西西比州的许多黑人来说，问题不是他们受到恐吓或压迫不去投票，而是很多人根本就不知道他们可获得选举权。范妮 · 卢 · 哈默记得自己在 1962 年去参加选民登记会议，并发言："在此之前……我一直不知道黑人能够登记和投票……我想如果我有点理智的话，我会有点害怕，但是害怕有什么用？他们唯一可以对我做的事情就是杀了我，但看起来从我记事起，他们就一直在试图一点一点地杀了我。"[102]

哈默只接受过 6 年教育，她在田地里干活，并在一个种植园当记时员。她于 1962 年加入学生非暴力协调委员会，为密西西比州的非裔美国人登记。早些时候她因为参加民权活动而丢掉了工作，然后学生非暴力协调委员会雇用她当实地秘书。1963 年 6 月，在密西西比州的威诺纳（Winona），她因扰乱社会治安被投入监狱；她的罪行是试图进入一家"白人专用"的餐厅。在隔壁的牢房里，她听到其他囚犯的哭喊和惨叫声。哈默的原话是：

> 州公路巡警进来将我带出牢房，再扔进另一间牢房，那里有两名黑人囚犯。巡警给了其中一名黑人一根长长的包革金属棍，很沉。它里面填塞了什么东西，他们让我脸朝下躺在床铺上，然后我就被打了。我被那个黑人一直打，直到他没有了力气。然后巡警命令另一名黑人拿起那根棍子，接着他开始打……[103]

哈默被命令签署一份声明，说她没有受到虐待，然后被释放。她拒绝接受治疗，受到了极为严重的伤害，部分失明且终身残疾。[104]

1964 年，哈默帮助组建了密西西比州自由民主党（Mississippi Freedom Democratic Party，MFDP），作为全白人的州民主党替代党。在这一年的民主党全国代表大会上，她向资格审查委员会做证，她和其他非裔美国人在试图投票时遭受到虐待和酷刑。但是民主党代表未能剥夺密西西比州常规民主党人的席位，并且只给予密西西比自由民主党两个代表全州的席位，这令她深感失望。尽管如此，她的风采和理想给代表们和全国人民都留下了不可磨灭的印象。

在 1964 年 11 月的选举中，哈默和其他 3 名密西西比州自由民主党党员举行了一场与现任的密西西比州国会议员竞争的模拟选举。[105] 当新的第 89 届国会于 1965 年 1 月 4 日召开时，哈默和其他妇女对选举结果提出质疑，并试图进入众议院会议厅以宣誓就职。来自纽约州的民主党人威廉·菲茨·瑞安（William Fitts Ryan）反对 4 位资深的密西西比州民主党人和新当选的共和党人宣誓就职，但随后众议院议长、来自俄克拉何马州的民主党人卡尔·艾伯特（Carl Albert）动议这些来自密西西比州的议员就职。在程序性投票表决中，哈默和抗议者失败了，但是令他们备受鼓舞的是有 148 位立法者投票反对这些密西西比州的议员，进一步讲，就是反对将非裔美国人拒绝在投票站之外。[106]

在 1964 年 11 月的选举中，民主党人在众议院新增了 35 个席位，使得他们与共和党人的席位数之比达到 295 比 140。民主党人获得了历史性的压倒性多数，以至于过道一侧的位子已经无法容纳所有民主党议员，有一些议员不得不坐到过道的另一侧，即共和党人那一侧。然而，虽然民主党人处于主导地位，密西西比州的挑战继续进行着，但共和党人的确在南方获得了支持。共和党有 5 位新当选的众议员来自亚拉巴马州，佐治亚州和密西西比州也各自选出了一位共和党众议员。自此开始，白人选民发生了一场历史性的、构造上的大转变。在接下来的数十年里，南方人从全体一致支持民主党人转变为近乎一致地支持共和党人。

马丁·路德·金在欧洲领取诺贝尔和平奖后返回美国，于 1964 年 12 月中旬与约翰逊会面。金在会上请求约翰逊推动一项选举权法案，但约翰逊犹豫不决。当时距离那场围绕《民权法案》的殊死战斗结束仅 6 个月，而约翰逊需要南方人的选票支持其他众多“伟大社会”的立法。他告诉金说，选举权法案确实非常重要，而且时机终会到来，但不能是在 1965 年。[107] 总统可能没有告诉金的是，他已经命令尼古拉斯·卡岑巴赫开始起草下一部《民权法案》，一部将“一劳永逸地（提供）平等选举权”的立法。[108]

金不论是在身体上还是心理上都感到筋疲力尽。他一直不停地四处奔波，被拉向各个方面，并且受到种种怀疑然后是某一现实的困扰，即联邦调查局窃听和记录了他的活动，并威胁要揭露会对它产生严重负面影响的私人信息。[109] 但是，还有工作要做：其中最紧迫的就是选民登记，特别是在亚拉巴马州的塞尔马（Selma）。将这座位于蒙哥马利市以西 80 号公路旁的寂静城市作为目标是有充分理由的。该市有 1.5 万名非裔美国人达到了法定的选举年龄，而登记的只有 355 人；白人登记员下定决心不再让更多的黑人投票。此外，金知道在塞尔马举行抗议活动将像一年前在伯明翰的抗议活动一样具有煽动性。塞尔马的达拉斯县县治安官吉姆·克拉克将像布尔·康纳一样反应过激。[110] 头破血流可能无法避免，但会在世界范围内引发更大的关注。

第 89 届国会，第一会期（1965 年 1 月 4 日—10 月 23 日）

参议院：68 位民主党人，32 位共和党人
众议院：295 位民主党人，140 位共和党人
总统：林登·B. 约翰逊

第 89 届国会开始了其喧闹的新会期。众议院的共和党少壮派，包括来自伊利诺伊州的唐纳德·H. 拉姆斯菲尔德（Donald H. Rumsfeld），劝说杰拉尔德·R. 福特挑战查尔斯·A. 哈勒克的少数党领袖职位。哈勒克被认为是酗酒、缺乏主动性的人，而且“年龄太大、太过严峻、太易怒”[111]，无法成为一名有效的领袖。福特像哈勒克一样保守，却更讨人喜

欢、更可靠，他成为共和党在众议院的新领袖，不太愿意维持南方民主党人–共和党保守派的合作关系。

在参议院，最大的变化是休伯特·汉弗莱，他在 1964 年的民权斗争中发挥了核心作用，现在成了副总统。民主党人现在拥有 68 比 32 的多数席位，这是他们自 1940 年以来取得的最大优势，南方民主党人似乎对这场战斗已经失去了一些兴趣。他们的领袖理查德·罗素与肺气肿进行了长期而艰苦的战斗，正在佐治亚州休养。紧居其后的资深南方参议员、来自路易斯安那州的艾伦·艾伦德，已经 75 岁高龄，采取了同样毫无新意且不可避免会被击败的防守策略。[112]

1957 年、1960 年和 1964 年的《民权法案》都讨论了部分选民歧视问题，但这些法律被证明太过软弱无力且零敲碎打，通过诉讼来执行法律，且过程漫长得令人恼火，而结果又令人气馁。各州能够继续设置投票标准和限制条件，虽然美国司法部之后会进行调查，也许还会提起诉讼，但司法部面对的往往是不愿支持政府案件的联邦地区法院。[113]

现在，到了这一年年初，约翰逊已经准备好公布他的选举权立法。总统在 1965 年年初与金、伦道夫、罗伊·威尔金斯、惠特尼·扬（Whitney Young, Jr.）以及克拉伦斯·米切尔举行了数次会面。约翰逊在 1 月 15 日与金的电话会谈中说道：“我执政以来的最大成就……我昨天对一群人说，是《民权法案》获得通过。但我想这会是个更大的成就，因为它将要做的事情甚至是 1964 年的法案也无法做到的。”[114] 在他的国情咨文中，约翰逊承诺要向国会提交一部选举权议案。参议院多数党领袖曼斯菲尔德、新任司法部长卡岑巴赫和参议员德克森在 2 月初开始了艰辛的议案起草过程。这部议案将是强硬和全面的，且违者将被处以严厉的处罚。曼斯菲尔德是个很少生气的人，他指示他的助理人员起草一部最简单，但同时最严厉的法案，长度不超过一页。“我想要一部法案，”他告诉他的工作人员，“即使只有小学一年级教育水平的人，不论是有色人种还是白种人，都能够理解。”[115] 仔细的研究讨论工作持续了数周，但立法谈判很快遭遇变故。

3 月，塞尔马游行暴发了。

塞尔马游行

1965 年 2 月初，金和大约 3000 名游行示威者在亚拉巴马州塞尔马的投票运动中被捕。然后在 3 月 6 日，州长华莱士禁止举行一个计划从塞尔马到该州首府蒙哥马利的游行示威活动，称其危及公共安全。金没有参与这次游行，而是待在亚特兰大的家中；他又一次受到生命威胁，于是很不情愿地决定避开这次活动。3 月 7 日晚，民权领袖们开始了他们全程 54 英里的进军。他们沿着布罗德大街走到横跨亚拉巴马河的埃德蒙·佩特斯桥。县治安官吉姆·克拉克以他的骑马民防团作为后盾，命令游行示威者打道回府。游行者拒绝。克拉克大声喊道："抓住这些该死的黑鬼！抓住这些该死的白皮肤的黑鬼。"[116]

这次游行的领导者是约翰·刘易斯和霍齐亚·威廉斯（Hosea Williams）。刘易斯回忆接下来发生的事情："州骑警和民防团的人一齐像人海一样涌上来，蓝色的衬衫、警棍和长牛鞭模糊成一片。我们没有机会转身撤退。我们后面有 600 个人，两边是桥的栏杆，下面就是河。"刘易斯继续说道：

> 我现在还清晰地记得当骑警冲向我们时的各种声音：警察沉重的皮靴发出咚咚声，白人围观者发出"哎哟"的喊声，马蹄撞击硬质沥青公路路面发出的嘚嘚声。还有一个女人大喊："抓住他们，抓住这些黑鬼！"[117]

50 多名男女受重伤。当晚，ABC（美国广播公司）电视台中断了周日晚上的故事片《纽伦堡的审判》（*The Judgment at Nuremberg*），播放了来自塞尔马的 15 分钟原始影像片段，4800 万观众见证了这一暴行。乔治·华莱士是不是这场棍棒毒打事件的共谋已经无从得知，但他从未对警察发表过一个字的批评，也未对示威者表示过一个字的同情。[118] 而 3 月 11 日发生的一件事进一步激起了全国人民的强烈抗议，一名活动总部位于波士顿的 38 岁白人一神论派牧师詹姆斯·里布（Rev. James Reeb）在塞尔马被殴打致死。[119]

塞尔马这场血腥事件之后，数百名民权示威者，其中大多数是白人，在白宫外扎营。抗议者对总统未能在选举权法案上迅速采取行动失去了耐心，高喊出他们的失望。一个标牌上写着“约翰逊是乔装的戈德华特”。

几乎是出于冲动，华莱士的一名助手建议州长与约翰逊总统会面；这也许能分散人们对塞尔马的注意力，并给华莱士一次机会谈论民权煽动者所带来的危险。华莱士立即同意了这个建议，但后来却对自己的仓促决定深感懊悔。3 月 13 日，星期六，华莱士州长在总统的椭圆形办公室与约翰逊会面了 3 个小时。林登·约翰逊回忆说：“我全程都直接盯着这位州长的脸。我看到的是一个紧张、好斗的人；一位非常精明的政治家，成功地引发了人民内心最深处的骄傲和偏见的共鸣。”[120] 约翰逊“就像得克萨斯州的某种蟒蛇一样，几乎已经将自己缠绕上了这位州长”，他敦促华莱士道：“州长，你可以为废除学校的种族隔离和增加选民登记数量做更多
3 努力。”华莱士说他没有这样的权力，这个权力属于地方官员。“不要糊弄我了，乔治·华莱士！”[121] 约翰逊接着用夸张的言语进一步推进，“你有权力（在 1964 年）将美国总统踢出（亚拉巴马州的）选举。你当然有权力告诉一些可怜的县登记员该做什么”。[122] 实际上，这不是华莱士所预想的谈话；他在与总统一起会见记者时装出一副勇敢的模样，接着就返回亚拉巴马州恢复他大胆对抗的镇定。

3 月 15 日，星期一，约翰逊出席国会联席会议并发表了他公共生活中最值得纪念的演讲。他用他缓慢的南方拖腔，以势不可当的口吻说道：“今天晚上，我代表人类的尊严和民主的命运发言。我恳求两党的每一位成员、来自全国各个地区的美国人，不论宗教信仰，不论肤色，都与我一起投身这个事业。”[123] 两天后，他会向国会提交一部议案，要求消除给投

票设置的非法障碍，并要求国会采取行动。数百万人通过电视观看了这场演讲。总统在长达45分钟的演讲期间，被掌声打断了36次，另有2次是长时间的起立鼓掌。电视观众也能够看到北卡罗来纳州民主党参议员山姆·欧文（Sam Ervin）双臂交叉放在胸前坐着不动，表示“强烈不满”，参议员艾伦德“沮丧地瘫坐”在椅子上。弗吉尼亚州和密西西比州的代表团，以及其他一些南方议员全体拒绝参加这一演讲。[124]

提议的立法将取消弗吉尼亚州、南卡罗来纳州、佐治亚州、亚拉巴马州、路易斯安那州和密西西比州设置的投票障碍。但如果这些州不能容忍联邦的干涉，那么做法非常简单，约翰逊说：“将你们的投票站向所有人开放。允许男性和女性登记和投票，无论他们的肤色如何。让这片土地上的每一位公民都享有公民权。”

这不仅仅是一个南方问题，也不是一个只关乎非裔美国人的问题。约翰逊说道：“这里没有黑人的问题。没有南方或北方的问题。这里唯一有的就是美国的问题。”已经不能犹豫和拖延了，因为“等待的时间已经过去了”。约翰逊接着说出了他最值得纪念的一段话，重申民权运动的决心和目标：“不仅仅是黑人，事实上应当是我们所有人，必须战胜这种顽固且不公正的有害遗产。并且……我们……必将……战胜。”经过片刻因震惊而陷入的沉默之后，立法者一跃而起，并暴发出持续、激动的掌声和欢呼声。

前棒球巨星、现芝加哥《保卫者报》（*Defender*）的专栏作家杰基·罗宾森（Jackie Robinson）评论总统的话“抬起了压在胸口的千钧之重”。约翰逊的传记作家罗伯特·达莱克（Robert Dallek）称其为“约翰逊最伟大的演讲，也是美国历史上最令人难忘的总统演讲之一”。[125]

3月17日，联邦地方法院的法官小弗兰克·M.约翰逊（Frank M. Johnson, Jr.）裁定塞尔马民权团体有权从塞尔马游行至该州首府蒙哥马利，该权利受宪法的保障。约翰逊法官看过“血腥星期天”（Bloody Sunday）的电视新闻影片后总结说，非裔美国人所遭受的残忍暴行远比对公路和人

324 行道不受阻碍的担心更为重要。弗兰克·约翰逊因为勇敢无畏地适用法律，受到亚拉巴马州的上层人士排挤，他的生命也多次受到威胁，他母亲的房子被烧毁。[126]

州长华莱士不会保证示威游行者得到警察的保护，但林登·约翰逊会。他迅速从亚拉巴马州国民警卫队的“迪克西”师（“Dixie” Division）和邻近的美国陆军基地调动了近 4000 名士兵。对于约翰逊来说，让亚拉巴马州公民保护游行者非常关键：“他们不是强行闯入的入侵者，他们是亚拉巴马州的公民。这让一切都变得极其不同。”[127]

《选举权法案》的关键条款

该法案的第 2 章紧密遵循第十五修正案的条款，在全国范围内禁止基于读写能力测试否认或剥夺选举权。

第 5 章是最重要的条款。它针对的目标是那些自 1964 年 11 月 1 日起设置了投票测试（比如读写能力测试、品行是否良好、是否具备本州宪法知识或其他测试）的州或它们的政府分支机构，且当地参与 1964 年总统选举的人数占达到法定选举年龄的人数的比例少于 50%。当存在这些条件时，这种投票测试就被废止，并且这些州不能实施新的变更，除非得到美国司法部长或美国华盛顿特区地方法院的预先批准。联邦调查员将被指派协助有资格的选民进行登记和投票，联邦观察员可以监督其管辖区域的投票站的活动。

进军蒙哥马利的游行队伍出发时大约有 4000 名参与者，游行持续了 5 天。当队伍到达州首府时，人数已经增加至 2.2 万名。这是一场和平的游行，但之后，一名来自底特律的民权志愿者薇奥拉·柳佐（Viola Liuzzo）在帮助接送游行者时被枪杀。[128]

伊曼纽尔·塞勒立即开始举行听证会，5 月 12 日，选举权议案被他的委员会交回众议院，接着被送至史密斯的规则委员会。史密斯反抗到最后，先将这个议案耽搁了 3 个星期，然后当该议案最终提交至众议院全院时，他通过使用国会伎俩将它的表决又推迟了 5 个星期。7 月 9 日，众议院以 333 票赞成比 85 票反对的压倒性优势通过了自己的版本。

在约翰逊的演讲之后，该议案也被立即提交至参议院。66 位参议员联名成为该议案的共同发起人，确保它能够迅速获得通过，并且不受到最后关头的冗长发言行动的影响。5 月 26 日，参议院同样以 77 票赞成比 19 票反对的压倒性优势通过了自己的版本。

参众两院通过的议案版本存在一些不同，特别是众议院的版本包括一个投票税禁令，该禁令最终被两院协商委员会删除。然后在 8 月 3 日，众议院以压倒性的多数票通过了选举权立法，紧接着第二天参议院也通过了。两位南方民主党参议员，得克萨斯州的拉尔夫 · W. 亚伯勒（Ralph W. Yarborough）和佛罗里达州的乔治 · A. 斯迈瑟斯“反水”，投票支持了该立法。[129]

1965 年 8 月 6 日，林登 · 约翰逊将《选举权法案》签署成为法律。他选择了国会大厦装饰华美的总统厅举行这一重大的签字仪式，成为自赫伯特 · 胡佛以来第一位使用这间具有历史意义的房间签署重要立法的美国总统。房间里挤满了 100 多位议员、内阁官员和民权领袖。在电视直播的仪式上，约翰逊宣布“今天我们冲破了那些压迫着我们的残忍而古老的枷锁中最后一道主要的枷锁”，并回忆了他和国会在“塞尔马暴行”后如何迅速采取行动。他坐在他曾经用来带领 1957 年和 1960 年民权立法通过的桌子旁签署了该法律。104 年前的这一天，亚伯拉罕 · 林肯也是在这个房间里签署了一部立法，解放了被南方邦联压迫服役的奴隶。[130]

签字仪式接着转移到了国会大厦圆形大厅。约翰逊说道：“今天是自由取得的胜利，它同我们之前在任何战场上赢得的任何胜利一样巨大。”他说，这部法律所纠正的错误是“没有任何美国人能在其内心深处为之辩护的”。他称这部法律的签署“不仅仅是美国黑人的自由所取得的胜利，也是美国国民的自由所取得的胜利”。约翰逊接着向美国的每一位非裔美国人恳求道：“你们必须登记；你们必须投票；你们必须学习，这样你们的选择才能增进你们的利益和我们热爱的国家的利益。你们的未来和你们孩子的未来都取决于它，我相信你们不会让他们失望的。”[131]

接下来还有许多工作要做。司法部长立即宣布将在南卡罗来纳州、佐治亚州、亚拉巴马州、路易斯安那州、密西西比州、弗吉尼亚州、北卡罗来纳州的26个县以及其他一些司法管辖区实施《选举权法案》的条款。[132]这六个南方州是该法律主要针对的目标，在这些地区，只有110万非裔美国人曾登记投票，而有两倍于此的非裔美国人没有登记过。就在约翰逊签署该法律之后，立即有45名来自达拉斯和亚特兰大的文官委员会办公室的联邦调查员——每人配有一名志愿者和一名南方人——被派往需要实施该法律的各县，一同带去的还有成捆的选民登记表。他们早在该法案成为法律之前，就已经在华盛顿接受了为期3天的密集登记培训研讨会。[133]

第二天，司法部长卡岑巴赫对密西西比州的投票税提起诉讼。接下来，亚拉巴马州、得克萨斯州和弗吉尼亚州的投票税也相继被提起联邦法律诉讼。1961年7月，第一批有关投票的诉讼在密西西比州被提起；到1964年选举的时候，提起的有关投票的诉讼已经增加到24个。到《选举权法案》签署成为法律的时候，密西西比州的82个县中有60个县有联邦诉讼等候判决。马丁·路德·金在与约翰逊总统进行了一个小时的会谈，之后宣布，他现在将努力争取北方各城市和各州的非裔美国人的选举权。[134]

26 然而，这次立法胜利很快就因城市动乱的爆发而蒙上了阴影。在约翰逊总统签署这一历史性的立法仅仅5天后，洛杉矶华兹区就爆发了一场严重的种族骚乱。引发这场骚乱的是一个很小的事件：一名黑人因涉嫌醉酒驾车被捕。等到5天后这次暴力事件平息的时候，已有数千人被捕，34人遇害，造成的财产损失超过4000万美元。[135]

余波

早在1964年的法案通过以前，司法部和总统本人就忙碌着说服南方的商界领袖遵守新的法律。1964 年 10 月 30 日，就在总统大选前的几天，联邦社区关系服务部（Community Relations Service）发布了一份调查报告，调查对象是 53 个位于南方和南北交界诸州、人口在 5 万以上的城市，显示“人民普遍遵守”该法律。林登·约翰逊在宣布这一调查结果时，感谢了许多公民领袖和劳工领袖，神职人员和教育工作者，但接着挑出了那些“特别（值得）一提”的国会议员：他们曾“使出自己的全部力量和口才”反对《民权法案》，但是在其颁布之后，他们现在正敦促他们的选民遵守“这片土地的法律”。[136]

《民权法案》和《选举权法案》的大事年表

1948 年　民主党分裂；南方民主党人组成反对党；汉弗莱和强硬的民权政纲条款。

1954 年　“布朗诉教育局案第一案”；1955 年“布朗第二案”。

1957 年　《民权法案》（1957 年）颁布；虽然比较缺乏约束力，却是自 19 世纪 70 年代以来的第一部民权法案。

1960 年　《民权法案》（1960 年）颁布；另一部比较弱的法案。

1963 年　伯明翰因民权问题爆发骚乱，华盛顿发生游行示威，肯尼迪提交民权立法。

1964 年　持续时间很长的参议院冗长发言行动;《民权法案》（1964 年）颁布。

1965 年　塞尔马惨案;《选举权法案》（1965 年）颁布。

20 世纪 70 年代　《选举权法案》在 1970 年获得重新授权并延期，并在 1975 年得到加强和进一步延期；黑人登记数量显著增加；反对策略转变为选民稀释（voter dilution）。

1982 年　《选举权法案》延期 25 年。

2006 年　《选举权法案》的有效期又延长 25 年。

1964 年的《民权法案》和 1965 年的《选举权法案》在颁布后立即在法庭上受到质疑，但这两部法案均获得了美国最高法院全体一致的支持。《民权法案》获得通过后不到 6 个月，最高法院在两个相伴案件中支持了该法案的“第二条”，即公共场所条款。在第一个案件“亚特兰大之心汽车旅馆诉合众国案”（*Heart of Atlanta Motel v. United States*）中，法院裁定国会拥有“充分的权力”防范服务于州际贸易的汽车旅馆和酒店实行种族
27 歧视。在第二个案件“卡岑巴赫诉麦克朗案”（*Katzenbach v. McClung*）中，法院裁定奥利烤肉餐馆（Ollie’s Barbecue）即使只是一家只服务于本地白人的企业，但因为其相当大部分的食物是由外州供应的，因此归属于“第二条”的管辖范围。[137] 伊斯特兰参议员担忧的事情正在成为现实。

南卡罗来纳州对《选举权法》提出质疑，主张国会在试图执行第十五修正案时已经超越了其拥有的权限，国会挑选出某些州进行特别对待，已经违反了各州平等的原则，而国会不允许对行政程序进行司法审查，又已经违反了“剥夺公权法案”（bill of attainder）的思想。最高法院在“南卡罗来纳州诉卡岑巴赫案”（*South Carolina v. Katzenbach*）中以近乎全体一致的意见支持了《选举权法案》，立即否决了南卡罗来纳州和作为“法庭之友”* 与它一起的其他各州提出的论据。法院还支持了该法律中禁止纽约州规定英语读写能力的部分，接着还裁定州投票税造成了一种“不公平的歧视”，违反了第十四修正案的平等保护条款。[138]

但是，在约翰逊庄严地宣布“我们必将战胜”之后不久，民权革命就开始土崩瓦解了。城市骚乱是非裔美国人更深层次的不满和幻灭的征兆，蓝领阶层的美国白人的抵制情绪日益强烈。当乔治·华莱士在 1968 年和 1972 年再次竞选总统时，他们给予了热烈的声援、鼓励和支持，为其加油。马丁·路德·金和学生非暴力协调委员会等其他民权组织与约翰逊反目，反对陷入泥潭的越南战争。金的遇刺身亡和随后发生的城市骚乱仅仅加剧了白人和黑人的失望、沮丧和愤怒。美国人现在告诉民意测验者，国家政策在民权改革方面推进得过快，“法律与秩序”“福利欺诈”和“邻里

---

* 法庭之友（friends of the court）：非诉讼当事人，因为诉讼的主要事实涉及其重大利益，得请求法院或受法院的请求而在诉讼过程中提出书面意见者。

学校”这样的浮夸之辞引起了选民的共鸣，他们将理查德·尼克松和乔治·华莱士视为“伟大社会”及其越轨行为的替代选择。[139]

尼克松以“南方战略”为重点，试图从民主党历史悠久的大本营中拉拢心存不满的南方白人。尼克松向南方人保证，他懂得他们，了解他们的担忧，并谴责自由派太过精英主义，不了解普通美国（白）人的担忧。尼克松在1969年发表的第一次国情咨文中说道：“是时候让那些向社会大量索取的人自己也出点力了。”[140]法院颁布的提供校车服务、消除住房歧视、促进就业和教育等条款，还有正义和公平的核心观念，都将在尼克松政府中退居次席。

尽管受到种种挫折和障碍，《民权法案》仍然是一项重大成就。它的“第二条”，即公共场所条款，在得到最高法院的加强后，很快就成为《民权法案》中相对而言最容易执行的条款。它彻底消灭了“白人专用”和“有色人种专用”的饮水机、餐馆或游泳池。从某种意义上说，这些有许多只是南北战争前的南方所特有的，而并非全国普遍的问题。这些问题相当简单，而不像废除学校种族隔离、平权行动或就业歧视这样的问题充满了条条框框。[141]从许多方面来说，它使餐厅、酒吧和酒店向更广泛的顾客群体开放，对于它们来说恰好成了好生意。无疑，许多全国性的连锁店和获特许经营权的企业很可能也欢迎该立法。

民权和教育学者加里·奥菲尔德（Gary Orfield）认为这部法律远远超出了教育的范围，“在美国历史上曾对我们的学校产生过如此深远影响的法律寥寥无几”。[142]这部法律制定了民权政策保护公立学校的拉美裔儿童，并提供双语教育，已经超越了它最初的目的。对于奥菲尔德来说，执行“第二条”保护条款遭遇的最大问题是州和地方官员的持续抵抗，以及“自1964年以来四届大佬党*政府不愿意使用根据法律固定的最终制裁”。[143]

该法案“第七条”的执行在涉及性别歧视的案件中发挥了最大效

* 大佬党（GOP，Grand Old Party）：美国共和党的别称。

力。当它开始生效的时候，平等就业机会委员会（Equal Employment Opportunity Commission，EEOC）起初不把性别歧视的案件当一回事，但在其执行的头两年，提交的性别歧视投诉达到了4000件，约占委员会处理的案件总数的四分之一。10年后，即1975年，“第七条”被评价为“禁止就业歧视的所有联邦和州法律中最全面且最重要的法律”。[144]

在《选举权法案》获得通过之前，非裔美国人投票登记工作就已经热烈地开展了。南方基督教领袖协会（Southern Christian Leadership Conference）的“选民教育计划”（Voter Education Project）于1962年开始，1964年结束，为全国有色人种协进会、南方基督教领袖协会、学生非暴力协调委员会、种族平等协会和全国城市联盟（National Urban League）提供资金并协调它们的活动。“选民教育计划”在许多南方州大获成功，但在密西西比州却失败了。[145]同样，在《选举权法案》获得通过之前的8年时间里，司法部提起了71起诉讼，以及针对亚拉巴马州、密西西比州和路易斯安那州的广泛的诉讼。[146]

多亏“选民教育计划”，美国南方地区黑人选民的数量大幅增加，特别是在抵抗最为激烈的地区，则是多亏《选举权法案》的执行。1964年，只有110万非裔美国人进行了选民登记；1969年，这一数字上升至310万，当年在深南地区（lower South）有近500名非裔美国人当选公职。[147]

歧视和选举违规事件依然存在，但现在的焦点正在从完全否认选举权转变为对投票力的稀释。到1988年，白人和黑人的登记率之间的差距已经大大缩小。[148]在亚拉巴马州，这一差距从1965年的49.9%缩小至1988年的6.6%。在密西西比州，差距从63.2%缩小至6.3%；在路易斯安那州，1965年时的差距为48.9%，而到1988年，反而变成黑人比白人的登记率多了2%。

对于非裔和拉美裔美国人来说，更为棘手的问题是选民稀释。南方的各个城市为了稀释黑人社区的力量，采取了各种策略：复数选区制*、全州选举人参加选举、任命而不是选举官员以及不公正地划分选区。1969 年，最高法院的一项判决审查了密西西比州和弗吉尼亚州的这些做法，并裁定任何这样的变更均须遵守《选举权法案》第 5 章所规定的“预先批准”条款。[149] 在此之前，这个“预先批准”条款相对而言基本上很少使用，但现在“闸门打开了”。在《选举权法案》实施的头五年（1965—1969）中，仅有 323 项遵守第 5 章的变更请求提交至司法部。而在接下来的 5 年里，这样的变更请求达到了 4153 个。而在 20 世纪八九十年代，这一数字更是呈爆炸式增长，2000 年至 2002 年，有大约 5 万个这样的请求被提交。[150]

1970 年，国会将《选举权法案》又延长了 5 年。1975 年，国会举行了大量听证会，并增加了一项重要条款：为主要语言不是英语的少数族裔提供帮助。有确凿的记录表明说西班牙语的公民无法享受到选举权，1975 年的《选举权延长法案》（Voting Rights Extension）规定为拥有大量少数族裔选民的行政辖区的选民提供口头或书面的双语援助。第 5 章的“预先批准”条款扩大至包括得克萨斯州对拉美裔公民存在严重歧视的地区。

如果说选民稀释现在成了新的担忧，那么到底什么算是“稀释”呢？最高法院在 1980 年的“莫比尔市诉博尔登案”（*City of Mobile v. Bolden*）中裁定，任何符合章程的针对少数族裔选民稀释的指控，都必须包括证据证明存在种族歧视的目的。[151] 这可能给主张选民歧视提出了一个非常难以克服的障碍。然而，“博尔登案”定下的标准非常短命。

1981 年 5 月，随着重新延长该法案的最后期限的临近，国会在华盛顿州、亚拉巴马州和得克萨斯州举行了 18 场独立的听证会，共有 122 名证人做证。众议院司法委员会下属民权小组委员会主席、来自加利福尼亚州的民主党人唐·爱德华兹（Don Edwards）后来提到了继续存在的歧视，公然而又微妙，他们发现，“我们在这 18 天的听证会中了解到的东西令人

---

* 复数选区制（Multi-member districts）：在一个选区中选出两名（含）以上复数议席的选区制度。

震惊——令人痛心。小组委员会的所有 7 名成员，不论是共和党人还是民主党人，都深感失望”。其中得克萨斯州的拉美裔美国人受害最为严重，他们直到 1975 年才受到《选举权法案》的保护。[152]

罗纳德·里根和一些共和党人力主建立一个全国性的投票标准，但是这个想法被断然拒绝了，《选举权法案》的延长在众议院轻松获得通过。两位来自北卡罗来纳州的共和党参议员杰西·赫尔姆斯（Jesse Helms）和约翰·P. 伊斯特（John P. East）抱怨道，有些州在被列入名单之后已经改善了它们的选举权的执行状况，但这些州没有获得任何奖励。最后，来自堪萨斯州的共和党人罗伯特·多尔（Robert Dole）作为中间人促成了条款内容现在集中于选民稀释的结果，而不是这样稀释的目的。[153] 虽然存在着很多内部争斗和幕后操纵，但最终国会授权将《选举权法案》的第 5 章再续期 25 年，并决定应当修改第 2 章以防止对投票力的稀释。即使是顽固的种族隔离主义者 J. 斯特罗姆·瑟蒙德和来自密西西比州的民主党人杰米·L. 惠滕（Jamie L. Whitten）也投票赞成延长最初的 1965 年法案。[154]

随着非裔美国人获得政治力量，他们发现甚至是极端种族隔离主义者中的最极端分子也改变了他们的论调。即使没有其他原因，他们也需要拉拢这些新的选民。詹姆斯·O. 伊斯特兰在最后一次竞选国会议员时也不惜讨好美国黑人政治领袖；斯特罗姆·瑟蒙德也是如此，他在后期投票支持马丁·路德·金和国庆日，并在南卡罗来纳州争取到了整整 20% 非裔美国选民的选票。然而，瑟蒙德的转变并没有打动前美国民权委员会主席莫里斯·艾布拉姆（Morris Abram）：“黑人在南卡罗来纳州获得选票的那一天，你就看到斯特罗姆·瑟蒙德不再称呼他们为‘黑鬼’，而变成‘我们亲爱的弟兄们’。”[155] 乔治·华莱士被一名刺客的子弹击中，落下终身残疾，他在生命最后的日子里与美国黑人领袖们一一会面，为自己过去的观点和行动向非裔美国人道歉。正如他的传记作家丹·卡特（Dan Carter）所评论的，“亚拉巴马州的黑人希望华莱士获得原谅”。[156]

尽管如此，关于选举权执行的投诉却持续增加。自 1982 年 6 月以来，美国公民自由联盟选举权项目（American Civil Liberties Voting Rights Project）在 31 个州提起了 293 起诉讼，质疑涉嫌的歧视性做法，以及有些州和地区未能遵守法律。其中有近一半的案件（145 件）出现在佐治亚州，38 件出现在南卡罗来纳州。自 1982 年以来，司法部根据《选举权法案》第 5 章的条款已经发出了超过 1000 份反对歧视性投票变更的决定。[157] 1993 年，最高法院在“肖诉雷诺案”（*Shaw* v. *Reno*）中就有关种族和投票的另一层面进行裁决，[158] 它在此案中裁定北卡罗来纳州对国会选区的重新划分实际上就是根据种族不公正地划分选区。法院规定重划选区必须既要满足《选举权法案》的要求，又要符合最高法院为解释第十四修正案而制定的严格审查标准。重划选区导致出现了一个黑人占多数的国会选区，其长度达 160 英里，而有的地方的宽度却不超过四车道公路的宽度。这样“怪诞”的结果是不可能有正当理由的。

1995 年 1 月，在充满争议的新的第 104 届国会开始的时候，共和党人自 1955 年以来第一次接管众议院。规则委员会的新主席、来自纽约州的共和党人杰拉尔德·所罗门（Gerald Solomon）下令将委员会前主席霍华德·史密斯的肖像挂在委员会会议室中。1987 年当选的佐治亚州民主党众议员约翰·刘易斯和他在国会黑人核心小组（Congressional Black Caucus）的 8 位同事无法接受。刘易斯是一位民权运动英雄，他认为史密斯是“一个代表我们黑暗过去的人”，他的肖像令许多人“深深地感到伤心和痛苦”。所罗门坚称自己不了解史密斯的种族隔离主义观点，并说史密斯一直对委员会的共和党人很和蔼。但史密斯的肖像最终被取掉了。[159]

1982 年修订的《选举权法案》将在 2007 年失效，除非国会授权延长其有效期。随着最后期限的到来，关于布什总统和共和党控制的国会无意延长该法案的谣言四处流传，特别是在面向黑人的广播电台、报纸和网站上。还有人批评说司法部不顾它自己的民权律师的反对，已经批准了得克萨斯州和佐治亚州的由共和党支持但对少数族裔非常不利的投票方案。[160]

的确，布什总统与非裔美国人之间的关系非常紧张。他已经打定主意连续 5 年不参加全国有色人种协进会的年会。而自沃伦·G. 哈定以来，除布什以外的每一位总统都会参加这一年会，以示其重要。但是在 2006 年 7 月，参议院一致投票赞成延长《选举权法案》的同一天，布什首次出席在华盛顿举行的全国有色人种协进会年会并发表演讲。布什，还有他所代表的共和党，向全国有色人种协进会伸出了示好之手。

布什借用罗纳德·里根的话，称《选举权法案》是“皇冠之珠”，并承诺会签署其延期。同时，他坦言共和党所采取的立场存在不足之处：“我认为，亚伯拉罕·林肯的党派放弃它与非裔美国人群体的历史性纽带实在是太可惜了。我党抛弃非裔美国选民的选票已经太久了，而许多非裔美国人抛弃共和党也已经太久了。”布什继续说道：“我理解许多非裔美国人不信任我所在的政党。”在总统的整篇演讲中，这句话引发了热烈的欢呼声。[161]

2006 年夏天，在众议院中，共和党的领导层不得不努力压制南方保守派共和党立法者的反抗。这部《选举权法案》的延长法案以范妮·卢·哈默、罗莎·帕克斯和科雷塔·斯科特·金（Coretta Scott King）的名字命名，以表示对她们的纪念，它规定司法部继续有权审查 1965 年年初版立法中首先作为目标的各州提出的投票变更。[162] 这部延长法案像 1982 年通过的延长法案一样，有效期为 25 年，一直到 2031 年。

保守派的许多抱怨集中在第 5 章，即“预先批准”条款。在《选举权法案》执行的 40 年历史中，只有弗吉尼亚州的 11 个县成功达到联邦标准，免于再受联邦管辖。来自佐治亚州的共和党人林恩·A. 威斯特摩兰（Lynn A. Westmoreland）领导保守派进行反抗，指责这些很久以前制定的条款并没有考虑到最初针对的十六个州取得的进步。威斯特摩兰争辩道：“将该法案不加改变地延长 25 年，基于 1964 年的选举结果将佐治亚州关在受罚席长达 66 年，是毫无道理的。”佐治亚州确实取得了进步：该州在 1965 年只有 3 名黑人选举官员，而在 2006 年，这一数字已经超过了 800 人。然而，在这 41 年中，司法部已发现 200 次佐治亚州及其地方官员试图稀释黑人投票力量的事件。[163]

来自得克萨斯州的共和党人K. 迈克尔·科纳韦（K. Michael Conaway）主张该延长法案继续将得克萨斯州保留在“预先批准”的名单上，是没有了解问题已经得到解决了。“这给得克萨斯州贴上了种族歧视州的标签，但事实并非如此。”科纳韦恳切地说道。来自艾奥瓦州的共和党人史蒂夫·金领导了一个由80名保守派同僚组成的团体，他们据理反对一项要求在拥有一些英文不好的选民的选区提供双语选票的规定。然而，众议院经过7个小时的激烈辩论，最终以390比33的投票结果通过了《选举权法案》延长法案。据一位记者所说，这场辩论“数次被来自佐治亚州的白人共和党人和黑人民主党人的大声吵嚷打断，他们都指责对方虚伪和歪曲事实”。[164] 2006年7月27日，布什总统将25年的延长法案签署成为法律。

2006年年底，美国司法部根据《选举权法案》在密西西比州东部提起诉讼，指控黑人抑制白人的选举权，这是第一例这种类型的诉讼。焦点都集中在了非裔美国人艾克·布朗（Ike Brown）身上，他是诺克苏比县民主党执行委员会（Noxubee County Democratic Executive Committee）主席，根据《纽约时报》的说法，是其“公认的政治老板”。布朗被指控针对白人实施“毫不留情的与投票相关的种族歧视”，在这个农村县，黑人与白人的比例超过了3比1。布朗被指控模仿过去的种族隔离政策，现在反过来用于使黑人的选票和权力最大化。2007年6月，美国地方法院的法官裁定，有充分证据表明布朗的行为违反了《选举权法案》。[165]

《民权法案》和《选举权法案》是非凡的立法成果。公共场所迅速废除了种族隔离，投票障碍也消除，数百万非裔美国人登记投票。但是取消学校的种族隔离、在公共教育中使黑人和白人学生达到健康的平衡这两个承诺却变得很难实现。几十年来，联邦和州的决策者、民权活动人士以及社区组织就跨区校车接送实现种族融合、平权行动、创造就业机会和投票力的稀释这些问题，开展了激烈的战斗。

还有更为棘手的问题有待解决：教育和经济机会、社会正义和社会责任。此外，美国社会和劳动力的人口统计数据表明了新的现实。非裔美国人、南方以及奴隶制遗留问题的旧动力正遭遇移民的新动力——不论是合法移民还是非法移民——特别是来自拉丁美洲的移民的冲击，后者现在算是人数最多的少数族裔。[166]

第 11 章

老年人和穷人的医疗保健

《医疗保险和医疗补助法案》(1965 年)

美国的老人将不再被妙手回春的 3
现代医学拒之门外。他们辛苦一辈子
精打细算攒下的积蓄，再也不会
被疾病榨干，如此，他们也许能享有一个
有尊严的晚年。

——林登·B. 约翰逊，在《医疗保险法案》签署仪式上，1965 年

老年人最感兴趣的并不是更多的钱、更多的福利和更多的救济金。

——美国医学会（American Medical Association，AMA），1961 年

1965 年 7 月 30 日，天气闷热潮湿，在密苏里州独立城（Independence）的杜鲁门总统图书馆（Truman Presidential Library）的大礼堂举行了一个简单但感人的仪式，林登·约翰逊总统在《社会保障修正案》(Social Security

Amendments）上签名，它就是众所周知的《医疗保险和医疗补助法案》（Medicare and Medicaid）。约翰逊与随行的 47 人，包括 33 名国会议员，从华盛顿飞来独立城，以向他的前任哈里·杜鲁门表示敬意。在开幕式上，这位 81 岁的前总统一反常态地努力说出恰当的话。“我很高兴能活到这么大年纪，并且能在今天亲眼见证医保法案的签署。”

林登·约翰逊在寻找表演舞台和政治象征方非常敏锐，他赞扬了杜鲁门在 20 年前对国民健康保险的支持。“我很自豪这个计划能在约翰逊政府中得以实现，”总统说，“但实际上是密苏里州的哈里·杜鲁门播下了同情和责任的种子，它们才能在今日开花，结出关怀病人和安抚害怕者的果实。”

《医疗保险和医疗补助法案》经历了一场漫长、有时甚至非常激烈的立法斗争，才得以成为现实，这场斗争可以追溯至 20 世纪 30 年代后期。约翰逊感谢了罗伯特·F. 瓦格纳、詹姆斯·默里和约翰·丁格尔、艾米·福兰德（Aime Forand）、威尔伯·米尔斯（Wilbur Mills）、克林顿·安德森（Clinton Anderson）、塞西尔·金（Cecil King）所做的开创性的立法工作，
4 感谢了劳工领袖和老年人代表的倡导。但他重点着墨于哈里·杜鲁门，大力赞扬后者在 1945 年 11 月 15 日首次敦促国会制定国家医疗保健法案。当时约翰逊说道：“美国人民爱戴并投票支持哈里·杜鲁门，不是因为他叫他们吃苦头，而是因为他给了他们希望。”聚集在杜鲁门图书馆大礼堂中的 250 位政要爆发出欢呼声。林登·约翰逊在签署该法案时使用了 72 支纪念笔，第一支送给了杜鲁门的夫人，第二支送了杜鲁门总统。哈里·杜鲁门也成为第一位接受医保卡的人，由林登·约翰逊的签名做证。“我今天非常非常开心。”杜鲁门尽管看起来非常虚弱，但仍然笑容满面地说道。[1]

1935 年的社会保障立法没有包括国家医疗保健。罗斯福总统从未公开支持它，劳工组织尚没有足够的势力争取它，医疗机构更是坚决反对它。1938 年，全国卫生会议召开的时候，国家医疗保健获得了一些关注。

几年后，来自纽约州的民主党人、参议员老罗伯特·F. 瓦格纳、来自蒙大拿州的民主党人詹姆斯·默里以及来自密歇根州的民主党人、众议员老约翰·D. 丁格尔向国会提交了这样的立法，但他们的议案没有了下文，但第二次世界大战后，人们重燃起建立某种形式的国家医疗保健的希望，因为它在 1945 年年底得到了杜鲁门总统的大力支持。但随着国会易主以及杜鲁门的政治资本大幅滑落，国内的斗争，特别是一个规模如此庞大又如此富有争议的斗争，将会非常激烈，而且难以获胜。

杜鲁门后来居上，赢得了 1948 年总统大选，全国上下为之震惊，而其中最震惊的一个组织是美国医学会。杜鲁门和民主党控制的国会极力推动国家医疗保健，但美国医学会利用专业政治顾问的魅力，发起了一场卓有成效的、耗资数百万美元的草根运动，警告公民防备政府控制和“社会化医疗”。美国医学会及其盟友的行动是如此有效，国会甚至从未就国民健康保险问题举行过投票。在 20 世纪 50 年代的 10 年时间里，国家医疗保健显然被搁置一旁。

国家医疗保健的提倡者尝试了另一条路。社会保障正日益成为老年人生活和福祉的不可或缺的部分；20 世纪 50 年代，国会增加了福利，也放宽了获得福利的资格。也许处理国家政策的最好办法是集中推动老年人的医疗保健，而不是全体国民的，并且通过对现行的社会保障立法提出修正案来实现。罗得岛州民主党众议员艾米·福兰德在 1957 年提出了这样的立法，但无人理会。医疗保健成为 1960 年总统选举中的议题，约翰·F. 肯尼迪奋力推动医疗保健，并使用了我们现在所熟悉的术语：医疗保险。在肯尼迪执政期间，加利福尼亚州的民主党人、参议员塞西尔·R. 金和来自新墨西哥州的民主党人克林顿·P. 安德森每一年都会提交医疗保险立法，集中于为住院治疗提供联邦援助，但每一年都遭到美国医学会的极力反对。

在 1964 年的总统大选中，两位候选人对待联邦医疗保健的态度截然不同。约翰逊总统敦促通过医疗保险法案，而共和党提名的候选人、来自亚利桑那州的参议员巴里·戈德华特则不加掩饰地表示反对。林登·约翰逊在 1964 年 11 月大获全胜，具有进步思想的民主党人重新执掌国会，使得约翰逊能够在参众两院获得压倒性的多数选票。1964 年的总统大选虽然不是针对医疗保险进行的全民投票，但是，美国人民在一个又一个民意测验中表示他们想为老年人提供医疗保健，这已经表明了他们的态度。

在争取医疗保健的斗争中，国会中有一位议员的重要性超过了其他所有人，他就是众议院筹款委员会主席、来自阿肯色州的民主党威尔伯·D. 米尔斯。米尔斯长期以来一直反对医疗保险和政府支持的这部立法，但现在领会到了医疗保健改革的明智。他将政府的议案（覆盖住院费用）与共和党的替代议案（医生的费用）拼凑在一起，同时还加入了为穷人提供的医疗援助（医疗补助），实乃绝妙之举。这部被米尔斯称为“三层蛋糕”的议案很快成了这片土地的法律。

很快，美国几乎每一位老年人都享受到了医疗保险，数百万名穷人（不论年龄）都享受到了医疗补助。联邦和州政府机构这一边做出了巨大的努力，使这些项目启动并运行起来，并让个人报名参加保险。然而，前方还有大量问题正在逼近，特别是联邦没有能力控制医疗保健的成本和医疗费用。约翰逊总统，美国卫生、教育和福利部（Department of Health, Education, and Welfare，HEW）以及国会因匆忙启动这些项目，给予了医生和医院极大的自由裁量权设定费用和成本，随后这些费用大幅增加了。

尽管费用一路猛涨，还有纠缠不休的欺诈问题，但是在《医疗保险和医疗补助法案》实施的头 30 年里，大家的普遍共识仍然是这些项目是值得做且是起作用的。但是，随着管理式医疗*和健康维护组织（Health

* 管理式医疗（managed care）：一种通过固定医生费用和限制病患对医生和医院的选择来控制医疗保险成本的方法。

Maintenance Organizations，HMOs）在 20 世纪 80 年代末和 90 年代的兴起，共和党人在 1994 年选举后接管国会，还有剥夺福利和使医疗保健私有化的工作，这一共识土崩瓦解了。医疗保险增加了另外两个组成部分，一个是被称为“医疗保险 + 选择”（Medicare + Choice）的短命项目，允许个人使用私人健康计划的服务，还有一个是 2003 年颁布的《医疗保险处方药改进法案》（Medicare Prescription Drug Improvement Act）。

今天，医疗保险受到了相当密切的关注。政治圈各方对于医疗保健和处方药的费用不断上涨，还有医疗保险中代际缺口的不断扩大，都表示了极大的担忧。各种委员会、白皮书、学术会议、国会的调查和竞选承诺号召对该制度进行全面改革。人们还认真考虑了美国采用其余工业化国家的医疗保健政策，制定全民医疗保健制度，其受益人将是所有美国人，而不仅仅是老年人、残疾人和其他少数人。

背景

联邦政府在 19 世纪末以前一直只有在面临紧急危机的时候才会对卫生问题做出回应。[2] 1793 年的黄热病流行促使乔治·华盛顿总统要求立法者通过紧急立法，如果需要的话，暂时将国会搬离费城。立法者并不反对这个警告的行动，尤其是它涉及他们自身的安全。但是其他的联邦卫生立法却遭到了持续不断的争议，争议的一方是希望国家对卫生问题做出一些回应的联邦党人，另一方则是坚持州权的反联邦党人。联邦政府在 1796 年对黄热病实施检疫隔离，但后来，当反联邦党人在政治上取得上风后，实施检疫隔离的权力交给了各州，国家政府只发挥从属的作用。1813 年，联邦政府派出代理人到全国各地提供疫苗接种以预防天花。于是出现了这样一种独特的情况：使用纳税人的钱的国家政府正在直接与人民做生意。这个计划持续了 9 年，但是当一名联邦代理人搞混了疫苗导致北卡罗来纳州数人死亡的事件发生后，它就被迅速转交给了州政府机构。[3]

1824 年，美国最高法院在“吉本斯诉奥格登案”（*Gibbons v. Ogden*）中——关于纽约州对汽船航运的专营权的问题——裁定根据《美国宪法》第一条第八款，州际贸易和对外贸易的管理权明确指定给了国会。纽约州的辩护律师主张，既然该州对卫生检疫等其他事务具有管辖权，那么它也应当控制着哈得孙河的航行权。首席法官约翰·马歇尔否决了该州主张的利益，宣布哈得孙河属于州际贸易的一部分，但他也指出宪法规定的国会的具体权力中并未提及像检疫隔离这样的卫生事务，因此根据第十修正案，它们成为各州的职责。[4]

在前面论述《宅地法》的章节中可以看到，社会改革家多萝西娅·迪克斯说服国会利用出售剩余联邦土地所得的资金创建一个全国性的精神卫生项目。然而富兰克林·皮尔斯总统在 1854 年否决了该立法，理由是联邦政府没有理由卷入其公民的卫生问题。医疗保健是州或地方政府的事情，尤其是私人慈善机构的事情。[5]

1878 年，美国面临另一个卫生危机，一场黄热病疫情正在从新奥尔良港口蔓延到密西西比河河谷，总共造成两三万人死亡。1879 年，联邦通过一项法案，成立国家卫生局（National Board of Health），赋予其监管检疫隔离的权力。该立法引发了激烈的辩论，而辩论的关键点就是联邦控制还是州控制。许多国会议员对于内战后南方各州的重建、投机政客，还有联邦对地方事务的控制这些问题仍然非常没有经验。这部法律只实施了 4 年。[6]

之后在 1892 年，4 艘来自德国汉堡的船抵达纽约港，船上有霍乱。警报响起了，尽管这种可怕的疾病并未在纽约市传播，但其引发的恐慌足以促使国会通过立法批准一部联邦检疫隔离法。这部法案直到今天仍然在实施。[7]

当美国对卫生问题的关注还主要限于检疫隔离和紧急措施的时候，欧洲的立法者已经在制定第一部保护个人健康的法案了。1883 年，德意志帝国国会（German Reichstag）通过了一部强制性的疾病保险法，保护有限数量的产业类别的工人。后来，这部法律扩大至援助老年人和遭受工伤事故的工人。到 1911 年，至少有 11 个欧洲国家已经制定了某种形式的健康保险立法。[8]

20 世纪初，美国社会改革家和一些政治家期望采用欧洲模式，并询问为什么美国落后了。艾萨克·M. 鲁比诺（Isaac M. Rubinow）博士是美国早期的社会改革家之一，他认为美国在援助穷人方面比欧洲政府落后了 25 年，美国迫切需要社会保险，特别是医疗保健。拉塞尔·塞奇基金会（Russell Sage Foundation）在 1908 年派李·K. 弗兰克尔博士（Dr. Lee K. Frankel）和迈尔斯·道森（Miles Dawson）到欧洲学习各种医疗保健制度，保诚和公平人寿两家保险公司（Prudential and Equitable Life insurance companies）也派出了调查员前往欧洲。医疗保健在 1912 年的总统竞选中为公众所知，当时西奥多·罗斯福以进步党——党徽为公麋——候选人的身份参与竞选，它呼吁"通过采用适合美国使用的社会保险制度"以保护人民免受"疾病、非正规就业和老年带来的风险"。[9]

美国劳工立法协会（American Association of Labor Legislation，AALL）于 1906 年在威斯康星大学成立，其创立的目的是学习并宣传工人安全的各个方面：工会组织，提倡制定最低工资和最长工作时间的立法、工人抚恤金、失业以及健康与安全问题。1912 年，美国劳工立法协会创建了社会保险委员会，这是美国第一个这种类型的委员会，并且到 1915 年已经起草出示范立法，要求向低收入工人提供援助，并为工人及其家属提供现金补偿、医院和医疗福利。加利福尼亚州州长、进步人士海勒姆·约翰逊（Hiram Johnson）于 1915 年成立了加州社会保险委员会（California Social Insurance Commission），马萨诸塞州和内华达州的州长也公开支持州政府的健康保险计划。到第二年，美国劳工立法协会的示范立法被提交至一些州的州议会。[10]

在国家层面，国会在 1916 年针对医疗保健立法举行听证会。美国卫生局局长、美国医学会主席罗伯特·布卢博士（Dr. Rupert Blue）在美国医学会 1916 年的年会上发表演讲，预测“健康保险将构成社会立法的下一个重大步骤”。[11] 美国医学会的社会保险委员会推荐制定强制性的政府运作的健康保险。

8 但魔鬼藏在细节中。正如社会保险历史学家南希·奥尔特曼（Nancy Altman）所描述的，“随着医生越来越了解这个议案，他们就越来越反对它，担心它会导致医疗实践为政府所控制”。[12] 各个州医学会宣布反对，医疗保险公司、制药商协会（Pharmaceutical Manufacturers' Association）和全国制造商协会也都纷纷表示反对，后者曾在 1916 年支持过医疗保健计划。塞缪尔·冈珀斯和美国劳工联合会反对政府强制推行的项目，因为担心这样的项目会削弱工人加入工会并通过集体谈判获得这些权利的动力。1918 年，加利福尼亚州的选民在一场全民投票中否决了政府健康保险，纽约州的州议会也投票否决了一项健康保险议案。

1920 年，美国医学会代表大会（House of Delegates of the AMA）在新奥尔良召开年会，会上它急剧转变了自己在仅仅 4 年前支持医疗保健立法的表态，发表了如下政策声明：

> 美国医学会声明反对制订具体实施针对疾病的强制性供款保险（compulsory contributory insurance）制度的任何计划，或其他由任何州或联邦政府提供、控制或管理的，规定向参保者或他们的受扶养者提供医疗服务的任何强制性保险计划。[13]

美国医学会接下来与邪恶的“社会化医疗”进行了长达 45 年的激烈斗争，而这篇强有力的声明始终是它的战斗口号。

联邦医疗保健立法在 20 世纪 20 年代受到的关注甚少。在此期间，国会仅在 1921 年颁布了一部这样的立法——《谢泼德–陶纳法案》（Sheppard-Towner Act），它为各州提供联邦拨款，以增进母亲和新生儿的“福利和卫生”。这是“进步时代”最后遗留的痕迹之一，妇女组织和新近获得选举权的妇女选民在推动这部法律的进程中发挥了重要作用。美国医学会反对这部法案，但无济于事。然而，《谢泼德–陶纳法案》在 20 年代末没能得到延期。[14]

1933 年和 1934 年，新总统富兰克林·罗斯福很少谈及国家医疗保健，但他已向医疗行业保证他会使该讨论远离政治因素。当有国家医疗保健的问题被提出时，他始终不表态，不想卷入关于这个问题的辩论中。[15] 参议员罗伯特·瓦格纳在最早提交的关于社会保险的议案中建议成立社会保险局，他将考虑“养老保险……健康保险和相关问题”。但是，由于美国医学会的施压，以及罗斯福担心社会保障一揽子计划可能被破坏，瓦格纳提议的社会保险局被更改为社会保障局，并且所有涉及医疗保健的内容都被删除了。[16]《社会保障法案》对医疗保健只字未提。这将是留待另一天的另一场战斗。

塞缪尔·冈珀斯领导下的劳联坚决拒绝支持医疗保健立法，但是并非所有的工会领袖都同意这个意见，工会内部的关系也因此变得相当紧张。时间转到 1935 年，此时冈珀斯已经去世 11 年，《社会保障法案》刚刚颁布两个月，劳联的政策发生了重大逆转，参加劳联大会的代表一致支持联邦和州政府制定健康保险立法。冈珀斯的继任者威廉·格林也公开倡导。[17]

罗斯福在 1936 年成立了协调卫生与福利活动跨部门委员会（Interdepartmental Committee to Coordinate Health and Welfare Activities），任命财政部长助理约瑟芬·洛奇（Josephine Roche）在 1938 年 7 月召开会议，审议关于政府资助的健康保险的建议。1938 年的国家卫生会议（National Health Conference）聚集了来自各方利益集团的 176 位代表：健康保险、医生组织、劳工团体以及需要医疗服务的各种公民团体。这次会议的成果是提交了一部来自瓦格纳参议员的议案，瓦格纳 1939 年的立法呼吁联邦拨款给各州，从而使它们能够建立健康保险制度。然而，这部立法的时机不是太好。1938 年的选举使得保守派南方民主党人和共和党人在国会重掌大权，他们没有兴趣批准扩大社会保险福利。此外，美国医学会及其下属州医学会也激烈反对瓦格纳的议案，而罗斯福的注意力越来越多地被欧洲即将发生的战争和仍然乏力的国民经济占据，不愿采纳瓦格纳的立法，最终该立法止步于众议院。[18]

国会不愿意延长社会保险立法的期限，然而公众对政府提供医疗保健援助计划的热情正日益高涨。1936 年、1937 年、1938 年和 1942 年进行的民意调查询问了政府是否应该帮助公民支付他们需要的医疗服务费用。在这四次调查中，均有四分之三的回复为“是的”。在 1944 年和 1945 年的民意调查中，当被问及由社会保障支付医生和医院的账单是不是个“好主意”时，大多数调查对象也回答“是的”。[19]

虽然瓦格纳 1939 年的立法建议提供联邦援助给各州用于健康保险，但第一部真正意义上的国民健康保险计划是在 1943 年提交给国会的，提案人除了瓦格纳以外，还有他的参议员同僚詹姆斯·默里和众议员老约翰·丁格尔。《瓦格纳—默里—丁格尔法案》呼吁制定联邦医院和医疗保险制度，资金则出自根据社会保障由雇主 / 雇员缴纳的工资税。美国卫生局局长被赋予广泛的权力，可以设定费用并限制一个医生可以照顾的病人数量。但该立法撞到了南墙：罗斯福对它避而不谈，美国医学会及其盟友极力反对它，而国会也不愿意审议它。《瓦格纳—默里—丁格尔法案》分别在 1945 年、1947 年和 1949 年再次提交至国会，但每次都以失败告终，但它每次被提交的时候必定都会引发很大的争议。[20]

哈里·杜鲁门总统在 1945 年 11 月向国会发表了强烈支持国民健康保险的讲话，国民健康保险重获动力。“我们新的经济权利法案，应当计划为所有人提供健康保障，不论他的住所、地位或种族——美国的各个地方。”杜鲁门说道。美国医学会和共和党人曾抱怨国民健康保险只不过是那样一个计划。杜鲁门则预先考虑了收费：他说他并不推荐公费医疗。“社会化医疗意味着所有的医生都是作为政府的雇员工作。美国人民不想要这样的制度。这里也不会提议这样的制度。”[21] 杜鲁门呼吁扩建医院，增加对公共卫生、儿童和孕妇保健的支持，还要制订一个覆盖所有人的健康保险计划，甚至包括没有被《社会保障法案》覆盖的专业人士、农业工人和家政工。[22]

1946年，参议院开始就杜鲁门的议案举行听证会。参议员默里主持教育委员会，当他开始他的开场白时，他的同僚、来自俄亥俄州的共和党人罗伯特·A. 塔夫脱非常恼怒，脱口说道，这部议案是“这个国会迄今为止审议过的最具有社会主义倾向的议案”。[23] 最后不得不出动国会警察制止塔夫脱，然后将他护送离开听证会。这就是当时国会弥漫的气氛：严重的分裂、相互指责，还有誓言报复。

随着1946年的国会选举落下帷幕，共和党人自“新政”开始以来首次重新执掌参众两院。在这第80届国会中，杜鲁门的各项国内计划将要面对的是一个专爱唱反调的重获活力的共和党多数派。杜鲁门无法再依靠劳工的支持。劳工领袖近乎所有的精力现在都消耗在了对抗塔夫脱-哈特利立法的战斗中，而这场战斗即将失败。此外，工会现在正转向契约谈判为他们的成员解决医疗保健问题。矿工联合会在其主席约翰·L. 刘易斯的领导下协商建立一个健康、福利和退休基金，资金来自对从煤矿开采的每吨煤征收的开采特许费。钢铁工人联合会也在寻求私下的解决方案。到1950年，约95%加入产业工会联合会的员工已经成功获得写入他们的集体谈判协议中的健康和福利计划。[24]

在1948年的总统选举年中，杜鲁门在政治上已经到了山穷水尽的地步，几乎任何有点儿政治意识的人都知道纽约州州长托马斯·E. 杜威将成为下一任总统。杜鲁门因为倡导强有力的民权改革，触怒了南方民主党人，又因为在党内自由派重视的议题上含糊其词而惹恼了他们。他在选民中的支持率正跌至低谷，只有顽固的民主党人希望杜鲁门参与竞选。民主党人士士气低落，充满怨恨，并且肯定杜鲁门会落败。而共和党人，特别是杜威本人，认为赢得这次选举不过是探囊取物；杜威是如此自信，他缩短了自己的竞选活动，并在选举前的关键几周时间里向新闻界谈论自己对内阁的选择。盖洛普民意测验在11月大选之前的数周就停止了民调：为什么要反复研究已成定局的事情呢？[25]

41 杜鲁门的获胜震惊了许许多多的人，美国医学会也不例外。民主党人在众议院中新增了75个席位，这使得杜鲁门拥有了名义上的多数票，可以准备制订他的国民健康保险计划了。杜鲁门在1949年1月4日向第81届国会发表的国情咨文中呼吁采取各种立法行动，包括增加40亿美元的税收、废除《塔夫脱–哈特利法案》和保护民权。在医疗保健问题上，他丝毫没有退让："我们必须不遗余力地提高这个国家的总体健康水平。几乎难以想象在一个像我们这样富裕的国家中，居然有数千万人缺乏适当的医疗服务。我们缺少医生、医院和护士。我们必须弥补这些不足。此外，我们需要——我们必须立即拥有——一种预付医疗保险制度，它将使每个美国人都能够担负得起良好的医疗服务。"[26]

美国医学会知道，关键时刻到来了；它必须全力以赴地还击。首先，美国医学会不得不替换掉墨守成规且保守的莫里斯·菲什拜因博士（Dr. Morris Fishbein），他在20世纪三四十年代一直担任该组织的首席发言人。美国医学会需要专业人士熟练的政治手腕。它在1946年转向总部位于加利福尼亚州的惠特克与巴克斯特（Whitaker and Baxter）公关公司寻求建议和指导。克莱姆·惠特克（Clem Whitaker）和他的妻子莱昂内·巴克斯特（Leone Baxter）在加利福尼亚州备受瞩目的州长选举和议题倡导斗争中积攒了丰富的经验，他们在帮助加利福尼亚州医学会击败州长厄尔·沃伦提出的州资助健康保险议案过程中所发挥的作用，使得他们引起了美国医学会的注意。[27]

克莱姆·惠特克概述了他们为美国医学会制订的战略：它必须是一个简单有力的运动，具有广泛吸引力，不能看上去只是医生对抗华盛顿的战斗。惠特克和巴克斯特带领37名员工在美国医学会总部芝加哥设立了办事处，在接下来的三年半时间里花费了近500万美元，淋漓尽致地利用了草根和直接游说技术。[28]

美国医学会需要一个口号和一个敌人。"社会化医疗"这个称呼非常适合：它利用了人们对一些未知的社会主义甚至共产主义的恐惧，并且与加利福尼亚州共和党众议员理查德·尼克松扣“赤色分子”帽子进行的政治迫害、众议院非美活动委员会，以及威斯康星州共和党参议员约瑟夫·麦卡锡后来完善的对共产主义者及其“同路人”的指控相互呼应。敌人？当然不能是刚刚爆冷赢得选举的哈里·杜鲁门。这个敌人必须是联邦保障局（Federal Security Agency）的局长奥斯卡·尤因（Oscar Ewing），该机构主管社会保障。报社记者迈克·戈尔曼（Mike Gorman）曾经为克莱姆·惠特克计划如何击败国家医疗保健计划。这看上去是一个不可能完成的任务，戈尔曼说。惠特克说：

> 哦，很简单。我们经历过对抗州长沃伦提议的州健康保险计划的战斗，击败它简直是小事一桩。要想成功，你只需要做到两件事。首先，你必须给这个计划起个恶名，我们打算称它为“社会化医疗”，因为社会主义这个概念在美国是非常不受欢迎的……你必须做到的第二件事就是找到一个“魔鬼”。你必须先在画中有一个魔鬼，然后再描绘这个魔鬼头上所有的角，我们已经有了人选。我们一开始是想集中火力攻击杜鲁门总统，但我们判断他太受欢迎了；但是，我们找到了一个完美的“魔鬼”人选，他就是尤因，我们打算让他吃苦头了。[29]

惠特克和巴克斯特的团队收集了 8000 份来自非医疗团体的背书——从美国退伍军人协会到联邦妇女俱乐部（General Federation of Women's Clubs），还有大大小小的兄弟组织、服务性组织和商业组织。它们都发誓反对强制性的国民健康保险。惠特克和巴克斯特请求发表有利的社论，分发了 4000 万到 5000 万份宣传资料给医生和牙医的办公室，以及药剂师、保险代理人等其他人。

他们并没有直接指责杜鲁门或他的健康保险计划，而是向“社会化医疗”发起了广泛的攻击。一个给人深刻印象的猛烈抨击展示了一张有名的引人怀旧的图片：一位和蔼可亲的家庭医生守在一个生病的孩子的床边。配的文字为："让政治远离这幅画面……你想改变这幅画面吗？强制性的健康保险是政治药物。它会在你和你的医生之间插入第三方——一名政客。它会用繁文缛节捆绑你家人的健康。它将导致沉重的工资税——使你和你的家人忍受糟糕的医疗服务。不要让这里发生这样的事情！"[30]

结果确实是没有发生。这可能是杜鲁门使国民健康保险计划获得通过的最好机会了，但是这场战斗非常激烈且充满了争议，最后国家健康计划在国会中深陷泥潭。[31] 杜鲁门最终对国家医疗保健的前景表示绝望，在参众两院都没有采取任何行动，而美国医学会的"社会化医疗"运动获得了成功。美国医学会在 1949 年和 1950 年分别花费了 150 万美元和 130 万美元用于游说；在美国的政治历史上，到当时为止，没有一个组织花费过这么多钱来游说国会。[32]

杜鲁门政府认识到推行全民医疗保健计划已经行不通了，于是开始寻求通过规模相对较小的计划。在杜鲁门执政的最后时期，奥斯卡·尤因公布了一个新计划，向所有社会保障的受益者，即老年人、寡妇和孤儿，提供 60 天的免费住院治疗。该计划在 1952 年 2 月下旬被提交至国会，正值国会"跛脚鸭"时期中最为"跛脚"的阶段，它毫无意外地石沉大海了。由于每一个人的注意力都聚焦于即将来临的总统选举和新政府上面，尤因的议案几乎无人关注。然而，它却成了一粒种子，日后将从中生长出《医疗保险法案》来。

然而，眼下这场战斗已经结束了。1950 年国会选举期间，美国医学会在这次选举前的两周时间里花费了空前的 100 万美元，支持美国医学会的团体另花费了 200 万美元用于联合广告宣传。这一年，民主党人在众议院失去了 28 个席位，勉强在参议院保住了多数席位。[33] 共和党在 1953 年总统竞选的政纲中谴责"联邦强制健康保险，及其带来的沉重的成本、浪费的效率低下、官僚主义的沉重负担，以及医疗服务标准的降低"。[34] 1952 年，德怀特·艾森豪威尔——"社会化医疗"的坚定反对者——当选总统。在同一次选举中，共和党人重新夺回参众两院的多数席位。

艾森豪威尔政府通过其新成立的卫生、教育和福利部及其部长奥维塔·卡尔普·霍比（Oveta Culp Hobby）提出了一项替代计划，通过提供有限的再保险服务，帮助发展私人健康保险。这只是一个相当保守的计划，尽管如此，它在美国医学会看来却是危险的信号。用美国医学会一位官员的证词来说，它视该计划为“社会化医疗”“打开了缺口”。该议案在 1954 年被彻底击败，在 1956 年又一次以失败告终。[35]

然而，无论是在州层面还是在联邦层面，健康和老龄化问题受到越来越多的关注。纽约州州议会在 1947 年对老龄问题进行了一系列广泛的听证会，它是第一个这样做的州立法机构。其他各州紧随其后，也纷纷举行了它们自己的听证会并提出了建议。1950 年，卫生、教育和福利部的前身联邦保障局召开了一次全国性会议，讨论老龄化问题，国会采取了数个步骤成立解决老龄化问题的组织。接着在 1956 年，艾森豪威尔政府成立了联邦老龄化委员会（Federal Council on Aging）。这是一个跨部门委员会，在与老年人相关的问题上为联邦政府机构提供建议。[36]

1956 年，国会通过《社会保障法案》一个重大的增补法案，增加提供给完全残疾和终身残疾者的福利。随着劳联–产业工会联合会的合并，工会组织团结一致支持争取社会保障的战斗，他们在赢得这场战斗后，决心做更多的事情。他们的目标现在转向了老年人的健康保险。劳联–产业工会联合会的社会保障部部长纳尔逊·H. 克鲁克香克（Nelson H. Cruikshank）和他的工作人员制定了立法，呼吁为手术费用、60 天的住院治疗和另外 60 天的疗养院护理、药物费用和其他费用提供保险保障。劳联–产业工会联合会向筹款委员会提交了议案，该委员会是众议院的关键委员会，对社会保障立法拥有管辖权。[37]

筹款委员会的新任主席、来自阿肯色州的民主党人威尔伯·D. 米尔斯拒绝提交该法案，另外两位资深成员也表示拒绝。最后，来自罗得岛州的民主党人艾米·福兰德同意提交。1957 年至 1960 年，福兰德的议案成为医疗保险的支持者关注的重心。

为什么要集中全力推动老年人的健康保险呢？毕竟老年人是社会中最容易患病、花钱最多的群体。其他为其国民提供健康保险的工业化国家中没有一个是只集中服务老年人的。社会保险政策的倡导者之一、后来担任社会保障总署署长的罗伯特·M. 鲍尔争辩说，为老年人提供医疗服务只
344 是一种让步。鲍尔认为所有推动老年医疗保险的人都是全民医疗保健的倡导者，只是他们不得不面对政治现实。要想争取到任何覆盖范围，最好的机会就是从那些已经被社会保障覆盖的群体，即老年人开始。"我们期望老年医疗保险成为迈向全民健康保险的第一步。"鲍尔在数年后写道。[38]

1958 年，众议员筹款委员会开始对福兰德的议案举行听证会，但遭到了艾森豪威尔政府的强烈反对。美国医学会也花费了 25 万美元的游说资金以击败该议案；1960 年，筹款委员会以 17 比 8 的投票结果否决了福兰德的议案，主席米尔斯站在反对阵营中。[39]

同一年，国会审议了其他两项提供医疗保健的建议。纽约州共和党参议员雅各布·贾维茨提交了一部议案，授权联邦拨款给各州以帮助补贴老年人的健康保险，其重点是私人保险和自愿参与。第二部议案出自威尔伯·米尔斯和俄克拉何马州民主党参议员罗伯特·S. 克尔（Robert S. Kerr），建议提供更多的联邦资金给各州帮助贫困者的项目，该议案后来成为法律。克尔—米尔斯的议案是参议员塔夫脱之前提交的一部立法——帮助最贫穷的老年人支付他们的医疗费用——的升级版本。《克尔—米尔斯法案》要求各州制订援助老年人的计划。但《克尔—米尔斯法案》存在缺陷，且效果不佳：到 1963 年，只有 32 个州参加了该项目，联邦配套的大部分资金都流入了仅仅 5 个州。[40]

艾米·福兰德于 1960 年从国会退休，但老年人的医疗保健议题并没有就此被遗忘。马萨诸塞州民主党参议员约翰·F. 肯尼迪在被提名为民主党总统候选人后，向参议院提交了一部与福兰德议案类型相同的议案，但

迅速被否决了。肯尼迪在接下来的竞选游说过程中将医疗保健作为重要议题。肯尼迪的议案仅得到了一名共和党人的投票支持，带了一点竞选活动特有的数学计算和浮夸之辞，肯尼迪追击他的对手："在 30 年代中期，有 90% 的共和党人投票反对《社会保障法案》，而在 1960 年，又有 95% 的共和党人投票反对为与《社会保障法案》息息相关的老年人提供医疗服务。"[41]

约翰·肯尼迪在执政的第一年敦促将联邦资助教育和医疗保险——当时已经使用"医疗保险"这个名称——作为优先考虑的立法项目。肯尼迪在他的首次国情咨文中敦促在 1961 年颁布老年人医疗保险。接着，10 天后，他向国会递交了有史以来第一篇专门讨论医疗保健问题的特别咨文。除了他在担任参议员末期提交的那部立法以外，肯尼迪还敦促国会通过关于疗养院建设拨款、医院研究与发展、培训项目以及成立国家儿童健康与发展研究院（National Institute of Child Health and Development）的立法。这些想法都来自威尔伯特·J. 科恩领导的肯尼迪过渡工作组的建议。[42]

科恩是联邦社会保险政策的总设计师之一，在 20 世纪 50 年代是密歇根大学的一名教授。他被任命为美国卫生、教育和福利部的助理部长，负责起草医疗保险立法。科恩在肯尼迪执政和之后约翰逊执政时期还有一项工作，就是与威尔伯·米尔斯密切合作。正如他的传记作者爱德华·D. 伯科威茨所指出的，科恩"实际上是政府派出与威尔伯·米尔斯交流的大使"。[43]

政府支持的医疗保险立法，由福兰德的继任者、新墨西哥州民主党参议员克林顿·P. 安德森和加利福尼亚州民主党众议员塞西尔·R. 金，分别提交至国会参众两院。但是，该议案无法越过筹款委员会这个反抗障碍，包括威尔伯·米尔斯在内的 6 位民主党人加上 10 位共和党人强烈反对该议案，拥有 16 比 9 的多数票。[44] 对于美国医学会及其 18 万名成员来说，是时候重新保持高度警戒了，如果有必要的话，还应当玩一点野蛮的。塞西尔·金对美国医学会大为恼火，他在 1962 年 3 月请求美国广告公司协会（American Association of Advertising Agencies）调查美国医学会攻击金-安德森议案的报纸广告中被他描述为“谎言与欺骗”的内容。金指控美国医学会正在从事一项“经过冷静计算的不诚实运动”以诋毁他的立法。[45]

1962 年 5 月 20 日，纽约市麦迪逊广场花园（Madison Square Garden）举行了一场集会，约有 1.8 万人——大多数是老年人——每人支付了 1 美元听肯尼迪总统的演讲，另有 2500 人没有门票，在“花园”外面通过扬声器听。这场集会看上去好像竞选集会一样五彩缤纷、喧闹嘈杂。就在前一天晚上，麦迪逊广场花园彩旗飘扬、气球飞舞，举行了一场庆祝肯尼迪生日的活动，玛丽莲·梦露热情地送上了她的生日祝福。在这个晚上，首先表演了一系列娱乐节目，出场的有米契·米勒（Mitch Miller）和他的伴唱歌手、歌剧明星罗伯特·梅里尔（Robert Merrill），以及来自《波吉和贝丝》（*Porgy and Bess*）的一组联唱。接着集会的群众先后听了劳联-产业工会联合会主席乔治·米尼，美国卫生、教育和福利部部长亚伯拉罕·A. 里比科夫的演讲，最后总统出场了。肯尼迪发表了脱稿演讲，他说争取“医疗保险”的这场战斗“不是反对医生的运动，因为医生加入了我们。这是一场帮助人们履行他们责任的运动”。肯尼迪敦促“花园”里的群众，还有据报道在其他 33 个州通过闭路电视参加集会的 15 万人，支持为纳入社会保障体系的老年人提供医疗服务。肯尼迪向支持者保证金-安德森议案“要么在今年，要么在明年（获得通过），正如潮汐到来般势不可当”。[46]

不过，美国医学会却不这么认为。该组织在第二天晚上租下了麦迪逊广场花园，购买了全国各地 190 个电视台的时段，以放送长达一小时的驳斥总统的演讲。美国医学会本来想要免费的电视网时段，但是被拒绝了；波士顿电视台不愿意播放美国医学会的辩驳演说，即使他们出了钱。在麦迪逊广场花园空荡荡的舞台上，面对着一个空荡荡的大厅，爱德华·R. 安尼斯博士（Dr. Edward R. Annis）——这一年晚些时候，他将成为美国医学会主席——将金-安德森议案形容为“残酷的骗局和妄想”，并告诉电视机前的观众“医生们担心美国公众正面临被闪电式袭击、洗脑和随大流的危险”。[47] 相反，安尼斯力主克尔—米尔斯的项目，当时他正参与这个项目，并且猛烈抨击英国的国民保健制度。《英国医学杂志》（*British* 34 *Medical Journal*）随后反击，称美国医学会对英国制度的攻击是“粗俗、卑贱且荒谬的”，同时大力支持肯尼迪政府的医疗计划。[48]

然而，美国医学会还是赢得了这场辩论。肯尼迪发表的即席讲话听起来太像一场竞选集会，没能将持怀疑态度的电视观众争取过来。美国医学会因与总统正面交锋而更受鼓舞，它在全国各地的报纸上刊登整版广告，要求公民写信给他们的国会议员，以阻止金-安德森议案。突然间，公众表现出了厌恶联邦支持的老年人医疗保健的情绪。美国医学会还成立了一个新的组织实体——美国医学政治行动委员会（American Medical Political Action Committee），主张“医学必须在日常政治活动中扮演越来越重要的角色”。美国医学会决心保护自己在筹款委员会中的朋友，在1962年的中期选举中为志同道合的候选人筹集资金。[49]

要想使让金-安德森提案或其他任何版本的老年人医疗服务议案获得通过，成为法律，关键是说服众议院筹款委员会主席。但威尔伯·米尔斯对福兰德、肯尼迪还有金-安德森的立法一直持坚决反对的态度。他更喜欢他自己的立法，即存在缺陷的《克尔—米尔斯法案》，该法案实行经济状况调查，并帮助那些想要参与救助贫困老年人的各州。赢得米尔斯的支持至关重要，这不仅仅是为了医疗服务，也是为了税制改革、贸易问题以及其他种种与财政相关的关键议案。

1963年初秋，肯尼迪总统再一次对米尔斯给予了极大的关注。当总统飞往阿肯色州参加米尔斯的国会选区内一座水坝的落成典礼时，一名白宫助理告诉记者：“如果威尔伯希望我们南下希伯斯普林斯（Heber Springs）唱一首《顺着老密尔河而下》（*Down by the Old Mill Stream*），我们会很乐意这么做的。”事实上，在格里尔费里大坝（Greers Ferry Dam）

的落成典礼上，肯尼迪极力奉承阿肯色州的议员团，声称“相比之下”它在华盛顿拥有的影响力是其他任何州的议员团都比不上的。[50] 肯尼迪在说这番话的时候可能暗指了供职多年的参议员约翰·L. 麦克莱尔或 J. 威廉·富布赖特，但他主要是在运用自己的个人魅力和恭维奉承来讨好威尔伯·米尔斯。

制定法律

肯尼迪在 10 月初的时候长途跋涉去希伯斯普林斯；7 周后，他就在达拉斯被暗杀了。第 88 届国会第二会期开始时，推动医疗保险的任务交到了林登·约翰逊总统和他的顾问团队手中。1964 年 2 月，约翰逊安排当时美国卫生、教育和福利部的第三号官员威尔伯特·科恩全面负责政府的
347 医疗保险工作。[51] 此时距离总统大选和国会选举只有 9 个月了，而健康保险必然会是选举中的主要议题。纽约州州长纳尔逊·洛克菲勒是共和党总统候选人的有力竞争者，他提交过一部医疗保险议案（纽约州众议员约翰·V. 林赛）；纽约州共和党参议员贾维茨也是如此。威尔伯·米尔斯急切地希望到 3 月初，他的委员会能审议一部民主党人提交的议案，当然，林登·约翰逊也强烈希望给医疗立法贴上民主党的标签。

威尔伯特·科恩和社会保障部门的工作人员努力工作，以满足威尔伯·米尔斯对背景信息、费用预算和可供选择的其他政策计划的要求。他们制订的政策计划中有部分后来会成为医疗补助的初稿，为福利领受者提供健康保险。[52]

整个 1964 年春天，米尔斯对医疗保险都是含糊其词：他担心增加预定的社会保障税会造成的影响，他反对金–安德森议案，并担心他委员会中的保守派民主党可能不会听从他的领导。他的各种政治担忧很快就变成了现实。3 位保守派民主党人——肯塔基州的约翰·C. 瓦茨（John C. Watts）、佛罗里达州的 A. 西德尼·赫朗（A. Sydney Herlong, Jr.）、弗吉尼亚

州的伯尔·P. 哈里森（Burr P. Harrison）——各自宣布打算投票反对医疗保险。这对于米尔斯来说就足够了，他宣布自己会反对金–安德森医疗保险一揽子计划；作为替代计划，他会推荐增加社会保障的现金补贴。米尔斯最终决定，医疗保险可以等到 11 月选举之后。1964 年 6 月 24 日，米尔斯宣布不会支持医疗保险；这令人数日益增加的医疗服务的倡导者大为愤怒。[53]

约翰逊总统和他的政治策略家拉里·奥布赖恩（Larry O' Brien）不希望强制筹款委员会对医疗保险进行投票表决，而是选择添加政府的金–安德森议案作为在参议院提交的社会保障增加议案的修正案。令他们惊讶的是，参议院通过了一部修改版本作为社会保障议案的附加条款，其中参议员安德森和贾维茨，还有来自田纳西州的民主党人老艾伯特·A. 戈尔发挥了领导作用。巴里·戈德华特公开直截了当地反对医疗保险。他在 1960 年、1962 年和 1964 年 9 月都投了反对票。他在参议院宣称："我从根本上反对这个议案，因为它基于一个未说出口的前提，即美国的工人们……没有能力决定如何用自己的钱。它透露出对我们人民的智慧和判断力的蔑视……"[54]

摆在选民面前的是一个显而易见且截然不同的政策选择：约翰逊是联邦医疗服务的捍卫者，而戈德华特则是坚定的反对者。正如约翰逊的一名政治顾问对总统说的，"我不认为你应该使劲攻击戈德华特，但如果我们办得高明的话，这是我们在这些老年人群体中彻底打败他的绝好机会"。[55]结果是戈德华特大败。约翰逊和他的副总统竞选伙伴、来自明尼苏达州的休伯特·H. 汉弗莱取得了决定性的胜利，这是自罗斯福 1936 年以压倒性的优势战胜艾尔弗雷德·兰登以来差距最大的总统选举结果。戈德华特赢下了他的家乡州，还有南方腹地的路易斯安那州、密西西比州、亚拉巴马州（这个州的选票上甚至没有约翰逊的名字）、佐治亚州和南卡罗来纳州。此外，国会更为牢固地掌握在了民主党人的手中。国会共有 71 位新当选的民主党议员，他们中几乎所有人都承诺要使医疗保险获得通过。正如拉里·奥布赖恩所说："实际上，医疗保险在总统选举日就获得通过了。据估计，我们在众议院新获得了近 40 张赞成医疗保险的选票，在参议院至少能新增加 2 张。同样重要的是，在众议院筹款委员会受挫多年后，我们现在拥有了 17 比 8 的多数票。"[56]

1965 年 1 月 4 日，新的第 89 届国会召集第一次会议，获得压倒性多数席位的民主党人准备制定约翰逊的立法。约翰逊下定决心要让医疗保险议案获得通过；这是他在 1964 年遭遇的极少数的立法失败之一，他不能让这个失败继续立在那儿。林登·约翰逊在国会召开第一天发表的国情咨文中，要求将医疗保险议案作为首要任务，接着政府的这部议案在众议院和参议院分别被命名为 HR-1 和 S-1 号议案。在新国会召开的第二天，筹款委员会的全体成员构成进入一个新的现实：民主党人在数量上享有 2 比 1 的优势，民主党人的数量从 15 人增加到 17 人，共和党人则从 10 人减少至 8 人。从 1961 年起，筹款委员会每离开一名支持医疗保险的民主党人，都会替代进入一名支持医疗保险的立法者，两名反对医疗保险的立法者也都被支持医疗保险的立法者取代了。约翰逊与众议院议长、来自马萨诸塞州的民主党人约翰·W. 麦科马克（John W. McCormack）密切合作，调整该委员会中支持者的比例。前筹款委员会的工作人员、政治学家约翰·F. 曼利（John F. Manley）称这是在委员会中安插支持者以确保医疗保险议案获得通过的"最明显不过的例子"。[57]

第 89 届国会，第一会期（1965 年 1 月 4 日—10 月 23 日）

参议院：68 位民主党人，32 位共和党人

众议院：295 位民主党人，140 位共和党人

总统：林登·B. 约翰逊

1 月 7 日，约翰逊向国会递交了一份关于医疗保健的特别咨文，看来已经没有什么可以阻止医疗保险成为现实了。威尔伯·米尔斯当时正处于

政治权力的顶峰，他计算选票后发现自己面临着一个新的政治现实。正如林登·约翰逊在他的回忆录中所写的："当选举改变了国会的人数构成时，（威尔伯·米尔斯）的意见也改变了。"米尔斯宣布，他希望能在 3 月中旬将金-安德森议案报告在他的委员会通过，并提交至众议院全院审议。这个消息震惊了美国医学会。医生们对米尔斯看似已经屈服于政府的表态感到非常愤怒，而另一方面米尔斯也对美国医学会拒绝承认政治现实而感到气愤。[58]

美国医学会曾给予戈德华特强有力的支持；事实上，该委员会过去有 9 位主席担任过其竞选活动的卫生政策顾问。但现在，不顾必然发生的事实，约 200 名来自各州医学会的代表在芝加哥开会，并决心反抗到底。美国医学会做出了惊人的举动，它孤注一掷花费 50 万美元发起了一场反对医疗保险的运动，并提出了他们自己的立法计划，被称为"老年保健计划"（Eldercare Program）。根据《克尔—米尔斯法案》的指导原则，它提供联邦和州老年保健计划拨款，以补贴各私人健康保险政策。在他发布的许多宣传资料中，有一份是它聘请退休演员罗纳德·里根录制的对美国医学会成员的妻子们呼吁，请求她们写信给国会反对医疗保险并争取"老年保健计划"。"如果你们不这么做的话，"里根恳切地说道，"总有一天，你们和我将在迟暮之年告诉我们的孩子还有我们孩子的孩子，当人类还是自由的时候，美国曾经是什么样子的。"[59] 349

但是，美国医学会的做法大大激怒和冒犯了它的朋友。据拉里·奥布赖恩所说，白宫"对美国医学会盲目反对不可避免的事情感到非常高兴"。[60] 新泽西州民主党众议员小弗兰克·汤普森（Frank Thompson，Jr.）反感美国医学会，对"老年保健计划"嗤之以鼻，称之为"医生照顾计划"（Doctorcare）。汤普森嘲弄道，它的资金将来自"对苹果酱征收 2% 的联邦税，而这笔资金将被用于给感到自己正在强烈忍受患者上门之苦的任何医生提供特殊治疗；如果他没有在电话里对他的同事提出的论据做出令人满意的答复，他将被紧急送往最近的凯迪拉克展销店"。[61]

芝加哥大学经济学教授、戈德华特的政策顾问米尔顿·弗里德曼可能触到了最敏感的神经，将美国医学会形容为“可能是美国最强大的工会”。[62]

工会组织和民主党给予了医疗保险大力支持。全国老年人委员会（National Council of Senior Citizens）也是如此，这个组织成立于1961年，由肯尼迪总统竞选时的“支持肯尼迪的老年公民”（Senior Citizens for Kennedy）组织发展形成。刚从国会退休的艾米·福兰德被劝说担任该组织的名誉主席。全国老年人委员会得到了劳联–产业工会联合会和民主党的大力支持，到1963年时宣称其附属的各分会共有约200万名成员。另一个组织——国家退休教师协会–美国退休人士协会（National Retired Teachers Association–American Association of Retired Persons），虽然它日后会成为首要的老年人游说组织，但在当时它基本上只是置身事外，既不积极推动医疗保险，也不试图挫败它。[63]

350

《医疗保险–医疗补助法案》的亮点

《社会保障法案修正案》（Social Security Act Amendments）包含两项关键条款：第十八条（医疗保险）和第十九条（医疗补助）。医疗保险包括两个基本组成部分。A部分是住院保险，覆盖住院、专业护理和家庭医疗保健服务。它的资金来源于根据《社会保障法案》征收的工资税，受益者是有资格享有社会保障的65岁及以上的老人。B部分是补充医疗保险，覆盖医生服务、门诊治疗和门诊服务的费用。受益者是有资格享有社会保障的人士，资金则来自联邦的一般收入和病人的自付额。

第三个组成部分是医疗补助，为低收入者（不分年龄）提供医疗保险。它由联邦和州政府共同资助，联邦政府资助的部分来自政府一般收入基金，而不是工资税。

美国人对老年人医疗服务问题给予了深切的关心，根据1965年年初路易斯·哈里斯（Louis Harris）进行的一项民意调查，哈里斯写道：“美国人民对医疗服务问题的关注是如此深切，他们将乐意接受各种国家计划中的任何一个，从约翰逊总统隶属于《社会保障法案》的医疗保险计划，到美国医学会具有自愿特点的‘老年保健计划’。”[64] 政府这个计划主要得到了东西海岸的居民、民主党人、城市的居民，以及年收入不超过 1 万美元的家庭的支持。在受访者中，想要医疗保险而不是降低税收的人数之比为 2 比 1，赞成医疗保险计划的人数与支持平衡预算的人数之比也为 2 比 1。

美国医学会支持的“老年保健计划”由 A. 西德尼 · 赫朗和来自密苏里州的共和党人汤姆斯 · B. 柯蒂斯（Thomas B. Curtis）提交至国会。但是，令美国医学会感到沮丧的是，来自威斯康星州的约翰 · W. 伯恩斯（John W. Byrnes）也提交了一部共和党的替代议案。伯恩斯的议案是模仿具有高度选择自由的计划制定的，后来应用于联邦雇员中。根据约翰 · 曼利的说法，共和党的这个议案“简单，但巧妙：一个非强制性的计划，资金来自每名参与者每月支付的小额费用以及取自一般收入的联邦资金，包括一个从参与成本角度来说对老年人非常具有吸引力的福利套餐，几乎每一个人都会愿意参与”。[65] 但是，即使共和党的这个计划可能与医疗保险计划一样巧妙，但医疗保险议案的反对者伯恩斯私下承认他的议案没有获得通过的可能，没有希望对抗如此强大的民主党多数派。[66]

在许多方面，共和党的这个替代计划解答了医疗游说团体对政府支持的金–安德森议案的反对理由，而且也远远超过了金–安德森议案的益处。从理论上来看，伯恩斯的议案是一个自愿的而非强制性的计划；它提供的福利更为慷慨大方；而且其资金来自联邦一般收入而非工资税，它从保险精算角度来说非常可靠，且不会危害社会保障资金。[67]

3 月 9 日，威尔伯特 · 科恩应米尔斯主席的邀请，前往筹款委员会解释说明各种可供选择的医疗保健计划。科恩概述了政府的金–安德森议案的措施，接着也概述了伯恩斯的议案。在总结完这些政策选项后，威尔伯 · 米尔斯转向他的同事约翰 · 伯恩斯说道：“你知道吗？约翰，我喜欢你议案中关于处理医生账单以及住院费用的那部分内容。”[70]

米尔斯心目中有两个目标，“在保卫社会保障与保护国家一般预算之间取得平衡”。[71] 伯恩斯的一揽子计划以医生账单为重点，资金将来自一般收入基金，不会给社会保障工资税带来负担。

《医疗保险法案》的关键人物

林登·B. 约翰逊（1908—1973）下定决心将推动医疗保险作为他在第 89 届国会中的最优先事项。《医疗保险法案》是“伟大社会”立法的关键组成部分，后者还包括《民权法案》、《选举权法案》、1965 年的《初等和中等教育法案》（Elementary and Secondary Education Act）、1965 年的《高等教育设施法案》（Higher Education Facilities Act）、1965 年的《移民与国籍服务法》（Immigration and Nationality Services Act）和 1964 年的《经济机会法案》（Economic Opportunity Act）。

威尔伯·D. 米尔斯（1909—1992），1939 年开始担任众议员，1957 年至 1974 年担任筹款委员会主席。除了医疗保险之外，米尔斯支持增加社会保障的福利，他也是众议院的首席税务专家，并于 1969 年负责制定了《税制改革法案》
51 （Tax Reform Act）。他短暂地有过在 1972 年竞选总统的念头，他在 1974 年竞选连任众议员的数个月前卷入了粗俗的丑闻。米尔斯于 1974 年辞去筹款委员会主席的职位，1976 年放弃寻求竞选连任。[68]

威尔伯特·J. 科恩（1913—1987），从威斯康星大学走出的又一名政治明星，是埃德温·威特的门徒，他职业生涯初期在华盛顿担任亚瑟·奥特迈耶和社会保障局的技术顾问，接着升任研究和统计局（Bureau of Research and Statistics）局长。在艾森豪威尔执政的后期，他是密歇根大学公共福利管理学教授，并为还是总统候选人的约翰·肯尼迪制订了医疗保健政策的替代方案。他在肯尼迪执政时期是美国卫生、教育和福利部排在第三位的官员，后来在约翰逊总统执政时期升任为第二号人物，是制定政府的医疗保险和其他医疗保健政策的最主要的负责人。1968 年，科恩成为美国卫生、教育和福利部部长。[69]

米尔斯计划的第三部分——医疗补助计划——将取代 1960 年的《克尔—米尔斯法案》，使其成为更统一的计划，且资助方法更简单：由联邦政府负担该计划的费用的 50% 至 80%。历史学家谢瑞·I. 戴维（Sheri I. David）认为，医疗补助是“事后才想起来临时添加上去的”，部分原因是为了安抚美国医学会及其“老年保健计划”，部分原因是为了改进实施了5年的《克尔—米尔斯法案》。[72]

它是一个政策上的天才之举：将政府的议案（覆盖住院费用）与共和党支持的替代议案（医生的费用）结合在一起，并且额外增加了给穷人的援助。从政治上来说，它也是很有道理的：它大大削弱了美国医学会和共和党的反对气焰，取悦了一些财政上的保守派，特别是主席本人。最后，米尔斯有信心，该立法将在国会获得通过。

3月2日晚上，威尔伯特·科恩冲进总统的椭圆形办公室，如约翰逊在他的回忆录中所描述的，科恩处于“一种极度兴奋的状态”。科恩向约 352
翰逊叙述了米尔斯如何“扔下一枚重磅炸弹”，非常迅速且精明地将政府和共和党的两个计划组合起来，以至于“共和党人被吓得目瞪口呆的”，政府议案的倡导者也不例外。[73]米尔斯将他的议案称为“三层蛋糕”（住院费用、医生的酬金和医疗补助），他敦促科恩连夜重新起草政府议案以示让步。约翰逊批准科恩修改议案，但要确保荣誉归属于民主党人：“告诉他们，”约翰逊对科恩说，“删掉‘共和党’这个名字，将那些小的旧改动偷偷塞进议案中。”[74]

米尔斯提出的由三部分组成的医疗保险一揽子计划顺利获得筹款委员会的通过，投票结果为17比8，完全是按照党派划界投票。是什么使得威尔伯·米尔斯这位医疗保健立法的长期反对者改变了主意呢？《纽约时报》的记者汤姆·威克（Tom Wicker）指出，1965年年初，米尔斯发现自己“在他的委员会中拥有支持该议案的多数票。他发现众议院非常乐于接受且热切希望通过（医疗保险议案）。他发现约翰逊先生大力宣传该议案的优点，公众也已经被说服。总之，米尔斯先生面临着一个新的局面：他至少已经有可能被他自己的委员会推翻了”。[75]

第二天，3月26日，约翰逊将参众两院的领袖带到总统的椭圆形办公室，以确保他们每一位都支持通过医疗保险议案。会议结束后，他们转移到了内阁会议室，那里已经准备好了电视摄像机。约翰逊介绍了9位民主党领袖，他们一个接一个地表示自己会全力支持医疗保险议案。只有一人迟疑不决，他就是 78 岁高龄的参议院财政委员会主席、来自弗吉尼亚州的民主党人老哈里 · F. 伯德，他一直不赞成医疗保健立法。伯德很不情愿地来到白宫，本来以为这次会议讨论的是越战问题，而不是医疗保健立法问题。在内阁会议室里，他坐在约翰逊旁边，而摄像机正在旋转。然后质询开始了：约翰逊看着伯德，确信他这位来自弗吉尼亚州的好友会安排他的委员会就医疗保健问题召开会议，因为眼下没有任何紧迫的事情。难道不是这样吗？伯德能做的只有忍气吞声，唯唯诺诺地说："是的。""很好。"约翰逊回答道，一边用手砰地敲了一下桌子。会后，俄克拉何马州民主党众议员卡尔 · 艾伯特评论道："这是任何人曾在公共场合获得过的'约翰逊待遇' * 的最好的例子。"[76]

4 月 8 日，米尔斯向众议院全院提交了这部 200 页的议案。大家起立鼓掌欢迎他。这位一贯持谨慎态度的医疗保健立法的反对者，如今变身成了新的英雄。当晚，众议院以 313 票赞成比 115 票反对的压倒性多数通过了米尔斯提出的医疗保险议案，远远超出了政府之前寻求的票数，共有 65 位共和党人与 248 位民主党人投了赞成票。约翰逊竭尽全力，亲自打电话给每一位模棱两可的国会议员。[77]

该议案现在来到了参议院。美国医学会仍然在战斗，警告参议员们
53 注意医疗保险计划的危险。美国医学会主席多诺万 · F. 沃德（Donovan F. Ward）博士在 5 月份时告诉参议院财政委员会，如果众议院的这个议案获得通过的话，医疗服务的质量无疑会下降，又重新翻出了老生常谈，劝告参议员们："这可能是你们权衡在美国迈出建立'社会化医疗'第一步的后果的最后机会。"[78]

但美国医学会的大势已去。经过 500 个小的修改并经过一次激烈的辩

---

* 约翰逊待遇（The Treatment 或 Johnson Treatment）：约翰逊以专横粗暴的性格而闻名，不时通过"约翰逊待遇"迫使有权势的政客支持推动其立法。

论后，参议院以 68 比 21 的投票结果通过了医疗保险议案，参众两院很快召开协商会议解决了两个版本之间的分歧。到 7 月下旬时，该立法已万事俱备，就等待约翰逊签署了。

林登·约翰逊在展示历史性的姿态方面很有天赋。4 月，他与随行人员飞至得克萨斯州的石墙（Stonewall），在这里签署了历史性的《初等和中等教育法案》，在他身旁的是他的第一位公立学校老师凯瑟琳·戴德里奇·洛内夫人。接着在 8 月 6 日，约翰逊在参议院侧翼的总统厅签署了《选举权法案》。在签署综合性的移民改革立法时，他选择了自由女神像作为背景舞台。对于《医疗保险法案》的签字仪式，他选择向总统哈里·杜鲁门致敬，在杜鲁门总统图书馆签署该法案，并将第一张医保卡发给这位前总统。

尽管美国医学会是《医疗保险法案》的强烈反对者，约翰逊知道他需要美国医学会的合作，不是出于勉强或其他态度。6 月，美国医学会代表大会审议了 9 项不同的决议，都是敦促联合抵制即将获得通过的立法。但是，美国医学会的新任主席詹姆斯·Z. 阿佩尔博士（Dr. James Z. Appel）警告医生们不要联合抵制，说这既是缺乏职业道德的，也明显表现出缺乏公民责任感。一些医生愤怒不已，“弹劾阿佩尔”的电报大量涌入这次大会。在同一会议上，美国医学会代表大会还否决了一个建议，即允许一直被地方医学会排斥在外的非裔美国医生直接加入，并且拒绝为卫生局局长的吸烟危害健康的报告背书。[79]

约翰逊对美国医学会感到担忧，但他心中有数。约翰逊在与劳联–产业工会联合会主席乔治·米尼的一次谈话中，将美国医学会比作小鸡：

乔治，你喂过小鸡吗？“没有。”米尼回答道。约翰逊说：“好吧，小鸡真的很愚蠢。它们吃啊吃啊吃，从不会停。为什么呢？因为它们在吃的同时就开始拉屎了。在你注意到之前，它们的膝盖就已经没入自己拉的屎里了。哎，美国医学会也是一样。他们一直不停地吃啊吃，现在他们的膝盖也陷在自己拉的屎里了，并且每个人都清楚这一点。他们将无法停止任何事情。”[80]

在约翰逊及其随行人员前往密苏里州独立城的前一天，这位总统邀请美国医学会的领袖们来到白宫。在医生们有机会说点什么之前，约翰逊就开始滔滔不绝地自说自话起他对照顾自己患病父母的老家庭医生的感情，以及自己对医疗这个崇高职业的尊敬。约翰逊唠唠叨叨地说，他确信医
54 生会配合这部新法案的执行，因为他们志在为人民服务，接着感谢他们发表的意见，并非常感谢他们来到白宫。[81] 这是另一种形式的“约翰逊待遇”。

几天后，美国医学会宣布将由各位医生自行决定是否愿意参加该计划。最终，在 10 月份召开的美国医学会年会上，阿佩尔主席承认他的组织已经失败了，但坦言“公众、媒体和国会期待我们能够像明智且成熟的男女那样行事。而我们所有人这些年来一直关心的是所谓的美国医学会和医生个人的形象”。医生是美国收入最高的职业，1964 年的平均收入高达 22 200 美元，他们不情愿地接受了医疗保险。最后，95% 的医生成为参与者。[82] 虽然医生、医院和医疗机构的其他人员可能输掉了这场战斗，但是立法的细节和规则制定的晦涩难解的条款奖励给了他们几乎不受检查的成本控制。从这一方面来说，他们将赢得这场医疗保健战争。

余波

在该法案颁布后不到一年，医疗保险计划于 1966 年 7 月 1 日开始运作。到第一年年底，几乎所有有资格的老人（近 1900 万人）登记参加了 A 部分的住院保险，93% 的人（近 1800 万人）登记参加了 B 部分的自愿性质的补充医疗保险。被任命负责该计划的是罗伯特·M. 鲍尔，他自 1962 年起担任社会保障局局长，并且拥有长期负责联邦老年人项目的经

验。美国卫生、教育和福利部在1965年至1966年雇用了1800名新员工，成立了21个分支机构和71个临时服务中心。[83]使医疗保险计划投入运作是一项艰巨的任务，而约翰逊要求加速马力实施该计划。

然而在实施过程中，根据约翰逊国内政策助理小约瑟夫·A.卡利法诺（Joseph A. Califano, Jr.）的说法，美国卫生、教育和福利部向医疗机构屈服了。“我们让医生和医院编写报销规则，这些规则可以使他们赚得盆满钵满，而且不会承受任何财务风险。就在我们热情地实施医疗保险计划，希望它有个良好的开端时，却让他们把手深深地探入了纳税人的口袋。”[84]卡利法诺指责医生们设法说服国会允许他们收取“合理的”“惯常的”“普遍的”费用，而且还赋予他们权力控制医疗保险计划如何设置这样的费用。可究竟什么是“合理的”和“惯常的”？没有人真正知道医生收取的是什么费用。对于支付给医生和其他医疗专业人员的薪酬的上限应该是多少，也没有一致的意见。但是，1965年至1966年，医生收取的费用的增长速度超过了1倍。[85]

此外，医院能够获得包含在报销的费用中的流动负债和资产负债的利息，美国卫生、教育和福利部将支付起初由《希尔–伯顿法案》（Hill-Burton）的联邦拨款所购买的建筑物和设备的折旧费，医院将得到加速折旧的优惠。医院除了实际费用之外，还将获得2%的“附加因子”，这被卡利法诺指责为“收买医院产业配合医疗保险计划的贿赂”。在实行医疗保险覆盖的第一年，医院的日均服务费用上涨了21.9%。[86]

按照更为慎重的说法，朱迪思·M.费德（Judith M. Feder）认为社会保障总署——社会保险计划在1977年以前由它管辖——在实施这个新计划时面临着两种可供选择的方法。社会保障总署本来可能利用其权势进行医院改革，提高医疗质量，并抑制医疗保险费用的不断增长。相反，它选择了效率、避免冲突和社会保障计划更为熟悉的开支票功能。[87]对于政府来说，重要的是让这个项目组织并运作起来，并且让老年人登记参加。

《医疗保险法案》和医疗保健立法大事年表

1949 年　国会中就国民健康保险问题展开斗争；美国医学会谴责其为“社会化医疗”。

1958 年　艾米 · 福兰德向众议院提交了第一部医疗保险立法。

1965 年　7 月 30 日，约翰逊将《医疗保险和医疗补助法案》签署成为法律，杜鲁门坐在他旁边。

1972 年　医疗保险扩大至包括 65 岁以下的残疾人，后扩大至患有慢性肾功能衰竭的患者；医疗保险费用控制改革。

1977 年　成立卫生保健财政管理局（Health Care Financing Administration，HCFA）以监管医疗保险和医疗补助计划。

1982—1983 年　修订医疗保险计划，通过建立数百项治疗的固定价格，以放缓费用的快速增长。

1988 年 《大病保险法案》（Catastrophic Coverage Act）给医疗保险添加了药物补助金。由于老年人抗议费用过高，该法案在一年后被废除。

1997 年　费用增加；国会通过《平衡预算法案》（Balanced Budget Act），削减了许多公共服务项目的开销，包括医疗保健组织。这一措施引发了医疗服务提供方的普遍抱怨，并导致许多医疗保健组织放弃计划。

2001 年　卫生保健财政管理局更名为医疗保险和医疗补助服务中心（Centers for Medicare and Medicaid Services，CMS）。

2003 年 《医疗保险现代化法案》（Medicare Modernization Act）为老年人增加了门诊药物补助金，包括补贴健康维护组织以增加登记参加人数，并责令医疗保险计划对质量与报酬进行大量实证研究。

当时还存在着另一个“问题”，受影响的主要是南方的医院。为了获得医疗保险的资金，这些医院必须遵守《民权法案》“第六条”的非歧视条款，必须废除医院设施的种族隔离制度。白宫收到了无数通哀怨的电话。梅勒 · 米勒写道：“打电话的人似乎都带有南方口音，他们都自称是林登的朋友。它们（医院）不会一下子就改变方式。你和我一样清楚。医生们不会治疗有色人种，护士们不会看护他们。”[88] 但是法律强令它们遵守，这是“第六条”管辖的范围。然而，在许多社区，特别是在南方的农村，传统的种族隔离医院是唯一可找到的医疗机构。有一些医院必定拖延着不肯合作，联邦官员面临着非常难办的选择：到底是坚持遵守民权法，还是向公众开放稀缺医疗机构，维持稀缺的医疗机构开放给公众？而答案往往是后者。

联邦政策制定者在新计划实施的头几年面临着两个头疼的问题。第一个是欺诈问题。在这段时间内，联邦检察官们不停地忙着与超额收费和提交虚假报销凭证的医生和医院做斗争。然而这一时期发生的任何欺诈事件相比 20 世纪 90 年代后期和进入新世纪后 HCA* 股份有限公司（一家总部设在田纳西州的医院管理公司）犯下的欺诈罪来说，都是小巫见大巫。2003 年，HCA 股份有限公司因被指控在其提交的医疗保险和其他联邦医疗保健计划的报销申请中虚假申报，同意支付美国政府 6.31 亿美元的民事罚款和赔偿金。3 年前，HCA 的子公司也承认犯罪，并被罚款 8.4 亿元。HCA 总计被罚款 17 亿美元，是迄今为止医疗保健欺诈调查案中罚款数额最大的。[89]

另一个更棘手的问题是快速增长的费用，它使整个系统面临崩溃的危险。到 1970 年，政策领导人和公众都认同美国医疗保健系统存在着危机。1969 年 1 月就任总统的理查德 · M. 尼克松宣布美国在医疗保健问题上面临着“一个巨大危机”，如果不立即采取行动的话，“我们的医疗系统将会崩溃”。[90] 尼克松说，一个恢复财政偿付能力的行动是提高医疗保险税，虽然该税在 1967 年已经提高过一次了。然而，参议院财政委员会主席、来自路易斯安那州的民主党人罗素 · B. 朗反驳道，增加税收并不会解决这个问题，他要求他委员会的工作人员研究削减飙升的医院费用和医生费用的方法。

1970 年 2 月初，财政委员会公布了报告。它概述了自该计划于 4 年前开始实施以来，医生治疗费用和医院的成本飙升，服务费用过高，医疗保险的支出翻了一番，医疗补助的支出翻了两番。报告的结论是一些医生

---

* HCA（Hospital Corporation of America）：美国医院集团。

从该联邦计划中获取了巨额资金。报告援引纽约州一位医生的话说，他仅在一年内就从医疗保险和医疗补助计划中获取了 140 万美元。报告明确表示：如果不采取纠正措施的话，A 部分的医院保险信托基金（Hospital Insurance Trust Fund）将在 1973 年破产。参议院财政委员会的报告还提出了一些新颖的主意：将各个医院的收费业务相互进行比较，并确定哪些属于超额收费。另一个革命性的想法是：对医生可以收取多少费用做出限制。这几乎正中美国医学会的财源要害。正如医疗卫生记者理查德·索里安（Richard Sorian）所描述的，“又一次，‘社会化医疗’的尖叫声响彻国会大厅，并铺天盖地出现在多家国家报纸的社论版上”。[91]

国会过了一段时间才采取行动，但从 1972 年开始，一系列医疗保险改革就陆续落实到位了。国会确立了控制病房费用和医生费用的措施，但它们基本上没能控制住稳定增长的报销费用。然而，与此同时，国会扩大了医疗保险覆盖范围。新增了约 170 万名 65 岁以下的残疾人，还有另外 1.8 万名 65 岁以下、患有终末期肾脏疾病的人。约瑟夫·卡利法诺对最后一项政策决定特别不满：“国会在 1972 年立法为所有的申请者提供肾透析治疗时，是出于人道主义的动机。但其费用却大得令人震惊——这不仅仅是因为基本保险，而且是因为国会屈服于医院和独立诊所的利益，给在这些收费高昂的医疗机构做透析提供报销，而不给在家中做透析提供报销。”[92]

1977 年 3 月，吉米·卡特就任总统后立即宣布进行一项重大改组，撤销社会保障总署对医疗保险和医疗补助计划的管理权，并安排一个新的机构——卫生保健财政管理局——进行管理。医疗保险计划不再受制于社会保障计划的管理行为和思维方式，后者的目的是有效地服务和保护老年受益人。卫生保健财政管理局确立了新的身份和使命，即建立一个着重于费用控制的卫生筹资计划。[93]

20 世纪 70 年代，人们对联邦医疗保健的兴趣在很大程度上已经从医疗保险和医疗补助的改革转变为创建国民健康保险系统。1970 年，在参议院财政委员会的报告公布的第二天，密歇根州民主党众议员玛莎·W. 格里菲斯呼吁废弃医疗保险和医疗补助计划，取而代之以通过预付的团体保险计划建立一个覆盖所有美国人的国民健康保险系统。这个建议只是当时数个试图节省资金并扩大覆盖面的议案之一。[94]

前约翰逊政府行政政策助理拉里·奥布赖恩在 20 世纪 70 年代初写的文章中预言："……20 世纪 70 年代的国民健康保险就像 60 年代的医疗保险。再一次，前者将像艾森豪威尔执政时的后者那样遭到共和党的强烈反对。再一次，将由一位肯尼迪先生（参议员泰德·肯尼迪*）领导（参议院中的）战斗。而再一次，最终的结局将像明天的日出一样必然发生。"[95] 国会在 1971 年和 1974 年有过制订全民健康保险计划的立法努力，而且 1974 年的努力看起来很可能会成功。尼克松总统在当年预言"在美国实行全民健康保险计划的时机已经成熟"。[96] 1974 年，国会审议了四个主要的国民健康保险计划，其中包括威尔伯·米尔斯（当时已是他在国会任职的最后一年）和马萨诸塞州民主党议员爱德华·M. 肯尼迪分别提出的计划。但是在 1974 年，国会、总统和整个国家的注意力都被水门事件占据了，没有一部这样的法律获得通过。

随着新的第 94 届国会在 1975 年 1 月召开，这是水门事件后的第一个会期，民主党领袖再次呼吁实行全民医保。但新任总统杰拉尔德·R. 福特决心"现在就遏制通货膨胀"，并已经保证否决任何新的费用庞大的立法，包括国民健康保险。[97]

对于国民健康保险的倡导者来说，势头正在减弱。尽管如此，总统吉米·卡特在 1979 年宣布，"统一的、全面的国民健康保险计划是美国社会议程中一个未完成的重大议题"。[98] 但是在卡特执政的剩余几个月里，并没有这样的立法获得通过。在里根时代，正如政治学家西奥多·R. 马穆

---

* 泰德·肯尼迪（Ted Kennedy），即爱德华·M. 肯尼迪（Edward M. Kennedy），是肯尼迪三兄弟中最年轻的一位。

（Theodore R. Marmor）简明扼要的说法，“没有一位拥有政治影响力的人提倡全民医疗保险”。[99] 一直到 1993 年，克林顿执政的第一年，才出现类似的推动国民健康保险政策的努力。

回到医疗保险计划，卡特政府提出了一个试图控制住院治疗费用的议案。政府在 1979 年提出的这个雄心勃勃的议案规定联邦政府将对住院费用的年度增长实施限制。卡特的议案在众议院得到了来自佛罗里达州的民主党人保罗·G. 罗杰斯（Paul G. Rogers）和来自加州的民主党人亨利·A. 韦克斯曼（Henry A. Waxman）的支持，但遭到了来自伊利诺伊州的民主党人丹·罗斯滕科斯基（Dan Rostenkowski）的极力反对。在参议院，该立法得到爱德华·肯尼迪（他将很快与卡特竞争民主党总统候选人的提名）的支持，但遭到来自路易斯安那州的民主党人罗素·朗的反对。一个妥协议案应运而生，提案人为来自密苏里州的民主党人理查德·A. 格普哈特（Richard A. Gephardt），它要求医院自发努力逐步削减费用。这个妥协议案获得通过，它是医院游说团体获得的关键性胜利。医院在短时间内确实削减了费用，但是到 1980 年 11 月罗纳德·里根赢得总统大选的时候，自发的费用控制成了转瞬即逝的记忆。住院费用出现报复性的反弹。[100]

里根总统承诺减少政府开支中的浪费和低效。医疗保险无疑是最大的目标之一，它的预算费用达 700 亿美元，是国内预算第二大的项目，而且是增长最快的项目。然而，里根在执政的第一年将削减目标瞄准了传统福利项目，例如食品券、抚养未成年子女家庭援助计划（Aid to Families with Dependent Children，AFDC）和医疗补助。然而该削减计划受到的批评声日益增加，作为回应，里根概述了联邦政府的“社会保障网”，确定可免受严厉削减的项目。里根的预算削减目标不会包括退伍军人的福利、“先行教育计划”、暑期工作计划、补充保障收入计划和医疗保险。但随着赤字的不断增加——部分原因是 1981 年国会制定了规模空前的三年减税政策，部分原因是美国经济表现不佳——医疗保险成为更加诱人的预算削减目标。通过《1981 年综合预算调整法》（Omnibus Budget Reconciliation Act，OBRA）和《1982 年税收公平与财税责任法案》（Tax Equity and Fiscal Responsibility Act，TEFRA），医院服务和医疗保险的收入被大幅削减了。[101]

接下来还有更多的措施。政府通过行政管理和预算局（Office of 35
Management and Budget）局长戴维·斯托克曼（David Stockman）提议将支付给医院的款项全面削减 2%，医院产业极不情愿地接受了该计划。当时由堪萨斯州共和党人罗伯特·多尔领导的参议院财政委员会选择通过逐渐收紧控制削减所谓的医院辅助费*。卫生和公众服务部（Department of Health and Human Services，HHS）部长理查德·S. 史威克（Richard S. Schweiker）加入了这场争论，他决心提出一个国会和医院产业都可以接受的定价政策。为了控制住院费用——自 1972 年以来，它的年增长速度高达 19%——卫生和公众服务部的政策制定者呼吁建立一个基于疾病诊断相关组（diagnosis-related groups，或 DRGs）的预期定价制度（prospective pricing system，PPS）。

预期定价意味着将在病人入院前而不是出院后设定费用。它将取代基于成本的报销制度，后者鼓励了医院延长住院时间、提供费用昂贵的住院护理，从而向医疗保险开出高额账单。预期定价制度将把报销额限定为平均的治疗费用，所有医院都将收到相同的报销额。那些效率低的医院，即成本超过医疗保险报销额的医院会感到财政紧张；而那些效率高的医院，即成本低于报销额的医院，则会因它们有能力降低成本而受到奖赏。预期定价制度的政策制定是基于疾病诊断相关组确定报销额，疾病诊断相关组则是一个确定了 468 组不同诊断类别（比如“心力衰竭和休克”、“心绞痛”或“呼吸道感染和炎症”）的国家系统。

似乎是为了强化改革的必要性，又或许是紧迫性，医院保险信托基金在史威克的计划提出之后不久发布了一份报告，警告 20 世纪 70 年代末

---

* 辅助费（ancillary charges）：在住院保险中，除床位费和伙食费以外的费用。

以来毁灭性的通货膨胀率可能使医疗保险计划陷入破产。作为 1983 年社会保障一揽子救援计划的一部分，新国会在史威克公布其计划仅仅 4 个月后，迅速通过了基于疾病诊断相关组的预期定价的立法。[102]

诊断相关组报销制度于 1983 年 10 月正式实施，它被西奥多·马穆称为“一种精密的政府价格管制方式”。[103] 其总体目标是通过按照每种诊断的固定平均成本来报销的制度，使医院提高成本效率。在接下来的数年中，国会重新调整了报销费率，并逐步引入这个制度中，但是趋势已经确定：更好地控制医院费用。然而，这也是要付出代价的：住院时间缩短了，而且在一些批评者看来，病人已经因为住院时间的大幅缩短而无法得到优质的康复了，医疗保险病人的住院人数也下降了。[104]

当时还有从医疗保险报销方程式的另一边削减费用的努力，即削减医生治疗费用。1972 年，国会为应对医生账单的迅速增加，制定立法规定在美国任何一个地区，医疗保险支付给医生的服务费用不得比医生的收入水平指数增加得更快。医生收取的费用也不得高于地区所有医生通常收费的 75%，旧的收费标准为 95%。1985 年和 1986 年，国会通过立法要求医生通过一个“具有内在合理性的”医疗保险报销的测试。但是，几乎没有证据表明这些还有早前的控制医生费用的措施有效果。这些立法措施并没有触及医生账单增长的核心原因：医生可以增加实施的治疗程序的数量，并且对这些服务分开收费，也就是说，将治疗分成更多数量的可收费步骤。[105]

接着迎来了医疗保健政策制定中不同寻常的一年。1988 年 7 月 1 日，在白宫的玫瑰园举行的一场仪式上，里根总统将《医疗大病保险法》签署成为法律，它被称赞为老年人医疗保健一举增加了 20 亿美元的拨款。仅仅 15 个月之后，众议院在 1989 年 10 月 4 日投票赞成废除这部新的法律，参议院在 11 月下旬也通过了。《医疗大病保险法》用医疗保健专家玛里琳·穆恩（Marilyn Moon）的话来说是“美国最短命的社会立法之一”。[106] 该立法主要出自一个人之手，即奥蒂斯·鲍温博士（Dr. Otis Bowen），他是前印第安纳州州长，1982 年担任社会保障咨询委员会主席，之后在里根执政时期出任卫生和公众服务部部长。鲍温以他在 1982 年的调查形成的备忘录为基础，呼吁将大病治疗纳入医疗保险的覆盖范围。国会走得更远：增加支付疗养院护理、处方药保险及其他费用。那么，谁来支付如此巨额的费用呢？里根总统坚持，且立法者也一致同意：该项目应当是“税收中立”的，这导致的结果是需要每月增加医疗保险费用，并且向收入超过 3.5 万美元的 65 岁以上老年人征收所得税附加税。大约 5% 的受益者将不得不支付最高附加费，总计每年 800 美元，一对夫妇则为每年 1600 美元。

然而，该法案很快就遭到了草根群众的反抗。美国退休人员协会（American Association of Retired Persons，AARP）有 6000 名成员因该协会曾赞同该立法而退会。全国维护社会保障和医疗保险委员会（National Committee to Preserve Social Security and Medicare）煽动起抗议之火，该组织是由一家直销公司成立的，因生成邮寄名单、收取会员费和提供不准确信息而不是援助老年人而受到了广泛指控。众议院筹款委员会主席、来自伊利诺伊州的民主党人丹·罗斯滕科斯基和该立法的捍卫者受到老年人的诘难，他们大喊“骗子，骗子”，“懦夫，懦夫——我们在选举时不会忘了你们的”。电视画面拍到罗斯滕科斯基被困在他的车里，老人们发出嘘声，愤怒地在他面前挥舞标语。[107]

虽然绝大多数老年人不用支付最高的额外费用，但这对于他们来说没有任何不同。他们的抗议声响亮而清晰：给予额外福利，然后又向受益人收取额外费用是多么非美国式。国会很快就屈服了，这部前一年 7 月通过的立法在 1989 年 11 月就被废除了。反对者使用恐吓战术，无法解释有时令人困惑的福利，以及保险费增加和额外费用受到高度关注，所有这些因素共同导致了这一令人震惊的政策逆转。[108]

1991 年，宾夕法尼亚州举行特别选举以填补因 H. 约翰·海因茨（H. John Heinz）去世造成的参议院席位的空缺，医疗保健成为这次选举的主要议题。推动全面医疗改革的民主党候选人哈里斯·沃福德三世（III. Harris Wofford）击败前美国司法部长、宾夕法尼亚州州长理查德·L. 索恩伯格（Richard L. Thornburgh），获得意外胜利。詹姆斯·卡维尔（James Carville）娴熟地管理了沃福德的竞选运动。卡维尔在第二年又成为比尔·克林顿总统竞选运动中的关键竞选顾问。虽然克林顿竞选运动的焦点是经济问题，但医疗改革成为克林顿上任后政策议程上的首要项目，并由希拉里·罗德海姆·克林顿领导该运动。尽管国家医疗保健政策制定的上一次大爆发是在 20 世纪 70 年代，但克林顿夫妇确信进行重大变革的时机已经到来了。

克林顿总统承诺在其上任后的百日内向国会提交一部国民卫生医疗保健一揽子计划。[109] 新上任的克林顿团队的乐观和天真，加上在白宫秘密起草的复杂计划、混乱的政策重点、与国会领袖欠缺沟通，以及后来白水事件*的干扰，迫使总统推迟了向国会提交该计划的时间。1993 年 9 月 21 日，克林顿总统向国会联席会议提交了他的健康保险计划，近三分之二的美国公众热切期望和赞成该计划。希拉里·克林顿在数个国会委员会前做证，她对这个极为复杂的问题的精通程度给立法者留下了深刻的印象。然而，差不多正好一年后，参议院多数党领袖、来自缅因州的民主党人乔治·J. 米切尔在 1994 年 9 月 26 日宣布国家医疗保健议案破产。

正如克林顿健康计划的倡导者保罗·斯塔尔（Paul Starr）教授后来写道的："在克林顿执政头两年中发生的这次医疗保健改革的失败，将作为美国历史上错失的最大政治机会之一被载入史册。这是一个关于从未发生的妥协，关于从未达成的交易，关于共和党人、温和派民主党人和否定了自己之前曾联合倡议或支持的议案的关键利益集团的故事。" [110]

---

* 白水事件（Whitewater Scandal）：发生于比尔·克林顿第一个任期内的一桩政治丑闻。白宫副法律顾问文森特·福斯特（Vincent Foster）死后，总法律顾问伯纳德·努斯鲍姆（Bernard Nussbaum）从福斯特的办公室毁掉了关于白水开发公司（Whitewater Development Corporation）的文档。克林顿总统和他的妻子曾投资这家公司，被控与这次欺诈投资相关。2000 年 9 月 20 日，独立检察官罗伯特·雷宣布结束对白水案的调查，认定克林顿夫妇无罪。

克林顿计划非常复杂且难以实施，其公文洋洋洒洒长达1342页，呼吁联邦政府强制要求雇主通过得到严格监管的健康维护组织为他们的雇员提供健康保险。它进一步呼吁推行区域保险购买合作社，设定整体开支上限。民主党和共和党提出了互相矛盾的计划，几乎每一个医疗保健利益集团都支持某种提案。[111] 克林顿的计划不为公众所理解。举一个相当明显的例子，当向一个焦点小组的成员描述克林顿的议案时，他们中70%的人表示赞成；如果加上“克林顿”的名字，同一个议案的支持率就下降了30%~40%。大的商业组织最初对某种形式的改革很感兴趣，最后却转而反对克林顿的计划。医疗保健和保险行业也是如此。最主要的批评者是美国健康保险协会（Health Insurance Association of America），该协会耗资1500万美元精心制作了一个令人印象深刻的议题宣传广告计划，名为《哈里和路易斯》（*Harry and Louise*）的电视节目，讲述一对知识渊博、关心公众事务的已婚夫妇坐在他们的厨房里，对据称晦涩难懂的克林顿计划感到绝望。[112]

在参议员米切尔宣布医疗保健改革议案破产7个星期后，共和党人实现了惊人的权力逆转，重新掌握众议院的多数席位，新增加了54个席位。34位民主党在任议员，包括众议院议长、来自华盛顿的托马斯·S. 福利（Thomas S. Foley）和筹款委员会主席、来自伊利诺伊州的丹·罗斯滕科斯基都被击败；另一方面，在任的共和党议员都获得连选连任。国会即将进入一个保守的共和党时代，也有人称之为一场革命，它将给医疗保险以及其他“新政”和“伟大社会”的计划造成重大影响。

政治学家乔纳森·奥伯兰德（Jonathan Oberlander）认为，在联邦医疗保险计划实施的头30年间，存在一个普遍的政治共识：该决策是受两党支持的，且基于如下不言而明的理念运作，即“联邦老年人健康保险本质上应当采取单一支付医疗制度的形式”。[113] 接着，1994年的选举到来了。虽然医疗保险没有包含在共和党最初提出的“美利坚契约”（Contract with America）中，但当新任众议院议长、来自佐治亚州的共和党人纽特·

金里奇（Newt Gingrich）结束 1995 年立法会期象征性的第一个百日期间的事务后，就立即着手进行医疗保险改革。1995 年 4 月，医疗保险托管会（Medicare Trustees）发布一份报告，为共和党人推波助澜。这份报告宣布，即使是根据乐观的财务评估，医疗保险信托基金预计到 2001 年也将用完全部资金。[114]

金里奇绕过通常的委员会架构，将医疗保险议题和共和党的预算牢牢掌握在自己的手中。他为医疗保险设定的目标是在 7 年的时间内减少 2700 亿美元，即 30% 的支出。金里奇和他的同僚察觉到这个国家蔓延着一种新的情绪：对老年人的鄙夷。老年人不再被视为弱势群体、体弱多病者和穷困者，反而被认为是两个最大的联邦项目——社会保障和医疗保险——的富裕的受益者，他们会拼命争取给予自己的慷慨援助，而另一方面，美国的年轻人却不得不为新组织的家庭、更高的学费，还有更高的房屋抵押贷款而奋力挣扎。[115] 一些保守派人士在火上浇油激化代际冲突时，找到了接受他们思想的受众。

另一个重要因素也使得健康保险的形势不断变化。数十年来，它一直是免费服务模式，主要的医疗保险供应组织蓝十字会和“蓝盾”医疗福利协会都是这种模式。《1973 年健康维护法》（Health Maintenance Act of 1973）获得通过后，管理式医疗开始出现。虽然一开始它们发展得非常缓慢，但到 20 世纪 90 年代中期，有近 5100 万个人登记参加了 562 个各种各样的健康维护组织。与此同时，传统医疗保健计划的参与人数锐减，其在雇主
63 出资的健康保险市场中的占有率从 1978 年的 95% 降到了 1998 年的 14%。“非管理式”医疗只剩一个大本营：医疗保险。[116]

医疗保险面临着极大的“改革”压力。事实上，共和党人把他们的计划称为《医疗保险保护法》（Medicare Preservation Act），并得到了美国医学会的支持。可以预见到，民主党人视其为对他们最珍视的一个社会项目的直接攻击。克林顿总统否决了共和党起草的这部立法，并在 1996 年总统大选时将自己包装为医疗保险和老年人的捍卫者，并成功获得连任。

然而，医疗保险在这一时期并未“逃脱”改革的命运。《1997 年平衡预算法案》将改革推向了高潮，其目标是大幅削减医疗保险的预算：1998 年至 2002 年总计减少 1160 亿美元的支出费用。该法案还创建了医疗保险的未来两党委员会（Bipartisan Commission on the Future of Medicare），领导者为路易斯安那州民主党参议员约翰·B. 布鲁（John B. Breaux）和加利福尼亚州共和党众议员威廉·M. 托马斯（William M. Thomas）。该委员会经过长达一年的研究提出的最重要的建议是将医疗保险转变成一个竞争性的市场，该计划强调“保险费支持”，是一种补助券计划，将医疗保健费用的责任转移给受益人和他们的健康保险计划。[117] 然而，该委员会的这个建议并未获得所需的绝对多数票的赞成。

《平衡预算法案》的另一个特色内容是“医疗保险 + 选择”计划，为医疗保险的受益人提供私营部门的医疗保健选择。这一条款得到两党的热烈支持和管理式医疗行业的帮助。在其颁布的时候，大约 600 万受益人（占参加医保总人数的 15%）被登记参加了某种形式的管理式医疗计划。然而，这种乐观情绪很快就消失了。在该计划颁布仅仅一年后，数十个管理式医疗项目决定退出医疗保险计划，或减少其服务的受益人数量。根据卫生保健财政管理局前局长南希–安·德帕尔（Nancy-Ann DeParle）的说法，管理式医疗项目不满的原因是它们试图提供更具吸引力的可供选择的福利，但感到它们没有从联邦政府那里得到足够的报销，而且感到它们陷入了过度的监管中。[118] 在 1999 年至 2001 年的合同存续期间，约 118 个“医疗保险 + 选择”计划减少了它们的服务或退出了医疗保险，165 万个受益者受到影响。人们怀着极大的热情制订了“医疗保险 + 选择”计划，但它很快就注定成为被淘汰的医疗保健政策。

由于美国经济在 20 世纪 90 年代中期蓬勃发展，联邦预算在 1998 年实现了自 1969 年以来的首次平衡。根据预测，联邦预算在 2000 财年及其之后还能实现创纪录的盈余。医疗保险托管会的报告也更为积极。受托管理方在 1999 年发布的报告中宣布，资金不会在 2001 年枯竭，基金中的钱足够维持到 2015 年；它在第二年的报告中更是预测资金足够维持到 2025 年。[119] 医疗保险及其长期的财务前景现在看来是光明了许多。

364 克林顿总统在 1999 年发表的国情咨文中呼吁国会恢复医疗保险中的一项重要保健福利：处方药费保险。1988 年，国会将处方药物福利列入作为大病保障立法的一部分，但是当该立法在第二年被废除时，处方药物福利也随之没有了。现在，它重新回到了公众视野。当时处方药被大量销售，老年人使用得越来越多，而且它变得越来越昂贵，但越来越难通过管理式医疗项目获得。公众，特别是老年人，强烈支持处方药保险，它成了 2000 年总统竞选的关键议题。

2003 年 12 月 8 日，乔治・W. 布什总统将《医疗保险处方药、改进和现代化法》（Medicare Prescription Drug, Improvement, and Modernization Act，MMA）签署成为法律，这是医疗保险计划自 1965 年建立以来获得的第一次重大的福利增加。[120] 这部立法还制订了一个新计划取代“医疗保险 + 选择”——“医疗保险优势计划”（C 部分），为老年受益人增加了首选的供应商组织的数量，以及更好的保险覆盖选项。处方药部分（D 部分）自 2006 年 1 月起执行，在其实施的头 10 年间，预算费用为 4090 亿美元。对于许多老人来说，它提供了大量令人眼花缭乱的选择，以及混乱的药物保险。此外，许多老人发现自己落入了所谓的“甜甜圈漏洞”，落入这个“漏洞”中的医疗保险将不提供药物报销。当处方药的费用不超过 2250 美元时，医疗保险能报销 75%，而当处方药的费用超过该金额时，超出部分的报销额降至 0 美元；而当病人支出的费用达到 5100 美元时，又能继续提供报销，超出费用的 95% 由医疗保险承担。2006 年，有 300 万至 700 万名老年人落入了这近 3000 美元的“甜甜圈漏洞”中。D 部分的巨额费用、覆盖范围的混乱、福利金的缺口，以及该立法未能要求医疗保险项目就药品价格进行谈判，上述种种将继续成为有争议的问题。

到 2006 年，约 3670 万名 65 岁及以上的老年人和 700 万名残疾人或患有终晚期肾病的人享受到了医疗保险，每年总计花费 4500 亿美元。这一年，84% 的医疗保险受益人享受到了最初的医疗保险项目：A 部分（医院保险）和 B 部分（补充医疗保险）。截至 2007 年 1 月，约有 19% 的受益人参加了“医疗保险优势计划”，其中大多人参与的是健康维护组织和医疗保险优先供应商组织（Preferred Providers Organization，PPOs）。[121]

医疗保险该何去何从？评论者和政策制定者普遍承认，核心挑战是控制成本。初看起来，可供选择的方法相当简单，但是它们在政治上却很令人头疼且难以实现。将医疗保险费用从联邦政府转移到受益人身上：受益人不再承担 25% 的 B 部分的费用，相反他们的保险费将增加。联邦政府可以限制参加人数，比如像社会保障计划采取的措施一样，将参与资格的年龄从 65 岁提高到 67 岁，也可以减少、重新配置或删除现在覆盖的医疗服务项目，还可以将医疗保险移交到竞争性的自由市场中。[122] 36
考虑到每年有如此巨额的资金投入维护老年人的健康，而且它关系到幸福和健康这两个如此个人和核心的问题，因此必须仔细权衡这些公共政策选择。

与此同时，为所有公民而不仅仅是老年人提供国家医疗保障的议题继续吸引着政策制定者的关注。研究法律事务和医疗保健的教授蒂莫西·斯托茨弗斯·约斯特（Timothy Stoltzfus Jost）总结了许多美国医疗保健观察员的观点：

世界上所有其他发达国家，包括西欧、亚洲、北美和南美洲以及太平洋沿岸地区的发达国家，都为其所有居民或大多数居民提供医疗保健服务。虽然几乎每一个国家的人民都可以在自愿的基础上购买私人健康保险产品，但没有其他任何一个发达国家像美国一样依赖私人保险为其人民提供主要保险。所有的发达国家都意识到自愿的私人保险无法覆盖所有人（在美国也是如此），因而都制定了某种形式的公共健康保险。[123]

20 世纪 40 年代初，来自密歇根州的众议员约翰 · D. 丁格尔与参议员罗伯特 · 瓦格纳和詹姆斯 · 默里一起倡议制定国家医疗保健制度，但失败了。1955 年，丁格尔退休，他的儿子小约翰 · D. 丁格尔接替了他的众议员职位。自此之后，小丁格尔在每次会期中都会提交采用单一支付模式的某种形式的全民医疗保险议案。在第 110 届国会（2007—2009 年）召开后不久，已经在众议院服务第 52 个年头的小丁格尔与来自马萨诸塞州的参议员爱德华 · 肯尼迪合作提出了“全民医保”的立法建议，在 5 年内逐步提供医疗保险作为不分年龄的所有美国人的选择，其费用将由工资税支付。支持者认为这个一揽子计划可以大幅减少私营部门的卫生支出——其现在的费用占工资的平均比例达到了 13%，并且单一支付模式可以大幅提高效率。[124]

在 2007 年的初选和 2008 年的总统大选期间，医疗保健是中心的——虽然不是首要的——政策关注点。2007 年 8 月，美国医学会耗资数百万美元发起了一场为期 3 年的运动，目标是覆盖占美国人口七分之一的没有医疗保险的人。其计划呼吁提供税额减免补贴或补助券，以帮助约 4660 万没有医疗保险的人获得保险，并促进市场改革以创立人民负担得起的保险。[125]

尽管医疗保险存在种种缺点，但它一直是维护美国老年人和残疾人福祉的极为重要的因素。对许多人来说，医疗保险与社会保障一起构成了保护他们免受老年生活沧桑的生命线。医疗保险拥有广泛的公众支持，但其未来将不断因财务可行性问题而蒙上阴影。奥巴马政府、第 111 届国会（2009—2010 年）和未来的政策制定者将不得不面对各种医疗保健选项，它们都将产生深远的影响。无论答案是减少服务、增加保险费、私有化，还是更大步地转变成保证覆盖所有人的医保计划，在未来持续不断的围绕健康保险和医疗覆盖范围的公共政策辩论中，医疗保险将始终占据中心位置。*

* 美国国会于 2010 年 3 月通过了由时任总统奥巴马提出的医疗改革法案，将医保覆盖率从 85% 提升至 95%，接近全民医保，这是近年来美国医保改革最引人注目的一项举措。2015 年 6 月 3 日，美国最高法院以 6 比 3 的票数支持奥巴马的医改法案。2017 年 5 月 4 日，美国众议院以 217 票比 213 票通过取消奥巴马的《患者保护与平价医疗法案》(Patient Protection and Affordable Care Act，ACA)。共和党推出替代法案，在参议院却未获通过。同年 10 月，美国总统特朗普签署行政命令修改奥巴马医改法案若干规定，削弱该法案的执行效力。

第 12 章

保护环境

《国家环境政策法案》（1969 年）

367 美国必须在 20 世纪 70 年代偿还过去的债务，使其空气、水和我们的生活环境恢复干净。真的可以说是“机不可失，失不再来”。

——理查德·B. 尼克松在签署《国家环境政策法案》时的讲话，1970 年 1 月 1 日

感谢上帝让我们拥有了《国家环境政策法案》，因为我们过去受到了太多压力去选择可能一直强加给我们的技术，而这对这个国家来说是错误的。

——能源部长、海军上将詹姆斯·沃特金斯（James Watkins），1992 年

《国家环境政策法案》拥有不同寻常的荣誉：它既是世界上最成功的环境法，也是最令人失望的环境法。

——奥利弗·A. 霍克（Oliver A. Houck），2000 年

曼哈顿第五大道被塞住了，但“罪魁祸首”不是往常的出租车和运货卡车，而是数量庞大的轻松愉快的人群，他们从第四十三街开始延伸了16个街区，一直到中央公园。联合广场挤满了成千上万人；还有数千人涌入第十七街上长达整整一条街区的聚乙烯“透明圆罩”中，在那里他们可以呼吸纯净的过滤空气。最受喜爱的T恤上夸张地印着流行卡通人物Pogo发出的警告：“我们遇到了敌人，他们就是我们！”在全国各地，数百万名学生、环保人士和普通公民参加宣讲会、倾听演讲并采取行动。一些抗议者戴着防毒面具，模仿葬礼的样子埋葬汽车，以象征化石燃料时代的终结。一些人把一桶桶腐鱼倾倒在电力公司和化工公司的大理石地板上。其他人则卷起袖子清理海滩，给公园长椅刷油漆，扫除排水沟的垃圾，将旧轮胎、丢弃的汽车蓄电池和其他垃圾拖出河流和小溪。在华盛顿，虽然总统对庆祝“自然母亲”（Mother Nature）这个想法嗤之以鼻，但白宫的一些工作人员拍下了他们卷起袖子帮助清理波托马克河的照片。数千人在国家广场与民谣歌手皮特·辛格（Pete Singer）和菲尔·奥克斯（Phil Ochs）齐唱：“我们只想说，给地球一个机会。” 368

这一天是1970年4月24日，“地球日”。当天全国各地举办的集会、抗议活动和宣讲会的规模是近年来任何反越战集会的5倍，是近年来任何联合民权游行的20倍。它的参与人数达到了2200万，占到了美国总人口的整整十分之一。“地球日”之后延长为“地球周”，数百万更多的美国人参与了草根环保活动，各派政治家吹嘘他们对环保行动的热忱，各家公司纷纷加入环境友好的风潮。[1]

但并非所有人都被这些庆典和喧闹打动。《华盛顿邮报》专栏作家尼古拉斯·冯·霍夫曼（Nicholas von Hoffman）写道，尽管意愿是良好的，但地球日“变成了一场混乱的媒体狂欢节，一场油漆、清理、修理的骗局”。我们的注意力，他继续说道，“从关注我们对越南的人民、农业和动植物造成的生态破坏，转移到了与喜立滋啤酒公司（Schlitz Brewing

Company）刊登的恳求我们把他们的啤酒罐扔到最近的垃圾桶中而不是海滩上的整版报纸广告类似的事情上”。冯·霍夫曼进一步谴责一些政治家，声称他们被主要污染企业的竞选基金收买，已经“偷偷潜入，试图将这次游行引入歧途”。[2] 另外一位批评者是弗吉尼亚州共和党众议员乔尔·T. 布罗伊希尔（Joel T. Broyhill），他认为反战的学生抗议者与要求环保的群众没有什么不同。在国家警务人员协会华盛顿特区分会（Washington, D.C., chapter of the National Police Officers Association）的颁奖晚宴上，他称学生抗议者是受到媒体煽动的“尖声喊叫的朋客青年、与社会格格不入者和妄自尊大的年轻人”，他们“想要的只不过是做点什么事的借口”。布罗伊希尔向那些与他有共鸣的观众建议，“我们需要的是一个全国剃须日和沐浴日”，而不是地球日。[3]

但其他政治家对庞大的参与人数印象相当深刻，认为这是表现他们新近发现的对所有绿色环保事物的热爱的绝佳机会。如此多的众议员纷纷返回家乡参加集会和游行，以至于国会山无法安排任何工作。行政机构也无法免于受到这种环保运动的热情的影响。4 个月前，理查德·M. 尼克松总统采取了不同寻常的举动，在元旦将《国家环境政策法案》签署成为法律。虽然几乎所有美国人都在观看“玫瑰碗”大学橄榄球赛并享受国定假日，尼克松却在加利福尼亚州圣克莱门特的“西白宫”招待记者。总统在《国家环境政策法案》上签署了名字，宣布现在已经进入了 70 年代，“环保十年”。虽然尼克松从来都不是节约或环境保护的倡导者，但却是老谋深算的实用主义者，抓住机会掌控舞台的中心。

69 最重要的两位支持环保的参议员是来自华盛顿州的民主党人亨利·M. 杰克逊（Henry M. Jackson）以及来自缅因州的民主党人埃德蒙·S. 马斯基（Edmund S. Muskie），他们不仅起草了重要的环境立法，还被认为是即将到来的 1972 年大选的很有希望的总统候选人。尼克松几乎肯定会竞选连任，因此不希望自己在这个越来越受大众关注的事业上远远落后于这两位民主党人。

突然之间，环境保护主义风靡全国。全民的注意力暂时从越战、公民权利或妇女权利上转移开来，聚焦于保护这片土地及其人民。20 世纪 60 年代初，自认为是环保主义者的国会议员寥寥无几；而现在，看起来几乎人人都是环保的支持者。1969 年后期，《国家环境政策法案》在参议院以口头表决的方式获得通过，在众议院也只遭遇了象征性的抵抗，最后顺利通过国会。但国会或关于环境的新闻报道几乎都没有讨论过这部新法律的影响。《国家环境政策法案》只有短短几页，条款内容相当具有概括性，更像类似宪法的散文，而不是详细的立法规定。一位环境史学家称其为“美国国会有史以来颁布的最笼统的环境法”。[4]

“地球日”之后，国会成立了环境保护局，制定了严厉的、综合性的《清洁水法案》（Clean Water Act），并在 20 世纪 70 年代制定了大量的环境立法。[5] 而 70 年代产出的这些数量惊人的联邦环境立法的基础都是《国家环境政策法案》。

背景

1864 年，美国语言学家、立法者、外交官乔治·珀金斯·马什（George Perkins Marsh）出版了《人与自然》（*Man and Nature*），[6] 这是一本影响巨大的关于环境保护和自然的著作。作者传达的核心是一个严厉警告：地球因为人类无休止的作用而正在被改造和破坏。马什认为，大自然面临的威胁不仅仅是科学问题，更重要的是，它是一个在道德上令人愤慨的问题：“人类早已忘记，地球只能供他们使用，而不是供他们消耗，更不是供他们恣意浪费。”[7] 此外在 19 世纪末，科学家、探险家约翰·韦斯利·鲍威尔——后来担任美国地质调查局局长——对于西部生态的研究产生了重要影响。

工程师、博物学家约翰·缪尔（John Muir）对于州的国家公园体系的建立起到了至关重要的作用，他强调不以人类的利益需求为中心保存自然资源。缪尔的哲学思想和方法有别于与他同时代的吉福德·平肖（Gifford Pinchot），后者强调通过合理利用和管理来保护自然资源。[8] 平肖是一名专业的林业专家，在西奥多·罗斯福执政时期成为美国林务局首任局长。1908 年，平肖把各州州长、最高法院的法官和来自 68 个国家协会的代表
370 聚集在一起，集中讨论环境保护问题和政策。全国各地纷纷举办了其他会议，“资源保护运动”这个想法应运而生。[9]

纵观美国历史，国会也曾制定过立法来管理和保护土地。地理学家艾伦·K. 菲茨西蒙斯（Allan K. Fitzsimmons）描述了联邦早期资源保护立法的四个阶段。[10] 第一阶段是开发阶段，可见于《西北法令》（1787 年）、《宅地法》（1862 年）、《植树造林法》（1877 年）和《沙漠土地法》（1877 年）。这些法律促进扩张和经济增长，同时也容许浪费和不利的开发。第二阶段是保存阶段，很大程度上是对第一阶段的抵触。1872 年第一个国家公园——黄石公园创建，接着 1906 年颁布的《雷斯法案》（Lacey Act）为猎鸟提供保护，1905 年野生动物保护区建立。1906 年颁布的《古迹法》（Antiquities Act）为历史遗迹提供保护，并由此兴起了国家保护区的创建；后来，1964 年颁布的《荒野法》（Wilderness Act）延续了这一传统。第三阶段为功利主义阶段，通过 1897 年颁布的《森林管理法》（Forest Management Act）、1917 年的《河流和港口法》（Rivers and Harbors Act）、1935 年的《土壤保持法》（Soil Conservation Act）和 1953 年的《外大陆架土地法》（Outer Continental Shelf Lands Act）提出了多目标管理计划。第四阶段为公共卫生阶段，始于 1899 年颁布的《废弃物法》（Refuse Act），为《河流和港口法》的一部分，它处理了水路污染和向通航河流中倾倒废物的问题。这部开创性的法律规定个人和公司需要从陆军工程兵团（Army Corps of Engineers）获得倾倒许可证；然而，该立法基本上被联邦执法官员忽略了。[11] 尽管联邦颁布了这些法律，但一直到 20 世纪 60 年代，环境问题和保护问题依然主要被视为州和地方的问题，几乎没有什么人推动联邦环境保护立法。

1955 年颁布的《空气污染法案》（Air Pollution Act）是联邦首次做出这方面的努力，促使其行动的原因是 20 世纪 40 年代初在高速发展的洛杉矶盆地出现了日益严重的烟雾问题，还有 1948 年在位于宾夕法尼亚州西南部的工业城镇多诺拉（Donora）发生的灾难事件。

其中多诺拉惨剧尤为令人揪心。多诺拉镇位于莫农加西拉河（Monongahela River）的马蹄形河湾内，拥有居民 14000 人，美国钢铁公司下属的熔炼公司多诺拉锌厂（Donora Zinc Works）坐落于此。当地居民已经将烟雾和污浊空气视为生活的一部分，对于经常出现的富含二氧化硫的烟雾也已习以为常。小镇的居民习惯了这种有害的东西，认为它是发展和获得稳定的工资支票所需付出的代价的一部分。但是 1948 年 10 月下旬，在这个狭窄的山谷里，浓厚的有毒空气因逆温现象而无法扩散，整个小镇笼罩在致命的“多诺拉烟雾”中。动物和人呼吸着由一氧化碳、硫和重金属粉尘形成的致命混合物。当地居民很快涌入医院，并召集了救援队和救护车。老年人和患有呼吸道疾病的人被催促离开小镇，但烟雾如此浓厚，交通如此拥堵，撤离是不可能的事情。在 10 月的最后 6 天里，20 人死于窒息，7000 人——小镇的一半人口——住院或生病。到星期六上午，发生烟雾的第 5 天，已经有 11 人死亡；但多诺拉锌厂直到第二天早上才终于停工。星期天晚上的降雨终于驱散了烟雾，锌厂在第二天恢复生产。[12]

7 年后，宾夕法尼亚州于 1955 年通过了《清洁空气法案》，这是第一部控制空气污染的州法律。多诺拉锌厂于 1957 年关闭，但没人哀悼它的死亡。当地的报纸莫内森（Monessen）《独立日报》（*Daily Independent*）发表社论：“多诺拉锌厂令这个山谷损失的工作可能要比它提供过的工作更多，而且就公共社会福利而言，它给多诺拉–韦伯斯特（Donora-Webster）地区造成的损失可能是无法估量的。”[13] 后来当人们在 1955 年和 1970 年讨论联邦清洁空气立法时，都详述了多诺拉的惨剧。

第二次世界大战后，越来越多的人认识到污染的危险，而且随着社会越来越富裕，许多美国人正在摈弃一个历史悠久的观点，即污染是进步的代价。[14] 20 世纪 50 年代和 60 年代初期出版了数本哀悼美国的浪费和破坏环境的畅销书，它们都受到了读者的认同。1949 年，生态学家阿尔多·利奥波德（Aldo Leopold）出版的《沙乡年鉴》（*A Sand County Almanac*）是人们日益了解生态运动和他的土地伦理哲学的重要催化剂。这本书的影响力可以与亨利·戴维·梭罗（Henry David Thoreau）的《瓦尔登湖》（*Walden Pond*）比肩。利奥波德的著作总计销售了超过 200 万本。20 世纪 50 年代，人们对乔治·珀金斯·马什的著作和观点重新燃起了兴趣，并且越来越欣赏他开创性的工作。[15] 1960 年，记者万斯·帕卡德（Vance Packard）出版了畅销书《垃圾制造者》，该书痛斥了计划报废* 和一次性商品充斥的社会。科学家保罗·R. 埃利希（Paul R. Ehrlich）在 1968 年出版的广为传阅的著作《人口爆炸》（*The Population Bomb*）中警告了人口过多的危险。在肯尼迪和约翰逊执政时期担任内政部长的斯图尔特·L. 尤德尔（Stewart L. Udall）在 1963 年出版的著作《安静的危机》（*The Quiet Crisis*）中呼吁采取行动保护环境。[16]

然而，这一时期最重要的著作非蕾切尔·卡森（Rachel Carson）的《寂静的春天》（*Silent Spring*）莫属。[17] 卡森用急切的语气和道德上的劝告，基于翔实的资料描述了农药——特别是 DDT 杀虫剂——的危害，以及杀虫剂等物质在生物体内积聚的有害影响。卡森的调查结果在 1962 年出版后立即引发了轰动，并激起了化工行业的强烈反应，后者花费了超过 25 万美元来诋毁她。化工行业进行了人身攻击，指责她“患有歇斯底里症”，质疑她的学历，并大声质问一个未婚女人怎么能挑战男人主宰的科学界的权威。[18] 但《纽约时报》则描述这位“温和的、说话轻声细语的”卡森“看起来不太能扮演复仇天使的角色”。[19]

1963 年 3 月底，哥伦比亚广播公司（Columbia Broadcasting System，CBS）电视台宣布将在调查系列节目《CBS 报告》（*CBS Reports*）中播放

---

* 计划报废（planned obsolescence）：一种控制产品寿命以鼓励购买者替换产品的策略。

“蕾切尔·卡森的寂静的春天”。哥伦比亚广播公司制片人杰伊·麦克马伦（Jay McMullen）花费八个月的时间采访搜集了社会各方的声音，从政府高官，如农业部长和美国卫生局局长，到行业的发言人。埃里克·塞瓦赖德（Eric Sevareid）给这部纪录片做解说，蕾切尔·卡森给人的印象是一位“庄严的、彬彬有礼的、忧国忧民的科学家”。与她形成鲜明对照的是“怒目而视、嗓门响亮的”罗伯特·怀特–史蒂文斯博士（Dr. Robert White-Stevens），他身穿白色实验服，代表化工行业。[20] 大约有 1000 万到 1500 万人收看了这部纪录片，这个数字对于一部严肃的电视纪录片来说已是非同寻常地高了。卡森占得上风，赢得了这场辩论。卡森的传记作者、历史学家琳达·李尔（Linda Lear）总结了哥伦比亚广播公司这部纪录片的影响：“杰伊·麦克马伦的电视节目仅用了一晚就将环境问题提上了公共议程。”[21] 372

第二天，来自明尼苏达州的民主党人、参议员休伯特·汉弗莱宣布，康涅狄格州民主党人亚伯拉罕·里比科夫将领导参议院开始对环境危害问题展开大规模调查。几乎在同一时间，总统科学顾问委员会（Presidential Science Advisory Council）发布了其对杀虫剂使用的调查研究结果。此前一直有传言说，参议院共和党政策委员会（Republican Policy Committee）和化工行业施加了“巨大压力”，试图让科学咨询委员会缓和其报告的力度。[22] 行政机构的这份报告并不完全像环保人士期望的那样，但它确实呼吁“停止使用持久性的有毒杀虫剂”。[23]

在 1963 年 5 月举行的一场参议院听证会上，阿拉斯加州民主党参议员欧内斯特·格里宁（Ernest Gruening）将卡森的著作与哈丽叶特·比彻·斯托的《汤姆叔叔的小屋》相比，预言《寂静的春天》会改变历史进程。[24] 杰克·刘易斯（Jack Lewis）在 20 年后评论道，环境保护局“可以毫不夸张地说是处于蕾切尔·卡森的庇荫之下”。[25] 然而，蕾切尔·卡森却没能活着看到她的书所产生的巨大影响。在哥伦比亚广播公司的纪录片播放的时候，卡森被癌症折磨，一年之后就去世了。

威斯康星州州长盖洛德·A. 纳尔逊（Gaylord A. Nelson）发挥了重要的政治影响力，他在 1960 年的竞选连任活动中将保护环境问题作为关键号召点。此前，纳尔逊提出的保存威斯康星州野生动物保护区的计划——通过对香烟增加 1 美分税收来提供资金——得到公众非常积极的支持。纳尔逊后来在担任参议员时是推动 1970 年“地球日”的幕后力量，并说服约翰·F. 肯尼迪总统进行一次前所未有的全国巡视，走访八到十个州，集中讨论保育问题和环境保护。但是这次巡视活动被签署《禁止核试验条约》（Nuclear Test Ban treaty）的光芒掩盖。禁止核试验是“新”闻，环境保护则不是。“大多数编辑、大多数记者根本就不懂环境保护，也压根儿不在乎。它不是一个热议的话题。”尼尔森在数年后回忆道。[26]

在林登·约翰逊执政期间，特别是在内政部长斯图尔特·L. 尤德尔的努力下，数部环境法案获得通过。约翰逊推动了 1965 年的《水质法案》（Water Quality Act）的通过，他在签字仪式上说：“今天，我们开始成
373 为环境的主人。”[27] 国会在“伟大社会”期间还通过了另外 5 部反污染和保护环境的法律，包括：1964 年的《荒野法》、1965 年的《水土保持基金法》（Land and Water Conservation Fund Act）、1965 年的《濒危物种保护法案》（Endangered Species Preservation Act）、1965 年的《固体废物处置法案》（Solid Waste Disposal Act）、1968 年的《国家步道系统法案》（National Trail System Act）和 1968 年的《自然与风景河流法案》（Wild and Scenic Rivers Act）。[28] 约翰逊特别感兴趣的另一部法律是 1965 年的《公路美化法案》（Highway Beautification Act）。这部法律要求控制州际公路旁的户外广告和废物堆积场，它也被认为是伯德·约翰逊夫人的个人喜好项目。然而，总的来说，白宫和国会在 20 世纪 60 年代对环境问题做出的回应是断断续续的。

20 世纪 60 年代中后期，美国发生了几件广为人知的与环境相关的事件，企业利益集团与来自草根环境保护主义者日益强烈的阻力发生了激烈的对抗。

史东金山事件（Storm King Mountain）。1963 年，总部位于纽约的爱迪生联合电气公司（Consolidated Edison）宣布它将在邻近哈得孙河的史东金山上建造一座发电站。斯蒂芬·杜根和比阿特丽斯·杜根（Stephen and Beatrice Duggan）领导一个名为哈得孙优美环境保护协会（Scenic Hudson Preservation Conference）的草根组织，试图组织发电站的建设，但失败了。对于发电站的选址和运营具有管辖权的联邦电力委员会（Federal Power Commission，FPC）做出决定，需要建设该发电站，至于自然风光和美学问题只是无关紧要的。然而，联邦法院在 1965 年年底推翻了联邦电力委员会的决定，裁定保护风景优美的哈得孙，并确定该组织在这个案件中拥有诉讼资格。虽然爱迪生联合电气公司过了整整 10 年才被迫放弃“史东金”项目，但是这个案件确定了一个重要的先例：允许保护组织提起诉讼以保护公众利益。[29]

印第安纳州沙丘事件（Indiana Dunes）。这是一场酝酿了近半个世纪的论战：大型钢铁公司和其他制造商与密歇根湖的印第安纳州湖岸线的环境保护主义者之间的冲突。该地区到 1916 年已经是一个聚集了众多钢铁厂和发电厂的繁荣的工业中心。但印第安纳州的湖岸线同时也是自然风景优美的地区，拥有许多原始的沙丘。其中最大的沙丘被称为“印第安纳滑梯”（Indiana Slide），高达 200 英尺，但它已经被生产制造玻璃罐的印第安纳州曼西市鲍尔兄弟公司（Ball brothers of Muncie）以及总部位于印第安纳州科科莫（Kokomo）的匹兹堡平板玻璃公司工厂（Pittsburgh Plate Glass Company plant）有计划地用铁路货运车厢粗鲁地移走。人们做出了零星的努力试图拯救沙丘，并创建一个国家湖岸风景区。在伊利诺伊州民主党参议员保罗·H. 道格拉斯——他的芝加哥选民受益于邻近的印第安纳州休闲娱乐区——和一个名为拯救沙丘委员会（Save the Dunes Council）的公民组织的努力下，大家找到一个解决办法。作为妥协，工厂主们得到了密歇根湖岸的伯恩斯水道港口（印第安纳港），第 89 届国会在 1966 年年末划出总面积达 8330 英亩的水域和陆地用于成立印第安纳沙丘国家湖岸公园

（Indiana Dunes National Lakeshore）；之后通过 4 个追加的授权，该公园的面积增加到了 1.5 万英亩。[30]

圣巴巴拉市石油泄漏事件（Santa Barbara oil spill）。1969 年 1 月 28 日上午 10 时 45 分，加州联合石油公司优尼科（Unocal）的一个石油钻塔、位于太平洋距离海岸 6 英里的平台 A 发生井喷。在接下来的 10 天时间里，20 万加仑的原油涌出并蔓延至加州中部的海滩，从庇斯摩（Pismo）一直到奥克斯纳德（Oxnard），受污染区域的面积超过 800 平方英里。海鸟受到了尤为严重的打击，据估计有 3600 只海鸟死亡。浑身沾满石油的鸟类的图片刊登在了全世界的新闻报道中。但优尼科公司的董事长兼总经理弗雷德 · L. 哈特利（Fred L. Hartley）——他被《纽约时报》描述为“粗暴的、直言不讳且具有钢铁般的意志”——拒绝称这是一场环境灾难。没有人因此死亡，哈特利认为。“我很吃惊死了几只鸟会引来如此大肆的报道。”[31] 但是，公众对这场生态灾难的反应迅速而激烈：地方草根组织“清除石油”（Get Oil Out，GOO）成立，10 万人签署了禁止近海石油钻探的请愿书。更为重要的是，这场石油泄漏事件使国民意识到了环境灾难的危险。

凯霍加河事件（Cuyahoga River）。1969 年 6 月 22 日发生了另一件引人注目的事件，虽然其引发的后果远远不及上一事件，凯霍加河位于俄亥俄州克利夫兰市的河段发生大火。《时代》杂志如此描述这条河：“呈棕褐色，满是油污，水面下的气体不断冒泡，河水是缓慢渗动而不是流动的。”这不是这条河流第一次起火；事实上，它在过去的 100 年中已经发生过 9 次火灾。这次火灾也不是造成损失最严重的一次。1952 年的一场大火造成 150 万美元的损失，而 1969 年的这场火灾只持续了 30 分钟，只造成约 5 万美元的损失，且没有造成什么生态危害。但是河流本不应该着火的，这一不同寻常的事件引起了媒体的高度关注，兰迪 · 纽曼（Randy Newman）以此为灵感创作了歌曲《燃烧》（*Burn On*），引起人们对环境问题的关注，并帮助加快了《1972 年清洁水法案》的通过。[32]

环境保护主义在 1968 年总统大选期间几乎没有受到什么关注，而现在它在公众舆论中的热度已达到了临界值。[33] 但公众远远走在了国会前面。盖洛德·纳尔逊哀叹，在 60 年代末期，只有四五名参议员和同样数量的众议员可以称得上是环保主义者。参议员亨利·杰克逊（Henry Jackson）就是其中一位，他在 1969 年 4 月告诉全美奥杜邦协会（National Audubon Society），“在环境问题的重要性上，公众和政府的优先意识大相径庭”。[34]

公众也走在了老牌环保组织前面，像塞拉俱乐部（Sierra Club）、全美奥杜邦协会、美国野生动物联盟（National Wildlife Federation）、艾萨克·沃尔顿联盟（Izaak Walton League）等。报道环保问题的记者菲利普·沙别科夫（Philip Shabecoff）指出，这些组织“仍然专注于传统的土地和野生动植物保护问题”，而且“这些旧守护者中的大多数——尽管并非全部的——一直对国民对污染和其他威胁人类健康的环境问题日益增长的愤怒视而不见，听而不闻”。数年后，塞拉俱乐部的迈克尔·麦克洛斯基（Michael McCloskey）回忆道，“新生力量迅猛发展的速度或突然出现令我们大吃一惊”。[35]

忽然之间，环境保护——而不是越战或民权——成了国会山的热门话题。国会出现了环境保护议案的大爆发，国会议员在 1968 年下半年和 1969 年上半年共提交了 140 多项环境议案，试图追赶上美国公众的情绪和焦虑。[36]

制定法律

制定一部国家环境政策法案的想法是在 1959 年首次提出的，当时蒙大拿州民主党参议员詹姆斯·E. 默里提交了一部名为《1960 年资源和保护法案》（Resources and Conservation Act of 1960）的议案。[37] 默里的这部立法旨在将联邦政府在环境保护领域的各种报告和行动聚集在一起。他起草的立法建议为总统成立一个咨询委员会，为国会成立一个联合环境保护委员会，并且每年公布一份关于环境保护和自然资源状况的报告。该立法还包含一份广泛的关于国家保护资源和发展的政策宣言。虽然默里的立法在参议院获得了很多议员的支持，但遭到了艾森豪威尔政府、木材行业、商业组织和来自西部的立法者等的反对。环境保护不是 1960 年总统竞选的主要议题；两位候选人约翰·F. 肯尼迪和理查德·M. 尼克松虽然都赞成某种程度上的环境保护计划，但他们的计划与默里的议案相去甚远。默里参议员于 1961 年去世，他所捍卫的立法也随之破产。[38]

林登·约翰逊主要是从资源保护的角度来处理环境保护问题。尽管白宫在 1965 年举行的环境会议提出了某种行动，国会也在“伟大社会”期间制定了一些环境保护立法（上文中已讲过），但总统采取行动的势头却随着越战形势的日益恶化而瓦解。[39]

当选参议员的盖洛德·纳尔逊在 1965 年提出立法，建议成立一个环境顾问委员会，这个想法后来被纳入了《国家环境政策法案》。他的立法还呼吁建立一个收集有关环境各方面数据的系统。相比早前的立法都只聚焦于具体行业或自然资源，该立法的重点发生了令人关注的转移；[40] 然而，纳尔逊的议案无法获得足够支持其通过的票数。

1967 年年底，亨利·杰克逊提交立法，呼吁设立一个环境审查委员会，每年提交环境质量的报告，并建立一个生态研究计划。[41] 杰克逊没有对其议案举行听证会，而是决定参加就新涌现的国家环境政策举行的参众两院联合讨论会。杰克逊委员会的工作人员向印第安纳大学的林顿·K. 考德威尔（Lynton K. Caldwell）教授寻求帮助。考德威尔在 1963 年写过一篇具有重大影响力的文章，呼吁联邦将新的焦点放在环境政策领域，多年来他一直是这个领域的首要学术发言人。[42] 参议院内政委员会的法律顾问威廉·范内斯（William Van Ness）请考德威尔提交一份报告，阐述环境政策的理论基础和主要内容，供其委员会和国会使用。[43] 考德威尔写作的政策文件《国家环境政策》（*A National Policy for the Environment*），成为 1968 年 7 月参议院内政和岛屿事务委员会（Interior and Insular Affairs Committee）和众议院科学太空委员会（House of Representative's Committee on Science and Astronautics）共同举办的讨论会的焦点，参议员杰克逊和加利福尼亚州民主党众议员乔治·P. 米勒（George P. Miller）共同担任讨论会的主席。[44] 考德威尔的工作也得到了自然保护基金的资助，该基金会当时 376
由罗素·E. 特雷恩（Russell E. Train）领导。约翰逊政府约一半的内阁成员及首席环境科学家都参加了这些会议，但当时公众的注意力并不在此。在这个糟糕的 1968 年，发生了数次暗杀、暴动，再加上似乎永无休止的越战，公众根本无暇顾及环境问题。新闻媒体同样也没有兴趣，没有一位新闻记者愿意参加这次会议或撰写相关报道。[45]

杰克逊正在逐渐成为环境政策制定的重要代言人，而另一位参议员早在数年前就确立了自己在该领域的地位。埃德蒙·马斯基在 1954 年至 1958 年担任缅因州州长时就因倡导清理本州受污染的河流而声名远扬。1958 年，马斯基当选美国参议员，仅仅 4 年后便成为参议院公共工程委员会下属空气和水污染小组委员会（Air and Water Pollution Subcommittee）主席。穆斯基已经成为参议院的“清洁先生”（Mr. Clean）和“生态埃德”（Ecology Ed），而他不愿意与其他立法者（或总统）分享该责任，特别是在像环境保护这样受欢迎的新兴问题上。马斯基在 1968 年作为休伯特·汉弗莱的副总统竞选伙伴获得国民的广泛认可，并被推测会参加 1972 年的总统大选。

1969 年 2 月 18 日，杰克逊提交了一部相当具有局限性的议案：S. 1075。该议案包含一篇概述环境政策目标的序言，授权内政部长进行生态研究，并成立环境质量委员会（Council on Environmental Quality），在环境问题上为总统提供建议并撰写年度报告。[46]

众议院在商船与渔业委员会（House Merchant Marine and Fisheries Committee）主席、密歇根州民主党人小约翰·D. 丁格尔的倡议下也准备了一部类似的立法。但参众两院最初的立法版本都没有终版立法中最重要的条款：环境影响报告书（Environmental Impact Statement，EIS）的要求。

杰克逊在1969年春天举行听证会，考德威尔教授继续担任杰克逊委员会的顾问。在他的推动下，委员会做出了最重要的贡献，即终版立法的核心。考德威尔认为仅仅宣布环境的公共政策是不够的，还需要采取某种“强制行动机制”。如果联邦机构不实施某种强制执行的规定，考德威尔后来写道，“该法案可能只会成为不大可能实现的决议，联邦政府机构能够不受惩罚地无视它”。[47] 委员会因此制定了如下规定：所有联邦机构在着手采取任何重大行动前都必须编写环境影响报告书。为了监督和协调环境数据的收集，并为白宫和国会提供决策服务，将成立一个新的机构——环境质量委员会。[48]

杰克逊这部议案的听证会相当低调：新闻几乎没有什么报道，游说团体和特殊利益集团对此也不大关注，甚至主要的环保组织也没有积极参
377 与。他们被邀请参加听证会，但只有塞拉俱乐部努力参与了参议院的审议活动。据考德威尔说，他们建议甚至邀请环保组织前来讨论战略，但这些团体“不愿意合作共事”，都想要从事它们各自的议题。[49]

白宫对于这部立法也没有给予太多关注。正如杰克逊的传记作者所评论的，由于该立法“影响范围如此之广，会对联邦政府的所有机构都产生如此大的影响，所以没有人当真”。[50] 这点在新任命的总统科学顾问李·杜布里奇博士（Dr. Lee DuBridge）的反应中表现得尤为明显。杜布里奇是前加州理工学院（California Institute of Technology）的校长，他被召唤前来出席杰克逊的听证会，但没有事先准备好声明，只是“随便地，甚至可以说是轻蔑地”列举了尼克松政府反对该议案的理由，或者说为什么该议案没有必要的理由。杰克逊随后戴上了他的公诉人帽子：他逐条地审阅他议案中的条款。告诉我们，杜布里奇博士，你对此条款的具体反对意见是什么？杜布里奇对此没有任何反对意见。接着来看下一条款：对此你有什么反对意见？又一次，这位科学顾问对这一条也没有任何问题。最后，杜布里奇在杰克逊的敦促下同意了该议案的每一项条款。从那一刻开始，尼克

松政府终于转而支持《国家环境政策法案》(后来还抢了它的功劳)。[51]

在众议院，众议员约翰·丁格尔最初将他的《国家环境政策法案》议案提交作为《鱼类与野生动物协调法案》(Fish and Wildlife Coordination Act)的修正案。丁格尔的议案不如杰克逊的议案那么全面，而且不包含包括“强制行动”机制，但在随后的听证会上，丁格尔的同僚、同样来自密歇根州的民主党人吕西安·N. 尼齐(Lucien N. Nedzi)添加了提交调查环境的研究报告的规定。但是前方需要克服一个很大的障碍。当丁格尔的议案在 7 月 11 日被商船与渔业委员会提交后，它就不得不立即进入规则委员会接受审查。在那里，来自科罗拉多州的民主党人韦恩·N. 阿斯皮纳(Wayne N. Aspinall)——他既是规则委员会的成员，又是内政和岛屿事务委员会主席——提出了若干关于管辖权的反对意见，该议案模糊且存在歧义(比如没有对“环境”这个词下任何定义)，并且担心对环境保护主义的新重视会妨碍自然资源的开发。于是，该议案在语言上做了更多的妥协，最终在 9 月初，众议院以 372 票赞成、15 票反对、43 票弃权的投票结果通过了这个议案版本。[52]

与此同时，发生了两个重大事件：白宫提议成立一个内阁级别的环境质量委员会，杰克逊与马斯基发生了冲突。

1969 年 5 月 29 日，尼克松总统在佛罗里达州的比斯坎湾(Key Biscayne)撤回已经发布的第 11472 号行政命令，这项命令主张成立了一个新的机构——环境质量委员会。尼克松在 1968 年 11 月当选之后已经设立了 10 个政策工作组，其中包括一个资源与环境小组，由罗素·E. 特雷恩领导。杜布里奇向白宫建议设立一个内阁级别的环境质量委员会。5 月，尼克松发布了这个行政命令。这位科学顾问在国会听证会上为这个新的环境质量委员会辩护，强调总统本人会主持该委员会。杜布里奇告诉国会委员会说，有一位感兴趣且坚决果断的总统负责，环境保护问题一定可以得到有力的解决。[53]

但是，杰克逊、丁格尔和其他立法者并不接受政府给出的理由。杰克逊在 3 年后的一次采访中将尼克松的建议形容为“牵涉不同部门的大混乱”，丁格尔则将这个环境质量委员会比作“斗鸡场”，各个行政机构会不断斗争来争夺它们的地盘和管辖权。盖洛德·纳尔逊担心该委员会将回避争议，而不是解决任何棘手的环境问题。众议院拨款委员会将政府的这个计划称为“拼凑的方法”，只不过是“聊胜于无”，而且考德威尔担心，一个跨部门的组织会妨碍独立审查。[54]

杰克逊的议案在 6 月 10 日被送至参议院。在没有进行任何辩论和进行任何修正的情况下，它顺利进入“例行工作时间”，参议院通常是在这段时间审议日常事务；接着，参议院以口头表决的方式通过了这部编号为 S. 1075 的议案。[55] 但是两天后，参议员马斯基和 40 位共同提案人一起提交了一部水控制议案的修正案，其中包含一项条款：在白宫设立环境质量办公室。杰克逊和穆斯基在政策上存在着很严重的分歧：杰克逊的立法通过要求编写环境影响报告书，将使各联邦机构把环境价值观内在化。但是马斯基和他的工作人员并不信任各联邦机构能自我监督。此外还存在管辖权的问题。马斯基担心新的《国家环境政策法案》会“削弱”他自己的空气和水污染小组委员会制订的现有目标和计划。[56] 马斯基担心，即使各联邦机构获得了充分了解，最终还是由他们决定如何行动以及何时行动。正如马修·J. 林德斯特伦（Matthew J. Lindstrom）和扎卡里·A. 史密斯（Zachary A. Smith）所评论的，马斯基“就我们后来所了解的情况来看，是正确的”。[57] 最后，还存在着一个私人问题：马斯基的助理利昂·比林斯（Leon Billings）后来评论说“斯库普·杰克逊想从中分一杯羹”，马斯基“不太高兴杰克逊插手他的议题”。[58]

到 10 月初，随着杰克逊和马斯基平息了怒火并进行了自我检查，两人商讨制订出了妥协方案。马斯基得到保证：环境影响报告书这一规定将通过要求提供“详细说明书”得到加强，并且这些环境影响报告将不会削弱或影响各联邦机构当前的法定义务。参众两院的版本递交联合会议讨论以解决分歧，就在国会议员 12 月休会度假之前的几天，《国家环境政策法案》

很容易地获得了参众两院的通过；参议院甚至没有采用记名投票。正如历史学家理查德·李诺夫（Richard Liroff）所总结的，"对许多立法者来说，毫无疑问，投票赞成《国家环境政策法案》具有象征意义——类似于投票赞成母亲和苹果派。然而，他们几乎没有意识到，在投票支持颁布《国家环境政策法案》的时候，他们正在把一件强有力的武器交到公民活动者手中"。[59] 亨利·杰克逊在该法案通过前在参议院全院发表的最后一次演讲中说道，他想使《国家环境政策法案》成为"国会有史以来颁布的最重要、影响最为深远的环境和保护法案"。[60]

1970 年 1 月 1 日，理查德·尼克松在其位于加利福尼亚州圣克莱门特的"西白宫"将《国家环境政策法案》签署为法律。尼克松在随附的发言中赞扬了杰克逊参议员和其他立法者，但没有提及参议员马斯基。尼克松及其政府没有为《国家环境政策法案》的通过做任何贡献，实际上他手下的官员还做证反对成立环境质量委员会。然而，尼克松却成为众所瞩目的焦点，他还使《国家环境政策法案》显得实际上是他的政府所取得的胜利。感谢尼克松担当起环保领袖的信件开始从全国各地涌入华盛顿。[65]

《国家环境政策法案》的关键条款

《国家环境政策法案》是一部不同寻常的立法，只有 5 页，其用语更适合于宪法而非一部立法；用法学教授布拉德利·C. 凯尔凯宁（Bradley C. Karkkainen）的话来说，它是一部"简单得令人震惊的法案"。[61] 林顿·考德威尔后来写到这部法律开篇的政策声明的宏大性："我们认为，提出用整体方式来处理环境问题这个新理念的最好方式就是采用政策声明，开放人们的思想，使他们认识到能够做什么和应该做什么。"《国家环境政策法案》的理念就是"**确立**政策"。[62]

立法者和评论家常常称该法案为环境立法的"大宪章"。其序言部分即定下了理想主义的基调：《国家环境政策法案》的目的在于

- 宣示国家政策，促进人类与环境之间实现促进生产力并且令人愉悦的和谐。
- 努力提倡防止或减少对环境与生物圈的伤害，增进人类的健康与福祉。
- 充分了解生态系统及自然资源对国家的重要意义。

第一条包括国家环境政策宣言：

国会认识到人类活动对于自然环境的一切构成因素的内在关系具有深远影响，尤其是人口增长、高度集中的都市化、工业发展、资源开发以及技术日益进步带来的深远影响，并进一步认识到恢复及维持环境质量对于全体人类的福祉与发展意义重大，特此宣布：联邦政府将与各州及地方政府以及其他相关的公共与私人团体合作，采取所有切实可行的手段与措施，包括在财政及技术上提供援助，发展并增进共同福祉，创造并维持人类与自然得以积极、和谐共处的各种生存条件，以满足当代人民及其子孙后代对于社会、经济及其他方面的需要。[63]

第一章还规定“尽可能最大限度地”根据本政策解释与执行美国的各项政策、法律和法规，联邦政府的“**所有**行政机构”“**应当**”需要在建议会对人类环境质量具有重大影响的立法或联邦行为的**每一项**联邦机构的建议或报告中都提供“详细说明书”——包括拟议行为的影响环境报告，对环境所产生不可避免的不良影响，以及拟议行为的各种替代方案。

在制作详细说明书之前，联邦机构**应咨询**并获得其他具有管辖权或专门知识的联邦机构的意见，该说明书与评估和意见书将向环境质量委员会和公众公开。最后一点——公众的意见——是开创性的，它给予了公民和环保组织参与联邦政策制定的机会。

在总统办公厅内设置环境质量委员会，其职责是制作年度报告，协助其他机构执行本法律，并监控总体环境发展状况。[64]

埃德蒙·马斯基在两周后对尼克松做出的对环境的公开承诺嗤之以鼻，称政府防止环境污染的努力是“干打雷不下雨”。[67]不到一周后，尼克松将政策加码，并在他发表的1970年国情咨文中提议使70年代成为一个历史性的时期——我们将“把我们的土地变成我们希望其变成的样子”。[68]3周后，尼克松做了一件史无前例的事情，于2月10日公布了一个包含37点的环境行动计划。

制定《国家环境政策法案》的关键人物

亨利·M. 杰克逊（1912—1983），先后服务于众议院（1941—1953）和参议院（1963—1983）。他长期担任内政和岛屿事务委员会主席，以及能源和自然资源委员会的成员。虽然埃德蒙·马斯基、盖洛德·纳尔逊、约翰·丁格尔等其他一些立法者在《国家环境政策法案》的制定过程中也发挥了重要作用，但林顿·考德威尔曾写道，杰克逊是该法律“最明确且最有力的倡导者”，而且“对于其范围和意义具有最深刻的理解”。[66] 杰克逊是军队的强有力的拥护者，后来他在大力支持由其家乡州的波音公司开发的超音速运输机（SST）时被环保主义者势力击败。杰克逊在 1972 年和 1976 年竞争民主党的总统提名候选人，但均以失败告终。

林顿·K. 考德威尔（1913—2006）提供了《国家环境政策法案》的知识框架。他长期担任印第安纳大学的政治学教授，1984 年以阿瑟·F. 本特利荣誉教授（Arthur F. Bentley Professor Emeritus）的身份退休。他写作了 10 本书和 200 多篇学术论文，其中最重要的是他在 1963 年发表的文章《环境：公共政策的新焦点》（*Environment: A New Focus for Public Policy*）。他在 1998 年出版的著作《国家环境政策法案：未来的议程》（*The National Environmental Policy Act: An Agenda for the Future*）中总结了《国家环境政策法案》及其在制定环境政策中发挥的作用。

尼克松也对新成立的环境质量委员会做出了强有力的承诺。尼克松为环境质量委员会选择了强大的提名人：前自然保育基金会主席、现任内政部副部长罗素·E. 特雷恩将担任主席。与特雷恩共事的还有戈登·麦克唐纳（Gordon MacDonald），他是加州大学圣巴巴拉分校的地球物理学家，同时还是美国国家科学院环境研究委员会（Environmental Studies Board of the National Academy of Sciences）成员。环境质量委员会的第三名成员是《基督教科学箴言报》的著名环境保护记者罗伯特·卡恩（Robert Cahn）。历史学家 J. 布鲁克斯·弗利彭（J. Brooks Flippen）写道：他们组成了“令人敬畏的三巨头，没有一人是工业的谄媚者”。[69] 尼克松已经下达了行军令：各联邦机构都要遵守《国家环境政策法案》。

在《国家环境政策法案》颁布之前，各联邦机构对环境问题关注得极少。[70] 一般来说，各联邦机构只专注于他们自己的使命——修建道路、砍伐森林、处理危险物品、建造水力发电站等其他数百项活动。它们关心费用、计划表以及面向任务的种种障碍，至于它们的行动对环境的影响，还有公民或环境组织提供的意见则毫不关心。在 1969 年举行的听证会期间以及发表的证词中，白宫和各联邦机构没怎么关注环境影响报告书的规定。[71]

但现在根据《国家环境政策法案》，环境影响报告书不是一个能自由决定的事情。一个机构可能正在履行它自己的规章，但它也必须遵守《国家环境政策法案》的命令。[72]这是一个革命性的概念。此外，公民现在拥有了发言权，有机会审查影响报告书，提出他们的论据，建议替代方案，并发挥监督作用。联邦的决策将获得一定的透明度，这确实是另一个革命性的想法。

但是，这部新法律遗留了许多问题："环境"的含义是什么？"尽可能最大限度"要求的是什么？什么是"重大联邦行为"？公民拥有起诉资格吗？环境法还处于起步阶段，联邦法院明确裁定的判例非常之少。虽然在《国家环境政策法案》颁布之前举行的听证会和发布的公开文件中一直没有针对司法审查的讨论，但这部法律的范围和方向将在很大程度上由法庭确定。[73]

余波

1970 年 1 月，在尼克松将《国家环境政策法案》签署成为法律 3 周后，盖洛德·纳尔逊宣布，他将很快提交一部宪法修正案，认可每个美国人都有权拥有"良善环境"（decent environment）。在《国家环境政策法案》最初的参议院版本中，杰克逊参议员曾插入过一条"环境权利法案"，宣称"每个人都拥有享有健康环境的基本且不可剥夺的权利"。但是，这一宣言从两院协商会议的议案版本中被删除了。[74]纳尔逊的宪法修正案无疾而终，但它表明了人们对环境保护的关注日益高涨。

1970 年 4 月 22 日，"地球日"举行。环保运动的保守势力并没有准备好迎接数百万普通公民迸发的极大兴趣和关心。白宫同样也没有准备好。在尼克松执政时担任白宫环保事务助理的约翰·C. 惠特克（John

C. Whitaker）承认，“毫无疑问，尼克松政府在‘地球日’遭到了严厉的批评”。[75] 当主要的民主党政治家，像参议员（和 1972 年热门的总统竞争者）马斯基、汉弗莱、杰克逊、印第安纳州的伯奇·E. 贝赫（Birch E. Bayh）和南达科他州的乔治·S. 麦戈文（George S. McGovern）大声宣扬环境治理的必要性，而尼克松却默不作声。两个月前，他曾向国会发表了具有里程碑意义的环保演讲，因此觉得没有必要再多说什么。白宫没有发表赞美“地球日”的公告，事实上，就在几天前，尼克松已指示内政部长沃尔特·希克尔（Walter Hickel）批准建设阿拉斯加的输油管道，并在“地球日”公布这个有争议的公告。[76]

然而，尼克松即将进行一项重大重组，设立一个潜在的强大的新环保机构。由利顿工业公司（Litton Industries）董事长罗伊·阿什（Roy Ash）领导的政府重组总统委员会建议设立两个新的机构：美国国家海洋和大气管理局（National Oceanic and Atmospheric Administration，NOAA）以及环境保护局，集中管理联邦政府的防止环境污染活动。尼克松于 1970 年 7 月 2 日接受阿什委员会的建议，环境保护局于 12 月正式成立。当时担任司法部助理部长的威廉·D. 拉克尔肖斯（William D. Ruckelshaus）被选为第一任局长。[77] 12 月 1 日，在确认其任命的听证会上，拉克尔肖斯宣誓将成为治理环境项目的有力倡导者。参议员马斯基对这位新任的环境保护局局长说：“我希望你能夺取这个近年来被随意摆弄的称号。我希望你成为家喻户晓的‘清洁先生’。”[78] 拉克尔肖斯跟着大家哈哈大笑，但记者 E. W. 肯沃斯（E. W. Kenworthy）猜测，“他的笑声必定略带勉强：他必然意识到他已踏上了一条艰难而易滑倒的道路”。[79] 环境保护局在成立之初是一个庞大的部门，预算达 12.8 亿美元，员工人数达 6673 人，接管了过去曾由 63 个联邦部门和机构负责的环保职责。[80]

在整个 1970 年，尼克松始终小心提防，不希望让民主党人在环境议题上获得政治优势，特别是在关键的 1970 年国会选举即将到来之际。马斯基和尼克松之间的私仇公恨因为马斯基倡导的立法——《清洁空气法案修正案》——爆发为激烈的斗争。尼克松在这部立法的起草过程中表现出强烈的个人兴趣，并进行了强力干预。1970 年的最后一天，尽管尼克松对最终版本不是非常满意，但还是将《清洁空气法案修正案》签署成为法律。[81] 在签字仪式上，尼克松声称自己是提交这部立法的“主要角色”，并承诺 1971 年将成为实施这部新的防止环境污染法律的“行动年”。而身为“清洁先生”的参议员马斯基——环保问题，特别是这部立法的长期倡导者——却没有被邀请参加签字仪式。[82] 环境质量委员会主席罗素・特雷恩在他的回忆录中认为，这种怠慢看上去是“一种器量狭小的行为”，反而可能有助于突出马斯基所发挥的作用，与尼克松所期望的恰恰相反。[83]

共和党人在 1970 年的国会选举中表现不佳，令尼克松感到非常沮丧的是环保组织和新闻界都没有给予他自认为应得的赞许。尼克松认为这是一个只输无赢的局面：无论他为环境保护事业做了什么，都远远不够。这个政治活动简直不合情理。“你无法寄希望于环境问题来取胜，”尼克松说，“但他们却能够借这个问题来击败你。”[84] 这位总统虽然在新年那一天从他位于圣克莱门特的办公室开辟了环保事业蓬勃发展的新十年，但他将不再是环保事业的捍卫者，或者甚至不再是其保护者。总统自己的顾问罗素・特雷恩在他的回忆录中写道，一直没有证据表明尼克松“对环境事务（有任何）真正的个人兴趣”，他对这个议题的反应是一个“高度政治化的动物”的本能反应。当马斯基的总统竞选在风雪弥漫的 1972 年年初举行的初选中溃败，并且尼克松以压倒性的优势击败反战的候选人乔治・麦戈文赢得连任后，环保问题就立即不再成为尼克松关注的议题了。[85]

尽管尼克松失去了热情，但 70 年代这十年却真正成了“环保的十年”。1970 年，继《国家环境政策法案》颁布后，“地球日”举行，环境保护局成立，《清洁空气法案》也在这一年的最后一天被签署成为法律。在 70 年代的这十年间，还有更多的环保法律将相继颁布。它们是如此重要，环保记者菲利普・沙别科夫写道，“综合起来，它必定可被视为美国历史上的伟大立法成就之一”。[86] 这些获得通过的法律中有：1970 年的

《清洁空气法案修正案》；1972年的《清洁水法案修正案》（Clean Water Act Amendments），又名《联邦水污染控制法案》（Federal Water Pollution Control Act）；1973年的《濒危物种法案》（Endangered Species Act）；1976年的《有毒物质控制法案》（Toxic Substances Control Act）。[87]

环境立法的大事年表

1962年　蕾切尔·卡森出版《寂静的春天》。
1963年　林顿·K.考德威尔发表《环境：公共政策的新焦点》。
1964年　史东金山环保战斗打响。
1969年　圣巴巴拉市石油泄漏事件；凯霍加河发生大火。
1969年　《国家环境政策法案》颁布成为法律；1970年1月签署。
1970年　地球日；环境保护局成立；《清洁空气法案修正案》颁布。
20世纪70年代　前所未有的联邦环境立法十年。

与这一系列法律同样引人注目的是，科学家、政策制定者、活动家和立法者在70年代仍然处于环境政策制定的初期阶段。正如政治学家沃尔特·A.罗森鲍姆（Walter A. Rosenbaum）提醒我们的，“不仅是臭氧层空洞，还有全球气候变暖、转基因食物、内分泌干扰物、地下储油罐泄漏，电离辐射、室内空气污染等其他大量环境问题，还有现在美国商业和工业常见的成千上万种化学品，对当时的环保人士来说，都是无法想象的或未知的”。[88]

至于《国家环境政策法案》，其概括性的语言遗留了许多问题，包括：根据该法律，联邦监管机构的职责是什么？公民在质疑机构的政策方面（如果可以的话）能够发挥什么样的作用？联邦法院在“卡尔弗特·克里夫斯协调委员会诉原子能委员会案”（Calvert Cliffs Coordinating Committee v. Atomic Energy Commission）中很快回答了这些问题。[89]原子能委员会（Atomic Energy Commission，AEC）——核管理委员会（Nuclear Regulatory Commission）的前身——主张在核电公司申请运营许可证或建筑许可证时只需考虑辐射危害就可以了。原子能委员会的规定使得诸如环保组织等外部团体无法提出与核辐射无关的问题，例如核电厂排水导致的热污染。因此，在原子能委员会看来，《国家环境政策法案》对环境影响报告书和公众参与的规定根本不适用。公民组织则认为《国家环境政策法案》应当适用于原子能委员会的审议工作，卡尔弗特·克里夫协调委员会有资格质疑向位于华盛顿特区东南部 45 英里的切萨皮克湾的核电厂发放许可证。

联邦法官 J. 斯凯利·赖特（J. Skelly Wright）做出了支持这个公民组织的判决，并严厉批评了原子能委员会。赖特陈述原子能委员会“对《国家环境政策法案》的粗暴解释是对该法案的嘲弄”，原子能委员会没有履行其执行环境保护措施的职责。[90] 他进一步裁定《国家环境政策法案》没有为“有意拖延的机构”留下“逃脱的舱口”，并责令原子能委员会遵守该法律。“《国家环境政策法案》的目的就是告诉各联邦机构，保护环境与保护和促进它们所监管的行业一样，是他们职责的一部分。”赖特法官裁定。在“卡尔弗特·克里夫斯案”宣判之后，原子能委员会于 1971 年 9 月初下令复查全国各地 96 个核电反应堆的许可证和执照，现在需要将所有的环境因素都考虑进来。[91]

随后涌现出更多下级联邦法院的案件，它们的判决通常是扩大解释《国家环境政策法案》的作用。多年来，《国家环境政策法案》的第 102 款——要求环境影响报告书的规定——的方方面面都已经被提诉讼；仅仅 8 年后，联邦法院就已经收到 1052 件与《国家环境政策法案》相关的诉讼。[92]

虽然下级联邦法院在早期一直充当《国家环境政策法案》捍卫者的角
5 色，但美国最高法院通过一系列判决削弱了这部法律的授权。[93] 上诉至美国最高法院的第一个与《国家环境政策法案》相关的重要案件是 1976 年的“克莱珀诉塞拉俱乐部案”（Kleppe v. Sierra Club）。[94] 塞拉俱乐部主张内政部不能进一步在横跨四州的大平原地区开发联邦煤矿，除非它对整个这片地区制作全面的环境影响报告书。然而，最高法院遵从环保局的意见，裁定司法部门“用它的判决取代一个机构对其行为所产生的环境影响的判断”是不合适的。在另一个涉及核电站的案件中，最高法院于1978年裁定原子能委员会最有资格决定其自身的规程。[95]最高法院一般来说都是增援下级法院的判决，但1989年至2004年，它一直没有裁决任何与《国家环境政策法案》相关的案件。最近一些年来，也只裁定了一些无足轻重的案件。[96]

《国家环境政策法案》制定者的本意是其也应当适用于美国在国外的活动，但是许多联邦机构倾向于抵制该要求。1979年1月，总统吉米·卡特通过12114号行政命令阐明了《国家环境政策法案》的这一要求，并重申了各联邦机构有义务在其项目中考虑环境因素，即使这些项目不在美国本土。[97]

“环保十年”随着1980年11月的总统选举而落下帷幕。随着前加利福尼亚州州长罗纳德·里根当选总统，保守势力迎来了推翻环境立法革命或至少使之减速的机会。多年来，一个名为“山艾树行动”（Operation Sagebrush）的反环保运动在西部各州不断发展壮大。现在这个运动拥有了一位白宫的盟友。法学教授乔尔·A. 明茨（Joel A. Mintz）将里根政府的转变描述为环境保护局的执行方案“在基调、结构和运作上的急剧改变”。美国全国广播公司（National Broadcasting Company，NBC）新闻更为简单粗暴，称这是“环保运动的结束”。[98]

里根的关键人事任命大受保守派的欢迎。这位新总统任命詹姆斯·G. 瓦特（James G. Watt）担任内政部长。瓦特此前一直担任山地诸州法律基金会（Mountain States Legal Fund）的创始主席，这个基金会是一个反环保组织，得到了啤酒业巨头约瑟夫·库尔斯（Joseph Coors）的部分资助，极力推销有利于私有财产的“合理利用”思想。环境保护局局长之职将由安妮·M. 戈萨奇（Anne M. Gorsuch）担任，后因结婚改姓伯福德（Burford），她很快主张削减她领导的机构的预算、去掉其执行部门还有其他管理的

“改革”。瓦特和伯福德，还有级别较低的环境保护局的超级基金项目的负责人丽塔·M. 拉韦尔（Rita M. Lavelle），很快成为环保批评家的众矢之的和国会调查的目标。100多万人签署了由塞拉俱乐发起的“辞掉瓦特”（Dump Watt）的请愿书。国会议员严厉批评瓦特热衷于开发几乎所有的公共土地，并奚落他试图禁止海滩男孩乐队参加在华盛顿广场举行的7月4日庆祝活动。最终瓦特在开了一个粗俗且不顾他人感受的玩笑后，于1983年9月辞职。

1983年3月，伯福德被迫辞职（一起的还有19位环境保护局的高层官员）。她因拒绝交出能够强烈显示在处理超级基金的钱时偏袒党派政治
386 利益的文件而被裁定藐视国会。拉韦尔被判犯有向国会委员会做伪证的罪名，被判罚款一万美元和六个月监禁，最终只服刑了四个半月。[99]

除了在任命高级官员上做文章外，里根政府还力图通过削减预算、对环境法规实行控制来改变环境政策的方向。里根试图完全砍掉环境质量委员会，虽然没能成功，但环境质量委员会遭到了大幅裁员，且自此以后该机构几乎只能勉强维持。环境保护局的预算和员工也遭到了大幅削减：在里根的第一个总统任期内，它的预算减少了三分之一，员工数量减少了五分之一。[100]

上述做法引发了环境保护群体相当强烈的反应；随着公民们对于里根的环境保护政策的方向和范围感到震惊，许多环保组织的成员数量飙升。里根试图通过召回备受尊敬的威廉·拉克尔肖斯，然后是李·托马斯（Lee Thomas），担任环境保护局的局长来修复一些损害。

但损害毫无疑问已经造成了。正如政治学家沃尔特·A. 罗森鲍姆所总结的，对于环保领袖来说，里根时代意味着“首先是，危险的立场转移和犹豫不决，在将近十年时间里错失了无数机会且加剧了环境弊病”。[101]

1988年，美国人民度过了一个极为痛苦的夏天。正如《纽约时报》的一篇社论所哀悼的，“臭氧烟雾是有史以来最严重的，令人们感到窒息。由于海滩被污染，他们无法去海边避暑。他们还听到警告，因为预期的温

室效应导致的全球变暖，未来的年份甚至会更热”。民主党总统候选人迈克尔·杜卡基斯（Michael Dukakis）承诺制定政策以克服里根时代“因忽视而遗留的问题”。[102] 杜卡基斯的竞争对手乔治·H. W. 布什在担任副总统的 8 年期间，几乎没有在环境问题上发挥什么公开作用；但是作为里根政府放松管制工作的负责人，他帮助削弱了联邦在环境保护方面的作用。另外，布什反对制定汽车能效标准和去除汽油中的铅。[103]

当乔治·H. W. 布什成为总统时，他任命了世界野生动物基金会（World Wildlife Fund）主席、德高望重的威廉·赖利（William Reilly）担任环境保护局的新局长，还有资深环境专家迈克尔·迪兰（Michael Deland）担任环境质量委员会主席。这令一些环保评论家大感意外，并打消了他们的疑虑。布什还努力推动迫切需要的《清洁空气法案修正案》，且该法案最终获得国会的通过，打破了在这个议题上长达十年的立法僵局。然而，布什政府要想补救里根政府的政策和做法还有很长的路要走。环境保护局仍然没有完全从冲击中恢复过来：其预算和员工数量一直没有恢复到满足其日益增长的职责所需的水平，而且环境问题像许多其他国内问题一样，不是布什优先考虑的项目。而在幕后，有一个鲜为人知的组织——由副总统丹·奎尔（Dan Quayle）担任主席的竞争力委员会（Council on Competitiveness）——暗中推动环境保护局和其他机构放宽那些会令工业“难以忍受的”联邦环境法规。特别令环保人士烦恼的是，美国政府没能在国际环境外交领域发挥领导作用，特别是 1992 年在里约热内卢召开的联合国地球峰会（U.N. Earth Summit）上。

虽然克林顿在担任阿肯色州州长时没有太多记录表明他是一名环保进步人士，但他在 1992 年当选总统时，公众对于他和他的新政府寄予了很大期望。新任副总统小阿尔·戈尔此前一直是参议院的环境问题的首要倡导者，且刚刚出版了一本广受好评的书——《濒危的地球》（*Earth in Balance*）。克林顿–戈尔组成的团队承诺要制订广泛的环境保护计划，坚持认为干净的环境不必以阻碍经济增长为代价。[104] 克林顿任命前亚利桑那州州长、自然保护选民联合会（League of Conservation Voters）主席布鲁斯·巴比特（Bruce Babbitt）为内政部长，卡罗尔·布朗纳（Carol Browner）担任环境保护局局长，凯思琳·麦金蒂（Kathleen McGinty）担任环境质量委员会主席。布朗纳和麦金蒂都曾担任戈尔在参议院时的助理。克林顿希望将环境保护局提升至内阁级别，并成立一个更强有力的组织——环境政策办公室（Office of Environmental Policy，OEP）——取代环境质量委员会；然而，这两项措施都未能实现。

当时白宫或民主党领导层都不知道，制定任何重大的环境立法的机会之窗正在快速关闭。在第 103 届国会期间（1993—1994），环境政策对于政府而言优先级相对较低，只有《加州沙漠保护法》（California Desert Protection Act）这一部环境立法获得通过。国会和政府未能重新授权《清洁水法案》、《安全饮用水法案》（Safe Drinking Water Act）、《濒危物种法案》和超级基金。[105] 在第 103 届国会中，虽然党派领袖对其议员没有什么约束力，但民主党人占据参众两院的多数席位。接着 1994 年选举到来，纽特·金里奇和“美利坚契约”登上历史舞台。

共和党在 1994 年的选举中取得了非凡胜利，夺得了参众两院的控制权。共和党结束了连续 40 年的少数党地位，现在执掌众议院，来自佐治亚州的共和党人纽特·金里奇成为新议长。推动共和党人竞选成功的部分原因是“美利坚契约”，它是由远超过 300 位众议院共和党在任议员和候选人所签署的一份政策宣言。其中一项承诺是保守派古老而熟悉的灵丹妙药：让政府不要来烦我们，“将美国人民从官僚主义的繁文缛节中解放出来”。[106] 这份“契约”中没有明确提及环境的内容，但保守派智囊团、商业界还有保守派热线节目的大肆宣扬都施加了巨大压力，敦促新掌权的保守派多数采取行动。

众议院的决策者希望联邦法规必须通过一个严格的检验：新法规带来的益处是否抵得上要付出的代价？各商贸协会、全国制造商协会，以及两个联盟——项目救济和合理监管联盟——都强力推动 1995 年的《创造就业和提高工资法》（Job Creation and Wage Enhancement Act），要求在整个监管过程中强制执行成本效益分析和风险评估。[107] 保守派希望这部规定了23步审查流程的议案可以淘汰掉不必要的联邦法规。该议案非常轻松地获得了众议院的通过，却在参议院受阻。

共和党的另一个策略就是干脆切断提供给令人反感的监管活动的资助。例如，众议院在1995年给环境保护局的拨款议案增加了17项附加条款，实际上就是告知环境保护局不要在水质和饮用水标准、湿地地区的经济发展、油气精炼厂的有毒气体排放等其他问题上花钱。环保组织纷纷奋起反抗，称这是国会的“环保战争”，克林顿威胁要否决该议案。这一次，众议院共和党人做得太过火了，他们源源不断地收到愤怒的选民的来信。最终，63名共和党人追随来自纽约州的舍伍德·L.贝勒特（Sherwood L. Boehlert）拒绝附和其领导层的立场，参众两院协商委员会最后删除了这些附加条款。[108]

共和党的国会领袖并未被吓阻，敦促大幅削减环境保护局的预算。尽管克林顿否决了预算，内政部长布鲁斯·巴比特和环境保护局局长卡罗尔·布朗纳发表了激烈的批评，共和党人还是成功地削减了环境保护的预算费。然而，1995年这场激烈的斗争却令众议院多数党党鞭、来自得克萨斯州的共和党人托马斯·D.迪莱（Thomas D. DeLay）深感沮丧：“坦白地说——我们已经输掉了这场关于环境问题的争论。”[109] 对于迪莱来说，这种沮丧是个人的。作为一家小型害虫控制公司的企业主，迪莱一直不断反对环境法规；他曾发誓竞选国会议员以使美国摆脱繁重法规之害。

到1995年共和党执掌国会之时，《国家环境政策法案》已经实施了25年。最初在1970年至1972年，各联邦机构像一阵风似的提交了大批环境影响报告书，总计达5834份。到1980年，提交的数量降至966份。从此之后，每年平均提交的环境影响报告为500至600份。

然而，大多数联邦活动并不需要环境影响报告。还有另外两个重要选项。最常见的选项被称为“除外对象”（categorical exclusion，CE），通常是一份简短的声明，确定该活动不会对人类环境造成重大影响。有数个机构已预先确定了归入“除外对象”的活动：联邦公路管理局把景观美化、建设自行车道和人行道排除在外；美国林务局则把在具有极大火灾危险期间封锁某个地区的审议活动，或调整特殊用途或娱乐费用排除在外。此外，
389 最近的立法还给“除外对象”的清单增加了特定范畴。例如，2005 年的《能源政策法案》（Energy Policy Act）排除了影响范围不超过 5 英亩的项目，2003 年的《健康森林恢复法案》（Healthy Forest Restoration Act）排除了在联邦土地上的危险燃料减排项目。[110]

第二种环境评审被称为“环境评估”（environmental assessment，EA）。美国每年大约要进行 5 万项环境评估，这些评估将得出两种结论：一种是要求提交完整的环境影响报告书（所占比例仅稍高于 1%）；第二种结论是无重大影响报告（finding of no significant impact，FONSI）。在 20 世纪 90 年代和进入 21 世纪后，美国出现了一种准备“缓和的无重大影响报告”（mitigated FONSIs）的趋势。在环境评估后，各机构会采取措施解决或减少问题。虽然在某些情况下会存在争议，但“缓和的无重大影响报告”提供了一种“安全阀”；现在，只有无法缓和的“非常重大”的联邦行动才被要求通过《国家环境政策法案》规定的完整审查，并提交环境影响报告书。[111]

当某一机构被要求准备环境影响报告书时，必须包括以下几个要素：（a）简要说明该项目的目的和该机构所回应的需求；（b）描述可以满足该项目的需求和目的所有可供选择的合理方案；（c）描述这些可供选择的方案所影响的环境（如濒危物种、湿地、历史古迹等等）；最后，（d）分析每个可供选择的方案的影响。机构在制作完环境影响报告书的草案后要征求公众意见，接着制作最终版本。之后，牵头的联邦机构必须制作一份公开的决策记录，这是联邦项目能够继续进行的必需步骤。[112]

2006 年，共有 542 份环境影响报告被提交，主要来自美国林务局（144 份），紧随其后的是联邦公路管理局（66 份）、美国陆军工程兵团

（56 份）和土地管理局。[113]

随着时间的推移，环境影响报告书变成比最初更加庞大而复杂的文件，充斥着数据，通常需要花费数百小时、数月甚至数年才能完成。环境影响报告书的平均长度现在已经超过 570 页，需要两周到 18 个月的时间来准备，费用为 1 万到 20 万美元。[114]

必须遵守该法律的行业及其他方面抱怨颇多。例如，西北矿业协会（Northwest Mining Association）拥有 1300 个会员机构，它们遍布美国的 31 个州和加拿大的 6 个省，在西部公共土地上勘探和采矿。它的执行董事在 2006 年向环境质量委员会抱怨道：“这个旨在对影响人类环境的重大联邦行动的影响提供严格审查的程序出了极大的问题，现在需要 5 年、10 年甚至 18 年才能完成。《国家环境政策法案》的提案人、参议员亨利·杰克逊……想要的不过是一份 6 至 8 页的文件（环境影响报告书），但对于大多数矿产项目而言，它现在已经迅速增长至成千上万页了。”[115]

环境影响报告书还受到另一个问题的困扰。丹尼尔·A. 布龙斯坦 390
（Daniel A. Bronstein）及其同事评论道，许多环境影响报告书的文件“重数据而轻分析”，对于关注该项目的公众来说往往“难以理解，因而毫无用处”。[116]

环境质量委员会自身在评价《国家环境政策法案》的效力时也认为该法案经常“花费时间太长且费用太高，各行政机构在听取公众意见前就做出了决定，文件太长且太过技术性，许多人根本无法使用，且有时机构官员所接受的培训是不够的”。[117]

特别是在环境议题上，共和党与民主党的意识形态和政策制定存在着明显的分歧——或许说是鸿沟。新上任的乔治·W. 布什政府决心推翻克林顿执政时期环境保护局、农业部和内政部采取的几乎所有重大环保措施。[118] 布什撤回了美国对《京都气候议定书》（Kyoto Protocol on Climate Change）的参与；副总统理查德·切尼（Richard Cheney）与工业界领袖在没有环保组织参与的情况下，秘密地制订了一个新能源计划。前内政部长詹姆斯·瓦特插话道，“切尼所说的一切，总统所说的一切——他们所说的全然就是我们20年前所说的，丝毫不差。这在20年后听起来就像是他们只是重新捡起旧时的工作”。[119]

环境保护局在克里斯汀·托德·惠特曼（Christine Todd Whitman）的领导下简单地撤销了克林顿执政时期制定的严格的砷标准，削弱了《清洁空气法案》一些执行条款的力度，甚至来自各机构的科学家的数据也变得可疑。新任内政部长盖尔·诺顿（Gale Norton）是瓦特领导的山地诸州法律基金会的前员工，他彻底推翻了克林顿的政策，授权在国家公园附近进行石油开采，并主张开放阿拉斯加北极国家野生动物保护区（Alaska Arctic National Wildlife Refuge，ANWR）进行石油开采。行政管理和预算局被给予了对环境法规更大的监管权，激进地采用成本效益分析来确定环境风险。[120]

2001年，民主党和共和党平分了美国参议院的席位，即各占50个席位。然后来自佛蒙特州的参议员詹姆斯·M. 杰福兹（James M. Jeffords）突然宣布脱离共和党，成为无党派人士，但与民主党人结盟，密切合作。杰佛兹受够了他所在的党，包括其环境政策。作为对杰福兹转换党派的回报，民主党人同意推选他担任环境与公共事业委员会（Environment and Public Works Committee）主席。[121] 但是随着共和党人在2002年11月的中期选举后重新执掌参议院，来自俄克拉何马州的詹姆斯·因霍夫（James Inhofe）取代杰佛兹成为环境与公共事业委员会主席。因霍夫是参议院最保守的议员之一，曾将环境保护局比作“盖世太保”。他在2003年提出了一个著名的问题，“面对所有这些群情激奋、所有的恐惧、所有的伪科学，有没有可能人为造成的全球变暖是有史以来持续施加给美国人民的最大骗局？听起来的确像是这样”。[122]

现在是审查和可能重新评估《国家环境政策法案》的时候了。2002年，乔治·W. 布什总统成立了一个《国家环境政策法案》工作组，由环境质量委员会领导，任务是协助各联邦机构更新它们的做法和程序。一年后，该白宫工作组公布了其报告和建议，结论是不需要进行立法改革，但提出了一些改进其实施的方法。[123]

国会在1998年设立了一个新的机构——美国环境冲突解决研究所（U.S. Institute for Environmental Conflict Resolution），负责帮助《国家环境政策法案》的政策目标。其咨询委员会在2004年就如何改进《国家环境政策法案》决策过程提出了若干建议。[124]

然后，国会于2005年插手干涉。来自加利福尼亚州的共和党人理查德·庞博（Richard Pombo）直到2006年落选前是强大的众议院资源委员会（House Resources Committee）——于2007年被民主党人更名为众议院自然资源委员会（House Natural Resources Committee）——主席。庞博一直被环保组织视为眼中钉，后者指责他故意削弱环境立法，特别是《濒危物种法案》，甚至暗中破坏立法程序本身。[125]在庞博的指示下，众议院资源委员会于2005年4月成立了一个特别工作组，研究能够加快或“简化”环境影响报告书的准备程序的方法。该工作组在来自华盛顿州的共和党人凯茜·麦克莫里斯·罗杰斯（Cathy McMorris Rodgers）的领导下，开始对改进环境影响报告书的准备程序的方法进行了一系列（共8场）实地调查和听证。

2005年10月，一个由202名行政管理、环境和自然资源法律和政策方面的教授组成的团队向该工作小组提交了其意见。[126]该团队传递给麦克莫里斯·罗杰斯的工作小组的基本信息是:《国家环境政策法案》一直非常成功，没有必要制定一部新的法律，但是它能够使用更强有力的行政法规和“使这些行政法规有效力的决心”。教授们承认这个过程确实费时费钱，但其费用和负担可能被夸大了：毕竟在5万个可能需要接受《国家环境政策法案》审查程序的活动中，只有1%被要求准备环境影响报告书。对于他们来说，《国家环境政策法案》程序所要求的是充分考虑可供选择的方案，而公众参与是民主化进程的核心。

但是，《国家环境政策法案》工作小组很快就成为激烈的党派斗争的目标。按计划，它本来应当是一个代表两党的工作小组，但是到它发布最终报告的时候，按照一位前民主党成员的说法，没有民主党的任何参与，甚至没有事先通知该工作小组中的民主党成员。[127]

《国家环境政策法案》工作小组的最终报告于 2006 年 1 月初发布后，立即引发了环境保护主义者的激烈批评。比如荒野保护协会（Wilderness Society）指责这些建议使这部法律成了自愿履行的职责，使可替代方案的分析偏向于企业利益，并且限制了公众能够向机构决策提出质疑的方式和时间，会“极大地削弱”《国家环境政策法案》。[128] 该工作小组证明了自己的论点，但它的授权在这届国会会期结束时就到期了，特别是随着民主党人掌控了新召开的第 110 届国会（2007—2008），国会没有进一步“简化”《国家环境政策法案》的立法努力了。

392 然而，在第 109 届国会期间（2005—2006），有数个针对《国家环境政策法案》的规定的立法限制或豁免被颁布。比如，作为《紧急补充拨款法案》一部分的 2005 年《真实身份法案》（Real I.D. Act）允许国土安全局在不遵守《国家环境政策法案》的情况下沿美国边界建造障碍物和道路。2005 年《能源政策法案》第 390 条确立了一条“可予驳回的推定”（rebuttal presumption），从现有油井创建新的油井、造成地表干扰的面积不超过 5 英亩的大量活动和在以前批准的走廊地带铺设新的管道，均可免除《国家环境政策法案》的审查。能够在没有《国家环境政策法案》审查的情况下，重新授权在数百万英亩国有森林土地上的放牧许可证。2003 年，林务局和内政部通过的法规直截了当地排除了《国家环境政策法案》审查的某些林木采伐活动。此外，环境审查的实质内容也受到了各种限制。比如，旨在减少野火的《健康森林恢复法案》（2003 年）指导林务局和土地管理局只考虑该机构首选的替代方案和“不行动”的替代方案。最后，通过缩短和减少审查期限，公众对于《国家环境政策法案》审查程序的参与也受到了种种限制。[129]

上述工作小组、政策重新评估和立法“简化”表明人们对《国家环境政策法案》的反应不一。环境质量委员会前法律总顾问黛娜·贝尔（Dinah Bear）曾写道，在专业环保界，《国家环境政策法案》引发了两种典型的反应。[130] 一些人赞扬这部法律，称之为“美国的环保大宪章”，并保卫它，反对所有可能试图改变（或“简化”）这部法律的人。其他环保主义者则认为《国家环境政策法案》在颁布的时候是一部非常重要的法律，也是一部良法，但时代已经改变了。自那以后，美国已经制定了如此多的环境法来处理各个具体问题，而且制作环境影响报告书的过程已变得漫长、烦琐和昂贵，远远超出了亨利·杰克逊在起草这部法律时所设想的程度。

称赞《国家环境政策法案》的人常常强调其独一无二的公众参与的要素。前内政部长斯图尔特·尤德尔的儿子、新墨西哥州民主党众议员汤姆·尤德尔（Tom Udall）在2005年称《国家环境政策法案》为“美国最重要、最具活力的法律之一”，他主张“我们民主的一个中心原则就是政府应该对人民负责，而《国家环境政策法案》通过极大地增强公民对联邦机构决策过程的参与，从根本上有助于使我们的民主运转得更好”。[131]

其他人，像给2005年《国家环境政策法案》的工作小组提交简要声明的那202位教授，认为向法院提出的诉讼案并不能说明全部，关键是法律诉讼的潜在可能性。这种潜在可能性或者可以说威胁，将确保“环境影响（来自环境保护原告方）和经济影响（来自企业原告方）两个方面都将得到考虑。机构对这种潜在可能性的认识才是《国家环境政策法案》的实际执行者”。[132]

乔治城大学环境法律与政策研究所（Georgetown University Environmental Law and Policy Institute）的罗伯特·G. 德雷尔（Robert G. Dreher）在2005年评论道，《国家环境政策法案》在实施的35年历史中“已经极为成功地实现了它的目标”。[133] 他认为该法案充当起“民主政府决策的关键工具，为使公众参与影响他们生活和社区的重大决策建立起有序且明确的框架”。[134]

像环境质量委员会的前法律总顾问尼古拉斯·C. 约斯特（Nicholas C. Yost）等其他支持者指出，《国家环境政策法案》“可能是美国历史上被模仿最多的法律”。[135] 包括中国在内的 100 多个国家都通过了类似的立法。到 2003 年，美国 15 个州、华盛顿特区和波多黎各都已颁布了模仿《国家环境政策法案》的州环境政策，要求准备环境报告书。其中大多数都是《国家环境政策法案》的“复写抄件”。[136] 一些地方政府使用它们自己版本的《国家环境政策法案》，进一步在土地利用规划和土地利用决策中应用环境审查程序。州环保政策法案的使用在加利福尼亚州、纽约州和华盛顿州最为积极。[137]

这部法律的捍卫者举出其成功的案例。例如，在亚利桑那州，在国会创建了 5 个新的国家自然保护区后，《国家环境政策法案》是确保征求公众意见和举行公开听证会的手段。在科罗拉多州，一个完全砍伐大平顶山国家森林公园（Grand Mesa National Forest）的计划遭遇公众的激烈反对，最后该建议的规模被缩小，从而数十万英亩的林地得以保存。北卡罗来纳州的原始森林得到保护，犹他州的饮用水免于受到放射性废矿渣的污染。20 世纪 90 年代中期，当联邦能源部（Department of Energy，DOE）决定在华盛顿州东部的汉诺福德核电厂（Hanford Nuclear Plant）建造高放射性废料储罐时，《国家环境政策法案》的分析显示这种废料储罐的基本原理和技术情况（以及随之而来的需要从它的其他净化活动中挪用 5 亿美元）存在缺陷。[138]

本章开篇引用了奥利弗·A. 霍克教授的评论，他称《国家环境政策法案》是世界上最成功的环境法，但也是最令人失望的。霍克写道：“《国家环境政策法案》的真正问题，是它试图做不可能的事。”国会在制定《国家环境政策法案》时，是在寻找“一颗银弹，一个可以适用于所有联邦行动的解决方案，但这样做不亚于改变整个政府的管理行为”。[139]

但这种行为的改变也许可以归结为价值观念、优先考虑的事项和政治意愿的改变。[140] 林顿·考德威尔在去世前八年写道，他承认《国家环境政策法案》一直没有成为“美国环境政策的核心”。[141] 他认为虽然这部法律拥有如此巨大的潜力，但一直受到白宫的排斥，受到司法部门的曲解，并且受到人们的冷落。

《国家环境政策法案》提供了框架且明确有力地表达了价值观念，但立法机构和行政机构当前缺失的是将其作为美国政策议题不可分割的组成部分的意愿。

第 13 章

法塑美国

394 现在，有些人对我们的雄心壮志表示怀疑，他们说，我们的制度无法容许这么多宏伟计划。这些人的记忆力实在太糟了。因为他们忘记了当自由的美国人民把想象力、共同目标和必要的勇气结合在一起时，所能取得的辉煌成就。

——巴拉克·奥巴马总统的就职演讲，2009 年

现今，华盛顿被束缚在政治僵局的戈尔迪之结（Gordian knot）中。尽管美国人努力支付医疗费用，为将来存钱，照顾孩子和年迈的父母，实现财务安全，但政治领袖们已经变得更加极化和低效。党派偏见已经超越了领导力。获得政治优势已经变得比解决国家问题更为重要。

——美国退休人员协会主席威廉·D. 诺韦利（William D. Novelli），2008 年

本书详细介绍的这 15 部法律横跨美国历史的长河，从 1787 年联邦国会最后的日子到尼克松政府及其余波。选择它们的原因是它们对美国社会产生了持久的影响。这些迥然不同的法律还有什么其他的共同之

处呢？在只有15个样本的情况下做笼统的概括，难免有以偏概全的风险；尽管如此，这些具有里程碑意义的法律仍具有一些令人关注的共同特点。

一些共同特点

总统的参与

在这些具有里程碑意义的法律中，其中一些有总统的深入参与。富兰克林·罗斯福极力推动社会保障立法的通过，并视该立法的颁布为他取得的最重要成就之一。正如历史学家小亚瑟·M.施莱辛格所指出的，富兰克林·罗斯福是支持建立社保的“唯一的国家政治领袖”。[1]林登·约翰逊为《民权法案》和《选举权法案》投入大量的心血。他的参与，特别是在《民权法案》被阻挠议事期间，大部分都是在幕后的。而参议院领导人，特别是休伯特·汉弗莱，在国会中承担了重要责任。约翰逊在塞尔马、亚拉巴马州危机之后的迅速行动，促使《选举权法案》中的严厉执行条款获得通过。

然而，这15部法律中也有一些法律，总统的参与非常有限。富兰克林·皮尔斯不情愿地支持《堪萨斯-内布拉斯加法案》，同意1820年的《密苏里妥协案》应当被推翻，帮助重新揭开了关于奴隶制和领土的溃烂的旧伤。在1862年国会议期最激烈的阶段，亚伯拉罕·林肯深切地关注日益恶化的战争局势和据称占优势的北方联邦军遭受的早期失利。但林肯对两部具有里程碑意义的法律——《宅地法》和《莫里尔赠地学院法案》——没有发挥任何作用。伍德罗·威尔逊在担任总统的前六年坚定地认为，妇女的选举权应该通过各州，而不是通过联邦宪法修正案获得。1918年年初，随着战火席卷欧洲，威尔逊公开支持国家对妇女的选举权采取行动，令所有人大感意外，他主张这一修正案对于战备是“至关重要的”。

富兰克林·罗斯福也没有在《国家劳动关系法案》的制定过程中发挥太大作用。只是在国会即将完成该法案的工作时，罗斯福公开表示支持，并向公众保证，这是他“必须通过”的立法的一部分。德怀特·艾森豪威尔渴望创建州际公路系统，并在全国州长协会的会议上概述了他的计划。不过，他将推动这部立法的大部分责任委派给了他的工作人员。令人遗憾的是，他的助理们有时在这个问题上缺乏最好的政治判断。1970 年 1 月 1 日，此前一直对环保问题没有表现出什么兴趣的理查德·尼克松突然成为焦点，他签署了《国家环境政策法案》，并宣称 20 世纪 70 年代为“环保十年”。他成功地从潜在的总统竞争者埃德蒙·马斯基和亨利·杰克逊那里窃取了政治风头，但尼克松对环保的热情很快就消失了。

速战速决和长期鏖战

1787 年春末，参加联邦国会的剩余 18 位代表迅速完成了他们在《西北法令》方面的工作，并且在 7 月 11 日，内森·戴恩将极为重要的反奴隶制条款偷偷塞进该立法中；很快，整部法案获得全体一致通过。受到拿破仑本人强行设置的 6 个月限期的推动，路易斯安那购地条约的批准只花了两个星期。文件从巴黎到纽约，然后到华盛顿，就花了两个多月的时间。杰斐逊召集国会召开紧急会议，并将这一信息传递到全国各个角落，又进一步花费了宝贵的时间。但参议院 10 月底就批准了该条约，成功地赶在了截止日期之前，且尚有数天剩余。由于担心饱受战争蹂躏的欧洲会在经济和政治上崩溃，“马歇尔计划”迅速获得通过。英国人无法再为希腊和土耳其提供支持，很明显美国必须介入，而它通过迅速颁布这个空前的援助方案成功地做到了这点。最后，《国家环境政策法案》乘着全民关注环境恶化问题的浪潮迅速获得通过，几乎没有人持反对意见，并且对其长期影响了解甚少。

另一方面，一些立法则经过了漫长的“妊娠期”。其中历时最长的是争取妇女选举权的战斗。正如卡丽·查普曼·卡特哀叹的，经历了 52 年的政治斗争、480 次州级别的运动和连续 19 届的国会战斗后，这部宪法修正案才最终获得通过。批准非常迅速，但不乏尖锐的斗争和种种挫折。《宅地法》和《莫里尔赠地学院法案》都在批准前几十年就已经提出了，但一直被否决或遭遇总统的否决。当南方民主党人不再阻碍立法时，共和党立法者成功地在非凡的 1862 年议期中颁布这些及其他重要的立法。争取医疗保险的斗争也是一个相当漫长的过程，最早是 1948 年争取国民健康保险的战斗，最后随着 1960 年约翰·F. 肯尼迪当选而集结起势头。1964 年，林登·约翰逊（医疗保险的支持者）压倒性地击败巴里·戈德华特（医疗保险的直言不讳的反对者），这终于使有权势的主席威尔伯·米尔斯确信制定该立法的时机已经成熟。1957 年和 1960 年发生激烈的民权立法斗争，最终以《民权法案》和《选举权法案》的颁布达到高潮。

公众舆论的推动

受公众舆论推动最大的法律可能当属《国家环境政策法案》。1969 年，受到圣巴巴拉市近海石油泄漏和凯霍加河克利夫兰段的大火事件的刺激，公众对环境问题的兴趣大增。当时，超过 200 部与环境有关的立法被提交至国会，《国家环境政策法案》获得了公众的极大支持。《民权法案》和《选举权法案》受到了民权抗议运动、选民登记运动中勇敢的积极分子，以及要求变革的北方公众意见的激励。在本书研究的所有法律中，宗教领袖和草根运动在支持民权改革中发挥了重要作用。

20 世纪 50 年代初，民众要求联邦政府对公路交通运输系统有所作为的呼声日益高涨，这种要求促使《联邦援助公路法案》（即广为人知的《州际公路法案》）在1956年获得通过。20世纪60年代初期，特别是1964年总统大选之后，公民要求联邦政府对不断上涨的医疗服务费用做点什么，任何事情都可以。因为这种情绪不断高涨，最终《医疗保险法案》颁布。

国会中的大战

397 几乎所有这些具有里程碑意义的法律都在国会中引发了紧张和反对，其中两部法律引发了尤为激烈的斗争。而最具争议的斗争可能当属1854年《堪萨斯-内布拉斯加法案》审议期间发生的斗争。自由之土党的立法者发表了措辞尖刻辛辣的“呼吁”，指责斯蒂芬·道格拉斯因再度掀起不断恶化的奴隶制和领土问题而犯有“叛变罪”。愤怒的呼喊和威胁、报复的誓言以及持续不断的怨恨充斥其中。该立法及其相关的争议使得民主党产生了地域性的分裂，并且摧毁了辉格党。

在这本书的引言中，读者亲身感受了围绕阻挠《民权法案》通过的冗长发言而展开的激烈斗争。国会的南方领袖寄希望于拖入延期与国会程序的循环，希望能够通过冗长发言使该议案不能通过，希望国会因为急于转移到较少争议的议题，会在本会期放弃该立法。

然而，特别的是，有两部法律只在国会遭到有限的反对就获得通过了。“马歇尔计划”立法（《经济合作法案》）虽然遭到过一些激烈的反对意见，但在众议院和参议院分别获得了84%和90%的选票支持。欧洲即将面临崩溃的危险是显而易见的，并且在这一不同寻常的时期，外交决策得到两党的支持，而且还有来自国务卿马歇尔的严正警告，该立法迅速成为法律。1969年，国会乘上了公众要求环保的热潮。突然间，涌现出了数百部立法，几乎每位国会议员都声称自己是“重生的”环保主义者。众议院以压倒性的优势通过《国家环境政策法案》，参议院以口头表决的形式通过了该法案。

党派占压倒性的多数

这些具有里程碑意义的法律有一个引人注目的方面：这 15 部法律中有 7 部在制定时，一个政党在国会中占主导地位，且总统也出自同一个政党。虽然亚伯拉罕·林肯不是《宅地法》或《莫里尔法案》制定过程中的主要因素，但是第 37 届国会（1861—1862）由共和党人主宰，南方的民主党反对派已经返回家乡，国会得以成功地通过一系列非凡的立法。第 74 届国会（1935—1936）由民主党人掌控，而且白宫的主人也是民主党人，因而它能够在 6 个星期之内相继通过《国家劳动关系法》和《社会保障法》。民主党人在第 88 届国会（1963—1964）中成功占据多数席位，并且在第 89 届国会（1965—1966）增加了他们的优势。但数字是会骗人的：其中许多民主党人来自南方，且几乎每一位南方立法者都反对《民权法案》和《选举权法案》。林登·约翰逊施加压力，民主党国会领袖回应以决心和罕见的纪律性，但最终非南方民主党人得到了共和党温和派的帮助，他们一起才组成了足以成事的多数席位。在 1964 年 11 月选举中，民主党人获得压倒性的多数席位，从而确保《医疗保险法案》获得通过。

利益集团与这些法律

如果没有全国性的和草根妇女选举组织长期坚持不懈的努力，给予妇女选举权的第十九修正案可能会远离国会的雷达屏幕许多年。《退伍军人权利法案》在很大程度上归功于美国退伍军人协会，该协会实际上起草了这部法律，并主张国会向美国大兵和美国女兵提供他们应得的东西。虽然许多利益集团，从国会到艾森豪威尔政府，都想要建立全国性的州际公路系统，由公路建筑公司、汽车制造商、汽油和橡胶生产商以及其他与汽车运输相关团体所组成的“公路帮”特别热心地支持该法律。

然而，一些利益集团却莫名其妙地“错失良机”。最大的代表工人的组织——美国劳工联合会，在来自纽约州的罗伯特 · F. 瓦格纳参议员和国会制定《国家劳动关系法案》时袖手旁观。国家退休教师协会—美国退休人士协会（现在的美国退休人员协会）组织在早期的时候也没有参与争取医疗保险的政策斗争。一个主要由劳工组织资助的专门组织——全国老年人委员会——是草根支持的主要渠道。同样，似乎没有一个老牌的环保组织对制定《国家环境政策法案》感兴趣或参与其中。

其他组织则大力反对具有里程碑意义的立法，但最终失败。全国制造商协会激烈反对《国家劳动关系法案》，美国医学会则竭力反对《医疗保险法案》。具有讽刺意味的是，今天的全国制造商协会的网站列出了该组织的活动的历史年表，温和地掩盖了其在 20 世纪 30 年代与工会和“新政”进行的斗争。曾如此激烈地反对《医疗保险法案》的美国医学会，也在 2007 年发起了耗资数百万美元的广告宣传活动，争取使该立法覆盖尚未被医疗保险覆盖的七分之一的美国人。

外部专家的作用

在 3 部法律的制定过程中，来自学术界的外部专家起到了重要作用。1851 年，伊利诺伊大学的乔纳森 · B. 特纳呼吁设立农业和机械学院；这个“特纳计划”被广泛地分发。伊利诺伊州州议会甚至敦促其在国会的议员推动一个联邦的版本。6 年后，即 1857 年，贾斯汀 · 莫里尔向国会提交了他的特纳计划的版本。

99 威斯康星大学的教员和毕业生在制定《社会保障法案》中发挥了显著作用。经济学教授约翰 · R. 康芒斯起草了一些最早的示范性失业立法。他的学生和门徒包括埃德温 · 威特和亚瑟 · 奥特迈耶，他们两人都是创建社会保障制度的关键人物。威斯康星大学的另一名毕业生威尔伯特 · J. 科恩则是起草医疗保险和医疗补助立法的重要参与者。

印第安纳大学的林顿·K. 考德威尔教授首先想到将环保作为公共政策分析的独特领域这个理念。在参议院的审议中，考德威尔担任顾问，并积极推动了伴随环境原则的一般声明的“强制行动机制”。这种机制转化为环境影响报告书，成为《国家环境政策法案》的核心组成部分。

种族问题的阴影

很显然，这些法律中的大部分都交织着种族和正义这两个问题。当内森·戴恩在《西北法令》中添加反奴隶制条款时，这部法律成为第一部在美国领土上禁止奴隶制的联邦法令。新英格兰地区的各州特别担心，一旦人们在路易斯安那准州定居下来，并从这个准州划分出新的蓄奴州，那么经济和政治权力的平衡就会转变为对他们不利。《堪萨斯–内布拉斯加法案》本应当为横贯大陆的铁路发展铺平道路，但相反却捅破了关于奴隶制和领土争论的马蜂窝。不到 6 年后，美国四分五裂。

《宅地法》和《莫里尔法案》在早期的立法会议中陷入困境，部分是因为种族和奴隶制的弦外之音。南方政客怀疑宅地这个想法，尽管数以千计贫穷的南方家庭可以从中受益。甚至当他们的南方同僚安德鲁·约翰逊拥护该立法时，他的声音被说成是“黑人共和党人”的声音而被淹没。当第二部《莫里尔法案》于 1890 年获得通过时，它为 17 个南方州和南北交界诸州开辟了道路，使得它们能够通过创建单独的黑人教育机构，从而有资格获得赠地学院资金。这些黑人教育机构中的大多数在早期只提供小学和中学教育。

反对妇女选举权的最激烈的声音来自南方各州。给予妇女选举权的推动力将打乱南方的权力结构。这可能会鼓励黑人男性，虽然他们在 40 年前就获得了宪法表面上赋予他们的选举权，并且这会使黑人女性与白人享有平等的社会地位。这对来自南方的一些参议员来说太难以忍受了，他们推动给予妇女选举权的修正案，但仅限于白人女性。

400 《退伍军人权利法案》也带有种族因素。其主要作者之一、众议院退伍军人委员会主席、来自密西西比州的众议员约翰·E. 兰金反对给予非裔美国人失业保险，也反对给予胆敢考虑去南方仅招收白人的学院或大学上学的黑人教育福利的任何可能性。

无疑，种族、正义和基本的民权，在制定《民权法案》和《选举权法案》的斗争中处于最前线。

变化和结局

随着20多年前在阿拉斯加州给予了最后一份联邦宅地所有权要求，《宅地法》基本上已经谢幕。《莫里尔赠地学院法案》在创建美国公共教育的过程中无疑是非常重要的，但是，由于现在农业在赠地院校的预算、教员、研究和学生中只占很小的一部分，它们必须把手伸向新的使命和挑战。《国家劳动关系法案》是保护工人和工会权利最重要的法律，且仍旧是奠基性的文件，但工会运动的力量已经大不如前，在许多州，只有不到10%的劳动力加入了工会。《社会保障法案》从一个福利适中、费用适中的中小型计划，发展成了一个更全面、更重要且费用高昂的计划。立法者在20世纪五六十年代有规律地提高社会保障的福利，扩大其覆盖范围，最终在70年代将福利与物价水平挂钩。社会保障与医疗保险这两个项目的影响、费用和重要性，在国内公共政策领域中是无可比拟的。美国国内最大的挑战无疑集中在如何继续支持这些项目，或如何迈向更好的解决方案。

为第二次世界大战退伍军人制定的《退伍军人权利法案》引出了为在朝鲜战争和越南战争中服役的退伍军人制定的立法，以及保护在后“9·11”军队中服役的男女士兵的最新立法。“马歇尔计划”帮助第二次世界大战后的西欧国家实现了经济上和政治上的稳定。那些想制定教育、健康、抗击艾滋病方面或其他许多事业领域“马歇尔计划”的议员和其他政治家充满感情地回忆起这些。

州际公路系统现在已经完成，但它现在面临维护和重建交通基础设施这个困难且费用高昂的挑战。明尼阿波利斯市州际公路大桥发生的致命坍塌，提醒了我们基础设施——不仅是州际公路体系中，而且特别是在全国各地的地面交通运输系统中——老化的潜在危机。

至于《国家环境政策法案》，环境影响报告书的承诺和影响已经被法庭的判决和国会的决议大大削弱了，它们规定了遵守该法律要求的例外和资格。

近年来的其他法律

在国会两年一届的会期中，大约会提交 10 000 部议案；其中大概只有 500 部或者说 4% 会成为法律。[2] 本书考察的最后一部具有里程碑意义 40
的立法是 40 年前制定的《国家环境政策法案》。自那之后，从理查德·尼克松执政的动荡时期到乔治·布什政府的式微岁月，就没有值得一提的法律了吗？事实上，我考虑过十几部法律，但最终决定不将其纳入，其中有两部特别值得我们关注的法案，它们最有可能被历史学家和政策制定者评为具有里程碑意义的法律。

如果有更多的篇幅介绍更多的立法，我本来会包括如下的立法。1965 年的《移民与国籍法》(Immigration and Nationality Act)，是“伟大社会”时期颁布的另一部法律，废除了原籍国配额制（national origins quotas），对非西半球国家的移民和西半球国家的移民实行不同的上限。这部法律也被称为 1965 年的《哈特–塞勒法案》(Hart-Cellar Act)，成为将移民从集中于欧洲转变为包括全世界的重要手段。从其颁布之日到 1995 年，已有超过 1800 多万名合法移民移居到美国，是此前 30 年移民数量的 3 倍。[3]《移民与国籍法》虽然经过多次修改，但仍然是目前移民政策的基础。

通过 1965 年颁布的《初等和中等教育法案》，联邦政府颠覆了长期以来不参与资助公立学校教育的政策。“我已签署的或将来签署的法律都不会比这部法律对美国的未来更有意义。”林登 · 约翰逊在 1965 年 4 月 11 日的签字仪式上致辞。纵观整个美国历史，关于联邦参与学校事务的角色，一直存在着激烈的政策上的斗争，特别是因为以下因素：联邦政府对教会或非教会学校的援助、种族和隔离、分配规则，以及对联邦干涉公共教育的担忧。[4]《初等和中等教育法案》已经向各州提供了数十亿美元的联邦援助，以帮助支持它们的小学和中学。《初等和中等教育法案》最新的版本出现于 2002 年，乔治 · W. 布什总统将后来众所周知的《不让一个孩子掉队法案》(No Child Left Behind Act) 签署成为法律。这部重要但富有争议的法律提供了超过 110 亿美元的联邦财政援助，资助目标是为低收入家庭儿童提供教育的公立学校，另外还提供了 100 亿美元用于教师招聘和培训等其他计划。

另一部重要法案是 1972 年颁布的《教育法修正案第九条》，它禁止在联邦资助的教育计划中存在性别歧视。虽然这部法律没有明确地针对下述领域，但它自颁布以来已经帮助彻底改变了各级妇女对体育和运动的参与，并为在其他各行各业奋斗的妇女和女孩带来了许多益处。自 2002 年以来，在其一位合著者去世后，这部法律就一直被称为《帕齐 · 明克教育机会平等法》(Patsy Mink Equal Opportunity in Education Act)。[5]

在第 97 届国会期间 (1981—1983)，即里根执政的头几年，最重要的立法是 1981 年颁布的《经济复兴税收法案》(Economic Recovery Tax)，它要求大量减免个人和企业的税收。它是里根试图削减税收、缩小联邦政府规模、建立供给侧经济学这一尚存疑问的理论的核心政策。该法案也被称为《肯普–罗斯减税法案》，得名于其主要作者——纽约州共和党众议员杰克 · F. 肯普 (Jack F. Kemp) 和特拉华州共和党参议员威廉 · V. 罗斯 (William V. Roth, Jr.)。许多共和党人视这种减税政策为“饿死野兽”的方式，即削减联邦官僚机构的税收收入，这样政府就没办法资助不必要的、奢侈浪费的项目。[6]但是，政府开支并未因该减税立法而被限制或妨碍。个人喜好项目、基本服务和无法控制的义务使得支出的水龙头大开。一个意想不到但又不可避免的结果是联邦政府年度赤字在里根时代大幅增加。

在乔治 · H. W. 布什担任总统期间（1989—1993），1990 年，第 101 届国会（1989—1991）颁布了《美国残疾人法案》（Americans with Disabilities Act），禁止在就业、公共服务和膳宿方面歧视残疾人。1990 年还颁布了《清洁空气法案修正案》，对烟雾和有毒气体的控制实施更严格的规定。国会相持了不下十年才制定了这一重要的妥协立法。

在克林顿的第一个总统任期内（1993—1997），国会于 1993 年颁布了《家庭和医疗休假法案》（Family and Medical Leave Act），要求企业在其员工生育孩子或领养孩子时提供最长可达 12 周的无薪假期。国会还于 1996 年颁布了《健康保险可携性与责任法案》（Health Insurance Portability and Accountability Act），为跳槽、失业或从事自由职业的劳动者提供“可携性”的健康保险。1996 年颁布的《个人责任和工作机会协调法案》（Personal Responsibility and Work Opportunity Reconciliation Act）带来了福利政策上的一个重大变革，结束了联邦对低收入母亲及其子女的支付现金福利的保障。虽然第 105 届国会（1997—1999）的大部分时间都消耗在了弹劾克林顿总统，但立法者还是制定了《21 世纪交通运输公平法》（1998 年），授权在 6 年内拨款近 2180 亿美元用于地面交通运输。

在乔治 · W. 布什担任总统期间（2001—2009），有数部法律引人注目。为了应对安然的倒闭和其他企业的不当行为，第 107 届国会（2001—2003）在 2002 年通过了《萨班斯–奥克斯利法案》（Sarbanes–Oxley Act），又名《公司欺诈责任法案》（Corporate Fraud Accountability Act），该法案制定或完善了处理对公开上市公司和会计师事务所的监管的法律。这部法律以其两位主要提案人——马里兰州民主党参议员保罗 · S. 萨班斯和俄亥俄州共和党众议员迈克尔 · G. 奥克斯利（Michael G. Oxley）——命名。接着国会又在 2002 年成立了国土安全部（Department of Homeland Security），将既有的 22 个联邦机构的许多执法程序移交给该机构。如上所述，这届国会还制定了《不让一个孩子掉队法案》。

在第 108 届国会期间（2003—2004），国会制定了《医疗保险处方药改进与现代化法》（Medicare Prescription Drug Improvement and Modernization Act），对医疗保险进行了历史上最大且最昂贵的彻底改革。国会还于 2005 年颁布了《安全、可靠、灵活的运输公平法案：留给用户的遗产》（Accountable, Flexible Transportation Equity Act: A Legacy for Users，SAFETEA-LU），额外提供超过 2850 亿美元用于地面交通运输基础设施的改善，它是一系列交通运输资助法案中最新的一部。

本书附录精选了近代以及整个美国历史中的其他法律。

下两部具有里程碑意义的法律

最近还颁布了两部引人注目的法律。这两部法律都是在匆忙中获得通过的，且推动它们通过的都是对未知的恐惧，最终它们都大大增强了行政部门的权力。在颁布这两部法律时，立法程序中通常的审议步骤、程序性步骤都被搁置一边。可以这么说，绝大多数国会议员只理解他们正在投票表决的议案的最模糊的大纲。我们将要研究它们对美国社会未来数十年的持续影响。第一部法律是在“9·11”恐怖袭击事件之后通过的《美国爱国者法案》，[7] 它在 2001 年 10 月获得压倒性的支持而颁布。第二部法律是在一场不可预知的全球金融危机的威胁之下通过的，即 2008 年 10 月初颁布的《紧急经济稳定法案》。

《爱国者法案》

《爱国者法案》在颁布之时被描述为“或许是美国历史上最长、最广泛、最概括的立法”。[8] 这部长达 342 页的法案在 2001 年 10 月 26 日被签署成为法律，此时距离“9・11”恐怖袭击事件仅过去 6 个星期，距离其被提交至国会仅过去 3 天。国会和总统都承受着巨大的压力，要采取措施，最终的结果是这部有争议的立法大大增强了政府行政部门的权威和权力。

在恐怖袭击发生后的第二天上午，助理司法部长韦亚特・丁（Viet Dinh）召集司法部的律师和政策专家审查有关监视和安保的联邦法律。正如《华盛顿邮报》记者小罗伯特・欧哈洛（Robert O’Harrow, Jr.）所评论的，在接下来的 6 周时间里，“在国民团结和两党合作的粉饰下，华盛顿领导人就政府应当以国家安全的名义攫取多少新的权力展开了激烈而秘密的争论。他们正在努力对付的不仅是对更多恐怖袭击的恐惧，还有令人毛骨悚然的回忆：冷战‘赤色分子’迫害、J. 埃德加・胡佛的诽谤活动以及水门事件时期的窃听”。[9]

国会在早年就已经限制了行政权力参与国内监视。1978 年，吉米・卡特总统将《外国情报监视法案》（Foreign Intelligence Surveillance Act，FISA）签署成为法律。该法案界定了联邦政府的广泛监督权，但也对其权力设定了明确的限制。1968 年的《综合犯罪控制与街道安全法》（Omnibus Crime Control and Safe Streets Act）第 3 条管控了电子监听，2000 年的《电子通信隐私法》（Electronic Communications Privacy Act）颁布了所谓的“笔式记录器和捕获追踪装置”条款。

现在，由于急于制定反恐立法，这些条款将被废除。长期主张公民自由者，比如外交关系委员会（Council on Foreign Relations）的莫顿・霍尔珀林（Morton Halperin）和民主与技术中心（Center for Democracy and Technology）的詹姆斯・X. 登普西（James X. Dempsey），担心国会将赋予政府巨大的新权力，公民自由保护将被毁掉。[10] 电子隐私信息中心（Electronic Privacy Information Center）的霍尔珀林、登普西和马克・罗滕伯格（Marc Rotenberg）起草了一份宣言——《在危机时刻捍卫自由》（In

Defense of Freedom at a Time of Crisis），来自 150 多个不同团体的代表在上面签字，从公民自由支持者到枪支拥有者协会，警告《爱国者法案》僭越权力。[11] 在参议院，辩论的焦点是参议院司法委员会主席、来自佛蒙特州的民主党人帕特里克·J. 莱希（Patrick J. Leahy），他是公民自由的长期倡导者，他也呼吁谨慎行事，警告他的同僚和政府不要急于制定不明智的法律。

批评者回忆起联邦调查局反情报部门在一个名为“反间谍计划”（counter-in-telligence program，COINTELPRO）的计划中滥用职权。该计划试图动摇政治活动家的地位，并试图有计划地破坏小马丁·路德·金等人的声誉。20 世纪 70 年代中期，丘奇委员会——以其主席、爱达荷州民主党参议员弗兰克·F. 丘奇（Frank F. Church）的名字命名——揭发了针对宗教组织、政治家、女权倡导者和反战组织展开的大范围的国内间谍行动。[12]

政治学家芭芭拉·辛克莱（Barbara Sinclair）记述了 2000 年的立法过程，认为国会中的“非正统”程序已经越来越多地被使用。[13] 无疑，《爱国者法案》和《紧急经济稳定法案》的情况正是如此，这两部法案在制定时都无视了正规的立法程序。

《爱国者法案》的国会商定版本被搁置在旁，白宫和总检察长约翰·阿什克罗夫特（John Ashcroft）坚持用政府支持的议案版本取而代之，且不得被修改，这个版本在一周之内获得通过。

《爱国者法案》匆匆获得通过：除了司法部长自己的工作人员以外，没有任何联邦机构审查，没有任何公开听证会，没有委员会审议，在议院中也几乎没有讨论，没有会议报告。[14] 该立法的最终版本直到投票前几分钟才被送达议员们的桌子上。没有任何一位国会议员有机会完整阅读、理解甚至质疑这部极为重要的立法的内容。

《爱国者法案》共包括 10 个章节，几乎全部是布什总统和司法部长阿什克罗夫特及其团队想要的。（1）为执法和反恐目的，赋予联邦政府更广泛的权力以拦截恐怖分子的通讯。（2）同样，联邦政府根据反洗钱法律和法规获得了更多的权力，以杜绝恐怖分子获得资金的渠道。（3）该法律加 40
强控制国际边境，使外国恐怖分子更难进入美国，使联邦政府更容易驱逐恐怖分子。（4）颁布新的联邦罪名，如全面禁止对公共交通的恐怖袭击。最后，（5）对现有的反恐法律做了一些改变。[15]

参议员莱希和得克萨斯州共和党众议员理查德·K. 阿米（Richard K. Armey）添加了一些条款，以保护对电子邮件信息和大陪审团披露的监视。阿米还坚持添加日落条款（sunset provisions），从而整部立法必须在四年后被提交以重新获得授权。

参议院以 98 比 1 的投票结果轻松通过了《爱国者法案》，只有威斯康星州民主党参议员罗素·范戈尔德（Russell Feingold）强烈反对。众议院也以 357 比 66 的巨大优势通过了该法案，绝大多数反对票来自民主党议员。

在使美国更加安全、免受恐怖主义活动危害的过程中，《爱国者法案》对美国社会，特别是航空旅行、移民、高等教育、图书馆、银行和科学研究产生了深远的影响。[16]

2006 年 3 月，《爱国者法案》重新获得授权，但是这一次它遭受了激烈的辩论、阻挠议事的威胁、对民主党人一直被禁止参加协商会议的指控、两次临时的延期，以及参众两院最终相当接近的投票结果。重新授权的一揽子计划使得原来的 14 项条款变为永久条款，两项条款变为日落条款，并做了一些修改。

不论《爱国者法案》的制定过程多么难看，国会还是得到了公众压倒性的支持。民众在《爱国者法案》颁布时给予了强烈的支持，5 年后，2006 年 1 月，美国有线电视新闻网（CNN）/《今日美国》/ 盖洛普民意测验的一份报告显示，只有 7% 的美国人认为应该撤销该法案。还有相当确凿的证据表明大多数美国人并不知道该法案包含哪些条款。[17]

2007 年 3 月，国会向白宫和司法部送交了一份措辞激烈的两党支持的信息，将删除《2005年爱国者改进和再授权法案》（Patriot Improvement and Reauthorization Act of 2005）中一项几乎无人注意的条款。民主党加利福尼亚州参议员黛安娜·范斯坦（Dianne Feinstein）指责该条款是在协商会议期间添加的，没有知会任何参议员——无论是共和党人还是民主党人。该法令授权总检察长能够在无需通常的参议院批准的情况下更换美国检察官。在解雇了8位美国检察官之后，国会不愿意给行政部门授予更多的权力。[18]

《爱国者法案》极大地增加了联邦执法的权力；然而，它是否对制止恐怖主义活动和防止另一起“9·11”事件起到了重要作用，目前尚无定论。

《2008年紧急经济稳定法案》

06 毫无疑问，警告一直存在：次级抵押贷款的崩溃早在一年多前就非常明显了。2008年3月，联邦政府在贝尔斯登投资公司崩溃之后提供了290亿美元的信贷；5月份，政府回报给纳税人一项价值1680亿美元的经济刺激一揽子计划；9月6日，联邦政府接管了两家巨型美国抵押贷款公司房利美和房地美（Fannie Mae and Freddie Mac），承诺注资数千亿美元。

接着，2008年9月12日星期五下午6点，在纽约金融市场刚刚结束本周的交易后，华尔街30位高管被召集到纽约联邦储备银行总部。在那里会见他们的是财政部长亨利·M.保尔森（Henry M. Paulson, Jr.）和美联储主席本·S.伯南克（Ben S. Bernanke）。这些金融家被直言不讳地告知：雷曼兄弟已濒临破产，下一个可能轮到美林证券公司。保尔森和伯南克强调，政府不会救市，华尔街这两个备受尊敬的标志性的公司只能依靠它们自己。这30名高管也被告知：“明早回来，准备做点什么。”

在星期六的这场“高筹码赌局”中，政府兑现了自己的承诺，拒绝出手拯救雷曼兄弟，但是美国银行伸出援手并收购了美林。星期天，政府召集举行了一场长达4小时的特别交易时段帮助雷曼兄弟平仓其交易，它被一名交易员形容为“极为混乱”。接着美国最大的保险公司之一美国国际集团（AIG）要求联邦政府拨出400亿美元的过桥贷款以渡过难关。星期一，雷曼兄弟宣布破产。接着政府在9月16日以850亿美元（后来变成1430亿美元）的联邦储备银行贷款接管了美国国际集团80%的股份。

接着出现了最大笔的援助资金请求：高达7000亿美元的经济援助。在过去数个月中，由财政部专家组成的一个小型团队一直在秘密地制订救助计划；现在该计划即将揭开面纱。[19] 9月18日，星期四晚上，伯南克和保尔森向聚集在众议院议长、来自加利福尼亚州的民主党人南希·佩洛西（Nancy Pelosi）办公室的国会领袖们宣布了沉重的消息。在10分钟的时间里，伯南克讲述了美国甚至是世界范围内可能出现的情况：金融末日，除非国会迅速采取有力的行动。前景是如此严重和可怕，以致伯南克让立法者发誓对其中一些潜在影响保守秘密。[20]

总统竞选活动很快牵涉进来，亚利桑那州共和党参议员约翰·麦凯恩（John McCain）突然中止了竞选活动，并谈到取消与伊利诺伊州民主党参议员巴拉克·奥巴马在第二天晚上的第一场总统辩论，并飞往华盛顿，誓言要控制这次危机。但麦凯恩的努力毫无成效。布什总统召集麦凯恩和奥巴马与他进行会面。在行政当局概述其计划时，这两位总统候选人面无表情且一言不发地坐在内阁会议厅中。

9月24日，星期三晚上，布什总统发表了一年多来首次黄金时段的电视讲话。“我们的整个经济正处于危险之中，”总统警告说，并指出“美国可能陷入金融恐慌”。布什向全体国民发表演说，试图简单明了地说明如果国会不采取行动批准7000亿美元的救市计划，美国将面临怎样的危机。“最终，我们的国家可能会经历漫长而痛苦的衰退，”他警告说，“同胞们，我们一定不能让这种情况发生。”

但是，对于这个现在被冠以“华尔街救市计划”之名的计划，公众当时的反应是激烈、迅速而愤怒的。广播谈话节目、博客，特别是给国会办公室打电话的人充满了不满、愤怒和不信任，担心紧急财政援助只会帮助贪婪、想投机发财的华尔街金融家，或者那些企图购买自己负担不起的房子的不知情或寡廉鲜耻的人。人们源源不断地给众议院发去愤怒的电子邮件，以至于其电子邮件系统由于超负荷而崩溃了。

最终，星期天晚上，在亚洲市场星期一上午开盘的几个小时之前，该议案被起草出来。出乎华盛顿和金融市场的许多人意料的是，众议院以228票反对比205票赞成否决了该立法，许多保守派共和党人和一些自由派民主党人投了反对票。来自得克萨斯州的共和党人杰布·亨萨灵（Jeb Hensarling）是共和党内顽固保守份子的领袖，他公然发难，称立法为“通往社会主义的不归路”。随着“否决”不断积聚，该法案看起来大概率要被否决，股票市场恐慌了。“市场下跌了超过600点——700点，800点？到底要怎么办？”共和党党鞭、来自纽约州的约瑟夫·克劳利（Joseph Crowley）歇斯底里地尖叫道。事实上，纽约证券交易所的道琼斯工业平均指数当天下跌了777点，是自大萧条以来的最大单日跌幅。仅这一天损失的价值就超过了伊拉克和阿富汗战争到当时为止的总费用。[21]共和党领袖，如克劳利，希望把不情愿的同僚们关起来并说服他们改变投票，但是他们中的许多人迅速离开众议院会议厅，前往他们的办公室或机场。[22]

在众议院投票表决之后，美国商会——它通常是投票反对这一议案的许多保守派共和党人的盟友——立即向不情愿的立法者发出了一封威胁性的电子邮件：“不要搞错了：当国会不作为的后果变得清晰的时候，美国人民将不会宽恕那些袖手旁观让灾难发生的人。”[23]

这部立法是很难让人接受的。在毫无征兆的情况下，这部议案由支持率达到历史性低点的政府（特别是总统）提出，要求国会批准有史以来数额最大的一笔资助，它直接与自由市场、不干涉的保守意识形态背道而驰，被愤怒的公众视为只不过是给富人和贪婪者的公司福利，无法确保该立法能够弥补信贷紧缩的问题。而另一方面，白宫、财政部和商界领袖不断发出骇人的警告：该立法必须尽快颁布，否则美国在世界的地位就会崩溃。国会的许多议员感觉被枪顶着脑袋；与此同时，在他们的脚下，愤怒的选民点燃了熊熊的抗议火焰。在总统的跛脚鸭任期即将结束、距离他们自己的改选如此接近的时候，没有一位议员想面对这类难以应对的政策选择。

在众议院否决这部议案的第一版后，参议院却以压倒性的优势通过了该议案，但是参议院在通过它时增加了“甜头”，以使得摇摆不定的同僚们更愿意接受。10月3日，星期五，政府要求该立法必须获得通过的一个星期后，众议院做出回应，以263票赞成比171票反对的投票结果通过了这个7000亿美元的一揽子计划，另外还有1490亿美元的减税和特别优惠。最后，为了帮助拉拢不情愿的同僚，国会添加了与紧急财政援助问题毫无关系的其他“填料”：全国运动汽车竞赛协会（National Association of Stock Car Auto Racing，NASCAR）赛道建筑商的税收减免（1.09亿美元），不增加替代性最低税额（620亿美元），促进替代能源的奖励（170亿美元），援助波多黎各和维尔京群岛的朗姆酒厂家（1.92亿美元），等等。它真正成了“所有紧急援助之母”。它最初只不过是部长保尔森办公室提出的长达3页的建议，在两个星期后，摇身变成布什总统匆忙签署成为法律的长达340页的立法。然而，在当天收盘的时候，股市再次暴跌。

这部高达7000亿美元（还是8500亿美元？）的紧急救助立法将稳定市场，解冻信贷，恢复人们对美国和国际金融市场的信心？或这只是冰山一角，对全球的金融影响仍然是未知？10月初，各国财政部长在华盛顿会晤，并计划协调努力以支撑信贷市场。保尔森部长在9月曾反对联邦政府接收银行业股份的想法。但是布什政府采取了历史性的、史无前例的举动。10月中旬，政府推翻了该决定，将美国九大银行部分国有化，向它们注资2500亿美元。此举造成的直接影响是道琼斯工业平均指数创下了最大单日百分比升幅——11%，扭转了一周前发生的一些巨大亏损。

无论结果如何，银行业的部分国有化及这个不同寻常的立法在国会快速获得通过，它引发了如此强烈的反对和愤怒，象征着美国历史上一个真正的分水岭。罗纳德·里根对“市场的奇迹”，即依赖私人资本主义的力量和冲动，赢家得到回报，输家则必须更加努力的乐观信念遇到了金融崩溃这个严酷的现实。这是一个新的现实，只有联邦政府的干预才能减轻损失。众议院金融服务委员会（House Financial Services Committee）主席、马萨诸塞州民主党众议员巴尼·弗兰克（Barney Frank）是该立法的关键人物，他总结了这个进退两难的局面：“私营经济让我们陷入了这场乱局，政府必须让我们从泥潭中抽身。”[24]

409 这部紧急救助法案和部分国有化银行是否会起作用，金融和经济界最聪明的头脑也无从得知。

接下来还会有什么法律

每一年，国会和白宫都面临着起草公共政策和制定法律的各种挑战。然而，近年来，国会陷入了激烈的党派之争，因而成就甚微。哈里·杜鲁门曾经激烈攻击第 80 届国会（1947—1948），称其为“无为国会”（Do-Nothing Congress）。但是，国会学者诺曼·J. 奥恩斯坦（Norman J. Ornstein）最近问道：“哈里·杜鲁门会如何评价第 109 届国会呢？哈里·杜鲁门会向第 80 届国会道歉。”[25] 2005—2006 年的国会会期是 40 多年以来开会天数最少的会期，几乎没有取得什么立法成果。当民主党人在第 110 届国会期间（2007—2008）接手国会时，他们的领袖和支持者对其寄予了厚望。但是，由于党派的席位差距是如此微弱，特别是在参议院，最终结果是相比之前国会的糟糕表现，它仍然乏善可陈。

正如美国退休者协会主席威廉·诺维利（William Novelli）在本章篇首

所言，无论哪个党派占据多数席位，国会似乎都会陷入僵局。随着无止境地陷入僵局，国会无法颁布人民急需的立法。

美国退休者协会在其网站上宣称美国人民应该“要求这样一个世界：我们推选的官员停止争吵并共同合作”，“与数百万美国人齐心协力，这些美国人厌倦了阻碍他们获得可负担的、优质的医疗保健和长期的金融安全的华盛顿僵局”。这一呼吁与一个域名为DividedWeFail.org（分裂则失败）的网站相联系，该网站的赞助者为美国退休者协会、商业圆桌会议、服务业员工国际联盟（Business Roundtable，SEIU）和全美独立企业联盟（National Federation of Independent Business，NFIB），它们组成了一个看上去不太可能的联盟，其吉祥物是一头紫色（不是红色或蓝色）像驴的大象。DividedWeFail的目标是打破僵局。

立法僵局并非新鲜事。像大卫·梅休（David Mayhew）和萨拉·A. 宾德（Sarah A. Binder）这样的国会学者已经研究僵局的原因和影响长达几十年。[26] 新近的学者托马斯·E. 曼恩（Thomas E. Mann）和诺曼·J. 奥恩斯坦将国会描述为政府的“断裂的分支”。[27] 他们写道：“过去20年来，我们对国会的进程感到越来越沮丧。”起初，拥有立法权长达35年的民主党人自大傲慢，而一直处于少数党地位的受挫的共和党发出尖锐的批评。但是，曼恩和奥恩斯坦写道，共和党人在1995年执掌国会后并没有做得更好。在新世纪里，任何一方都无法持有绝对多数的席位，党派偏见变得更加尖锐，问责制和道德行为被漠然置之，国会山的气氛变得“紧张不安且毫无建设性”。[28]

国会根本不是一个愉快的工作场所：跨越过道的友谊、合作和礼让早已消失得无影无踪了。著者在20世纪80年代后期曾担任过一位国会议员的高级职员3年时间，当时就认为国会是一个艰难且不友好的地方。但相比90年代和一直持续到21世纪初的有毒氛围，20世纪80年代看上去不过是立法史中相对风平浪静的篇章。 41

但是正如本书所描述的许多斗争一样，礼让、信任和合作，尽管非常受人欢迎，但并非制定伟大立法的必不可少的要素。政治领导能力、想象力、毅力和坚持不懈，同样是非常重要的。

本书的最后一些段落是在奥巴马就职成为美国第 44 任总统且民主党在国会选举中取得重大胜利之后写的。第 111 届国会（2009—2010）的众议院拥有 262 位民主党人、178 位共和党人和 1 个席位空缺，参议院拥有 56 位民主党人、41 位共和党人和 2 位独立人士（他们参与民主党的党团会议），1 个席位仍然在争夺中。这不是第 89 届国会（1965—1966）、第 74 届国会（1935—1936）或第 37 届国会（1861—1862）中出现的压倒性多数席位。但是，如果民主党人能够团结一致，且不因意识形态上的原因而分裂，那么党派的优势无疑足以使民主党人获得胜利。这是自 1994 年以来首次出现民主党总统将与国会参众两院占据多数席位的民主党议员合作的情况。奥巴马总统承诺将与共和党人合作，制定两党支持的解决方案，但立法的严酷现实无疑会检验两党合作的崇高理念。

他们面临着艰巨的挑战：经济危机，巨额的赤字支出，联邦政府承诺的至少 7.8 万亿美元的贷款、投资和担保，以及立法和行政疏忽导致的遗留问题。

下一部塑造美国的法律会是什么呢？数千亿美元甚至一万亿美元将被借用，仅仅是为了重振美国摇摇欲坠的经济。还会剩下多少资金用于其他急需的计划呢？社会保障和医疗保险这两部具有里程碑意义的立法毫无疑问恳求着国会和白宫的关注，以使得它们在长期范围内有偿付能力或者调整它们的基本政策目标。非医疗保险的卫生系统的危机同样也急需解决方案。国会、白宫和盘根错节的利益相关者是否具有想象力、动力和毅力来制订一部国民医疗保健一揽子计划——一部 1948 年和 1993 年都未能通过的立法？

从理查德·尼克松时代到现在，总统和立法者一直反对美国对外国石油资源的依赖，但是在过去 40 年中，外国进口石油所占的百分比却一直稳步增长。几十年来，美国因为依靠易于获得且相对便宜的能源已经蓬勃发展起来。但那个时代已经结束，当前我们需要面对的是艰苦、高成本且困难的选择（以及一些有趣的机会），可能会牵涉生活方式和期望的根本改变。* 国会议员和白宫能够再一次具备应对这些挑战的力量吗？

在本书的最后，我简单地展望一下我们最吸引人和困难的政策挑战之一：全球变暖的现实。1988 年 6 月下旬，美国宇航局的科学家詹姆斯 · E. 汉森（James E. Hansen）在参议院能源和自然资源委员会前做证，向立法者强有力地警告了全球变暖这一迫在眉睫的威胁。华盛顿当天闷热得令人喘不过气，德克森参议院办公大楼（Dirksen Senate Office Building）里的空调又刚好发生故障，立法者、工作人员和证人们穿着短袖，不停地出汗。尽管如此不适，这一天却是历史性的一天：一位备受尊敬的资深科学家对国会当时几乎无人明白的威胁敲响了警钟。在汉森这次做证之前，"全球气候变化并未出现在政治议程上。它只是少数环保主义者和少数政治家……谈论的事情"。环保组织世界资源研究所（World Resources Institute）主席乔纳森 · 赖什（Jonathan Lash）评论。[29] 1988 年 8 月，当时正在竞选总统的副总统乔治 · H. W. 布什呼吁召开了一个早期的国际会议，以讨论温室气体和臭氧层破坏的问题。

19 年之后，2007 年，前副总统小阿尔 · 戈尔与联合国政府间气候变化专门委员会（United Nations Intergovernmental Panel on Climate Change）共同获得了诺贝尔和平奖。戈尔自从 2000 年竞选总统失败以来，花了大量时间研究全球变暖问题，他制作了一个幻灯片报告，向 2000 多名观众展示，并使其成为奥斯卡获奖纪录片——《难以忽视的真相》（*Inconvenient Truth*）的基础。[30]

然而，从汉森发表证词一直到戈尔的纪录片获奖，国会始终没有通

* 2008 年以来，美国的石油产量稳步上升，翻了一番多，尤其是随着页岩油开采技术的成功，美国在 2018 年年底超越俄罗斯和沙特阿拉伯，成为全球最大的原油生产国且首次成为石油净出口国。

过任何要求削减温室气体排放量的重要法律。事实上，在这段时间里，美国的二氧化碳总排放量已经上升了 18%。[31] 最有可能通过的气候变化立法是康涅狄格州无党派参议员约瑟夫 · I. 利伯曼（Joseph I. Lieberman）和弗吉尼亚州共和党参议员约翰 · W. 沃纳（John W. Warner）起草的总量管制与排放交易议案（cap-and-trade bill）。但是，这部立法的发起者在意识到它无法克服大概率会出现的冗长发言后，于 2008 年 6 月从参议院将其撤回。

这令来自俄克拉何马州的共和党人詹姆斯 · M. 因霍夫非常高兴，这位参议员曾称全球变暖是“有史以来强加给美国人民的最大骗局”。因霍夫将《利伯曼–沃纳议案》的失败视为美国人民不听信汉森和他同伙的证据。“自 20 世纪 80 年代以来，汉森、戈尔和媒体一直在鼓吹人造气候灾难。但美国人并不买账。”[32] 然而，大多数美国人了解了与全球变暖相关的挑战，而且越来越感到忧虑。[33]

布什执掌的白宫有不同的议程。2007 年年初，众议院一个委员会听取了政府科学家的意见，他们抱怨白宫施压强调全球气候变化的不确定性。然后在 2007 年 10 月，美国疾病预防控制中心（Centers for Disease Control and Prevention，CDC）主任朱莉 · 格贝尔丁博士（Dr. Julie Gerberding）在参议院环境与公共事业委员会前发表了有关全球变暖对健康影响的证词。
412 据疾病预防控制中心一位科学家的说法，她早期的草稿包含了潜在健康风险的具体例子，但是被行政管理和预算局（也许是环境质量委员会）“阉割”了。整个章节都被删除，以给出白宫所谓的关于全球变暖主题的“平衡视角”。[34]

全球气候变化是决策者面临的最大挑战之一。其中的变数是如此之大，补救的花费是未知的，但可能大得惊人，而回报却是不确定的，风险也尚未完全确定。国际合作是至关重要的，有时需要把国家的目标和意愿放在第二位，甚至压制国家的主权观念。

当前这些公共政策领域所面临的各种挑战像气候变化一样非常艰巨且令人却步。它们需要受过专门训练的、有想象力的政策制定者和政治领袖利用他们的谈判技巧和政治力量。它们是艰巨的任务，但并非不可逾越。

我希望我能有幸写作这本书的第二版，在其中讲述国会和总统如何成功地制定出关于国家医疗保健、能源转型或全球变暖的立法的故事，为塑造美国的法律增加另一个里程碑。

附录

其他重要法律

413 我在写作本书时考虑了许多其他的法律，它们作为重要的法律和公共政策也非常值得我们关注。附录按照时间顺序一一列出了这些立法以及若干条约和宪法修正案，时间跨度为从第 1 届到第 110 届国会（1789—2008）。出现在这一章节的这些法律在许多情况下或者是塑造美国的这 15 部法律的先驱，或者是其后续立法。[1]

建国之初至 1829 年

从乔治·华盛顿担任总统（1789—1797）到约翰·昆西·亚当斯执政（1825—1829），国会共召开了 22 届会议。大多数重要立法都是在 1789 年至 1791 年形成并颁布的。第 1 届国会召开期间（1789—1791 年），联邦政府的基本部门成立。国会颁布了不同法律，分别成立了国务院、战争部、财政部和邮政总局。此外，1789 年的《司法法案》（Judiciary Act）组织了联邦司法制度，设立了包含 5 名成员的最高法院，设立了巡回法院和地区法院，并设立了司法部长一职。《民权法案》是对《美国宪法》前十条修正案的统称，于 1789 年 9 月提出，然后于 1791 年 12 月获得各州批准。1790 年颁布的第一部《版权法》（Copyright Law）为戏剧、地图和书籍提供 14 年的版权保护。1790 年还制定了《建都法案》（Permanent Seat of Government），划出了跨越波托马克河两岸的一个长宽各为 10 英里的正方形区域；1800 年，华盛顿特区成为联邦政府的新址。另一部重要的法令是 1790 年颁布的《融资和承担债务法》（Funding and Assumption Act），它规定了国家外债和国内债务的支付，并允许联邦政府承担各州的负债。最后，1791 年颁布的《美国第一银行》（First Bank of the United States）授权成立国民银行，总股本为 1000 万美元。

相比之下，第 2 届国会（1791—1793）仅颁布了一部重大立法——《逃奴法案》（1793 年）。它授权奴隶主或其代理人抓捕并遣返逃奴，并要求州政府官员执行这项法律。在第 3 届和第 4 届国会期间（1793—1797），立法者聚焦于西部土地、与印第安部落的关系，以及外交事务。国会于 1796 年通过了《土地法令》，对西北准州的勘测做出规定，土地以 640 英亩为单位销售，每英亩土地的价格设定为 2 美元，并在辛辛那提和匹兹堡设立了土地管理局。国会还于 1796 年颁布了《印第安交流法》（Indian Intercourse Act），规定了美国与各印第安部落之间的边界，并禁止购买印第安人的土地，除非通过条约或公约。这个时期，美国批准了两个重要条约：英美两国于 1795 年签订的有争议的《杰伊条约》，以及西班牙与美国于 1796 年签订的《平克尼条约》，它承认了美国对密西西比河的土地所有权要求，建立了两国之间的贸易关系，最重要的是保证美国定居者和商人可以在密西西比河自由通航。

在第 5 届和第 6 届国会期间（1797—1801），即约翰·亚当斯担任总统时，只有一组法律脱颖而出，即臭名昭著的 4 部《客籍法和惩治叛乱法案》（1798 年）。第一部被称为《归化法》（Naturalization Act），它声明除非提前 5 年宣布其意向，否则任何外国人都不能成为美国公民。第二部《侨民法》（Alien Act）要求驱逐某些不受欢迎的外国人，并规定其他外国人要取得为期两年的许可证。第三部《敌对外侨法》（Alien Enemies Act）授权总统逮捕、监禁或者驱逐隶属于外国政权的侨民。最后，《惩治叛乱法》规定，任何企图妨碍政府的合法程序，煽动叛乱，写作、出版或发表任何关于总统、副总统、国会或美国政府的虚假或恶意言论的人、公民或外国人都将被逮捕和监禁。这些法律将在亚当斯任期结束，即 1801 年 3 月 3 日失效。明智的是，它们确实做到了。

在托马斯·杰斐逊执政的 8 年时间里（1801—1809），只有两个主要的立法行动。在第 8 届国会（1803—1805）的一个特别会期中，参议院批准了《路易斯安那购地条约》，这是第一章讨论的内容。1807 年，国会批准了《禁止奴隶贸易法案》（Slave Trade Prohibition Act），禁止在 1808 年 1 月 1 日之后向美国的任何地方进口奴隶。虽然这部法案的条款常常被无视，但它使《美国宪法》中的条款——在合众国的最初 20 年，即直到 1808 年以前，禁止干涉奴隶贸易，但自此之后禁止进口——具有了法律效力。

在詹姆斯·麦迪逊担任总统期间（1809—1817），只有一个关键的立法行为脱颖而出。国会中的鹰派——南卡罗来纳州的约翰·C. 卡尔霍恩、肯塔基州的亨利·克莱和田纳西州的费利克斯·格伦迪等人——主张向英国宣战。1812 年 6 月，国会在存在巨大分歧的情况下投票通过了总统麦迪逊的向不列颠和爱尔兰宣战的请求。

詹姆斯·门罗担任总统的 8 年期间（1817—1825），有一项条约和一
15 部立法脱颖而出，二者都是处理美国的扩张主义。在第 15 届国会期间（1817—1819），《亚当斯-奥尼斯条约》，又称《横贯大陆条约》（1821 年）获得批准，美国从西班牙手中获得佛罗里达，并确定了路易斯安那准州的西部边界。通过这项条约，美国宣布放弃之前其对得克萨斯的所有权要求。1820 年 3 月，国会颁布了《密苏里妥协案》，授权密苏里的居民制定自己的宪法，成立州政府，并规定除了新加入的密苏里州以外，路易斯安那准州位于北纬 36 度 30 分以北的其余土地将“永远禁止”奴隶制。1857

年，最高法院在“德雷德·斯科特诉桑福德案”中裁定《密苏里妥协案》部分违宪，并且也被《堪萨斯–内布拉斯加法案》宣布为部分违宪，这是本书第 2 章的主题。

在约翰·昆西·亚当斯担任总统期间（1825—1829），一项立法行动脱颖而出：所谓的《可憎的关税法》（1828 年）。第 20 届国会（1827—1829）通过了这部立法，规定对大多数进口原材料征收 41% 的极高关税，但是对新英格兰地区制造商所需的羊毛制品征收略低的关税。

从安德鲁·杰克逊到内战结束（1829—1865）

除了安德鲁·杰克逊、詹姆斯·K. 波尔克和亚伯拉罕·林肯执政期间以外，这一时期的特点是相对弱势的总统，以及国会和地方日益紧张的局势，最终因内战爆发达到高潮。

第 21 届国会（1829—1831）于 1830 年颁布了有争议的《印第安人迁移法案》（Indian Removal Act）。安德鲁·杰克逊甫一上任就积极推动这一立法，该立法不仅赋予总统与居住在密西西比河以东的印第安人谈判签订条约的权力，而且还授权将东部的所有印第安人重新安置到西部。截至 1837 年，杰克逊政府通过武力或自愿已经从密西西比河以西迁移走了大约 4.6 万名印第安人。第 22 届国会（1831—1833）制定了 1832 年的《关税法》，引起了南方的抗议和愤怒。南卡罗来纳州威胁要脱离联邦，佐治亚州、密西西比州和弗吉尼亚州的州议会提出了正式抗议。第二年颁布的两部法律缓和了州拒绝执行联邦法令的威胁，《1833 年妥协关税法》（Compromise Tariff of 1833）稍微修改了《关税法》，《军力动员法案》（1833 年）授权总统可动用陆军和海军来执行收入法和征收关税。

1832 年，杰克逊拒绝续约美利坚银行（Bank of the United States）的特许状，这可能算是美国历史上最重要的总统否决了。这招致了强烈的抗议，特别是来自肯塔基州的亨利·克莱和马萨诸塞州的丹尼尔·韦伯斯特，但国会没能推翻杰克逊的否决。

416 从杰克逊的第二个任期期间的第23届国会（1833—1835）一直到约翰·泰勒执政最后几年的第28届国会（1843—1845），国会没有颁布一部重要的立法。在第29届国会期间（1845—1847年），詹姆斯·K. 波尔克担任总统，国会于1846年通过了《墨西哥战争宣言》(Declaration of War with Mexico）和降低关税税率的《关税法》。这场战争结束后，第30届国会（1847—1849）颁布了《瓜达卢佩–伊达尔戈条约》(Treaty of Guadalupe-Hidalgo)。该条约结束了美墨战争，墨西哥放弃对里奥格兰德河以北的得克萨斯、加利福尼亚和新墨西哥的一切所有权要求，美国支付1500万美元给墨西哥，同时承担美国公民对墨西哥政府的320万美元的未决索赔。

接下来颁布的几部重要的立法统称为《1850年妥协案》。第31届国会期间（1849—1851），地方冲突在得克萨斯被割让给美国后愈演愈烈。《妥协案》包括1850年9月通过的一系列法律：加利福尼亚被批准作为自由州加入联邦；为犹他和新墨西哥设立准州政府和确定边界，并规定它们成为自由州还是蓄奴州将由各个准州通过自己的宪法来确定；华盛顿特区将于1851年之前废除奴隶贸易；修改1793年的《逃奴法案》，移除各州对相关案件的管辖权，指定联邦专员举行听证会和发布逮捕令，并禁止奴隶有权利获得陪审团裁决或者为自己辩护；最后，确立得克萨斯—新墨西哥的边界，支付给得克萨斯1000万美元作为其失去新墨西哥土地的补偿。1854年，第33届国会（1853—1855）通过了引发极大争议的《堪萨斯–内布拉斯加法案》，废止了1820年的《密苏里妥协案》。

1860年亚伯拉罕·林肯当选总统后，南方各州开始了它们走向分裂的运动。在联邦分裂之前，国会在1860年通过了《国家电报法》(National Telegraph Act)，在旧金山和密苏里州西部边界之间建设一条电报线。在动荡的第36届国会（1859—1861）结束之时，南卡罗来纳州、密西西比州、佛罗里达州、亚拉巴马州、佐治亚州、路易斯安那州和得克萨斯州离开联邦（和国会）；其他南方各州也很快加入他们。北方议员在没有南方同僚的情况下，在这届国会的最后几个星期内，迅速通过法案创建了科罗拉多州、内华达州和达科他州 3 个自由州。

第 37 届国会（1861—1863）的第一个会期于 1861 年 7 月 4 日召开。当时内战已经全面开始，国会应林肯总统的要求赋予了他前所未有的权力，以打击叛乱。1861 年的《国家贷款法案》（National Loan Act）授权财政部在未来 12 个月内借款 2.5 亿美元以进行战争；1861 年的《税收法案》（Revenue Act）开创了对不动产、海关和消费税征收 2000 万美元的税，并且对超过 800 美元的个人年收入征收 3% 的所得税。然后国会在 1861 年通过了《第一充公法案》（First Confiscation Act），该法案释放了被叛变各州雇来当士兵或劳工的奴隶。

1862 年召开的第二会期颁布的立法被证明产生了巨大而长期的影响。它制定了两部重大立法，第 3 章中的《宅地法》和《莫里尔赠地学院法案》。此外，1862 年的《法币法案》（Legal Tender Act）批准发行 1.5 亿美元的纸币——“美钞”；然而，1870 年的“赫伯恩诉格里斯沃尔德案”（*Hepburn v. Griswold*）的判决认定该法律部分违宪。国会在 1862 年制定了《太平洋铁路法案》（Pacific Railroad Act），授权联合太平洋铁路公司（Union Pacific Railroad）和中央太平洋铁路公司（Central Pacific Railroad）在奥马哈市和旧金山之间修筑一条铁路和电报线。农业部、财政部辖下的国家税务局以及国家银行系统（1863 年）成立。1862 年的《第二充公法案》（Second Confiscation Act）授权联邦政府解放被北方军队占领地区的奴隶。

1863 年，西弗吉尼亚州获准加入联邦，亚利桑那和艾奥瓦这两个自由准州建立。1863 年的《兵役法》（Conscription Act）制定了第一个全国范围的征兵制度，但符合条件的人可以提供一名替代者或者支付 300 美元的费用从而免服兵役。这一年还成立了国家科学院。1865 年制定的《自由民局法案》（Freedmen’s Bureau Act）为来自叛乱各州的穷人、难民和自由民提供衣服、食物和住所。1865 年制定的第十三修正案废除了奴隶制和强制劳役，惩罚犯罪除外。

南方各州重建时期到该世纪末（1865—1900）

国会面临着各种压力：和解、惩罚以及南方各州重回联邦。第 39 届国会（1865—1867）制定的第一部重大立法是第十四修正案（1866 年），它第一次声明凡是在美国出生或入籍的人都是美国公民，并增加了平等保护和正当程序以防范各州滥用权力。接着国会于 1867 年颁布了《第一重建法案》（First Reconstruction Act），将除田纳西州——它即将被重新纳入联邦——以外的前南方邦联划分成 5 个军区。10 个叛乱州只有在召开制宪会议、在黑人男性拥有选举权的情况下建立州政府且批准第十四修正案之后才能重新加入联邦。在安德鲁·约翰逊总统和国会中的共和党激进派爆发的一场政治冲突中，约翰逊差点因违反 1867 年的《联邦官员任期法》（Tenure of Office Act）而被判定为犯有可弹劾的罪行，该法案规定在国会批准之前，总统无权解除其某一内阁成员的职务。

在第 40 届国会期间（1867—1869），联邦立法者制定了另外 3 部重建法，并且通过 1869 年的《综合法案》（Omnibus Act），6 个叛乱州在建立了共和制政府并批准了第十四修正案后，被重新获准加入联邦。1870 年的第十五修正案获得批准，禁止歧视黑人男性选民。与内战余波和重建无关的最重要的一部立法是 1867 年的《阿拉斯加购买条约》（Alaska Purchase Treaty）。

在尤利西斯·S. 格兰特总统的第一个任期（1869—1873）内，国会通过一系列立法重新批准加入了 4 个前叛乱州，设立了司法部，并于 1869 年通过《司法法案》（Judiciary Act），将最高法院扩充至目前的规模，即 8 名大法官和 1 名首席法官。为了打击三 K 党的义务警员并保护非裔美国选民，国会于 1870 年制定了《第一执行法案》（《三 K 党法案》），它后来被裁定为部分违宪，国会于 1871 年制定了《第二执行法案》（《第二三 K 党法案》）。

第 41 届国会（1871—1873）制定了《第三执行法案》（《第三三 K 党

法案》)，力图阻止南方白人的进一步恐吓活动，并在1872年颁布了《大赦法令》(Amnesty Act)，恢复了除五六百名前南方邦联领袖以外的所有人的政治和公民权利。意识到西部与日俱增的重要性，国会在1872年的《黄石国家公园法案》(Yellowstone National Park Act)中指定了第一个受保护的国家公园。第43届国会(1873—1875)在1875年颁布了《民权法案》，以保障黑人使用公共设施和公共交通工具的权利，但是该法案的大部分条款在1883年的“民权诸案”中被裁定违宪。在格兰特执政的最后一段日子里，共和党控制的参议院和民主党控制的众议院在1887年成立了“选举委员会”，以确定在共和党的卢瑟福·B.海耶斯(Rutherford B. Hayes)和民主党的塞缪尔·J.蒂尔登(Samuel J. Tilden)争夺激烈的总统竞选中接受哪一组选举结果。

从第45届国会(1877—1879)至第56届国会期间(1899—1901)，即在海耶斯(1877—1881)、詹姆斯·A.加菲尔德(James A. Garfield，1881)、切斯特·A.阿瑟(Chester A. Arthur，1881—1885)、格罗弗·克利夫兰(1885—1889和1893—1897)、本杰明·哈里森(1889—1893)和威廉·麦金莱(1897—1901)担任总统期间，国会基本上没有颁布重大的立法。有几个州被获准加入联邦，夏威夷被兼并，并且通过一系列法律收紧移民，特别是排斥华人。然而，这一时期还是有3部重要的法案。1883年的《彭德尔顿法案》(Pendleton Act)创建了现代公务员制度和文官委员会，并保护联邦雇员免受政治或选举的义务。4年后，即1887年颁布的《州际商业法》(Interstate Commerce Act)创建了州际商务委员会，禁止歧视性和不合理的费率，并授权州际商务委员会调查和禁止滥定铁路运价。第三部重大法律是《谢尔曼反托拉斯法》(1890年)，它赋予联邦政府起诉任何企图限制州际贸易并试图进行商业垄断的公司的权力。

从“进步时代”到“新政”（1901—1932）

419 第 57 届国会（1901—1903）和西奥多·罗斯福总统任期第一年的首要任务之一是开辟巴拿马运河，通过《海–庞斯富特条约》（Hay–Pauncefote Treaty）授予美国建造并经营该运河的权利；1902 年通过的《斯普纳法案》（Spooner Act），又称《巴拿马地峡运河法案》（Isthmus Canal Act），授权拨款购买并运营该运河；1904 年的《美巴条约》（Hay–Bunau–Varilla Treaty）授予美国对巴拿马运河两侧共 10 英里宽的地带全面且永久的主权。美国通过结束美西战争的和平条约（1898 年）获得了菲律宾群岛，并通过 1902 年的《菲律宾组织法案》（Philippine Government Act）准许美国保护菲律宾公民。1902 年还颁布了《拓殖法案》，在美国西部地区修建运河和水坝。在第 59 届国会期间（1905—1907），国会在 1906 年的同一天颁布了《肉类检验法》（Meat Inspection Act）和《纯净食品和药品法》（Pure Food and Drug Act），规定了食品和药物的标签和商标，并把制造或出售掺假或错贴标签的食品或药物定为犯罪行为。

虽然美国在内战期间颁布了一部国家所得税法案，但其条款在 1872 年至期；1894 年试图制定的另一部所得税法案被裁定为违宪。在威廉·霍华德·塔夫脱担任总统的第一年，进步的立法者成功地推动第十六修正案通过，授权联邦征收所得税；4 年后，即 1913 年，批准程序完成。通过 1910 年颁布的《曼恩–埃尔金斯法案》（Mann–Elkins Act），电报、电话、有线电视和无线广播公司被置于州际商务委员会的管辖之下，同样受管辖的还有铁路公司。第十七修正案于 1912 年获得通过，1913 年获得批准。根据该修正案，美国参议员从此将直接由普选产生，而不是由州议员选举产生。

在伍德罗·威尔逊的第一个总统任期（1913—1917）内，国会通过了许多重要的立法。在第 63 届国会期间（1913—1915），立法者于 1913 年制定了《联邦储备法》（Federal Reserve Act），创建了联邦储备委员会

（Federal Reserve Board），并建立了国家银行系统。1914 年的《联邦贸易委员会法》（Federal Trade Commission Act）创建了联邦贸易委员会（Federal Trade Commission），授权其阻止不正当的商业行为，并调查公司和企业的可疑活动。在第 64 届国会期间（1915—1917），联邦政府首先在 1916 年的《联邦援助公路法案》中向各州拨款建立农村邮政公路，并制定了公路等级制度，并通过 1916 年的《国家公园管理局法案》（National Park Service）成立了国家公园管理局。国会还在 1916 年制定了《基廷–欧文童工法案》（Keating–Owen Child Labor Act），禁止在州际商业活动中使用童工，规定儿童可以工作的最低年龄和最长工作时间；两年后，它在 1918 年的"哈默诉达根哈特案"（*Hammer v. Dagenhart*）中被裁定违宪。

第 65 届国会（1917—1919）聚焦于第一次世界大战。1917 年 4 月 6 日，国会宣布与德国处于战争状态。它于 1917 年制定了《选征兵役法案》（Selective Service Act），要求年龄在 21 岁到 30 岁（后来改为 45 岁）的所有男子都要进行兵役登记。1917 年制定的《反间谍法》（Espionage Act）规定对那些被判犯有破坏活动罪、间谍罪或拒服兵役的人处以罚款和监禁惩罚，这些惩罚后来在 1918 年的《破坏法》（Sabotage Act）中得到进一步的加强。第 66 届国会（1919—1921）通过了第十九修正案（1919 年），给予妇女选举权。各州在 1920 年批准了这一修正案。争取妇女选举权那段引人入胜、迂回曲折的斗争是本书第 4 章讨论的主题。有一部具有里程碑意义的法案没能获得通过，它就是美国支持的国际联盟，这对于威尔逊来说是最重大的挫败。

在沃伦·哈定执政期间（1921—1923），国会于 1921 年通过《移民配额法案》（Immigration Quota Act）以管制移民，限制每年来自任一国家的新增移民数量不得超过根据 1910 年人口普查该国在美居民数量的 3%。卡尔文·柯立芝担任总统时，第 68 届国会（1923—1925）于 1924 年制定了《罗杰斯外交事务法案》（Rogers Foreign Service Act），该法案将美国的外交部门和领事馆重组并合并成统一的美国驻外事务处，使外交使团专业化、职业化。1924 年提出了的《宪法童工法修正案》(Child Labor Amendment),要求在全国范围内实行统一的童工用工标准，但它未获得所需州数的批准。1927 年，密西西比河发生了一场造成惨重损失的洪水，之后国会于 1928 年颁布了《防洪法》(Flood Control Act)，授权在密西西比河流域实施为期 10 年的防洪计划。

在赫伯特・C. 胡佛执政期间，第 71 届国会（1929—1931）于 1930 年通过了《斯姆特–霍利关税法》(Smoot–Hawley Tariff Act)，大幅提高了进口农产品的进口税；这造成了意想不到的结果，使得国际贸易萎缩，加剧了世界经济萧条。在第 72 届国会期间 (1931—1933)，立法者于 1932 年通过《复兴金融公司法案》成立了复兴金融公司，为银行、抵押融资公司、保险公司以及铁路部门提供 20 亿美元的贷款。1932 年制定的《第一格拉斯–斯蒂格尔法案》(First Glass–Steagall Act)，允许联邦各储备银行除了使用商业票据之外，还可使用政府债券和证券作为抵押品，极大地增加了可用信贷额度。1932 年的《诺里斯–拉瓜迪亚反禁令法案》，限制了使用法院禁令防止罢工和劳工联合抵制，并禁止“黄犬”契约——强制工人承诺不加入工会作为其受雇佣的条件。两部宪法修正案获得通过。第二十修正案，即所谓的“跛脚鸭”修正案，将总统就职日从 3 月 4 日更改至 1 月 20 日，国会的任期开始于 1 月 3 日；第二十一修正案废除了第十八修正案，并结束了禁酒令。这两部新的修正案于 1933 年，即富兰克林・D. 罗斯福执政的第一年，开始生效。

从“新政”到“新边疆”(1933—1963)

421 罗斯福执政时期，国会和罗斯福政府制定了大量极为重要的立法，特别是在前 4 年。1932 年，罗斯福击败胡佛，民主党人大获全胜，在参众两院占据了大多数席位，同时大萧条进一步恶化。随后则迎来了美国历史上最富有成效和最为集中的法律和政策制定时期。罗斯福和第 73 届国会在就职后的前 100 天时间里通过了 14 项重要立法。其中包括 1933 年的《紧急银行救济法》(Emergency Banking Relief Act)，它延缓了银行业危机，授权联邦复兴金融公司为有偿付能力的银行提供临时资金。1933 年成立的“民间资源保护队”(Civilian Conservation Corps)为 25 万名年轻人提供工作。1933 年的《农业调整法案》(Agricultural Adjustment Act)为在大萧条期间受冲击最大的农民提供帮助，通过控制农业生产、补助农民以限制 7 种基本商品的生产和提供抵押贷款再融资，防止了他们破产和丧失抵押品赎回权。这部立法被最高法院裁定为违宪，最终在 1938 年被第二部《农业调整法案》取代。1933 年的《田纳西河流域管理局法案》(Tennessee Valley Authority Act)创建了一家公营公司以建设水电站、提供电力，并为田纳西河流域制订防洪计划和其他公共工程项目。1933 年的《银行法》(Bank Act)，又称《第二格拉斯–斯蒂格尔法案》(Second Glass–Steagall Act)，创建了联邦存款保险公司(Federal Deposit Insurance Corporation)，将银行业划分为分管存款和投资的附属机构，允许分支银行制度，并赋予联邦储备委员会进一步防范银行投机的权力。第二年，即 1934 年制定的《证券交易法》(Securities Exchange Act)创建了证券交易委员会(Securities and Exchange Commission)，以规范股票市场的运作。国会在 1934 年还颁布了《泰勒放牧法》，禁止出售西部 8000 万英亩的公有领域草原。

在第 74 届国会期间(1935—1937)，颁布了若干重要立法。本书第 6 章和第 7 章分别讨论的《国家劳动关系法案》(又称《瓦格纳法案》)和《社会保障法案》在 1935 年夏天相继获得通过，两者前后相差不过 6 个星期。国会在这个时期还制定了《银行法案》(1935 年)，重组了联邦储备委员会，授权其控制货币储备、贴现业务、利率和政府证券的购买。1935 年的《公用事业控股公司法》(Public Utility Holding Company Act)，授权联邦电力委员会和联邦贸易委员会管理电力和天然气的州际传输，限制垄断性的公用事业行为。1936 年的《农村电气化法案》(Rural Electrification Act)允许农村电气化管理局(Rural Electrification Administration)向电力合作社发放贷款，使得美国乡村的大部分地区首次获得电力。最后是 1935 年的《沃尔什–希利政府合同法案》(Walsh–Healey Government Contracts Act)，基于 40 小时工作周、8 小时工作日确保普遍实行最低工资和最长工作时间，并且规定为联邦政府工作的承包人雇用的所有人都不是儿童和罪犯劳动力。

422 在罗斯福总统的第二届任期内召开的第 75 届国会（1937—1939）于 1938 年颁布了《民用航空法》(Civil Aeronautics Act)，以满足对航空业日益增加的监管和安全需求。另外，1938 年的《联邦公平劳工标准法案》(Federal Fair Labor Standards Act) 确定了联邦最低工资（每小时 25 美分）。在雇用的第一年，每周最大工作时长为 44 小时，第二年以后为 42 小时，此后则为 40 小时。该规定适用于所有从事州际贸易的公司。这部法律免除了农民、家庭佣工和专业人员的责任。此外，禁止雇用童工；从事危险工作的工人必须年满 18 岁，从事常规工作的工人必须年满 16 岁。在国会的下一个会期中，1939 年通过的《哈奇法案》禁止联邦雇员参与政治运动和选举活动。

随着欧洲的战争成为严峻的现实，国会制定了 4 部重要的战前立法：第一部是 1939 年的《中立法》(Neutrality Act)，它废除了较早的武器禁运条款，允许交战国（主要是英国）从美国购买军备武器。然后，国会于 1940 年通过了《外侨登记法案》(Alien Registration Act)，又名《史密斯法案》(Smith Act)，要求对所有外国国民进行登记和指纹录入，并规定主张推翻政府的行为是违法的。国会通过 1940 年的《选征兵役训练与服役法》(Selective Training and Service Act) 颁布了第一部和平时期的国家征兵法案，要求所有年龄在 21 岁至 35 岁的男子进行兵役登记。第 77 届国会（1941—1943）制定了第 4 部重大的战前法——1941 年的《租借法案》(Lend-Lease Act)，授权美国出售、借出或出租任何国防装备给任何其国防对美国国防至关重要的国家。这个措辞笼统的法案，连同 70 亿美元的拨款，对支持英国及其他盟国至关重要。国会分别在 1941 年 12 月 8 日和 11

日颁布不同的法令，向日本、德国和意大利宣战。通过 1941 年和 1942 年颁布的第一和第二《战争权力法案》（War Powers Acts），总统被授予了发动战争的极大自主权，并且通过 1942 年的《紧急物价管制法》（Emergency Price Control Act），物价管理局成立，它被授予了稳定和控制价格和租金的权力。在第 78 届国会期间（1943—1945），国会通过 1943 年的《现期纳税法》（Current Tax Payment Act）创建了一种现收现付的联邦所得税扣缴制度；1944 年还颁布了《军人重新适应法案》，又名《退伍军人权利法案》，这是本书第 7 章讨论的主题。

在第 79 届国会期间（1945—1947），第二次世界大战结束，富兰克林·罗斯福去世，哈里·杜鲁门接替他成为总统。国会颁布了两部关于国际关系的重要法案：1945 年的《美国参与联合国法案》（U.S. Participation in the United Nations Act），规定美国成为联合国成员国；1945 年的《布雷顿森林协定法》（Bretton Woods Agreements Act），授权美国加入国际货币基金组织（International Monetary Fund）和国际复兴开发银行（International Bank for Reconstruction and Development）。通过 1946 年的《原子能法》（Atomic Energy Act），美国原子能计划的各个部分都转交给了由 5 名成员组成的原子能委员会。此外，国会还于 1946 年为学院和大学学生的国际交流制定了《富布赖特学者项目》（Fulbright Scholars Program），还制定了《希尔–伯顿医院调查和建设法案》（Hill–Burton Hospital Survey and Construction Act），授权联邦拨款给各州用于医院建设。

在第 80 届国会期间（1947—1948），民主党人自 1933 年（即罗斯福上台的第一年）以来首次失去了对参众两院的控制权。这一时期民主共和两党在国内议题上存在着激烈的党派斗争，但它同时也是一个相当不同寻常的时期，两党在外交政策上表现出异乎寻常的合作。第二十二修正案于 1947 年获得通过，1951 年获得批准，限制总统任期至多为两届 8 年或总共不得超过 10 年。1947 年颁布的《塔夫脱–哈特利劳资关系法》（Taft–Hartley Labor–Management Relations Act）推翻了杜鲁门的否决，限制了一些工会惯例，包括只雇用特定工会会员的协议和二次罢工。1947 年，在英国宣布无法维持其在地中海希腊和土耳其地区的军事力量和提供援助后，国会通过了《希腊-土耳其援助法》（Greek–Turkey Aid Act），为希腊和土耳其提供援助。第二年，即 1948 年，国会颁布了本书的重大法律之一，即本书第 8 章讨论的“马歇尔计划”（《经济合作法案》）。最后，1947 年颁布的《国家安全法案》（National Security Act）用最终将成为国防部的部门取代了战争部和海军部；它成立参谋长联席会议、国家安全委员会和中央情报局。

在第 81 届国会期间（1949—1951 年），杜鲁门再次当选总统，国会重返民主党人手中，1949 年缔结《北大西洋公约》（North Atlantic Treaty），创建了北大西洋公约组织，承诺促进 20 个签约国的稳定和共同防御。随着美国国内的忠诚和间谍问题日益受到关注，国会推翻了杜鲁门的否决，于 1950 年制定了《麦卡伦国内安全法》（McCarran Internal Security Act），要求共产党组织向司法部登记，并提供其成员信息。在接下来的一届国会中，1952 年的《麦卡伦-沃尔特移民与国籍法》（McCarran–Walter Immigration and Nationality Act）对各个移民法进行了修订，并将其编撰成法典，保留了 20 世纪 20 年代建立的国籍配额制度；这部法律也因推翻了杜鲁门的否决而得以颁布。国会于 1952 年颁布了《朝鲜战争退伍军人权利法案》（Korean GI Bill of Rights），又名《退伍军人重新适应援助法案》（Veterans Readjustment Assistance Act），以援助从朝鲜战争回来的退伍军人。

在德怀特·D. 艾森豪威尔的第一个总统任期结束之时，第 84 届国会（1955—1957）于 1956 年颁布了《州际公路法案》，又名《联邦援助公路法案》，这是本书第 9 章讨论的主题，一起颁布的还有相伴的融资立法——1956 年的《公路收入法案》。《社会保障法》被修订，为年龄在 50 岁至 64 岁的长期丧失劳动能力的工人提供伤残抚恤金。为应对苏联的人造卫星威胁，第 85 届国会（1957—1958 年）于 1958 年颁布《国防教育法案》（National Defense Education Act），制定了一个耗资 10 亿美元的国家计划，以改善数学、科学和外语的教学工作。在对腐败和管理不善的劳动行为进行为期 6 年的调查研究后，第 86 届国会（1959—1961）于 1959 年通过了《兰德勒姆–格里芬法劳资报告披露法案》（Landrum–Griffin Labor-Management Reporting and Disclosure Act），要求所有的工会举行全国选举，采用章程和条例，并准备年度报告。通过 1960 年获得通过、1961 年获得批准第二十三修正案，华盛顿特区的公民被允许在总统大选中投票，并在总统选举团中分配到 3 个代表名额。

在约翰·F. 肯尼迪执政期间（1961—1963），第 87 届国会（1961—1963）于 1961 年颁布了《经济合作与发展组织公约》（Organization for Economic Cooperation and Development Convention），成立了经济合作与发展组织——由美国、加拿大和 18 个欧洲国家组成的咨询机构，旨在促进经济增长和贸易。1961 年的《区域再开发法案》（Area Redevelopment Act）设立了一个基金，为工业重新开发贷款和农村再开发贷款、美国农村工人的职业培训和再培训提供资金。国会于 1961 年颁布了《和平队》（Peace Corps Act），将肯尼迪之前通过行政命令确立的计划制定成法律。1961 年的《军备控制与裁军法案》（Arms Control and Disarmament Act）成立了一个独立的美国军控与裁军机构（U.S. Arms Control and Disarmament Agency），负责进行核裁军的研究、谈判和审查。第二十四修正案于 1962 年获得通过，1964 年获得批准，宣布投票税或作为投票条件的其他类似税收皆为非法。

从“伟大社会”（1964 年）到现在

本书详述了在林登·约翰逊执政时实行“伟大社会”计划的年代所制定的 3 部法律：第 10 章讨论的《民权法案》（1964 年）连同《选举权法案》（1965 年），以及第 11 章讨论的《医疗保险和医疗补助法案》（1965 年）。当约翰逊于 1969 年卸任时，他的前内阁成员赠给他一块匾牌，列举了在他执政 5 年多期间所颁布的 207 部具有里程碑意义的法律。[2] 无疑，在此期间可能确实制定了 207 部法律，但是内阁成员把它们都说成“具有里程碑意义的”却是言过其实了。尽管如此，第 88 届国会（1963—1965）和第 89 届国会（1965—1967）确实特别多产，制定了非常多的重要立法。自“新政”以来，并且自此之后，华盛顿再未产出过如此多的重要立法。

1963 年 8 月，当肯尼迪仍然是总统时，国会通过了美国和苏联签订的《禁止核试验条约》，后来又有 100 多个其他国家签署了该条约，它禁止签署国在外太空、水下或签署国控制之外的其他地区进行核试验。肯尼迪被暗杀 3 周后，国会颁布了 1963 年《职业教育法案》（Vocational Education Act），扩大联邦培训的覆盖面，并授权向各州提供永久的联邦援助以用于这样的教育。

约翰逊接任总统后，国会制定了几部重大立法。影响最大且最具戏剧性的是《民权法案》（1964 年），但国会还制定了《城市公共交通运输法案》（1964 年），它是联邦政府首次发起的城市公共交通综合协调计划。
25 1964 年的《经济机会法案》成立了经济机会办公室（Office of Economic Opportunity），并制订了若干帮助弱势群体和穷人的计划。1964 年的《食品券法》（Food Stamp Act）制订了一个由各州执行的联邦计划，以帮助贫困家庭和个人解决他们的营养需求。国会还颁布了《荒野法》（1964 年），指定了 910 万英亩的国家林地作为荒野，并禁止在这些地区使用飞机、永久道路、商业建筑和采矿。

回顾起来，国会最具争议的行动之一就是 1964 年的《东京湾决议》（Gulf of Tonkin Resolution），它授予了总统近乎一切权力，以击退美军在越南遭受的武装攻击。在约翰逊于 1964 年 11 月压倒性地战胜巴里·戈德华特，并在新的第 89 届国会（1965—1967）的参众两院拥有巨大的多数席位的支持后，重大立法接二连三地产出。国会不仅制定了《选举权法案》（1965 年）和《医疗保险和医疗补助法案》（1965 年），还颁布了《移民和国籍法案》（1965 年），废除了旧的国籍配额制度，对非西半球和西半球的移民设置了不同的上限。1965年的《初等和中等教育法案》向各州的中小学提供了超过10亿美元的联邦拨款，从而使得联邦政府对教育的参与程度更高。1965年的《高等教育法案》成立了美国教师团（National Teacher Corps），为贫困和中产阶级大学生提供8.4亿美元的援助，为公立学校教师提供研究生课程。通过1966年的《退伍军人调整福利法》（Veterans Readjustment Benefits Act），退伍军人得到了援助。通过1965年的《国家艺术和人文基金会法》（National Foundation on the Arts and Humanities Act）创建了全国艺术基金会（National Endowment for the Arts）和国家人文基金会（National Endowment for the Humanities），并向它们提供资金。通过1965年的《住房和城市发展部法案》（Department of Housing and Urban Development Act）和1966年的《交通运输部法案》（Department of Transportation Act）创建了新的联邦内阁级别的部门。国会还颁布了一些重要立法，通过1965年的《美国老年人法案》中的联邦拨款计划来援助老年人，通过1966年的《儿童营养法案》（Child Nutrition Act）来援助贫困地区的学校。通过1965年的《机动车空气污染控制法案》（Motor Vehicle Air Pollution Control Act）以应对交通运输问题；1966年的《国家交通与机动车安全法》（National Traffic and Motor Vehicle Safety Act）规定了所有新机动车的安全标准；还有1966年的《公路安全法》（Highway Safety Act）要求各州制订自己的公路安全计划。

在这一段重大立法大爆发之后，林登·约翰逊总统执政的最后两年被人们对越南战争日益增长的怨恨和不满消耗。国内的一个主要问题是内乱和犯罪。作为回应，国会于1968年制定了《综合犯罪控制与街道安全法》，设立援助执法厅（Law Enforcement Assistance Administration），向各州和地方政府提供联邦拨款，并扩大警方使用窃听装置的权限。1967年颁布的《公共广播法》（Public Broadcasting Act）成立了公共广播公司（Corporation for Public Broadcasting），1968年颁布的《民权法案》则是为了防止住房歧视。

26 在尼克松执政期间，第 91 届和第 92 届国会（1969—1973）颁布了一些重要立法，其中包括第 12 章讨论的《国家环境政策法案》（1969 年）。国会还制定了其他一些环境保护法，包括 1970 年的《清洁空气法案》，为汽车尾气排放设定了明确的最后期限，并要求各州制订空气质量计划，以及 1970 年的《水质改善法》（Water Quality Improvement Act），给予联邦监管石油泄漏的权力，并规定石油公司有责任清除污染，还有 1972 年的《联邦水污染控制法案修正案》（Federal Water Pollution Control Act Amendments）和《海岸带管理法》（Coastal Zone Management Act）。1970 年的《选举权法案修正案》（Voting Rights Act Amendments）延长了《选举权法案》，并将所有联邦、州和地方选举的投票年龄降至 18 岁；然而，最高法院裁定国会没有权力降低州和地方选举的投票年龄，接着国会通过 1971 年的宪法第二十六修正案获得了这一权力。《平等权利修正案》于 1972 年获得国会的通过，但该法案因为缺少三个州的批准（按规定需要获得 38 个州的批准）于 1982 年夭折。另一项重大突破是 1972 年的《教育修正案第九条》，它禁止在联邦资助的教育中存在性别歧视。自通过以来的这些年里，它已经彻底改革了妇女在各个级别的体育和运动中的参与程度。国会通过 1970 年的《铁路客运服务法案》（Rail Passenger Service Ac）建立了全国铁路客运公司；通过 1970 年的《城市公共交通援助法案》（Urban Mass Transit Assistance Act）提供了联邦公共交通基金。1970 年的《食品券法》为食品券计划制定了全国性的标准。

水门事件和针对尼克松总统的弹劾指控占据了我们对第 93 届国会（1973—1975）的记忆。尽管如此，这届国会也制定了一些重要的立法。1973 年的《战争权力决议案》（War Powers Resolution）要求总统在指派美国军队进行战争行动之前应征求国会的意见，并规定除非国会宣战，否则必须在 60 天后终止。1973 年的《纵贯阿拉斯加管道授权法案》（Trans-Alaska Pipeline Authorization Act）要求建设一条从普拉德霍湾（Prudhoe Bay）到瓦尔迪兹（Valdez）港的石油管道。国会还制定了另外两部环境保护法——《濒危物种法案》（1973 年）和《安全饮用水法案》（1974 年）。1974 年的《国会预算和扣押控制法案》（Congressional Budget and Impoundment Control Act）创建了国会预算办公室，修订了联邦预算时间表，并在国会设立了新的预算委员会。1974 年的《雇员退休收入保障法案》（Employee Retirement Income Security Act，ERISA）制定了联邦对私人养老金的最低资助标准。此外，1974 年的《联邦竞选法修正案》（Federal Election Campaign Act Amendments）确定了竞选开支和捐款限额；最高法院在 1976 年的“巴克利诉瓦雷奥案”（*Buckley v. Valeo*）中否决了它的一些条款。

在杰拉尔德·R. 福特执政期间（1974—1977），纽约市通过 1975 年的《纽约市季节性融资法案》（New York City Seasonal Financing Act）获得了联邦紧急救援资金，联合铁路公司（Consolidated Rail Corporation，ConRail）通过 1976 年的《铁路振兴和监管改革法案》（Railroad Revitalization and Regulatory Reform Act）收购了破产的宾州中央铁路公司（Penn Central Railroad）和其他铁路线。第 94 届国会（1975—1977）也制定了两部环境法，首先是管控有毒废物的《有毒物质控制法案》（1976 年），第二部是 1976 年的《资源保护与回收法案》（Resource Conservation and Recovery Act），制订了联邦固体废物计划。

在吉米·卡特担任总统期间（1977—1981），两个内阁级别的部门成立，即能源部（1977 年）和教育部（1979 年）。第 95 届国会（1977—1979）于 1978 年制定了《巴拿马运河条约》（Panama Canal Treaty），将该运河归还巴拿马，以及《航空业解除管制法案》（Airline Deregulation Act），解除了对商业航空客运的管制，并逐步淘汰了民用航空委员会（Civil Aeronautics Board）。若干环保措施成为法律，其中最重要的是 1977 的《露天采矿控制与复垦法案》（Surface Mining Control and Reclamation Act），规定了所有露天采煤的环境标准，以及 1980 年的《环境应对、赔偿和责任综合法》（Comprehensive Environmental Response, Compensation, and Liability

Act)，又称“超级基金法”（Superfund)，设立一个16亿美元的基金以清理全国最糟糕的有毒废弃物场所。第96届国会（1979—1981）还根据1979年的《克莱斯勒公司贷款担保法案》（Chrysler Corporation Loan Guarantee Act）向克莱斯勒公司（Chrysler Corporation）提供贷款，以避免其破产。

从20世纪50年代中期到1980年，国会的参众两院一直把持在民主党手中。在罗纳德·里根的第一个任期（1981—1985)，参议院由共和党人控制，而民主党人占据众议院的多数席位。第97届国会（1981—1983）颁布的最重要的立法是1981年的《经济复兴税收法案》（Economic Recovery Tax Act)，要求大幅减免个人税收和营业税。1982年的《核废料政策法案》（Nuclear Waste Policy Act）要求总统建议两个永久性储存核废料的地点。第99届国会（1985—1987）于1986年通过了《戈德华特–尼科尔斯法案》（Goldwater–Nichols Act)，又称《国防部重构法案》（Department of Defense Reorganization Act)，对国防部实行重组，并通过1986年的《税制改革法案》（Tax Reform Act）对联邦税法进行了一系列重大改革。1987年的《水质法案》成功推翻里根总统的否决而得以颁布，为建设污水处理设施提供了为期10年的重新授权。

乔治·H. W. 布什担任总统期间（1989—1993)，第101届国会（1989—1991）颁布了《美国残疾人法案》（1990年)，禁止在就业、公共服务和膳宿方面歧视残疾人。《清洁空气法案修正案》（1990年）对烟雾和有毒物质排放的控制做出了更加严格的规定。第102届国会（1991—1993）颁布了《陆上综合交通运输效率化法案》（1991年)，在6年内提供近1200亿美元用于公路改造，以及310亿美元用于公共交通计划。国会还在1991年颁布了与俄罗斯及其他三个苏联国家签订的《削减战略武器条约》（Strategic Arms Reduction Treaty，START)，以削减核武器。

在克林顿的第一届总统任期（1993—1997)，国会于1993年颁布了《家庭和医疗休假法案》，要求企业在其员工生育孩子或领养孩子时为他们提供长达 12 周的无薪假期。第 103 届国会（1993—1995）还于 1993 年颁布了《布雷迪手枪暴力防治法案》（Brady Handgun Violence Prevention Act），规定购买手枪需要等待期。1994 年的《暴力犯罪控制及执行法案》（Violent Crime Control and Law Enforcement Act）授权在 6 年内拨款 300 亿美元用于打击暴力犯罪。在克林顿的第二届总统任期内，第 104 届国会（1995—1997）于 1996 年制定了《电信法》（Telecommunications Act），允许 7 家地方贝尔电话公司（Bell Telephone companies）进入长途电话市场。1996 年的《健康保险可携性与责任法案》为跳槽、失业或从事自由职业的劳动者提供"可携性"健康保险。1996 年的《个人责任和工作机会协调法案》使福利政策发生了一个重大变革，结束了联邦对低收入母亲及其子女支付现金福利的保障。虽然第 105 届国会（1997—1999）的大部分时间消耗在了弹劾克林顿总统上，但立法者还是制定了《21 世纪交通运输公平法》（1998 年），授权在 6 年内拨款近 2180 亿美元用于地面交通运输。

在乔治·W. 布什于 2001 年上台后，有数部法律引人注目。2001 年的《美国爱国者法案》作为对"9·11"恐怖袭击事件的回应，极大地扩张了联邦执法机构收集和共享信息的权力，并加大了对恐怖活动的处罚力度。2001 年的《不让一个孩子掉队法案》要求各州制定并实施年度阅读和数学评估计划，并制订教师质量计划。2002 年的《两党竞选改革法案》（Bipartisan Campaign Reform Act，BCRA）禁止在联邦选举中使用公司、工会和个人的软资金，并将个人对联邦候选人的捐款上限加倍。为了应对安然的倒闭和其他企业的不当行为，第 107 届国会（2001—2003）于 2002 年通过了《萨班斯-奥克斯利法案》，又名《公司欺诈责任法案》。接着国会又于 2002 年成立了国土安全部，将既有的 22 个联邦机构的许多执法程序移交给该机构。

在第 108 届国会期间（2003—2004），国会颁布了《2003 年谢绝来电实施法案》（Do-Not-Call Implementation Act of 2003），成立了联邦贸易委员下辖的国家谢绝来电登记处（Do Not Call Registry），以防止来路不明的商业推销电话。国会还于 2003 年颁布了《禁止成形胎儿流产法案》(Partial-Birth Abortion Act) 以禁止晚期堕胎。《2003 年医疗保险处方药改进与现代化法》对医疗保险进行了其历史上最大且最昂贵的彻底改革。第 109 届国会（2005—2006）颁布了《2005 年能源政策法案》，为能源发展提供贷款担保和激励措施。2005 年的《安全、可靠、灵活的运输公平法案：留给用户的遗产》增加了超过 2850 亿美元用于改善地面交通运输基础设施。在第 110 届国会期间（2007—2008），2008 年的《后“9·11”退伍军人教育援助法案》，即新的《退伍军人权利法案》，增加了在 2008 年 9 月 11 日后服役的军人的教育福利。最后，国会在总统大选前的最后几天里颁布了颇具争议且耗资巨大的《2008 年紧急经济稳定法案》。

注释

引言

篇首的引语出自 1924 年 2 月 23 日休斯在美国法律协会（American Law Institute）于华盛顿特区举办的一场晚宴上的发言，参见“Too Many Laws Here and ‘Law Factories,’ Declares Hughes,” *The New York Times*, Februrary 24, 1924, 1。

1—17 名南方民主党参议员连同 1 名共和党参议员——来自得克萨斯州的约翰·托尔。*1964 Congressional Quarterly Almanac*, 357.

2—*1964 CQ Almanac*, 367. 伯德的阻挠议事发言并非审议《民权法案》的历史上时间最长的发言。最长的纪录属于南卡罗来纳州民主党参议员 J. 斯特罗姆·瑟蒙德，当时他做了长达 24 小时 18 分的冗长发言，以阻止 1957 年的《民权法案》的最终批准。瑟蒙德后来转变了其效忠的党派，在 1964 年加入共和党并支持巴里·戈德华特竞选总统。

3—*1964 CQ Almanac*, 368. 他说他可能会在最终表决通过时投赞成票，但最终，戈德华特对这部具有历史意义的立法投了反对票。

4—Robert C. Albright, “Senator Engle Dies of Brain Tumor,” *The Washington Post*, July 31, 1964, B5; Marjorie Hunter, “Packed Senate Galleries Tense; 10-Minute Vote Makes History,” *The New York Times*, June 11, 1964, 21.

5—Stephen W. Stathis, *Landmark Legislation 1774–2002: Major U.S. Acts and Treaties*（Washington, D.C.: CQ Press, 2003）, v.

6—National Archives and Records Administration (NARA) in association with National History Day and USA Freedom Corps，“Our Documents” 可从 http://www.ourdocumnets.gov. 获取；Indiana University Center on Congress, “Notable Members of Congress and the Laws They Sponsored” 可从 the Indiana University website, at http://congress.Indiana. edu/learn_about/notable_members/notable_main.htm 获取。David R. Mayhew, *Divided We Govern: Party Control, Lawmaking, and Investigations*, 1964—1990（New Haven: Yale University Press, 1991）; Paul C. Light, *Government's Greatest Achievements: From Civil Rights to Homeland Defense*（Washington, D.C.: Brookings Institution, 2002）; Louis Jacobson, “Ten Bills That Really Mattered,” *Roll Call*, May 3, 2005. Stathis, *Landmark Legislation 1774—2002*; 其中包含了 1774—1778 年大陆会议和美国国会通过的法案。Brian K. Landsberg, ed. in chief, *Major Acts of Congress*, 3 vols.（New York: Macmillan Reference, 2004）.

第 1 章　西进运动

篇首弗朗西斯·S. 菲尔布里克的引语出自 *The Rise of the West: 1754–1830*（New York: Harper & Row, 1965）, 130；伯纳德·德沃托的引语出自“Celebrating 150 Years of the Louisiana Purchase,” *Collier's*（March 21, 1953）: 44–47, 转引自 Jon Kukla, *A Wilderness So Immense: The Louisiana Purchase and the Destiny of America*（New York: Alfred A. Knopf, 2003）, 标题页。

1—Louise Phelps Kellogg, “France and the Mississippi Valley: A Resume,” *The Mississippi Valley Historical Review* 18（1）（June, 1931）: 4.

2—同上。

3—同上书，6。关于拉萨尔和发现西部的早期著作是 Francis Parkman, *La Salle and the Discovery of the Great West*（Williamston, Mass.: Corner House Publishers, 1968, 1897 ed.）and Francis Parkman, *France and England in North America*, 2 vols.（New York: Library of America, 1983, 1877 ed.）。

4—Marion E. Cross, trans., *Father Louis Hennepin's Description of Louisiana: Newly Discovered to the Southwest of New France by Order of the King*（Minneapolis: University of Minnesota Press, 1938）, 4. 然而，乔利埃特、马凯特、德·拉萨尔和亨尼平都不是第一位到达密西西比河的欧洲人。一个多世纪前，探险家埃尔南多·德·索托（Hernando de Soto）1539 年 5 月在一个被称作埃斯皮里图桑托（Espiritu Santo）的海湾（现今的佛罗里达州坦帕湾）抛锚，随行的有 1000 名全副武装的士兵。他踏上了为期 3 年的征途，通过现今的佛罗里达州、佐治亚州、亚拉巴马州、密西西比州，在该州的北部横跨密西西比河，在阿肯色州结束行程。这是一趟血染的征途，德·索托的军队一路上遭遇并杀死了数千名印第安原住民。德·索托突然发烧，1542 年死于密西西比河岸边，然而他遭受重创的残余部队沿着该河顺流而下，抵达位于墨西哥普努卡（Punuca）的西班牙殖民地。关于德·索托的血腥探险旅程，参见 David Ewing Duncan, *Hernando de Soto: A Savage Quest in the Americas*（New York: Crown Publishers, 1995）。Gavin Menzes, *1421: The Year China Discovered America*（New York: William Morrow, 2002）, 主张中国人可能在德·索托探险的 100 多年前就曾到过密西西比河。

5—Parkman, *France and England in North America*, vol. 2, 534, and Jay Gitlin, "Children of Empire or Concitoyens? Louisiana's French Inhabitants," in *The Louisiana Purchase: Emergence of an American Nation*, ed. Peter J. Kastor（Washington, D.C.: CQ Press, 2002）, 25.

6—Fred Anderson, *Crucible of War: The Seven Years' War and the Fate of Empire in British North America, 1754–1766*（New York: Vintage Books, 2000）, 5–7.

7—Peter J. Kastor, "Introduction" in *The Louisiana Purchase*, ed. Kastor, 2, and Gitlin, "Children of Empire or Concitoyens?" 25. 根据 1763 年的和约，土地交易及其影响是世界范围的：法国将塞内加尔割让给英国；古巴和菲律宾被还给西班牙；在东印度，法国被允许返回其要塞，但除了现在归入英国势力下的孟加拉国。

8—Bernard Bailyn, *Voyagers to the West: A Passage in the Peopling of America on the Eve of the Revolution*（New York: Alfred A. Knopf, 1986）, 26.

9—Jack N. Rakove, "Ambiguous Achievement: The Northwest Ordinance," in *Northwest Ordinance: Essays on Its Formulation, Provisions and Legacy*, ed. Frederick D. Williams（East Lansing: Michigan State University, 1989）, 5.

10—Philbrick, *The Rise of the West*, 104.

11—Robert F. Berkhofer, Jr., "Jefferson, the Ordinance of 1784, and the Origins of the American Territorial System," *The William and Mary Quarterly* 29（2）（April, 1972）: 233.

12— Rakove, "Ambiguous Achievement", 10–11.

13—Philbrick, *The Rise of the West*, 115.

14—Don E. Fehrenbacher, *The Dred Scott Case: Its Significance in American Law and Politics*（New York: Oxford University Press, 1978）, 75; also Merrill Jensen, "The Cession of the Old Northwest," *The Mississippi Valley Historical Review* 23（1）（June 1936）: 27.

15—Jensen, "The Cession of the Old Northwest," 28.

16—易洛魁联盟由莫霍克人（Mohawks）、奥奈达人（Oneidas）、卡尤加人（Cayugas）、瑟内萨人（Senecas）、奥农达加人（Onondagas）和塔斯卡洛拉人（Tuscaroras）组成。

17— Jensen, "The Cession of the Old Northwest," 41–48.
18— Fehrenbacher, *The Dred Scott Case*, 76 and Peter S. Onuf, *Statehood and Union: A History of the Northwest Ordinance*（Bloomington: Indiana University Press, 1987）, 25.
19— Peter S. Onuf, *Jefferson's Empire: The Language of American Nationhood*（Charlottesville: University Press of Virginia, 2000）, 143–44.
20— Fehrenbacher, *The Dred Scott Case*, 77.
21— Garry Wills, *"Negro President": Jefferson and the Slave Power*（Boston: Houghton Mifflin Company, 2003）, 22.
22— 同上书，23。
23— Richard P. McCormick, "The 'Ordinance' of 1784?" *The William and Mary Quarterly* 50（1）Law and Society in Early America（January, 1993）: 120.
24— Onuf, *Statehood and Union*, 31.
25— Dennis Denenberg, "The Missing Link: New England's Influence on Early National Educational Policies," *The New England Quarterly* 52（2）（June, 1979）: 221.
26— David Carleton, *Landmark Congressional Laws on Education*（Westport, Conn.: Greenwood Press, 2002）, 15–16.
27— Fehrenbacher, *The Dred Scott Case*, 79. 关于《西北法令》的背景和合宪性，参见 Denis F. Duffey, "The Northwest Ordinance as a Constitutional Document," *Columbia Law Review* 95（4）（May, 1955）: 929–68。
28— Onuf, *Statehood and Union*, 58.
29— Fehrenbacher, *The Dred Scott Case*, 81.
30— Staughton Lynd, "The Compromise of 1787," *Political Science Quarterly* 81（2）（June, 1966）: 237.
31— Paul Finkelman, "Slavery and the Northwest Ordinance: A Study in Ambiguity," *Journal of the Early Republic* 6（4）（Winter, 1986）: 359.
32— Dane, Nathan. "Letter, July 16, 1787." 原稿在威斯康星州历史协会档案馆（Wisconsin Historical Society Archives，SC 1423）中。在线摹本可从威斯康星州历史协会网站 http://www.wisconsinhistory.org/turningpoints/search.asp?id=22 获取。
33— David P. Currie, *The Constitution in Congress: The Federalist Period, 1789–1801*（Chicago: The University of Chicago Press, 1997）, 103.
34— William Wirt Blume, "Legislation on the American Frontier: Adoption of Laws by Governor and Judges: Northwest Territory 1788–1798; Indiana Territory 1800–1804; Michigan Territory 1805–1823," *Michigan Law Review* 60（3）（January, 1962）: 317–72.
35— Onuf, *Statehood and Union*, 55.
36— Currie, *The Constitution in Congress*, 104.
37— 同上书，105。
38— Patrick J. Furlong, "Putting the Ordinance to Work in the Northwest," in *The Northwest Ordinance 1787: A Bicentennial Handbook*, ed. Robert M. Tayloyr, Jr.（Indianapolis: Indiana Historical Society, 1987）, 80–81.
39— 同上书，81–82。
40— 同上书，87。
41— 同上书，83。
42— 转载于 Taylor, ed., *The Northwest Ordinance 1787*, following 30; 原文中的重点。

43— Bernard W. Sheehan, "The Indian Problem in the Northwest: From Conquest to Philanthropy," in *Launching the Extended Republic: The Federalist Era*, eds. Ronald Hoffman and Peter J. Albert (Charlottesville: University Press of Virginia, 1996), 191–92.

44— Onuf, *Statehood and Union*, 140.

45— Marc Mahan, "The Life of Nathan Dane," The Nathan Dane Archival Collaborative. 可从 http://primary research.org/PRTHB/Dane/biography.htm 获取。

46— 海德堡学院（Heidelberg College）的人类学家 G. 迈克尔·普拉特（G. Michael Pratt）于 1995 年确定该地址。Library of Congress Bicentennial website, "Fallen Timbers Battlefield," http://www.loc/gov/bicentennial/propage/OH/oh-9_h_kaptur5.html.

47— Milo M. Quaife, *Checagou: From Indian Wigwam to Modern City, 1673–1835* (Chicago: University of Chicago Press, 1933).

48— "Treaty of Greenville," Ohio Historical Society website, 可从 http://www.ohiohistorycentral.org/ohc/history/h_indian/document/tgreenev.shtml 获取。

49— Paul Finkelman, "Evading the Ordinance: The Persistence of Bondage in Indiana and Illinois," *Journal of the Early Republic* 9 (Spring, 1989): 21; Wills, "*Negro President*," 23–4.

50— Finkelman, "Evading the Ordinance," 38.

51— John Chester Miller, *The Wolf by the Ears* (New York: The Free Press, 1977), 143.

52— Finkelman, "Evading the Ordinance," 40. Indiana Constitution, 1816, Art. VIII, sec. 1.

53— Finkelman, "Evading the Ordinance," 38–49.

54— Duffey, "The Northwest Ordinance as a Constitutional Document," 930.

55— Jurgen Herbst, "The Development of Public Universities in the Old Northwest," in Northwest Ordinance, ed. Williams, 97.

56— Carleton, *Landmark Congressional Laws on Education*, 22–23, and Edward Danforth Eddy, Jr., *Colleges for Our Land and Time: The Land-Grant Idea in American Education* (New York: Harper and Brothers, 1957), 21–22.

57— R. Douglas Hurt, "Historians and the Northwest Ordinance," *The Western Historical Quarterly* 20 (3) (August 1989): 261–62.

58— 同上书，280。

59— Kastor, *The Louisiana Purchase*, 2.

60— James E. Lewis, Jr., *The Louisiana Purchase: Jefferson's Noble Bargain?* (Charlottesville: The Thomas Jefferson Foundation, 2003), 21.

61— Alexander DeConde, *This Affair of Louisiana* (New York: Charles Scribner's Sons, 1976), 45–47.

62— Kukla, *A Wilderness So Immense*, 75; 关于贾多基的外交活动更详细的介绍，参见本书第 3~5 章。

63— Harry Ammon, *James Monroe: The Quest for National Identity* (Charlottesville: University Press of Virginia, 1990), 53–59, at 56.

64— DeConde, *This Affair of Louisiana*, 50.

65— Kukla, *A Wilderness So Immense*, 205, and DeConde, *This Affair Louisiana*, 49.

66— James R. Sofka, "Thomas Jefferson and the Problem of World Politics," in *The Louisiana Purchase*, ed. Kastor, 52.

67— Philbrick, *The Rise of the West*, 202; also Ron Chernow, *Alexander Hamilton* (New York: Penguin Press, 2004), 485–503.

68— DeConde, *This Affair of Louisiana*, 34–35.

69—Arthur Preston Whitaker, "France and the American Deposit at New Orleans," *The Hispanic American Historical Review* 11（4）（November, 1931）: 486–87, and Peter J. Kastor, *The Nation's Crucible: The Louisiana Purchase and the Creation of America*（New Haven: Yale University Press, 2004）, 37. 在这整个事件中，有三位来自南卡罗来纳州平克尼家族的成员参与。托马斯·平克尼（1750—1828）担任美国驻英国大使（1792—1796），其间作为特命全权公使被派往西班牙（1794—1795）谈判《圣洛伦索条约》(《平克尼条约》)。他的哥哥查尔斯·科茨沃思·平克尼（1746—1825）在 1796 年作为美国公使被派往法国，但是遭到拒绝；第二年，他与埃尔布里奇·格里、约翰·马歇尔被派往法国，卷入了众所周知的"XYZ 事件"。查尔斯·平克尼（1757—1824）是托马斯·平克尼及查尔斯·C. 平克尼的堂弟，在 1801—1804 年担任美国驻西班牙大使。参见 Frances Leigh Williams, *A Founding Family: The Pinckneys of South Carolina*（New York: Harcourt Brace Jovanovich, 1978）。

70—Thomas M. Ray, "'Not One Cent for Tribute': The Public Addresses and American Popular Reaction to the XYZ Affair, 1798–1799," *Journal of the Early Republic* 3（4）（Winter, 1983）: 389–412.

71—Alexander DeConde, *The Quasi-War: The Politics and Diplomacy of the Undeclared Naval War with France, 1797–1801*（New York: Scribners, 1966）and William Stinchcombe, *The XYZ Affair*（Westport, Conn.: Greenwood Press, 1980）. 贷款和贿赂由塔列朗的朋友德·维莱特夫人（Mme de Villette）执行；试图谈判这笔交易的三个人（即外交急件中的 XYZ）是瑞典公民让·康拉德·霍廷格（Jean Conrad Hottinguer）和卢西恩·浩特瓦尔（Lucien Hauteval），以及汉堡的美国银行家贝拉米（Bellamy）先生。

72—DeConde, *This Affair of Louisiana*, 89–92.

73—同上书，93–95。

74—Irving Brant, *James Madison: Secretary of State 1800–1809*（Indianapolis: Bobbs-Merrill, 1953）, 65.

75—Wills, "*Negro President*," 35, and Wendell G. Schaeffer, "The Delayed Cession of Spanish Santo Domingo to France, 1795–1801," *The Hispanic American Historical Review* 29（1）（February, 1949）: 46–68.

76—Wills, "*Negro President.*"

77—Ralph Ketcham, *James Madison: A Biography*（New York: Macmillan, 1971）, 417.

78—同上。

79—DeConde, *This Affair of Louisiana*, 107; George Dangerfield, *Chancellor Robert R. Livingston of New York 1746–1813*（New York: Harcourt, Brace and Company, 1960）, 311–17.

80—Sofka, "Thomas Jefferson and the Problem of World Politics," 58.

81—Dumas Malone, *Jefferson and His Time*, vol. 4, *Jefferson the President: First Term, 1801–1805*（Boston: Little, Brown and Company, 1970）, 260, 264–65; E. Wilson Lyon, "Introduction" to Francois Barbe-Marbois, *The History of Louisiana: Particularly of the Cession of that Colony to the United States of America*（Baton Rouge: Louisiana State University Press, 1977, 1830 ed.）, xliv; and Dangerfield, *Chancellor Robert R. Livingston*, 353.

82 "The Louisiana Purchase Legislative Timeline, 1802–1807," U.S. Library of Congress, American Memory Series. 总统的信函以及立法文件可从国会图书馆的"美国记忆"（American Memory）网站获取。

83—Brown, *The Constitutional History of the Louisiana Purchase*, 4, and Dangerfield, *Chancellor Robert R. Livingston of New York*, 314.

84—E. Wilson Lyon, "Introduction" in Barbe-Marbois, *The History of Louisiana*, lxvi.
85—同上书，lxii–lxiii。
86—Dangerfield, *Chancellor Robert R. Livingston of New York*, 371.
87—同上书，360–61; Ammon, *James Monroe*, 209; and Henry Adams, *History of the United States of America During the First Administration of Thomas Jefferson, 1801–1805*（New York: Library of America, 1986, [1889–91]）, 320.
88—Ammon, *James Monroe*, 207–15; Dangerfield, *Chancellor Robert R. Livingston of New York*, 358–71; Adams, *History of the United States*, 319–35.
89—*National Intelligencer*, July 4, 1803, reprinted in *The Louisiana Purchase*, ed. Kastor, 202; see also Betty Houchin Winfield, "Public Perception and Public Events: The Louisiana Purchase and the American Partisan Press," in *The Louisiana Purchase*, ed. Kastor, 38–50.
90—Malone, *Jefferson the President: First Term, 1801–1805*, 297, and Adams, *History of the United States*, 358.
91—Malone, *Jefferson the President: First Term, 1801–1805*, 303.
92—Lewis, Jr., *The American Union and the Problem of Neighborhood*, 30.
93—Adams, *History of the United States*, 355.
94—Brown, *The Constitutional History of the Louisiana Purchase*, 20–29.
95—Currie, *The Constitution in Congress: The Jeffersonians*, 98.
96—Dangerfield, *Chancellor Robert R. Livingston of New York*, 373.
97—Malone, *Jefferson the President: First Term, 1801–1805*, 302.
98—Dangerfield, *Chancellor Robert R. Livingston of New York*, 373.
99—Adams, *History of the United States*, 352, 引文出自 Gates, in Kastor, *The Louisiana Purchase*, frontispiece。
100—Malone, *Jefferson the President: First Term, 1801–1805*, 303.
101—Brown, *The Constitutional History of the Louisiana Purchase*, 33. 最后在 1828 年，最高法院首席法官约翰·马歇尔在 1828 年的"美国保险公司诉坎特案"（*American Insurance Co. v. Canter*，1 Peters 511）中解决了宪法赋予权力获得领土的问题，他宣布："宪法授予了美利坚合众国政府发动战争和立约的绝对权力，因此，政府拥有通过征服或通过条约获得领土的权力。"
102—Currie, *The Constitution in Congress: The Jeffersonians*, 99 n. 90, 原文中的重点。
103—Reginald Horsman, "The Dimensions of an 'Empire for Liberty': Expansion and Republicanism, 1755–1825," *Journal of the Early Republic* 9（1）（Spring, 1989）: 7.
104—Ketcham, *James Madison*, 421.
105—Horsman, "The Dimensions of an 'Empire for Liberty,'" 9.
106—Brown, *The Constitutional History of the Louisiana Purchase*, 34.
107—William Lee Miller, *Arguing About Slavery: The Great Battle in the United States Congress*（New York: Alfred A. Knopf, 1996）, 168–69.
108—DeConde, *This Affair of Louisiana*, 186.
109—Charles de Secondat, baron de Montesquieu, *The Spirit of the Laws*（Geneva, 1748）, trans. Thomas Nugent; ed. Franz Neumann（New York: 1949）; book 8, section 16, cited in Kukla, *A Wilderness So Immense*, 65.
110—Horsman, "The Dimensions of an 'Empire for Liberty,'" 7.
111—DeConde, *This Affair of Louisiana*, 191.
112—同上书，187。

113—Currie, *The Constitution in Congress: The Jeffersonians*, 98.
114—John Upton Terrell, *Zebulon Pike: The Life and Times of an Adventurer*（New York: Weybright and Talley, 1968）.
115—Albert F. Simpson, “The Political Significance of Slave Representation, 1787–1821,” *The Journal of Southern History* 7（3）（August, 1941）: 324.
116—Miller, *The Wolf by the Ears*, 130.
117—David M. Potter, *The Impending Crisis, 1848–1861*. Completed and edited by Don E. Fehrenbacher（New York: Harper and Row, 1976）, 53; 美国人口普查局数据引自 *The Louisiana Purchase*, ed. Kastor, 273。路易斯安那州在 1860 年的实际数据为 357 456 名白人、331 726 名奴隶和 18 647 名自由的有色人种。
118—Miller, *The Wolf by the Ears*, 144.
119—同上书., 143, and Robert E. Bonner, “Empire of Liberty, Empire of Slavery,” in *The Louisiana Purchase*, ed. Kastor, 132.
120—Miller, *The Wolf by the Ears*, 145.
121—Kastor, “Introduction,” in *The Louisiana Purchase*, ed. Kastor, 7.
122—Elizabeth Gaspar Brown, “Legal Systems in Conflict: Orleans Territory 1804–1812,” *The American Journal of Legal History* 1（1）（January, 1957）: 35, 53. 布朗指出至今“对于这一事实（优先选择《拿破仑法典》）尚没有完全令人满意的解释”。At 53.
123—Kastor, *The Nation's Crucible*, 164.
124—同上书，165。
125—Louisiana State Museum website, “The Cabildo,” 可从 http://lsm.crt.state.la.us/cabildo/cab6.htm 获取。
126—John M. Murrin, “The Jeffersonian Triumph and American Exceptionalism,” *Journal of the Early Republic* 20（1）（Spring, 2001）: 1–4.

第 2 章　奴隶制与准州

篇首道格拉斯的引语出自 Robert W. Johannsen, *Stephen A. Douglas*（Urbana: University of Illinois Press, 1973, 1997 ed.）, 434；詹姆斯·麦克弗森的引语出自 *Battle Cry of Freedom: The Civil War Era*（New York: Oxford University Press, 1988）, 121；罗伯特·V. 瑞米尼的引语出自 *The House: The History of the House of Representatives*（New York: HarperCollins Publishers and Smithsonian Books, 2006）, 150。

1—Robert V. Remini, *Martin Van Buren and the Making of the Democratic Party*（New York: Columbia University Press, 1959）.
2—Jean H. Baker, *Affairs of Party: The Political Culture of Northern Democrats in the Mid-Nineteenth Century*（Ithaca: Cornell University Press, 1983）, 19.
3—Lynn L. Marshall, “The Strange Stillbirth of the Whig Party,” *The American Historical Review* 72（2）（January, 1967）: 445, and Michael F. Holt, *The Rise and Fall of the American Whig Party*（New York: Oxford University Press, 1999）.
4—Holt, *American Whig Party*, 209.
5—Tyler Anbinder, *Nativism and Slavery: The Northern Know Nothings and the Politics of the 1850s*（New York: Oxford University Press, 1992）, ch. 10.

6— David M. Potter, *The Impending Crisis, 1848-1861*. Completed and edited by Don E. Fehrenbacher（New York: Harper and Row, 1976）, 29.

7— Don E. Fehrenbacher, *Sectional Crisis and Southern Constitutionalism*（Baton Rouge: Louisiana State University Press, 1980, 1995 ed.）, 10; Howard A. Ohline, "Republicans and Slavery: Origins of the Three-Fifths Clause in the United States Constitution," *The William and Mary Quarterly* 3rd Ser. 28（4）（October, 1971）: 563–84.

8— Fehrenbacher, *Sectional Crisis*, 11–12.

9— Donald R. Hickey, "New England's Defense Problems and the Genesis of the Hartford Convention," *The New England Quarterly* 50（4）（December, 1977）: 587–604; Albert F. Simpson, "The Political Significance of Slave Representation, 1787–1821," *The Journal of Southern History* 7（3）（August, 1941）: 315.

10— Simpson, "Political Significance of Slave Representation," 315.

11— Leonard L. Richards, *The Slave Power: The Free North and Southern Domination, 1780–1860*（Baton Rouge: Louisiana State University Press, 2000）, 54–55.

12— Richards, *The Slave Power*, 56–57; Simpson, "The Political Significance of Slave Representation," 323 n. 34; also Garry Wills, *"Negro President": Jefferson and the Slave Power*（Boston: Houghton Mifflin Company, 2003）; Paul Finkelman, *Slavery and the Founders*, 2nd ed.（Armonk, N.Y.: M. E. Sharpe, 2001）, 203.

13— William H. Freehling, *The Road to Disunion*, vol. 1 *Secessionists at Bay, 1776–1854*（New York: Oxford University Press, 1990）, 146–47.

14— 马萨诸塞州、新罕布什尔州、康涅狄格州、罗得岛州、宾夕法尼亚州和佛蒙特州均在 1789 年之前正式结束了奴隶制，纽约州在 1799 年和 1817 年颁布了逐步解放的法令，新泽西州在 1804 年颁布了逐步解放奴隶的法令。许多北方人将他们的奴隶卖给了南方人，奴隶制在许多北方州继续存在了数年。例如，参见 David Menschel, "Abolition Without Deliverance: The Law of Connecticut Slavery 1784–1848," *Yale Law Journal* 111（2001）: 183–222, 以及 Joanne Pope Melish, *Disowning Slavery: Gradual Emancipation and Race in New England, 1780–1860*（Ithaca, N.Y.: Cornell University Press, 1998）。关于马里兰州和奴隶经济的日益减弱的影响，参见 Freehling, *The Road to Disunion*, 32–33。特拉华州的奴隶人口数量较少，到 1860 年，其 90% 的黑人都已自由。参见 Harold Hancock, "Civil War Comes to Delaware," *Civil War History* 2（1956）: 29–56。在 Slavery in the North 网站可找到有用的资料集，http://www.slavenorth.com/index.html。

15— Freehling, *The Road to Disunion*, 142.

16— Potter, *The Impending Crisis*, 54–55; 杰弗逊的引语出自 Paul L. Ford, ed., *The Works of Thomas Jefferson*, 12 vols.（New York: Putnam's, 1904–1905）, vol. Ⅻ, 158。

17— Freehling, *The Road to Disunion*, 144.

18— Glover Moore, *The Missouri Controversy, 1819–1821*（Lexington: University of Kentucky Press, 1953）, 50–55, 57–58.

19— 关于奴隶主集团的历史、奴隶主集团的论文及其批评者，参见 Richards, *The Slave Power*。

20— Freehling, *The Road to Disunion*, 147–48; Michael F. Holt, *The Political Crisis of the 1850s*（New York: John Wiley, 1978）, 229.

21— Eric Foner, *Free Soil, Free Labor, Free Men*（New York: Oxford University Press, 1970, 1995）, 87–88.

22— 引文出处同上书，150。

23— Avery O. Craven, *Civil War in the Making, 1815–1860*（Baton Rouge: Louisiana State University,

1958）, 40–41.

24—Freehling, *The Road to Disunion*, 152–53; Richards, *The Slave Power*, and Fehrenbacher, *The South and Three Sectional Crises*, 23.

25—Moore, *The Missouri Controversy*, 348.

26—Robert V. Remini, *John Quincy Adams*（New York: Times Books, 2002）. In "Martin Van Buren and the Tariff of Abominations," *The American Historical Review* 63（4）（July, 1958）: 903–17. 瑞米尼指出，与普遍接受的观点相反，范布伦提出"可憎的关税法"的目的并不是为了挫败它。

27—Freehling, *The Road to Disunion*, 255.

28—Alfred H. Kelley and Winfred A. Harbison, *The American Constitution: Its Origins and Development*, 4th ed.（New York: W. W. Norton, 1970）, 304–16.

29—Harlow W. Sheidley, "The Webster–Hayne Debate: Recasting New England's Sectionalism," *The New England Quarterly* 67（1）（March, 1994）: 5–29. 韦伯斯特在 1830 年属于反杰克逊势力，他的国会生涯始于第 13 届国会期间（1813—1814），身份是来自新罕布什尔州的联邦党人，后来他成为来自马萨诸塞州的支持亚当斯的参议员，接着在第 25 届国会（1837—1838）成为一名辉格党人。*Biographical Dictionary of the United States Congress, 1774 年至今*; 在线版本可从 http://bioguide.congress.gov 获取。

30—Kelley and Harbison, *The American Constitution*, 306–11.

31—同上。

32—Freehling, *The Road to Disunion*, 308; 这部分在很大程度上依赖于弗里林对"言论限制令危机"的广泛分析，chs. 17–19。

33—Clement Eaton, "Censorship of the Southern Mails," *The American Historical Review* 48（2）（January, 1943）: 269.

34—Herbert Aptheker, *Nat Turner's Slave Rebellion*（New York: Humanities Press, 1966）, and Stephen B. Oates, *The Fires of Jubilee: Nat Turner's Fierce Rebellion*（New York: Harper and Row, 1975）.

35—Freehling, *The Road to Disunion*, 309.

36—Eaton, "Censorship of the Southern Mails," 271–72.

37—David C. Frederick, "John Quincy Adams, Slavery, and the Disappearance of the Right of Petition," *Law and History Review* 19（1）（Spring, 1991）: 120–21; Eaton, "Censorship of the Southern Mails," 273.

38—Freehling, *The Road to Disunion*, 310–11.

39—同上书，328。

40—Frederick, "John Quincy Adams," 132. 平克尼是查尔斯·平克尼（1757—1824）的儿子，众议员、参议员和南卡罗来纳州州长，在路易斯安那购地案谈判期间为美国驻西班牙大使。

41—Remini, *The House*, 129.

42—Adams quoted in Freehling, *The Road to Disunion*, 344; Frederick, "John Quincy Adams," 134–38.

43—Frederick, "John Quincy Adams," 138.

44—同上书，139。

45—Paul Boyer, et al., *The Enduring Vision* 2 vols., 4th ed.（Boston: Houghton Mifflin, 2000）, 436–37.

46—Robert William Fogel, *Without Consent or Contract: The Rise and Fall of American Slavery*（New York: W. W. Norton, 1989）, 65; Stephen John Hartnett, *Democratic Dissent and the Cultural*

Fictions of Antebellum America（Urbana: University of Illinois Press, 2002）, ch. 3.
47—William J. Cooper, Jr., *The South and the Politics of Slavery, 1826–1856*（Baton Rouge: Louisiana State University Press, 1978）, 176.
48—Michael A. Morrison, *Slavery and the American West: The Eclipse of Manifest Destiny and the Coming of the Civil War*（Chapel Hill: University of North Carolina Press, 1997）, 13–38.
49—Eric Foner, "The Wilmot Proviso Revisited," *The Journal of American History* 56（2）（September, 1969）: 267, and Boyer, *The Enduring Vision*, 436.
50—Foner, "The Wilmot Proviso Revisited," 268.
51—同上。
52—Freehling, *The Road to Disunion*, 418–21; Hartnett, *Democratic Dissent*, ch. 3; Cooper, *The South and the Politics of Slavery*, 186–88.
53—Foner, "The Wilmot Proviso Revisited," 274. 俄勒冈的扩张主义者希望将边界线定在北纬 54 度 40 分，即俄罗斯的阿拉斯加领土的南部边界线。波尔克政府则满足于北纬 49 度，即当前的加拿大—美国的边界线。
54—引自 Holt, *The Political Crisis of the 1850s*, 51; 原文中的重点。
55—Foner, "The Wilmot Proviso Revisited," 276.
56—Joseph G. Rayback, *Free Soil: The Election of 1848*（Lexington: University Press of Kentucky, 1970）, 42.
57—同上书，24。
58—引自 Avery Craven, *The Coming of the Civil War*（Chicago: University of Chicago Press, 1942, 1963）, 226。斯蒂芬斯是南方邦联的副总统，后来在联邦监狱服刑了 5 个月。当佐治亚州重新被纳入合众国时，他随后当选为参议员。Thomas E. Schott, *Alexander H. Stephens of Georgia: A Biography*（Baton Rouge: Louisiana State University Press, 1988）.
59—Rayback, Free Soil, 26–27; Holman Hamilton, *Prologue to Conflict: The Crisis and Compromise of 1850*（Lexington: University of Kentucky Press, 1964）, 8.
60—Rayback, *Free Soil*, 28.
61—同上书，45, and Foner, "The Wilmot Proviso Revisited," 278。
62—Brian G. Walton, "The Elections for the Thirtieth Congress and the Presidential Candidacy of Zachary Taylor," *The Journal of Southern History* 35（2）（May, 1969）: 202.
63—Potter, *The Impending Crisis*, 141–42; John Niven, *Salmon P. Chase: A Biography*（New York: Oxford University Press, 1995）.
64—Morrison, *Slavery and the American West*, 96–97.
65—同上书，101–103。
66—同上。
67—同上书，103–104。
68—Hamilton, *Prologue to Conflict*, 15–19.
69—同上书，34。
70—K. Jack Bauer, *Zachary Taylor: Soldier, Planter, Statesman of the Old Southwest*（Baton Rouge: Louisiana State University Press, 1985）, 297.
71—Johannsen, *Stephen A. Douglas*, 262; Hamilton, *Prologue to Conflict*, 44–45.
72—Glyndon G. Van Deusen, *The Life of Henry Clay*（Boston: Little, Brown, 1937）, 399.
73—克莱的引语出自 Freehling, *The Road to Disunion*, 495; Hamilton, *Prologue to Conflict*, 54–59。关于克莱、卡尔霍恩和韦伯斯特这"三巨头"，参见 Stephen B. Oates, *The Approaching Fury:*

Voices of the Storm, 1820–1861（New York: HarperCollins, 1997）中吸引人的对他们的“扮演”（作者的原话）。

74—Van Deusen, *The Life of Henry Clay*, 400–401；克莱的引语出自 *Congressional Globe*, 31st Congress, 1st sess., App. 115–27。

75—Craig R. Smith, *Daniel Webster and the Oratory of Civil Religion*（Columbia, Mo.: University of Missouri Press, 2005）, 224.

76—McPherson, *Battle Cry of Freedom*, 70.

77—卡尔霍恩的引语转引自 Smith, *Daniel Webster*, 225。

78—*Dartmouth College* v. *Woodward*, 4 Wheaton 518（1819）.

79—Smith, *Daniel Webster*, 234–35.

80—Hamilton, *Prologue to Conflict*, 84–86; Johannsen, *Stephen A. Douglas*, 277–78.

81—McPherson, *Battle Cry of Freedom*, 74.

82—Bauer, *Zachary Taylor*, 314–16.

83—Smith, *Daniel Webster*, 238–51.

84—道格拉斯的引语转引自 Johannsen, *Stephen A. Douglas*, 296–297。

85—Holt, *The Political Crisis of the 1850s*, 90.

86—Hamilton, *Prologue to Conflict*, 189.

87—McPherson, *Battle Cry of Freedom*, 78.

88—Potter, *The Impending Crisis*, 138–41; Samuel Shapiro, “The Rendition of Anthony Burns,” *The Journal of Negro History* 44（1）（January, 1959）: 34–51; *Prigg* v. *Pennsylvania*, 16 Peters 539（1842）.

89—Granville D. Davis, “Arkansas and the Blood of Kansas,” *The Journal of Southern History* 16（4）（November, 1950）: 431.

90—Kelly and Harbison, *The American Constitution*, 377.

91—Eugene H. Rosenboom, *A History of Presidential Elections: From George Washington to Richard M. Nixon*（New York: Macmillan, 1970）, 145–47.

92—Allan Nevins, *Ordeal of the Union*, vol. 2, *A House Dividing, 1852–1857*（New York: Charles Scribner’s Sons, 1947）, 38.

93—同上书，78–79。

94—Holt, *The Political Crisis of the 1850s*, 141.

95—Nevins, *Ordeal of the Union*, vol. 2, 78–79.

96—Potter, *The Impending Crisis*, 146–47; Roy Gittinger, “The Separation of Nebraska and Kansas from the Indian Territory,” *The Mississippi Valley Historical Review* 3（4）（March, 1917）: 442–61.

97—Nevins, *Ordeal of the Union*, vol. 2, 92.

98—Potter, *The Impending Crisis*, 154–55.

99—Robert R. Russel, “The Issues in the Congressional Struggle Over the Kansas-Nebraska Bill, 1854,” *The Journal of Southern History* 29（2）（May, 1963）: 192.

100—Johannsen, Stephen A. Douglas, ch. 14.

101—Nicole Etcheson, *Bleeding Kansas: Contested Liberty in the Civil War Era*（Lawrence: University Press of Kansas, 2004）, 15; Russel, “Kansas-Nebraska Bill, 1854,” 187–210.

102—Nevins, *Ordeal of the Union*, vol. 2, 94; Johannsen, *Stephen A. Douglas*, 406.

103—McPherson, *Battle Cry of Freedom*, 123.

104—Johannsen, *Stephen A. Douglas*, 408–409.

105—同上书，409。
106—Potter, *The Impending Crisis*, 160.
107—同上书，160–61。
108—Johannsen, *Stephen A. Douglas*, 414–15.
109—Roseboom, *A History of Presidential Elections*, 151.
110—Johannsen, *Stephen A. Douglas*, 418–21.
111—同上书，418–19。
112—Potter, *The Impending Crisis*, 163.
113—Johannsen, *Stephen A. Douglas*, 419.
114—Nevins, *Ordeal of the Union*, vol. 2, 114.
115—道格拉斯的引语引自 Johannsen, *Stephen A. Douglas*, 421。
116—道格拉斯的引语出处同上。
117—道格拉斯的引语出处同上。
118—*United States Statutes at Large*, 10（Boston: Little Brown, 1855）, 277, 转载于 Avalon Project, Yale University，http://www.yale.edu/lawweb/avalon/kanneb.htm。
119—Johannsen, *Stephen A. Douglas*, 424.
120—Holt, *The Political Crisis of the 1850s*, 148.
121—同上书，149。
122—苏厄德的引语转引自 Nevins, *Ordeal of the Union*, vol. 2, 118；萨姆纳 1854 年 2 月 21 日的演讲出自国会图书馆网站的"美国记忆"资料库。
123—Russel, "Kansas–Nebraska Bill, 1854," 207–10. 参议院最终的投票结果为 35 票赞成，13 票反对（5 月 25 日）；众议院最终的投票结果为 113 票赞成，100 票反对（5 月 22 日）。
124—道格拉斯的引语转引自 Johannsen, *Stephen A. Douglas*, 434。
125—William E. Gienapp, *The Origins of the Republican Party, 1852–1856*（New York: Oxford University Press, 1987）, 81.
126—Nevins, *Ordeal of the Union*, vol. 2, 121.
127—Holt, *The Political Crisis of the 1850s*, 150.
128—引自 Gienapp, *The Origins of the Republican Party*, 87。
129—Holt, *American Whig Party*, 839.
130—Anbinder, *Nativism and Slavery*, 20–21.
131—同上书，43–44。
132—William E. Gienapp, "Nativism and the Creation of a Republican Majority in the North before the Civil War," *The Journal of American History* 72（3）（December 1985）: 532.
133—McPherson, *Battle Cry of Freedom*, 140.
134—同上书，543。
135—Joel H. Silbey, "After 'The First Northern Victory': The Republican Party Comes to Congress, 1855–1856," *Journal of Interdisciplinary History* 20（1）（Summer, 1989）: 1.
136—Fred Harvey Harrington, "'The First Northern Victory,'" *The Journal of Southern History* 5（2）（May, 1939）: 186. 班克斯的国会生涯开始于 1853 年，身份为民主党人，然后他转投美国人党，之后又变为共和党人（一直到 1858 年）；他在联邦军队服役后，以联邦共和党人的身份返回国会，接着先后成为共和党人、无党派者，之后重回共和党。班克斯还在 1872 年以自由党候选人和民主党候选人的身份竞选国会议员，但以失败告终。U.S. Congress, *Biographical Directory of the United States Congress, 1774–Present*, 在线版本，可从 http://bioguide.congress.gov/biosearch/

biosearch1.asp 获取。
137—Etcheson, *Bleeding Kansas*, 2.
138—引自 McPherson, *Battle Cry of Freedom*, 147。
139—McPherson, *Battle Cry of Freedom*, 146–47.
140—Harrington, " 'The First Northern Victory,' " 205.
141—Manisha Sinha, "The Caning of Charles Sumner: Slavery, Race, and Ideology in the Age of the Civil War," *Journal of the Early Republic* 23（2）（Summer, 2003）: 233. 关于这次杖击事件及其影响的叙述已有很多，标准的参考资料参见：同上书，n. 2。David Donald, *Charles Sumner and the Coming of the Civil War*（New York: Alfred A. Knopf, 1960）, 282–347; Michael D. Pierson, " 'All Southern Society Is Assailed by the Foulest Charges' : Charles Sumner' s 'The Crimes Against Kansas,' and the Escalation of Republican Anti-Slavery Rhetoric," *The New England Quarterly* 68（4）（December, 1995）: 531–57.
142—引自 Donald, *Charles Sumner and the Coming of the Civil War*, 285。
143—Sinha, "The Caning of Charles Sumner," 245.
144—"The Sumner Outrage!" *The New York Daily Times*, May 31, 1856, 1.
145—Sinha, "The Caning of Charles Sumner," 247.
146—同上书，256。
147—Etcheson, *Bleeding Kansas*, 106–13.
148—Paul Finkelman, *Dred Scott v. Sandford: A Brief History with Documents*（Boston: Bedford Books, 1997）, 45. 最全面的分析是 Don E. Fehrenbacher, *The Dred Scott Case: Its Significance in American Law and Politics*（New York: Oxford University Press, 1978）。
149—引自 Finkelman, *Dred Scott v. Sandford*, 49。
150—Kenneth M. Stampp, *America in 1857: A Nation on the Brink*（New York: Oxford University Press, 1990）, 108–109; Finkelman, *Dred Scott v. Sandford*, 50.
151—Potter, *Impending Crisis*, 297.
152—MacPherson, *Battle Cry of Freedom*, 162–63.
153—Stampp, *America in 1857*, 282.
154—引自 Johannsen, *Stephen A. Douglas*, 591。
155—Reinhard H. Luthin, "Abraham Lincoln Becomes a Republican," *Political Science Quarterly* 59（3）（September, 1944）: 420–38.
156—《分裂之家》演讲出自 Roy P. Basler, ed., *The Collected Works of Abraham Lincoln*. 9 vols.（New Brunswick, N.J.: Rutgers University Press, 1953–1955）, II, 461–69; Don E. Fehrenbacher, "The Origins and Purpose of Lincoln' s 'House-Divided' Speech," *The Mississippi Valley Historical Review* 46（4）（March, 1960）: 615–43. Harry V. Jaffa, *Crisis of the House Divided: An Interpretation of the Lincoln–Douglas Debates*（Seattle: University of Washington Press, 1959）。
157—McPherson, *Battle Cry of Freedom*, 212–13.
158—同上书，219。
159—Rosenboom, *History of Presidential Elections*, 182–84.

第 3 章　应许之地

篇首乔治・W. 朱利安的引语出自 “The Spoilation of the Public Lands,” *The North American Review* 141（345）（August, 1885）: 175。莫里尔的引语出自 James Grey, *Open Wide the Door: The Story of the University of Minnesota*（New York: G. P. Putnam, 1958）, 201。朱利安早前曾评论《宅地法》“在为美国赢得文明国家的尊敬和爱戴方面，可能比美国政府自成立以来颁布的任何一部立法做出的贡献都要大”。George Julian, “Our Land Policy,” *Atlantic Monthly* XLIII（1879）: 328.

1— Paul W. Gates, “Public Land Issues in the United States,” *The Western Historical Quarterly* 2（4）（October, 1971）: 372.

2— Douglas W. Allen, “Homesteading and Property Rights; Or, ‘How the West Was Really Won,’ ” *Journal of Law and Economics* 34（1）（April, 1991）: 6.

3— Paul W. Gates, *The Economic History of the United States*, vol. III, *The Farmer' s Age: Agriculture 1815–1860*（New York: Holt, Rinehart and Winston, 1960）, 51.

4— Benjamin H. Hibbard, *A History of the Public Land Policies*（Madison: University of Wisconsin Press, 1965）, 69.

5— Allen, “Homesteading and Property Rights,” 7–8, and John Mayfield, *The New Nation, 1800–1845*, rev. ed.（New York: Hill and Wang, 1982, 1961）, 53.

6— George Dangerfield, *The Awakening of American Nationalism 1815–1828*（New York: Harper Torchbooks, 1965）, 75.

7— Hibbard, *A History of the Public Land Policies*, 93–100.

8— Allen, “Homesteading and Property Rights,” 8.

9— Paul W. Gates, *The Wisconsin Pine Lands of Cornell University: A Study in Land Policy and Absentee Ownership*（Ithaca: Cornell University Press, 1943）, 1.

10— David P. Currie, “The Constitution in Congress: The Public Lands, 1829–1861,” *The University of Chicago Law Review* 70（3）（Summer, 2003）: 787–90.

11— Malcolm J. Rohrbough, *The Land Office Business: The Settlement and Administration of American Public Lands, 1789–1837*（New York: Oxford University Press, 1968）, 295.

12— Currie, “The Constitution in Congress: The Public Lands, 1829–1861,” 783–85.

13— Robert D. Ilisevich, *Galusha A. Grow: The Peoples' Candidate*（Pittsburgh: University of Pittsburgh Press, 1988）, 58, and St. George L. Sioussat, “Andrew Johnson and the Early Phases of the Homestead Bill,” *The Mississippi Valley Historical Review* 5（3）（December, 1918）: 256–257. 这部分在很大程度上依赖于 Ilisevich 所做的分析。

14— Ilisevich, *Galusha A. Grow*, 58–59.

15— George M. Stephenson, *The Political History of the Public Lands from 1840 to 1862*（New York: Russell and Russell, 1967, 1917）, 115.

16— Robert W. Johannsen, *Stephen A. Douglas*（Urbana: University of Illinois Press, 1997）, 318.

17— 引自 Daniel Walker Howe, *What Hath God Wrought: The Transformation of America, 1815–1848*（New York: Oxford University Press, 2007）, 147; Ilisevich, *Galusha A. Grow*, 64。

18— Ilisevich, *Galusha A. Grow*, 68.

19— 同上书，75。

20— Currie, “The Constitution in Congress: The Public Lands, 1829–1861,” 803–804; Gates, *The Wisconsin Pine Lands of Cornell University*, 12–13; Thomas J. Brown, *Dorothea Dix: New England*

Reformers（Cambridge: Harvard University Press, 1998）.
21—Gates, *The Wisconsin Pine Lands of Cornell University*, 12–13.
22—Hans L. Trefousse, *Andrew Johnson: A Biography*（New York: W. W. Norton, 1989）, 110–11.
23—引自 Stephenson, *The Political History of the Public Lands*, 159–60。
24—同上书，161; Trefousse, *Andrew Johnson*, 112。
25—Stephenson, *The Political History of the Public Lands*, 195–97; Trefousse, *Andrew Johnson*, 120–21.
26—Philip Shriver Klein, *President James Buchanan: A Biography*（University Park, Pa.: Pennsylvania State University Press, 1962）, 345–46.
27—Ilisevich, *Galusha A. Grow*, 189–90.
28—Paul W. Gates, *Fifty Million Acres*（Ithaca: Cornell University Press, 1953）, 89.
29—Jeter Allen Isely, *Horace Greeley and the Republican Party, 1853–1861*（Princeton: Princeton University Press, 1947）, 291.
30—Ilisevich, *Galusha A. Grow*, 190; Trefousse, *Andrew Johnson*, 121–22.
31—共和党 1860 年的党纲见 *History of American Presidential Elections, 1789–1968*, ed. Arthur M. Schlesinger, Jr., vol. 2, *1848–1896*（New York: Chelsea House, 1971）, 1126。
32—Harold M. Hyman, *American Singularity: The 1787 Northwest Ordinance, the 1862 Homestead and Morrill Acts, and the 1944 G.I. Bill*（Athens, Ga.: University of Georgia Press, 1986）, 24; George N. Rainsford, *Congress and Higher Education in the Nineteenth Century*（Knoxville: University of Tennessee Press, 1972）, 7; Robert H. Land, "Henrico and Its College," *William and Mary Quarterly* 2nd Ser. 18（1938）: 470.
33—此处列出了这些大学创办的名字、年份、宗教背景，还有当前的名字和更名的年份：哈佛学院（1636 年，公理会；哈佛大学，1780 年）；威廉与玛丽学院（1693 年，新教圣公会）；大学学院（Collegiate School，1701 年，公理会；耶鲁学院，1745 年；耶鲁大学，1887 年）；新泽西学院（College of New Jersey，1747 年，长老会；普林斯顿大学，1896 年）；国王学院（King's College，1754 年，新教圣公会；哥伦比亚学院，1787 年；哥伦比亚大学，1912 年）；学院、研究院和慈善学校（College, Academy and Charitable School，1755 年，新教圣公会；宾夕法尼亚大学，1791 年）；罗得岛学院（College of Rhode Island，1765 年，浸礼会；布朗大学，1804 年）；皇后学院（Queen's College，1766 年，荷兰改革宗教会；罗格斯学院，1825 年；罗格斯大学，1924 年）；达特茅斯学院（1769 年，公理会）。Donald G. Tewksbury, *The Founding of American Colleges and Universities Before the Civil War*（New York: Arno Press, 1969; 1932）, Table IV, 32–54.
34—Hyman, *American Singularity*, 25.
35—Jurgen Herbst, "The Development of Public Universities in the Old Northwest," in *Northwest Ordinance: Essays on Its Formulation, Provisions and Legacy*, ed. Frederick D. Williams（East Lansing: Michigan State University Press, 1988）, 98.
36—Rainsford, *Congress and Higher Education*, 16–17; John S. Brubacher and Willis Rudy, *Higher Education in Transition: A History of American Colleges and Universities, 1636–1968*, revised and enlarged ed.（New York: Harper and Row, 1968）, 224–27.
37—Rainsford, *Congress and Higher Education*, 19–20.
38—*U.S. Statutes at Large*, vol. 6, 255; Rainsford, *Congress and Higher Education*, 21–22; 引文出自 Budd Whitebook, *The George Washington University: In and Of the District of Columbia*（Washington, D.C.: George Washington University, 2003）, 7。
39—Gates, *The Wisconsin Pine Lands of Cornell University*, 4; Rainsford, *Congress and Higher*

Education, 22.

40— Rainsford, *Congress and Higher Education*, 24, citing David Madsen, *The National University—Enduring Dream of the U.S.*（Detroit: Wayne State University Press, 1966）, 167–69; Gates, *The Wisconsin Pine Lands of Cornell University*, 3.

41— Betty Hollow, *Ohio University, 1804–2004: The Spirit of a Singular Place*（Athens: Ohio University Press, 2003）.

42— Edward Danforth Eddy, Jr., *Colleges for Our Land and Time: The Land-Grant Idea in American Education*（Westport, Conn.: Greenwood Press, 1957）, 187. 这些州为路易斯安那州（于 1812 年纳入联邦）、印第安纳州（1816 年）、密西西比州（1817 年）、伊利诺伊州（1818 年）、亚拉巴马州（1819 年）、密苏里州（1821 年）、阿肯色州（1836 年）、密歇根州（1837 年）、艾奥瓦州（1846 年）、加利福尼亚州（1850 年）、俄勒冈州（1858 年）和堪萨斯州（1861 年）。

43— *Dartmouth College* v. *Woodward*, 4 Wheaton 518（1819）.

44— 韦伯斯特的引语出自 Richard Hofstadter and Wilson Smith, eds., *American Higher Education: A Documentary History*, vol. 1（Chicago: University of Chicago Press, 1961）, 212。

45— Paul Westmeyer, *A History of American Higher Education*（Springfield, Ill.: Charles C. Thomas, 1985）, 18.

46— Tewksbury, *The Founding of American Colleges*, 170. The two state universities in Ohio were Ohio University（1804）and Miami University（1809）.

47— 同上。

48— Colin B. Burke, *American Collegiate Populations: A Test of the Traditional View*（New York: New York University Press, 1982）, 17, 54–55, 转引自 Roger L. Williams, *The Origins of Federal Support for Higher Education: George W. Atherton and the Land-Grant College Movement*（University Park, Pa.: Pennsylvania State University Press, 1991）, 16。更早的研究见 Tewksbury, *The Founding of American Colleges*, 28, and Westmeyer, *A History of American Higher Education*, 24, 对于美国内战前学院的失败率的估计要高得多。

49— Carl L. Becker, *Cornell University: Founders and the Founding*（Ithaca: Cornell University Press, 1967, 1943）, 26–27; Mary Turner Carriel, *The Life of Jonathan Baldwin Turner*（Urbana: University of Illinois Press, 1961, 1911）.

50— Gates, *The Wisconsin Pine Lands of Cornell University*, 4, and Allan Nevins, *Ordeal of Union*, vol. 2, *A House Dividing*（New York: Charles Scribner' s Sons, 1947）, 191.

51— John H. Florer, "Major Issues in the Congressional Debate of the Morrill Act of 1862", *History of Education Quarterly* 8（4）（Winter, 1968）: 459.

52— "Congressional Apportionment," U. S. House of Representatives，Clerk of the House 网站，可从 http://clerk.house.gov/histHigh/Congressional_History/congApp.html 获取。

53— 莫里尔的回忆出自他 1874 年的私人札记，引自 William Belmont Parker, *The Life and Public Services of Justin Smith Morrill*（Boston: Houghton Mifflin Co., 1924）, 266。

54— Florer, "Major Issues in the Congressional Debate of the Morrill Act of 1862," 460, and Coy F. Cross II, *Justin Smith Morrill: Father of the Land-Grant Colleges*（East Lansing: Michigan State University Press, 1999）, 80.

55— Cross, *Justin Smith Morrill*, 80–81.

56— 同上书，81。

57— 赖斯和梅森的引语引自 Eddy, *Colleges for Our Land and Time*, 31；克莱的引语引自 Gates, *The Wisconsin Pine Lands of Cornell University*, 5。

58—Gates, *The Wisconsin Pine Lands of Cornell University*, 8.
59—Earle D. Ross, "The Agricultural Backgrounds and Attitudes of American Presidents," *Social Forces* 13（1）（October, 1934–May, 1935）, 41. 卡尔弗特是美国农业协会的副主席，于 1856 年创办了美国第一所农业研究学院，之后在马里兰大学帕克分校成立了马里兰农业学院（Maryland Agricultural College）。他作为来自家乡州马里兰州的联邦主义者担任过一届国会议员（1861—1863）。Biographical Directory of the U.S. Congress, "Charles Benedict Calvert," 在线版本，http://bioguide.congress.gov。
60—莫里尔写于 1874 年，引自 Parker, *Justin Smith Morrill*, 268。
61—James T. DuBois and Gertrude Mathews, *Galusha A. Grow: Father of the Homestead Law*（Boston: Houghton Mifflin, 1917）, 246.
62—Ernest B. Furguson, *Freedom Rising: Washington in the Civil War*（New York: Alfred A. Knopf, 2004）, 116.
63—Ilisevich, *Galusha A. Grow*, 201–12; James A. Rawley, *The Politics of Union: Northern Politics During the Civil War*（Hinsdale, Ill.: Dryden Press, 1974）, 34.
64—Rawley, *The Politics of Union*, 36–38.
65—Furguson, *Freedom Rising*, 118–24; James M. McPherson, *Battle Cry of Freedom: The Civil War Era*（New York: Oxford University Press, 1988）, 334–49; and DuBois and Mathews, *Galusha A. Grow*, 249. 第 36 届国会（1859—1861）的预算为 6600 万美元。联邦战时的支出总额达 33 亿美元，其中约 21% 通过税收支付。第一次世界大战时美国 30% 的战时支出由税收支付，第二次世界大战时 42% 的战时支出来自税收。Rawley, *The Politics of Union*, 49–50.
66—Leonard P. Curry, *Blueprint for Modern America: Nonmilitary Legislation of the First Civil War Congress*（Nashville: Vanderbilt University Press, 1968）, 102–103.
67—同上书，103–106。
68—同上书，105–106; Ilisevich, *Galusha A. Grow*, 210. Curry 指出众议院对《宅地法》的"实际投票结果似乎不可能确定"，共有 3 种不同的计票结果，分别为 105、106 和 114 票赞成，以及 16 或 18 票反对；at 106, n. 9。
69—Ilisevich, *Galusha A. Grow*, 210–11; Curry, *Blueprint for Modern America*, 108.
70—Jay Richter, "The Origin and Development of the Land-Grant College in the United States," *The Journal of Negro Education* 31（3）, The Negro Public College（Summer, 1962）: 233.
71—Curry, *Blueprint for Modern America*, 109–10.
72—威尔金森的引语引自 Gates, *The Wisconsin Pine Lands of Cornell University*, 8–9。
73—Russell I. Thackrey, *The Future of the State University*（Urbana: University of Illinois Press, 1971）, 8.
74—Becker, *Cornell University*, 34–35; Frederick Rudolph, *The American College and University: A History*（New York: Alfred A. Knopf, 1962）, 250–51; Scott Key, "Economics or Education: The Establishment of American Land-Grant Universities," *The Journal of Higher Education* 67（2）（March–April, 1996）: 215–216.
75—莫里尔写于 1874 年，引自 Parker, *Justin Smith Morrill*, 270。
76—林肯的引语引自 James G. Randall, *Lincoln the President*, vol. 3, *Midstream*（New York: Dodd, Mead, 1952）, 143; Eldon L. Johnson, "Misconceptions About the Early Land-Grant Colleges," *Journal of Higher Education* 52（4）（July–August, 1981）: 335。
77—"News from Washington," *The New York Times*, May 22, 1862, 5.
78—Marion Clawson, *Uncle Sam's Acres*（Westport, Conn.: Greenwood Press, 1951）, 93.

79—National Park Service, Homestead National Monument of America 网站，http://www.nps.gov/home/homestead_act.html 和 http://www.nps.gov/home/scrapbook.html。弗里曼的农场现在是美国家园国家纪念地。
80—Addison Erwin Sheldon, *Histories and Stories of Nebraska*（1913），引自 Legends of America 网站，http://legendsofamerica.com。
81—Folke Dovring, "European Reactions to the Homestead Act," *The Journal of Economic History* 22（4）（December, 1962）: 469.
82—Paul Wallace Gates, "Federal Land Policy in the South, 1866–1888," *Journal of Southern History* 6（3）（August, 1940）: 304.
83—Gates, "Federal Land Policy in the South, 1866–1888," passim.
84—Clawson, *Uncle Sam's Acres*, 93.
85—Allen, "Homesteading and Property Rights," 9; Paul W. Gates, "The Homestead Law in an Incongruous Land System," *The American Historical Review* 41（1936）: 662.
86—Allen, "Homesteading and Property Rights," 7–8.
87—Donald Worster, *An Unsettled Country: Changing Landscapes of the American West*（Albuquerque: University of New Mexico Press, 1994）, 9–14. 鲍威尔的主要传记是 Wallace E. Stegner, *Beyond the Hundredth Meridian: John Wesley Powell and the Second Opening of the West*（Boston: Houghton Mifflin, 1962, 1954）。
88—Worster, *An Unsettled Country*, 13.
89—同上书，15–16。
90—同上书，17。
91—Frederick Jackson Turner, *The Frontier in American History*（New York: H. Holt and Company, 1920）, "The Significance of the Frontier in American History," 1–18; quote on 1.
92—人们对于特纳的这篇论文已经写了非常多的著作，既有为其辩护的也有批评的。参见 William Cronon, "Revisiting the Vanishing Frontier: The Legacy of Frederick Jackson Turner," *The Western Historical Quarterly* 18（2）（April, 1987）: 157–76, and Allan G. Bogue, "Frederick Jackson Turner Reconsidered," *The History Teacher* 27（2）（February, 1994）: 195–221。
93—Shelly C. Dudley, "The First Five: A Brief Overview of the First Reclamation Projects," in Waterhistory.org, 国际水路历史协会（International Waterway History Association）的一个网站，http://www.waterhistory.org/histories/reclamation。
94—Donald E. Worster, *Rivers of Empire: Water, Aridity, and the Growth of the American West*（New York: Pantheon Books, 1985）, 130–31.
95—Gates, "Public Land Issues in the United States," 371.
96—National Park Service, "Found: America's Last Homesteader!," http://nps.gov/home/homesteader.html.
97—Robert E. Pierre, "Homesteading Reborn for a New Generation," *The Washington Post*, April 5, 2004, A1.
98—Eddy, *Colleges for Our Land and Time*, 47–48.
99—Vernon Carstensen, "A Century of Land-Grant Colleges," *The Journal of Higher Education* 33（1）（January, 1962）: 33.
100—Williams, *The Origins of Federal Support for Higher Education*, 46–49.
101—Allan Nevins, *The State Universities and Democracy*（Urbana: University of Illinois Press, 1962）, 29; Allan Nevins, *The Origin of the Land-Grant Colleges and State Universities: A Brief*

Account of the Morrill Act of 1862（Washington, D.C.: Civil War Centennial Commission, 1962）, 4.
102—Nevins, *The State Universities and Democracy*, 29–30, and Gates, *The Wisconsin Pine Lands of Cornell University*, 41.
103—Nevins, *The State Universities and Democracy*, 30.
104—同上书，31–32。凯莱布·库辛（1800—1879）有一份很长的公职服务记录，包括当选国会议员，出任富兰克林·皮尔斯政府的司法部长，服务于外交使团，在尤利西斯·S. 格兰特（U.S. Grant）执政时期被提名为最高法院首席大法官，但没有成功。
105—Becker, *Cornell University*, 84–85. 康奈尔的财富来自西联汇款（Western Union）的股份。
106—Williams, *The Origins of Federal Support for Higher Education*, 47, and Earle D. Ross, "The Great Triumvirate of Land-Grant Educators: Gilman, White, and Walker," *The Journal of Higher Education* 32（9）（December, 1961）: 480–488.
107—Brubacher and Rudy, *Higher Education in Transition*, 231.
108—Johnson, "Misconceptions About the Early Land-Grant Colleges," 336.
109—同上书，and Eddy, *Colleges for Our Land and Time*, 67–68.
110—Williams, *The Origins of Federal Support for Higher Education*, 3.
111—John Aubrey Douglas, "Creating a Fourth Branch of State Government: The University of California and the Constitutional Convention of 1879," *History of Education Quarterly* 32（1）（Spring, 1992）: 31–72.
112—同上书，40–48。
113—Williams, *The Origins of Federal Support for Higher Education*, 120–21.
114—同上书，153–55。
115—Earle D. Ross, *Democracy's College: The Land-Grant Movement in the Formative State*（New York: Arno Press, 1969; Iowa State University, 1942）, 178–79.
116—Fred Humphries, "Land-Grant Institutions: Their Struggle for Survival and Equality," in *A Century of Service: Land-Grant Colleges and Universities, 1890–1990*（New Brunswick, N.J.: Transaction Publishers, 1992）, 4. 只有 3 所黑人院校收到 1862 年的《莫里尔法案》资金：密西西比州的奥尔康州立大学（Alcorn State University，成立于 1871 年）、弗吉尼亚州的汉普顿学院（Hampton Institute，1872 年）、南卡罗来纳州的克拉夫林大学（Claflin University，1872 年）。1897 年，肯塔基州立学院（Kentucky State College）最终根据最初的《莫里尔法案》收到了资金。D. O. W. Holmes, "Seventy Years of the Negro College: 1860 to 1930," *Phylon（1940–1956）* 10（4）（Fourth Quarter, 1949）: 311.
117—以下是各所 1890 年莫里尔学院，包括它们成立的年份，各州接受 1890 年《莫里尔法案》的条款的年份，以及该院校当前的名字：州立农业机械研究院（State Agricultural and Mechanical Institute），师范，亚拉巴马州，1875—1891（亚拉巴马州农工大学，Alabama A&M University）；农业、机械和师范学院（Agricultural, Mechanical and Normal College），派恩布拉夫，阿肯色州，1872—1891（阿肯色大学派恩布拉夫分校，University of Arkansas at Pine Bluff）；州立有色学生学院（State College for Colored Students），多佛，特拉华州，1891—1891（特拉华州立大学）；佛罗里达黑人农业机械学院（Florida Agricultural and Mechanical College for Negroes），塔拉哈西，佛罗里达州，1887—1891（佛罗里达农工大学，Florida A&M University）；佐治亚州立工业学院（Georgia State Industrial College），工业学院镇（Industrial College），佐治亚州，1890—1890（佐治亚州立工业学院）；肯塔基州立工业学院（Kentucky State Industrial College），法兰克福，肯塔基州，1887—1893（肯塔基州立大学，Kentucky State University）；南方大学及农业机械学院（Southern University and Agricultural and Mechanical College），苏格兰维尔，路

易斯安那州，1880—1893（南方大学及农业机械学院）；安妮公主学院，安妮公主镇，马里兰州，1887—1892（马里兰大学东海岸分校）；奥尔康农业机械学院（Alcorn Agricultural and Mechanical College），奥尔康，密西西比州，1871—1890（奥尔康州立大学）；林肯大学（Lincoln University），杰斐逊城，密苏里州，1866—1891（林肯大学）；黑人农业和师范大学（The Negro Agricultural and Normal University），格林斯伯勒，北卡罗来纳州，1894—1891（北卡罗来纳州立农业技术大学，North Carolina Agricultural and Technical University）；有色人种农业和师范大学（Colored Agricultural and Normal University），兰斯顿，俄克拉何马州，1897—1899（兰斯顿大学，Langston University）；南卡罗来纳州立师范、工业、农业和机械学院（State Colored Normal, Industrial, Agricultural and Mechanical College of South Carolina），奥兰治堡，南卡罗来纳州，1896—1896（南卡罗来纳州立大学，South Carolina State University）；田纳西农业和工业州立师范学院（Tennessee Agricultural and Industrial State Teachers College），纳什维尔，田纳西州，1891—1913（田纳西州立大学）；普雷里维尤州立师范与工业学院（Prairie View State Normal and Industrial College），普雷里维尤，得克萨斯州，1879—1891；弗吉尼亚州立黑人学院（Virginia State College for Negroes），埃特里克，弗吉尼亚州，1883—1891（弗吉尼亚州立大学，Virginia State University）；西弗吉尼亚州立学院（West Virginia State College），因斯提图特（Institute），西弗吉尼亚州，1891—1892 年（西弗吉尼亚州立学院）。Holmes, "Seventy Years of the Negro College," 311–12.

118— Humphries, "Land-Grant Institutions," 4–5.

119— Holmes, "Seventy Years of the Negro College," 308.

120— Humphries, "Land-Grant Institutions," 5.

121— 同上。

122— Hyman, *American Singularity*, 72–73.

123— 同上书，73。最近成立的休斯敦大学（University of Houston）和得克萨斯南方大学（Texas Southern University）也获得了石油收入的一部分。主要招收黑人的得克萨斯南方大学是回应最高法院对"斯韦特诉佩因特案"的判决而创建的，最高法院在 1947 年要求得克萨斯州的一所州立法学院接收一名黑人学生。得克萨斯州的州议会没有把赫尔曼・马里恩・斯韦特（Herman Marion Sweatt）招入一所全白人大学的法学院，而是选择在 1947 年创建一所只招收黑人的得克萨斯南方大学来复制这些院校。得克萨斯南方大学现在是得克萨斯州种族最多样化的大学之一，不是一所赠地院校。

124— Westmeyer, *A History of American Higher Education*, 65.

125— 同上书，149, 以及 University of Alaska-Fairbanks 网站, http://www.uaf.edu/uaf/about/history.html。

126— 马丁・C. 伊斯切克于 2004 年 11 月 14 日在全国州立大学和赠地学院协会在加利福尼亚州圣迭戈市举办的年会上发表的演讲，《使贾斯汀・莫里尔的愿景适应新的世纪：赠地大学的改革的势在必行》(Adapting Justin Morrill' s Vision to a New Century: The Imperative of Change for Land-Grant Universities)。见美国农业部的联合研究、教育和推广局网站，http://www.crees.usda.gov/newsroom/speeches/04morrill.html。"The World' s 200 Top University Rankings," *The (London) Times Higher Education Review*, November 5, 2004, 列出了世界排名前 100 的大学中的 11 所赠地院校。

127— Neil E. Harl, "Relevance of the Land Grant Mission in the Twenty-First Century," 论文于 2003 年 11 月 18 日发表在堪萨斯州曼哈顿的堪萨斯州立大学，见艾奥瓦州立大学网站，http://www.econ.iastate.edu/faculty/harl/RelevanceoftheLandGrandMission.pdf; Mark G. Yudof, "Is the Public Research University Dead?" *Chronicle of Higher Education*, January, 2002, B-24。

128— Harl, "Relevance of the Land Grant Mission in the Twenty-First Century," 9.

129— Jischke, "Adapting Justin Morrill' s Vision to a New Century."
130— 同上。

第 4 章　妇女选举权

篇首引自《伤感宣言与决议》的话，出自 George Klosko and Margaret G. Klosko, *The Struggle for Women' s Rights: Theoretical and Historical Sources*（Upper Saddle River, N.J.: Prentice Hall, 1999）, 100；争取妇女选举权者的横幅标语，见美国国家档案与文件署（U.S. National Archives and Records Administration）网站，展示在《美国宪法》中，可见 http://www.archives.gov/exhibit_hall/charters_of_freedom/constitution/19th_amendment.htm。

1— "Wilson Takes Office To-Day as 28th President," *The New York Times*, March 4, 1913, 1. 这部分依赖于同期的新闻报道，来自 *The New York Times* and *The Washington Post*, March 3–5, 1913。
2— Doris Stevens, *Jailed for Freedom: American Women With the Vote*（Troutdale, Oregon: NewSage Press, 1995, 1920）, 35.
3— Linda J. Lumsden, *Inez: The Life and Times of Inez Milholland*（Bloomington: Indiana University Press, 2004）, 81–91.
4— John T. Woolley and Gerhard Peters, *The American Presidency Project* [online]. Santa Barbara, Calif: University of California (hosted), Gerhard Peters（database）. 可从 http://www.presidency.ucsb.edu/ws/?pid=25831 获取。
5— Carrie Chapman Catt and Nettie Rogers Shuler, *Woman Suffrage and Politics: The Inner Story of the Suffrage Movement*（New York: Charles Scribner' s Sons, 1926）, 472.
6— Judith Apter Klinghoffer and Lois Elkins, " 'The Petticoat Electors' : Women' s Suffrage in New Jersey, 1776–1807," *Journal of the Early Republic* 12（Summer, 1992）: 150.
7— Robert J. Dinkin, *Before Equal Suffrage: Women in Partisan Politics from Colonial Times to 1920*（Westport, Conn.: Greenwood Press, 1995）, 19–20, and Klinghoffer and Elkins, " 'The Petticoat Electors' ," passim.
8— Dinkin, *Before Equal Suffrage*, 101–12.
9— Anne M. Boylan, "Women and Politics in the Era before Seneca Falls," *Journal of the Early Republic* 10（3）（Autumn, 1990）: 363–64; Louise M. Young, "Women' s Place in American Politics: The Historical Perspective," *Journal of Politics* 38（3）200 Years of the Republic in Retrospect: A Special Bicentennial Issue（August, 1976）: 307.
10— 有成千上万名女性参与废奴活动，其中有几名女性脱颖而出，她们对反对奴隶制运动和后来争取妇女权利的事业都产生了重要影响。弗朗西斯·赖特（Frances Wright，1795—1852）写了大量强有力的文章，关于废除奴隶制、反对宗教组织、改革婚姻法、节育和普及公众教育。她成为纽约州的工人阶级政治运动的重要力量，以"范妮·赖特"党候选人的身份成功赢得纽约州州议会的席位。第二位重要作家、知识分子、新英格兰超验主义运动的成员是玛格丽特·富勒（Margaret Fuller，1810—1850），她写作了女权主义的经典著作《十九世纪的女性》(*Woman in the Nineteenth Century*，1845 年），该书帮助架构了塞尼卡福尔斯会议，并指导了她著名的研讨会，该研讨会促使许多著名的波士顿女性变得激进。

另外两位重要人物是格里姆克姐妹——安吉丽娜（1805—1879）和萨拉（1792—1873）。她们出身于南卡罗来纳州一个富裕的蓄奴家庭，成为强大的反奴隶制发言人和强有力的作家。她们的煽动引起了新英格兰的神职人员的愤怒，公理会牧师委员会（Council of Congregational Ministers）发出了一封信函，于 1837 年 7 月在所有公理会教堂中宣读，警告说这对姐妹有对“女性形象造成永久性伤害”的危险。萨拉・格里姆克在 1837 年出版的《关于性别平等》(*Letters on the Equality of the Sexes*）中，将妇女与奴隶的状况进行了类比，预示了发展中的妇女权利运动。其他女性，特别是废奴主义者威廉・劳埃德・加里森的追随者，到处游历并演讲：阿比盖尔・凯利・福斯特（1810—1887)，露西・斯通（1818—1893)，还有黑人活动家弗朗西斯・埃伦・沃特金斯・哈珀（Frances Ellen Watkins Harper，1825—1911)、玛丽亚・斯图尔特（Maria Stewart，1803—1879)，萨拉・帕克・雷蒙德（Sarah Parker Remond，1826—1894）和索杰纳・特鲁思（约 1797—1883)。Young, “Women’s Place in American Politics,” 313–15; Elizabeth Frost-Knappman and Kathryn Cullen-DuPont, *Women’s Suffrage in America*, updated ed.（New York: Facts on File, 2005）, 436, 452. Mari Jo Buhle and Paul Buhle, eds., *The Concise History of Woman Suffrage: Selections from the Classic Work of Stanton, Anthony, Gage, and Harper*（Urbana: University of Illinois Press, 1978）, 69–70; Alison M. Parker, “The Case for Reform Antecedents for the Woman’s Rights Movement,” in *Votes for Women: The Struggle for Suffrage Revisited*, ed. Jean H. Baker（New York: Oxford University Press, 2002）, 29–30. Judith E. Harper, *Susan B. Anthony: A Biographical Companion*（Santa Barbara, Calif.: ABC-CLIO, 1998）, 5; Suzanne M. Marilley, *Woman Suffrage and the Origins of Liberal Feminism in the United States, 1820–1920*（Cambridge: Harvard University Press, 1996）, ch. 1.

11— Eleanor Flexner and Ellen Fitzpatrick, *Century of Struggle: The Woman’s Rights Movement in the United States*, enlarged ed.（Cambridge: Belknap Press of Harvard University Press, 1996, 1959）, 39–40; Young, “Women’s Place in American Politics,” 316.

12— Young, “Women’s Place in American Politics,” 317.

13— Frost-Knappman and Cullen-DuPont, *Women’s Suffrage in America*, 49.

14— Elizabeth Cady Stanton, Susan B. Anthony, and Matilda J. Gage, eds., *History of Woman Suffrage*, vol. I（New York: Arno and The New York Times, 1969, 1881）, 35; Paula Baker, “The Domestication of Politics: Women and American Political Society,” 1780–1920, *American Historical Review* 89（3）（June, 1984）: 634.

15— Miriam Gurko, *The Ladies of Seneca Falls: The Birth of the Woman’s Rights Movement*（New York: Schocken Books, 1974）, 2; Elisabeth Griffith, *In Her Own Right: The Life of Elizabeth Cady Stanton*（New York: Oxford University Press, 1984）, 47–61.

16— Frost-Knappman and Cullen-DuPont, *Women’s Suffrage in America*, 73.

17— Elizabeth Cady Stanton, *Eighty Years and More: Reminisces 1815–1897*（Boston: Northeastern University Press, 1993, 1898）, 148.

18— 同上。Philip S. Foner 指出在塞尼卡福尔斯会议过程中只有一位男性发挥了重要作用，他就是弗雷德里克・道格拉斯。Philip S. Foner, ed., *Frederick Douglass on Women’s Rights*（Westport, Conn.: Greenwood Press, 1976）, 3.

19— 引自 Andrea Moore Kerr, *Lucy Stone: Speaking Out for Equality*（New Brunswick: Rutgers University Press, 1992）, 60。

20— 同上书，1, 61。斯通（1818—1893）毕业于欧柏林学院（当时美国唯一一所实行男女同校的学院)；1855 年，她与亨利・布朗・布莱克韦尔结婚，但保留了她的娘家姓（另一个第一)。她主持了纽约州的妇女权利大会，于 1866 年组织了美国平等权利协会。安托瓦妮特・布朗也是欧柏林学院的早期毕业生，是第一位被任命为部长的女性。

21— Kerr, *Lucy Stone*, 60–61.

22— Harper, *Susan B. Anthony*, 20–34. Susan B. Anthony（1820–1906）.

23—Frost-Knappman and Cullen-DuPont, *Women's Suffrage in America*, 447–48; Griffith, *In Her Own Right*. Elizabeth Cady Stanton（1815–1902）.

24—Harper, *Susan B. Anthony*, 36.

25—Young, "Women's Place in American Politics," 321.

26—第十四修正案第 2 款的部分内容为："但在……选举中，一州的……男性居民如其投票权遭到拒绝，则该州代表权的基础应按以上男性公民的人数同该州年满 21 岁男性公民总人数的比例予以削减。" Young, "Women's Place in American Politics," 321.

27—Harper, *Susan B. Anthony*, 93.

28—蒂尔顿后来被卷入了一起只能被描述为该世纪的丑闻之一的事件。这件错综复杂的丑闻涉及蒂尔顿的妻子伊丽莎白·理查兹·蒂尔顿（Elizabeth Richards Tilton）与西奥多·蒂尔顿最好的朋友、知名的自由派公理会牧师亨利·沃德·比彻（Henry Ward Beecher）之间的婚外恋。这起事件拥有最精彩刺激的肥皂剧的所有特点：不正当的男女关系、背叛、勒索、掩饰和自由性爱。维多利亚·克拉夫林·伍德哈尔（Victoria Claflin Woodhull）得到伊丽莎白·卡迪·斯坦顿透露的消息，发表文章完整揭露了这起事件酝酿已久的谣言。关于这起事件的审理长达近 7 个月，陪审团因意见不同而无法做出裁定，而这个故事从 1872 年至 1875 年一直是新闻界的热点话题。比彻曾担任美国妇女选举权协会主席，而西奥多·蒂尔顿则担任全国妇女选举权协会主席。比彻-蒂尔顿事件也给大众和媒体留下了选举权运动是不道德和有污点的牢固形象。这两个组织都深受其害，成员丧失，它们的主旨和目的都因此瘫痪了数年。Kerr, *Lucy Stone*, 164–65, 176; Altina L. Waller, *Reverend Beecher and Mrs. Tilton: Sex and Class in Victorian America*（Amherst: University of Massachusetts Press, 1982）.

29—Kerr, *Lucy Stone*, 120.《宪法》旧的五分之三条款允许南方各州将奴隶的实际人口数量乘以五分之三作为众议员席位分配的用途，但现在该条款失去了意义。最近获得自由的黑人现在已经是公民，他们将会使南方在国会中增加 15 个众议员席位，下一次会进行人口普查，各州被重新纳入联邦。

30—Harper, *Susan B. Anthony*, 50–51.

31—Garth E. Pauley, "W. E. B. Du Bois on Woman Suffrage: A Critical Analysis of His Crisis Writings," *Journal of Black Studies* 30（3）（January, 2000）: 388.

32—Cited in Buhle and Buhle, *The Concise History of Woman Suffrage*, 254.

33—同上书，258。

34—"Equal Rights: Anniversary of the American Equal Rights Association," *The New York Times*, May 13, 1869, 1.

35—引自 Buhle and Buhle, *The Concise History of Woman Suffrage*, 259; Pauley, "W. E. B. Du Bois on Woman Suffrage," 387–90。

36—Alexander Keyssar, *The Right to Vote: The Contested History of Democracy in the United States*（New York: Basic Books, 2000）, 185.

37—批准的各州中有重建的南方各州政府：北卡罗来纳州、路易斯安那州、南卡罗来纳州、阿肯色州、佛罗里达州、亚拉巴马州、密苏里州、密西西比州和得克萨斯州。

38—Harper, *Susan B. Anthony*, 36.

39—88 U.S. 162（1875）; 首席法官莫里森·韦特（Morrison Waite）的意见。

40—Jennifer K. Brown, "The Nineteenth Amendment and Women's Equality," *Yale Law Journal* 102（8）, Symposium: Economic Competitiveness and the Law（June, 1993）: 2177–82.

41—Keyssar, *The Right to Vote*, 183.

42—David Morgan, *Suffragists and Democrats: The Politics of Woman Suffrage in America*（East Lansing: Michigan State University Press, 1972）, 18; Dinkin, *Before Equal Suffrage*, 101–103.

43—Flexner and Fitzpatrick, *Century of Struggle*,171–77; Suzanne M. Marilley, "Frances Willard and the Feminism of Fear," *Feminist Studies* 19（1）（Spring, 1993）: 123–46.

44—Jane Jerome Camhi, *Women Against Women: American Anti-Suffragism, 1880–1920*（New York: Carlson Publishing, 1994）, 27 n. 12; Griffith, *In Her Own Right*, 126.

45—"Shall the Sisters Vote?" *The Washington Post*, January 27, 1887, 2.

46—"Woman Suffrage in the Senate," *The New York Times*, January 26, 1887, 4.

47—Beverly Beeton, "Woman Suffrage in Territorial Utah," in *Battle for the Ballot: Essays on Woman Suffrage in Utah, 1870–1896*, ed. Carol Cornwall Madsen（Logan: Utah State University Press, 1997）, 116–17, 最初发表在 *Utah Historical Quarterly* 46（Spring, 1978）: 100–20。

48—Beeton, "Woman Suffrage in Territorial Utah," 130–31. 贝尔瓦・洛克伍德（Belva Lockwood, 1830—1917）是第一位在美国最高法院出庭的女律师；她后来是塞缪尔・R. 洛厄里（Samuel R. Lowery）的保证人，后者是第一位被允许在美国最高法院出庭的来自南方的黑人律师。Frost-Knappman and Cullen-DuPont, *Women's Suffrage in America*, 441–42.

49—Allison Sneider, "Woman Suffrage in Congress: American Expansion and the Politics of Federalism, 1870–1890," in Baker, *Votes for Women*, 78.

50—Catt and Shuler, *Woman Suffrage and Politics*, 495–96.

51—Griffith, *In Her Own Right*, 203–4; Vivian Gornick, *The Solitude of Self: Thinking About Elizabeth Cady Stanton*（New York: Farrar, Straus and Giroux, 2005）.

52—Harper, *Susan B. Anthony*, 252–54; Griffith, *In Her Own Right*, 210–15.

53—Ida Husted Harper, *The Life and Work of Susan B. Anthony*, vol. 3（New York: Arno and *The New York Times*, 1969, 1908）, 1376.

54—同上书，ch. 70。

55—转引自 Robert Booth Fowler and Spencer Jones, "Carrie Chapman Catt and the Last Years of the Struggle for Woman Suffrage: 'The Winning Plan,'" in Baker, *Votes for Women*, 133。

56—Fowler and Jones, "Carrie Chapman Catt," 133–34.

57—Catt and Shuler, *Woman Suffrage and Politics*, 268.

58—Fowler and Jones, "Carrie Chapman Catt," 135.

59—怀俄明州（1869 年作为准州，1890 年作为正式州）；科罗拉多州（1893 年）；犹他州（1879 年作为准州，1887 年撤销，1896 年作为正式州）；爱达荷州（1896 年）；华盛顿州（1883 年作为准州，1910 年作为正式州）；加利福尼亚州（1911 年）；亚利桑那州（1912 年）；俄勒冈州（1912 年）；堪萨斯州（1912 年）；内华达州（1914 年）；蒙大拿州（1914 年）。只有其他四个州在第十九修正案获得批准之前授予了妇女完全的选举权：纽约州（1917 年）、南达科他州（1918 年）、俄克拉何马州（1918 年）和密歇根州（1918 年）。如果算上那些授予妇女选举权少于完全的选举权的州的话，在第十九修正案获得通过之前共有 30 个州授予了妇女选举权。

60—Holly J. McCammon and Karen E. Campbell, "Winning the Vote in the West: The Political Successes of the Women Suffrage Movements, 1866–1919," *Gender and Society* 15（1）（February, 2001）: 55–82; also, Holly J. McCammon, Karen E. Campbell, Ellen M. Granberg, and Christine Mowery, "How Movements Win: Gendered Opportunity Structures and U.S. Women's Suffrage Movements, 1866 to 1919," *American Sociological Review* 66（February, 2001）: 49–70.

61—Cahmi, *Women Against Women*, 124. 玛德琳・达尔格伦是海军上将约翰・A. 达尔格伦（John A. Dahlgren）的遗孀，埃莉诺・谢尔曼是将军威廉・T. 谢尔曼（William T. Sherman）的妻子。

62—Thomas Jablonsky, "Female Opposition: The Anti-Suffrage Campaign," in Baker, *Votes for Women*, 119–21.

63—Sally Hunter Graham, *Woman Suffrage and the New Democracy*（New Haven: Yale University Press, 1996）, 34–35.
64—Jablonsky, "Female Opposition," 121. 约瑟芬・道奇（1855—1928）是为工人阶级母亲争取日间托儿所运动的著名倡导者，她出身于富裕的望族，并且也嫁入了显赫的富裕家族。全国反对妇女选举权协会在她位于纽约市的派克大街的公寓成立；她编辑了《妇女的抗议书》，并且在该组织的总部于 1917 年迁至华盛顿特区之前一直担任该组织的主席。明妮・布朗森在联邦政府中从事过多种工作，调查妇女与儿童的工作环境，并担任反对妇女选举权协会的秘书长。Camhi, *Women Against Women*, biographical appendix, 238–241.
65—Camhi, *Women Against Women*, 2.
66—Jablonsky, "Female Opposition," 121–23.
67—Richard Barry, "Why Women Oppose Woman Suffrage," *Pearson's Magazine*（March, 1910）: 329, 引自 Camhi, *Women Against Women*, 57。
68—Aileen S. Kraditor, *The Ideas of the Woman Suffrage Movement, 1890–1920*（New York: Columbia University Press, 1965）, 14–42; Thomas J. Jablonsky, *The Home, Heaven, and Mother Party: Female Anti-Suffragists in the United States, 1868–1920*（New York: Carlson Publications, 1994）, and Camhi, *Women Against Women*, chs. 1, 2.
69—Kraditor, *The Ideas of the Woman Suffrage Movement*, ch. 2, passim.
70—Kristy Maddux, "When Patriots Protest: The Anti-Suffrage Discursive Transformation of 1917," *Rhetoric & Public Affairs* 7（3）（2004）: 283–310.
71—同上书，296–305。
72—Jablonsky, *The Home, Heaven, and Mother Party*, 65.
73—Morgan, *Suffragists and Democrats*, ch. 11; Catt and Shuler, *Woman Suffrage and Politics*, ch.5. 关于妇女选举权在各州举行的全民投票中受到的支持和反对，参见 Eileen L. McDonagh and H. Douglas Price, "Woman Suffrage in the Progressive Era: Patterns of Opposition and Support in Referenda Voting, 1910–1918," *American Political Science Review* 79（2）June, 1985）: 415–35。
74—Jablonsky, *The Home, Heaven, and Mother Party*, ch. 5.
75—Kenneth R. Johnson, "White Racial Attitudes as a Factor in the Arguments Against the Nineteenth Amendment," *Phylon* 31（1）（First Quarter, 1970）: 32.
76—同上书，33。在这位参议员的鼻子底下，佛罗里达州的黑人公民，特别是妇女，在第十九修正案获得通过之前的几个月里正在动员投票。然而，黑人是在被认为是现代美国历史上最血腥的选举日，即 1920 年的选举日中，被三 K 党及其他白种至上主义者击溃的。Paul Ortiz, *Emancipation Betrayed: The Hidden History of Black Organizing and White Violence in Florida from Reconstruction to the Bloody Election of 1920*（Berkeley: University of California Press, 2005）.
77—Johnson, "White Racial Attitudes," 35.
78—Paul E. Fuller, *Laura Clay and the Woman's Rights Movement*（Lexington: University Press of Kentucky, 1975）, ch. 9; Kenneth R. Johnson, "Kate Gordon and the Woman-Suffrage Movement in the South," *Journal of Southern History* 38（3）（1972）: 365–392.
79—Frost-Knappman and Cullen-DuPont, *Women's Suffrage in America*, 292.
80—Ellen Carol DuBois, *Harriot Stanton Blatch and the Winning of Woman Suffrage*（New Haven: Yale University Press, 1977）, 3.
81—Inez Haynes Irwin, *Angels and Amazons*（Garden City, N.Y.: Doubleday, Doran & Co., 1934）, 319, 复述在 Jacqueline Van Voris, *Carrie Chapman Catt: A Public Life*（New York: The Feminist Press, 1996, 1987）, 128。

82— Frost-Knappman and Cullen-DuPont, *Women's Suffrage in America*, 294–95; David Von Drehle, *Triangle: The Fire that Changed America*（New York: Atlantic Monthly Press, 2003）.
83— Michael McGerr, "Political Style and Women's Power, 1830–1930," *The Journal of American History* 77（3）（December, 1990）: 876–77.
84— Cahmi, *Women Against Women*, 122; Sharon Hartman Strom, "Leadership and Tactics in the American Woman Suffrage Movement: A New Perspective from Massachusetts," *The Journal of American History* 62（2）（September, 1975）: 296–315.
85— Robert Booth Fowler, *Carrie Catt: Feminist Politician*（Boston: Northeastern University Press, 1986）, 143–45.
86— 同上书，145。
87— DuBois, *Harriot Stanton Blatch*, 3, 274–75.
88— Fowler, *Carrie Catt*, 146–147.
89— Catt and Shuler, *Woman Suffrage and Politics*, 316–17; Graham, *Woman Suffrage and the New Democracy*, ch. 5.
90— Gayle Veronica Fischer, "The Seventy-Fifth Anniversary of Woman Suffrage in the United States: A Bibliographic Essay," *Journal of Women's History* 7（3）（Fall, 1995）: 184.
91— McGerr, "Political Style and Women's Power," 874.
92— 引自 Christine A. Lunardini and Thomas J. Knock, "Woodrow Wilson and Woman Suffrage: A New Look," *Political Science Quarterly* 95（Winter, 1980–1981）: 657。
93— Stevens, *Jailed for Freedom*, 37–38.
94— Arthur S. Link et al., eds., *The Papers of Woodrow Wilson, December 2, 1913–May 5, 1914*, vol. 29（Princeton: Princeton University Press, 1979）, 21–22; Kendrick A. Clements and Eric A. Cheezum, *Woodrow Wilson*（Washington, D.C.: CQ Press, 2003）, 119.
95— Lunardini and Knock, "Woodrow Wilson and Woman Suffrage," 661.
96— Clements and Cheezum, *Woodrow Wilson*, 94, 98.
97— Catt and Shuler, *Woman Suffrage and Politics*, 259–60.
98— 德国外交部长齐默尔曼向德国驻墨西哥城大使发出的这份急件声明，如果德国和美国开战，这位大使应当建议墨西哥参战对抗美国。作为回报，墨西哥可收复“在得克萨斯州、新墨西哥州和亚利桑那州失去的领土”。进一步，墨西哥卡兰萨（Carranza）总统应当邀请日本加入这个联盟。Arthur S. Link, *Woodrow Wilson and the Progressive Era, 1910–1917*（New York: Harper Torchbooks, 1963, 1954）, 271.
99— Catt and Shuler, *Woman Suffrage and Politics*, 318; Graham, *Woman Suffrage and the New Democracy*, 111.
100— Graham, *Woman Suffrage and the New Democracy*, 113.
101— "Wilson Backs Amendment for Woman Suffrage," *The New York Times*, January 10, 1918, 1; "See Suffrage Victory," *The Washington Post*, January 9, 1918, 2.
102— Catt and Shuler, *Woman Suffrage and Politics*, 321.
103— "House for Suffrage, 274–136," *The New York Times*, January 11, 1918, 1; Catt and Shuler, *Woman Suffrage and Politics*, 322. 纽约州共有 39 位众议院议员，但其中 4 位在投票时缺席。
104— "Suffragists Add Four to Senate List," *The Washington Post*, January 13, 1918, 4.
105— Ray Stannard Baker, *Woodrow Wilson: Life and Letters*（New York: Doubleday, 1913–1946）, vol. VIII, 412. 威尔逊在 1918 年 9 月 18 日写给参议员克里斯蒂·贝内特的信。
106— 在争取妇女选举权斗争中的 88 位重要人物的简短传略，参见 Frost-Knappman and Cullen-

DuPont, *Women's Suffrage in America*, 426–52。

107— 贝内特的参议员生涯始于 1918 年 7 月 6 日，但仅仅持续至同年的 11 月 5 日。*Biographical Directory of the United States Congress, 1774–Present*, online version.

108— Lunardini and Knock, "Woodrow Wilson and Woman Suffrage," 668.

109— 参议院的审议和威尔逊的演讲来自报纸文章，来自 *The New York Times*, September 20–October 3, 1918。

110— Clements and Cheezum, *Woodrow Wilson*, 120–21.

111— "Suffragist Burn Wilson in Effigy; Many Locked Up," *The New York Times*, February 10, 1919, 1.

112— Flexner and Fitzpatrick, *Century of Struggle*, 309.

113— 同上书，307。

114— Morgan, *Suffragists and Democrats*, 129.

115— "President Wilson's Message to Congress," *The New York Times*, May 21, 1919, 4.

116— Anne F. Scott and Andrew M. Scott, *One Half the People: The Fight for Woman Suffrage*（Philadelphia: J. B. Lippincott, 1975）, 163.

117— Eileen L. McDonagh, "Issues and Constituencies in the Progressive Era: House Roll Call Voting on the Nineteenth Amendment, 1913–1919," *The Journal of Politics* 51（1）（February, 1989）: 128–29.

118— P. Orman Ray, "The World-Wide Woman Suffrage Movement," *Journal of Comparative Legislation and International Law*, 3rd Ser. 1（3）（1919）: 220–38.

119— Graham, *Woman Suffrage and the New Democracy*, 128–29.

120— Frost-Knappman and Cullen-DuPont, *Women's Suffrage in America*, 455. 伊利诺伊州赢得这场比赛，成为第一个批准的州，但是一名文员犯下的错误导致伊利诺伊州的州议会要重新批准该修正案；这使得威斯康星州能够自夸是第一个批准的州。Flexner and Fitzpatrick, *Century of Struggle*, 309.

121— Morgan, *Suffragists and Democrats*, 146.

122— A. Elizabeth Taylor, "Tennessee: The Thirty-Sixth State," in Marjorie Spruill Wheeler, ed., *The Woman Suffrage Movement in Tennessee, the South, and the Nation*（Knoxville: University of Tennessee Press, 1995）, 60; Catt and Shuler, *Woman Suffrage and Politics*, 398–413.

123— Van Voris, *Carrie Chapman Catt*, 160.

124— Jablonsky, "Female Opposition," 125.

125— Flexner and Fitzpatrick, *Century of Struggle*, 314, and *The New York Times* accounts, August, 1920.

126— 摘自 Catt and Shuler, *Woman Suffrage and Politics*, 451。

127— "Colby Proclaims Woman Suffrage," *The New York Times*, August 27, 1920, 1.

128— Morgan, *Suffragists and Democrats*, 153.

129— Frost-Knappman and Cullen-DuPont, *Women's Suffrage in America*, 353–55; Fowler, *Carrie Catt*, 155–58.

130— Sara Alpern and Dale Baum, "Female Ballots: The Impact of the Nineteenth Amendment," *Journal of Interdisciplinary History* 16（1）（Summer, 1985）: 43–67.

131— Baker, "The Domestication of Politics," 643–44.

132— Graham, *Woman Suffrage and the New Democracy*, 107–108.

133— Paul Kleppner, "Were Women to Blame? Female Suffrage and Voter Turnout," *Journal of Interdisciplinary History* 12（4）（Spring, 1982）: 621–43; Alpern and Baum, "Female Ballots."

134— Dinkin, *Before Equal Suffrage*, 136.
135— M. Margaret Conway, Gertrude A. Steuernagel, and David W. Ahern, *Women and Political Participation: Cultural Change in the Political Arena*（Washington, D.C.: CQ Press, 1997）, 80; Kay Lehman Schlozman, Nancy Burns, and Sidney Verba, "Gender and Pathways to Participation: The Role of Resources," *Journal of Politics* 56（November, 1994）: 963–90.
136— Conway et al., *Women and Political Participation*, 91.
137— 费尔顿是佐治亚州民主党人威廉・哈勒尔・费尔顿（William Harrell Felton）的遗孀，在她丈夫的继任者被选出之前仅担任过一天的参议员。丽贝卡・费尔顿因她仪式性的一天的任职成为（a）第一位女性参议员，（b）被任命的最老的参议员（87 岁），和（c）任期最短的参议员。其他遗孀和任期较短的特别任命有：路易斯安那州民主党人休伊・P. 朗的妻子 Rose McConnell Long，她任职了近 12 个月（1936 年 1 月至 1937 年 1 月）；州长 Bibb Graves 的妻子是来自亚拉巴马州的民主党人 Dixie Bibb Graves，她在来自佐治亚州的民主党人雨果・L. 布莱克成为美国最高法院成员时接替他完成了 5 个月的任期（1937 年 8 月至 1938 年 1 月）；南达科他州共和党人 Gladys Pyle，她接替 Peter Norbeck 完成其剩余 4 个月的任期（1938 年 11 月至 1939 年 1 月）；南达科他州共和党人 Vera Cahalan Bushfield，她在丈夫 Harlan J. Bushfield 去世后接替他任职了 3 个月（1938 年 10 月至 12 月）；内布拉斯加州共和党人 Eva Kelley Bowring 在 Dwight Palmer Griswold 去世后接替他从 1954 年 4 月任职到 11 月，之后 Hazel Hempel Abel 继续从 1954 年 11 月任职到 12 月以完成 Griswold 的任期；来自路易斯安那州的民主党人 Elaine S. Edwards 在路易斯安那州的民主党人艾伦・J. 艾伦德去世后接替他从 1972 年 8 月任职到 11 月；明尼苏达州民主党人 Muriel Humphrey 在她的丈夫 Hubert H. Humphrey, Jr. 去世后接替他从 1978 年 1 月任职到 11 月；亚拉巴马州民主党人 Maryon Allen 在她的丈夫 James Browning Allen 去世后接替他从 1978 年 6 月任职到 11 月；南达科他州民主党人 Joceyln Burdick 在她的丈夫 Quentin N. Burdick 去世后从 1992 年 9 月任职到 12 月。堪萨斯州共和党人 Sheila Frahm 从 1996 年 6 月任职到 11 月，她在罗伯特・多尔辞职竞选总统后竞选完成多尔剩余的任期，但以失败告终。密苏里州民主党人 Jean Carnahan，她的丈夫 Mel Carnahan 于 2000 年 11 月当选州长，她在 2001 年 1 月被任命填补因她丈夫去世造成的空缺，担任此职一直到 2002 年 11 月 25 日。两位参议员的遗孀凭借自己的力量当选：来自阿肯色州的民主党人 Hattie Wyatt Caraway（1931—1945 年担任议员）和来自缅因州的共和党人 Margaret Chase Smith（1949—1973 年担任议员）。美国参议院网站，"Women in the Senate"，可从 http://www.senate.gov/artandhistory/history/common/briefing/women_senators.html 获取。
138— 马里兰州民主党人 Barbara Mikulski（1987 年宣誓就职）；加利福尼亚州民主党人 Dianne Feinstein（1993 年）；加利福尼亚州民主党人 Barbara Boxer（1993 年）；华盛顿州民主党人 Patty Murray（1993 年）；得克萨斯州共和党人 Kay Bailey Hutchison（1993 年）；缅因州共和党人 Olympia J. Snowe（1995 年）；路易斯安那州民主党人 Mary Landrieu（1997 年）；缅因州共和党人 Susan Collins（1997 年）；阿肯色州共和党人 Blanche Lincoln（1999 年）；密歇根州民主党人 Deborah Stabenow（2001 年）；华盛顿州民主党人 Maria E. Cantwell（2001 年）；阿肯色州共和党人 Lisa Murkowski（2002 年）；密苏里州民主党人 Claire McCaskill（2007 年）；明尼苏达州民主党人 Amy Klobuchar（2007 年）；新罕布什尔州民主党人 Jeanne Shaheen（2009 年）；北卡罗来纳州民主党人 Kay Hagen（2009 年）；纽约州民主党人 Kirsten E. Gillibrand。美国参议院网站，"Women in the Senate"。
139— "Women in Elective Office 2006," Center for American Women and Politics, Eagleton Institute of Politics, Rutgers, The State University of New Jersey 网站，可从 http://www.cawp-rutgers.edu/Facts/Officeholders/cawpfs.html 获取。

第 5 章　保护工人家庭

篇首格林的引语出自 Irving Bernstein, *The Turbulent Years: A History of the American Worker, 1933–1941*（Boston: Houghton Mifflin Company, 1970）, 349；罗伯特・费迪南德・瓦格纳的引语出自 *West's Encyclopedia of American Law*, eds. Jeffrey Lehman and Shirelle Phelps, vol. 10, 2nd ed.（Detroit: Gale, 2005）, 262；卡尔・E. 克拉尔的引语出自 "Judicial Deradicalization of the Wagner Act and the Origins of Modern Legal Consciousness," *Minnesota Law Review* 62（1978）: 265. Ronald A. Wykstra and Eleanour V. Stevens, *Labor Law and Public Policy*（New York: Oyssey Press, 1970）, 37。

1—*Commonwealth* v. *John Hunt et al.*, 4 Metcalf 111（1842）. Philip S. Foner, *History of the Labor Movement in the United States*, vol. 1: *From Colonial Times to the Founding of the American Federation of Labor*（New York: International Publishers, 1947）, 162–65; Wykstra and Stevens, *Labor Law and Public Policy*, 38–46.

2—Foner, *History of the Labor Movement in the United States*, vol. I: 218.

3—Foster Rhea Dulles and Melvyn Dubofsky, *Labor in America: A History*, 4th ed.（Arlington Heights, Ill.: Harlan Davidson, 1984, 1949）, 70–89.

4—同上书，82。

5—同上书，88。

6—同上。

7—Howard Kimeldorf and Judith Stepan-Norris, "Historical Studies of Labor Movements in the United States," *American Review of Sociology* 18（1992）: 504; Dulles and Dubofsky, *Labor in America*, 100-102.

8—Dulles and Dubofsky, *Labor in America*, 105–106.

9—Wykstra and Stevens, *Labor Law and Public Policy*, 47; Melvyn Dubofsky, *The State and Labor in Modern America*（Chapel Hill: University of North Carolina Press, 1994）, 8–12.

10—Leon Fink, *Workingmen's Democracy: The Knights of Labor and American Politics*（Urbana: University of Illinois Press, 1983）; Kimeldorf and Stepan-Norris, "Historical Studies of Labor Movements in the United States," 504; Dulles and Dubofsky, *Labor in America*, 117–18, ch. 8.

11—Dulles and Dubofsky, *Labor in America*, 142–56. 行业组织和工会联盟（Federation of Organized Trades and Labor Unions）是由工会干部和劳工骑士团在 1881 年开会成立的一个联盟，是 1886 年美国劳工联合会成立之前的过渡组织。

12—Dulles and Dubofsky, *Labor in America*, 155; Philip S. Foner, *History of the Labor Movement in the United States*, vol. 2: *From the Founding of the American Federation of Labor to the Emergence of American Imperialism*（New York: International Publishers, 1955）, 171. 劳联下属的最强大的工会有：美国木工和细木工联合兄弟会（United Brotherhood of Carpenters and Joiners，拥有成员 57 000 人）、雪茄工人工会（Cigar Makers' Union，27 000 人）、钢铁工人工会（Iron and Steel Workers' Union，24 000 人）、铸铁工人工会（Iron Molders' Union，23 000 人）和印刷工会（Typographical Union，28 000 人）。

13—Foner, *History of the Labor Movement in the United States*, vol. 2, 206.

14—Dulles and Dubofsky, *Labor in America*, 157–59; Foner, *History of the Labor Movement in the United States*, vol. 2, 206–18.

15—H. Paul Jeffers, *An Honest President: The Life and Presidencies of Grover Cleveland*（New

York: William Morrow, 2000）, 290–309; Dulles and Dubofsky, *Labor in America*, 162–70; Foner, *History of the Labor Movement in the United States*, vol. 2, 261–278.
16—Dulles and Dubofsky, *Labor in America*, 202.
17—Philip S. Foner, *History of the Labor Movement in the United States*, vol. 3: *The Policies and Practices of the American Federation of Labor, 1900–1909*（New York: International Publishers, 1964）, 367–92; Dulles and Dubofsky, *Labor in America*, 200–14.
18—E. Edward Herman and Alfred Kuhn, *Collective Bargaining and Labor Relations*（Englewood Cliffs, N.J.: Prentice-Hall, 1981）, 13.
19—Kimeldorf and Stepan-Norris, "Historical Studies of Labor Movements in the United States," 506.
20—*Adair* v. *United States*, 208 U.S. 161（1908）and *Coppage* v. *Kansas*, 236 U.S. 1（1915）; *Hitchman Coal and Coke Company* v. *Mitchell*, 245 U.S. 229（1917）. Alfred H. Kelly and Winfred A. Harbison, *The American Constitution: Its Origin and Development*, 4th ed.（New York: W. W. Norton, 1970, 1948）, 532–33; Joel I. Seidman, "The Yellow Dog Contract," *Quarterly Journal of Economics* 46（2）（February, 1932）: 348–61. "黄犬" 这个词是自 19 世纪 30 年代以来就一直存在的，用来指常见的劣等狗或杂种狗，象征着毫无价值。Robert Hendrickson, ed., *Facts on File Encyclopedia of Word and Phrase Origins*, 3rd ed.（New York: Checkmark Books, 2004）. 希契曼的契约内容如下："我受雇于希契曼煤炭和焦炭公司并为其工作，但有一个共识，即我不是美国矿工联合会的成员，并且在我受雇于该公司时也不会成为其成员……希契曼……是无工会管理的，并且与我达成一致：当我是该公司雇员时，它将会无工会管理。" Irving Bernstein, *The Lean Years: A History of the American Worker, 1920–1933*（Boston: Houghton Mifflin, 1966）, 197.
21—Bernstein, *The Lean Years*, 200.
22—*In re Debs*, 158 U.S. 564（1895）; Harry A. Millis and Emily Clark Brown, *From the Wagner Act to Taft-Hartley: A Study of National Labor Policy and Labor Relations*（Chicago: University of Chicago Press, 1950）, 8.
23—Felix Frankfurter and Nathan Greene, *The Labor Injunction*（New York: MacMillan, 1930）, 1; Dulles and Dubofsky, *Labor in America*, 172.
24—Bernstein, *The Lean Years*, 200, 407. 胡佛总统于 1930 年提名帕克为美国最高法院法官。但他成为 36 年来首位被参议院否决的被提名者，在很大程度上是因为他颁布"红夹克禁令"的行动。首席原告的官方名称是红夹克联合煤炭和焦炭公司（Red Jacket Consolidated Coal and Coke Company）。
25—*Loewe* v. *Lawlor*, 208 U.S. 274（1908）; Wykstra and Stevens, *Labor Law and Public Policy*, 55–63.
26—*Gompers* v. *Buck Stove & Range Company*, 221 U.S. 418（1911）.
27—*Duplex Printing Press Company* v. *Deering*, 254 U.S. 443（1921）; Herman and Kuhn, *Collective Bargaining and Labor Relations*, 38–39.
28—R. W. Fleming, "The Significance of the Wagner Act," in Milton Derber and Edwin Young, eds., *Labor and the New Deal*（Madison: University of Wisconsin Press, 1967）, 124; Edward Berman, *Labor and the Sherman Act*（New York: Harper, 1930）; Herman and Kuhn, *Collective Bargaining and Labor Relations*, 37.
29—Herman and Kuhn, *Collective Bargaining and Labor Relations*, 40.
30—David Brody, *Labor in Crisis: The Steel Strike of 1919*（Philadelphia: Lippincott, 1965）; and David M. Kennedy, *Over Here: The First World War and American Society*（New York: Oxford

University Press, 1980）, 270–79.

31—Millis and Brown, *From the Wagner Act to Taft–Hartley*, 16.

32—同上书，15–18。

33—William E. Leuchtenberg, *The Perils of Prosperity, 1914–1932*, 2nd ed.（Chicago: University of Chicago Press, 1993, 1958）, 99.

34—*Adkins* v. *Children' s Hospital*, 261 U.S. 525（1923）; Bernstein, *The Lean Years*, 227–32.

35—同上书，215–20; Herman and Kuhn, *Collective Bargaining and Labor Relations*, 41.

36—Howard Zinn, *La Guardia in Congress*（Westport, Conn.: Greenwood Press, 1972, 1959）, 227. 与欧文·伯恩斯坦相比，后者写到拉瓜迪亚"与禁令的立法事先没有任何联系"，只是向众议院提交了诺里斯的议案，"从而赢得了以他的名字冠名该法案的权利"。Bernstein, *The Lean Years*, 413.

37—Frankfurter and Greene, *The Labor Injunction.* Frankfurter and Greene 将他们的著作题献给"布兰代斯法官先生：对于他来说，法律不是一种人为理性的制度，而是以自由为核心的道德理想的应用"。其他学者和法学家包括芝加哥的唐纳德·里奇伯格、约翰·霍普金斯大学的 Herman Oliphant 教授、威斯康星大学的埃德温·E. 威特，以及哈佛大学的 Francis B. Sayre。Zinn, *La Guardia in Congress*, 227.

38—Zinn, *La Guardia in Congress*, 227; Richard Lowitt, *George W. Norris: The Persistence of a Progressive, 1913–1933*（Urbana: University of Illinois Press, 1971）, 518–27; Bernstein, *The Lean Years*, 411–13; Ralph K. Winter, Jr., "Labor Injunction and Judge-Made Labor Law: The Contemporary Role of Norris-La Guardia," *Yale Law Journal* 70（1）（November, 1960）, 70–102.

39—共和党人拉瓜迪亚毫无疑问意识到了赫伯特·胡佛构成的政治障碍，动过转投民主党的念头。但他的敌人、坦慕尼协会的老大吉米·海恩斯（Jimmy Hines）拥有最后决定权，他在 1932 年拒绝任命拉瓜迪亚为民主党的候选人。最后，富兰克林·罗斯福以 20 000 票拿下了纽约州第 20 国会选区，拉瓜迪亚以 1200 票输给了坦慕尼协会支持的詹姆斯·兰泽塔（James Lanzetta）。这是拉瓜迪亚第一次竞选国会议员失败；他要求重新计票，但国会维持兰泽塔的胜利。Thomas Kessner, *Fiorello H. La Guardia and the Making of Modern New York*（New York: McGraw-Hill, 1989）, 193–95.

40—Lowitt, *George W. Norris*, vol. 1, 525–26.

41—David M. Kennedy, *Freedom from Fear: The American People in Depression and War, 1929–1945*（New York: Oxford University Press, 1999）, 292; Richard C. Wilcock, "Industrial Management' s Policies Toward Unionism," in *Labor and the New Deal*, eds. Derber and Young, 288–90; Edward Berkowitz and Kim McQuaid, "Businessman and Bureaucrat: The Evolution of the American Social Welfare System, 1900–1940," *Journal of Economic History* 38（1）, The Tasks of Economic History（March 1978）: 120–42.

42—Arthur M. Schlesinger, Jr., *The Age of Roosevelt: The Coming of the New Deal*（Boston: Houghton Mifflin, 1958）, 90.

43—Bernstein, *The Lean Years*, 96.

44—Irving Bernstein, *The Turbulent Years*, 1–2.

45—Patrick Maney, "The Forgotten New Deal Congress," in *The American Congress: The Building of Democracy*, ed. Julian E. Zelize（Boston: Houghton Mifflin, 2004）, 446.

46—Melvyn Dubofsky and Warren Van Tine, *John L. Lewis: A Biography*（New York: Quadrangle/New York Times Book Co., 1977）, 181–82.

47—Gerald T. Dunne, *Hugo Black and the Judicial Revolution*（New York: Simon and Schuster, 1977）, 145.

48—同上书，147–48; Marian C. McKenna, *Franklin Roosevelt and the Great Constitutional War: The Court-Packing Crisis of 1937*（New York: Fordham University Press, 2002）, 74–75.

49—Schlesinger, *The Coming of the New Deal*, 94.

50—Frank Freidel, *Franklin D. Roosevelt: Launching the New Deal*（Boston: Little, Brown, 1973）, 422–24; Leon H. Keyserling, oral history interview, Harry S. Truman Library, May 3, 1971, Washington, D. C., 可见 Truman Presidental Library 网站，http://trumanlibrary.org/oralhist/keyserl.htm。瓦格纳的小组包括他的立法助手 Simon Rifkind、布鲁金斯学会（Brookings Institution）的经济学家 Harold G. Moulton 和劳工负责人 Meyer Jacobstein；该团队的计划是要求允许同业公会起草规范，对劳动工资和小时数给予保护，以及劳工集体谈判的权利。商务部的小组由助理部长约翰·迪金森率领，加入的还有弗朗西斯·珀金斯和 Rexford G. Tugwell、Jerome Frank 及其助手利昂·凯泽林。Tugwell 撰写了草稿，包括执行规定，征收与最近颁布的农业立法中规定的类似的加工税。莫利的小组包括休·约翰逊将军和唐纳德·里奇伯格，他作为铁路工会的法律顾问曾帮助起草了 1926 年的《铁路劳工法案》。原始草案来自通用电气公司总裁杰勒德·斯沃普的复兴计划。Irving Bernstein, *The New Deal Collective Bargaining Policy*（Berkeley and Los Angeles: University of California Press, 1950）, 29–33.

51—该法案由迪金森、约翰逊、瓦格纳、特格韦尔、里奇伯格、珀金斯、劳工部的法务官员查尔斯·怀赞斯基（Charles Wyzanski）和预算总监刘易斯·W. 道格拉斯（Lewis W. Douglas）制定。Freidel, *Franklin D. Roosevelt*, 422–24.

52—J. Joseph Huthmacher, *Senator Robert F. Wagner and the Rise of Urban Liberalism*（New York: Atheneum, 1968）, 147; Keyserling Oral History, 5; William E. Leuchtenburg, *Franklin D. Roosevelt and the New Deal, 1932–1940*（New York: Harper and Row, 1963）, 107.

53—McKenna, *Franklin Roosevelt and the Great Constitutional War*, 77–78.《全国工业复兴法》的第二款批准拨款 33 亿美元给新成立的公共工程管理局和复兴金融公司用于建设公路、水坝和联邦大楼。

54—Bernard Bellush, *The Failure of the NRA*（New York: Norton, 1975）, 1.

55—Huthmacher, *Senator Robert F. Wagner*, 155.

56—要想获得内幕、漫谈式的叙述，参见 Hugh S. Johnson, *The Blue Eagle from Egg to Earth*（New York: Doubleday, Doran, 1935）。

57—Peter F. Kihss, "Blue Eagle's Defeat Blasted Great Vision," *The Washington Post*, June 3, 1935, B3.

58—Leuchtenburg, *Franklin D. Roosevelt and the New Deal*, 66.

59—Huthmacher, *Senator Robert F. Wagner*, 160. 关于全国劳工委员会的创建，参见 Edward Berkowitz and Kim McQuaid, *Creating the Welfare State: The Political Economy of Twentieth-Century Reform*, 2nd ed.（New York: Praeger, 1988）, 96–101。

60—同上书，161; Millis and Brown, *From the Wagner Act to Taft–Hartley*, 23; James A. Gross, *The Making of the National Labor Relations Board*, vol. I: *1933–1937*（Albany: State University of New York Press, 1974）, 37–39.

61—Millis and Brown, *From the Wagner Act to Taft–Hartley*, 23–24.

62—Bernstein, *The New Deal Collective Bargaining Policy*, 59.

63—Dubofsky, *The State and Labor in Modern America*, 121.

64—Frances Perkins, *The Roosevelt I Knew*（New York: Viking Press, 1946）, 304.

65—Huthmacher, *Senator Robert F. Wagner*, 164–65; Millis and Brown, *From the Wagner Act to Taft–Hartley*, 24; Bernstein, *The New Deal Collective Bargaining Policy*, 57–75.

66—Millis and Brown, *From the Wagner Act to Taft-Hartley*, 25–26.
67—Rhonda F. Levine, *Class Struggle and the New Deal: Industrial Labor, Industrial Capital, and the State*（Lawrence: University Press of Kansas, 1988）, 114.
68—Bernstein, *The Lean Years*, 217.
69—同上书，217–317; Levine, *Class Struggle and the New Deal*, 115–31。
70—Bellush, *The Failure of the NRA*, 136.
71—Anthony J. Badger, *The New Deal: The Depression Years, 1933–1940*（Chicago: Ivan R. Dee, 2002, 1989）, 89–91.
72—Jordan A. Schwarz, *The New Dealers: Power Politics in the Age of Roosevelt*（New York: Alfred A. Knopf, 1993）, chapter 4: "Hugh Johnson: Raising Prices," 96–105; Bellush, *The Failure of the NRA*, 136–57.
73—"President Back Today in Unequaled Power as GOP Rout Grows," *The Washington Post*, November 8, 1934, 1.
74—Bernstein, *The Lean Years*, 323.
75—Theodore C. Alford, "New Faces in the Senate: Harry Truman of Missouri," *The Washington Post*, November 12, 1934, 9. Alford 是《堪萨斯城星报》(*The Kansas City Star*) 驻华盛顿记者，他如此形容杜鲁门："他不能说是一名杰出的演讲者或优秀的学者，但是他极具个人魅力，而且工作起来不知疲倦。他从来没有时间发展兴趣爱好。"
76—"First Lady Decides to Serve Wine at White House Parties," *The Washington Post*, November 9, 1934, 1. 在新闻发布会上宣布这一重大事件时，罗斯福夫人宣布她会节制，仅会提供两杯酒，而不会遵循惯例在每道菜后上不同的葡萄酒。
77—McKenna, *Franklin Roosevelt and the Great Constitutional War*, 89.
78—同上。
79—Kenneth S. Davis, *FDR: The New Deal Years*（New York: Random House, 1986）, 525; 要想获得 1934 年的立法的完整讨论，参见 Bernstein, *The New Deal Collective Bargaining Policy*, 57–75。
80—Bernstein, *The New Deal Collective Bargaining Policy*, 87–88; Gross, *The Making of the National Labor Relations Board*, 130–48.
81—Davis, *FDR: The New Deal Years*, 525; for a full discussion of the 1934 legislation, see Bernstein, *The New Deal Collective Bargaining Policy*, 57–75.
82—Davis, *FDR: The New Deal Years*, 525; Leuchtenburg, *Franklin D. Roosevelt and the New Deal*, 150.
83—Louis Stark, "Wagner Predicts New Labor Risings," *The New York Times*, March 12, 1935, 12; "Wagner Retorts to Labor Bill Foes," *The New York Times*, April 29, 1935, 4.
84—Mark Barenberg, "The Political Economy of the Wagner Act: Power, Symbol, and Workplace Cooperation," *Harvard Law Review* 106（7）（May, 1993）: 1386.
85—"Company Unions Hit Wagner Bill," *The New York Times*, March 27, 1935, 2.
86—Louis Stark, "Labor Mobilizes Congress Lobbies," *The New York Times*, April 30, 1935, 6.
87—Bernstein, *The New Deal Collective Bargaining Policy*, 118.
88—Perkins, *The Roosevelt I Knew*, 239.
89—"High Court Laughs in Schechter Case," *The New York Times*, May 4, 1935, 2.
90—*Schechter* v. *United States*, 295 U.S. 495（1935）.
91—McKenna, *Franklin Roosevelt and the Great Constitutional War*, 102–104; Alpheus T. Mason, *Brandeis: A Free Man's Life*（New York: Viking, 1946）, 620. 同一天，最高法院全体法官一致同意

宣判《弗雷泽-莱姆基法案》(Frazier–Lemke Act) 的抵押延期偿还无效（“路易斯维尔银行诉雷德福案”，*Louisville Bank* v. *Radford*, 295 U.S. 555），并削弱了总统开除独立监管委员会成员的权力（“汉弗莱的执行者诉美利坚合众国案”，*Humphrey's Executor* v. *United States*, 295 U.S. 602)。William E. Leuchtenberg, *The Supreme Court Reborn: The Constitutional Revolution in the Age of Roosevelt*（New York: Oxford University Press, 1995）, 89.

92— McKenna, *Franklin Roosevelt and the Great Constitutional War*, 113–14; Leuchtenberg, *The Supreme Court Reborn*, 90; Davis, *FDR: The New Deal Years*, 514–21.

93— Bellush, *The Failure of the NRA*, 172.

94— Huthmacher, *Senator Robert F. Wagner*, 201; Robert S. McElvaine, *The Great Depression: America, 1929–1941*（New York: Times Books, 1984）, 259–63; Otis L. Graham, Jr., "Historians and the New Deals: 1944–1960," *The Social Studies* 54（April 1963）: 133–40; Schlesinger, *Politics of Upheaval*, 392–408.

95— Jerold S. Auerbach, *Labor and Liberty: The La Follette Committee and the New Deal*（Indianapolis: Bobbs-Merrill, 1966）, 53.

96— Dexter Perkins, *The New Age of Franklin Roosevelt, 1932–1945*（Chicago: University of Chicago Press, 1964）, 39; Cortner, *The Jones & Laughlin Case*, 61–62.

97— Cortner, *The Jones & Laughlin Case*, 65.

98— "NAM Historical Highlights," National Association of Manufacturers 网站，见 http://www.nam.org。全国制造商协会轻描淡写地描述了它在 70 年前的活动："1934 年，出于对富兰克林·罗斯福总统的许多‘新政’建议和关键劳工问题的担心，全国制造商协会发起了一项‘旨在向公众宣传正确的美国原则’的公关运动。"

99— "58 Lawyers Hold Labor Act Invalid," *The New York Times*, September 19, 1935, 1.

100— "Labor Act Ruling Attacked by Ickes," *The New York Times*, September 20, 1935, 13.

101— Auerbach, *Labor and Liberty*, 56–59.

102— Patrick J. Maney, *"Young Bob" La Follette: A Biography of Robert M. La Follette, Jr., 1895–1953*（Columbia: University of Missouri Press, 1978）, 171–72; Bernstein, *The Turbulent Years*, 450–51. 拉福莱特于 1925 年接替他的父亲以共和党人的身份开始担任参议员；1934 年，他以进步党候选人的身份再次当选参议员，之后在 1946 年以共和党人的身份再次竞选，但以失败告终。Gross, *The Making of the National Labor Relations Board*, 212–23. 关于拉福莱特作为共和党人在初选中败给约瑟夫·麦卡锡和拉福莱特后来的自杀，参见 Patrick J. Maney, "Joe McCarthy's First Victim," *Virginia Quarterly Review*（Summer, 2001）。

103— Maney, *"Young Bob" La Follette*, 211.

104— Auerbach, *Labor and Liberty*, and Maney, *"Young Bob" La Follette*, chs. 10 and 12.

105— Maney, *"Young Bob" La Follette*, 170.

106— 同上书，176。

107— 同上书，185。

108— 1936 年的“美利坚合众国诉巴特勒案”（*United States* v. *Butler*, 297 U.S. 1）推翻了《农业调整法案》；1936 年的“卡特诉卡特煤炭公司案”（298 U.S. 238）推翻了《古费烟煤法案》(Guffey Bituminous Coal Act)；1936 年的“莫尔黑德诉纽约州案”（*Morehead* v. *New York ex rel. Tipaldo*, 298 U.S. 587）推翻了纽约州的最低工资法律。

109— Leuchtenberg, *The Supreme Court Reborn*, 215.

110— Cortner, *The Jones & Laughlin Case*, 105–106.

111— Kennedy, *Freedom from Fear*, 330.

112— Kelly and Harbison, *The American Constitution*, 759–62.
113— Leuchtenberg, *The Supreme Court Reborn*, 133–34.
114— McKenna, *Franklin Roosevelt and the Great Constitutional War*, 285.
115— 同上书，280–337; Leuchtenburg, *The Supreme Court Reborn*, 132–62; Kelly and Harbison, *The American Constitution*, 761–64.
116— *West Coast Hotel* v. *Parrish*, 300 U.S. 379（1937）, at 391. 该判决推翻了 1923 年的“阿德金斯诉儿童医院案”（261 U.S. 525）。
117— Kelly and Harbison, *The American Constitution*, 763–64; McKenna, *Franklin Roosevelt and the Great Constitutional War*, 419. 关于“及时转向”问题，参见 Leuchtenberg, *The Supreme Court Reborn*, 310 n. 17 中的主要论点。
118— Cortner, *The Jones & Laughlin Cases*, 79. *NLRB* v. *Jones & Laughlin Steel Corp.*, 301 U.S. 1（1937）; *NLRB* v. *Fruehauf Trailer Co.*, 301 U.S. 49（1937）; *NLRB* v. *Friedman-Harry Marks Clothing Co.*, 301 U.S. 58（1937）; *Associated Press Co.* v. *NLRB*, 301 U.S. 103（1937）; and *Washington, Virginia and Maryland Coach Co.* v. *NLRB*, 301 U.S. 142（1937）.
119— Cortner, *The Jones & Laughlin Cases*, 122.
120— Gross, *The Making of the National Labor Relations Board*, 189.
121— 301 U.S. at 37.
122— 同上。
123— Arthur Krock, “Five Cases Decided,” and Louis Stark, “Labor Will Drive for a New Power,” *The New York Times*, April 13, 1937, 1.
124— Gross, *The Making of the National Labor Relations Board*, 237–38.
125— “The Court Surveys Anew the Sweep of Industry,” *The New York Times*, April 18, 1937, 61.
126— Bernstein, *The Turbulent Years*, 663.
127— Dubofsky and Van Tine, *John L. Lewis*, 205.
128— Lichtenstein, *Labor’s War at Home*, 10.
129— Bernstein, *The Turbulent Years*, 453–54; Kenneth Warren, *Big Steel: The First Century of the United States Steel Corporation, 1901–2001*（Pittsburgh: University of Pittsburgh Press, 2001）. 到 2005 年，美国钢铁公司的雇员数量已经减少至 42 000 人。
130— Bernstein, *The Turbulent Years*, 519–54, quote at 525.
131— Nelson Lichtenstein, *The Most Dangerous Man in Detroit: Walter Reuther and the Fate of American Labor*（New York: Basic Books, 1995）, 84–87; Stephen H. Norwood, *Strikebreaking and Intimidation: Mercenaries and Maculinity in Twentieth-Century America*（Chapel Hill: University of North Carolina Press, 2002）, ch. 5: “Harry Bennett, the Cult of Muscularity, and Anti-Labor Terror, 1920–1945.”
132— Walter Galenson, *The CIO Challenge to the AFL: A History of the American Labor Movement, 1935–1941*（Cambridge: Harvard University Press, 1960）, ch. 2; Kennedy, *Freedom from Fear*, 317–19.
133— 引自 Bernstein, *The Turbulent Years*, 695; Galenson, *The CIO Challenge to the AFL*, 43; Kennedy, *Freedom from Fear*, 316。
134— Dulles and Dubofsky, *Labor in America*, 271.
135— 1939 年的“国家劳工关系委员会诉麦凯无线电报公司”（*NLRB* v. *MacKay Radio and Telegraph*, 304 U.S. 333），关于替换工人；1939 年的“国家劳工关系委员会诉范斯蒂尔冶金公司”（*NLRB* v. *Fansteel Metallurgical Corp.*, 306 U.S. 240），关于静坐罢工。R. Alton Lee, *Eisenhower and*

Landrum-Griffin: A Study in Labor-Management Politics (Lexington: University Press of Kentucky, 1990), 2-3.

136— James T. Patterson, *Congressional Conservatism and the New Deal: The Growth of the Conservative Coalition in Congress, 1933-1939* (Westport, Conn.: Greenwood Press, 1981, 1967), 316-17; James T. Patterson, *Mr. Republican: A Biography of Robert A. Taft* (Boston: Houghton Mifflin Company, 1972), 353.

137— Milton Derber, *The American Idea of Industrial Democracy, 1865-1965* (Urbana: University of Illinois Press, 1970), 368-69.

138— James T. Patterson, *Grand Expectations: The United States, 1945-1974* (New York: Oxford University Press, 1996), 43.

139— Robert J. Donovan, *Conflict and Crisis: The Presidency of Harry S. Truman, 1945-1948* (New York: W. W. Norton, 1977), 209-18.

140— Michael K. Honey, "Operation Dixie, the Red Scare, and the Defeat of Southern Labor Organizing," in Robert W. Cherny, William Issel, and Kieran Walsh Taylor, eds., *American Labor and the Cold War: Grassroots Politics and Postwar Political Culture* (New Brunswick: Rutgers University Press, 2004), 216.

141— Dulles and Dubofsky, *Labor in America*, 344.

142— R. Alton Lee, *Truman and Taft-Hartley: A Question of Mandate* (Lexington: University of Kentucky Press, 1966), 15; Patterson, *Mr. Republican*, 353.

143— Robert W. Cherny, William Issel, and Kieran Walsh Taylor, "Introduction," in *American Labor and the Cold War*, ed. Cherny et al., 2-3; Robert A. Taft, "The Taft-Hartley Act: A Favorable View," *Annals of the American Academy of Political and Social Science* 274 (March 1951): 195-99. The Taft-Hartley Act was officially the Labor-Management Relations Act of 1947.

144— Lee, *Truman and Taft-Hartley*, 1.

145— Donovan, *Conflict and Crisis*, 301; Lee, *Truman and Taft-Hartley*, 80-81.

146— Huthmacher, *Senator Robert F. Wagner*, 337.

147— Alonzo L. Hamby, *Beyond the New Deal: Harry S. Truman and American Liberalism* (New York: Columbia University Press, 1973), 185.

148— Huthmacher, *Senator Robert F. Wagner*, 338.

149— 转引自 Dulles and Dubofsky, *Labor in America*, 361。

150— Adam K. McAdams, *Power and Politics in Labor Legislation* (New York: Columbia University Press, 1964), 1.

151— Walter Galenson, *The American Labor Movement, 1955-1995* (Westport, Conn.: Greenwood Press, 1996), 7-9.

152— Lee, *Eisenhower and Landrum-Griffin*, viii.

153— McAdams, *Power and Politics in Labor Legislation*, 1.

154— U.S. Census Bureau, *Statistical Abstract of the United States: 2006*, table 648: Union Members by Selected Characteristic: 2004.

155— 北卡罗来纳州（2.7%），南卡罗来纳州（3.0%），阿肯色州和密西西比州（均为 4.8%）。U.S. Census Bureau, *Statistical Abstract of the United States: 2006*, table 649: Labor Union Membership by State: 1983 and 2004.

156— Hoyt M. Wheeler, *The Future of the American Labor Movement* (Cambridge: Cambridge University Press, 2002), 3-4; Kate Bronfenbrenner and Tom Juravich, "It Takes More Than House

Calls: *Organizing to Win* with a Comprehensive Union-Building Strategy," in Kate Bronfenbrenner, Sheldon Friedmin, Richard W. Hurd, Rudolph A. Oswald, and Ronald L. Seeber, eds., Organizing to Win（Ithaca, N.Y.: ILR Press, 1997）, 19–36; and Michael Goldfield, *The Decline of Organized Labor in the United States*（Chicago: University of Chicago Press, 1987）, ch. 6. 要想获得《国家劳动关系法案》实施 50 年期间关于该法案的学术著作的分析以及对未来研究的建议，参见 John Thomas Delaney, David Lewin, and Donna Sockell, "The NLRA at Fifty: A Research Appraisal and Agenda," *Industrial and Labor Relations Review* 39（1）（October 1985）: 46–75。

第 6 章　伟大契约

篇首罗斯福的引语出自"Social Security: Will It Replace the Hazards of the Machine Age?" *The Washington Post*, August 18, 1935, B3；威廉·E. 洛伊希滕贝格的引语出自 *Franklin D. Roosevelt and the New Deal: 1932–1940*（New York: Harper and Row, 1963）, 132；盖洛德·纳尔逊的引语出自"Foreward", to Robert M. Ball，*Social Security Today and Tomorrow*（New York: Columbia University Press, 1978）, vii。

1—Carlos A. Schwantes, *Coxey's Army: An American Odyssey*（Lincoln: University of Nebraska Press, 1985）.

2—Larry DeWitt, "Historical Background and Development of Social Security," 来自 Social Security Administration 网站，http://ssa.gov/history/briefhistory3.html。1999 年，国家向一位幸存的寡妇支付了最后一笔内战抚恤金。关于内战抚恤金，参见 Theda Skocpol, *Protecting Soldiers and Mothers: The Political Origins of Social Policy in the United States*（Cambridge: Belknap Press of Harvard University, 1992）和 Dixon Wecter, *When Johnny Comes Marching Home*（Cambridge: Houghton Mifflin Company, 1944）。

3—Edwin Amenta and Bruce G. Carruthers, "The Formative Years of U.S. Social Spending Policies: Theories of the Welfare State and the American States During the Great Depression," *American Sociological Review* 53（October, 1988）: 661; Joseph P. Harris, "The Social Security Program of the United States," *American Political Science Review* 30（3）（June, 1936）: 460–62; Roy Lubove, *The Struggle for Social Security, 1900–1935*（Cambridge: Harvard University Press, 1948）, 27–28.

4—Edward Berkowitz and Kim McQuaid, *Creating the Welfare State: The Political Economy of Twentieth-Century Reform*, rev. 2nd ed.（New York: Praeger, 1988）, 46; Lubove, *The Struggle for Social Security*, 61.

5—Paul A. Rauschenbusch, "The Wisconsin Idea: Unemployment Reserves," *Annals of the American Academy of Political and Social Science* 170, Social Insurance（November, 1933）: 65–75; on John R. Commons, Nancy J. Altman, *The Battle for Social Security: From FDR's Vision to Bush's Gamble*（Hoboken, N.J.: John Wiley and Sons, 2005）, 12–20; and Arthur M. Schlesinger, Jr., *The Age of Roosevelt: The Coming of the New Deal*（Boston: Houghton Mifflin Company, 1958）, 301–303.

6—Schlesinger, *The Coming of the New Deal*, 301.

7—J. Joseph Huthmacher, *Senator Robert F. Wagner and the Rise of Urban Liberalism*（New York: Atheneum, 1968）, 174.

8—Schlesinger, *The Coming of the New Deal*, 301.

9—*Report to the President of the Committee on Economic Security*（1935）, 68, table 13, cited in Harris, "The Social Security Program of the United States," 470; Robert K. Burns, "Economic Aspects of Aging and Retirement," *American Journal of Sociology* 59（4）（January, 1954）: 384.

10—雄鹰兄弟会的网站，www.foe.com。当《社会保障法案》最终获得通过时，罗斯福将一支签字仪式用笔给了雄鹰兄弟会，他本人就是该组织的成员。瓦格纳参议员和刘易斯众议员也是雄鹰兄弟会的成员。

11—DeWitt, "Historical Background and Development of Social Security."

12—Edwin E. Witte, "Old Age Security in the Social Security Act," *Journal of Political Economy* 45（1）（February, 1937）: 7.

13—Edwin Amenta, *When Movements Matter: The Townsend Plan and the Rise of Social Security*（Princeton: Princeton University Press, 2006）; Edwin Amenta, Bruce G. Carruthers, and Yvonne Zylan, "A Hero for the Aged? The Townsend Movement, the Political Mediation Model, and U.S. Old-Age Policy, 1934–1950," *American Journal of Sociology* 98（2）（September, 1992）: 315; Robert S. McElvaine, *The Great Depression: America, 1929–1941*（New York: Times Books, 1984）, 241–43; Edward D. Berkowitz, *America's Welfare State: From Roosevelt to Reagan*（Baltimore: Johns Hopkins University Press, 1991）, 18–21; Michael E. Parrish, *Anxious Decades: America in Prosperity and Depression*（New York: Norton, 1992）, 329. 1993 年每月 200 美元相当于 2005 年的每月 2709 美元。

14—McElvaine, *The Great Depression*, 242; Leuchtenburg, *Franklin D. Roosevelt and the New Deal*, 106.

15—McElvaine, *The Great Depression*, 242.

16—Altman, *The Battle for Social Security*, 26–27; Greg Mitchell, *Campaign of the Century: Upton Sinclair's E.P.I.C. Race for Governor of California and the Birth of Media Politics*（New York: Atlantic Monthly Press, 1991）. 在这场州长竞选的前一年，辛克莱乐观地写了一本书——*I, Governor of California and How I Ended Poverty, A True Story of the Future*。在竞选失败后，多产的辛克莱又写了一本书——*I, Candidate for Governor and How I Got Licked*。要想获得他的"终结加利福尼亚的贫困"计划的影印本，参见 Social Security Administration 网站，http://www.ssa.gov/history/epic.html。

17—T. Harry Williams, *Huey Long*（New York: Alfred A. Knopf, 1970）, ch. 24; Leuchtenburg, *Franklin D. Roosevelt and the New Deal*, 98–100; Glen Jeansonne, *Gerald L. K. Smith: Minister of Hate*（New Haven: Yale University Press, 1988）, 46–63. 要想获得朗在 1934 年 2 月 23 日发表的"让每个人都是国王"的演讲，参见 U. S. Senate 网站，http://www.senate.gov/artandhistory/history/common/generic/Speeches_Long_EveryManKing.htm。

18—McElvaine, *The Great Depression*, 238; Alan Brinkley, *Voices of Protest: Huey Long, Father Coughlin and the Great Depression*（New York: Vintage, 1983）, ch. 4. 在 2006 年春季，拥有观众人数最多的脱口秀节目的主持人当属拉什·林博（Rush Limbaugh，每周有 1350 多万），接下来依次为肖恩·汉尼斯（Sean Hannity，超过 1250 万）、迈克尔·萨维奇（Michael Savage，超过 825 万）和劳拉·史莱辛尔博士（Dr. Laura Schlessinger，800 多万）。到 21 世纪初，美国总人口超过 3 亿，而在 20 世纪 30 年代初，这个数字仅为 1.22 亿。《谈话者》（*Talkers*）杂志的调查结果发布在其网站 http://www.talkers.com 上。

19—Anthony J. Badger, *The New Deal: The Depression Years, 1933–1940*（Chicago: Ivan R. Dee, 2002, 1989）, 290.

20—Brinkley, *Voices of Protest*, 193.

21—Frances Perkins, *The Roosevelt I Knew*（New York: Viking Press, 1946）, 278.

22—Altman, *The Battle for Social Security*, 27–28.
23—富兰克林・D. 罗斯福在 1934 年 6 月 8 日向国会发表的演讲，可从社会保障部署的网站获取，http://ssa.gov/history/fdrstmts.html。
24—Altman, *The Battle for Social Security*, 26–27.
25—Paul H. Douglas, *Social Security in the United States: An Analysis and Appraisal of the Federal Social Security Act*（New York: Whittlesey House, 1936）, 84–85; Harris, "The Social Security Program of the United States," 470.
26—Perkins, *The Roosevelt I Knew*, 282–83.
27—Berkowitz and McQuaid, *Creating the Welfare State*, 115; Harris, "The Social Security Program of the United States," 462.
28—威特写过大量关于社会保障法案的制定和影响的著作。其中最重要的是埃德温・E. 威特的 *The Development of the Social Security Act*（Madison: University of Wisconsin Press, 1962）。
29—Harris, "The Social Security Program of the United States," 463.
30—Franklin D. Roosevelt, Address to Advisory Council of the Committee on Economic Security on the Problems of Economic and Social Security, November 14, 1934，可从社会保障总署的网站获取，http://ssa.gov/history/fdrstmts.html。
31—Perkins, *The Roosevelt I Knew*, 286; 弗朗西斯・珀金斯在 1962 年 10 月 23 日向社会保障总署的雇员发表的演讲中叙述了这个故事，可从社会保障总署的网站"A Tea Party That Changed History"获取，http://www.ssa.gov/history/tea.htm。
32—Edwin E. Witte, "Social Security: A Wild Dream or a Practical Plan?"（1938）in Robert J. Lampman, ed., *Social Security Perspectives: Essays by Edwin E. Witte*（Madison: University of Wisconsin Press, 1972）, 3, and Edwin E. Witte, "Postwar Social Security," ch. xv in Seymour E. Harris, ed., *Postwar Economic Problems*（New York: McGraw-Hill, 1943）, 263–77, 重印于 *Social Security Perspectives*, ed. Lampman, 15–29, at 15。
33—Douglas, *Social Security in the United States*, 86. 道格拉斯后来成为伊利诺伊州推选的美国参议员，从 1949 年一直任职至 1967 年。
34—Theda Skocpol and Edwin Amenta, "Did Capitalists Shape Social Security?" *American Sociological Review* 50（4）（August, 1985）: 572; Douglas, *Social Security in the United States*, 95–96; Epstein quote from "Hits Payroll Tax for Age Pensions," *The New York Times*, February 8, 1935, 4; Arthur J. Altmeyer, *The Formative Years of Social Security*（Madison: University of Wisconsin Press, 1966）, 33.
35—朗的引语引自 Robert C. Albright, "Leaders Ask For Caution on 'Security,'" *The Washington Post*, January 20, 1935, 1。
36—Merrill C. Murray, "Social Insurance Perspectives: Background Philosophy and Early Program Developments," *Journal of Insurance* 30（2）（June, 1963）: 190–91; and Douglas, *Social Security in the United States*, 97–99.
37—Schlesinger, *The Coming of the New Deal*, 308–309. 关于工资税，参见 Mark H. Leff, "Taxing the 'Forgotten Man': The Politics of Social Security Finance in the New Deal," *Journal of American History* 70（2）（September 1983）: 359–381。
38—"See Vast Loan Use for Security Fund," *The New York Times*, February 9, 1935, 2; Schlesinger, *The Coming of the New Deal*, 310.
39—Berkowitz and McQuaid, *Creating the Welfare State*, 126.
40—Witte, "Old Age Security in the Social Security Act," 11.

41—同上书。12。
42—引自 McElvaine, *The Great Depression*, 257。
43—Robert C. Lieberman, “Race, Institutions, and the Administration of Social Policy,” *Social Science History* 19（Winter, 1995）: 511–42; Gareth Davies and Martha Derthick, “Race and Social Welfare Policy: The Social Security Act of 1935,” *Political Science Quarterly* 112（2）（1997）, 220; Jill S. Quadagno, *The Color of Money: How Racism Undermined the War on Poverty*（New York: Oxford University Press, 1994）; Linda Gordon, *Pitied but Not Entitled: Single Mothers and the History of Welfare, 1890–1935*（Ithaca: Cornell University Press, 1994）。
44—Davies and Derthick, “Race and Social Welfare Policy,” 224–226, 威特的引语引自第 225 页。
45—Elliot A. Rosen, *Roosevelt, the Great Depression, and the Economics of Recovery*（Charlottesville: University of Virginia Press, 2005）, 168–169.
46—“Business Men Hear Wagner Back Bill,” *The New York Times*, March 8, 1935, 5.
47—Witte, *The Development of the Social Security Act*, 95; “Townsend Queried on Pension Plan,” *The New York Times*, February 17, 1935, 18.
48—Perkins, *The Roosevelt I Knew*, 278–79.
49—“House Routs Radical Bills for Security,” *The Washington Post*, April 19, 1935, 1; Witte, *The Development of the Social Security Act*, 98–99.
50—同上。
51—Schlesinger, *The Coming of the New Deal*, 311.
52—Larry DeWitt, "Never a Finished Thing: A Brief Biography of Arthur Joseph Altmeyer: The Man FDR Called ‘Mr. Social Security’," 可从社会保障总署的网站获取。
53—Schlesinger, *The Coming of the New Deal*, 311.
54—Perkins, *The Roosevelt I Knew*, 301.
55—He is author of *The Formative Years of Social Security*.
56—Wilbur J. Cohen, “Edwin E. Witte（1887–1960）: Father of Social Security,” *Industrial and Labor Relations Review* 14（1）（October, 1960）: 7–9.
57—Altmeyer, *The Formative Years of Social Security*, 42.
58—Franklin Waltman, Jr., “Roosevelt Signs Security Bill to Benefit 30 Million Citizens,” *The Washington Post*, August 15, 1935, 1.
59—Frances Perkins, “Social Security: The Foundation,” *The New York Times*, August 18, 1935, SM1.
60—Schlesinger, *The Coming of the New Deal*, 313; McElvaine, *The Great Depression*, 257.
61—Altmeyer, *The Formative Years of Social Security*, 43.
62—Perkins, *The Roosevelt I Knew*, 299–300.
63—Eric R. Kingson and Edward D. Berkowitz, *Social Security and Medicare: A Policy Primer*（Westport, Conn.: Auburn House, 1993）, 27.
64—Gerald D. Nash, Noel H. Pugach, and Richard F. Tomasson, eds., *Social Security: The First Half Century*（Albuquerque: University of New Mexico Press, 1988）, 14.
65—Sylvester J. Scheiber and John B. Shoven, *The Real Deal: The History and Future of Social Security*（New Haven: Yale University Press, 1999）, 53–54.
66—Leuchtenburg, *Franklin D. Roosevelt and the New Deal*, 195. 罗纳德·里根在 1984 年完成了同样令人印象深刻的壮举，拿下了除明尼苏达州和华盛顿特区以外的所有州，以 525 比 13 的投票结果大败沃尔特·蒙代尔（Walter Mondale）。

67—Marian C. McKenna, *Franklin Roosevelt and the Great Constitutional War: The Court Packing Crisis of 1937*（New York: Fordham University Press, 2002）, 432–34; Larry DeWitt, “The Supreme Court Rulings on the Social Security Act,” 社会保障总署，1999 年，可从社会保障总署的网站获取，http://www.ssa.gov/history/court.html。

68—McKenna, *Franklin Roosevelt and the Great Constitutional War*, 433. 1937 年的“斯图尔特机器公司诉戴维斯案”（301 U.S. 548）；1937 年的“何弗灵诉戴维斯案”（301 U.S. 619）。第三个判决是 1937 年的“卡迈克尔诉案南方煤炭 & 焦炭公司和海湾各州纸业公司”（*Carmichael v. Southern Coal & Coke and Gulf States Paper*, 301 U.S. 495）。

69—William Haber and Wilbur J. Cohen, eds., *Readings in Social Security*（New York: Prentice-Hall, 1948）, 145; Altmeyer, *The Formative Years of Social Security*, 83.

70—Bruce J. Dierenfield, *Keeper of the Rules: Congressman Howard W. Smith of Virginia*（Charlottesville: University Press of Virginia, 1987）, 57.

71—Altmeyer, *The Formative Years of Social Security*, 86–87; “The Candler Building: Home of Social Security 1936–1960,” 社会保障总署网站，http://www.ssa.gov/history/ssa/CandlerFactSheet.htm。

72—James E. Pate, “Administering Social Security,” *Social Forces* 17（3）（March, 1939）: 333.

73—Schlesinger, *The Coming of the New Deal*, 315. 社会保障局第一任局长是约翰·G. 怀南特（John G. Winant），他后来出任美国驻英国大使。奥特迈耶于 1937 年接任局长之职。

74—DeWitt, “Never a Finished Thing,” 14.

75—Berkowitz and McQuaid, *Creating the Welfare State*, 131.

76—社会保障咨询委员会团队包括通用电气的杰勒德·斯沃普、伊士曼柯达公司的马里恩·B. 福尔松和美国钢铁公司的斯退丁纽斯（E. R. Stettinius）。劳工领袖包括制衣工人联合工会的西德尼·希尔曼和产业工会联合会的菲利普·默里。芝加哥大学的保罗·道格拉斯和埃德温·E. 威特也是其成员。Edward D. Berkowitz, “The First Advisory Council and the 1939 Amendments,” in Berkowitz, ed., *Social Security After Fifty*（Westport, Conn.: Greenwood Press, 1987）, 55–78.

77—关于 1939 年咨询委员会的工作和接下来的各委员会，参见 Brown, *An American Philosophy of Social Security*, ch. 3。罗斯福于 1938 年 4 月 28 日写给亚瑟·J. 奥特迈耶的信，可从社会保障总署的网站获取，http://www.ssa.gov/history/fdrstmts.html, 20。

78—“Legislative History: 1939 Amendments,” 社会保障总署网站，http://www.ssa.gov/history/1939amends. html。

79—Franklin D. Roosevelt, “Presidential Statement on Signing Some Amendments to the Social Security Act, August 11, 1939,” 可从社会保障总署的网站获取，http://ssa.gov/history/fdrstmts.html。

80—Robert J. Rosenthal, “Organized Labor’s Social Security Program: 1948,” *Social Forces* 26（3）（March, 1948）: 337; Martha Derthick, *Policymaking for Social Security*（Washington: Brookings Institution, 1979）, ch. 5.

81—DeWitt, “Historical Background and Development of Social Security,” 29.

82—同上书，27。

83—同上。

84—Edward D. Berkowitz, *Mr. Social Security: The Life of Wilbur J. Cohen*（Lawrence: University Press of Kansas, 1995）, 70; Wilbur J. Cohen, “Aspects of Legislative History of the Social Security Act Amendments of 1950,” *Industrial and Labor Relations Review* 4（2）（January 1951）: 187–99.

85—Berkowitz, *Mr. Social Security*, 72–76.

86—Social Security Administration, *Brief History of Social Security*, 29. 关于救济残疾人的计划，参

见 Edward D. Berkowitz, *Disabled Policy: America's Programs for the Handicapped*（Cambridge: Cambridge University Press, 1987）。

87— Social Security Administration, *Brief History of Social Security*, 30.

88— Derthick, *Policymaking for Social Security*, 381–84.

89— Ball, *Social Security Today and Tomorrow*, 13–14 n. 14.

90— 同上书，14。

91— 参见 Edward D. Berkowitz, *Robert Ball and the Politics of Social Security*（Madison: University of Wisconsin Press, 2003）。

92— "Summary of Social Security Amendments of 1983," 可从社会保障总署的网站获取，http://www.ssa.gov/history/1983amend.html; and Geoffrey Kollman, *Social Security: Summary of Major Changes in the Old-Age Benefits Program*,（Washington, D.C.: Congressional Research Service, U.S. Congress, 2000）.

93— Social Security Administration, *Brief History of Social Security*, 33; *Budget of the United States Government, Fiscal Year 2008, Social Security Administration*，可从 http://www.gpoaccess.gov/usbudget/fy08/pdf/budget/ssa.pdf 获取。

94— Jeffrey H. Birnbaum, "Private-Account Concept Grew From Obscure Roots," *The Washington Post*, February 22, 2005, A1.

95— Peter J. Ferrara, *Social Security: The Inherent Contradiction*（San Francisco: Cato Institute, 1980）. Ferrara also wrote *Social Security: Averting the Crisis*（Washington, D.C.: Cato Institute, 1982）and *Social Security Reform: The Family [Security] Plan*（Washington, D.C.: Heritage Foundation, 1982）.

96— Stuart Butler and Peter Germanis, "Achieving a 'Leninist' Strategy," *Cato Journal* 3（2）（Fall, 1983）: 548, 可从卡托研究所的网站获取，见 http://www.cato.org/pubs/journal/cj3n2/cj3n2-11.pdf。

97— Birnbaum, "Private-Account Concept Grew From Obscure Roots," A1.

98— Roger Lowenstein, "A Question of Numbers," *The New York Times Magazine*, January 16, 2005, 40; Stephen Moore, *Bullish on Bush: How George Bush's Ownership Society Will Make America Stronger*（New York: Madison Books, 2004）.

99— Robert Pear, "Social Security Enlisted to Push Its Own Revision," *The New York Times*, January 16, 2005, 1; Daniel Gross, "Social Security Bashing: An Historical Perspective," *The New York Times*, January 16, 2005, 6; Jennifer Jerit and Jason Barabas, "Bankrupt Rhetoric: How Misleading Information Affects Knowledge about Social Security," *Public Opinion Quarterly* 70（3）（Fall 2006）: 278–303; Joshua Green, "The Rove Presidency," *The Atlantic*, September 2007, 52–72.

100— "Social Security Around the World," *The Washington Post*, April 11, 2005. Glenn Frankel, "For Many, It's Back to the State"（关于英国）, and Monte Reel, "A Safety Net with Some Holes"（关于智利）. 对于私有化的学术研究包括 Martin Feldstein, ed., *Privatizing Social Security*（Chicago: University of Chicago Press, 1998）；以及关于智利的章节，Sebastian Edwards, "The Chilean Pension Reform: A Pioneering Program", 33–62; and Britain, Alan Budd and Nigel Campbell, "The Roles of the Public and Private Sectors in the U.K. Pension System," 99–134; Jonathan Gruber and David A. Wise, eds., *Social Security and Retirement around the World*（Chicago: University of Chicago Press, 1999）。

101— 呼吁改革的许多著作中有 Peter A. Diamond and Peter R. Orszag, *Saving Social Security: A Balanced Approach*（Washington, D.C.: Brookings Institution, 2004）。关于社会保障改革的最近

的立法行动的总结是 Dawn Nuschler, *Social Security Reform*（Washington, D.C.: Congressional Research Service, Library of Congress, 2006）。
102—*FY 2008 Budget, Social Security Administration*.
103—Heather Boushey, *Social Security: The Most Important Anti-Poverty Program for Children*（Washington, D.C.: Center for Economic and Policy Research, 2005）.
104—Benjamin I. Page, "Is Social Security Reform Ready for the American Public?" in *Social Security and Medicare*, eds. Sheila Burke, Eric Kingson, and Uwe Reinhardt（Washington, D.C.: National Academy of Social Insurance, 2000）, 188.
105—引自 1976 年，可从明尼苏达大学哈姆弗瑞研究所（Hubert H. Humphrey Institute）的网站获取，http://www.hhh.umn.edu/humphrey-forum/quot.htm。

第 7 章　给退伍军人的承诺

篇首克拉克・克尔的引语出自"Expanding Access and Changing Missions: The Federal Role in U.S. Higher Education," *The Educational Record* 75（4）（Fall, 1994）: 27；彼得・F. 德鲁克的引语出自 *Post-Capitalist Society*（New York: Harper-Business, 1993）, 3。长期以来，"GI"这个一直与美国军人联系在一起。"GI"最初的意思是"镀锌铁"（galvanized iron），是美国陆军文员用来称呼像垃圾桶（GI can）这类物品的用语。后来该词被用于描述"政府供应的"物品，比如服装或设备；后来它又成了称呼海陆空三军成员，特别是征募士兵的口头语。*Webster's New World Dictionary of the American Language*, Second College Edition（New York: Prentice Hall Press, 1986）.

1—William H. Glasson, *Federal Military Pensions in the United States*（New York: Oxford University Press, 1918）, 12–17. 1624 年，即普利茅斯殖民地宣布该决定的 12 年前，弗吉尼亚殖民地议会通过了一系列法律，其中一部法律就包括一项养老金条款。然而，这部法律没有获得必需的英国母公司的批准；因此，普利茅斯殖民地被认为是第一个发放养老金的英属北美殖民地，在 14 页。
2—Richard H. Kohn, "The Social History of the American Soldier: A Review and Prospectus for Research," *The American Historical Review* 86（3）（June, 1981）: 558, and Ron Chernow, *Alexander Hamilton*（New York: Penguin Press, 2004）, 176–77.
3—Glasson, *Federal Military Pensions in the United States*, 19.
4—*United States Statutes at Large*, 2d Cong., 1st Sess., 273.
5—Glasson, *Federal Military Pensions in the United States*, 96.
6—Michael J. Bennett, *When Dreams Came True: The GI Bill and the Making of Modern America*（Washington, D.C.: Brassey's, 1996）, 37.
7—Glasson, *Federal Military Pensions in the United States*, 96.
8—James W. Oberly, "Gray-Haired Lobbyists: War of 1812 Veterans and the Politics of Bounty Land Grants," *Journal of the Early Republic* 5（1）（Spring, 1985）: 35. 也可参见 James W. Oberly, *Sixty Million Acres: American Veterans and the Public Lands before the Civil War*（Kent, Ohio: Kent State University Press, 1990）。
9—Oberly, "Gray-Haired Lobbyists," 36–47.
10—同上书。58。
11—Wallace E. Davies, "The Mexican War Veterans as an Organized Group," *The Mississippi Valley Historical Review* 35（2）（September, 1948）: 221.
12—William H. Glasson, "The National Pension System as Applied to the Civil War and the War with

Spain," *Annals of the American Academy of Political and Social Science* 19（March, 1902）: 222.
13— Donald L. McMurry, "The Political Significance of the Pension Question, 1885–1897," *The Mississippi Valley Historical Review* 9（1）（June, 1922）: 23–26. 南方邦联军的退伍军人几乎一无所得。正如 Dixon Wecter 所说的，"他签的契约是无效的。他的政府，前部分的政党，不复存在。直到数年后才开始发放小额的州养老金"。Dixon Wecter, *When Johnny Comes Marching Home* (Cambridge: Houghton Mifflin Company, 1944）, 119–20.
14— McMurry, "The Political Significance of the Pension Question, 1885–1897," 23.
15— Kenneth E. Cox, "The Greatest Legislation," *The American Legion Magazine*, June 2004, 节选刊登在美国国会，众议院退伍军人事务委员会的网站，http://veterans.house.gov/benefits/gi60y/greatleg.html, and Glasson, "The National Pension System as Applied to the Civil War and the War with Spain," 205。
16— McMurry, "The Political Significance of the Pension Question, 1885–1897," 28 n. 22.
17— Larry M. Logue, "Union Veterans and Their Government: The Effects of Public Policies on Private Lives," *Journal of Interdisciplinary History* 22（3）（Winter, 1992）: 426; H. Paul Jeffries, *An Honest President: The Life and Presidencies of Grover Cleveland*（New York: William Morrow, 2000）, 163–69, and McMurry, "The Political Significance of the Pension Question, 1885–1897," 29–30.
18— Glasson, "The National Pension System as Applied to the Civil War and the War with Spain," 50.
19— McMurry, "The Political Significance of the Pension Question, 1885–1897," 35–36.
20— Theda Skocpol, *Protecting Soldiers and Mothers: The Political Origins of Social Policy in the United States*（Cambridge: Belknap Press of Harvard University, 1992）, 102, and Kohn, "The Social History of the American Soldier," 559.
21— Roy V. Peel, "The 'Separateness' of the Veteran," *Annals of the American Academy of Political and Social Science*（238）（March, 1945）: 171.
22— J. M. Stephen Peeps, "A B.A. for the G. I. ... Why?" *History of Education Quarterly* 24（4）（Winter, 1984）: 515, and Theodore R. Mosch, *The GI Bill: A Breakthrough in Educational and Social Policy in the United States*（Hicksville, N.Y.: Exposition Press, 1975）, 15–16.
23— Mosch, *The GI Bill*, 14.
24— 同上书，23。
25— 同上书，16。
26— Bennett, *When Dreams Came True*, 47–48.
27— 海外退伍军人协会总部位于密苏里州的堪萨斯城，在 1914 年由两个组织——美国海外服役退伍军人（American Veterans of Foreign Service）和全国菲律宾陆军协会（National Society of the Army of the Philippines）——合并而成；这些组织是为了帮助参加美西战争（1898 年）和镇压菲律宾叛乱战争（1899—1902）的退伍军人而成立的。"VFW at a Glance"，海外退伍军人协会的官方网站，http://www.vfw.org。
28— Bennett, *When Dreams Came True*, 57–58.
29— "House Agrees to Vote Today on Bonus Bill," The Washington Post, June 14, 1931, 1.
30— Talcott W. Powell, *Tattered Banners*（New York: Harcourt, Brace and Company, 1933）, 6.
31— John W. Killigrew, "The Army and the Bonus Incident," *Military Affairs* 26（2）（Summer, 1962）: 59.
32— 同上书，59–60。

33—同上书，61。
34—John R. M. Wilson, “The Quaker and the Sword: Herbert Hoover’s Relations with the Military,” *Military Affairs* 38（2）(April, 1974）: 41; 参见 Paul Dickson and Thomas B. Allen, *The Bonus Army: An American Epic*（New York: Walker and Company, 2005）。
35—David M. Kennedy, *Freedom from Fear: The American People in Depression and War, 1929–1945*（New York: Oxford University Press, 1999）, 139; Kenneth S. Davis, *FDR: The New Deal Years, 1933–1937*（New York: Random House, 1986, 1979）, 57–59; and Frank Freidel, *Franklin D. Roosevelt: Launching the New Deal*（Boston: Little, Brown, 1973）, 244–48.
36—转引自 Harold M. Hyman, *American Singularity: The 1787 Northwest Ordinance, the 1862 Homestead and Morrill Acts, and the 1944 GI Bill*（Athens, Ga.: The University of Georgia Press, 1986）, 64。
37—John Bound and Sarah Turner, “Going to War and Going to College: Did World War II and the GI Bill Increase Educational Attainment for Returning Veterans?” *Journal of Labor Economics* 20（4）（2002）: 788.
37—早前的一个总统委员会——战后劳动力协商会（Post-war Manpower Conference，PMC），研究了种种退伍军人和复员问题，并于 1943 年 7 月发表了报告。罗斯福将战后劳动力协商会的工作视为初步的和探索性的工作。Keith W. Olson, *The GI Bill, the Veterans, and the Colleges*（Lexington: University Press of Kentucky, 1974）, 9.
38—Robert C. Albright, “President’s Veteran Plan Applauded,” *The Washington Post*, July 30, 1943, 1.
40—Mosch, *The GI Bill*, 38.
41—John H. Crider, “President Urges Congress to Back Post-War Education of Veterans,” *The New York Times*, October 28, 1943, 1.
42—罗斯福的引语引自 Peel, “The ‘Separateness’ of the Veteran,” 169。
43—Olson, *The GI Bill, the Veterans, and the Colleges*, 13.
44—Bennett, *When Dreams Came True*, 135.
45—Davis R. B. Ross, *Preparing for Ulysses: Politics and Veterans During World War II*（New York: Columbia University Press, 1969）, 99 and 99, n. 42. 罗斯指出，海外退伍军人协会的奥马尔·凯彻姆（Omar Ketchum）在更早的时候，即 1944 年 1 月 12 日的众议院听证会上，就使用了《退伍军人权利法案》。
46—同上书，94–95。
47—同上书，102。
48—同上。
49—“Spanish Vets Press for Rise in Pensions,” *The Washington Post*, January 10, 1944, 3.
50—Ross, *Preparing for Ulysses*, 104.
51—“Disable Group Fears Long Delay on Claims Under Centralized Service for Veterans,” *The New York Times*, May 9, 1944, 34.
52—“Urges Amending ‘GI Bill,’” *The Washington Post*, May 15, 1944, 19.
53—Ross, Preparing for Ulysses, 90–91.
54—同上书，106。
55—“Atherton Assails Rankin for Delay,” *The New York Times*, April 22, 1944, 14.
56—Ross, Preparing for Ulysses, 108.
57—“House Group Backs ‘GI Rights Bill,’” *The New York Times*, May 4, 1944, 17.
58—“Atherton Assails Rankin for Delay,” *The New York Times*, April 22, 1944, 14.

59—“Legion Seeks Nation’s Aid for GI Bill,” *The Washington Post*, March 13, 1944, 4.
60—Mosch, *The GI Bill*, 41.
61—Peel, “The ‘Separateness’ of the Veteran,” 169.
62—Bennett, *When Dreams Came True*, 77–78.
63—同上书，79–80。
64—“House Divided on Veterans’ Bill,” *The New York Times*, May 12, 1944, 10.
65—Kathleen McLaughlin, “House by 387 to0 Approves GI Bill,” *The Washington Post*, May 19, 1944, 20.
66—Ross, *Preparing for Ulysses*, 117, and Bennett, *When Dreams Come True*, 181–92.
67—“Roosevelt Signs “GI Bill of Rights,’ ” *The New York Times*, June 23, 1944, 1.
68—Mosch, *The GI Bill*, 40.
69—Walter Goodman, *The Committee: The Extraordinary Career of the House Committee on Un-American Activities*（Baltimore, Md.: Penguin Books, 1969）, 12.
70—Olson, “The GI Bill and Higher Education,” 598.
71—阿瑟顿的传略，加利福尼亚州在线档案馆（Online Archive of California），可从 http://www.oac.cdlib.org/finaid/ark:/13030/tf709nb53x/bioghist/39460293 获取。
72—Hyman, *American Singularity*, 65.
73—R. Alton Lee, “The Army ‘Mutiny’ of 1946,” *The Journal of American History* 53（3）（December, 1966）: 556.
74—United States President’s Commission on Veteran’s Pensions, *The Historical Development of Veterans’ Benefits in the United States*, 84t Cong., 2nd sess., House Committee Print No. 244, Staff Report No. 1, May 9, 1956, 54, 引自 Mosch, *The GI Bill*, 1。
75—Mosch, *The GI Bill*, 1.
76—Lee, “The Army ‘Mutiny’ of 1946,” 557.
77—同上书，559。
78—同上书，561–63。
79—Wecter, *When Johnny Comes Marching Home*, 112, and Lee, “The Army ‘Mutiny’ of 1946,” 557.
80—Bound and Turner, “Going to War and Going to College,” 787–90.
81—Elizabeth A. Edmondson, “Without Comment or Controversy: The GI Bill and Catholic Colleges,” *Church History* 71（4）（December, 2002）: 826.
82—Joseph Shiffman, “The Education of Negro Soldiers in World War II,” *The Journal of Negro Education* 18（1）（Winter, 1949）: 23.
83—Mosch, *The GI Bill*, 23.
84—同上书。24。
85—Edwin Kiester, Jr., “The GI Bill May Be the Best Deal Ever Made by Uncle Sam,” *Smithsonian* 25（8）（November, 1994）: 131, and Edmondson, “Without Comment or Controversy,” 832.
86—引自 Olson, “The GI Bill and Higher Education,” 604。
87—同上。and Olson, *The GI Bill, the Veterans, and the Colleges*, 25.
88—Kiester, “The GI Bill May Be the Best Deal Ever Made by Uncle Sam,” 131, also, Marc Leepson, “The Big One,” *GW Magazine*（Fall, 1995）: 13.
89—Edmondson, “Without Comment or Controversy,” 822.
90—Olson, “The GI Bill and Higher Education,” 596.

91—Chester E. Finn, Jr., *Scholars, Dollars, and Bureaucrats*（Washington, D.C.: Brookings Institution, 1978）, 62.
92—Olson, "The GI Bill and Higher Education," 600.
93—Benjamin Fine, "GI Called Credit to U.S. Education," *The New York Times*, July 23, 1951, 10.
94—Olson, "The GI Bill and Higher Education," 604.
95—Edmondson, "Without Comment or Controversy," 836.
96—Benjamin Fine, "14 Billions Spent in 7 Years to Educate 8 Million GI's," *The New York Times*, July 22, 1951, 1.
97—Ira Katznelson, *When Affirmative Action Was White: An Untold History of Racial Inequality in Twentieth-Century America*（New York: Norton, 2005）, 68.
98—Benjamin Fine, "Millions in Waste Charged in Schooling for Veterans," *The New York Times*, February 6, 1950, 1.
99—Olson, *The GI Bill, the Veterans, and the Colleges*, 104.
100—Mosch, *The GI Bill*, 90–91.
101—Marcus Stanley, "College Education and the Midcentury GI Bills," *Quarterly Journal of Economics* 118（2）（May, 2003）: 671–78, and Bound and Turner, "Going to War and Going to College," 792.
102—Mosch, *The GI Bill*, 52–55, and Olson, *The GI Bill, the Veterans, and the Colleges*, 104–105.
103—Public Law 550, 82nd Congress, 1952.
104—Mosch, *The GI Bill*, 51.
105—"History of GI Bill,"《退伍军人权利法案》网站，http://www.gibill.va.gov/education/GI_Bill.htm.
106—同上。
107—Michael B. Tannen, "Is the Army College Fund Meeting Its Objectives?" *Industrial and Labor Relations Review* 41（1）（October, 1987）50–51.
108—同上书，52。
109—同上。
110—G. V.（Sonny）Montgomery with Michael B. Ballard and Craig S. Piper, *Sonny Montgomery: The Veteran's Champion*（Jackson: University Press of Mississippi, 2003）, 71.
111—"History of GI Bill,"《退伍军人权利法案》网站，http://www.gibill.va.gov/education/GI_Bill.htm。
112—William Celis III, "50 Years Later, the Value of the GI Bill is Questioned," *The New York Times*, June 22, 1994, B7, and Greg Winter, "From Combat to Campus on the GI Bill," *The New York Times*, January 16, 2005, Education Life 4A, 8.
113—众议院史密斯的评论，2004 年 5 月 11 日，来自众议院军人事务委员会的网站，http://veterans.house.gov/benefits/gi60th/intro.html。
114—众议院布朗的评论，2004 年 5 月 11 日，来自众议院军人事务委员会的网站，http://veterans.house.gov/benefits/gi60th/intro.html。
115—部长安东尼 · J. 普林奇皮的评论，2004 年 6 月 18 日，来自众议院军人事务委员会的网站，http://veterans.house.gov/benefits/gi60th/intro.html。
116—Kerr, "Expanding Access and Changing Missions" .
117—Olson, "The GI and Higher Education," 608, and Celis, "50 Years Later, the Value of the GI Bill is Questioned", B7.
118—Kerr, "Expanding Access and Changing Missions."

119—David Carleton, *Landmark Congressional Laws on Education*（Westport, Conn.: Greenwood Press, 2002）.

第 8 章　西欧的复兴

篇首哈里 · S. 杜鲁门的引语出自 *Memoirs: Years of Trial and Hope*, vol. 2（New York: Doubleday and Company, 1956）, 110；赫尔穆特 · 施密特的引语出自 “Miles to Go: From American Plan to European Union,” *Foreign Affairs*（May/June, 1997）: 213。

1—Robert J. Donovan, *The Second Victory: The Marshall Plan and the Postwar Revival of Europe*（New York: Madison Books, 1987）, 11.
2—Schmidt, “Miles to Go,” 213.
3—Daniel Barbezat, “The Marshall Plan and the Origin of the OEEC,” in *Explorations in OEEC History*, ed. Richard T. Griffiths（Paris: Organization for Economic Cooperation and Development, 1997）, 34, and Cabell Phillips, *The Truman Presidency: The History of a Triumphant Succession*（New York: Macmillan Company, 1966）, 176.
4—Barry Eichengreen and Marc Uzan, “The Marshall Plan: Economic Effects and Implications for Eastern Europe and the Former USSR,” *Economic Policy* 7（14）Eastern Europe（April, 1992）: 16–17.
5—Walt W. Rostow, “Lessons of the Plan: Looking Forward to the Next Century,” *Foreign Affairs* 76（3）The Marshall Plan and Its Legacy（May/June, 1997）: 207, and Robert E. Wood, “From the Marshall Plan to the Third World,” in *Origins of the Cold War: An International History*, eds. Melvyn P. Leffler and David S. Painter（London: Routledge, 2002）, 203–204.
6—Truman, *Memoirs: Year of Decisions*, vol. 1（New York: Doubleday and Company, 1956）, 227–28.
7—James Lachlan MacLeod, “The Most Unsordid Act in History?” *History News Network* website, http://hnn.us/articles/1712.html. See also Charles Burton Marshall, “The Lend-Lease Operation,” *Annals of the American Academy of Political and Social Science* 225, Nutrition and Food Supply: The War and After（January, 1943）183–89, and Warren F. Kimball, *The Most Unsordid Act: Lend-Lease, 1939–1941*（Baltimore: Johns Hopkins University Press, 1969）.
8—Truman, *Memoirs: Year of Decisions*, 228.
9—Henry Pelling, *Britain and the Marshall Plan*（New York: St. Martin' s Press, 1988）, 3–4.
10—Robert J. Donovan, *Conflict and Crisis: The Presidency of Harry S. Truman, 1945–1948*（New York: W. W. Norton, 1977）, 185–86, and Pelling, *Britain and the Marshall Plan*, 4, 5.
11—Roy Jenkins, “Special Relationships: The Postwar Bequest,” *Foreign Affairs* 76（3）The Marshall Plan and Its Legacy（May/June, 1997）: 201–202. 詹金斯从 1965 年到 1976 年先后担任过两届工党政府的内政大臣和财政大臣，出任过欧洲共同体主席。
12—Pelling, *Britain and the Marshall Plan*, 5.
13—William Hillman, *Mr. President: The First Publication from the Personal Diaries, Private Letters, Papers and Revealing Interviews of Harry S. Truman*（New York: Farrar, Straus and Young, 1952）, 23.
14—Donovan, *Conflict and Crisis*, 279.
15—George F. Kennan, *Memoirs: 1925–1950*（Boston: Little, Brown, 1967）, 292–93.

16— 这份“长电报”的节选刊登在 Kennan, *Memoirs*, appendix C: Excerpts from Telegraphic Message from Moscow of February 22, 1946, 547–59。
17—Wilson D. Miscamble, *George F. Kennan and the Making of American Foreign Policy, 1947–1950*（Princeton: Princeton University Press, 1992）, 27.
18—Robert A. Pollard, “The National Security State Reconsidered: Truman and Economic Containment, 1945–1950,” in *The Truman Presidency*, ed. Michael J. Lacey（Cambridge: Cambridge University Press, 1989）, 212.
19—Miscamble, *George F. Kennan*, 27, and John Lewis Gaddis, *The United States and the Origins of the Cold War, 1941–1947*（New York: Columbia University Press, 1972）, chs. 9, 10.
20—Susan M. Hartmann, *Truman and the 80th Congress*（Columbia, Mo.: University of Missouri Press, 1971）, 4.
21—同上书，6。
22—Joseph C. Goulden, *The Best Years, 1945–1950*（New York: Atheneum, 1976）, 257.
23—Joseph Bledsoe Bonds, *Bipartisan Strategy: Selling the Marshall Plan*（Westport, Conn.: Praeger, 2002）, 1, and Hartmann, *Truman and the 80th Congress*, 12.
24—Donovan, *Conflict and Crisis*, 260.
25—David McCullough, *Truman*（New York: Simon and Schuster, 1992）, 479.
26—同上书，478。
27—Alonzo L. Hamby, *Man of the People: A Life of Harry S. Truman*（New York: Oxford University Press, 1995）, 388.
28—同上。
29—Dean Acheson, *Present at the Creation: My Years in the State Department*（New York: W. W. Norton, 1969）, 140–41.
30—Charles E. Bohlen, *Witness to History: 1929–1969*（New York: W. W. Norton, 1973）, 259.
31—Miscamble, *George F. Kennan*, 5.
32—同上书，13–14。
33—Truman, *Memoirs: Years of Trial and Hope*, 99.
34—Joseph M. Jones, *The Fifteen Weeks（February 6–June 4, 1947）*（New York: Viking Press, 1955）, 7.
35—同上书，9。
36—Walter Millis, ed., and E. S. Duffield, *The Forrestal Diaries*（New York: Viking Press, 1951）, 245.
37—Jones, *The Fifteen Weeks*, 8.
38—Donovan, *Conflict and Crisis*, 278.
39—Acheson, *Present at the Creation*, 219. “他们都在那儿，多数党和少数党的领导人。”用艾奇森的话来说，来自参议院的有：新罕布什尔州共和党人 H. 斯泰尔斯·布里奇斯（H. Styles Bridges，对外经济合作联合委员会主席）；密歇根州共和党人阿瑟 · H. 范登堡（外交关系委员会主席），肯塔基州民主党人阿尔本 · W. 巴克利（少数党领袖），得克萨斯州民主党人汤姆 · 康纳利（外交关系委员会资深成员）；来自众议院的有：马萨诸塞州共和党人小约瑟夫 · M. 马丁（众议院议长），新泽西州共和党人查尔斯 · A. 伊顿（外交事务委员会主席），纽约州民主党人索尔 · 布卢姆（Sol Bloom，外交事务委员会资深成员）和得克萨斯州民主党人萨姆 · 雷伯恩（少数党领袖）。来自纽约州的共和党人、众议院议员约翰 · 泰伯（拨款委员会主席）无法出席这次会议。莫名其妙的是，参议员罗伯特 · A. 塔夫脱没有被邀请；范登堡很快提醒总统注意这个疏忽。
40—Hamby, *Man of the People*, 391.

41—Acheson, *Present at the Creation*, 219. 正如一位历史学家所评论的，艾奇逊“阐述了多米诺骨牌理论的原始版本”。Scott Jackson, “Prologue to the Marshall Plan: The Origins of the American Commitment for a European Recovery Program,” *The Journal of American History* 65（4）（March, 1979）: 1049; also James A. Robinson, *Congress and Foreign Policy-Making: A Study in Legislative Influence and Initiative*（Westport, Conn.: Greenwood Press, 1980; reprint from Dorsey Press, 1962）, 40.

42—Acheson, *Present at the Creation*, 219.

43—“Greek Crisis Cited Against Military Cuts,” *The New York Times,* March 3, 1947. 坎农的评论或许也可适用于来自佐治亚州的民主党人、参议员小理查德 · B. 罗素在同一天提出的英格兰、爱尔兰、威尔士和苏格兰应成为美国州的建议。

44—Walter Lippmann, “The Greek Commitment,” *The Washington Post*, March 4, 1947, 9.

45—President Truman’s Remarks to Congress, March 12, 1947, in *The Washington Post,* March 13, 1947, 1.

46—C. P. Trussell, “Congress Is Solemn: Prepares to Consider Bills After Hearing the President Gravely,” *The New York Times*, March 13, 1947, 1.

47—Diane B. Kunz, “The Marshall Plan Reconsidered: A Complex of Motives,” *Foreign Affairs* 76（3）The Marshall Plan and Its Legacy（May/June, 1997）: 163.

48—Robert C. Albright, “Both Foreign Affairs Groups Meeting Today on Proposal,” *The Washington Post*, March 13, 1947, 1, and Johnson Warns of ‘Invasion,’ *The New York Times*, March 12, 1947, 4.

49—David M. Crawford, “United States Foreign Assistance Legislation, 1947–1948”, *Yale Law Review* 58（6）（May, 1949）: 872–73.

50—Hamby, *Man of the People*, 391.

51—Melvin P. Leffler, “The American Conception of National Security and the Beginnings of the Cold War, 1945–48,” *The American Historical Review* 89（2）（April, 1984）: 368.

52—Bohlen, *Witness to History*, 261.

53—W. Averell Harriman oral history, conducted by Richard D.Mckinzie and Theodore A. Wilson, Washington, D. C., 1971, for the Truman Presidential Library, 7； 可从 http://www.trumanlibrary.org/oralhist/harriman.htm 获取。

54—Eichengreen and Uzan, “The Marshall Plan,” 21.

55—Bohlen, *Witness to History*, 262.

56—同上书，263。

57—同上。

58—George C. Marshall, interview conducted by Harry B. Price and Roy E. Foulke, October 30, 1952; Harry B. Price Papers, Truman Presidential Library.

59—Melvyn P. Leffler, *A Preponderance of Power: National Security, the Truman Administration, and the Cold War*（Stanford: Stanford University Press, 1992）, 157, 189.

60—Walter Lippmann, “Cassandra Speaking,” *The Washington Post*, April 5, 1947, 5.

61—Ronald Steel, *Walter Lippman and the American Century*（Boston: Little, Brown, 1980）, 440–42; 关于国务院是原创者的主张，参见 Charles P. Kindleberger, *Marshall Plan Days*（Boston: Allen & Unwin, 1987）, 25–32。

62—Walter Isaacson and Evan Thomas, *The Wise Men: Six Friends and the World They Made*（New York: Simon and Schuster, 1986）, 405–406.

63—Jackson, “Prologue to the Marshall Plan,” 1046.

64—Michael J. Hogan, *The Marshall Plan: America, Britain, and the Reconstruction of Western Europe, 1947–1952*（Cambridge: Cambridge University Press, 1987）, 40–44, and Jones, *The Fifteen Weeks*, 231 ff.

65—Hogan, *The Marshall Plan*, 40. 霍根认为约瑟夫·琼斯、Ben T. Moore 和 Harold Van B. Cleveland 是支持欧洲经济一体化的“首要倡导者”；一起的还有 Paul R. Porter. Charles H. Bonesteel 和 Charles P. Kindleberger。

66—“Policy with Respect to American Aid to Western Europe,” enclosed with Kennan to Acheson, May 23, 1947, U.S. Department of State，*Foreign Relations of the United States*, vol. III（Washington, D.C.: U.S. Government Printing Office, 1967–1988）, 223–30, cited in Miscamble, *George F. Kennan*, 50–51.

67—Miscamble, *George F. Kennan*, 51.

68—Isaacson and Thomas, *The Wise Men, 408 and James Chace, Acheson: The Secretary of State Who Created the American World*（New York: Simon and Schuster, 1998）, 170–73. 比尔博在其晚年被大体描述为一名种族主义煽动者，他被参议院委员会认定为有罪，在第二次世界大战期间接受承包商贿赂，并在第 80 届国会开始时被拒绝承认其参议院席位。他于 1947 年 8 月去世。

69—Chace, *Acheson*, 171, and Joseph M. Jones to Walter Lippmann, May 7, 1947, in Marshall Plan collection, Truman Library，可从 http://www.trumanlibrary.org/whistlestop/study_collections/marshall/ large/folder2 获取。

70—Crawford, “United States Foreign Assistance Legislation, 1947–1948,” 873; 引用 Sen. Doc. No. 111, 80th Cong., 1st Session 2（1947）。艾奇逊的演讲《重建的要求》（*The Requirements of Reconstruction*），重印于 Robert Dallek, ed., *The Dynamics of World Power: A Documentary History of United States Foreign Policy, 1945–1973*, vol. 1, Western Europe（New York: Chelsea House Publishers, 1973）, 47。

71—威尔·克莱顿 1953 年 1 月 26 日写给 Herbert Elliston 的信，见 *Selected Papers of Will Clayton*, ed. Frederick J. Dobney（Baltimore: Johns Hopkins Press, 1971）, 208–10。

72—“The European Crisis,” in *Selected Papers of Will Clayton*, 201–204, 原文中的重点；Gregory Fossedal and Bill Mikhail, “A Modest Magician: Will Clayton and the Rebuilding of Europe,” *Foreign Affairs* 76（3）The Marshall Plan and Its Legacy（May/June 1997）, 195; and Gregory A. Fossedal, *Our Finest Hour: Will Clayton, the Marshall Plan, and the Triumph of Democracy*（Stanford, Calif.: Hoover Institution Press, 1993）.

73—Miscamble, *George F. Kennan*, 52.

74—Chace, *Acheson*, 177, and Forrest C. Pogue, *George C. Marshall: Statesman*, vol. 4（New York: Viking, 1987）, 207.

75—Phillips, *The Truman Presidency*, 184–85.

76—Marshall interview，Price Papers, 1.

77—Marshall to Conant，in Meredith Hindley, “How the Marshall Plan Came About,” 来自国家人文基金会（National Endowment for the Humanities）网站，http://www.neh.gov/humanities/1998-11/Marshall.html。伯特·麦考密克就是罗伯特·R. 麦考密克（Robert R. McCormick）上校，是《芝加哥论坛报》的长期业主，坚定的保守主义者和孤立主义者。参见 Richard Norton Smith, *The Colonel: The Life and Legend of Robert R. McCormick, 1880–1955*（Boston: Houghton Mifflin, 1997）。

78—Robert H. Ferrell, “George C. Marshall,” in *The American Secretaries of State and Their Diplomacy*, ed. Robert H. Ferrell（New York: Cooper Square Publishers, Inc., 1966）, 111.

79—Arthur Hartman, “The Challenge of the Marshall Plan,” in *Present at the Creation: The Fortieth Anniversary of the Marshall Plan*, ed. Armand Clesse and Archie C. Epps（New York: Harper & Row, 1990）, 10.
80—George C. Marshall, “Address at Harvard Commencement, June 5, 1947,”，in *Present at the Creation*, ed. Clesse and Epps, xv–xix.
81—Hogan, *The Marshall Plan*, 44.
82—Charles L. Mee, Jr., *The Marshall Plan: The Launching of the Pax Americana*（New York: Simon and Schuster, 1984）, 168. John Gimbel 指出：“尽管当前流行着‘马歇尔计划’的神话，但现在可获得的记录明确无误地显示当马歇尔在哈佛演讲的时候……并不存在什么计划……” *The Origins of the Marshall Plan*（Stanford: Stanford University Press, 1976）, 6.
83—Leonard Miall oral history interview, conducted by Philip C. Brooks, June 16, 1974, for the Truman Presidential Library. 可从 http://www.trumanlibrary.org/oralhist/miall.htm 获取。Alan Bullock, *Ernest Bevin: Foreign Secretary 1945–1951*（New York: W. W. Norton, 1983）, 404. 然而，第二天的《纽约时报》和《华盛顿邮报》发表了数条新闻报道，这两家报纸都刊载了全文。
84—Bullock, *Ernest Bevin*, 404.
85—同上书，405。
86—Pelling, *Britain and the Marshall Plan*, 11.
87—Bohlen, *Witness to History*, 265, and Leffler, *A Preponderance of Power*, 184.
88—马德琳·K. 奥尔布赖特，哈佛大学毕业典礼演讲，1997 年 6 月 5 日，可从美国国际开发署的网站获取，http://www.usaid.gov/multimedia/video/marshall/albright.html。关于捷克斯洛伐克和苏联的接管，参见 Josef Korbel, *The Communist Subversion of Czechoslovakia, 1938–1948: The Failure of Coexistence*（Princeton: Princeton University Press, 1959）。科贝尔拥有独特的地位，他是一位国务卿——奥尔布赖特——的父亲，以及另一位国务卿——康多莉扎·赖斯（Condoleezza Rice）——的教授。
89—Mee, *The Marshall Plan*, 150–51.
90—Barbezat, “The Marshall Plan and the Origin of the OEEC,” 34. 国务院“马歇尔计划”工作委员会执行秘书 Charles P. Kindleberger 写道，欧洲经济合作委员会请求的金额接近 300 亿美元：其中 199 亿美元来自美国，83 亿美元用于从美洲大陆其余国家的净进口。Charles P. Kindleberger, “In the Halls of the Capitol,” *Foreign Affairs*（May/June, 1997）, 186; Phillips, *The Truman Presidency*, 186–87; William C. Mallalieu, “The Origins of the Marshall Plan: A Study in Policy Formation and National Leadership,” *Political Science Quarterly* 73（4）（December, 1958）: 481–504.
91—Phillips, *The Truman Presidency*, 187.
92—同上以及 Harry B. Price, *The Marshall Plan and Its Meaning*（Ithaca: Cornell University Press, 1955）, 50–55。
93—Donovan, *Conflict and Crisis*, 261.
94—Vandenberg, *The Private Papers of Senator Vandenberg*, 1, and Donovan, *Conflict and Crisis*, 258.
95—C. David Tompkins, *Senator Arthur H. Vandenberg: The Evolution of a Modern Republican, 1884–1945*（Lansing: Michigan State University Press, 1970）, 235–58.
96—Donovan, *Conflict and Crisis*, 258.
97—Pogue, *George C. Marshall: Statesman*, 234–35.
98—同上书，236。
99—I. F. Stone, *The Truman Era*（New York: Random House, 1972）, 71.

100— Harold L. Hitchens, "Influences on the Congressional Decision to Pass the Marshall Plan," *The Western Political Quarterly* 21（1）（March, 1968）: 51–52; Lester Markel et al., *Public Opinion and Foreign Policy*（New York: Harper, 1949）, 9.
101— Hitchens, "Influences on the Congressional Decision to Pass the Marshall Plan," 59–60. 数据来自密苏里州共和党人、众议院议员 Max Schwabe 的调查结果。
102— Bonds, *Bipartisan Strategy*, ch. 9.
103— Hitchens, "Influences on the Congressional Decision to Pass the Marshall Plan," 53–54.
104— Herbert Agar, *The Price of Power: America Since 1945*（Chicago: University of Chicago Press, 1957）, 78–79.
105— Edward T. Folliard, "U.S. Is Striving to Prevent Third World War, He Tells Lawmakers," *The Washington Post*, December 20, 1947, 1; Phillips, *The Truman Presidency*, 191; and Felix Belair, Jr., "Truman Requests 17 Billion for ERP," *The New York Times*, December 20, 1947, 1.
106— Jackson, "Prologue to the Marshall Plan," 1044.
107— Donovan, *Conflict and Crisis*, 287.
108— Willard Thorp, "The Origins of the Marshall Plan," in *Present at the Creation*, ed. Clesse and Epps, 22.
109— Bonds, *Bipartisan Strategy*, 117–18.
110— James Reston, "Marshall Always Patient, But Adamant on His Plan," *The New York Times*, January 9, 1948, 3.
111— Felix Belair, Jr., "President Rejects Hoover' s Program for Checks on ERP," *The New York Times*, January 23, 1948, 1; Hartmann, *Truman and the 80th Congress*, 160–61.
112— 哈里曼口述历史，12。
113— Mee, *Marshall Plan*, 239–40.
114— Hitchens, "Influences on the Congressional Decision to Pass the Marshall Plan," 61.
115— Steel, *Walter Lippman and the American Century*, 450.
116— Vandenberg, *The Private Papers of Senator Vandenberg*, 389.
117— Ferdinand Kuhn, Jr., "Vandenberg Calls on Senate for Swift Approval of ERP to Help Head Off Third War," *The Washington Post*, March 2, 1948, 1.
118— James T. Patterson, *Mr. Republican: A Biography of Robert A. Taft*（Boston: Houghton Mifflin, 1972）, 388.
119— Hartmann, *Truman and the 80th Congress*, 162–63.
120— Bonds, *Bipartisan Strategy*, 189; Robinson, *Congress and Foreign Policy-Making*, 42; 霍夫曼的话引自 Price, *The Marshall Plan and Its Meaning*, 55。
121— Harold Hinton, "Aid Bill Is Signed by Truman as Reply to Foes of Liberty," *The New York Times*, April 4, 1948, 1.
122— Robert A. Dahl, *Congress and Foreign Policy*（New York: Harcourt, Brace, 1950）, 228–30.
123— Bonds, *Bispartisan Strategy*, 190–91.
124— Robert A. Dahl, *Congress and Foreign Policy*（New York: Harcourt, Brace, 1950）, 228–30.
125— Barbezat, "The Marshall Plan and the Origin of the OEEC," 35.
126— 霍夫曼到达华盛顿后说他不想要这份工作，令范登堡大为震惊，霍夫曼也同样告诉了杜鲁门。杜鲁门告诉他，"我期待你的同意"。霍夫曼说他会考虑一下。第二天下午，霍夫曼举行了新闻发布会，讨论他最近代表政府所做的亚洲之行。在发布会的中间，白宫发布公告宣布霍夫曼已经接受经济合作署署长一职。当时他当然无法拒绝。United States Department of State, "The Marshall

Plan: Origins and Implementation"（Washington, D.C.: Government Printing Office, 1987）, 8, and Cabell Phillips, "The Man Who Will Spend $17,000,000,000," *The New York Times,* July 25, 1948, Magazine, 6.

127—Department of State, "The Marshall Plan," 9.

128—Hadley Arkes, *Bureaucracy, the Marshall Plan, and the National Interest*（Princeton: Princeton University Press, 1972）, 156 ff., and Paul G. Hoffman, *Peace Can Be Won*（Garden City, N.Y.: Doubleday and Company, 1951）, 90–91.

129—Department of State, "The Marshall Plan," 12–13.

130—Kindleberger, "In the Halls of the Capitol," 190.

131—Phillips, *The Truman Presidency*, 193, and Mee, *The Marshall Plan*, 246.

132—Hogan, *The Marshall Plan*, 135.

133—David S. Painter, "Oil and the Marshall Plan," *The Business History Review* 58（3）（Autumn, 1984）: 362, and Kunz, "The Marshall Plan Reconsidered", 168.

134—Daniel Schorr, "Marshall Plan Memories," *The New Leader*, June 30, 1997, 4–5.

135—Irwin M. Wall, *The United States and the Making of Postwar France, 1945–1954*（Cambridge: Cambridge University Press, 1991）, 159; Hogan, *The Marshall Plan*, 157–59.

136—Donovan, *The Second Victory*, 62–63.

137—Herbert C. Mayer, *German Recovery and The Marshall Plan, 1948–1952*（New York: Edition Atlantic Forum, 1969）, 15.

138—Mayer, *German Recovery and The Marshall Plan, 1948–1952*, 32. 1948 年，希腊刚刚达到其在 1938 年水平的 77%，而意大利已经达到了 81%。所有参与国在 1948 年平均达到了 99%，如果将联邦德国排除在外，那么平均达到了 1938 年的水平的 114%。

139—Charles S. Maier, "Introduction" in *The Marshall Plan and Germany: West German Development within the Framework of the European Recovery Program*, ed. Charles S. Maier with Gunter Bischof（New York: Berg, 1991）, 5.

140—Mayer, *German Recovery and The Marshall Plan*, 25. 该计划被称为政府援助和救济占领区（Government Aid and Relief to Occupied Areas，GARIOA）。

141—Werner Abelshauser, "American Aid and West German Economic Recovery: A Macroeconomic Perspective," in *The Marshall Plan and Germany*, ed. Maier, 405, and Helge Berger and Albrecht Ritschl, "Germany and the Political Economy of the Marshall Plan, 1947–1952: A Re-Revisionist View," in *Europe's Post-War Recovery,* ed. Barry Eichengreen（Cambridge: Cambridge University Press, 1995）, 199.

142—引自 Abelshauser, "American Aid and West German Economic Recovery," 406–407, 原文中的重点。然而，艾哈德承认："在第一年，它们（"马歇尔计划"的钱）确实使西柏林人民免于饥饿。"

143—Jean Edward Smith, *Lucius D. Clay: An American Life*（New York: Henry Holt, 1990）, 484–86.

144—Thomas Schwartz, "European Integration and the 'Special Relationship': Implementing the Marshall Plan in the Federal Republic," in *The Marshall Plan and Germany*, ed. Maier, 172.

145—Abelshauser, "American Aid and West German Economic Recovery," 409.

146—Konrad Adenauer, *Memoirs 1945–53*, Beate Ruhm von Oppen 译（London: Weidenfeld and Nicolson, 1966）, 101.

147—Wall, *The United States and the Making of Postwar France*, 2.

148—Axel Krause, "Maurice Schumann: Senator and Former Foreign Minister of France," *Europe*, April 1997, 365.

149— Chiarella Esposito, *America's Feeble Weapon: Funding the Marshall Plan in France and Italy, 1948–1950*（Westport, Conn.: Greenwood Press, 1994）, and Jeffrey G. Giague, Review of Chiarello Esposito, *America's Feeble Weapon: Funding the Marshall Plan in France and Italy, 1948–1950*, H-France, H-Net Review, April, 1997, 可从 http://www.h-net.msu.edu/reviews/showrev.cgi?path=26394870875024 获取。
150— Hogan, *The Marshall Plan*, 380.
151— 肯尼迪的引自美国国际开发署的网站，http://www.usaid.gov/about_usaid/usaidhist.html。
152— Truman, *Memoirs: Years of Trial and Hope*, 119.
153— Arkes, *Bureaucracy, the Marshall Plan, and the National Interest*, 3.
154— Charles S. Maier, "American Visions and British Interests: Hogan's Marshall Plan," *Reviews in American History* 18（1）（March, 1990）: 103.
155— Alan S. Milward, *The Reconstruction of Western Europe, 1945–1961*（Berkeley: University of California Press, 1984）, and Milward, "Was the Marshall Plan Necessary?" *Diplomatic History* (1989）: 231–53; Charles S. Maier, "The Two Postwar Eras and the Conditions for Stability in Twentieth-Century Western Europe," *The American Historical Review* 86（April, 1981）.
156— Milward, *The Reconstruction of Western Europe*, 5, 465–66.
157— 同上书，465–66，469–70。
158— Barry Eichengreen and Marc Uzan, "The Marshall Plan: Economic Effects and Implications for Eastern Europe and the Former USSR," *Economic Policy* 7（14）Eastern Europe（April, 1992）: 15.
159— Hogan, *The Marshall Plan*, 445.
160— 同上书，427–29。
161— 贝文的演讲部分刊登在"America's Great Heart," *The Washington Post*, March 25, 1948, 15。
162— Adenauer oral history, 4.
163— Bernard Gwertzman, "Bonn to Give $47-Million in Honor of Marshall Plan," *The New York Times*, June 6, 1972, 1.

第 9 章　纵横交织的公路网

篇首引语出自"President-Elect Dwight D. Eisenhower on Good Roads"，可从美国交通运输部联邦公路管理局的网站获取，www.fhwa.dot.gov/infrastructure/history.htm；汤姆 · 路易斯的引语出自 *Divided Highways: Building the Interstate Highways, Transforming American Life*（New York: Viking Penguin, 1997）, xiv。

1— 州际公路系统也能在夏威夷的瓦胡岛（Oahu）上找到，但阿拉斯加州没有州际公路。然而，并非所有的州府都与州际公路系统相连接。特拉华州的多佛、密苏里州的杰斐逊城、内华达州的卡森城、南达科他州的皮尔以及阿拉斯加州的朱诺这 5 座州府都没有连接州际公路。Dan McNichol, *The Roads that Built America: The Incredible Story of the U.S. Interstate System*（New York: Barnes and Noble Books, 2003）, 151.
2— 可从 http://www.eisenhower.utexas.edu/highway 获取。其他奇迹包括胡佛水坝和金门大桥。
3— McNichol, *The Roads that Built America*, 206, and Dan McNichol, "Big Dig Nearing Light of Costly Tunnel's End," *The New York Times*, July 25, 2004, 15–16.
4— 第三个联邦公路计划是联邦领地道路计划（federal domain roads program），引导联邦资金流向穿过国家森林和公园、军事基地和美洲原住民保留地的公路和道路。

5— 该立法的官方名称为《1956 年公路法案》，公法 84-627（Highway Act of 1956, Public Law 84-627）。该系统被命名为全国州际和国防公路系统（National System of Interstate and Defense Highways）；1990 年，它被更名为德怀特 · D. 艾森豪威尔州际和国防公路系统（Dwight D. Eisenhower System of Interstate and Defense Highways）。

6— "Target: $27 Billion, The 1955 Estimate." 可从联邦公路管理局的网站获取，www.fhwa.dot.gov/infrastructure/history.htm。

7— Charles L. Dearing, *American Highway Policy*（Washington, D.C.: The Brookings Institution, 1941）, 31–32.

8— David P. Currie, "The Constitution in Congress: The Public Lands, 1829–1861," *The University of Chicago Law Review* 70（3）（Summer, 2003）: 784; Dearing, *American Highway Policy*, 32–37. 旧的国道紧沿着今日的 40 号国道。

9— Lewis, *Divided Highways*, 6.

10— McNichol, *The Roads that Built America*, 36.

11— James J. Flink, "Three Stages of American Automobile Consciousness," *American Quarterly* 24（4）（October, 1972）: 453.

12— Wayne E. Fuller, "Good Roads and Rural Free Delivery of Mail," *The Mississippi Valley Historical Review* 42（1）（June, 1955）: 76.

13— Frederic L. Paxson, "The Highway Movement, 1916–1935," *The American Historical Review* 51（2）（January, 1946）: 240.

14— Fuller, "Good Roads and Rural Free Delivery of Mail," 67–83. 农村邮递员有动力奋力争取更好的道路：道路不好意味着邮递员投递邮件的工作更为困难，也可能意味着因为无法投递的邮件，他将被迫失去部分工资。

15— McNichol, *The Roads that Built America*, 37–38. 在德国，卡尔 · 本茨（Karl Benz）已经在 1890 年生产提供给商业市场的汽车，到 1895 年，汽车在巴黎的街道上已随处可见；第一次长途汽车比赛在世界范围内引起了相当大的关注，从巴黎到波尔多全程 727 英里，并在 1895 年 6 月返回。Flink, "Three Stages of American Automobile Consciousness," 453.

16— Flink, "Three Stages of American Automobile Consciousness," 454.

17— 厄尔的信重印于 Tom Kuennen, *Paving the Way to Prosperity*（Washington, D.C.: American Road and Transportation Builders Association, 2002）, 6–7。1902 年，该组织被称为美国筑路者（American Road Makers）；它在 1910 年成为美国公路建筑商协会，然后在 1977 年更名为美国公路和运输设施建筑商协会（American Road and Transportation Builders Association，ARTBA）。

18— Paxson, "The Highway Movement, 1916–1935," 238–39. 1973 年，美国各州公路工作者协会成为美国国家公路和交通运输工作者协会（American Association of State Highway and Transportation Officials，AASHTO），代表各州的交通运输方面的利益，包括所有的移动方式：航空、公路、公共交通、铁路和水路。

19— 印第安纳州商人卡尔 · 格雷厄姆 · 费希尔创立了制造汽车前灯的 Perst-O-Lite 公司。1912 年，他购买了佛罗里达州的迈阿密海滩，然后在 1915 年建造了迪克西公路。到 1917 年，费希尔的身价达 5000 万美元，但是，在发生 1927 年的迈阿密飓风和 1929 年的股市崩盘后，他于 1930 年破产。Jerry M. Fisher, *Pacesetter: The Untold Story of Carl G. Fisher*（Fort Bragg, Calif.: Lost Coast Press, 1998）, and John B. Rae, *The Road and the Car in American Life*（Cambridge: MIT Press, 1971）, 36.

20— Lewis, *Divided Highways*, 51, and Paxson, "The Highway Movement," 241–42.

21— Richard F. Weingroff, "Federal Aid Road Act of 1916: Building the Foundation," 可从联邦公路管

理局的网站获取，www.fhwa.dot.gov/infrastructure/history.htm。美国汽车协会主席是伍德罗·威尔逊兄弟的约翰·威尔逊（John A. Wilson）。Fuller, “Good Roads and Rural Free Delivery of Mail,” 81 n. 51.

22—转引自 Fuller, “Good Roads and Rural Free Delivery of Mail,” 79。

23—John Chynoweth Burnham, “The Gasoline Tax and the Automobile Revolution,” *The Mississippi Valley Historical Review* 48（3）（December, 1961）: 435–36.

24—Dearing, *American Highway Policy*, 103.

25—Burnham, “The Gasoline Tax and the Automobile Revolution,” 446.

26—同上书，456–57。

27—Dwight D. Eisenhower, *At Ease: Stories I Tell to Friends*（Garden City, N.Y.: Doubleday & Company, Inc., 1967）, chapter 11, “Through Darkest America with Truck and Tank.” Richard F. Weingroff, “The Man Who Changed America, Part 1,” *Public Roads*（March/April, 2003）, 可从联邦公路管理局的网站获取，www.fhwa.dot.gov/infrastructure/history.htm, and Paxson, “The Highway Movement, 1916–1935,” 243–44。

28—Dwight D. Eisenhower, *Mandate for Change, 1953–1956*（Garden City, N.Y.: Doubleday & Company, Inc., 1963）, 548.

29—Flink, “Three Stages of Automobile Consciousness,” and Bruce E. Seely, *Building the American Highway System: Engineers as Policy Makers*（Philadelphia: Temple University Press, 1987）, 72.

30—Richard F. Weingroff, “From 1916 to 1939: The Federal-State Partnership at Work,” 可从联邦公路管理局的网站获取，www.fhwa.dot.gov/infrastructure/history.htm, and Seely, *Building the American Highway System*, 73。

31—Weingroff, “From 1916 to 1939: The Federal-State Partnership at Work.”

32—Lewis, *Divided Highways*, 49.

33—Lee Mertz, “Origins of the Interstate,” 可从联邦公路管理局的网站获取，www.fhwa.dot.gov/infrastructure/history.htm。研究联邦公路管理局的历史学家理查德·韦格罗夫写道，它确实不是传说，而是事实：罗斯福画的地图现在正在国家档案馆中。参见 Richard F. Weingroff, “Essential to the National Interest,” Public Roads 69（5）（March/April 2006）。在线版本可从 http://www.tfhrc.gov/pubrds/06mar/07.htm 获取。韦格罗夫与作者联系，2007 年 8 月 27 日。

34—“Super Roads Are Studied in Work Plan,” *The Washington Post*, February 20, 1935.

35—Mertz, “Origins of the Interstate,” and Seely, *Building the American Highway System*, 169–77.

36—Owen D. Gutfreund, *Twentieth-Century Sprawl: Highways and the Reshaping of the American Landscape*（New York: Oxford University Press, 2004）, 39, and Seely, *Building the American Highway System*, 170–71.

37—Lewis, *Divided Highways*, 48.

38—Gutfreund, *Twentieth-Century Sprawl*, 37–38.

39—Seely, *Building the American Highway System*, 175–76.

40—“Futurama at Fair Is Viewed in Test,” *The New York Times*, April 16, 1939, 3; “Fair Visitors ‘Fly’ Over U.S. of 1960,” *The New York Times*, April 19, 1939, 17; “Futurama Is Voted the Most Popular,” *The New York Times*, May 17, 1939, 19; and Paul Mason Fotsch, “The Building of a Superhighway Future at the New York World’s Fair,” *Cultural Critique* 48（Spring, 2001）: 66, 68. 此外，这次世界博览会上展出的几部纪录片也吸引了大量的人群。最受欢迎的是《城市》（*The City*），由城市问题评论家、知识分子刘易斯·芒福德编写，由 Aaron Copland 负责音乐。根据从事城市研究的教师 Owen D.Gutfreund 的观点，这部纪录片是“极其有效的反城市规划的宣言，集中于彻底摈弃现存的

城市化模式，支持按照花园城市传统新建郊区住宅小区，超越现存的大都市地区的限制，通过新建的公路连接其他居住地区”。Gutfreund, *Twentieth-Century Sprawl*, 41–42.

41—Mark H. Rose, *Interstate: Express Highway Politics, 1941–1956*（Lawrence: The Regents Press of Kansas, 1979）, 2.

42—James A. Dunn, Jr., *Miles to Go: European and American Transportation Policies*（Cambridge: MIT Press, 1981）, 120–21.

43—McNichol, *The Roads that Built America*, 102.

44—Richard O. Davies, *The Age of Asphalt: The Automobile, the Freeway, and the Condition of Metropolitan America*（Philadelphia: J. B. Lippincott Company, 1975）, 3–4.

45—美国公路建筑商协会，“向小威廉 · 伦道夫 · 赫斯特授予巴特利特奖”（Presentation of the Bartlett Award to William Randolph Hearst, Jr.），1956 年 1 月， 重 印 于 Mertz, “Origins of the Interstate”。

46—“President-Elect Dwight D. Eisenhower on Good Roads,” 可从联邦公路管理局的网站获取，www.fhwa.dot.gov/infrastructure/history.htm。

47—引自总统的演讲，副总统理查德 · 尼克松在州长会议上发表的演讲，纽约州乔治湖，1954 年 7 月 12 日，可从联邦公路管理局的网站获取，www.fhwa.dot.gov/infrastructure/history.htm。

48—同上。

49—Weingroff, “The Man Who Changed America, Part 1.”

50—Seely, *Building the American Highway System*, 214.

51—Weingroff, “The Man Who Changed America, Part 1.”

52—Lewis, *Divided Highways*, 98–102. 艾森豪威尔后来在他的回忆录中特别称赞了威克斯：“伟大的公路系统在某种程度上将成为我内阁一位成员的纪念碑，他就是负责公路系统的部门的领导人……商务部长辛克莱 · 威克斯。” Eisenhower, *Mandate for Change*, 549.

53—Lewis, *Divided Highways*, 102.

54—Richard F. Weingroff, “General Lucius D. Clay: The President’s Man,” 可从联邦公路管理局的网站获取，www.fhwa.dot.gov/infrastructure/history.htm。

55—Davies, *The Age of Asphalt*, 18.

56—“克莱委员会听证会的摘要，10 月 7 日和 8 日，1954 年”（Summary of Clay Committee Hearings），约翰 · S. 布拉格登文档（John S. Bragdon Files），艾森豪威尔图书馆，堪萨斯州阿比林（Abilene），重印于 Davies, *The Age of Asphalt*, 56–59; 60。

57—Lewis, *Divided Highways*, 112. 参 见 James A. Dunn, Jr., *Driving Forces: The Automobile, Its Enemies and the Politics of Mobility*（Washington, D.C.: Brookings Institution, 1998）, 36。将高速公路联盟划分为支持税收团体和支持消费团体。

58—Eisenhower, *Mandate for Change*, 548.

59—Dwight D. Eisenhower, *Public Papers of the Presidents of the United States: Dwight D. Eisenhower, 1953–1961*, 8 vols（Washington, D.C.: GPO）; vol. 19（1955）, 275–80.

60—从 Emmett Welch 到 Floyd D. Peterson 的备忘录的附件，约翰 · S. 布拉格登将军办公室。可从联邦公路管理局的网站获取，www.fhwa.dot.gov/infrastructure/history.htm。

61—Richard F. Weingroff, “Senator Harry Flood Byrd of Virginia: The Pay-As-You-Go Man,” 可从联邦公路管理局的网站获取，www.fhwa.dot.gov/infrastructure/history.htm。

62—Weingroff, “General Lucius D. Clay;” Kyle Longley, *Senator Albert Gore, Sr.: Tennessee Maverick* (Baton Rouge: Louisiana State University Press, 2004）, 124–26.

63—“卢修斯 · D. 克莱将军的证词”（General Lucius D. Clay’s Testimony），www.fhwa.dot.gov/

infrastructure/history.htm。
64— Eisenhower, *At Ease*, 502.
65— Congressional Quarterly, *Congress and the Nation, 1945–1964*（Washington, D.C.: Congressional Quarterly Service, 1965）, 531.
66— Mark H. Rose, *Interstate: Express Highway Politics, 1939–1989*, rev. ed.（Knoxville: University of Tennessee Press, 1990）, 92.
67— Burnham, "The Gasoline Tax and the Automobile Revolution," 457. 石油行业"从来没有充分认识到，汽油税的成功和增加——为改善公路付出的代价——表明美国人普遍同意资助汽车革命"。
68— Dunn, *Miles to Go*, 121.
69— Robert Thruelson, "Coast to Coast Without Stopping," *Saturday Evening Post* October 20, 1956, 23, 转引自 Davies, *The Age of Asphalt*, 22。
70— Congressional Quarterly, *Congress and the Nation, 1945–1964*, 531.
71— Robert Griffith, "Dwight D. Eisenhower and the Corporate Commonwealth," *The American Historical Review* 87（1）（February, 1982）: 106 and Rose, *Interstate*, 92.
72— Eisenhower, *At Ease*, 166
73— 转引自 Leonard Downie, Jr., "The Contractors: Their Politics and Influence," *The Washington Post Magazine*, September 30, 1973, 23。
74— 戈尔、博格斯、艾森豪威尔和弗兰克·特纳（而不是乔治·法伦）在 1996 年 6 月举行的州际公路系统 40 周年纪念活动上荣获"远见者"奖（The Visionaries)。在纪念仪式上，副总统小阿尔·戈尔发言说，他清楚地记得自己还是个八岁男孩时看着父亲讨论关于建设州际公路系统的政策事务。小戈尔在 20 世纪 70 年代首次使用的短语"信息高速公路"(Information Superhighway)，就是受到他父亲的工作的启发。"Visionaries of the Interstate Honored at Gala Celebration"，可从联邦公路管理局的网站获取，http://www.fhwa.dot.gov/infrastructure/rw961.htm。
75— Richard F. Weingroff, "Federal-Aid Highway Act of 1956: Creating the Interstate System," 可从联邦公路管理局的网站获取，www.fhwa.dot.gov/infrastructure/history.htm。
76— *America' Highways, 1776–1976: A History of the Federal-Aid Programs*.（Washington, D.C.: Federal Highway Administration, U.S. Department of Transportation, 1976）, 185–87, and Bruce E. Seely, "Francis C. Turner: Father of the U.S. Interstate Highway System," *TR News* 213（March–April, 2001）, 5–14, 可从国家研究委员会交通研究委员会的网站获取，http://trb.org//publications/trnews/trnews213.pdf。
77— Davies, *The Age of Asphalt*, 4.
78— Helen Leavitt, *Superhighway—Superhoax*（Garden City, N.Y.: Doubleday & Company, Inc., 1970）, 187–88.
79— Congressional Quarterly, *Congress and the Nation, 1945–1964*, 531–32.
80— Leavitt, *Superhighway—Superhoax*, 188–89, and Congressional Quarterly, *Congress and the Nation*, 1945–1964, 533–35. 历史学家 Bruce E. Seely 指出，最后，"国会的听证会仅仅揭露出 [公路] 局一如往常地谨慎使用纳税人的钱"。Seely, "Francis C. Turner", 8.
81— Robert A. Caro, *The Powerbroker: Robert Moses and the Fall of New York*（New York: Alfred A. Knopf, 1974）, 838–39.
82— 同上书，840–41。
83— 纪录备忘录（Memorandum for the Record)。总统办公室会议：国际公路计划的中期报告(Meeting in the President's Office: Interim Report on the Interstate Highway Program)，1960 年 4 月 6 日。德怀特·D. 艾森豪威尔总统图书馆。可从 http://www.eisenhower.archives.gov/dl/

InterstateHighways/meetingofApril61960ReInterestateHighwayProgram040860Pg1.pdf 获取。

84—Editorial, November 20, 1966, 转引自 Leavitt, *Superhighway—Superhoax*, 69。

85—Alan Altshuler and David Luberoff, *Mega-Projects: The Changing Politics of Urban Public Investment*（Washington, D.C.: The Brookings Institution and Lincoln Institute of Land Policy, 2003）, 83.

86—Davies, *The Age of Asphalt*, 33.

87—Lewis, *Divided Highways*: 参见该书第 8 章可获得关于新奥尔良州际公路斗争（New Orleans Interstate fight）和其他城市地区的战斗的详细、生动的记述。

88—*Citizens to Preserve Overton Park, Inc., et al.* v. *Volpe, Secretary of Transportation, et al.*, 401 U.S. 402（1971）; and McNichol, *The Roads that Built America*, 159–61.

89—Robert C. Albrook, "50 mph Traffic Loop Would 'Feed' Central D.C.," *The Washington Post*, December 4, 1955, E1, and Leavitt, *Superhighway—Superhoax*, 91–109, 可获得关于华盛顿特区的州际公路斗争的记述。

90—A. Q. Mowbray, *Road to Ruin*（Philadelphia: J. B. Lippincott, 1969）, 224; Natcher quote from Robert L. Asher, "Halt to Subway Money Is Threatened if D.C. Freeway Foes Continue Attack," *The Washington Post*, August 9, 1966, A1.

91—Drew Pearson and Jack Anderson, "Highway Lobby Rolls Roughshod," The Washington Post, July 15, 1968, B11. 投票支持该议案的是马里兰州紧邻市郊地区的国会议员（共和党人 Gilbert Gude 和民主党人 Hervey Machen）和弗吉尼亚州紧邻市郊地区的国会议员（共和党人乔尔 · T. 布罗伊希尔和 William Scott）的直辖市的国会议员；给予帮助的还有总委员会的主席，来自巴尔的摩的众议员乔治 · 法伦。

92—George M. Smerk, *Urban Mass Transportation: A Dozen Years of Federal Policy*（Bloomington, Ind.: Indiana University Press, 1974）, 19.

93—Edward Weiner, *Urban Transportation Planning in the United States: An Historical Overview*, 5th ed.（Washington, D.C.: Department of Transportation, 1997）, ch. 4, 可从美国交通运输部的网站获取，http://tmip.fhwa.dot.gov/clearinghouse/docs/utp。该规划过程被称为"3C"过程，与该法案所要求的它应当是"持续、全面、合作"有关。

94—转引自 Glenn Yago, *The Decline of Transit: Urban Transportation in German and U.S. Cities, 1900–1970*（New York: Cambridge University Press, 1984）, 198。

95—Dunn, *Miles to Go*, 122. 该法院裁定的案件是"密苏里州公路委员会诉沃尔普案"（*State Highway Commission of Missouri v. Volpe*）。

96—同上书，125。

97—转引自 Richard F. Weingroff, "Creating a Landmark: The Intermodal Surface Transportation Efficiency Act of 1991," 可从联邦公路管理局的网站获取，www.fhwa.dot.gov/infrastructure/history.htm。

98—Altshuler and Luberoff, *Mega-Projects*, 115, and U.S. Congress, Congressional Research Service, *Air Quality and Transportation Enhancement Provisions in the Intermodal Surface Transportation Efficiency Act of 1991*. 97th Congress. Report No. 97–902（updated June 10, 1998）, David M. Bearden 撰写。这 60 亿美元用于缓解拥堵和空气质量（Congestion Mitigation and Air Quality, CMAQ）项目。领导起草《陆上综合交通运输效率化法案》的国会议员有：纽约州民主党人 Daniel Patrick Moynihan、内华达州的 Harry Reid 和得克萨斯州的 Lloyd Bentsen，新泽西州的民主党众议员 Robert Roe 和加利福尼亚州的 Norman Mineta，宾夕法尼亚州的共和党人 E. G.（Bud）Shuster 和阿肯色州的 John Paul Hammerschmidt。

99— McNichol, *The Roads that Built America*, 240–45. 该高架州际公路不应该与在波士顿的芬威公园（Fenway Park）的左外野墙——更为著名的“绿色怪物”——相混淆。
100— 同上书，245。
101— 2005 年的公路法案正式成为《安全、可靠、灵活、高效的运输公平法案》。阿拉斯加虽然人口数量排名第 47 位，但却获得了第三多的专项资金。“Fresh Pork, Coming to a District Near You,” *The New York Times*, August 7, 2005, WK3。
102— John R. Meyer and Jose Gomez-Ibanez, *Autos Transit and Cities*（Cambridge: Harvard University Press, 1981）, 7.
103— Texas Transportation Institute, *2004 Urban Mobility Study*（September 2004）, http://mobility.tamu.edu/ums. 引用自这份报告随附的新闻稿，http://tti.tamu.edu/media/releases/2004/mobility.stm。
104— Anthony Downs, *Stuck in Traffic: Coping with Peak-Hour Traffic Congestion*（Washington, D.C.: The Brookings Institution Press, and Cambridge: The Lincoln Institute of Land Policy, 1992）, 11.
105— Downs, *Stuck in Traffic*, 152–53 中的表格总结了这些政策选项，及其它们的效果、成本、实施难度和政治上的可接受性。也可参见 Anthony Downs, *Still Stuck in Traffic: Coping with Peak-Hour Traffic Congestion*（Washington, D.C.: Brookings Institution Press, 2004）。
106— Downs, *Stuck in Traffic*, 164.
107— 转引自 Mitchell Gordon, *Sick Cities: Psychology and Pathology of American Urban Life*（Baltimore: Penguin Books, 1965）, 13。
108— Dolores Hayden, *Building Suburbia: Green Fields and Urban Growth, 1820–2000*（New York: Pantheon Books, 2003）, 168–70.
109— Joel Garreau, *Edge City: Life on the New Frontier*（New York: Doubleday, 1991）.
110— 同上书 , 7, and ch. 11, “The List: Edge Cities, Coast to Coast”。
111— Robert E. Lang, *Edgeless Cities: Exploring the Elusive Metropolis*（Washington, D.C.: Brookings Institution Press, 2003）, 1.
112— 可从以下文献中找到对汽车和公路评论家的很好的总结：Dunn, *Driving Forces; Lewis Mumford, The Highway and the City*（New York: Harcourt, Brace, 1963）; Jane Jacobs, *The Death and Life of Great American Cities*（New York: Random House, 1961）; Mowbray, *Road to Ruin; Leavitt, Superhighway—Superhoax*; Hayden, *Building Suburbia*; Emma Rothschild, *Paradise Lost: The Decline of the Auto-Industrial Age*（New York: Random House, 1973）; James J. Flink, *The Car Culture*（Cambridge: MIT Press, 1975）and *The Automobile Age*（Cambridge: MIT Press, 1988）; Kay, *Asphalt Nation*, 345; and Deborah Gordon, *Steering a New Course: Transportation, Energy, and the Environment*（Washington, D.C.: Island Press, 1991）.
113— Wendell Cox and Jean Love, “Forty Years of the U.S. Interstate Highway System: An Analysis. The Best Investment a Nation Ever Made.” American Highway Users Alliance, June, 1996. 通用汽车公司董事长阿尔弗雷德 · P. 斯隆（Alfred P. Sloan）于 1932 年特许美国公路使用者联盟成为国家公路使用者协会（National Highway Users Conference），是提到与 1944 年立法有联系的“公路帮”的中心力量。它拥有大约 100 个公司 / 社团成员和 500 名个人成员。
114— Cox and Love, “Forty Years of the U.S. Interstate Highway System,” passim.
115— Dunn, Driving Forces, 25–27，很好地分析了推动公路政策推进的内在好处。
116— 得克萨斯州交通运输研究所（Texas Transportation Institute）的数据转引自 Lisa Caruso, “Mapping a New Route,” *National Journal*, October 18, 2008, 32。

第 10 章 正义、平等和民主的承诺

篇首罗伯特 · D. 陆维的引语出自 Robert D. Loevy, ed., *The Civil Rights Act of 1964: The Passage of the Law That Ended Racial Segregation*（Albany: State University of New York Press, 1997）, 40。

1—Robert Mann, *The Walls of Jericho: Lyndon Johnson, Hubert Humphrey, Richard Russell, and the Struggle for Civil Rights*（New York: Harcourt Brace, 1996）, 18; Robert A. Caro, *Master of the Senate: The Years of Lyndon Johnson*（New York: Knopf, 2002）, 440–43.

2—Mann, *The Walls of Jericho*, 19. Mann 称赞来自美国民主行动组织（Americans for Democratic Action，ADA）的纽约分队的领导人 Milton Stewart 为这次演讲做出了重大贡献。

3—同上书，20–21。

4—David McCullough, *Truman*（New York: Simon and Schuster, 1992）, 640.

5—同上书，640–43。

6—John N. Popham, "Southerners Name Thurmond to Lead Anti-Truman Fight," *The New York Times*, July 18, 1948, 1.

7—"Thurmond Warns of Rights Strife," *The New York Times*, August 1, 1948, 44; "Thurmond Hits Truman, Dewey, Wallace as Leading U.S. to 'Rocks of Totalitarianism,'" *The New York Times*, August 12, 1948, 44; "Thurmond Attacks Civil Rights Points," *The New York Times*, October 3, 1948, 40; "States Rights Democrats Frown at Name 'Dixiecrats' Devised to Fit Paper' s Headline," *The New York Times*, September 5, 1948, 5.

8—休伯特 · H. 汉弗莱，口述历史，采访 I，1971 年 8 月 17 日，林登 · B. 约翰逊图书馆，由 Joe Frantz 进行，第 6 页。

9—关于"吉姆 · 克劳法"的历史，参见 C. Vann Woodward, *The Strange Career of Jim Crow*, 3rd rev. ed.（New York: Oxford University Press, 1974, 1955）。Woodward 指出，"吉姆 · 克劳"的意思是"默默无闻地消失"（lost in obscurity）。1832 年上演了一个名为"吉姆 · 克劳"的歌舞，该词于 1838 年成了形容词。At 7 n. 5.

10—Aldon D. Morris, *The Origin of the Civil Rights Movement: Black Communities Organizing for Change*（New York: The Free Press, 1986）, 1–2.

11—Harvard Sitkoff, *The Struggle for Black Equality: 1954–1992*, rev. ed.（New York: Hill and Wang, 1993, 1981）, 4–5.

12—关于"新政"时期的民权，参见 Harvard Sitkoff, *A New Deal for Blacks: The Emergence of Civil Rights as a National Issue*, vol. 1: *The Depression Decade*（New York: Oxford University Press, 1978）。

13—关于全国有色人种协进会的策略，参见 Thurgood Marshall, "An Evaluation of Recent Efforts to Achieve Racial Integration in Education Through Resort to the Courts," *Journal of Negro Education* 21（3）, The Courts and Racial Integration in Education（Summer, 1952）: 316–27; Sitkoff, *The Struggle for Black Equality*, 18–21。关于"布朗诉教育局案"，参见 James T. Patterson, *Brown v. Board of Education: A Civil Rights Milestone and its Troubled Legacy*（New York: Oxford University Press, 2001）, and Richard Kluger, *Simple Justice: The History of Brown v. Board of Education and Black America' s Struggle for Equality*（New York: Knopf, 2004, 1975）。

14—McCullough, *Truman*, 588–589; Robert J. Donovan, *Conflict and Crisis: The Presidency of Harry S Truman, 1945–1948*（New York: W. W. Norton, 1977）, 333–35.

15—Russell L. Riley, *The Presidency and the Politics of Racial Inequality: Nation-Keeping from 1931 to 1965*（New York: Columbia University Press, 1999）, 160–61; William C. Berman, *The Politics of Civil Rights in the Truman Administration*（Columbus: Ohio State University Press, 1970）. 总统民权委员会的报告，《保障这些权利》（1947），杜鲁门总统图书馆，可从 http://www.trumanlibrary.org/civilrights/srights1.htm 获取。

16—Donovan, *Conflict and Crisis*, 336.

17—哈里 · S. 杜鲁门，给国会的关于民权的特别咨文，1948 年 2 月 2 日，John T. Woolley and Gerhard Peters, *The American Presidency Project* [online]. Santa Barbara, Calif.: University of California（hosted）. Gerhard Peters（database）. 可从 http://presidency.ucsb.edu/?pid=13006 获取。

18—George Gallup, "Southern Voters 9–1 Against 'Rights' Bills," *The Washington Post*, April 4, 1948, B1; "Byrd Says 'Rights' Mean Dictatorship," *The New York Times*, February 20, 1948, 3.

19—Alfred H. Kelly and Winfred A. Harbison, *The American Constitution: Its Origins and Development*, 4th ed.（New York: W. W. Norton, 1970）, 921–22.

20—1948 年的"赛普尔诉校董会案"（*Sipuel* v. *Board of Regents*, 332 U.S. 631）（俄克拉何马州的法学院教育）；1950 年的"斯韦特诉佩因特案"（339 U.S. 629）（得克萨斯州的法学院教育）；1950 年的"麦克劳林诉俄克拉何马州董事案"（*McLaurin v. Oklahoma State Regents*, 339 U.S. 637）（研究生院的教育）。

21—347 U.S. 483（1954）. 关于判决，参见 Patterson, *Brown* v. *Board of Education*, 65–69。

22—Alpheus T. Mason, *The Supreme Court from Taft to Warren*（Baton Rouge: Louisiana State University Press, 1958）, 189–90.

23—*Bolling* v. *Sharpe*, 347 U.S. 497（1954）.

24—Kelly and Harbison, *The American Constitution*, 927; Patterson, *Brown* v. *Board of Education*, 84.

25—Kelly and Harbison, *The American Constitution*, 927–28.

26—Caro, *Master of the Senate*, 785–86; Kelly and Harbison, *The American Constitution*, 752. 不论是林登 · 约翰逊还是他来自田纳西州的参议员同僚老艾伯特 · A. 戈尔或 C. 埃斯蒂斯 · 基福弗，都没有签署《南方宣言》。他们三人都怀着雄心勃勃的国家抱负，基福弗在 1956 年成为民主党的副总统候选人。

27—Kluger, *Simple Justice*, 753.

28—Patterson, *Brown* v. *Board of Education*, 109–13; Benjamin Fine, "Arkansas Troops Bar Negro Pupils; Governor Defiant," *The New York Times*, September 5, 1957, 1. Stikoff, *The Struggle for Black Equality*, 31. "Text of Address by the President of the United States, Delivered from His Office at the White House, Tuesday, September 24, 1957," 可从艾森豪威尔总统图书馆的网站获取，www.eisenhower.archives.gov/dl/LittleRock/PressRelease924571.pdf。

29—艾森豪威尔的引语转引自 Burk, *The Eisenhower Administration and Black Civil Rights*, 238；威尔金斯的引语转引自 Sitkoff, *The Struggle for Black Equality*, 36。要想获得更为支持艾森豪威尔和民权的观点，参见 David A. Nichols, *A Matter of Justice: Eisenhower and the Beginning of the Civil Rights Revolution*（New York: Simon and Schuster, 2007）。

30—Yasuhiro Katagiri, *The Mississippi State Sovereignty Commission: Civil Rights and States' Rights*（Jackson: University Press of Mississippi, 2001）.

31—William S. White, "The Southern Democrat Now Takes Over," *The New York Times*, January 9, 1955, Sunday Magazine, 9. Also, William S. White, *The Citadel: The Story of the U.S. Senate*（New York: Harper, 1957）.

32— Robert V. Remini, *The House: The History of the House of Representatives*（Washington, D. C.: Library of Congress and Smithsonian Books, 2006）, 376.

33— 关于罗素的职业生涯和他在民权立法中发挥的作用，参见 Gilbert C. Fite, *Richard B. Russell, Senator from Georgia*（Chapel Hill: University of North Carolina Press, 1991）; Mann, *The Walls of Jericho; Caro, Master of the Senate*; Spencer Rich, "Mitchell Looks Back on Three Decades of Civil Rights Activism," *The Washington Post*, August 22, 1978, A3。

34— 发表于 1954 年 5 月 27 日，节选刊登在 Tom P. Brady 法官编写的小册子上，"Black Monday: Segregation or Amalgamation ... America Has Its Choice," in Carson et al., *The Eyes on the Prize Civil Rights Reader*, 92。布雷迪写道，伊斯兰堡的演讲是"对最近提出的种族隔离问题的最简洁、最清楚和最准确的分析。这篇演讲应当分发到南方每一名白人和黑人的家。它将为熄灭由 [布朗案] 的判决所重新点燃的分散而焖烧的种族仇恨之火提供极大的帮助"。At 93.

35— Bruce J. Dierenfield, *Keeper of the Rules: Congressman Howard W. Smith of Virginia*（Charlottesville: University of Virginia Press, 1987）; 史密斯的引语出自 198; Charles O. Jones, "Joseph G. Cannon and Howard W. Smith: An Essay on the Limits of Leadership in the House of Representatives," *Journal of Politics* 30（3）（August 1968）: 617–646; Remini, *The House*, 402。

36— Caro, *Master of the Senate*, 可获得约翰逊在参议院掌权和制定 1957 年《民权法案》的故事。

37— Mack C. Shelley II, *The Permanent Majority: The Conservative Coalition in the United States Congress*（University, Ala.: University of Alabama Press, 1983）, 66, 转引自 Nicole L. Gueron, "An Idea Whose Time Has Come: A Comparative Procedural History of the Civil Rights Acts of 1960, 1964, and 1991," *Yale Law Journal* 104（5）（March 1995）, 1224。

38— Richard W. Bolling, *House Out of Order*（New York: E. P. Dutton, 1965）, 174.

39— 1975 年，参议院将必需的票数从三分之二（即 100 位参议员中的 67 位）减少至五分之三（即 100 位参议员中的 60 位）。

40— 瑟蒙德在 1964 年从民主党转投共和党。

41— 关于布鲁内尔与艾森豪威尔的关系，参见 Herbert Brownell and John P. Burke, *Advising Ike: Memoirs of Attorney General Herbert Brownell*（Lawrence: University Press of Kansas, 1993）。

42— 关于 1957 年《民权法案》，参见 Robert Fredrick Burk, *The Eisenhower Administration and Black Civil Rights*（Knoxville: University of Tennessee Press, 1984）, 204–28; Caro, Master of the Senate, part IV; Riley, *The Presidency and the Politics of Racial Inequality*, 184–89。

43— Morris, *The Origins of the Civil Rights Movement*.

44— Gueron, "An Idea Whose Time Has Come," 1213–14.

45— 同上。关于 1960 年《民权法案》，参见 Daniel M. Berman, *A Bill Becomes a Law: Congress Enacts Civil Rights Legislation*（New York: Macmillan, 1966）。

46— "Eisenhower Signs Civil Rights Bill," *The New York Times*, May 7, 1960, 12; 马歇尔的引语被引用在 Berman, *A Bill Becomes a Law*, 135。

47— David J. Garrow, *Bearing the Cross: Martin Luther King, Jr., and the Southern Christian Leadership Conference*（New York: William Morrow, 1986）, 138–39.

48— Robert Dallek, *An Unfinished Life: John F. Kennedy, 1917–1963*（Boston: Little, Brown, 2003）, 380–81.

49— Jones, "Joseph G. Cannon and Howard W. Smith," 635.

50— Dallek, *An Unfinished Life*, 329.

51— 众议院以 217 比 212 的投票结果赞成扩充规则为会员。

52— 1960 年的"波因顿诉弗吉尼亚案"（*Boynton v. Virginia*, 364 U.S. 454）; David Halberstam,

The Children（New York: Fawcett Books, 1998）John Lewis with John D' Orso, *Walking with the Wind: A Memoir of the Movement*（San Diego: Harcourt Brace, 1999）; Jim Peck, *Freedom Ride*（New York: Simon and Schuster, 1998）, and James Farmer, *Lay Bare the Heart*（New York: Plume Books, 1985）.

53— Nadine Cohodas, "James Meredith and the Integration of Ole Miss," *Journal of Blacks in Higher Education* 16（Summer 1997）: 112–22; 作者此处引用自第 113 页，巴尼特的引语出自第 120 页。Nadine Cohodas, *The Band Played Dixie*（New York: Free Press, 1997）.

54— "Civil Rights, 1963," 德克森国会中心（Dirksen Congressional Center）的网站，http://congresslink.org/civilrights/1963.htm。

55— Dan Carter, *The Politics of Rage: George Wallace, the Origins of the New Conservatism, and the Transformation of American Politics*（New York: Simon and Schuster, 1995）, 141–152, quote at 151.

56— 约翰 · F. 肯尼迪，"向美国人民发表的关于民权的广播和电视报告"（Radio and Television Report to the American People on Civil Rights），1963 年 6 月 11 日，来自约翰 · F. 肯尼迪总统图书馆的网站，http://www.jfklibrary.org。

57— Tom Wicker, "Kennedy Asks Broad Rights Bill as 'Reasonable' Course in Crisis; Calls for Restraint by Negroes," *The New York Times*, June 20, 1963, 1.

58— Dallek, *An Unfinished Life*, 640–41.

59— 立法者的引语转引自 "Rights Plan Hit by Southern Bloc," *The New York Times*, June 20, 1963, 18。

60— Carter, *The Politics of Rage*, 153–54.

61— Lewis, *Walking the Wind*, 214–27; A. Philip Randolph, "Why Should We March," *Survey Graphic*, November 1942, 488–89, 节选刊登在 Alan F. Westin, ed., *Freedom Now! The Civil Rights Struggle in America*（New York: Basic Books, 1964）, 75–78. Murray Kempton, "The March on Washington," *The New Republic*, September 14, 1963, 19–20。

62— David B. Filvaroff and Raymond E. Wolfinger, "The Origin and Enactment of the Civil Rights Act of 1964," in *Legacies of the 1964 Civil Rights Act*, ed. Bernard Grofman（Charlottesville: University Press of Virginia, 2000）, 9–32.

63— Filvaroff and Wolfinger, "The Origin and Enactment of the Civil Rights Act of 1964," 18–19. Hugh Davis Graham, *The Civil Rights Era: Origins and Development of National Policy, 1960–1972*（New York: Oxford University Press, 1990）, 80–81.

64— 金的悼词来自 James M. Washington, ed., *A Testament of Hope: The Essential Writings and Speeches of Martin Luther King, Jr.*（San Francisco: Harper and Row, 1986）, 221, 节选刊登在 Renee C. Romano, "Narratives of Redemption: The Birmingham Church Bombing Trials and the Construction of Civil Rights Memory," in *The Civil Rights Movement in American Memory*, ed. Renee C. Romano and Leigh Raiford（Athens, Ga: University of Georgia Press, 2006）, 97. 关于伯明翰爆炸事件，Diane McWhorter, *Carry Me Home: Birmingham, Alabama, the Climatic Battle of the Civil Rights Movement*（New York: Simon and Schuster, 2001）.

65— Filvaroff and Wolfinger, "The Origin and Enactment of the Civil Rights Act of 1964," 20–21.

66— 林登 · 约翰逊于 1963 年 11 月 27 日在国会联席会议上发表的演讲，John T. Woolley and Gerhard Peters, *The American Presidency Project*（online）. Santa Barbara, Calif.: University of California（hosted）. Gerhard Peters（database）. 可从 http://presidency.ucsb.edu/?pid+25988 获取。

67— Mann, *The Walls of Jericho*, 384–85; Taylor Branch, *Pillar of Fire: America in the King Years, 1963–65*（New York: Simon and Schuster, 1998）, 187.
68— 林登 · 约翰逊于 1965 年 1 月 8 日发表的国情咨文，可从 Woolley and Peters, *The American Presidency Project* 获取，可从 http://www.presidency.ucsb.edu/ws/?pid=26787 获取。
69— Joseph L. Rauh, Jr., “The Role of the Leadership Conference on Civil Rights in the Civil Rights Struggle of 1963–1964,” in *The Civil Rights Act of* 1964, ed. Loevy, 62–63.
70— Marie Smith, “Should Sex Amendment Be in Rights Bill?” *The Washington Post*, February 11, 1964, 35; E. W. Kenworthy, “Jobs Issue Blocks Attempt in House to Vote on Rights,” *The New York Times*, February 9, 1964, 1. Carl M. Brauer, “Women Activists, Southern Conservatives, and the Prohibition of Sex Discrimination in Title VII of the 1964 Civil Rights Act,” *Journal of Southern History* 49（1）（February, 1983）: 37–56; Cynthia Deitch, “Gender, Race, and Class Politics and the Inclusion of Women in Title VII of the 1964 Civil Rights Act,” *Gender and Society* 7（2）（June, 1993）: 183–203.
71— Graham, *The Civil Rights Era*, 142–43.
72— 弗朗西斯 · R. 瓦莱奥，口述历史访谈，参议院历史办公室（Senate Historical Office），华盛顿特区。Interview 8. “Civil Rights Act of 1964” , September 18, 1085, 313, 由 Donald A. Ritchie 进行。
73— 转引自 John G. Stewart, “The Civil Rights Act of 1964: Strategy,” in *The Civil Rights Act of 1964*, ed. Loevy, 198。
74— Clifford M. Lytle, “The History of the Civil Rights Bill of 1964,” *Journal of Negro History* 51（4）（October, 1966）: 294.
75— 汉弗莱口述历史，III，1977 年 6 月 21 日；由 Michael L. Gillette 采访，6，林登 · B. 约翰逊图书馆。
76— 同上。
77— Edward L. Schapsmeier and Frederick H. Schapsmeier, *Dirksen of Illinois: Senatorial Statesman*（Urbana: University of Illinois Press, 1985）, 156–57. 坚决反对推翻冗长发言阻挠议事的共和党人有：约翰 · 托尔（得克萨斯州）、Edwin L. Meecham（新墨西哥州）、Milward L. Simpson（怀俄明州）、Wallace Bennett（犹他州）和 Milton Young（北达科他州）。
78— 瓦莱奥口述历史，322–23。
79— Graham, *The Civil Rights Era*, 144–45.
80— Mann, *The Walls of Jericho*, 396–98.
81— Hubert H. Humphrey, *The Education of a Public Man: My Life and Politics*（Minneapolis: University of Minnesota Press, 1991）, 208.
82— Mann, *The Walls of Jericho*, 400–1.
83— Jonathan Rosenberg and Zachary Karabell, *Kennedy, Johnson, and the Quest for Justice: The Civil Rights Tapes*（New York: W. W. Norton, 2003）, 298; 一个略有出入的版本在 Michael R. Beschloss, ed., *Taking Charge: The Johnson White House Tapes, 1963–1964*（New York: Simon & Schuster, 1997）, 334. 约翰逊与富布赖特于 1964 年 4 月 29 日的电话会谈。
84— Humphrey, *The Education of a Public Man*, 365, n. 5.
85— Richard C. Haney, “Wallace in Wisconsin: The Presidential Primary of 1964,” *Wisconsin Magazine of History*（Summer, 1978）: 259–78; Carter, *The Politics of Rage*, 202–209, Wallace quoted on 205.
86— Carter, *The Politics of Rage*, 213–15, quote at 215.
87— E. W. Kenworthy, “Senators Doubt Wallace Impact on Rights Action,” *The New York Times*, May

21, 1964, 1.
88—Filvaroff and Wolfinger, "The Origin and Enactment of the Civil Rights Act of 1964," 25–26.
89—John G. Stewart, "Tactics II," in *The Civil Rights Act of 1964*, ed. Loevy, 287–90.
90—转引自 Humphrey, *The Education of a Public Man*, 46。
91—James T. Findlay, "Religion and Politics in the Sixties: The Churches and the Civil Rights Act of 1964," *Journal of American History* 77（1）（June, 1990）: 66–92.
92—Findlay, "Religion and Politics in the Sixties," 76.
93—Humphrey, *The Education of a Public Man*, 209.
94—Robert E. Baker, "Senate Stops Filibuster, 71 to 29," *The Washington Post*, July 11, 1964, A1.
95—Nick Kotz, *Judgment Days: Lyndon Baines Johnson, Martin Luther King Jr., and the Laws that Changed America*（Boston: Houghton Mifflin, 2005）, 152; Branch, *Pillar of Fire*, 356–57.
96—Lyndon B. Johnson, "Radio and Television Remarks Upon Signing the Civil Rights Bill," 可从 http://www.presidency.ucsb.edu/ws/?pid=26361 获取。
97—Beschloss, ed., *Taking Charge*, 432–33; Carter, *The Politics of Rage*, 222–23.
98—Burk, *The Eisenhower Administration and Black Civil Rights*, 206.
99—Caro, *Master of the Senate*, xv, xxiii.
100—Robert Caro, "Lyndon Johnson: Power and Personality," 第 14 届年度西奥多 · H. 怀特新闻与政治讲座，Cambridge: Harvard University, Kennedy School of Government, 2003, at 28.
101—Neil R. McMillen, "Black Enfranchisement in Mississippi: Federal Enforcement and Black Protest in the 1960s," *Journal of Southern History* 43（3）（August, 1977）: 352.
102—Fanny Lou Hamer, "To Praise Our Bridges," in *The Eyes on the Prize*, ed. Carson, 177.
103—同上书，178。
104—Charles Rabb, "Mississippi Negroes Give Grim View of Intimidation in Voter Registration," *The Washington Post*, June 9, 1964.
105—密西西比州自由民主党候选人是 Aaron Henry, Annie Devine, Virginia Gray 和哈默。"Johnson Big Victor in 'Freedom' Voting," *The New York Times*, November 3, 1964, 28.
106—引用自 Joseph A. Loftus, "Five Mississippians Seated by House," *The New York Times*, January 5, 1965, 17；Robert E. Baker, "Mississippi's Delegates Win Seats in House," *The Washington Post*, January 5, 1965, A9。五位来自密西西比州的立法者是民主党人：退伍军人威廉 · M. 科尔默、杰米 · L. 惠滕、Thomas G. Abernethy 和 John Bell Williams，以及新当选的共和党人 Prentiss Walker。
107—Garrow, *Bearing the Cross*, 368.
108—Johnson, *The Vantage Point*, 161.
109—James T. Patterson, *Grand Expectations: The United States, 1945–1974*（New York: Oxford University Press, 1996）, 579.
110—Garrow, *Bearing the Cross*, 368–75.
111—Remini, *The House*, 403.
112—Mann, *The Walls of Jericho*, 464–65.
113—"The Voting Rights Act of 1965," 467–68.
114—约翰与金在 1965 年 1 月 15 的电话会谈，in Beschloss, ed., *Reach for Glory*, 159。
115—McNeil, *Dirksen*, 253.
116—Carter, *The Politics of Rage*, 248–9. 关于塞尔马事件，参见 Garrow, *Bearing the Cross*, 357–430; Taylor Branch, *At Canaan's Edge: America in the King Years, 1965–68*（New York: Simon

and Schuster, 2006）, 68–170; Charles E. Fager, *Selma 1965*（New York: Scribner' s, 1974）。
117— Lewis, *Walking in the Wind*, 200.
118— Carter, *The Politics of Rage*, 248–9.
119— 当非裔美国人 Jimmy Lee Jackson 早些时候被亚拉巴马州的一名州警杀害时，并没有类似的国家范围的抗议。
120— Johnson, *The Vantage Point*, 162.
121— Miller, *Lyndon*, 431, and Carter, *Politics of Rage*, 252–53（"Texas python" description）.
122— Branch, *At Canaan' s Edge*, 98.
123— 林登 · B. 约翰逊，"给国会的特别咨文：美国的承诺"，1965 年 3 月 15 日。Wooley and Peters, *The American Presidency Project*, available at http://www.presidency.ucsb.edu/ws/?pid=26805.
124— Tom Wicker, "Johnson Urges Congress at Joint Session to Pass Law Insuring Negro Vote," *The New York Times*, March 16, 1965, 1.
125— Jackie Robinson, "Three Cheers for LBJ," *The Chicago Defender*, April 3, 1965, 8; Dallek, *Flawed Giant*, 218.
126— 关于弗兰克 · 约翰逊，参见 Jack Bass, *Taming the Storm: The Life and Times of Judge Frank M. Johnson, Jr. and the South' s Fight Over Civil Rights*（New York: Doubleday, 1993）。
127— Johnson, *The Vantage Point*, 163.
128— Branch, *Pillar of Fire*, 571–610.
129— 得克萨斯州的共和党人约翰 · 托尔缺席了投票，但宣布他反对通过该立法。另一位投票反对该立法的共和党人是来自南卡罗来纳州的斯特罗姆 · 瑟蒙德。"Senate Roll-Call Vote on Voting Rights Bill," *The New York Times*, August 4, 1965, 13; *Congress and the Nation*, vol. 2, 1965–1968（Washington, D.C.: Congressional Quarterly Service, 1969）, 356–64.
130— Lawson, *Black Ballots*, 321.
131— "Text of Johnson' s Statement on Voting Rights Law," *The New York Times*, August 7, 1965, 8; Robert E. Baker, "LBJ Signs Vote Rights Bill Today," *The Washington Post*, August 6, 1965, A1.
132— 该法律也适用于亚利桑那州和阿拉斯加州的一个县。1965 年 11 月，其覆盖范围扩大到亚利桑那州的另外两个县、夏威夷州的一个县和爱达荷州的一个县。Kelly and Harbison, The American Constitution, 965.
133— John Herbers, "U.S. Voting Aides Depart for South," *The New York Times*, August 7, 1965, 1.
134— Neil R. McMillen, "Black Enfranchisement in Mississippi: Federal Enforcement and Black Protest in the 1960s," *Journal of Southern History* 43（3）（August, 1977）: 356; Jesse W. Lewis, Jr., "King Sees Shift to North in Negro Rights Drive," *The Washington Post*, August 6, 1965, A4.
135— Gerald Horne, *Fire This Time: The Watts Uprising and the 1960s*（Charlottesille: University Press of Virginia, 1995）.
136— "Provisions of the Civil Rights Act of 1964," *1964 CQ Almanac*, 378.
137— 1964 年的"亚特兰大之心汽车旅馆诉合众国案"（379 U.S. 241）；1964 年的"卡岑巴赫诉麦克朗案"（379 U.S. 294）。在第三个案件，1964 年的"哈姆诉罗克希尔城"（*Hamm* v. *City of Rock Hill*, 379 U.S. 306）中，法院裁定国会通过"第二条"，实际上就是撤销了待处理的和未来的州对静坐示威案件提起刑事起诉。法院给出的理由是，新的联邦法律现在保护了以前根据州和地方法律是非法的行为。4 位法官在"哈姆案"中持异议，说国会必须要明确做出这样的撤销声明。
138— 1966 年的"南卡罗来纳州诉卡岑巴赫案"（383 U.S. 301）；关于英语读写能力规定，1966 年的"卡岑巴赫诉摩根案"（*Katzenbach* v. *Morgan*, 384 U.S. 641）；关于选举税，1966 年的"哈珀诉弗吉尼亚州选举委员会案”（*Harper* v. *Virginia Board of Elections*, 383 U.S. 667）。1964 年获得通过的第二十四修正案禁止在联邦选举中实行选举税。

139—Garth E. Pauley, *The Modern Presidency and Civil Rights: Rhetoric on Race from Roosevelt to Nixon*（College Station: Texas A&M University Press, 2001）, 200–201.

140—Woodward, *Strange Career of Jim Crow*, 211.

141—参见 Randall Kennedy, “The Struggle for Racial Equality in Public Accommodations,” in *Legacies of the 1964 Civil Rights Act*, ed. in Grofman, 156–66。

142—Gary Orfield, “The Civil Rights Act and American Education,” in *Legacies of the 1964 Civil Rights Act*, ed. in Grofman, 89–128, at 127.

143—同上。

144—Brauer, “Women Activists, Southern Conservatives,” 37. 关于“第七条”，参见 Paul Burnstein, “The Impact of EEO Law: A Social Movement Perspective,” in *Legacies of the 1964 Civil Rights Act*, ed. in Grofman, 129–55。

145—Paul E. Jaubert and Ben M. Crouch, “Mississippi Blacks and the Voting Rights Act of 1965,” *Journal of Negro Education* 46（2）（Spring, 1977）: 160; Pat Watters and Reese Cleghorn, *Climbing Jacob's Ladder: The Arrival of Negroes in Southern Politics*（New York: Harcourt, Brace & World, 1967）.

146—Richard J. Timpone, “Mass Mobilization or Government Intervention? The Growth of Black Registration in the South,” *The Journal of Politics* 57（2）（May, 1995）: 427. 关于《选举权法案》的余波，参见 Bernard Grofman, Lisa Handley, and Richard G. Niemi, *Minority Representation and the Quest for Voting Equality*（Cambridge: Cambridge University Press, 1992）; Harrell R. Rodgers, Jr., and Charles S. Bullock III, *Law and Social Change: Civil Rights Laws and Their Consequences*（New York: McGraw-Hill, 1972）; Harold W. Stanley, *Voter Mobilization and the Politics of Race: The South and Universal Suffrage, 1952–1984*（New York: Praeger, 1987）。

147—Kelly and Harbison, *The American Constitution*, 967–8.

148_Grofman, Handley, and Niemi, *Minority Representation and the Quest for Voting Equality*, 23–24.

149_*Allen* v. *State Board of Elections*, 393 U.S. 544（1969）; Keyssar, *The Right to Vote*, 289–315.

150_Victor Andres Rodriguez, “Section 5 of the Voting Rights Act of 1965 After *Boerne*: The Beginning of the End of Preclearance?” *California Law Review* 91（2003）: 782.

151_446 U.S. 55（1980）.

152_Don Edwards, “Voting Rights Act of 1965,” in Lorn S. Foster, ed., *The Voting Rights Act: Consequences and Implications*（New York: Praeger, 1985）, 7; John Herbert Roper, The Voting Rights Extension Act of 1982,” *Phylon* 45（3）（Third Quarter, 1984）: 188.

153_关于这一时期，参见 Raymond Wolters, *Right Turn: William Bradford Reynolds, the Reagan Administration, and Black Civil Rights*（New Brunswick, N.J.: Transaction, 1996）, ch. 8。

154_Roper, “The Voting Rights Extension Act of 1982,” 188.

155_Gerald S. and Deborah H. Strober, *“Let Us Begin Anew:” An Oral History of the Kennedy Presidency*（New York: HarperCollins, 1993）, 277, 转引自 Riley, *The Presidency and the Politics of Racial Inequality*, 265。

156_Carter, *Politics of Rage*, 461.

157—American Civil Liberties Union, “The Case for Extending and Amending the Voting Rights Act”（2006）, 可从美国公民自由联盟（American Civil Liberties Union，ACLU）的网站获取，http://

www.aclu.org/votingrights/gen/24393res20060306.html。
158— 509 U.S. 630（1993）.
159— David Rosenbaum, "Offending Portrait Succumbs to Black Lawmakers' Protest," *The New York Times*, January 25, 1995, A19.
160— Dan Eggen, "Staff Opinions Banned in Voting Rights Cases," *The Washington Post*, December 10, 2005, A3.
161— Michael M. Grynbaum, "Bush Moves to 'Heal Old Wounds,' " *Boston Gobe*, July 21, 2006, A2.
162— 这部立法的官方名称为"2006 年范妮 · 卢 · 哈默、罗莎 · 帕克斯和科雷塔 · 斯科特 · 金选举权法案再授权和修正法案"（Fannie Lou Hamer, Rosa Parks, and Coretta Scott King Voting Rights Act Reauthorization and Amendments Act of 2006），Public Law 109–246。
163— Bob Kemper, "Voting Rights Focus on Georgia," *Atlanta Journal-Constitution*, July 10, 2006, 1A; Bob Kemper and Carlos Campos, "Voter Law a Divisive Issue for Georgians," *Atlanta Journal-Constitution*, July 21, 2006; 民权领袖联合会的网站，http://www.RenewTheVote.org.
164— Bob Kemper, "Voting Act OK' d in Tense House," *Atlanta Journal-Constitution*, July 14, 2006, 1A.
165— Adam Nossiter, "U.S. Says Blacks in Mississippi Suppress White Vote," *The New York Times*, October 11, 2006, 18; "Whites Faced Election Bias in Mississippi, Judge Rules," *The Washington Post*, June 30, 2007, A30.
166— See Hugh Davis Graham, *Collision Course: The Strange Convergence of Affirmative Action and Immigration Policy in America*（New York: Oxford University Press, 2002）.

第 11 章　老年人和穷人的医疗保健

篇首约翰逊的引语出自讲话文字版，见 *The New York Times*, July 31, 1965, 9；美国医学会的引语出自美国众议院筹款委员会于 1961 年 8 月 2 日举行的"在社会保障体系下为老年人提供健康服务"（Health Services for the Aged under the Social Security Insurance System）听证会上的证词，1327–1332，节选刊登在 Eugene Feingold, *Medicare: Policy and Politics: A Case Study and Policy Analysis*（San Francisco: Chandler Publishing Co., 1966）, 28。

1— Edward T. Folliard, "Medicare Bill Signed by Johnson," *The Washington Post*, July 31, 1965, A1; John D. Morris, "President Signs Medicare Bill; Praises Truman," *The New York Times*, July 31, 1965, 1. Larry DeWitt, "The Medicare Program as a Capstone to the Great Society— Recent Revelations in the LBJ White House Tapes," 未发表的文章，2003 年 5 月。可从 http://www.larrydewitt.net/Essays/MedicareDaddy.htm 获取。DeWitt 是社会保障总署的历史学家。
2— Carleton B. Chapman and John M. Talmadge, "Historical and Political Background of Federal Health Care Legislation," *Law and Contemporary Problems* 35（2）, Health Care: Part 1（Spring, 1970）, 334.
3— 同上书，334–36。
4— 22 U.S. 1（1824）; Chapman and Talmadge, "Historical and Political Background of Federal Health Care Legislation," 336.
5— Monte M. Poen, *Harry S. Truman Versus the Medical Lobby*（Columbia: University of Missouri Press, 1979）, 9.
6— Chapman and Talmadge, "Historical and Political Background of Federal Health Care

Legislation," 338.

7—同上书，339–40。

8—Forrest A. Walker, "Compulsory Health Insurance: 'The Next Great Step in Social Legislation,'" *Journal of American History* 56（2）（September, 1969）: 290; Arthur P. Miles, *An Introduction to Public Welfare*（Boston: D.C. Heath, 1949）,152–71.

9—Walker, "Compulsory Health Insurance," 291. 鲁比诺第一次号召改革是在 "Labor Insurance," *Journal of Political Economy* 12（June, 1904），他的作品包括 *Social Insurance: With Special Reference to American Conditions*（New York: Henry Holt, 1913）和 *Quest for Security*（1934）. Theodore M. Brown and Elizabeth Fee, "Isaac Max Rubinow: Advocate for Social Insurance," *American Journal of Public Health* 92（8）（2002）: 1224–25. 关于号召政府资助医疗保健的早期努力，参见 Poen, *Harry S. Truman Versus the Medical Lobby*, 1–14。

10—Peter A. Corning, *The Evolution of Medicare ... From Idea to Law*, Social Security Administration, 1969, ch. 1. 可从 http://www.ssa.gov/history/corning.html 获取。关于美国劳工立法协会在纽约州推动通过健康保险的努力，参见 see Beatrix Hoffman, *The Wages of Sickness: The Politics of Health Insurance in Progressive America*（Chapel Hill: University of North Carolina Press, 2000）。

11—转引自 Walker, "Compulsory Health Insurance," 290。

12—Nancy J. Altman, *The Battle for Social Security: From FDR's Vision to Bush's Gamble*（Hoboken, N.J.: John Wiley, 2005）, 18.

13—Cited in Odin W. Anderson, "Compulsory Medical Care Insurance, 1910–1950," *Annals of the American Academy of Political and Social Science* 273, Medical Care for Americans（January, 1951）: 108.

14—Chapman and Talmadge, "Historical and Political Background of Federal Health Care Legislation," 341; J. Stanley Lemons, "The Sheppard–Towner Act: Progressivism in the 1920s," *Journal of American History* 55（4）（March, 1969）: 776–86. 这部法律是以其主要提案人——来自得克萨斯州的民主党人、参议员莫里斯·谢泼德和来自艾奥瓦州的共和党人、众议员霍勒斯·曼·陶纳——命名的。

15—Jaap Kooijman, "Soon or Later On: Franklin D. Roosevelt and National Health Insurance, 1933–1945," *Presidential Studies Quarterly* 29（2）（June, 1999）: 337, 345.

16—Chapman and Talmadge, "Historical and Political Background of Federal Health Care Legislation," 342; Paul Starr, *The Social Transformation of American Medicine*（New York: Basic Books, 1982）, 266–70.

17—Alan Derickson, "Health Security for All? Social Unionism and Universal Health Insurance," *Journal of American History* 80（4）（March: 1994）1337–39.

18—David R. Hyde, Payson Wolff, Ann Gross, Elliott Lee Hoffman, "The American Medical Association: Power, Purpose, and Politics in Organized Medicine," *Yale Law Journal* 63（1953–1954）, 1008, 1010; Starr, *The Social Transformation of American Medicine*, 275–58. 关于美国医学会更早年份的历史，参见 Oliver Garceau, *The Political Life of the American Medical Association* (Cambridge: Harvard University Press, 1941)。进一步，参见 Nancy Tomes, "Merchants of Health: Medicine and Consumer Culture in the United States, 1900–1940," *Journal of American History* 88（2）（September, 2001）: 519–547。

19—Starr, *The Social Transformation of American Medicine*, 278. 1944 年，有 58% 的人表示这是一个"好主意"，1945 年，持同样态度的人达到 68%。

20— Derickson, "Health Security for All?" , 1340; Hyde et al., "The American Medical Association," 1009; Chapman and Talmadge, "Historical and Political Background of Federal Health Care Legislation," 343; Starr, *The Social Transformation of American Medicine,* 280–89; Poen, *Harry S. Truman Versus the Medical Lobby,* 29–65.

21— Edward T. Folliard, "Truman Plan for Health Insurance Starts Row," *The Washington Post*, November 20, 1945, 1; Felix Belair, Jr., "Truman Asks Law to Force Insuring of Nation' s Health," *The New York Times*, November 20, 1945, 1.

22— Starr, *The Social Transformation of American Medicine*, 281.

23— Derickson, "Health Security for All?" , 1342.

24— 同上书，1246, 1351。

25— Zachary Karabell, *The Last Campaign: How Harry Truman Won the 1948 Election*（New York: Alfred A. Knopf, 2000）; Richard Norton Smith, *Thomas E. Dewey and His Times*（New York: Simon and Schuster, 1982）.

26— 哈里 · S. 杜鲁门，1949 年 1 月 5 日向国会发表的年度国情咨文，在 John Woolley and Gerhard Peters, *The American Presidency Project*（online）, Santa Barbara, Calif.: University of California（hosted）, Gerhard Peters（database）. 可从 http://www.presidency.ucsb.edu/?pid=13293 获取。

27— Hyde et al., "The American Medical Association," 1011. 关于沃伦的医疗保健计划，参见 Daniel J. B. Mitchell, "Impeding Earl Warren: California' s Health Insurance Plan that Wasn' t and What Might Have Been," *Journal of Health Politics, Policy and Law* 27（6）（December, 2002）: 947–76。

28— Feingold, *Medicare*, 98. 关于惠特克与巴克斯特领导的活动，参见 Stanley Kelley, Jr., *Professional Public Relations and Political Power*（Baltimore: Johns Hopkins University Press, 1966, 1957）, 67–106; Poen, *Harry S. Truman Versus the Medical Lobby*, 144–45。

29— 戈尔曼向奥斯卡 · 尤因叙述了这段谈话。对奥斯卡 · 尤因的口述历史访谈，杜鲁门总统图书馆。1969 年 5 月 1 日，在北卡罗来纳州的教堂山由 J. R. Fuchs 进行。可从 http://www.trumanlibrary.org/oralhist/ewing3.htm 获取。

30— Poem, *Harry S. Truman Versus The Medical Lobby*, 100; Kelley, *Professional Public Relations and Political Power*, 81.

31— Theodore R. Marmor, *The Politics of Medicare*, 2nd ed.（Hawthorne, N.Y.: Aldine de Gruyter, 2000）, 8; "Social Security Medicare Program Enacted," *1965 CQ Almanac*（Washington, D.C.: Congressional Quarterly, Inc., 1966）, 246.

32— "Social Security Medicare Program Enacted," 247.

33— Feingold, *Medicare*, 98–100.

34— James L. Sundquist, *Politics and Policy: The Eisenhower, Kennedy, and Johnson Years*（Washington, D.C.: The Brookings Institution, 1968）, 291.

35— 同上书，291–92; 引用自美国医学会立法委员会主席 David B. Allman 的证词。Colin Gordon, *Dead on Arrival: The Politics of Health Care in Twentieth-Century America*（Princeton: Princeton University Press, 2003）, 23–25.

36— Sundquist, *Politics and Policy*, 295–96.

37— 同上书，296。

38— Robert M. Ball, "What Medicare' s Architects Had in Mind," *Health Affairs* 14（4）（Winter, 1995）: 62. 鲍尔指出的推动建设医疗保险的领袖有：美国劳工联合会–产业工会联合会社会保障部的纳尔逊 · 克鲁克香克；美国劳工联合会–产业工会联合会健康保险主管 Lisabeth Schorr；后来担任美国卫生、教育和福利部部长的威尔伯特 · 科恩；社会保障总署养老、遗属及残疾保险局（Bureau of Old-Age, Survivors and Disability Insurance）助理局长 Alvin David；在 David 手下工作的 Bill Fullerton 和 Irv Wolkstein；社会保障总署研究和统计局局长 Ida Mirriam。鲍尔从 1962 年至 1973 年担任社会保障总署署长；Hess 负责残疾保险计划，后来负责医疗保险，然后接替鲍尔担任社会保障总署署长。

39— E. Richard Brown, “Medicare and Medicaid: The Process, Value, and Limits of Health Care Reforms,” *Journal of Public Health Policy* 4（3）（September, 1983）: 341; Rowland Evans and Robert Novak, *Lyndon B. Johnson: The Exercise of Power*（New York: New American Library, 1966）, 223–24. 关于福兰德议案的斗争，Sundquist, *Politics and Policy*, 296–302, and Sheri I. David, *With Dignity: The Search for Medicare and Medicaid*（Westport, Conn.: Greenwood Press, 1985）, 3–15.

40— Gordon, *Dead on Arrival*, 26–7; 关于《克尔-米尔斯法案》，参见 David, *With Dignity*, 33–47。

41— Sundquist, *Politics and Policy*, 307.

42— David, *With Dignity,* 49–66, at 53.

43— Edward D. Berkowitz, *Mr. Social Security: The Life of Wilbur J. Cohen*（Lawrence:University Press of Kansas, 1995）, 161.

44— Tom Wicker, “Medicare’ s Progress,” *The New York Times*, March 25, 1965, 49.

45— Richard Harris, *A Sacred Trust*（New York: New American Library, 1966）, 123;（quote）“AMA Inquiry Sought,” *The New York Times*, March 19, 1962, 38.

46— Clayton Knowles, “Kennedy Exhorts Public to Support Medical Care Bill,” *The New York Times*, May 21, 1962, 1; Harris, *A Sacred Trust*, 141–45.

47— Harris, *A Sacred Trust*, 143.

48— Peter Kihss, “AMA Rebuttal to Kennedy Sees Aged Care ‘Hoax,’ ” *The New York Times*, May 22, 1962, 1; “British Call Views of AMA ‘Nonsense,’ ” *The New York Times*, July 14, 1962, 7.

49— Donald Jackson, “Doctors Get Call to Act in Politics,” *The New York Times*, June 25, 1962, 10; Sundquist, *Politics and Policy*, 311.

50— Tom Wicker, “President Visits Arkansas Today,” *The New York Times*, October 3, 1963, 18; John F. Kennedy, “Remarks in Heber Springs, Arkansas, at the Dedication of Greers Ferry Dam,” October 3, 1963. John Woolley and Gerhard Peters, *The American Presidency Project*（online）. Santa Barabara, Calif.: University of California（hosted）, Gerhard Peters（database）. 可从 http://www.presidency.ucsb.edu/ws/?pid=9455 获取。

51— Berkowitz, *Mr. Social Security*, 215. Anthony J. Celebrezze 是卫生、教育和福利部部长；Ivan Nestigen 为第一副手。

52— Berkowitz, *Mr. Social Security*, 214–15.

53— 同上书，213–14; Julian E. Zelizer, *Taxing America: Wilbur D. Mills, Congress, and the State, 1945–1975*（Cambridge: Cambridge University Press, 1998）, 227; Sundquist, *Politics and Policy*, 311–17.

54— “Goldwater, Johnson on Medicare,” *The Washington Post*, September 3, 1964, A15.

55— 引用自 Gordon, *Dead on Arrival*, 27, 原文中的重点；“Goldwater, Johnson on Medicare,” *The Washington Post*, September 3, 1964, A15; Howard A. Rusk, “Candidates on Health: I,” *The New York Times*, October 18, 1964, 77.

56— Lawrence F. O’ Brien, *No Final Victories: A Life in Politics From John F. Kennedy to Watergate*（New York: Ballantine Books, 1976）, 188–89; Lyndon B. Johnson, *Vantage Point: Perspectives of the Presidency 1963–1969*（New York: Holt, Rinehart and Winston, 1971）, 213.

57—John F. Manley, *The Politics of Finance: The House Committee on Ways and Means*（Boston: Little, Brown, 1970）, 27; also John F. Manley, "Wilbur D. Mills: A Study in Congressional Influence," *American Political Science Review* 63（2）（June, 1969）: 441–64.
58—Harris, *A Sacred Trust*, 179.
59—Richard Sorian, *The Bitter Pill: Tough Choices in America's Health Policy*（New York: McGraw-Hill, 1988）, 92–93.
60—O'Brien, *No Final Victories*, 189; Sundquist, *Politics and Policy*, 317–21.
61—Harris, *A Sacred Trust*, 180–1.
62—Austin C. Wehrwein, "AMA Is Continuing Fight Against Medical-Care Bill," *The New York Times*, October 18, 1964, 76.
63—Henry J. Pratt, "Old Age Associations in National Politics," *Annals of the American Academy of Political and Social Science* 415, Political Consequences of Aging（September 1974）, 109–12; Sundquist, *Politics and Policy*, 310–411, 314.
64—Louis Harris, "Public Feels Deeply About Need to Get Health Plan Started," *The Washington Post*, March 8, 1965, A2.
65—Manley, *The Politics of Finance*, 119.
66—Harris, *A Sacred Trust*, 179–81.
67—同上书，119–20。曼利称赞筹款委员会的少数党顾问 William Quealy 在起草伯恩斯议案中发挥的作用。
68—关于米尔斯和筹款委员会，参见 Manley, *The Politics of Finance* 和 Zelizer, *Taxing America*。
69—科恩的传记作者是 Edward D. Berkowitz, *Mr. Social Security*。
70—Merle Miller, *Lyndon: An Oral Biography*（New York: G. P. Putnam's Sons, 1980）, 410; Berkowitz, *Mr. Social Security*, 227–32. 米尔斯在 22 年后回忆道："我在他的 [伯恩斯的] 耳边低声说，'约翰，我希望你能提出一个动议包括它。''我非常愿意。'" 文字本，威尔伯 · 米尔斯口述历史访谈 II，1987 年 3 月 25 日，由 Michael L. Gillette 进行，互联网副本，林登 · B. 约翰逊图书馆，1。
71—Eric Patashnik and Julian Zelizer, "Paying for Medicare: Benefits, Budgets, and Wilbur Mills's Policy Legacy," *Journal of Health Politics, Policy and Law* 26（1）（February, 2001）: 20.
72—David, *With Dignity*, 148–49.
73—Johnson, *Vantage Point*, 215.
74—Eric F. Goldman, *The Tragedy of Lyndon Johnson*（New York: Knopf, 1969）, 290, 转引自 Allen J. Matusow, *The Unraveling of America: A History of Liberalism in the 1960s*（New York: Harper and Row, 1984）, 227。
75—Tom Wicker, "What Changed Mills's Mind?" *The New York Times*, April 11, 1965, E9.
76—"Byrd Promises LBJ Action on Medicare," *The Washington Post*, March 27, 1965, A2. 被邀请到白宫的民主党领袖有来自众议院的威尔伯 · 米尔斯、塞西尔 · 金、约翰 · 麦科马克、来自路易斯安那州的黑尔 · 博格斯，卡尔 · 艾伯特，以及来自参议院的克林顿 · 安德森、来自佛罗里达州的乔治 · A. 斯迈瑟斯、来自蒙大拿州的迈克尔 · 曼斯菲尔德和哈里 · 伯德。
77—Miller, *Lyndon*, 411. Johnson characterized Mills: "so long the villain of the act [Medicare], was now a hero to the old folks." Johnson, *Vantage Point*, 215.
78—"AMA Head Sees Decline in Care," *The New York Times*, May 12, 1965, 21.
79—Austin C. Wehrwein, "AMA Chiefs Ask Delay on Boycott," *The New York Times*, June 24, 1965, 46. 美国医学会已经收到了烟草行业一笔 5 年期的一千万美元的赠款，用于研究吸烟对健康的影响。
80—Robert Dallek, *Flawed Giant: Lyndon Johnson and His Times, 1961–1973*（New York: Oxford

University Press, 1998）, 209–10.
81— Miller, *Lyndon*, 412.
82— Morton Mintz, “AMA Counselor Chills Medicare Boycott Idea,” *The Washington Post*, October 3, 1965, A14; Wehrwein, “AMA Is Continuing Fight Against Medical-Care Bill,” 76; and Johnson, *Vantage Point*, 218.
83— David, *With Dignity*, 143–44.
84— Joseph A. Califano, Jr., *America’s Health Care Revolution: Who Lives? Who Dies? Who Pays?*（New York: Random House, 1986）, 142–43. 卡利法诺后来在卡特执政时出任卫生、教育和福利部部长（1977—1979）。
85— Marmor, *The Politics of Medicare*, 89.
86— Califano, *America’s Health Care Revolution*, 144; Marmor, *The Politics of Medicare*, 89. Matusow, *The Unraveling of America*, 232. 这 2% 的额外红利在 1969 年被去除。
87— Judith M. Feder, *Medicare: The Politics of Federal Hospital Insurance*（Lexington, Mass.: D. C. Heath, 1977）.
88— Miller, *Lyndon*, 412.
89— “Largest Health Care Fraud Case in U.S. History Settled. HCA Investigation Nets Record Total of $1.7 Billion,” 美国司法部新闻稿，2003 年 6 月 26 日。可从司法部的网站获取，http://www.usdoj.gov/opa/pr/2003/June/03_civ_386.htm。
90— 转引自 Starr, *The Social Transformation of American Medicine*, 381。
91— Richard D. Lyons, “Medicare Study in Senate Seeks Urgent Reforms,” *The New York Times*, February 9, 1970; Sorian, *Bitter Pill*, 95–97, quote on 97.
92— Califano, *America’s Health Care Revolution*, 146; Sorian, *The Bitter Pill*, 97–99; Judith Bentkover, Philip Caper, Mark Schlesinger, and Joel Suldan, “Medicare’s Payment of Hospitals,” in David Blumenthal, Mark Schlesinger, and Pamela Brown Drumheller, eds., *Renewing the Promise: Medicare and Its Reform*（New York: Oxford University Press, 1988）, 90–114; Marilyn Moon, *Medicare Now and in the Future*, 2nd ed.（Washington, D.C.: Urban Institute Press, 1996）, 33–35.
93— Jonathan Oberlander, *The Political Life of Medicare*（Chicago: University of Chicago Press, 2003）, 125–26; Robert A. Derzon, “The Genesis of HCFA,” *CMS Reflections*, July 26, 2005, available at http://content.healthaffairs.org.
94— Eve Edstrom, “Health Insurance for All Proposed,” *The Washington Post*, February 10, 1970, A2.
95— O’Brien, *No Final Victories*, 190–91.
96— 转引自 Rick Mayes, *Universal Coverage: The Elusive Quest for National Health Insurance*（Lanham, Md.: Lexington Books, 2001）, 1。
97— 同上书，97; Karen Davis, *National Health Insurance*（Washington, D.C.: The Brookings Institution, 1975）, 166–71.
98— Mayes, *Universal Coverage*, 1.
99— Marmor, *The Politics of Medicare*, 115.
100— Sorian, *Bitter Pill*, 99–102.
101— 同上书，102–109; Benkover et al., “Medicare’s Payment to Hospitals,” 94。
102— Benkover et al., *Medicare’s Payment to Hospitals*, 94–6; Sorian, *Bitter Pill*, 110–21; Moon, *Medicare Now and in the Future*, 55–9.
103— Marmor, *The Politics of Medicare*, 109.
104— Moon, *Medicare Now and in the Future*, 55–60.

105— David Blumenthal and William Hsiao, "Payment of Physicians Under Medicare," in *Renewing the Promise*, ed. Blumenthal, Schlesinger, and Drumheller, 120–21.
106— Moon, *Medicare Now and in the Future*, 115.
107— Martin Tolchin, "Retreat in Congress: The Catastrophic-Care Debacle," *The New York Times*, October 9, 1989, 1; Bill Peterson, "Rostenkowski Heckled by Senior Citizens," *The Washington Post*, August 18, 1989, A4.
108— Moon, *Medicare Now and in the Future*, 135–7.
109— 关于克林顿医疗保健议案的政治动态，参见 Haynes Johnson and David Broder, *The System: American Politics at the Breaking Point*（Boston: Little, Brown, 1997）. Also, Jacob S. Hacker, *The Road to Nowhere: The Genesis of President Clinton' s Plan for Health Security*（Princeton: Princeton University Press, 1997）; Theda Skocpol, *Boomerang: Health Care Reform and the Turn Against Government*（New York: W. W. Norton, 1996）; and Nicholas Lham, *A Lost Cause: Bill Clinton' s Campaign for National Health Insurance*（Westport, Conn.: Praeger, 1996）。关于希拉里 · 罗德海姆 · 克林顿的作用，参见 Carl Bernstein, *A Woman in Charge: The Life of Hillary Rodham Clinton*（New York: Alfred A. Knopf, 2007）。关于失去商界的支持，参见 Peter Swenson and Scott Greer, "Foul Weather Friends: Big Business and Health Care Reform in the 1990s in Historical Perspective", *Journal of Health Politics, Policy and Law* 27（4）（August, 2002）: 605–38。
110— Paul Starr, "What Happened to Health Care Reform?" *The American Prospect* 20（Winter, 1995）: 20–31; 参见 Paul Starr, *The Logic of Health Care Reform: Why and How the President' s Plan Will Work*, rev. 和增订版（New York: Penguin Books, 1994, 1992）。
111— Starr, "What Happened to Health Care Reform?" 21.
112— 总部位于加州的政治咨询公司 Goddard-Claussen/First Tuesday 的本 · 戈达德（Ben Goddard）是"哈利和路易斯广告"的制作者。Robin Toner, "Harry and Louise and a Guy Named Ben", *The New York Times*, September 30, 1994, A22. Also, Darrell West, Diane Heath, and Chris Goodwin, "Harry and Louise Go to Washington: Political Advertising and Health Care Reform", *Journal of Health Politics, Policy and Law* 21（1996）: 35–36.
113— Oberlander, *The Political Life of Medicare*, 157.
114— "Summary of Findings," 医疗保险托管会 1995 年的报告，可从社会保障总署的网站获取，www.ssa.gov/history/reports/trust/trustreports.html. Robert Pear, "More Dire Warnings About Social Security," *The New York Times*, April 4, 1995, D24.
115— 同上书，166–67。
116— 国家卫生研究院，国家健康统计中心，*Health, United States, 2004*, table 134: Health Maintenance Organizations（HMOs）and Enrollment. Oberlander, *The Political Life of Medicare*, 169–171。到 2003 年，7180 万人报名参加了健康维护组织。
117— 国会图书馆，国会研究服务部（Congressional Research Service），*Medicare: Changes to Balanced Budget Act of 1997,* 写作者 Jennifer O' Sullivan, Carolyn Merck, Madeleine Smith, Sibyl Tilson（November 19, 1999）, 1; Oberlander, *The Political Life of Medicare*, 184–89; Marmor, *The Politics of Medicare*, 147–49.
118— Nancy-Ann DeParle, "As Good As It Gets: The Future of Medicare+Choice," *Journal of Health Politics, Policy and Law* 27（3）（June 2002）, 497. 卫生保健财政管理局自此更名为医疗保险和医疗补助服务中心。
119— Oberlander, *The Political Life of Medicare*, 190.
120— 国会图书馆，国会研究服务部，*Overview of the Medicare Prescription Drug, Improvement,*

and Modernization Act of 2003, 写作者 Jennifer O' Sullivan, Hinda Chaikind, Sibyl Tilson, Jennifer Boulanger, and Paulette Morgan（December 6, 2004）; Marilyn Moon, "How Beneficiaries Far Under the New Medicare Drug Bill", *The Commonwealth Fund*, June 2004。

121—国会图书馆，国会研究服务部，*Medicare: A Primer*, written by Jennifer O' Sullivan（October 30, 2006）, 11; 国会预算办公室主管 Peter R. Orszag 于 2007 年 3 月 21 日在众议院筹款委员会下属健康小组委员会（Subcommittee on Health）前的证词。

122—国会图书馆，国会研究服务部，*Social Security and Medicare: The Economic Implications of Current Policy*, 写作者 Marc Labonte（December 6, 2006）; Moon, *Medicare Now and in the Future*; Shea McClanahan, Kenneth Apfel, and Paisa Fatehi, "Health Insurance for Older Americans: Assessing Medicare' s Past, Present, and Future", in Kenneth Apfel and Betty Sue Flowers, eds., *Big Choices: The Future of Health Insurance for Older Americans*（Austin: University of Texas, 2004）, 125–26。

123—Timothy Stoltzfus Jost, "Why Can' t We Do What They Do? National Health Reform Abroad," *Journal of Law, Medicine and Ethics* 32（3）（Fall, 2004）: 433.

124—爱德华 · M. 肯尼迪参议员办公室的新闻稿，"Kennedy and Dingell Fight for Medicare for All," 2007 年 4 月 25 日，可从肯尼迪参议员的网站获取，http://kennedy.senate.gov/newsroom。要想获取"全民医保"的背景，参见 Eva DuGoff, "Medicare for All: Issues of Policy and Politics", *The Current*（The Public Policy Journal of the Cornell Institute for Public Affairs）, 10（2）（Spring, 2007）: 85–102; Olga Pierce, "The 'Medicare for All' Strategy", *United Press International*, April 26, 2007。

125—"AMA Launches Multi-Million Dollar Campaign to Cover the Uninsured," 可从 www.medicalnewstoday.com 获取。美国医学会，*Expanding Health Insurance: The AMA Proposal for Reform*（2007）, 可从 http://ama-assn/0rg/ama1/pub/upload/mm/363/ehi1012.pdf 获取。

第 12 章　保护环境

篇首尼克松的引语出自"Nixon Promises an Urgent Fight to End Pollution," *The New York Times*, January 2, 1970, 1；海军上将詹姆斯 · 沃特金斯 1992 年在众议院军事委员会前的证词，转引自环境质量委员会，*The National Environmental Policy Act: A Study of its Effectiveness After 25 Years*, at 13, 可从环境质量委员会的网站获取，http://ceq.eh.doe.gov/nepa/nepa25fn.pdf。奥利弗 · A. 霍克的引语出自"'Is That All?' A Review of *The National Environmental Policy Act, An Agenda for the Future*, By Lynton Caldwell," *Duke Environmental Law & Policy Forum* 11（Fall, 2000）: 173。尽管这部法律是在 1970 年 1 月 1 日被签署成为法律的，它的官方名称依然是《国家环境政策法案》。

1—Adam Rome, "'Give Earth a Chance': The Environmental Movement and the Sixties," *The Journal of American History* 90（2）（September 2003）: 525; *American Heritage*, October 1993; Gaylord Nelson, "Earth Day 25 Years Later," *EPA Journal*, Winter, 1995, 9–10; Denis Hayes, "Earth Day!", *Mother Earth News*, April/May, 2005, 24; Joseph Lelyveld, "Millions Join Earth Day Observances Across the Nation," *The New York Times*, April 23, 1970, 1; J. Brooks Flippen, *Nixon and the Environment*（Albuquerque: University of New Mexico Press, 2000）, 15.

2—Nicholas von Hoffman, "Earth Day: 'A Net Loss,'" *The Washington Post*, April 27, 1970, C1.

3—Carl Bernstein, "Protestors Rouse Fury of Broyhill," *The Washington Post*, May 15, 1970, B11.

4—Richard A. Liroff, *A National Policy for the Environment*（Bloomington: Indiana University Press,

1976）, 3.

5—Norman J. Vig and Michael E. Kraft, *Environmental Policy in the 1990s*（Washington, D.C.: CQ Press, 1990）, appendix 1: "Major Federal Laws on the Environment, 1969–1989."

6—George Perkins Marsh, *Man and Nature*, ed. David Lowenthal（Cambridge: Belknap Press of Harvard University Press, 1965, 1864）.

7—马什的引语转引自 Grant McConnell, "Prologue: Environment and the Quality of Political Life," in Congress and the Environment, ed. Richard A. Cooley and Geoffrey Wandesforde-Smith（Seattle: University of Washington Press, 1970）, 5。

8—John M. Meyer, "Gifford Pinchot, John Muir, and the Boundaries of Politics in American Thought," *Polity* XXX（2）（Winter, 1997）: 267–84. Michael Cohen, *The Pathless Way: John Muir and American Wilderness*（Madison: University of Wisconsin Press, 1984）; Gifford Pinchot, *Breaking New Ground*（New York: Harcourt, Brace and Company, 1947）; M. Nelson McGreary, *Gifford Pinchot: Forester—Politician*（Princeton: Princeton University Press, 1960）; and Roderick Nash, *Wilderness and the American Mind*, rev. ed.（New Haven: Yale University Press, 1973）.

9—McConnell, "Prologue: Environment and the Quality of Political Life," 4.

10—Allan K. Fitzsimmons, "Environmental Quality as a Theme in Federal Legislation," *Geographic Review* 70（3）（July, 1980）: 314–27.

11—J. Clarence Davies III and Barbara S. Davies, *The Politics of Pollution*, 2nd ed.（Indianapolis: Bobbs-Merrill, 1975）; Michael E. Kraft and Norman J. Vig, "Environmental Policy from the Seventies to the Nineties: Continuity and Change," in *Environmental Policy in the 1990s*, ed. Vig and Kraft, 11.

12—David Templeton, "Cleaner Air Is Legacy Left by Donora's Killer 1948 Smog," *Pittsburgh Post-Gazette*, October 29, 1998; Jeff Gammage, "20 Died, The Government Took Heed. In 1948, a Killer Fog Spurred Air Cleanup," *Philadelphia Inquirer*, October 28, 1998. 多诺拉烟雾事件使人联想起 1930 年的烟雾事件，在比利时的默兹山谷（Meuse Valley）和列日（Liege）的工厂区造成 60 多人死亡。在多诺拉事件发生 4 年后，伦敦遭遇一场致命的烟雾，在 1952 年 12 月的头几天造成 3000 人死亡。Michelle L. Bell and Devra Lee Davis, "Reassessment of the Lethal London Fog of 1952: Novel Indicators of Acute and Chronic Consequences of Acute Exposure to Air Pollution," *Environmental Health Perspectives* 109（3）（June, 2001）: 389–94.

13—Templeton, "Cleaner Air Is Legacy Left by Donora's Killer 1948 Smog," 莫内森报纸社论转引自 David Hess, "Historic Marker Commemorates Donora Smog Tragedy," 宾夕法尼亚州环境保护部（Pennsylvania Department of Environmental Protection）的网站，可从 http://www.depweb.state.pa.us/heritage/cwp/view.asp?A=3&Q=533403 获取。

14—Adam Rome, " 'Give Earth a Chance,' " 526.

15—Aldo Leopold, *A Sand County Almanac, and Sketches Here and There*（New York: Oxford University Press, 1949）; 阿尔多·利奥波德基金会的网站，www.aldoleopold.org.Daniel W. Gade, "The Growing Recognition of George Perkins Marsh," *Geographic Review* 73（3）（July, 1983）: 341–44; David Lowenthal, *George Perkins Marsh: Prophet of Conservation*（Seattle: University of Washington Press, 2000）. 要想了解生态危机与基督教教义，参见 Lynn White, Jr., "The Historic Roots of Our Ecologic Crisis," Science 155（3767）（March 10, 1967）: 1203–207。

16—Vance O. Packard, *The Waste Makers*（New York: D. McKay, 1960）; Paul R. Erhlich, *The Population Bomb*（New York: Ballantine Books, 1968）; Stewart L. Udall, *The Quiet Crisis*（New York: Holt, Rhinehart and Winston, 1963.

17—Rachel Carson, Silent Spring（Greenwich, Conn.: Fawcett, 1962）. 保守主义杂志《人事》（*Human Events*）2005 年邀请与其想法相近的学者评选从 19 世纪到 20 世纪十本“最有害”的书。阿道夫·希特勒的《我的奋斗》（*Mein Kampf*）位居前列，阿尔弗雷德·金赛（Alfred Kinsey）的《金赛性学报告》（*The Kinsey Report*）位列其中。未进入前 15 名，但仍然收到最差书籍选票的有卡森的《寂静的春天》、埃利希的《人口爆炸》、查尔斯·雷奇（Charles Reich）的《绿化美国》（*The Greening of America*）、罗马俱乐部（Club of Rome）的《增长的极限》（*The Limits of Growth*）。《人事》的网站，可从 http//:humanevents.com/article.php?id=7591 获取。

18—Linda Lear, *Rachel Carson: Witness for Nature*（New York: Henry Holt, 1997）, 428–30.

19—“Critic of Pesticides: Rachel Louise Carson,” *The New York Times*, June 5, 1963, 59.

20—Lear, *Rachel Carson*, 446–56, quote at 449.

21—同上书，450。

22—同上书，447。

23—David Michaels, “Environmental Health Science and the Legacy of Popular Literature,” *Environmental Health Perspectives* 111（1）（January, 2003）: A14–15.

24—Lear, *Rachel Carson*, 454.

25—Jack Lewis, “The Birth of EPA,” 最初刊于 *EPA Journal*, November, 1985；引用环境保护局的网站，http://www.epa.gov/history/topics/epa/5c.htm。来自马里兰州的民主党人、参议员 Benjamin L. Cardin 于 2007 年宣布他打算在蕾切尔·卡森 100 周年诞辰纪念日时提交一份表彰她的决议，之后他的同僚、来自俄克拉何马州的共和党人 Tom Coburn 威胁要使用参议院的规则并阻碍该立法。Coburn 指责卡森使用了“垃圾科学”（junk science），并在他的参议院网站上提出每年有 100 万～200 万人死于疟疾。“这本书，”科本指出，“是促使杀虫剂，特别是 DDT 受到世界范围的彻底谴责的催化剂。” David A. Fahrenthold, “Bill to Honor Rachel Carson on Hold”, *The Washington Post*, May 23, 2007, B1. 关于 DDT 杀虫剂的益处，参见 Janet Raloff, “The Case for DDT: What Do You Do When a Dreaded Environmental Pollutant Saves Lives?” *Science News* 58（1）（July, 2000）: 12–14。

26—口述历史访谈，盖洛德·纳尔逊，由 Don Nicoll 于 2000 年 12 月 5 日在华盛顿特区进行；埃德蒙·S. 马斯基档案与特别收藏图书馆（The Edmund S. Muskie Archives and Special Collections Library），贝茨学院（Bates College）。

27—Lyndon B. Johnson, *The Vantage Point: Perspectives of the Presidency 1963–1969*（New York: Holt, Rinehart and Winston, 1971）, 337.

28—Richard J. Lazarus, *The Making of Environmental Law*（Chicago: University of Chicago Press, 2004）, 52.

29—自然资源保护委员会，“E-Law: What Started it All?” 可从自然资源保护委员会（Natural Resources Defense Council）的网站获取，http://nrdc.org/legislation/helaw.asp。

30—James J. Kyle, “Indiana Dunes National Lakeshore: The Battle for the Dunes,” in *Congress and the Environment*, ed. Cooley and Wandesford-Smith, 16–31; “Indiana Dunes National Lakeshore History,” 美国内政部，国家公园管理局的网站，http://www.nps.gov/indu/historyculture/index.htm.

31—Wolfgang Saxon, “Fred L. Hartley, 73, Built Unocal Into Multibillion Dollar Company,” *The New York Times*, October 21, 1990. Robert O. Easton, *Black Tide: The Santa Barbara Oil Spill and Its Consequences*（New York: Delacorte Press, 1972）; Mark H. Lytle, *America' s Uncivil Wars: The Sixties Era, From Elvis to the Fall of Richard Nixon*（New York: Oxford University Press, 2006）.

32—“The Cities: The Price of Optimism,” Time（August 1, 1969）, 可从 http://www.time.com/time/magazine/article/0,9171,901182,00.html 获取；“Cuyahoga River Fire,” 俄亥俄州历史协会的网站，

可从 http://www.ohiohistorycentral.org/entry.php?rec=1642 获取；Jonathan H. Adler, "Smoking Out the Cuyahoga Fire Fable," *National Review Online*, n.d., 可从 http://www.nationalreview.com 获取。

33— Fitzsimmons, "Environmental Quality as a Theme," 319.

34— 转引自 Richard A. Cooley and Geoffrey Wandesford-Smith, "Conclusions: Congress and the Environment of the Future," in *Congress and the Environment*, ed. Cooley and Wandesford-Smith, 229。

35— Philip Shabecoff, *A Fierce Green Fire: The American Environmental Movement*（New York: Hill and Wang, 1993）, 118.

36— Victor B. Scheffer, *The Shaping of Environmentalism in America*（Seattle: University of Washington Press, 1991）, 143.

37— 要想获得《国家环境政策法案》制定的背景和详细的研究，参见 Terence T. Finn, *Conflict and Compromise: Congress Makes a Law. The Passage of the National Environmental Policy Act.* 未出版的论文，政府学习（Department of Government），乔治城大学，1972, 8。

38— 同上书，8–49。

39— Matthew J. Lindstrom and Zachary A. Smith, *The National Environmental Policy Act: Judicial Misconstruction, Legislative Indifference and Executive Neglect*（College Station: Texas A&M Press, 2001）, 29.

40— 同上。纳尔逊的议案是 1965 年的《生态研究与调查议案》(Ecological Research and Surveys Bill，第 2282 条)。林德斯特伦和史密斯指出，这是联邦立法议案中第一次出现"生态"一词。

41— Finn, *Conflict and Compromise*, 376.

42— Lynton K. Caldwell, "Environment: A New Focus for Public Policy," *Public Administration Review* 23（September, 1963）: 132–39. 20 世纪 70 年代早期的其他学术著作包括：Cooley and Wandesford-Smith, eds., *Congress and the Environment*（1970）; Harold Sprout and Margaret Sprout, *Towards a Politics of the Planet Earth*（New York: Von Nostrand Reinhold, 1971）; Richard A. Faulk, *This Endangered Planet: Prospects and Proposals for Human Survival*（New York: Random House, 1971）; Davies and Davies, *The Politics of Pollution*. See Robert V. Bartlett and James N. Gladden, "Lynton K. Caldwell and Environmental Policy: What Have We Learned," in Lynton K. Caldwell, *Environment as a Focus for Public Policy*, ed. Robert V. Bartlett and James N. Gladden（College Station: Texas A&M University Press, 1995）, 27–41.

43— 考德威尔写作的文件题目为"A National Policy for the Environment," 重印于 Caldwell, *Environment as a Focus for Public Policy*, ed. Bartlett and Gladden, 139–66.。关于 1968 年的进展，参见 Finn, *Conflict and Compromise*, 240–259。

44— 众议员乔治 · P. 米勒从 1945 年至 1972 年服务于众议院，不应当把他与众议员乔治 · 米勒（George Miller）混淆，后者也是来自加利福尼亚州的民主党人，从 1975 年开始服务于众议院。他们二人并无关系。

45— Russell E. Train, *Politics, Pollution and Pandas: An Environmental Memoir*（Washington, D.C.: Island Press, 2003）, 52; William W. Prochnau and Richard W. Larsen, *A Certain Democrat: Senator Henry M. Jackson, A Political Biography*（Englewood Cliffs, N.J.: Prentice-Hall, 1972）, 69.

46— Liroff, *A National Policy for the Environment*, 17–18; Lindstrom and Smith, *The National Environmental Policy Act*, 34–35.

47— Lynton Keith Caldwell, *The National Environmental Policy Act: An Agenda for the Future*（Bloomington: Indiana University Press, 1998）, 44.

48—Lindstrom and Smith, *The National Environmental Policy Act*, 36.
49—Lynton K. Caldwell, "An Interview with Lynton Caldwell on the National Environmental Policy Act（NEPA)", *Environmental Practice* 5（4）（December, 2003）: 282.
50—Prochnau and Larsen, *A Certain Democrat*, 273. 杜布里奇也曾担任过哈里 · 杜鲁门总统的科学顾问。
51—同上书，274; also, Finn, *Conflict and Compromise*, 378–88.
52—Lindstrom and Smith, *The National Environmental Policy Act*, 40–43.
53—Finn, *Conflict and Compromise*, 378–88.
54—同上书，388, 391–93。
55—Lindstrom and Smith, *The National Environmental Policy Act*, 40.
56—Liroff, *A National Policy for the Environment*, 18–20; Lindstrom and Smith, *The National Environmental Policy Act*, 44–47. Also, Paul Charles Milazzo, *Unlikely Environmentalists: Congress and Clean Water, 1945–1972*（Lawrence: University Press of Kansas, 2006）, 112–14.
57—Lindstrom and Smith, *The National Environmental Policy Act*, 46.
58—Flippen, Nixon and the Environment, 113; 关于马斯基的职业生涯，参见 David Nevin, *Muskie of Maine*（New York: Random House, 1972）。
59—Liroff, *A National Policy for the Environment*, 5.
60—*Congressional Record,* vol. 115, 40416.
61—Bradley C. Karkkainen, "Toward a Smarter NEPA: Monitoring and Managing Government' s Environmental Performance," *Columbia Law Review* 102（4）（May, 2002）: 909.
62—Caldwell, "An Interview with Lynton Caldwell on the National Environmental Policy Act（NEPA）," 282–83. 原文中的重点。
63—42 U.S.C. sec. 4331（a）（1982）.
64—关于环境质量委员会的头五年及其年度报告，参见 Edwin S. Mills and Frederick M. Peterson, "*Environmental Quality*: The First Five Years," *The American Economic Review* 65（3）（June, 1975）: 259–68. All italics are in the original。
65—Flippen, *Nixon and the Environment*, 51.
66—Caldwell, *The National Environmental Policy Act*, xx.
67—E. W. Kenworthy, "Muskie Calls President' s Antipollution Drive 'Slogan-Rich and Action-Poor,' " *The New York Times*, January 16, 1970, 19.
68—理查德 · M. 尼克松，1970 年 1 月 22 日向国会发表的年度国情咨文。John T. Woolley and Gerhard Peters, *The American Presidency Project*（online）. Santa Barbara, California: University of California（hosted）, Gerhard Peters（database）. 可从 http://www.presidency.ucsb.edu/ws/?pid=2921 获取。
69—Flippen, *Nixon and the Environment*, 52. 关于罗素 · E. 特雷恩的职业生涯，参见 J. Brooks Flippen, *Conservative Conservationist: Russell E. Train and the Emergence of American Environmentalism*（Baton Rouge: Louisiana State University Press, 2006）。
70—Serge Taylor, *Making Bureaucracies Think: The Environmental Impact Statement Strategy of Administrative Reform*（Stanford: Stanford University Press, 1984）, 251.
71—Flippen, *Nixon and the Environment*, 48.
72—Daniel R. Mandelker, *NEPA Law and Litigation*, 2nded.（Thomson/West, 2007）, 1:1.
73—Liroff, *A National Policy for the Environment*, 31.
74—E. W. Kenworthy, "Senator Nelson to Ask for Antipollution Measure," *The New York Times*,

January 20, 1970, 29.

75— John C. Whitaker, *Striking a Balance: Environmental and Natural Resources Policy in the Nixon-Ford Years*（Washington, D.C.: American Enterprise Institute for Public Policy Research, 1976）, 7.

76— 同上书，6–7。

77— Joel A. Mintz, *Enforcement at the EPA: High Stakes and Hard Choices*（Austin: University of Texas Press, 1995）, 20.

78— Elsie Carper, "Nominee Vows Pollution Fight," *Washington Post*, December 2, 1970, A27.

79— E. W. Kenworthy, "Nixon Has a New Aspirant for Title 'Mr. Clean,'" *The New York Times*, December 6, 1970, 24.

80— Scheffer, *The Shaping of Environmentalism in America*, 143–44.

81— Lazarus, *The Making of Environmental Law*, 76.

82— Don Oberdorfer, "Muskie Not Invited to Air Law Signing," *The Washington Post*, January 1, 1971, A2.

83— Train, *Politics, Pollution and Pandas*, 86.

84— Lazarus, *The Making of Environmental Law*, 77; Flippen, *Nixon and the Environment*, 134.

85— Train, *Politics, Pollution and Pandas*, 79.

86— Shabecoff, *A Fierce Green Fire*, 129.

87— 20 世纪 70 年代通过的其他联邦法律有:《资源恢复法》(Resources Recovery Act，1970 年)；《联邦环境杀虫剂控制法》(Federal Environmental Pesticides Control Act，1972 年)；《海洋保护法》(Marine Protection Act，1972 年)；《海岸带管理法》(1972 年)；《安全饮用水法案》(1974)；《联邦土地政策与管理法》(1976 年)；《国家森林管理法》(National Forest Management Act，1976 年)；《露天采矿控制与复垦法案》(1977 年)；《公用设施法规政策法》(Public Utility Regulatory Policies Act，1978 年)。

88— Walter A. Rosenbaum, *Environmental Politics and Policy*, 5th ed.（Washington, D.C.: CQ Press, 2002）, 6.

89— 449 F. 2d 1109（D.C. Circuit, 1971）.

90— 449 F. 2d 1109 at 1117. 关于判决，参见"A-Plant Safeguards Held Faulty by Court," *The Washington Post*, July 24, 1971, A1。

91— Richard D. Lyons, "AEC Will Review Reactor Permits," *The New York Times*, September 4, 1971, 1.

92— Taylor, *Making Bureaucracies Think*, 72. 环境质量委员会，*Annual Report*（1979），转引自 Taylor, *Making Bureaucracies Think*, 72 n。

93— Lindstrom and Smith, *The National Environmental Policy Act*, 123.

94— 427 U.S. 390（1976）.

95— 1978 年"佛蒙特核电站公司诉自然资源保护委员会案"(*Vermont Nuclear Power Corp. v. Natural Resources Defense Council, Inc.*, 435 U.S. 519)。

96— Mandelker, *NEPA Law and Litigation*, 1:12.

97— Caldwell, "The World Environment," 323.

98— Mintz, *Enforcement at the EPA*, 40; Gil Troy, *Morning in America: How Ronald Reagan Invented the 1980s*（Princeton: Princeton University Press, 2005）, 141.

99— Mintz, *Enforcement at the EPA*, 40–59; Norman J. Vig, "Presidential Leadership and the Environment: From Reagan to Clinton," in *Environmental Policy in the 1990s*, ed. Vig and Kraft, 98–101.

100— Vig, "Presidential Leadership and the Environment," 99.

101—Walter A. Rosenbaum, *Environmental Politics and Policy*, 6th ed.（Washington, D.C.: CQ Press, 2005）, 8.
102—"Electoral Dynamite: The Environment," *The New York Times*, September 1, 1988, A24.
103—"Mr. Bush on the Environment," *The New York Times*, September 2, 1988, A20; "Electoral Dynamite: The Environment."
104—Vig, "Presidential Leadership and the Environment," 106; Rosenbaum, *Environmental Politics and Policy*, 6th ed., 70.
105—Vig, "Presidential Leadership and the Environment," 108–109.
106—关于共和党1995年的立法革命，参见 James G. Gimpel, *Fulfilling the Contract: The First Hundred Days*（Boston: Allyn and Bacon, 1996），以及特别地关于环境政策，Michael E. Kraft, "Environmental Policy in Congress: Revolution, Reform, or Gridlock?" in *Environmental Policy in the 1990s*, ed. Vig and Kraft, 119–139。
107—Kraft, "Environmental Policy in Congress," 129–131.
108—同上书，132–133。
109—同上书，137。
110—Kristina Alexander, *Overview of National Environmental Policy Act（NEPA）Requirements*（华盛顿特区，国会研究服务部，国会图书馆，2008年1月11日），Report RS20621; 3–5. 还可参见国家资源保护委员（National Resources Defense Council），"NEPA: Core Environmental Safeguard Under Growing Attack," January, 2006, 可从自然资源保护委员会的网站获取，http://www.wilderness.org/OurIssues/NEPA/index.cfm。
111—行政管理、环境和自然资源法律与政策方面的教授向美国众议院《国家环境政策法案》工作组提交的建议，2005年10月10日，6，可从 http://republicans.resourcescommittee.house.gov/archives/ii00/nepataskforce/archives/debbiesease_attachA.pdf 获取。还可参见 Karkkainen, "Toward a Smarter NEPA." Robert L. Glicksman, David L. Markell, Daniel R. Mandelker, A. Dan Tarlock, and Frederick R. Anderson, *Environmental Protection: Law and Policy*, 4th ed.（New York: Aspen Publishers, 2003）, 260。
112—Linda Luther, *The National Environmental Policy Act: Streamlining NEPA*. Report RL33267（华盛顿特区，国会图书馆，国会研究服务部，2007年1月9日），6–7。还可参见 Linda Luther, *The National Environmental Policy Act: Background and Implementation* Report RL33152（华盛顿特区，国会图书馆，国会研究服务部，2005年11月16日）。
113—数据来自《国家环境政策法案》网，"Calendar Year 2006 Filed EISs," 可从 www.nepa.gov/nepa/Calendar_Year_2006_Filed_EISs.pdf 获取, and "Environmental Impact Statements Filed 1970 through 2006," 可从 www.nepa.gov/nepa/EIS_by_Year_1970_2006.pdf 获取。
114—教授提交的建议，引用环境质量委员会的报告，第5~6页。
115—西北矿业协会主管《国家环境政策法案》现代化（CE）的执行董事 Laura Skaer 于2006年11月24日向环境质量委员会的信件，可从 www.ceq.hss.doe.gov/ntf/ceqcomments/Northwest_Mining_Assoc_Comments_on_CEs.pdf 获取。
116—Daniel A. Bronstein et al., "The National Environmental Policy Act at 35," *Environmental Practice*（7）（1）（2005）: 3.
117—环境质量委员会，*The National Environmental Policy Act: A Study of its Effectiveness After Twenty-five Years*.
118—Lazarus, *Making of Environmental Law*, 239. 要想获得对布什政府的环境政策的猛烈抨击，参见 Robert F. Kennedy, Jr., "Crimes Against Nature," *Rolling Stone*, December 11, 2003。

119—“Watt Applauds Bush Energy Strategy”, *Denver Post*, May 16, 2001.
120—Lazarus, *Making of Environmental Law*, 240–42.
121—James M. Jeffords, with Yvonne Daley and Howard Coffin, *An Independent Man: Adventures of a Public Servant*（New York: Simon and Schuster, 2001）.
122—James M. Inhofe, “The Science of Climate Change,” 2003 年 7 月 28 日在美国参议院全院的发言，可从因霍夫参议员的网站获取，http://.inhofe.senate.gov/pressreleases/climate.htm。
123—《国家环境政策法案》工作组向环境质量委员会的报告，“Modernizing NEPA Implementation”（September 24, 2003），可从《国家环境政策法案》的网站获取，http://www.nepa.gov/ntf/report/finalreport.pdf。
124—美国环境冲突解决研究所是莫里斯 · K. 尤德尔基金会（Morris K. Udall Foundation）的一部分，是行政部门的一个独立联邦机构，总部位于亚利桑那州图森。环境冲突解决研究所的网站是 http://www.ecr.gov; 该报告可在 http://www.ecr/gov/pdf/BR.pdf 找到。参见 Bronstein et al., “The National Environmental Policy Act at 35,” 3–5。
125—Erica Rosenberg, “Life Under the Republicans: The Subversion of Democracy in the House Resources Committee,” *Hastings West-Northwest Journal of Environmental Law and Policy* 13（Summer, 2007）: 233–246.
126—教授提交的建议和随附的信件，来自奥利弗 · 霍克，教授，杜兰大学法学院（Tulane University Law School）.
127—Rosenberg, “Life Under the Republicans,” 245.
128—“Proposed Pombo Changes to National Environmental Policy Act Receive Close Scrutiny,” 荒野保护协会的新闻稿，2006 年 1 月 19 日，可从荒野保护协会的网站获取，http://www.wilderness.org/NewsRoom/Release/20060119.cfm。
129—Robert G. Dreher, *NEPA Under Siege: The Political Assault on the National Environmental Policy Act*（华盛顿特区，乔治城环境法律与政策研究所，乔治城大学法律中心，2005 年），8–10。可从 www.law.georgetown.edu/gelpi/research_archive/nepa/NEPAUnderSiegeFinal.pdf 获取。
130—Dinah Bear, “Some Modest Suggestions for Improving Implementation of the National Environmental Policy Act,” *Natural Resources Journal* 43（2003）: 932.
131—Tom Udall, “What Doesn’t Need Fixing in NEPA,” *The Environmental Forum*（May/June, 2005）: 40, 可从《国家环境政策法案》的网站获取，http://www.nepa.gov/ntf/articles/Forum_NEPA_Task_Force_M-J_2005.pdf。尤德尔是 2005—2006 年改进《国家环境政策法案》工作组（Task Force on Improving the National Environmental Policy Act）的资深民主党成员。
132—教授提交的建议，7。
133—Dreher, *NEPA Under Siege*, 4.
134—同上书，7。
135—Nicholas C. Yost, “Don’t Undermine But Streamline Implementation,” *The Environmental Forum*（May/June, 2005）, 41.
136—Glicksman et al., *Environmental Protection*, 253.
137—同上。
138—Wilderness Society, “Measure Twice, Cut Once. NEPA: Preventing Mistakes and Making Good Projects Better Since 1970,”（October, 2005），可从荒野保护协会的网站获取，http://www.wilderness.org/Library/Documents/upload/NEPA-SuccessStories-20051021.pdf。还可参见教授提交的建议，Appendix: The Role of NEPA Alternatives, 20–26; and Dreher, *NEPA Under Siege*, 4–7。
139—Houck, “Is That All?” 177.

140—Lindstrom and Smith, *The National Environmental Policy Act*, 140.
141—Caldwell, *The National Environmental Policy Act*, 146.

第 13 章　法塑美国

篇首巴拉克 · 奥巴马总统的引语出自 *Inaugural Address*, January 20, 2009，重印于 *Newsweek*, Commemorative Inaugural Edition, n.d., 26–29, at 28；诺韦利的引语出自 "Cutting Political Gridlock"，*AARP Bulletin*, January 2008，可从 http://www.aarp.org/issues/dividedwefail/about_us/cutting_political_gridlock.htm 获取。

1—Arthur M. Schlesinger, Jr., *The Age of Roosevelt: The Coming of the New Deal*（Boston: Houghton Mifflin Company, 1958），311.
2—Glenn S. Krutz, "Issues and Institutions: Winnowing in the U.S. Congress," *American Journal of Political Science* 49（2）（April, 2005）: 1.
3—移民研究中心（Center for Immigration Studies），"Three Decades of Mass Immigration: The Legacy of the 1965 Immigration Act," September 1995, 可从移民研究中心的网站获取，http://www.cis.org/articles/1995/back395.html。这部法律以其两位主要提案人——来自密歇根州的民主党人、参议员菲利普 · 哈特（Philip Hart）和来自纽约州的民主党人、众议员伊曼纽尔 · 塞勒——命名。参见 Charles Hirschman, "Immigration and the American Century"，*Demography* 42（4）（November, 2005）: 595–620。
4—Samuel Halperin, "ESEA Ten Years Later," *Educational Researcher* 4（8）（September, 1975）: 5–9.
5—全国妇女和女孩教育联盟（National Coalition of Women and Girls in Education，NCWGE），*Title IX at 35: Beyond the Headlines*（2008），可从全国妇女和女孩教育联盟的网站获取，http://www.ncwge.org/PDF/TitleIXat35.pdf。
6—William A. Niskanen, "Limiting Government: The Failure to 'Starve the Beast,'" *Cato Journal*, Fall, 2006. 关于"饿死官僚巨兽"的概念，参见 Bruce Bartlett, "'Starve the Beast': The Origins and Development of a Budgetary Metaphor"，*The Independent Review*, 12（1）（Summer, 2007）: 5–26, 可从 http://www.independent.org/pdf/tir/tir_12_01_01_bartlett.pdf 获取。
7—《美国爱国者法案》（USA PATRIOT Act）是正式名称的缩写：使用适当之手段来阻止或避免恐怖主义以团结并强化美国的法律（Uniting and Strengthening America by Providing Appropriate Tools Required to Intercept and Obstruct Terrorism Act）。这个笨拙的标题不过是在立法上要小聪明或混淆模糊的最新尝试。在本章中这部法律都将被称作《爱国者法案》。
8—Herbert N. Foerstal, *The Patriot Act: A Documentary and Reference Guide*（Westport, Conn.: Greenwood Press, 2008），xvii.
9—Robert O' Harrow, Jr., "Six Weeks in Autumn," *The Washington Post Magazine,* October 27, 2002,06.
10—同上。
11—Foerstel, *The Patriot Act*, 30–31.
12—丘奇委员会的 14 篇报告可从 Assassination Archives and Research Center 的网站获取，http://www.aarclibrary.org/publib/contents/church/contents_church_reports.htm。
13—Barbara Sinclair, *Unorthodox Lawmaking: New Legislative Processes in the United States Congress*, 2nd ed.（Washington, D.C.: CQ Press, 2000）.

14—Kam C. Wong, *The Impact of USA Patriot Act on American Society: An Evidence Based Assessment*（New York: Nova Science Publishers, 2007）, 47–48.

15—总结在 Howard Ball, *The USA Patriot Act*（Santa Barbara, Calif.: ABCCLIO, 2004）。

16—Wong, *The Impact of USA Patriot Act on American Society,* 6.

17—同上书，351。

18—Foerstel, *The Patriot Act,* 203–207. 2007 年 3 月 19 日，范斯坦对提交 S. 214 的评论，第 110 届国会。

19—Eamon Javers and Lisa Lerer, "The $700 Billion Man," *Politico*, October 7, 2008, 15.

20—Lori Montgomery and Paul Kane, "Bush Enacts Historic Financial Rescue: House Passes Plan by Wide Margin, but Stocks Keep Falling," *The Washington Post*, October 4, 2008, A1, 9.

21—来自国会预算办公室的估计，转引自 David Rothkopf, "9/11 Was Big. This Is Bigger," *The Washington Post*, October 5, 2008, B1。

22—Montgomery and Kane, "Bush Enacts Historic Financial Rescue," A9.

23—Jeanne Cummings, "Chamber on Offense Against Bailout Defectors," *Politico*, September 30, 2008, 10.

24—Eamon Javers, "What if the Bailout Passes but Doesn' t Work," *Politico*, September 23, 2008, 16.

25—转引自 Scott Shepard, "109th May Be the Real 'Do Nothing' Congress," The [Raleigh-Durham, N.C.] *News and Observer*, 可从其网站获取，News Observer.com, http://www.newsobserver.com/politics/story/519951.html。还可参见 Thomas E. Mann and Norman J. Ornstein, *The Broken Branch: How Congress Is Failing America and How to Get It Back on Track*（New York: Oxford University Press, 2006）。

26—David R. Mayhew, *Divided We Govern: Party Control, Lawmaking, and Investigations, 1946–1990*（New Haven: Yale University Press, 1991）; Sarah A. Binder, "The Dynamics of Legislative Gridlock, 1947–96," *American Political Science Review* 93（3）（September, 1999）: 513–33; Sarah A. Binder, *Stalemate: Causes and Consequences of Legislative Gridlock*（Washington, D.C.: Brookings Institution, 2003）.

27—Mann and Ornstein, *The Broken Branch.*

28—同上书，ix–xii。

29—David A. Fahrenthold, "Turning Up the Heat on Climate Issue," *The Washington Post,* June 23, 2008, A3.

30—*An Inconvenient Truth*（2006）, Paramount Classics and Participant Productions, 导演是 Davis Guggenheim; 制片人是 Laurie David, Lawrence Bender, and Scott Z. Burns。

31—Fahrenthold, "Turning Up the Heat on Climate Issue."

32—同上。

33—要想获得对 20 年来关于这个问题的民意调查的分析，参见 Matthew C. Nisbet and Teresa Myers, "Twenty Years of Public Opinion About Global Warming", *Public Opinion Quarterly* 71（3）（2007）: 444–470。

34—Climate Science Watch, "White House 'Eviscerated' Centers for Disease Control on Climate Change Health Impacts," October 23, 2007, 可从气候科学观察的网站获取，http://www.climatesciencewatch.org/index.php/csw/details/cdc_testimony_censorship。要想获得早前白宫控制科学信息的努力，参见 Tarek Maassarani, *Redacting the Science of Climate Change: An Investigative and Synthesis Report*（华盛顿特区：政府问责计划，2007 年），参见政府问责计划

（Government Accountability Project，GAP） 的 网 站，http://www.whistleblower.org/doc/2007/Final%203.28%20Redacting%20Climate%20Science%20Report.pdf。

附录　其他重要法律

1— 本节中的大部分材料提炼自 Stephen W. Stathis, *Landmark Legislation 1774–2002: Major U.S. Acts and Treaties*（Washington, D.C.: CQ Press, 2003）和 Brian K. Landsberg, editor-in-chief, *Major Acts of Congress*, 3 vols.（New York: Macmillan Reference, 2004）。
2— 这块匾牌重印于 Lyndon B. Johnson, *The Vantage Point: Perspectives of the Presidency 1963–1969*（New York: Holt, Rinehart, and Winston, 1971）的卷首插图中。

索引（以下页码为本书边码）

A

B

C

D

E

F

G

H

K

M

N

O

P

Q

R

S

T

U

V

W

X

Y

Z